westermann

Baden-Württemberg | Kursstufe

Geschichte 12

Herausgegeben von:
Andreas Gawatz
Andreas Grießinger

Autoren:
Carsten Arbeiter
Nicola Becker-Waßner
Birgit Breiding
Tim Dilger
Andreas Gawatz
Andreas Grießinger
Annette Hansing
Michael Hoffmann
Boris Hucker
Claudia Humpert
Armin Koch
Jochen Mayer
Stefan Schipperges
Kathrin Schwarz

Umschlagbild vorne:
Graffiti auf der Berliner Mauer, Teil der sog. East Side Gallery

Umschlagbild hinten:
Mahatma Gandhi (M.), Führer der indischen Unabhängigkeitsbewegung, während des sog. „Salzmarsches“ (1930)

Druck A[2] / Jahr 2022
Alle Drucke der Serie A sind im Unterricht parallel verwendbar.

Umschlaggestaltung: LIO Design GmbH, Braunschweig
Umschlagbild vorne: Picture-Alliance GmbH/Presse-Bild Poss/Uta Poss
Umschlagbild hinten: Süddeutsche Zeitung – Photo/Scherl
Druck und Bindung: Westermann Druck GmbH, Georg-Westermann-Allee 66, 38104 Braunschweig

ISBN 978-3-14-**101332**-0

Inhaltsverzeichnis

Das Mikroskop-Symbol zeigt an, welche Angebote speziell für das Leistungsfach sind.

Ende des Nachkriegsbooms und Zusammenbruch des Kommunismus

Nach dem Kalten Krieg

Aktuelle Probleme postkolonialer Räume in historischer Perspektive 204

Fit fürs Abitur

Wie Sie mit diesem Buch arbeiten

Vergangenheit kennen, um unsere Gegenwart besser zu verstehen und die Zukunft zu gestalten – das möchten wir erreichen, wenn wir uns mit Geschichte befassen. Um zu diesem Ziel zu gelangen, haben die Autorinnen und Autoren Ihres Geschichtsbuches für Sie eine interessante und spannende Entdeckungsreise in die Vergangenheit organisiert.

Auftakt

Auf den ersten Blick

Auftaktseite und „Auf den ersten Blick“:
Hier können Sie sich mit dem neuen Thema vertraut machen.
Sie können erzählen, was Sie schon wissen, und Fragen stellen zu Dingen, die Sie interessieren.

Themenseiten

Auf diesen Seiten können Sie sich ein Thema erarbeiten:
- mit einem anschaulichen Darstellungstext,
- mit unterschiedlichen Materialien,
- mit Arbeitsanregungen, die Ihnen bei der Bearbeitung helfen.

Darstellungsseiten

- Wichtige Jahreszahlen geben **Orientierung in der Zeit**.
- Ein kurzer Text zu Beginn führt ins **Thema** ein und wirft **Fragen** auf.
- Ein anschaulich geschriebener **Darstellungstext** infomiert zusammenhängend über das Thema. **Tipp:** Er eignet sich auch gut zur Wiederholung.
- **Zwischenüberschriften** gliedern den Text. So können Ihre Lehrerin/Ihr Lehrer auch ganz einfach auf Teile des Textes verweisen: „DT 2“ ist z. B. der Text unter der zweiten Zwischenüberschrift.
- Wichtige **Begriffe** sind im Text hervorgehoben und werden in Begriffskästen und im Glossar erklärt.

Materialseiten

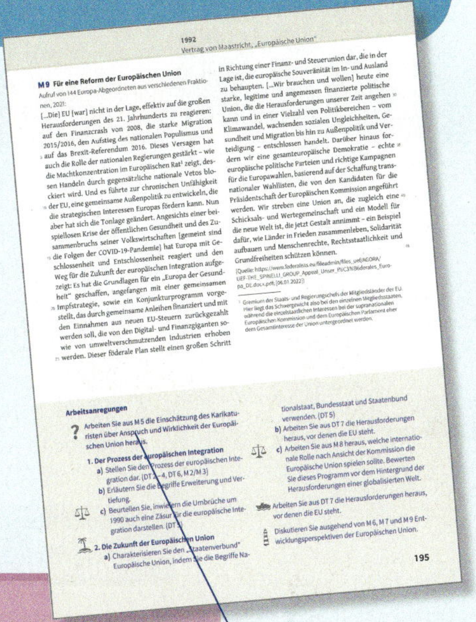

M wie Material:
Vor allem im Arbeitsteil haben Autorinnen und Autoren zu jedem Thema vielfältige Materialien zusammengestellt, zum Beispiel schriftliche Quellen, Sachquellen, Bilder, Schaubilder u. Ä.

Fit fürs Abitur

Dieses Element, ergänzt um einen umfangreichen Serviceteil im Anhang, umfasst Informations- und Trainingselemente, mit denen Sie sich optimal auf Klausuren sowie das schriftliche und mündliche Abitur vorbereiten können.

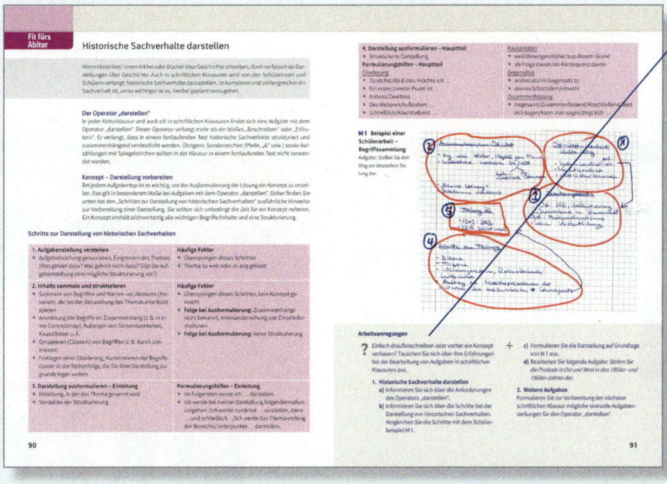

Arbeitsanregungen helfen Ihnen, die Darstellungen und Materialien zu bearbeiten und die Arbeitsergebnisse zu präsentieren.

Methoden werden gemeinsam mit der Erarbeitung eines Themas eingeführt und trainiert.

Ein Blick zurück

Wiederholen – Strukturieren – Beurteilen

Hier können Sie am Ende eines Kapitels überprüfen, was Sie gelernt haben. Sie können das Wichtigste wiederholen und erworbene Kompetenzen nochmals trainieren. Sie können hier das Gelernte für sich ordnen und sich zu wichtigen Fragen eine Meinung bilden.

Wenn Sie im Buch auf diese Seiten treffen ...

Atelier

Ateliers bieten vielfältige Materialien und offene Lernaufgaben. In dieser Lernwerkstatt können Sie besonders üben, selbstständig zu arbeiten, gemeinsam Aufgaben zu lösen und die Arbeitsergebnisse in Form attraktiver Produkte (z. B. Fotoreportage, Ausstellung) zu präsentieren.

Ein rascher Blick

Wenn Sie ein Atelier nicht ausführlich bearbeiten, können Sie auf solchen Seiten mit „einem raschen Blick“ das Wesentliche eines Themas erarbeiten und wie mit einer „Fähre“ gleich die nächste „Lerninsel“ ansteuern, für die Sie vielleicht mehr Zeit aufwenden möchten.

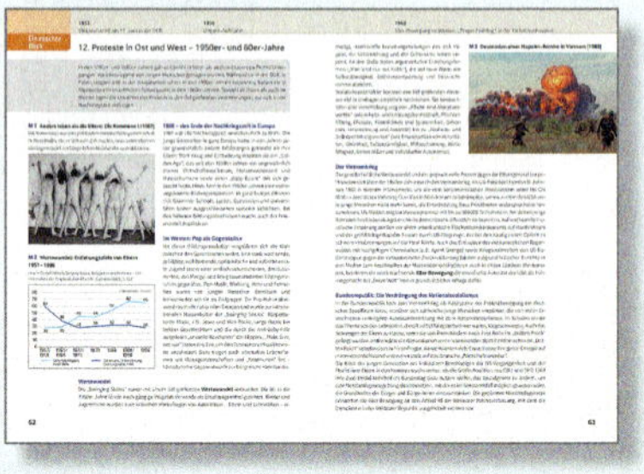

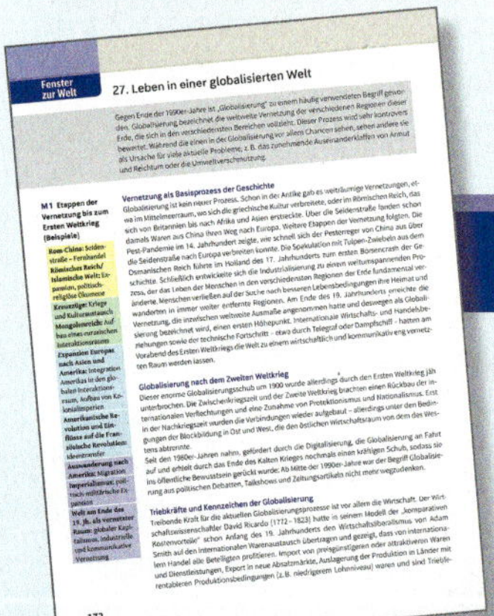

Fenster zur Welt

Hier können Sie Formen wachsender globaler Vernetzung zwischen Europa und außereuropäischen Räumen untersuchen. Durch diese Horizonterweiterung verfolgen Sie Formen großräumiger Integration im Weltmaßstab und analysieren Globalisierungsschübe, die sich phasenweise intensivieren und verstärken, immer wieder aber auch von Phasen der Verlangsamung und Stagnation abgelöst werden. In diesem Band stehen der „Kalte Krieg“ und das Leben in einer globalisierten Welt im Mittelpunkt.

Geschichte kontrovers

Hier können Sie sich mit strittigen Fragen auseinandersetzen. Sie lernen hier verstärkt, sich ein eigenes Urteil zu bilden. Das ist spannend, denn es führt auch zu unterschiedlichen Meinungen und Diskussionen. Auch Historiker/-innen sind sich über diese Fragen bis heute nicht einig. Sie lernen dabei, dass sich jeder Mensch seinen eigenen Weg in die Vergangenheit suchen muss.

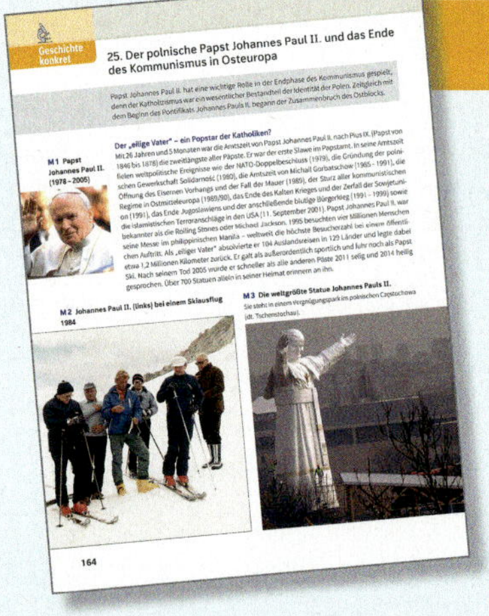

Geschichte konkret

Hier können Sie erkennen, wie die Geschichte das Leben einzelner Menschen geprägt und verändert hat, aber auch, wie diese Menschen durch ihr Handeln den Verlauf der Geschichte mitgestaltet haben.

Kunst und Geschichte

Hier können Sie die Wechselwirkungen zwischen Kunst und Geschichte untersuchen, d.h. Kunstwerke einerseits in ihrem historischen Kontext analysieren und interpretieren, andererseits ihren Rückwirkungen auf historische Prozesse nachgehen. Die Einbeziehung ihrer Rezeption in späteren Epochen ermöglicht Rückschlüsse auf ihr Fortwirken bis in die Gegenwart hinein.

„Viele Wege, ein Ziel“

Ihr Buch bietet Ihnen viele Möglichkeiten, ein Thema auf unterschiedlichen Lernwegen zu bearbeiten. Es hängt von Ihren Interessen und Begabungen ab, für welchen Weg Sie sich entscheiden. Sie können auch gemeinsam mit anderen auf unterschiedlichen Wegen Fragen entwickeln, Arbeitsergebnisse zielgerichtet ansteuern und diese präsentieren.

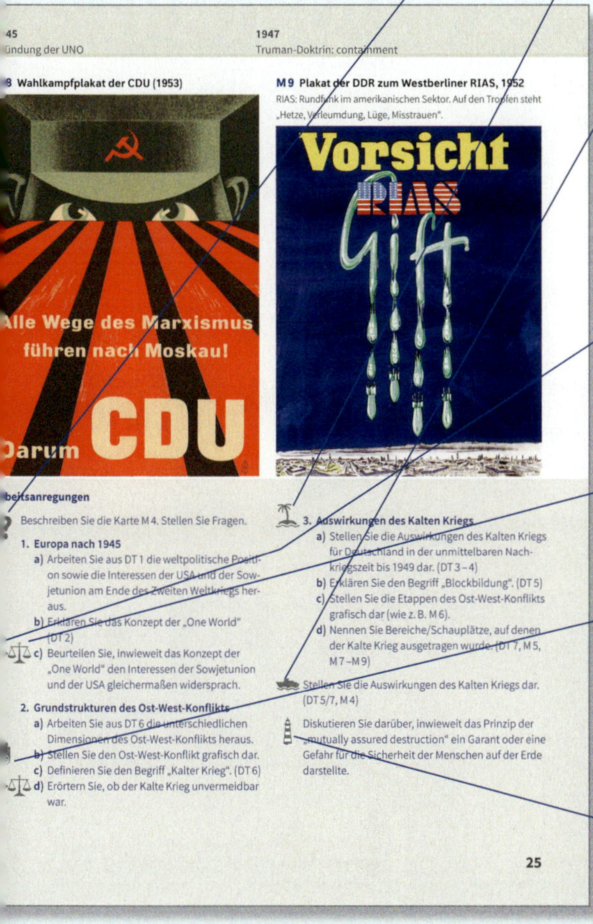
45
ündung der UNO

1947
Truman-Doktrin: containment

8 Wahlkampfplakat der CDU (1953)

M 9 Plakat der DDR zum Westberliner RIAS, 1952
RIAS: Rundfunk im amerikanischen Sektor. Auf den Tropfen steht „Hetze, Verleumdung, Lüge, Misstrauen“.

beitsanregungen

Beschreiben Sie die Karte M 4. Stellen Sie Fragen.

1. Europa nach 1945
   a) Arbeiten Sie aus DT 1 die weltpolitische Position sowie die Interessen der USA und der Sowjetunion am Ende des Zweiten Weltkriegs heraus.
   b) Erklären Sie das Konzept der „One World“ (DT 2)
   c) Beurteilen Sie, inwieweit das Konzept der „One World“ den Interessen der Sowjetunion und der USA gleichermaßen widersprach.
2. Grundstrukturen des Ost-West-Konflikts
   a) Arbeiten Sie aus DT 6 die unterschiedlichen Dimensionen des Ost-West-Konflikts heraus.
   b) Stellen Sie den Ost-West-Konflikt grafisch dar.
   c) Definieren Sie den Begriff „Kalter Krieg“. (DT 6)
   d) Erörtern Sie, ob der Kalte Krieg unvermeidbar war.
3. Auswirkungen des Kalten Kriegs
   a) Stellen Sie die Auswirkungen des Kalten Kriegs für Deutschland in der unmittelbaren Nachkriegszeit bis 1949 dar. (DT 3–4)
   b) Erklären Sie den Begriff „Blockbildung“. (DT 5)
   c) Stellen Sie die Etappen des Ost-West-Konflikts grafisch dar (wie z. B. M 6).
   d) Nennen Sie Bereiche/Schauplätze, auf denen der Kalte Krieg ausgetragen wurde. (DT 7, M 5, M 7–M 9)

Stellen Sie die Auswirkungen des Kalten Kriegs dar. (DT 5/7, M 4)

Diskutieren Sie darüber, inwieweit das Prinzip der „mutually assured destruction“ ein Garant oder eine Gefahr für die Sicherheit der Menschen auf der Erde darstellte.

25

? Ein **Einstieg** knüpft an Vorwissen an und lädt zu Fragen ein.

Zwischenüberschriften machen deutlich, worum es inhaltlich in den einzelnen Arbeitsanregungen geht.

Insel-Aufgaben: Wie auf einer Insel sollten Sie sich für diese Aufgaben die nötige Zeit nehmen, um sich mit dem Thema genau und vertieft zu beschäftigen. Sie können den Dingen auf den Grund gehen und so zu differenzierten Einsichten gelangen. Hier können Sie auch geschichtliche Spuren in Ihrer eigenen Umgebung suchen und Vergleiche zwischen früher und heute ziehen.

Fähre-Aufgaben: Wenn Sie sich die Zeit für eine Insel nicht nehmen wollen, können Sie mit diesen Aufgaben rasch das Wichtigste, den Kern einer Insel-Aufgabe, erarbeiten und danach wie mit einer Fähre direkt weitere Aufgaben oder gar die nächste Insel ansteuern.

oder: **-Aufgaben:** Hier können Sie die Aufgabe auswählen, die Ihnen besser liegt oder die Sie mehr interessiert.

\+ **Plus-Aufgaben:** Wenn Sie schneller fertig geworden sind als Ihre Mitschülerinnen und Mitschüler, können Sie diese Aufgaben noch zusätzlich machen. Sie bieten Ihnen einen neuen, interessanten Gesichtspunkt des Themas an, an den Sie wahrscheinlich noch nicht gedacht haben.

Waage-Aufgaben: Bei diesen Aufgaben ist Ihre eigene Meinung gefragt. Sie können abwägen zwischen den gegensätzlichen Meinungen, die zu einem Problem im Raum stehen, und sollen eine begründete Entscheidung treffen.

Hand-Aufgaben: Mit ihnen können wesentliche Inhalte des Themas in einer nochmals ganz anderen Weise erarbeitet werden. Hier ist Ihre Kreativität gefragt, denn bei diesen Aufgaben können Sie ein Produkt gestalten. Das kann ganz unterschiedlich aussehen: Sie können zum Beispiel etwas vorführen, grafisch darstellen, zeichnen …

Leuchtturm-Aufgaben: Sie regen dazu an, weiter zu schauen (auf andere Themen oder auf unsere Gegenwart), zu diskutieren und „Orientierung“ in unserer heutigen Welt zu gewinnen.

Seiten zum Nachschlagen …

Glossar

Im Glossar können Sie nachschlagen, wenn Ihnen ein Begriff, auf den Sie im Buch stoßen, unbekannt oder unverständlich ist. Es erklärt Ihnen anschaulich wichtige Fachbegriffe.

Register

Das Register hilft Ihnen, wenn Sie im Buch rasch Informationen zu Sachverhalten finden möchten, die Sie interessieren, z. B. über den „Kalten Krieg“ oder die Dekolonisierung. Im Register sehen Sie auf einen Blick, auf welchen Seiten Sie dazu etwas finden.

West- und Osteuropa nach 1945: Streben nach Wohlstand und Partizipation

Großes Bild: US-amerikanische und sowjetische Panzer stehen sich 1961 in Berlin am Grenzübergang Checkpoint Charlie gegenüber.
Kleines Bild: Europäisches Parlament in Straßburg (2022)

YOU ARE LEAVING
THE AMERICAN SECTOR
ВЫ ВЫЕЗЖАЕТЕ ИЗ
АМЕРИКАНСКОГО СЕКТОРА
VOUS SORTEZ
DU SECTEUR AMÉRICAIN
SIE VERLASSEN DEN AMERIKANISCHEN SEKTOR

1. West- und Osteuropa nach 1945: Streben nach Wohlstand und Partizipation

Nach dem Zweiten Weltkrieg finden die westeuropäischen Gesellschaften in unterschiedlichen Geschwindigkeiten den Weg zu Demokratie, Rechtsstaat und Massenkonsum, während Osteuropa erst nach 1989 den Zugang zu Freiheit und Wohlstand gewinnt. Geprägt wird diese Zeit einerseits vom Kalten Krieg und seinem Ende 1990, andererseits von der Erosion der klassischen Industriegesellschaft und dem Strukturwandel durch Digitalisierung und Globalisierung.

M1 Der Historiker Bernd Stöver über den Kalten Krieg

Der Kalte Krieg war eine Auseinandersetzung zwischen zwei unvereinbar erscheinenden Weltanschauungen mit jeweils konkurrierenden Gesellschaftsentwürfen. Prinzipiell beharrten beide Seiten auf universaler Anwendung und globaler Gültigkeit. Der Kalte Krieg war eine politisch-ideologische, ökonomische, technologisch-wissenschaftliche und kulturell-soziale Auseinandersetzung, die ihre Auswirkungen bis in den Alltag zeigte.

(Bernd Stöver, Der Kalte Krieg, München (C. H. Beck) 2003, S. 7 f.)

M2 Antisowjetisches Cover eines US-Comics (1947)

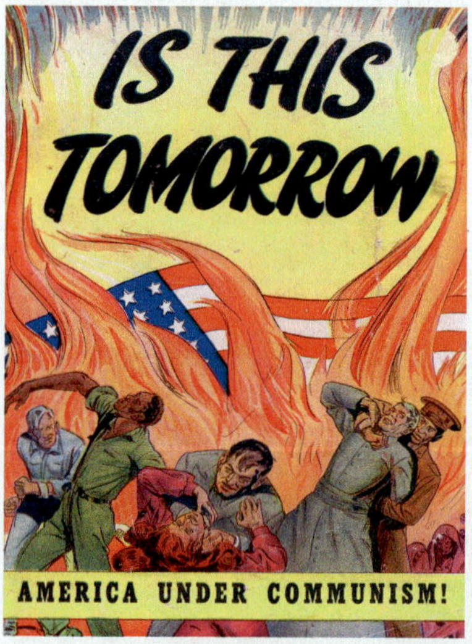

M3 Sowjetisches Plakat nach dem Abschuss eines US-Spionageflugzeugs (1960)

M4 VW-Werbeplakat (1950er-Jahre)

M5 Werbung für die Planwirtschaft (DDR 1951)

M 6 Studierende in Hamburg protestieren gegen verkrustete Strukturen an den Universitäten (1967)

M 7 Bürger/-innen in Prag protestieren gegen den Einmarsch sowjetischer Truppen (1968)

M 8 Feier anlässlich des Mauerfalls in Berlin (1989)

M 10 Der britische Historiker Eric Hobsbawm über das Ende des 20. Jahrhunderts

Es gibt historische Augenblicke, die selbst von Zeitzeugen als Marksteine eines Epochenendes erkannt werden können. Die Jahre um 1990 waren eindeutig ein solcher säkularer Wendepunkt. Doch während jeder sehen konnte, dass das Alte zu Ende gegangen war, herrschte über den Charakter und die Aussichten des Neuen tiefe Ungewissheit.

(Eric Hobsbawm, Zeitalter der Extreme, München (Hanser) 1995, S. 323; Übers.: Yvonne Badal)

M 9 Digitalisierung – Fertigungsroboter

Titelbild einer Pressemitteilung der Plattform „Industrie 4.0", eines von der Bundesregierung initiierten Netzwerks zur Digitalisierung der Industrie (2021)

Arbeitsanregungen

1. Tauschen Sie sich zu Ihrem Vorwissen über die Epoche seit 1945 bis heute in Ost- und Westeuropa aus.
2. Ordnen Sie M 1 – M 9 zu Gruppen. Benennen Sie die Gruppen.
3. Beschreiben Sie die Bilder M 2 – M 9. Schreiben Sie Fragen auf, die Sie interessieren.
4. Charakterisieren Sie, ausgehend von M 10, das „Alte" und das „Neue".

2. Europa 1945 – ein Kontinent in Zerstörung geeint

Der Zweite Weltkrieg hatte in Europa zu einem bis dahin unvorstellbaren Ausmaß an Tod und Verwüstung geführt. In allen Bereichen – Politik, Wirtschaft und Infrastruktur – lag der Kontinent am Boden. Und es gab Millionen Todesopfer.

M1 **Warschau 1945**

M2 **Dresden 1945**

Befreiung und Zerstörung

Als im Mai 1945 der Zweite Weltkrieg mit der Kapitulation Deutschlands endete, war eine Schreckenszeit vorüber: Der Nationalsozialismus war besiegt, die Konzentrationslager befreit, die Waffen schwiegen. Aber jetzt wurde auch das Ausmaß der Katastrophe sichtbar: Ganz Europa lag in Trümmern, die Wirtschaft am Boden, die Menschen hungerten und hatten keine Arbeit, die Kindersterblichkeit war hoch.

Über 60 Millionen Menschen waren infolge des Krieges gestorben, darunter viele Zivilisten. Mit 27 Millionen Toten hatte die Sowjetunion die meisten Opfer zu beklagen. Prozentual war Polen am stärksten betroffen: Jeder sechste Pole war getötet worden, darunter etwa die Hälfte polnische Juden. Für viele Europäer setzte sich 1945 die Gewalt fort, die nicht nur Soldaten in Kriegsgefangenschaft, sondern auch die Zivilbevölkerung erleiden musste: Vergewaltigung durch Soldaten, Vertreibung, Rache an Kollaborateuren gingen weiter.

Ein großer Teil der Städte, vor allem in Deutschland und in Osteuropa, war durch Bombenangriffe zerstört worden, häufig waren nicht einmal mehr die ursprünglichen Staßenzüge zu erkennen. Millionen Menschen hatten kein Dach über dem Kopf, lebten in Ruinen oder drängten sich in großer Enge und frierend in den wenigen verbliebenen Wohnungen.

Die meisten Menschen waren allein damit beschäftigt, ihr Überleben zu sichern. Die landwirtschaftliche Produktion war massiv zurückgegangen und ein Großteil der Infrastruktur zerstört: Schienen, Straßen, Kanäle und Brücken.

Lebensmittel waren so knapp, dass viele Menschen hungerten. Auch Heizmaterial, Medikamente und andere Güter des täglichen Bedarfs fehlten. Wirtschaft und Handel waren zum Erliegen gekommen, Geld hatte seinen Wert verloren, sodass die Menschen zum Tauschhandel übergingen. Auf dem schnell entstandenen Schwarzmarkt etablierte sich neben den direkten Tauschgeschäften die „Zigarettenwährung" als Geldersatz. „Hamsterfahrten" aufs Land zur Lebensmittelversorgung und Diebstähle, etwa von Kohle, waren die Regel. Für diese Situation wird heute oft der Begriff **Zusammenbruchsgesellschaft** verwendet.

Territoriale Veränderungen

Nicht nur das Alltagsleben der Menschen, auch die geografische Situation in Europa hatte sich grundlegend verändert. Die größten Veränderungen gab es in Osteuropa. Schon in den Jahren 1939/1940 hatte die Sowjetunion unter Stalin die baltischen Staaten Estland, Lettland und Litau-

en sowie den östlichen Teil Polens überfallen und als Teil der Sowjetunion annektiert. Zu diesen Eroberungen kamen bis 1945 noch weite Teile des restlichen Osteuropas (von Ostdeutschland und Polen über die Tschechoslowakei, Ungarn und Rumänien bis nach Bulgarien) hinzu. Stalin wollte diese Länder kommunistisch umgestalten, um eine Sicherheits- und Pufferzone für die Sowjetunion gegen zukünftige Angriffe zu schaffen.
Auch für Deutschland hatten die USA, die UdSSR und Großbritannien schon während des Krieges grundlegende Entscheidungen getroffen. Das Land wurde in vier Besatzungszonen aufgeteilt – eine amerikanische, eine sowjetische, eine britische und eine französische – und auch Berlin wurde in vier Sektoren geteilt. Als gemeinsame Regierung sollte der Alliierte Kontrollrat in Berlin fungieren. Der Forderung Stalins, Polen für die Abtretung des östlichen Teils an die Sowjetunion durch deutsche Gebiete östlich von Oder und Neiße zu entschädigen (Westverschiebung Polens), stimmten die westlichen Alliierten schließlich zu. Zusammen mit dem zwischen Polen und der Sowjetunion aufgeteilten Ostpreußen verlor Deutschland damit etwa ein Viertel seines Territoriums.

M3 Europa 1944–48
Neue Grenzen im Osten und Migrationsbewegungen infolge von Flucht und Vertreibung

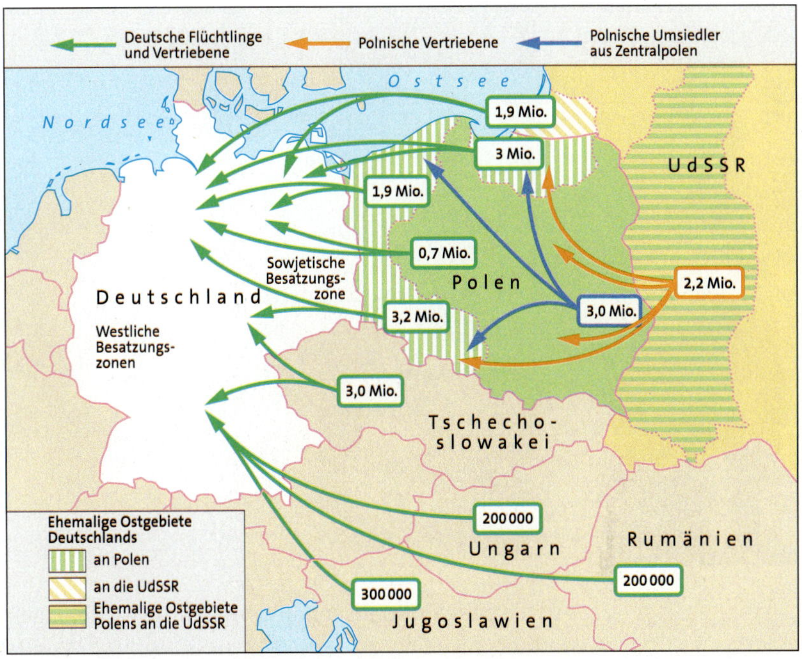

Menschen ohne Heimat

Der Krieg und die territorialen Entscheidungen an seinem Ende führten dazu, dass viele Millionen Menschen in Europa ihre Heimat verloren, vor allem Polen, Ungarn, Tschechen, Ukrainer, Finnen, Italiener und Deutsche. Auf deutschem Boden befanden sich mehr als acht Millionen „Displaced Persons“ (DPs), zumeist Osteuropäer, die als Zwangsarbeiter oder Kriegsgefangene nach Deutschland verschleppt worden waren und nun in ihre Heimat zurückkehren sollten. Auch befreite KZ-Insassen, Deportierte und Evakuierte blieben oft heimatlos. Hunderttausende deutsche Soldaten verbrachten noch mehrere Jahre in Kriegsgefangenschaft, vor allem in den Lagern der Sowjetunion; viele von ihnen starben.
Die Juden, die den Massenmord durch die Deutschen überlebt hatten und aus den Lagern in ihre alte Heimat, vor allem in Osteuropa, zurückkehrten, waren sehr häufig erneut Verfolgungen ausgesetzt. Deshalb machten sich viele auf den Weg, um Europa ganz zu verlassen, vor allem nach Palästina oder in die USA.
Die größten Migrationsbewegungen ergaben sich aber aus den Grenzverschiebungen in Osteuropa. Schon seit 1944 waren viele Deutsche vor der heranrückenden sowjetischen Armee in Richtung Westen geflohen. Auf der Potsdamer Konferenz der Siegermächte von 1945, an der Frankreich nicht beteiligt war, wurde dann beschlossen, dass die Deutschen aus den an Polen und die Sowjetunion abgetretenen Gebieten und die deutschstämmigen Bevölkerungsteile aus der Tschechoslowakei und Ungarn in „humaner Weise“ umgesiedelt werden sollten. Tatsächlich erfolgte die **Vertreibung** oft mit großer Brutalität. Von den etwa 14 Millionen Vertriebenen starben etwa zwei Millionen.

M4 Flüchtlinge in Ostpreußen auf dem Weg in den Westen, 1945

Für die ohnehin von Elend und Wohnungsnot geplagten Deutschen waren die Flüchtlinge und Vertriebenen eine große Herausforderung. Viele Vertriebene stießen auf Ablehnung und Ausgrenzung.
Gleichzeitig erfolgten in Osteuropa Zwangsumsiedlungen von Polen, Ukrainern, Tschechen und Ungarn. Die alte multiethnische Durchmischung Osteuropas fand dadurch ihr Ende.

NS-Verbrecher und Kollaborateure

In allen Ländern stellte sich die Frage, wie man mit der nationalsozialistischen Vergangenheit umgehen sollte, insbesondere mit denjenigen Personen, die das NS-System unterstützt hatten. In den meisten Ländern kam es zunächst zu spontanen Racheaktionen gegenüber deutschen Führungskräften, Kollaborateuren, aber auch deutschen Zivilisten. Frauen, die mit deutschen Soldaten Beziehungen eingegangen waren, wurden oft sozial ausgegrenzt und öffentlich gedemütigt. In den meisten Ländern wurden diese zum Teil extrem brutalen Racheaktionen schnell unterbunden und durch offizielle Gerichtsverfahren ersetzt, mancherorts (z. B. in Jugoslawien) dauerten sie aber noch längere Zeit an.
Eine besondere Herausforderung war der Umgang mit der NS-Vergangenheit in Deutschland. Hier gab es nicht nur einzelne Unterstützer. Vielmehr hatten die meisten Deutschen Hitler jahrelang fanatisch bejubelt und sein Regime bis zum Ende gestützt. Wie sollte man eine solche Gesellschaft entnazifizieren, um eine Basis für eine funktionierende Demokratie zu schaffen?
Was die Hauptkriegsverbrecher betraf, einigten sich die Besatzungsmächte auf ein internationales Gerichtsverfahren in Nürnberg. Hier wurden seit dem November 1945 NS-Führungspersonen (z. B. Hitlers Stellvertreter Rudolf Heß), aber auch NS-Gruppierungen wie die SS oder die Gestapo einem außerordentlichen, aber an rechtsstaatlichen Normen orientierten Gerichtsverfahren unterworfen. Anklagepunkte waren: Vorbereitung und Führen eines Angriffskrieges, Kriegsverbrechen und Verbrechen gegen die Menschlichkeit. Das Gericht schrieb Rechtsgeschichte, denn es berief sich nicht allein auf internationale Verträge, sondern gerade in dem Punkt „Verbrechen gegen die Menschlichkeit" auch auf vorstaatliches Recht. Zwar wurden die Prozesse, die noch bis 1949 weitergeführt wurden, zum Teil als „Siegerjustiz" kritisiert, letztendlich fanden sie jedoch international große Anerkennung.

M5 **Tauschanzeige von 1946**

M6 **„Ärmel aufkrempeln"**

Französisches Plakat, 1945

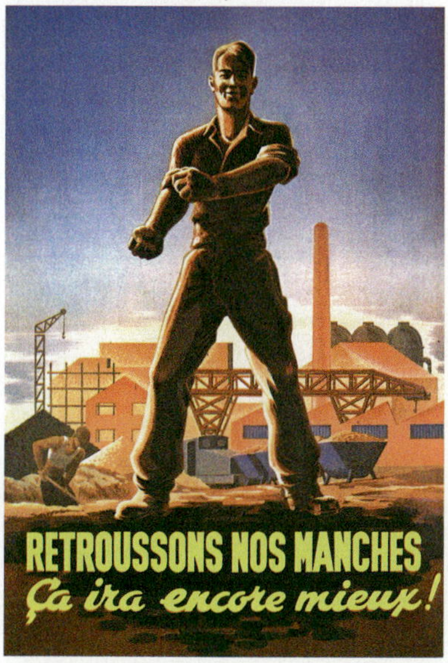

M7 **Ein Strafgericht**

Alfred Döblin als französischer Kulturoffizier in Baden-Baden (1946)

Der Schriftsteller Alfred Döblin, der 1933–1945 im Exil in der Schweiz, Frankreich und den USA gewesen war, berichtet 1945 über seine Rückkehr nach Pforzheim und Baden-Baden:

Versuche einer, hier dem Gedanken an ein Strafgericht zu entgehen. Den unmittelbaren Eindruck eines Strafgerichts erhält man in einer Stadt wie Pforzheim. Diese existiert eigentlich nicht mehr. Sie ist rasiert, wegradiert. Da steht Häuserskelett neben Häuserskelett und hinter dem Skelett eine chaotische Schuttmasse. Hier kommt es einem vor, als ob man durch eine Filmstadt geht, Kulissen, Staffagen, Vordergrundbauten – eine tote, verlassene Stadt. Aber wer schärfer hinblickt und sich länger aufhält, stellt zu seinem Erstaunen fest, dass sich sogar hier unterirdisch Leben regt. [...]

Ein Haupteindruck im Lande, und er löst Ende 1945 bei dem, der hereinkommt, das größte Staunen aus, ist, dass die Menschen hier wie Ameisen in einem zerstörten Haufen hin- und herrennen, erregt und arbeitswütig zwischen den Ruinen, und ihr ehrlicher Kummer ist, dass sie nicht sofort zugreifen können, mangels Material, mangels Direktiven. Die Zerstörung wirkt auf sie nicht deprimierend, sondern als intensiver Reiz zur Arbeit. Ich bin überzeugt: Wenn sie die Mittel hätten, die ihnen fehlen, sie würden morgen jubeln, nur jubeln, dass man ihre alten, überalterten, schlecht angelegten Ortschaften niedergelegt hat und ihnen Gelegenheit gab, nun etwas Erstklassiges, ganz Zeitgemäßes hinzustellen. [...] Und wenn einer früher geglaubt hat, das Malheur im eigenen Lande und der Anblick einer solchen Verwüstung würde die Menschen zum Denken bringen und würde politisch erzieherisch auf sie wirken, so kann er sich davon überzeugen: Er hat sich geirrt.

(Alfred Döblin, Schicksalsreise; in: ders., Autobiographische Schriften und letzte Aufzeichnungen, Frankfurt a. M./Wien/Zürich (Walter) 1978, S. 376 f.)

M8 **Opfer des Zweiten Weltkriegs in ausgewählten Ländern**

Land	Soldaten	Zivilisten	in % der Bevölkerung von 1939	davon jüd. Opfer[1]
Polen	300 000	5 700 000	18 %	3 000 000
UdSSR	8 600 000	16 000 000	14 %	1 000 000
Jugoslawien	300 000	1 200 000	10,6 %	65 000
Deutschland	4 000 000	2 000 000[2]	8 %	165 000
Griechenland	74 000	390 000	7 %	59 000
Japan	1 950 000	680 000	4,5 %	
Frankreich	290 000	290 000	1,5 %	75 000
Italien	280 000	160 000	1,2 %	7 000
Großbritannien	270 000	115 000	1 %	
USA	300 000		0,2 %	
China	1 500 000	?	?	

(Vom Autor auf Basis verschiedener Quellen zusammengestellt.)

[1] Insgesamt ca. sechs Millionen.
[2] Zivile Opfer ohne Vertreibungsverluste.

M 9 Menschen stehlen 1947 Kohle von einem Güterzug nahe Frankfurt am Main

M 11 Zeltunterkünfte für Vertriebene (1946)

M 10 Vertriebene in Berlin (1945)

M 12 Nürnberger Prozesse

Aus der Eröffnungsrede des amerikanischen Hauptanklägers Robert H. Jackson am 21. November 1945:

Das Privileg, eine Gerichtsverhandlung über Verbrechen gegen den Frieden der Welt zu eröffnen, wie sie hier zum ersten Mal in der Geschichte abgehalten wurde, legt eine ernste Verantwortung auf. Die Untaten, die wir zu verurteilen und zu bestrafen suchen, waren so ausgeklügelt, so böse und von so verwüstender Wirkung, dass die menschliche Zivilisation es nicht dulden kann, sie unbeachtet zu lassen; sie würde sonst eine Wiederholung solchen Unheils nicht überleben. Dass vier große Nationen, erfüllt von ihrem Siege und schmerzlich gepeinigt von dem geschehenen Unrecht, nicht Rache üben, sondern ihre gefangenen Feinde freiwillig dem Richtspruch des Gesetzes übergeben, ist eines der bedeutsamsten Zugeständnisse, das die Macht jemals der Vernunft eingeräumt hat.

(Zit. nach: Internationaler Militärgerichtshof Nürnberg (Hg.), Der Prozess gegen die Hauptkriegsverbrecher vor dem Internationalen Gerichtshof Nürnberg, Nürnberg (o. V.) 1947, Bd. 2, S. 111 – 132)

M 13 Erziehung zur Demokratie (1945)

Radioansprache des württembergischen Kultusministers Theodor Heuss, Mitglied der liberalen Demokratischen Volkspartei (DVP), 3. Oktober 1945 (Auszug):

Und nun heute? Jeder spürt, die Aufgabe ist sachlich und seelisch schwieriger als vor einem Vierteljahrhundert [nach dem Ersten Weltkrieg]. Das Fundament muss neu gelegt werden, und seine Grundrisse müssen nach deutschen Bedürfnissen neu geplant werden. Wir können nicht einfach fremde Formenwelt nachahmen wollen, und wir wissen auch, dass Besatzung nicht gleich Unterricht eines demokratischen Lebensstiles ist oder sein kann. Aber was wir lernen können und müssen, heute schon, sind die seelischen Elemente einer demokratischen Verfahrensweise. Sie sind im Letzten ganz einfach: die Achtung vor dem anderen, vor dem Raum seines Menschtums. Demokratie ist nicht bloß Stimmenzählen, sondern ein Verhalten, das im Ringen um Macht und Führung den anderen zu respektieren weiß. [...] Demokratie ist kein Zauberwort für alle Nöte der Welt [...]. Sie ist heute ein Aufruf zur Selbstprüfung und Selbsterziehung an jedermann. [...] Wie viel Hilfsbereitschaft ist in dieser Notzeit erwachsen! Man muss auch sie sehen und nicht nur die üblen Züge des Egoismus, des Denunziantentums, der Würdelosigkeit; hier, im menschlichen Bezirk, da man Menschenwürde wieder zu sehen und zu achten lernen mag, liegen heute die Elemente der Erziehung zur Demokratie.

(Zit. nach: Schicksal und Aufgaben – Reden von Reinhold Maier und Theodor Heuss, Stuttgart (Haslsteiner) 1945, S. 20 f.)

M 14 Die Stunde der großen Umkehr (1945)

Aus einem Aufruf des SPD-Vorsitzenden Kurt Schumacher, 15. Juni 1945:

Unübersehbar ist das Trümmerfeld, unvorstellbar das Elend, unheilbar das Leid. Der deutsche Name ist besudelt durch die Konzentrationslager, die Judenverfolgung, die Barbarei der Kriegführung, die Plünderungen und Sklavenjagden in den besetzten Gebieten. Das eigene Volk ist ausgeblutet. Die Wirtschaft ist zerstört, ihre Substanz geschwunden. Das Land ist krank bis ins Mark. [...]
Die Stunde der großen Umkehr ist da! Aber an den Trümmern des von ihnen selbst zerstörten Vaterlandes stehen die vielen Unbelehrbaren – und klagen an. Wir wollen mit allen Unbelasteten und Aufbauwilligen zusammenarbeiten! Das ganze deutsche Volk steht jetzt vor der entscheidenden Frage seiner geistigen und politischen Neuorientierung. Die Demokratie im neuen Deutschland darf sich nicht auf das Politische beschränken, sie muss das ganze gesellschaftliche und kulturelle Leben durchdringen, muss bis zur letzten Konsequenz die große Selbstverständlichkeit im Leben unseres Volkes werden. [...]
Die Sozialdemokratie hält unverrückbar an den Grundsätzen des Sozialismus fest! Sie kämpft für die Unterstellung der Kartelle und Truste unter die Herrschaft der Allgemeinheit. Die Demokratie in der Wirtschaft ist durch das Mitbestimmungsrecht in den Betrieben zu verwirklichen. Wir fordern die gerechte Verteilung der Lasten auf die Schultern aller.

(Zit. nach: Kurt Schumacher, Nach dem Zusammenbruch, Hamburg (Phönix) 1948, S. 9 f.)

Arbeitsanregungen

? Betrachten Sie M 1/M 2 und M 4 – M 11. Welche Probleme mussten die Menschen in Europa nach dem Zweiten Weltkrieg bewältigen? Überlegen Sie, wie und durch wen diese Probleme gelöst werden könnten.

1. Europa am Boden

a) Erstellen Sie eine Mindmap zum Thema „Die soziale Situation in Europa 1945“. (DT 1/DT 3, M 1/M 2, M 4 – M 11)

b) Beschreiben Sie die territoriale Umgestaltung in Europa in den Jahren 1941 – 1945. (DT 2, M 3)

c) Erklären Sie, warum so viele Europäer 1945 keine Heimat mehr hatten. (DT 3, M 3/M 4)

oder:

d) Schreiben Sie einen Zeitungsartikel zum Thema „Europa im Sommer 1945“, wie er in einer zeitgenössischen amerikanischen Zeitung hätte erscheinen können. (DT 1 – 3, M 1 – M 5)

e) Erörtern Sie, ob man Europa im Jahr 1945 als „Zusammenbruchsgesellschaft“ bezeichnen kann.

Erläutern Sie die Situation in Europa 1945. (DT 1 – 3)

2. Vergangenheitsbewältigung und Neuanfang

a) Erläutern Sie, wie in Europa nach Kriegsende mit der NS-Vergangenheit umgegangen wurde. (DT 4, M 12)

b) Vergleichen Sie die Lösungsansätze in M 13 und M 14 miteinander.

Vergleichen Sie die Situation in Europa 1945 mit der nach dem Ersten Weltkrieg.

3. Der Kalte Krieg – ein neues Ordnungsmuster der internationalen Politik

Nach dem Zweiten Weltkrieg verschärfte sich der Konflikt zwischen den USA und der Sowjetunion. Die Konfrontation zwischen den beiden Supermächten im „Kalten Krieg" prägte die internationale Politik bis 1990. Sie teilte die Welt in zwei Blöcke und hatte auch unmittelbare Auswirkungen auf die Entwicklung im besiegten Deutschland.

M1 Handschlag in Torgau an der Elbe
Am 26. April 1945 trafen amerikanische und sowjetische Soldaten zusammen. Die für das Foto nachgestellte Szene entwickelte sich zu einer Bildikone der vereinten Supermächte gegen Hitler.

M2 Logo der Vereinten Nationen (UNO)
Im stärksten Gremium der UNO, dem Weltsicherheitsrat, sind auch heute noch die Siegermächte des Zweiten Weltkriegs – USA, Sowjetunion, Großbritannien, Frankreich sowie China – ständige Mitglieder. Gegen das Veto (lat. = ich verbiete) auch nur eines dieser Länder kann kein Beschluss gefasst werden.

Europa und die neuen Supermächte

In der Nachkriegszeit wurde rasch deutlich, dass Europa nicht mehr in der Lage war, selbst über seine Zukunft zu bestimmen. Deutschland war besiegt und lag am Boden, aber auch Großbritannien und Frankreich waren wirtschaftlich und militärisch so geschwächt, dass sie keine Führungsrolle mehr übernehmen konnten. Diese übernahmen die USA und die Sowjetunion, denn mit dem Niedergang der alten Großmächte wuchsen ihre Macht und ihr Einfluss. Als Supermächte bestimmten sie fortan die internationale Politik. Neben der wirtschaftlichen Bedeutung – insbesondere der USA – und der territorialen Ausdehnung gründete sich ihre Machtstellung auf militärische Stärke. Sie waren es, die nach 1945 Deutschland, Europa und letztlich die Welt neu ordneten.
Die USA waren seit dem ausgehenden 19. Jahrhundert zur global führenden Wirtschaftsnation aufgestiegen. Mit relativ geringen Verlusten gingen sie aus dem Zweiten Weltkrieg gestärkt hervor. Ihre militärische Stärke zeigte sich 1945 in ihrem Atomwaffenmonopol. Wirtschaftlich und politisch waren die USA die Hauptvertreter des liberaldemokratischen Modells: Sie unterstützten im Bereich der Politik freiheitliche Demokratien und propagierten das Selbstbestimmungsrecht der Völker. Im Bereich der Wirtschaft setzten die USA auf freie, unbeschränkte Handelsbeziehungen aller Staaten („Open-Door"-Prinzip).
Ganz anders war die Ausgangslage in der Sowjetunion. Das Land war im „Großen Vaterländischen Krieg", wie er in Russland auch heute noch genannt wird, Hauptkriegsschauplatz: Verwüstete Gebiete, Millionen von Toten (ca. 27 Mio. Menschen), Millionen von Obdachlosen waren das Ergebnis. Doch die Rote Armee hatte gesiegt: Große Teile Ost- und Mitteleuropas waren besetzt, Berlin erobert. Die Sowjetunion begann, durch die Verschiebung ihrer eigenen Grenzen und die Schaffung abhängiger Staaten, in denen sozialistische Regierungen eingerichtet wurden, ihren Einflussbereich auszuweiten. Das schuf einerseits militärische Sicherheit, andererseits konnte sie so das von ihr unterstützte System der Sowjetkommunismus verbreiten.

Der kurze Traum von der „Einen Welt"

Der gemeinsame Kampf gegen die „Achsenmächte" Deutschland, Italien und Japan hatte über zwanzig Staaten in einer Kriegskoalition zusammengeführt. Schon während des Krieges berieten die Alliierten über die Ausgestaltung der Zeit nach dem Krieg. 1941 formulierten der britische Premierminister Winston Churchill (1874–1965) und der US-Präsident Franklin D. Roosevelt (1882–1945) in der „Atlantik-Charta" die Grundsätze für eine „bessere Zukunft der Welt". Unter anderem sprachen Sie sich für den Verzicht auf territoriale Expansion, das Selbstbestimmungsrecht der Völker, die freie Wahl der Regierungsform, die Freiheit der Meere und den freien Zugang zu Rohstoffen aus. Auch der Führer der Sowjetunion, Josef Stalin, schloss sich dieser Idee an.

Ebenso formulierten Churchill und Roosevelt die Idee einer von allen Völkern der Erde getragenen Institution, die in Zukunft den Frieden sichern sollte. Vielen schien der Traum von einem friedlichen Miteinander in einer gemeinsamen Welt („One world") nun endlich Realität zu werden. Im Juni 1945 beschlossen in San Francisco 50 Staaten die Satzung der Vereinten Nationen (UNO). Der Hauptzweck der Institution war es, „künftige Geschlechter vor der Geißel des Krieges zu bewahren".

M 3 Konferenz von Potsdam
von links nach rechts: Winston Churchill (Großbritannien), Harry S. Truman (USA) und Josef Stalin (UdSSR)

Die Anti-Hitler-Koalition bricht auseinander

Doch die Kriegs-Koalition brach in dem Moment auseinander, als man damit begann, die Nachkriegsordnung konkret auszugestalten. Bei der Potsdamer Konferenz im Sommer 1945 einigten sich Großbritannien, die USA und die Sowjetunion noch auf eine Reihe von Grundprinzipien für die Behandlung Deutschlands, so z. B. Denazifizierung, Demilitarisierung, Demokratisierung und Dezentralisierung (häufig als die „4 Ds" bezeichnet). Das Land wurde in vier Besatzungszonen aufgeteilt, die Hauptstadt Berlin in vier Sektoren. Deutschland als Ganzes sollte aber als Wirtschaftseinheit betrachtet werden. Schon in Potsdam machten Großbritannien und die USA Zugeständnisse. So wurde der Sowjetunion gestattet, Reparationen (die Hälfte von vorgesehenen 20 Mrd. Dollar) aus ihrer eigenen Zone zu entnehmen, was diese gegenüber den westlichen Zonen stark belastete. Durch die polnische Westverschiebung wurde die sowjetische Einflusssphäre in Osteuropa vergrößert. Das widersprach aber den in der Atlantik-Charta niedergelegten Prinzipien des Selbstbestimmungsrechts der Völker und des Verzichts auf territoriale Expansion. Der Konflikt zwischen den Westmächten und der Sowjetunion wurde immer deutlicher. Schon 1945 sprach der britische Premierminister Churchill von einem **„Eisernen Vorhang"** (engl. iron curtain), der zwischen Ost und West niedergegangen sei. 1947 formulierte dann der US-Präsident Harry S. Truman (1884–1972) die Eindämmungspolitik (engl. containment) als neue Doktrin (lat. doctrina = Lehre, hier: Richtschnur, Regel) der amerikanischen Außenpolitik. Vorrangiges Ziel der USA und ihrer Verbündeten sei es, ein weiteres Vordringen des Kommunismus zu verhindern. Auch auf sowjetischer Seite sah man die ursprüngliche Koalition als beendet an.

Ein Riss geht durch Deutschland ...

Die Widersprüche zwischen Ost und West zeigten sich recht früh auch darin, dass jede Besatzungsmacht in Deutschland den Wiederaufbau der politischen und wirtschaftlichen Ordnung gemäß ihren Systemvorstellungen gestaltete. Deutschland wurde zum wichtigsten Konfliktfeld zwischen den USA und der Sowjetunion. Auf westlicher Seite rückten US-Amerikaner, Briten und Franzosen immer stärker zusammen, vereinigten ihre Zonen (zunächst amerikanische und britische zur „Bizone", schließlich mit der französischen Zone zur „Trizone"), führten mit der D-Mark eine eigene Währung ein (Währungsreform 1948) und beauftragten schließlich die Ministerpräsidenten der Länder ihrer Besatzungszonen, eine Verfassung für einen bald zu gründenden Weststaat auszuarbeiten. Im Mai 1949 wurde das Grundgesetz für die Bundesrepublik Deutschland verkündet und damit ein eigener westdeutscher Staat mit liberaldemokratischer Ausrichtung (**parlamentarische Demokratie**) gegründet – unter Ausschluss der sowjetischen Besatzungszone. Die Sowjetunion zog nach. Im Oktober 1949 folgte die Gründung der Deutschen Demokratischen Republik, die dem kommunistischen Modell der Sowjetunion folgte (**„Volksdemokratie"**).

... durch Europa und die Welt

Zwei feindliche Blöcke standen sich nun unversöhnlich gegenüber. Dabei beschränkte sich die Konfrontation nicht auf Deutschland, sondern zog die ganze Welt in ihren Bann. Viele Staaten

M4 Blockbildung und internationale Politik nach 1945

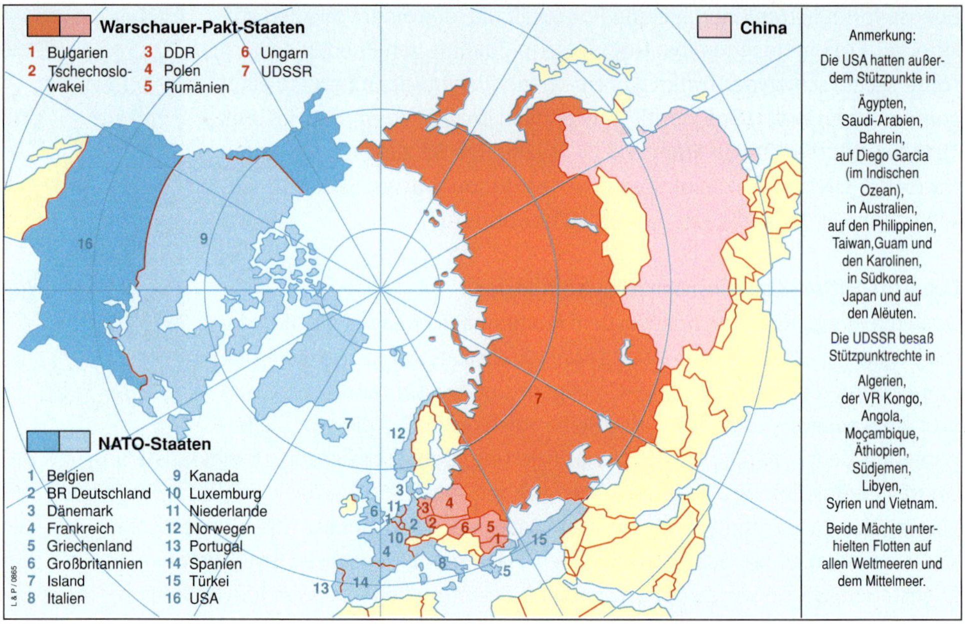

weltweit verbanden sich nun entweder mit den USA oder der Sowjetunion und ordneten sich damit in das neue Ost-West-Schema ein (**Bipolarität**).

Es erfolgte eine **Blockbildung** in wirtschaftlicher und vor allem militärischer Hinsicht. Die westorientierten Staaten schlossen sich in dem Militärbündnis NATO zusammen, der Osten bildete den Warschauer Pakt. Wirtschaftlich organisierte sich der Westen in der „Organisation für europäische wirtschaftliche Zusammenarbeit" (OEEC, später OECD), die zunächst die US-Wirtschaftshilfen im Rahmen des „European Recovery Program" (ERP, Marshall-Plan) koordinierte. Der Osten bildete den „Rat für gegenseitige Wirtschaftshilfe" (RGW).

Struktur des Ost-West-Konfliktes

Der Konflikt zwischen dem Westen und dem Osten hatte mehrere Dimensionen. Der **Systemkonflikt** (oder Wertekonflikt) zwischen liberaldemokratischem und kommunistischem System - zwischen **Kapitalismus** und **Sozialismus**, Parteienpluralismus und „Diktatur des Proletariats", **Marktwirtschaft** und **Zentralverwaltungswirtschaft** - bestand schon seit der Oktoberrevolution 1917. West und Ost vertraten unterschiedliche, miteinander unvereinbare Gesellschaftsmodelle. Die Konkurrenz um Macht (**Machtkonflikt**), d. h. um territoriale Einflusssphären oder den Zugang zu Ressourcen, wurde erst nach 1945 virulent, als die beiden Supermächte in Europa, aber auch im Zuge der Dekolonisierung in Asien und Afrika miteinander konkurrierten. Eine dritte Konfliktdimension stellte der **Rüstungswettlauf** dar. Die treibende Kraft war das Sicherheitsdilemma, wonach ein höheres Maß an militärischer Sicherheit durch Rüstung für die eine Seite eine Reduktion der Sicherheit für die andere bedeutet und dort entsprechende (Nach-)Rüstungsbemühungen auslöst. Der Abwurf der Atombombe am 6. und. 9. August 1945 auf die japanischen Städte Hiroshima und Nagasaki zeigte die anfängliche atomare Überlegenheit der USA. Die Sowjetunion versuchte, den Vorsprung auszugleichen, und verfügte ab 1949 ebenfalls über die Atombombe. Stärkere Bomben wurden gebaut, Trägersysteme (Langstreckenbomber und -raketen) entwickelt, elektronische Steuerungstechnik verwendet usw. Die Rüstungsspirale drehte sich immer schneller, sodass die Supermächte im Lauf der Jahrzehnte ein Waffenarsenal aufbauten, das ausreichte, die Erde gleich mehrfach zu zerstören („Overkill").

Die Phase des Ost-West-Konfliktes von 1947 – 1990 wird auch als **Kalter Krieg** bezeichnet. Im „Schatten der Atombombe" hätte eine direkte militärische Konfrontation der Bündnisblöcke verheerende Folgen für beide Kontrahenten gehabt („mutually assured destruction"). Daher blieb der Krieg „kalt", d.h. unter der Schwelle direkter militärischer Auseinandersetzung. „Heiße" Kriege wurden als **„Stellvertreterkriege"** geführt, in denen keine oder nur eine Supermacht direkt beteiligt war und dafür die regionalen Kriegsparteien von Ost und West mit Waffen und Geld unterstützt wurden.

M 5 Rüstungswettlauf

Karikatur des österreichischen Karikaturisten Horst Haitzinger, 1981 zur Zeit des „Second Cold War"

Schauplätze des Kalten Krieges

Der „Wettlauf der Systeme" wurde auch in anderen Bereichen ausgetragen, die damit politisiert wurden: Die Überlegenheit des politischen Systems sollte sich durch gute sportliche Leistungen in einer führenden Position im Medaillenspiegel niederschlagen. Olympische Spiele wurden als Strafmaßnahme boykottiert (z.B. 1980 durch das Fernbleiben von US-Sportlern bei den Olympischen Sommerspielen in Moskau als Protest gegen den Einmarsch der UdSSR in Afghanistan).

Im Bereich der Technik war die Weltraumfahrt ein wichtiges Konkurrenzfeld, das zudem durch die Entwicklung der Raketentechnik auch unmittelbare militärische Bedeutung hatte. 1957 gelang es der UdSSR, mit „Sputnik" den ersten Satelliten ins Weltall zu schicken. Der „Sputnik-Schock" zeigte dem Westen, dass die Sowjetunion nun auch über die Möglichkeit verfügte, mit Langstreckenraketen Atombomben über Kontinente hinweg zu befördern. Im Gegenzug gelang es den USA, 1969 den ersten Menschen auf den Mond zu schicken. Die Weltraumtechnik verlangte auch die Entwicklung von Computern. Hier wurden die USA führend.

Im Alltag war der Kalte Krieg vor allem durch die **Propaganda** spürbar, die von der Gegenseite ein Feindbild entwarf. Westliche Spionagefilme – wie z.B. James Bond – nahmen das Thema des Kalten Kriegs auf. Die Schurken kamen vornehmlich aus dem Osten. In den USA kam es in den 1950er-Jahren zu einer Hetzjagd auf Kommunisten (McCarthy-Ära, benannt nach dem gleichnamigen Politiker der Republikanischen Partei). In Osteuropa klagte die staatliche Propaganda die Ungerechtigkeiten des kapitalistischen Systems an: Ausbeutung, sozialer Abstieg, Kriminalität, Drogensucht.

Verlauf des Kalten Krieges

Der Kalte Krieg hatte Phasen mit hoher Konfliktintensität und Phasen der Entspannung. Einen ersten Höhepunkt stellte der Koreakrieg dar. Nach der Befreiung von der japanischen Besatzungsmacht wurde das Land – ähnlich wie Deutschland und Vietnam – geteilt. Der Norden wurde kommunistisch und wurde von der Sowjetunion bzw. vom ebenfalls kommunistischen China unterstützt, der Süden verbündete sich mit den USA. Angriffe von Nord- auf Südkorea führten von 1950–1953 zu einer Militärintervention der USA aufseiten Südkoreas. Der Koreakrieg war neben dem Vietnamkrieg (1955–1975) einer der wichtigsten Stellvertreter-Kriege mit direkter Beteiligung des US-Militärs.

Nach der Kuba-Krise 1962, die die Supermächte an den Rand eines Atomkriegs geführt hatte, kam es zu einer Phase der Entspannung („Detente"), die durch die gegenseitige Achtung der Einflusssphären, die Bemühung um Dialog und Abrüstungsgespräche geprägt war. Ein erneutes Ansteigen der Spannungen („Second Cold War") erfolgte Ende der 1970er-Jahre mit erneuten Rüstungsanstrengungen und der sowjetischen Besetzung Afghanistans. Der Ost-West-Konflikt endete erst durch den Zusammenbruch des kommunistischen Systems Ende der 1980er-Jahre.

M6 Fieberkurve der amerikanisch sowjetischen Beziehungen im Ost-West-Konflikt 1945 – 1989

Vorgeschichte:

- **1917:** Oktoberrevolution in Russland, Eintritt der USA in den Ersten Weltkrieg
- **1941:** Eintritt der Sowjetunion (Angriff durch NS-Deutschland) und der USA (Angriff Japans auf Pearl Harbour) in den Zweiten Weltkrieg

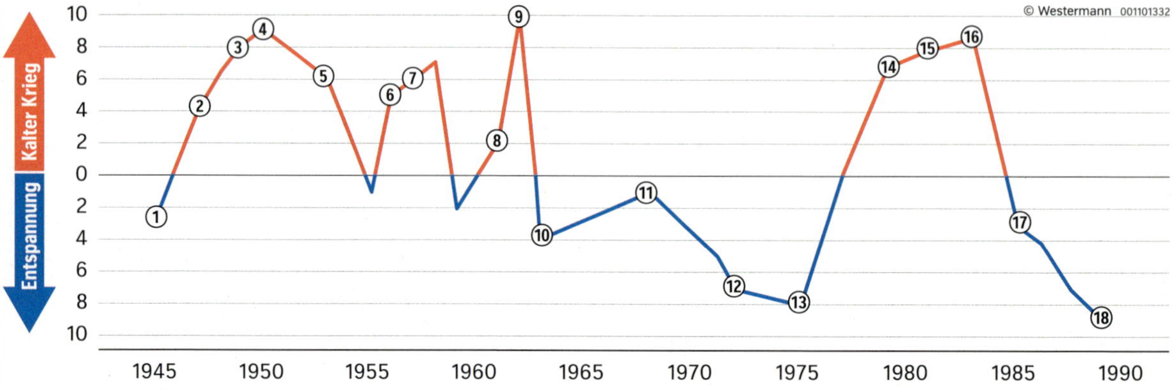

① 1945: Ende des Zweiten Weltkriegs
② 1947: Truman-Doktrin + Marshall-Plan
③ 1949: Gründungen: NATO, BRD, DDR, China
④ 1950: Korea-Krieg
⑤ 1953: Stalins Tod
⑥ 1956: Aufstände in Ungarn und Polen
⑦ 1957: Sputnik-Schock
⑧ 1961: Bau der Berliner Mauer
⑨ 1962: Kuba-Krise
⑩ 1963: Vertrag über Atomteststopp + „heißer Draht"
⑪ 1968: Atomwaffensperrvertrag, Aufstand in Prag („Prager Frühling")
⑫ 1972: Rüstungsbegrenzung für Langstreckenraketen (SALT I)
⑬ 1975: Erfolgreiches Ende der Konferenz für Sicherheit und Zusammenarbeit in Europa (KSZE-Schlussakte von Helsinki)
⑭ 1979: Sowjetische Besetzung Afghanistans, NATO-Nachrüstungsbeschluss, Beginn des „Second Cold War"
⑮ 1981: Polen verhängt das Kriegsrecht
⑯ 1983: Abbruch der Rüstungskontrollverhandlungen
⑰ 1985: Beginn einer Reihe von Gipfeltreffen, Michail Grobatschow Generalsekretät der KPdSU
⑱ 1989: Fall der Berliner Mauer

M7 Zerstörungskraft der Atomwaffen

Alle Punkte zusammen stellen die weltweiten Nuklearарsenale (2005) dar. Der Punkt im Quadrat in der Mitte steht für die Zerstörungskraft der gesamten im Zweiten Weltkrieg eingesetzten Waffen.

Die Grafik zeigt sozusagen 2 500 Zweite Weltkriege; nur zwei Quadrate würden reichen, um alle großen und mittleren Städte der Welt zu vernichten. Zur Zeit des Kalten Krieges war die Zerstörungskraft der damaligen Atomwaffen noch viel höher: 1985 entsprach sie 6 000 Zweiten Weltkriegen.

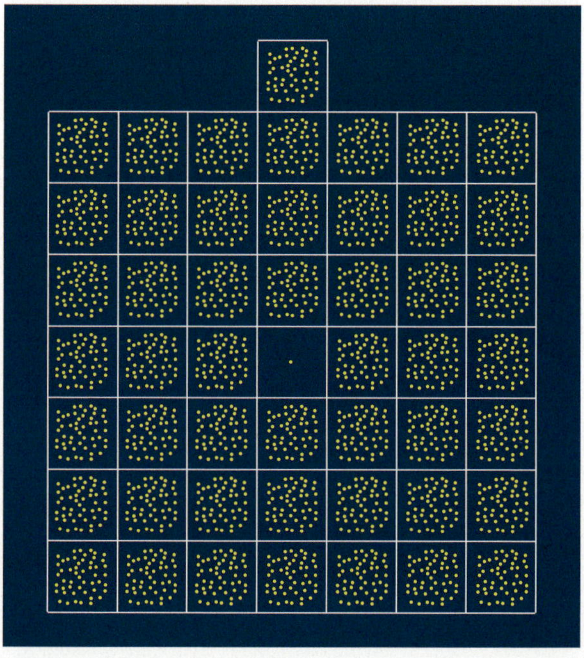

M 8 Wahlkampfplakat der CDU (1953)

M 9 Plakat der DDR zum Westberliner RIAS, 1952

RIAS: Rundfunk im amerikanischen Sektor. Auf den Tropfen steht „Hetze, Verleumdung, Lüge, Misstrauen".

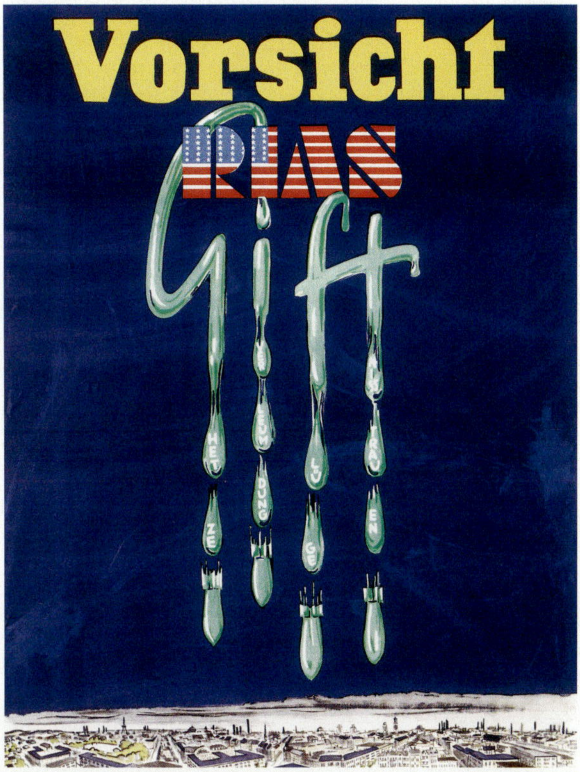

Arbeitsanregungen

? Beschreiben Sie die Karte M 4. Stellen Sie Fragen.

1. Europa nach 1945

- **a)** Arbeiten Sie aus DT 1 die weltpolitische Position sowie die Interessen der USA und der Sowjetunion am Ende des Zweiten Weltkriegs heraus.
- **b)** Erklären Sie das Konzept der „One World" (DT 2)
- **c)** Beurteilen Sie, inwieweit das Konzept der „One World" den Interessen der Sowjetunion und der USA gleichermaßen widersprach.

2. Grundstrukturen des Ost-West-Konflikts

- **a)** Arbeiten Sie aus DT 6 die unterschiedlichen Dimensionen des Ost-West-Konflikts heraus.
- **b)** Stellen Sie den Ost-West-Konflikt grafisch dar.
- **c)** Definieren Sie den Begriff „Kalter Krieg". (DT 6)
- **d)** Erörtern Sie, ob der Kalte Krieg unvermeidbar war.

3. Auswirkungen des Kalten Kriegs

- **a)** Stellen Sie die Auswirkungen des Kalten Kriegs für Deutschland in der unmittelbaren Nachkriegszeit bis 1949 dar. (DT 3–4)
- **b)** Erklären Sie den Begriff „Blockbildung". (DT 5)
- **c)** Stellen Sie die Etappen des Ost-West-Konflikts grafisch dar (wie z. B. M 6).
- **d)** Nennen Sie Bereiche/Schauplätze, auf denen der Kalte Krieg ausgetragen wurde. (DT 7, M 5, M 7–M 9)

Stellen Sie die Auswirkungen des Kalten Kriegs dar. (DT 5/7, M 4)

Diskutieren Sie darüber, inwieweit das Prinzip der „mutually assured destruction" ein Garant oder eine Gefahr für die Sicherheit der Menschen auf der Erde darstellte.

Kunst und Geschichte

4. Kunst angesichts von Krieg und Zerstörung

Angesichts der Millionen von Toten durch Krieg und Holocaust empfanden viele Künstler ein tiefes Unbehagen, diese Ereignisse künstlerisch darzustellen. Wo konnte man anknüpfen? Wie damit umgehen?

Mahnmal für die ermordeten Juden Europas in Berlin

60 Jahre nach dem Ende des Zweiten Weltkriegs wurde in Berlin 2005 das Mahnmal für die ermordeten Juden Europas, das sogenannte Holocaust-Mahnmal eröffnet. Auf einem großen, gewellten Gelände mitten in der Stadt wurden 2711 verschieden hohe Betonblöcke parallel zueinander so angeordnet, dass man zwischen den Blöcken durchgehen kann. Unter dem Mahnmal wurde ein Ort der Information geschaffen, der die Verbrechen der Nazizeit dokumentiert. Das Mahnmal wurde von dem New Yorker Architekten Peter Eisenmann entworfen. Peter Eisenmann sagte über das Projekt: „Das Ausmaß und der Maßstab des Holocaust machen jeden Versuch, ihn mit traditionellen Mitteln zu repräsentieren, unweigerlich zu einem aussichtslosen Unterfangen. [...] Unser Denkmal versucht, eine neue Idee der Erinnerung zu entwickeln." Eisenmann verweigert jegliche Instrumentalisierung der Kunst durch die Politik: „Ich meine, ein Kunstwerk muss offen für Interpretationen sein, es darf nicht eine bestimmte Deutungsweise vorgeben."

Kunst im Nachkriegsdeutschland

Die Künstler der unmittelbaren Nachkriegszeit waren vom Krieg und den Nazi-Verbrechen direkt betroffen. Sie mussten einen Weg finden, mit ihren Erlebnissen künstlerisch umzugehen. Dazu kam, dass das freie Kunstschaffen in Europa, vor allem aber in Deutschland, für viele Jahre durch die Diktatur der Nationalsozialisten unterbrochen worden war. Für die unmittelbare Nachkriegszeit lassen sich zwei Wege beschreiben, wie mit dem Geschehenen umgegangen wurde: die gegenständlich-figurative und die abstrakte Kunst.

Gegenständliche Kunst

Es gab die Möglichkeit, das Grauen abzubilden und so dem Entsetzen über die Gräuel Ausdruck zu verleihen und Position zu beziehen. Die Bilder sollten die persönliche Betroffenheit des Künstlers zeigen und beim Betrachter Empathie für die Opfer und Verachtung gegenüber den Tätern wecken. Stilistisch bedienten sich diese Künstler einer expressiv-realistischen oder symbolischen Darstellungsweise.

M 1 Mahnmal für die ermordeten Juden Europas in Berlin (eingeweiht 2005)

M 2 George Grosz (1893 – 1959): Kain oder Hitler in der Hölle (1944)

George Grosz (eigentlich Georg Ehrenfried Groß), in Berlin geboren, emigrierte 1933 in die USA und wurde 1938 amerikanischer Staatsbürger. 1959 kehrte er nach Berlin zurück, wo er noch im selben Jahr starb. George Grosz selbst sagte über das Bild: „Hitler ist hier als faschistisches Monster oder als apokalyptische Bestie dargestellt, die von ihren eigenen Gedanken verzehrt wird."

M 3 Hans Grundig (1901 – 1958): Den Opfern des Faschismus (1946/47)

Hans Grundig erhielt während der Nazi-Herrschaft ein Berufsverbot. Sein Werk wurde als „entartet" diffamiert. 1940 – 1944 war er zunächst im Konzentrationslager Sachsenhausen interniert, dann einem Strafbataillon der Wehrmacht zugeteilt. Auf dem Gemälde ist zu erkennen, dass die vordere Figur seine Häftlingsnummer trägt. Hans Grundig kehrte 1946 nach Dresden zurück und arbeitete dort bis zu seinem Tod als Rektor der Hochschule für Bildende Künste.

Abstrakte Kunst

Eine Möglichkeit, sich auf eine ganz andere Art mit dem Zivilisationsbruch zu befassen, bot die abstrakte Kunst. Hier konnte der Künstler seine Gefühle unmittelbar durch Farbe, Form und die Art des Farbauftrags ausdrücken, ohne den Umweg über das Gegenständlich-Figurative gehen zu müssen.

Bereits während des Zweiten Weltkriegs wurden in Paris – unter wesentlicher Mitwirkung emigrierter Künstler aus Deutschland – verschiedene Stilrichtungen der Abstraktion entwickelt. Der sogenannte „art informel" (auch „Informel" oder „informelle Kunst") wurde hier rasch zu einer der Hauptströmungen abstrakter Kunst. Sein Merkmal ist ein freier, spontaner Auftrag von Farbflecken auf eine Leinwand. Die nicht von der Vernunft kontrollierte, schnelle Arbeitsweise soll, wie bereits im Surrealismus propagiert, Prozesse des Unbewussten spiegeln. Zeitgleich setzten sich auch in New York verschiedene Stilrichtungen abstrakter Kunst durch, die unter dem Begriff des „abstrakten Expressionismus" zusammengefasst werden.

M 4 Wols (1913–1951): Composition (1947)

Wols (eigentlich Alfred Otto Wolfgang Schulze), in Berlin geboren, emigrierte bereits 1932. Er kehrte auch nach dem Krieg nicht nach Deutschland zurück, sondern lebte und arbeitete bis zu seinem Tod in Paris. Seit den 1950er-Jahren gilt Wols als führender Maler des „Informel". Wols äußerte sich in einem Interview 1947: „Heutzutage ist die Welt das Böse. Das Böse ist gewissermaßen zum einzigen universellen Ausdruck unserer Zeit geworden. […] Der ganze Globus durchtränkt sich nach und nach mit derselben Art Verderbtheit, Elend und Trauer, die im Hitler-Deutschland herrschte […]".

Kalter Krieg und Kunst

Sehr schnell geriet die Kunst der Nachkriegszeit in die ideologischen Auseinandersetzungen des beginnenden Kalten Kriegs. In den USA dominierte mit den Stilrichtungen des „abstrakten Expressionismus" und dem „Action Painting" die abstrakte Kunst, die Sowjetunion dagegen hatte bereits den „sozialistischen Realismus" als verbindlichen Stil festgelegt. Die Kunst wurde zum Schlachtfeld des Kalten Kriegs: hier die abstrakte Kunst, die als wild, frei und spontan galt und damit als Sinnbild der freiheitlich-demokratischen Ordnung; dort der „sozialistische Realismus", der sich aufgrund seiner antifaschistischen Stoßrichtung als moralisch überlegen darstellte.

In den westlichen Besatzungszonen gab es Programme, die im Dienst demokratischer Kulturvermittlung standen. Die USA förderten die abstrakte Kunst durch Stipendien für Künstler und die Finanzierung von Ausstellungen. Wer im Westen als Kunstschaffender Erfolg haben wollte, setzte auf Abstraktion. Wer seine Modernität, seinen Zukunftsoptimismus und seinen wirtschaftlichen Erfolg ins Bild setzen wollte, kaufte abstrakte Kunst. Folgerichtig war die II. documenta, die große Kunstausstellung in Kassel, 1959 fast ausschließlich mit ungegenständlichen Werken bestückt und die US-amerikanische Kunst spielte erstmals eine wichtige Rolle. Auch Jackson Pollock (1912 – 1956), der US-amerikanische Star des von ihm begründeten „Action Painting", war mit großformatigen Werken vertreten.

Hier wurde das Selbstverständnis der westlichen Welt ausgestellt. Folgerichtig sagten die Ostblockstaaten der Abstraktion den Kampf an. So propagierte auch die SED in der DDR den „sozialistischen Realismus" als eine „volksnahe Kunst", die gesellschaftspolitische Fragen und Probleme thematisiere und Stellung beziehe. 1951 wurde das Ende der „formalistischen" Freiheit der Kunst in der DDR beschlossen. Wer als Künstler in der DDR bestehen wollte, war auf den „sozialistischen Realismus" verpflichtet. An der abstrakten Kunst wurden das fehlende soziale Engagement und die unverbindliche Offenheit der künstlerischen Aussage kritisiert.

Arbeitsanregungen

? Tauschen Sie sich darüber aus, welche Bedeutung Kunst für die Verarbeitung von traumatischen Erlebnissen haben kann.

1. Erläutern Sie, wie sich in M 2 – M 4 die Künstler mit dem Thema Krieg auseinandersetzen. Äußern Sie Vermutungen, welche Botschaft sie dem Betrachter vermitteln wollen.

2. Das Mahnmal für die ermordeten Juden in Berlin (M 1) thematisiert aus einem zeitlichen Abstand heraus den Holocaust. Diskutieren Sie, ob es sich um ein gelungenes Werk handelt.

3. Führen Sie eine Podiumsdiskussion zum Thema „Kunst und Krieg". Diskutieren Sie über die Funktion, die Kunst in der Auseinandersetzung mit Leid und Zerstörung haben kann und haben soll (Verharmlosung, Verklärung, Bewältigung, Mahnung usw.). Lassen Sie die unter 1. herausgearbeiteten Herangehensweisen darin einfließen.

\+ 4. Recherchieren Sie dazu im Internet bedeutende Kunstwerke zum Thema „Krieg und Gewalt", wie beispielsweise die Werke „Desastres de la Guerra" von Francisco de Goya, „Guernica" von Pablo Picasso, „Der Krieg" von Otto Dix.

5. Erläutern Sie, inwiefern der beginnende Kalte Krieg die Kunst der Nachkriegszeit beeinflusst hat. (DT 5)

Diskutieren Sie, ob heutzutage die fotojournalistische Dokumentation von Kriegen und Kriegsverbrechen das geeignetere Mittel ist, um Kriege zu reflektieren, und ob der Fotojournalismus damit eine Auseinandersetzung der Bildenden Kunst mit dieser Thematik überflüssig macht.

5. Westeuropa nach 1945 – liberale Demokratie als Norm

Am 23. Mai 1949 wurde mit der Verkündung des Grundgesetzes in Bonn die Bundesrepublik Deutschland gegründet, ein Staat, der – wie viele andere in Westeuropa – auf den Prinzipien der liberalen Demokratie, d. h. vor allem Parteienvielfalt und freie Wahlen, beruhte. Diese Staatsgründung bildete aber auch den Endpunkt einer Entwicklung hin zur Teilung Deutschlands und Europas.

M1 **Wahlplakat Westdeutschland 1949 für die christdemokratische CDU**

M2 **Wahlplakat Großbritannien 1946 für die (sozialistisch-sozialdemokratische) Labour Party**

Containment-Politik

Die unüberbrückbaren Gegensätze zwischen den westlichen Alliierten und der Sowjetunion führten schon rasch nach Ende des Zweiten Weltkriegs zum Bruch. Präsident Truman verkündete im März 1947 die nach ihm benannte Doktrin, in der eine gemeinsame Politik mit der Sowjetunion für beendet erklärt wurde. Stattdessen sollte nun eine Politik des „Containment“ (engl. = Eindämmung) greifen: Der Einfluss der Sowjetunion und eine drohende Expansion auf weitere Teile Europas sollten mit allen Mitteln gestoppt werden.

Ein wesentliches Element der Containment-Politik war seit 1947 das „European Recovery Program“ (ERP), der nach dem US-Außenminister George C. Marshall benannte **Marshall-Plan**. Die USA stellten den europäischen Ländern insgesamt zwölf Milliarden Dollar an Zuschüssen und langfristigen Krediten zur Verfügung, um wirtschaftlich stabile Verhältnisse zu erzielen und damit die Gefahr kommunistischer Umstürze zu vermindern. Während die Länder im sowjetischen Einflussbereich von Stalin gezwungen wurden, auf die US-Wirtschaftshilfe zu verzichten, gründeten die westeuropäischen Staaten 1948 zur Koordinierung des ERP die Organisation für europäische wirtschaftliche Zusammenarbeit (OEEC). Beides trieb die Spaltung Europas nochmals entscheidend voran.

Neuanfang der liberalen Demokratie

In den europäischen Staaten mit demokratischen Traditionen, z. B. Frankreich, Benelux, Dänemark, Norwegen und Tschechoslowakei, entstand auf liberaldemokratischer Grundlage das politische Leben wieder. Dennoch war auch in diesen Ländern der demokratische Neuanfang nicht ohne Schwierigkeiten: Die bisherigen Spitzenpolitiker waren entweder während der NS-Besetzung getötet bzw. vertrieben worden oder sie hatten, z. B. in Frankreich, als Kollaborateure ihre Glaubwürdigkeit verloren.

Bei den ersten Wahlen war fast überall die politische Linke, deren Vertreter durch Verfolgung und Widerstand zusammengewachsen waren, erfolgreich. Die Kommunisten bekamen z. B. in Frankreich mit 26 % die meisten, in Italien fast ein Fünftel der Wählerstimmen. Nicht zuletzt das offen demokratiefeindliche Vorgehen der Kommunisten in Osteuropa führte aber im Westen dazu, dass sich viele von der kommunistischen Alternative abwandten. Als weitere bedeutende politische Kräfte entwickelten sich die Christdemokraten und die Liberalen.

So wurde beispielsweise in Frankreich 1946 eine neue Verfassung (Vierte Republik) verabschiedet. Im Parlament vertreten waren Kommunisten und Sozialdemokraten, die hauptsächlichen Träger der Résistance, Christdemokraten (Mouvement républicain populaire) und die Nationalkonservativen unter dem Kriegshelden Charles de Gaulle.

Unvollständige Entnazifizierung

Ein wesentliches Element des demokratischen Wiederaufbaus im Westen bildete die Entnazifizierung. Diejenigen, die an den NS-Verbrechen beteiligt waren, sollten bestraft und aus zentralen Positionen entfernt werden. In Deutschland wurde vor allem in der US-Zone durch ein Stufenverfahren versucht, allen NS-Parteimitgliedern und Amtsträgern ihre jeweilige persönliche Schuld oder Unschuld nachzuweisen. Dieses Verfahren erwies sich aber bald als praktisch undurchführbar. Millionen Fragebögen wurden ausgefüllt, jedoch häufig nicht wahrheitsgemäß, und nur ein Teil von ihnen konnte überhaupt bearbeitet werden. Auch die Strenge bei der Beurteilung ließ schnell nach, nicht zuletzt weil man Beamte und anderes Führungspersonal für den Wiederaufbau benötigte. Die mit der Entnazifizierung beauftragten „Spruchkammern“ wurden daher von Kritikern als „Mitläuferfabriken“ bezeichnet. Viele NS-Anhänger blieben auch nach 1945 in einflussreichen Positionen. Die Entnazifizierung in Westdeutschland, wie auch in Österreich und Italien, blieb so unvollständig.

Politische Weichenstellungen in den Westzonen

Auch in den westdeutschen Zonen erwachte direkt nach der Niederlage neues demokratisches Leben. Zunächst wurden auf kommunaler Ebene Verwaltungen eingesetzt und 1946 auch Kommunalwahlen abgehalten. Als nächster Schritt erfolgte die Gründung von Ländern. Auch hier fanden Wahlen statt und es entstanden die ersten Länderverfassungen – von den Alliierten streng kontrolliert, aber von Deutschen ausgearbeitet und in Abstimmungen legitimiert. Diese Demokratisierung „von unten“ wurde noch durch ein „Re-education-Programm“ an Schulen unterstützt.
Wie im restlichen Westeuropa entstand eine Vielzahl von politischen Parteien (Parteienpluralismus), die auf die Strukturen und das Personal von Kaiserreich und Weimarer Republik zurückgreifen konnten. KPD und SPD belebten ihre unter dem Nationalsozialismus verbotenen Organisationen wieder und auch die FDP knüpfte an die Tradition der alten liberalen Parteien an. Wirklich neu war die Gründung der CDU/CSU, die zwar aus der katholischen Zentrumspartei hervorging, sich jetzt aber als überkonfessionelle christliche Volkspartei verstand und damit als große Integrationsleistung die nichtsozialistisch gebundenen Katholiken und Protestanten in einer Partei zusammenführte. CDU/CSU und SPD sollten bis in die 1980er-Jahre hinein als große Volksparteien den weit überwiegenden Teil der westdeutschen Wählerschaft repräsentieren.

Wirtschaftliche Weichenstellungen in den Westzonen

Obwohl Deutschland als Ganzes von den Siegermächten gemeinsam verwaltet werden sollte und grundlegende Entscheidungen gemeinsam getroffen werden sollten, nahmen die Besatzungsmächte in ihren Zonen folgenschwere Weichenstellungen vor, indem sie den politischen und wirtschaftlichen Wiederaufbau nach ihren jeweiligen Systemvorstellungen gestalteten. Das hieß für den politischen Bereich Parteienpluralismus und freie Wahlen, für die Wirtschaft Privateigentum an Produktionsmitteln und **Marktwirtschaft**. So kam es in den Westzonen nicht zu einer fundamentalen Änderung der Eigentumsordnung. Eine umfassende Verstaatlichung von Betrieben blieb aus, Landbesitz wurde nicht umverteilt.

Der Weg zur Gründung der BRD

Die zunehmende Entfremdung der Supermächte und die Zusammenarbeit der westlichen Siegermächte führten schließlich zu der Entscheidung, einen deutschen Weststaat zu gründen – und damit Deutschland in zwei Staaten aufzuteilen.
Der Zusammenschluss im Westen erfolgte zunächst vor allem auf wirtschaftlicher Ebene. Schon Ende 1946 bildeten die amerikanische und die britische Zone die Bizone, später schloss sich Frankreich an (Trizone). Ein nächster Schritt war die Einbeziehung Westdeutschlands in den Marshall-Plan (ERP) 1947. Die entscheidende Maßnahme hin zur deutschen Teilung stellte aber die Währungsreform in den Westzonen 1948 dar.
Schließlich beauftragten die Westmächte die Ministerpräsidenten der Länder ihrer Besatzungszonen mit der Einberufung einer verfassunggebenden Versammlung. Die elf westlichen Länderparlamente wählten den „Parlamentarischen Rat“, der von September 1948 an das Grundgesetz erarbeitete und es am 8. Mai 1949 verabschiedete. Mit der Ratifizierung durch die Länderparlamente trat es am 24. Mai 1949 in Kraft. Damit war die Bundesrepublik Deutschland gegründet und die Teilung Deutschlands vollzogen.

M3 Wahlplakat Westdeutschland 1946 für die sozialdemokratische SPD

M4 Wahlplakat Frankreich 1947 für den nationalkonservativen RPF

M 5 Karikatur zur Entnazifizierung (1946)

M 6 Die Truman-Doktrin

Aus der Rede des amerikanischen Präsidenten Harry S. Truman vor dem US-Kongress am 12.3.1947:

In einer Anzahl von Ländern waren den Völkern kürzlich gegen ihren Willen totalitäre Regimes aufgezwungen worden. Die Regierung der Vereinigten Staaten hat mehrfach gegen Zwang und Einschüchterung bei der Verletzung des Jalta-Abkommens[1] in Polen, Rumänien und Bulgarien protestiert. Und weiter muss ich feststellen, dass in einer Anzahl anderer Staaten ähnliche Entwicklungen stattgefunden haben.

Im gegenwärtigen Abschnitt der Weltgeschichte muss fast jede Nation ihre Wahl in Bezug auf ihre Lebensweise treffen. Nur allzu oft ist es keine freie Wahl.

Die eine Lebensweise gründet sich auf den Willen der Mehrheit und zeichnet sich durch freie Einrichtungen, freie Wahlen, Garantie der individuellen Freiheit, Rede- und Religionsfreiheit und Freiheit vor politischer Unterdrückung aus.

Die zweite Lebensweise gründet sich auf den Willen einer Minderheit, der der Mehrheit aufgezwungen wird. Terror und Unterdrückung, kontrollierte Presse und Rundfunk, fingierte Wahlen und Unterdrückung der persönlichen Freiheiten sind ihre Kennzeichen.

Ich bin der Ansicht, dass es die Politik der Vereinigten Staaten sein muss, die freien Völker zu unterstützen, die sich der Unterwerfung durch bewaffnete Minderheiten oder durch Druck von außen widersetzen [...]

Ich bin der Ansicht, dass unsere Hilfe in erster Linie in Form wirtschaftlicher und finanzieller Unterstützung gegeben werden sollte, die für eine wirtschaftliche Stabilität und geordnete politische Vorgänge wesentlich ist. [...]

Es wäre eine unbeschreibliche Tragödie, wenn diese Länder, die so lange gegen eine Übermacht angekämpft haben, verlieren sollten. Der Zusammenbruch freier Ein-

richtungen und der Verlust der Unabhängigkeit wären nicht nur für sie, sondern für die ganze Welt verheerend. Entmutigung und möglicherweise Fehlschläge würden bald die Nachbarvölker in ihrem Kampf für die Erhaltung von Freiheit und Unabhängigkeit treffen.
Die Saat der totalitären Regimes gedeiht in Elend und Mangel. Sie verbreitet sich und wächst in dem schlechten Boden von Armut und Kampf. Sie wächst sich vollends aus, wenn in einem Volk die Hoffnung auf ein besseres Leben ganz erstirbt. Wir müssen diese Hoffnung am Leben erhalten. Die freien Völker der Erde blicken auf uns und erwarten, dass wir sie in der Erhaltung der Freiheit unterstützen.

(Zit. nach: Ernst-Ulrich Huster u. a., Determinanten der westdeutschen Restauration 1945–1949, Frankfurt (Suhrkamp) 1972, S. 338 f.)

[1] Ergebnis der Konferenz von Jalta (Februar 1945), bei der die USA, die Sowjetunion und Großbritannien unter anderem den Verzicht auf territoriale Expansion bekräftigt hatten.

M 7 Grundgesetz der Bundesrepublik Deutschland

Aus der Fassung vom 23.5.1949:

Präambel: Im Bewusstsein seiner Verantwortung vor Gott und den Menschen, von dem Willen beseelt, seine nationale und staatliche Einheit zu wahren und als gleichberechtigtes Glied in einem vereinten Europa dem Frieden der Welt zu dienen, hat das deutsche Volk in den Ländern [...s. Art. 23], um dem staatlichen Leben für eine Übergangszeit eine neue Ordnung zu geben, kraft seiner verfassungsgebenden Gewalt dieses Grundgesetz der Bundesrepublik Deutschland beschlossen. Es hat auch für jene Deutschen gehandelt, denen mitzuwirken versagt war.
Das gesamte deutsche Volk bleibt aufgefordert, in freier Selbstbestimmung die Einheit und Freiheit Deutschlands zu vollenden.
Artikel 23: Dieses Grundgesetz gilt zunächst im Gebiete der Länder Baden, Bayern, Bremen, Großberlin, Hamburg, Hessen, Niedersachsen, Nordrhein-Westfalen, Rheinland-Pfalz, Schleswig-Holstein, Württemberg-Baden und Württemberg-Hohenzollern. In anderen Teilen Deutschlands ist es nach deren Beitritt in Kraft zu setzen.
Artikel 146: Dieses Grundgesetz verliert seine Gültigkeit an dem Tage, an dem eine Verfassung in Kraft tritt, die von dem deutschen Volke in freier Entscheidung beschlossen worden ist.

Arbeitsanregungen

Beschreiben Sie M 1 – M 4. Tauschen Sie sich darüber aus, was man aus den Materialien über den Wiederbeginn des politischen Lebens in Westeuropa herauslesen lässt.

1. **Der Westen grenzt sich ab**
   a) Arbeiten Sie aus M 6 heraus, wie Truman die weltpolitische Lage einschätzt und welche Folgerungen er daraus ableitet.
   b) Erklären Sie die Zusammenhänge, die zwischen Truman-Doktrin und Marshall-Plan bestehen. (DT 1, M 6)
2. **Demokratisierung in Westeuropa**
   Fassen Sie zusammen, wodurch der demokratische Neubeginn in Westeuropa nach 1945 gekennzeichnet war. (DT 2–3)
3. **Der Weg zur Gründung der BRD**
   a) Arbeiten Sie die politischen und wirtschaftlichen Weichenstellungen der westlichen Siegermächte heraus. (DT 4–5)
   b) Erklären Sie, inwiefern die Entnazifizierung in Westdeutschland nur teilweise gelungen ist. (DT 3, M 5)
   c) Notieren Sie tabellarisch die wichtigsten Schritte, die zur Gründung der BRD geführt haben. (DT 6)
   d) Analysieren Sie M 7 im Hinblick auf den provisorischen Charakter des Grundgesetzes.
   e) Erörtern Sie, ob das Grundgesetz ein Diktat der Westalliierten war.
   f) Erörtern Sie, ob die Westdeutschen die deutsche Einheit geopfert haben für Freiheit und Wohlstand.

Ordnen Sie die Gründung der BRD in den Wiederbeginn des politischen Lebens in Westeuropa ein. (DT 2–5)

Diskutieren Sie mögliche stabilisierende und destabilisierende Faktoren für die junge Demokratie der Bundesrepublik Deutschland.

6. Osteuropa nach 1945 – Die Durchsetzung des Sozialismus

Nachdem die sowjetische Armee im Kampf gegen NS-Deutschland fast ganz Osteuropa unter ihre Kontrolle gebracht hatte, erwarteten viele Anhänger des Kommunismus, dass sich nun ihr neues Gesellschaftsmodell in weiten Teilen Europas durchsetzen würde. Seine Unvereinbarkeit mit dem liberaldemokratischen Modell des Westens führte zur Teilung Deutschlands und Europas.

M1 Plakat der Kommunistischen Partei Deutschlands in der sowjetischen Besatzungszone (SBZ) 1945

Sowjetisierung Osteuropas

Der Staats- und Parteichef der Sowjetunion, Josef Stalin, hatte sich bei den Kriegskonferenzen der „Großen Drei" und nochmals in Potsdam 1945 dazu verpflichtet, in den von der Sowjetunion kontrollierten Ländern die Demokratie einzuführen. Allerdings unterschied sich seine „Volksdemokratie" grundsätzlich vom Demokratiemodell des Westens.
Zunächst gab es jedoch auch in Osteuropa pluralistische Ansätze. Neben kommunistischen wurden auch sozialdemokratische, liberale und bürgerliche Parteien gegründet und in vielen Ländern kam es auch zu relativ freien Wahlen. Doch obwohl der Kommunismus von vielen als bessere Alternative gegenüber Nationalismus und Kapitalismus angesehen wurde, konnten die Kommunisten in keinem einzigen Land die Mehrheit der Bevölkerung für sich gewinnen. Deshalb musste aus Sicht der Sowjetunion und der Kommunisten Osteuropas der Sozialismus auf anderem Weg durchgesetzt werden. Erfolgreiche Oppositionsparteien wurden konsequent benachteiligt oder unterdrückt, Oppositionspolitiker oft inhaftiert und Wahlen gefälscht. In einigen Ländern, wie in Polen, Rumänien und Bulgarien, wurden kommunistische Regierungen kurzerhand mithilfe des sowjetischen Militärs von oben installiert. Aber es gab auch Länder, in denen ein großer Bevölkerungsanteil Partei für den sozialistischen Weg ergriff. So gab es in der Tschechoslowakei gerade unter den Gebildeten viele, die mit Idealismus an den Kommunismus glaubten. Bei den freien Wahlen 1946 wurden die Kommunisten sogar stärkste Partei. Allerdings schwand selbst hier die Zustimmung der Bevölkerung rasch, woraufhin das sowjetische Modell 1948 mit einem kommunistischen Putsch durchgesetzt wurde.

Entnazifizierung als Mittel zum Aufbau des Sozialismus

In den sowjetisch kontrollierten Ländern gingen die neuen Machthaber mit großer Härte gegen ehemalige Nationalsozialisten und Kollaborateure vor. Viele wurden zum Tode verurteilt und erschossen, allein in Litauen mehr als 1 700. Hunderttausende wurden inhaftiert, in Rumänien waren zeitweise zwei Prozent der Bevölkerung im Gefängnis. Die meisten Gefangenen Osteuropas wurden in Zwangsarbeitslager, sogenannte Gulags, in abgelegenen Gebieten der Sowjetunion verschleppt, wo sie oft zu Tode kamen. Diese Maßnahmen richteten sich nicht nur gegen ehemalige Nationalsozialisten, sondern auch gegen wirkliche oder vermeintliche Gegner des Sozialismus.
Auch in Deutschland wurden in der sowjetischen Besatzungszone (SBZ) zunächst rigoros ehemalige NSDAP-Anhänger entlassen. Viele wurden in Lagern, oft ehemaligen KZs, interniert. Sehr schnell vermischten sich aber auch hier die Maßnahmen zur Entnazifizierung mit denen zum „Aufbau des Sozialismus". Gegner des neuen kommunistischen Regimes wurden oft als „Faschis-

ten" diffamiert und verhaftet, umgekehrt konnten ehemalige NS-Anhänger durch ein Bekenntnis zum Sozialismus einer Verurteilung entgehen. Insgesamt erfolgte im Gegensatz zu den westlichen Besatzungszonen in der SBZ eine tief greifende Entnazifizierung und damit ein umfassender Austausch des Führungspersonals (Elitenwechsel).

Politische Weichenstellungen in der sowjetischen Besatzungszone

Auch in der SBZ erlaubten die Sowjets sehr früh die Gründung von Parteien. Sie stärkten aber gleichzeitig die Position der Kommunisten unter Walter Ulbricht, der wie viele andere als Exil-Kommunist aus Moskau zurückgekehrt war. Als bei den Kommunalwahlen 1945/46 deutlich wurde, dass die Sozialdemokraten viel stärker waren als die Kommunisten, wurden beide Parteien im April 1946 unter Zwang zur „Sozialistischen Einheitspartei Deutschlands" (SED) vereinigt. Aber auch bei den anschließenden Landtagswahlen im Oktober errang selbst die vereinigte SED keine Mehrheit, was dazu führte, dass es fortan in der SBZ zu keinen freien Wahlen mehr kam.

Wirtschaftliche Weichenstellungen in der sowjetischen Besatzungszone

Ein entscheidender Faktor bei der Einführung des sozialistischen Modells war die Wirtschaftspolitik. Ideologisch vorgegebene Ziele waren zum einen die Umverteilung von Privateigentum, um mehr soziale Gleichheit herzustellen, und zum anderen der Aufbau einer zentral gelenkten Planwirtschaft (**Zentralverwaltungswirtschaft**). Unter dem Motto „Junkerland in Bauernhand" wurden über 7 000 Besitzer von größeren Ländereien entschädigungslos enteignet. Das Land wurde an „Neubauern" und Vertriebene verteilt, allerdings in so kleinen Parzellen, dass das Land kaum rentabel zu bewirtschaften war. Außerdem wurden Banken und viele Großunternehmen verstaatlicht und einer zentralen staatlichen Lenkung unterworfen.
Eine besondere Belastung für die ostdeutsche Wirtschaft waren die Demontagemaßnahmen, durch die sich die Sowjetunion Reparationsleistungen für ihre eigenen Kriegsschäden sicherte. Alle diese Maßnahmen führten dazu, dass es in der SBZ nur langsam zu einer wirtschaftlichen Erholung kam, zumal Stalin die Marshallplan-Hilfe der USA verweigerte. Stattdessen wurde als wirtschaftlicher Zusammenschluss der Ostblockstaaten der RGW (Rat für gegenseitige Wirtschaftshilfe) gegründet.

Der Weg zur Gründung der DDR

Trotz der sozialistischen Umbaumaßnahmen in der SBZ war die sowjetische Militäradministration lange Zeit nicht an einer staatlichen Teilung Deutschlands interessiert, sondern hoffte eher, den sowjetischen Einflussbereich auf ganz Deutschland ausdehnen zu können. Spätestens mit der Einführung der D-Mark (Währungsreform) in den drei Westzonen 1948 änderte sich das aber. Als Reaktion auf die Einführung der neuen Währung und der absehbaren Gründung eines Weststaates riegelten sowjetische Truppen alle Wege nach Westberlin ab. Die USA richteten daraufhin eine Luftbrücke ein und versorgten die Stadt fast ein Jahr lang mithilfe von Flugzeugen, bis die Sowjetunion einlenkte.
Die sowjetische Besatzungsmacht begann nun ihrerseits die Gründung eines eigenen deutschen Staates vorzubereiten. Im Rahmen mehrerer „Volkskongresse", die gesamtdeutsch angelegt, aber von der SED dominiert waren, wurde ein Verfassungsentwurf entwickelt. Damit einher ging die Umwandlung der SED in eine „Partei neuen Typus" nach dem pluralismusfeindlichen Prinzip des „demokratischen Zentralismus". Gewählt wurde über eine von der SED festgelegte Einheitsliste, die der Wähler nur bestätigen oder ablehnen konnte. Der so gewählte 3. Volkskongress wählte anschließend aus seinen Reihen den 2. Deutschen Volksrat. Dieser erklärte sich am 7. Oktober 1949 zur Provisorischen Volkskammer, setzte die Verfassung in Kraft und proklamierte damit die Gründung der DDR. Die Teilung Deutschlands war vollzogen.

Auf den Begriff gebracht

Demokratischer Zentralismus

Von Lenin entwickeltes Führungsprinzip kommunistischer Parteien, das einen hierarchisch-zentralistischen Aufbau von Staat und Partei vorsieht. Das Führungspersonal von Partei/Staat wird von unten nach oben gewählt, die Auswahl der zu wählenden Kandidaten erfolgt allerdings von oben nach unten. Vom Grundgedanken her gibt es die Möglichkeit zu Kritik und Abwahl von Vertretern von unten. Diese Möglichkeit wurde jedoch durch das Verbot von „Fraktionsbildung" unterbunden. Vom „demokratischen Zentralismus" blieb faktisch nur der „Zentralismus" übrig.

M2 „Junkerland in Bauernhand" (1945)

Die Bodenreform im Rückblick aus Sicht der SED (1970):

Am 23. September [1945] findet auf der Wiese des Gutsparkes von Plänitz im Kreis Ruppin der feierliche Auftakt für die Verteilung des Junkerlandes [Junker: in Preußen gebräuchliche Bezeichnung für, oft aus dem Adel stammende, Großgrundbesitzer] statt, das in der sowjetischen Besatzungszone Deutschlands mit den Verordnungen über die demokratische Bodenreform enteignet wurde. An 60 Bewerber – 22 landarme Bauern und Landarbeiter, acht Handwerker, drei neue Siedler und 13 Umsiedler aus Plänitz sowie 14 landarme Bauern und Landarbeiter aus Neustadt an der Dosse – werden die Besitzurkunden überreicht. Die erste Urkunde, und zwar über acht Hektar Ackerland und einen Hektar Wiese, kann der Siedler Ernst Paris, Vater von elf Kindern, in Empfang nehmen.
Dem historischen Akt war eine angestrengte Tätigkeit der Gemeindekommission für Bodenreform vorangegangen. Das von ihr aufgeteilte Gut Kränzlin II war ein typisches Beispiel der politischen Notwendigkeit der Liquidierung [Verflüssigung, hier: Auflösung, Verteilung] des Großgrundbesitzes. Über 300 Hektar, das ist mehr als die Hälfte des zur Gemeinde Plänitz gehörenden Landes, hatten die Junker von Rathenow zusammengeraubt. Seit Jahrhunderten musste der größte Teil der Einwohner des Ortes als Landarbeiter, Knechte und Gutshandwerker Frondienste für die „gnädigen" Herren leisten. Letzter Besitzer [...] war ein Sturmführer bei Hitlers Reiter-SA.

(Paul Gabriel, Die Kraft der Einheitsfront, Neues Deutschland, 24. 9. 1970, S. 3)

M3 „Demokratische Erneuerung"

Aus dem Gründungsaufruf der KPD vom 11. Juni 1945:

Mit der Vernichtung des Hitlerismus gilt es gleichzeitig die Sache der Demokratisierung Deutschlands, die Sache der bürgerlich-demokratischen Umbildung, die 1848 begonnen wurde, zu Ende zu führen, die feudalen Überreste völlig zu beseitigen und den reaktionären altpreußischen Militarismus mit allen seinen ökonomischen und politischen Ablegern zu vernichten.
Wir sind der Auffassung, dass der Weg, Deutschland das Sowjetsystem aufzuzwingen, falsch wäre, denn dieser Weg entspricht nicht den gegenwärtigen Entwicklungsbedingungen in Deutschland. Wir sind vielmehr der Auffassung, dass die entscheidenden Interessen des deutschen Volkes in der gegenwärtigen Lage für Deutschland einen anderen Weg vorschreiben, und zwar den Weg der Aufrichtung eines antifaschistischen, demokratischen Regimes, einer parlamentarisch-demokratischen Republik mit allen demokratischen Rechten und Freiheiten für das Volk.
An der gegenwärtigen historischen Wende rufen wir Kommunisten alle Werktätigen, alle demokratischen und fortschrittlichen Kräfte des Volkes zu diesem großen Kampf für die demokratische Erneuerung Deutschlands, für die Wiedergeburt unseres Landes auf!

(Zit. nach: Ernst Deuerlein (Hg), DDR 1945 – 1970, München (dtv Verlagsgesellschaft) 1971, S. 49 f.)

M4 „Absolute Toleranz"

Das Zentralsekretariat der SED zu den Gemeindewahlen (1946):

Es ist möglich, dass die CDU und LDP [Liberaldemokratische Partei] versuchen werden, aus Agitationsgründen sich stärker als bisher in der Wahlpropaganda von der SED abzugrenzen. Solchen etwaigen Versuchen, die Verantwortung für den Wiederaufbau die SED allein tragen zu lassen, ist dadurch entgegenzuwirken, dass die bisher gemeinsam durchgeführte Aufbauarbeit, die gemeinsame Verantwortung vor dem Volke und der auch in Zukunft gemeinsam zu führende Kampf für die Demokratie und ihre Sicherung weiter unbeirrbar hervorgehoben werden. [...]
Unsere Haltung gegenüber Kirche und Religion wird bestimmt durch absolute Toleranz. [...] Auch die Kirche ist berufen, am demokratischen Neuaufbau Deutschlands

mitzuwirken. [...] Die Stoßrichtung des Wahlkampfes hat sich deshalb nicht gegen die anderen Parteien, sondern gegen den Nazismus und die wiedererstarkende Reaktion in Deutschland zu richten. Die bisher eingehaltene Linie, auch die anderen Parteien durch gemeinsame sachliche Arbeit an das vorangetriebene Aufbauwerk zu binden, ist genauestens zu beachten. Die Stärke der SED liegt in ihren vollbrachten Leistungen.

(Zit. nach: Hermann Weber, DDR – Dokumente zur Geschichte der Deutschen Demokratischen Republik 1945 – 1985, München (dtv Verlagsgesellschaft) 1986, S. 73)

M5 „Partei neuen Typus"

Aus der Entschließung der 1. Parteikonferenz der SED vom 28. Januar 1949:

Die großen Aufgaben, die vor dem werktätigen Volk Deutschland stehen, machen es erforderlich, das große historische Versäumnis der deutschen Arbeiterbewegung nachzuholen und die SED zu einer Partei neuen Typus zu entwickeln. [...] Die Kennzeichen einer Partei neuen Typus sind:

Die marxistisch-leninistische Partei ist die bewusste Vorhut der Arbeiterklasse. Das heißt, sie muss eine Arbeiterpartei sein, die in erster Linie die besten Elemente der Arbeiterklasse in ihren Reihen zählt, die ständig ihr Klassenbewusstsein erhöhen.

Die Partei kann ihre führende Rolle als Vorhut des Proletariats nur erfüllen, wenn sie die marxistisch-leninistische Theorie beherrscht, die ihr die Einsicht in die gesellschaftlichen Entwicklungsgesetze vermittelt. Daher ist die erste Aufgabe zur Entwicklung der SED zu einer Partei neuen Typus die ideologisch-politische Erziehung der Parteimitglieder und besonders der Funktionäre im Geiste des Marxismus-Leninismus. [...]

Die marxistisch-leninistische Partei beruht auf dem Grundsatz des demokratischen Zentralismus. Dies bedeutet die strengste Einhaltung des Prinzips der Wählbarkeit der Leitungen und Funktionäre und der Rechnungslegung der Gewählten vor den Mitgliedern. Auf dieser innerparteilichen Demokratie beruht die straffe Parteidisziplin, die dem sozialistischen Bewusstsein der Mitglieder entspringt. Die Parteibeschlüsse haben ausnahmslos für alle Parteimitglieder Gültigkeit, insbesondere auch für die in Parlamenten, Regierungen, Verwaltungsorganen und in den Leitungen der Massenorganisationen tätigen Parteimitglieder.

Demokratischer Zentralismus bedeutet die Entfaltung der Kritik und Selbstkritik in der Partei, die Kontrolle der konsequenten Durchführung der Beschlüsse durch die Leitungen und die Mitglieder. Die Duldung von Fraktionen und Gruppierungen innerhalb der Partei ist unvereinbar mit ihrem marxistisch-leninistischen Charakter. Die marxistisch-leninistische Partei wird durch den Kampf gegen den Opportunismus gestärkt. [...] Höchste Klassenwachsamkeit ist unbedingte Pflicht eines jeden Parteimitgliedes.

(Zit. nach: Ernst Deuerlein (Hg), DDR 1945 – 1970, München (dtv Verlagsgesellschaft) 1971, S. 83 ff.)

Arbeitsanregungen

? Beschreiben Sie M 1. Überlegen Sie, welche Hoffnungen viele Menschen in Osteuropa mit dem politischen Neubeginn nach 1945 verbanden.

1. Weichenstellungen im Osten

a) Erläutern Sie die wirtschaftlichen Ziele der Sowjetunion in Osteuropa. (DT 4, M 1/M 2)

+ **b)** Fassen Sie zusammen, wie die Entnazifizierung in Osteuropa verlief, und vergleichen Sie sie mit der Entnazifizierung in Westeuropa. (DT 2)

c) Halten Sie in Stichworten fest, wie der politische „Aufbau des Sozialismus" in den sowjetisch dominierten Ländern vor sich ging. (DT 1/ DT 3)

d) Analysieren Sie M 5 und vergleichen Sie M5 mit M 3 und M 4.

2. Der Weg zur Gründung der DDR

a) Stellen Sie die Ereignisse, Maßnahmen und Entwicklungen im Osten dar, die die Teilung Deutschlands vorangetrieben haben. (DT 3 – 5)

b) Überprüfen Sie, ob die Gründung der DDR demokratisch legitimiert war. (DT 5, M 5)

c) Erörtern Sie, ob für die Spaltung Deutschlands und Europas eher der Westen oder eher der Osten verantwortlich war.

Ordnen Sie die Gründung der DDR in die Sowjetisierung Osteuropas ein. (DT 1 und DT 3 – 4)

Diskutieren Sie, wie erfolgreich die Durchsetzung des Sozialismus in Osteuropa war. Nehmen Sie dazu unterschiedliche Perspektiven ein.

7. Soziale Marktwirtschaft – Freiheit und Wachstum

Das marktwirtschaftliche Modell, verbunden mit einer aktiven Sozial- und Wirtschaftspolitik des Staates, bildete den Ordnungsrahmen für Wirtschaft und Gesellschaft in Westeuropa. „Wohlstand für alle!" lautete das wirtschaftspolitische Programm der Regierung der jungen Bundesrepublik.

M1 Familienausflug mit VW-Käfer, 1957
Das Foto machte der Besitzer des Wagens.

Marktwirtschaft

Das marktwirtschaftliche Modell wurde in Westeuropa zum vorherrschenden wirtschaftspolitischen Ordnungsrahmen. Einige Staaten modifizierten dieses Modell geringfügig. So gab es in Frankreich neben dem privaten Sektor auch große Staatsbetriebe. Auch wurde in den 1950er-Jahren ein Mindestlohn eingeführt. In der Bundesrepublik Deutschland setzte man unter Führung des Wirtschaftsministers Ludwig Erhard (CDU) auf das System der **Sozialen Marktwirtschaft**. Der Grundgedanke dieser Wirtschaftsordnung ist, dass im Sinne von Adam Smith durch größtmögliche Freiheit für Produzenten und Konsumenten ein maximales Wirtschaftsergebnis erzielt wird. „Je freier die Wirtschaft, umso sozialer ist sie auch", sagte Wirtschaftsminister Ludwig Erhard mit Blick auf die Wohlstandszuwächse in der Marktwirtschaft. Nach seiner Auffassung war es die wichtigste Aufgabe des Staats, einen rechtlichen Rahmen für das Wirtschaftsleben zu schaffen. Daher wurden marktwirtschaftliche Prinzipien wie das Recht auf Privateigentum an Produktionsmitteln, freier Wettbewerb und freie Preisbildung gesetzlich festgelegt. Der Staat sollte Kartelle und Monopole verbieten, die den Wettbewerb verhindern. Arbeitgeber und Arbeitnehmer erhielten mit der Tarifautonomie das Recht, über ihre jeweiligen Verbände (Arbeitgeberverbände, Gewerkschaften) Arbeitsbedingungen und Entlohnung frei zu regeln. So verzichtet der Staat in der Sozialen Marktwirtschaft auf Eingriffe in die konkreten Wirtschaftsabläufe. Gleichzeitig soll er durch eine aktive Sozialpolitik soziale Härten abfedern. Marktwirtschaft und Sozialpolitik sollen „Wohlstand für alle" – so der Titel eines Buchs von Erhard – ermöglichen.

Ausbau des Sozialstaats

Die Bundesrepublik entwickelte sich zu einem **Sozialstaat**, der durch Gesetze und eigene Behörden ein Mindestmaß an sozialer Sicherheit für alle herzustellen versuchte. Dies war auch nötig, denn nach dem Zweiten Weltkrieg galt etwa ein Drittel der Deutschen als Kriegsopfer. Dazu zählten Flüchtlinge, Vertriebene, Invaliden, Witwen und Waisen sowie Personen, die durch die Kriegsschäden wohnungslos geworden waren. Staatliche Ausgleichszahlungen für materielle Verluste durch Krieg und Vertreibung („Lastenausgleich") stellten Startkapital dar für die, die gar nichts hatten. Staatlich geförderter sozialer Wohnungsbau sorgte dafür, dass Millionen Menschen mit bezahlbaren Wohnungen versorgt wurden. 1957 setzte Bundeskanzler Konrad Adenauer (CDU) mit der SPD eine Rentenreform durch, die von nun an die Renten an die allgemeine Lohnentwicklung koppelte („dynamische Rente"). So wurden sechs Millionen Rentner aus der Armut befreit und an den wirtschaftlichen Zuwächsen des „Wirtschaftswunders" beteiligt. Diese Maßnahmen sorgten dafür, dass schon in den 1950er-Jahren fast 20 Prozent des Volkseinkommens für Sozialausgaben aufgewendet wurden. Das war die höchste Quote in Europa und sicherte ohne Zweifel die Akzeptanz des neuen demokratischen Staates. Auch die anderen westeuropäischen Länder bauten den Sozialstaat aus, nicht zuletzt aufgrund der Erfahrungen der Weltwirtschaftskrise 1929, die überall in Europa zu Demokratieskepsis und politischer Radikalisierung geführt hatte.

Wirtschaftssteuerung durch Konjunkturpolitik

Die Weltwirtschaftskrise 1929 hatte auch die Gefahren aufgezeigt, die von der Instabilität der kapitalistischen Wirtschaft ausgehen konnten. Daher bemühten sich die Regierungen der westeuropäischen Staaten der Nachkriegszeit, die Rezession zu mildern. Auch die westdeutsche Wirtschaftspolitik folgte in dieser Zeit dem sogenannten **Keynesianismus**, einer auf den britischen Ökonomen John Maynard Keynes (1883 – 1946) zurückgehenden Wirtschaftspolitik. Dem Staat kommt hierbei eine wichtige Aufgabe zu. Zur Stabilisierung der wirtschaftlichen Entwicklung soll er bei einem Abschwung (stagnierendes oder gar abnehmendes Wachstum) die Nachfrage stärken, indem er seine Ausgaben erhöht und zum Beispiel den Bau von Straßen, Wohnungen oder Schulen veranlasst, um die Wirtschaft anzukurbeln. Eine Überhitzung der Konjunktur in Boom-Phasen soll durch Verteuerung von Krediten und Einschränkung staatlicher Ausgaben erreicht werden.

M2 Ludwig Erhard (CDU)
„Vater der Sozialen Marktwirtschaft", 1949 – 1963 Bundesminister für Wirtschaft, 1963 – 1966 Bundeskanzler

Boom

Die Jahre zwischen 1950 und 1973 waren in ganz Europa von einem nie dagewesenen Wirtschaftswachstum geprägt. Die Boomjahre waren in der BRD besonders ausgeprägt („Wirtschaftswunder"). Dies lag daran, dass während des Krieges die deutschen Industrieanlagen weniger zerstört worden waren als angenommen. Auch konnte die deutsche Nachkriegswirtschaft konnte also auf eine hochentwickelte industrielle Infrastruktur sowie gut ausgebildete Facharbeiter und Ingenieure zurückgreifen. Die D-Mark entwickelte sich zu einer stabilen Währung. Nach der Währungsreform 1948 füllten sich über Nacht die Schaufenster der Geschäfte mit Waren, denn nun lohnte es sich, seine Produkte zu verkaufen. Förderlich waren die Marshallplan-Hilfen sowie die Weltmarkteinbindung. Der Koreakrieg 1950 – 1953 kurbelte zusätzlich die Weltkonjunktur an. Die Gewerkschaften hielten sich mit Lohnforderungen zurück, sodass die Unternehmergewinne und damit wieder die Investitionen steigen konnten. Zudem wirkten sich die zehn Millionen Vertriebenen und Flüchtlinge, sowie die zwei Millionen Übersiedler aus der DDR, die motiviert und aufstiegsorientiert waren, positiv aus.

Durch den **Boom** nahm der Industrialisierungsgrad deutlich zu, 1965 waren 48 Prozent der Deutschen in Industrie und Handwerk beschäftigt. Auch der Dienstleistungsbereich wurde stärker. Die Reallöhne stiegen massiv an, gleichzeitig sank die Arbeitszeit: Gab es 1955 noch eine 48,6-Stundenwoche, sank diese bis 1976 auf unter 41. Außerdem mussten immer weniger Arbeitnehmer samstags arbeiten. Es herrschte **Vollbeschäftigung**: Die Arbeitslosenquote lag zwischen 1960 und 1973 fast immer unter zwei Prozent.

Durch die industrielle Massenproduktion und steigende Löhne wurden Güter wie Fernseher, Auto, Kühlschrank, Telefon und Urlaubsreisen auch für Arbeiter und einfache Angestellte erschwinglich und waren – nicht zuletzt wegen der gestiegenen Freizeit – heiß begehrt. Die BRD entwickelte sich zu einer **Konsumgesellschaft**, in der die Sicherung und Steigerung des Konsums bei relativ hohem Wohlstand breiter Bevölkerungskreise eine zentrale Rolle spielten. Die Menschen, betonten Kritiker, seien allerdings zu sehr auf materielle Werte fixiert und politisch desinteressiert gewesen.

„Nivellierte Mittelstandsgesellschaft"?

Durch den sozialen Aufstieg bislang ärmerer Schichten wuchs die Mittelschicht. Der Soziologe Helmut Schelsky konstatierte das Entstehen einer **nivellierten Mittelstandsgesellschaft**, in der soziale Unterschiede zunehmend eingeebnet (nivelliert) würden und die Mitte der Gesellschaft durch eine verhältnismäßig homogene Schicht mit ähnlichen Lebensgewohnheiten und finanziellen Möglichkeiten gebildet werde. In der Tat stieg im Lauf der 1960er-Jahre die soziale Mobilität, sodass über Bildung und Leistung ein Aufstieg leichter möglich war. Dennoch blieb soziale Ungleichheit erhalten. Als in den 1970er-Jahren der Nachkriegsboom zu Ende ging, sanken in ganz Westeuropa die Wachstumsraten, stieg die strukturelle Arbeitslosigkeit und die soziale Ungleichheit akzentuierte sich wieder deutlicher.

M3 Nettorealverdienste[1] und Arbeitsproduktivität in der BRD 1960–1969

Index 1960 = 100, ohne Saarland und Berlin

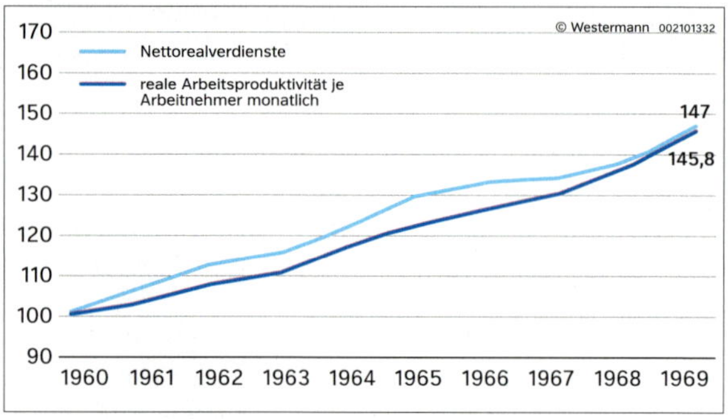

(Nach: Oliver Nachtwey, Die Abstiegsgesellschaft, Berlin (Suhrkamp) 2016, S. 27)

[1] siehe Glossar, S. 308

M4 Ludwig Erhards Konzept der Sozialen Marktwirtschaft

[Die soziale Marktwirtschaft] zwingt dazu, keinem Staatsbürger die Macht einzuräumen, die individuelle Freiheit unterdrücken oder sie namens einer falsch verstandenen Freiheit einschränken zu dürfen. „Wohlstand für alle" und „Wohlstand durch Wettbewerb" gehören untrennbar zusammen; das erste Postulat kennzeichnet das Ziel, das zweite den Weg, der zu diesem Ziel führt.

Die wenigen Andeutungen zeigen bereits den fundamentalen Unterschied zwischen der sozialen Marktwirtschaft und der liberalistischen Wirtschaft alter Prägung. Diese Überlegung macht wohl auch deutlich, wie ungleich nützlicher es mir erscheint, die Wohlstandsmehrung durch die Expansion [hier: Wirtschaftswachstum] zu vollziehen, als Wohlstand aus einem unfruchtbaren Streit über eine andere Verteilung des Sozialproduktes erhoffen zu wollen. [...]

Mein ständiges Drängen, alle Anstrengungen auf eine Expansion ohne Gefährdung der gesunden Grundlage unserer Wirtschaft und Währung zu richten, gründet sich gerade auf die Überzeugung, dass es mir auf solche Weise möglich sein kann, all denen, die ohne eigenes Verschulden wegen Alter, Krankheit oder als Opfer zweier Weltkriege nicht mehr unmittelbar am Produktionsprozess teilhaben können, einen angemessenen, würdigen Lebensstandard zu garantieren.

Das Anwachsen der Sozialleistungen in den letzten Jahren erweist die Richtigkeit dieser These [...] und war [...] nur über den wirtschaftlichen Fortschritt zu bewerkstelligen. Nur die Expansion hat es ermöglicht, auch die Armen mehr und mehr an der Wohlstandssteigerung teilhaben zu lassen. Wenn, wie gesagt, die Bundesregierung jetzt sogar eine weitere und wesentliche Erhöhung der Sozialleistungen gewähren kann, dann ist sie dazu nur deshalb in der Lage, weil die Wirtschaftspolitik auch für die Zukunft eine Steigerung unseres Sozialproduktes erwarten lässt.

(Ludwig Erhard, Wohlstand für alle, Düsseldorf (Econ-Verlag) 1957, S. 9–12)

M5 Daten zur Wirtschaftsentwicklung in der Bundesrepublik Deutschland

a) Entwicklung des Wirtschaftswachstums: Bruttoinlandsprodukt/BIP (alle in einem Land erwirtschafteten Güter und Dienstleistungen) 1950–1975 in Mrd. DM

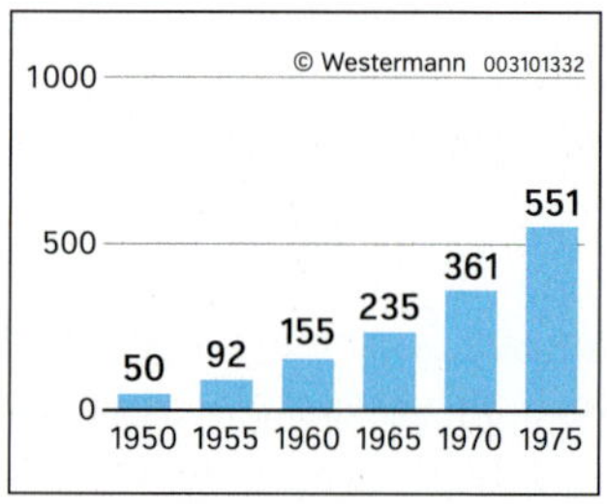

b) Zahl der registrierten Arbeitslosen 1950–1975 in Mio. (Jahresdurchschnitt)

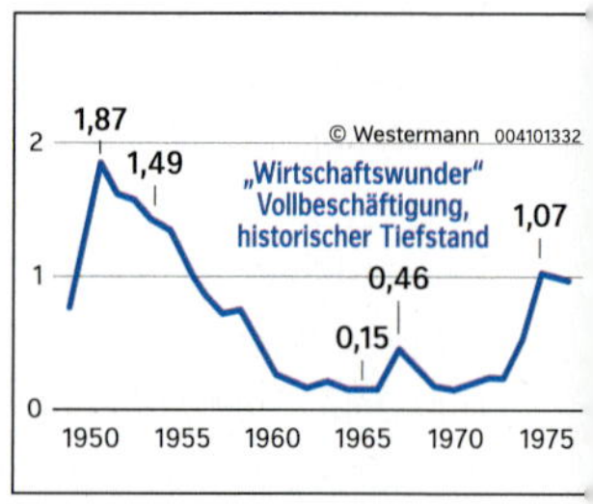

c) Langlebige Konsumgüter in Haushalten 1949–1962 (in %)

Bestand 1962		Davon wurden angeschafft in den Jahren				
		vor 1949	1949–52	1953–57	1958–60	1961–62
Fernsehgerät	34,4			14,9	51,5	32,0
Radio	79,3	5,8	21,9	39,8	22,4	8,0
Plattenspieler	17,7	1,3	6,5	32,0	39,5	18,7
Kühlschrank	51,8	0,6	3,8	25,2	45,4	23,5
Staubsauger	64,7	6,9	13,7	36,1	28,8	12,2
Waschmaschine	25,3	2,0	7,7	38,2	33,7	16,3
Tiefkühltruhe	2,7		1,2	15,6	50,1	30,7
Fotoapparat	41,7	8,8	13,9	29,8	30,9	13,8

(M5a–c: Zusammenstellung auf der Basis verschiedener Quellen)

d) Entwicklung der Einkommensungleichheit in den USA und Europa (1900 – 2010)

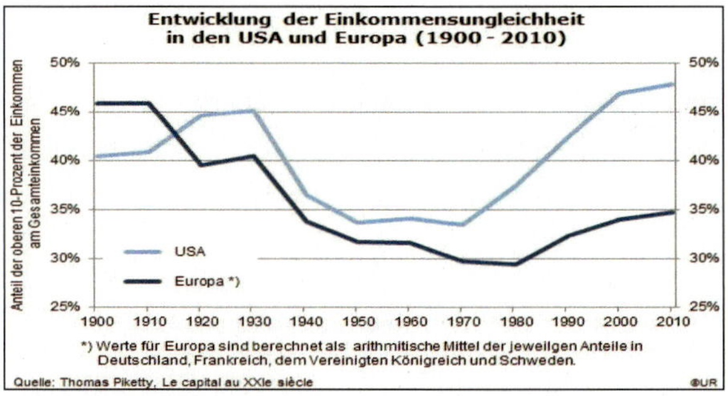

(ZEIT ONLINE/© UR, 2013)

M 6 Bundesdeutsche Konsumgesellschaft

Der deutsche Historiker Ulrich Herbert über die Bedeutung des Autos und des Markenartikels:

Neben der Wohnung war das Auto das Symbol von Fortschritt und Individualisierung. 1970 waren fast 14 Millionen Pkws angemeldet, dreimal so viel wie 1960 [...]. 1989 hatte die Bundesrepublik die höchste Autodichte in Westeuropa. Darin spiegeln sich natürlich Wirtschaftswachstum und Einkommenszuwachs – aber nicht allein. Wie kein anderes Konsumgut verkörperte der eigene Wagen den sozialen Aufstieg. Bald war aber nicht mehr entscheidend, dass man ein Auto fuhr, sondern welches. Das Auto deutete den sozialen Status seines Besitzers an und gab Hinweise auf seine finanziellen Möglichkeiten und ästhetischen Vorlieben. Wer einen Käfer fuhr, war nicht mehr arm. Wer einen Opel Rekord fuhr, hatte den Sprung aus der Arbeiterschaft ins Angestelltenmilieu geschafft. Der Besitz eines Mercedes signalisierte Zugehörigkeit zur Oberschicht. Das differenzierte sich bald aus: Der Besitz eines französischen Autos verlieh den Nimbus einer gewissen Nonchalance und ein 2CV von Citroen, die sogenannte „Ente“, stand für Jugendlichkeit und Nonkonformität.

In welchem Maße das Auto zudem als Element von Freiheit und Selbstverwirklichung angesehen wurde, ist an dem lange Zeit vergeblichen Bemühen des Bundesverkehrsministeriums abzulesen, Verkehrsbeschränkungen und Geschwindigkeitsregelungen durchzusetzen. Angesichts der rapide ansteigenden Unfall- und Todeszahlen im Straßenverkehr schien das dringend erforderlich. Als aber 1960 ein Tempolimit auf Landstraßen eingeführt werden sollte, erhob sich ein Sturm der Empörung. Die Rede war sogar von einer „kalten Diktatur“, die an die Nazi-Zeit oder, schlimmer, an das „Zonenregime“ erinnere. [...] Erst im Jahr 1972, als mehr als 21 000 Verkehrstote und 500 000 Verletzte zu beklagen waren, konnte das Verkehrsministerium gegen starke Proteste der Auto-Lobby und der Boulevardpresse ein Tempolimit 100 auf Landstraßen durchsetzen – nie aber auf den Autobahnen. [...]

Wie beim Auto, so setzte sich nun in allen Konsumbereichen die Idee des Markenartikels durch, wonach ein Produkt mit überall exakt gleicher Qualität im ganzen Land und bald europa- oder weltweit angeboten wurde. Auf diese Weise wurden bei teuren Konsumgütern nicht nur Massenproduktion, Vertrieb und Werbung einfacher, vielmehr konnten auch die Wünsche der Konsumenten nach Individualität und Distinktion auf diese Weise besser befriedigt – und geweckt werden. Auch die Werbung selbst wurde zum Markenartikel; sie verkaufte nicht mehr nur Waren, sondern verband damit Lebensgefühle.

(Ulrich Herbert, Geschichte Deutschlands im 20. Jahrhundert, München (C. H. Beck) 2014, S. 810 ff.)

Arbeitsanregungen

Beschreiben Sie M 1 und M 2. Diskutieren Sie, welcher Anspruch an eine erfolgreiche Wirtschaftsordnung in den Bildern zum Ausdruck kommt.

1. Wirtschaftsordnung in Westeuropa und der BRD

a) Arbeiten Sie aus M 4 heraus, worin Erhard das Soziale in der Sozialen Marktwirtschaft sieht. Stellen Sie anschließend auf Grundlage von M 4 und DT 1 die Prinzipien der Sozialen Marktwirtschaft dar.

b) Erklären Sie auf Grundlage von DT 2 – 3 die Begriffe „Sozialstaat“ und „Keynesianismus“.

Definieren Sie den Begriff „Soziale Marktwirtschaft“. (DT 1)

2. Wirtschaftliche und soziale Entwicklung

a) Stellen Sie die wirtschaftliche Entwicklung in Westeuropa und in der BRD dar. (DT 4, M 3, M 5a – d)

b) Beurteilen Sie ausgehend von M 6 die Bedeutung des Konsums für die bundesdeutsche Bevölkerung in der Nachkriegs-BRD.

c) Erklären Sie den Begriff „nivellierte Mittelstandsgesellschaft“. (DT 5)

Erörtern Sie Vor- und Nachteile der Sozialen Marktwirtschaft.

8. Zentralverwaltungswirtschaft – Wirtschaften und Arbeiten nach Plan

Im Gegensatz zum marktwirtschaftlichen Modell des Westens setzten die Staaten im sowjetischen Einflussgebiet auf die sozialistische Wirtschaftsordnung der Zentralverwaltungswirtschaft. Wie die Regierung der BRD strebte auch die Regierung der DDR ein starkes und stetiges Wirtschaftswachstum und eine gute Versorgung der Bevölkerung an. Man ging sogar von der Überlegenheit des eigenen Wirtschaftsmodells aus, das nicht nur gerechter, sondern auch leistungsfähiger sein sollte. Den „Westen überholen" gab 1957 die DDR-Führung unter Walter Ulbricht als Devise aus.

M1a Plakat zum Wirtschaftsplan (1950)

Zentralverwaltungswirtschaft

Die DDR sollte – ganz im Sinne des Marxismus-Leninismus – ein **Arbeiter- und Bauernstaat** sein, in dem die einfachen werktätigen Menschen frei von der Unterdrückung durch die Kapitalisten leben. Die Ausbeutung war laut der sozialistischen Wirtschaftsordnung dadurch ausgeschaltet, dass die Produktionsmittel (Maschinen, Fabriken, Land) nicht mehr Privatpersonen, sondern allen gehörten. Faktisch waren sie Staatseigentum. Verstaatlichungen fanden vor allem in der Industrie und im Bankwesen, später auch in Handwerk und Handel statt. Bereits 1952 befanden sich alle Banken und 75 Prozent der Industriebetriebe in Staatseigentum. Außerdem wurden die landwirtschaftlichen Flächen kollektiviert: Großgrundbesitzer und Bauern wurden enteignet, große agrarindustrielle Staatsbetriebe traten an ihre Stelle.
Produktion und Verteilung der Güter sollten nicht durch das freie Spiel der Marktkräfte geregelt, sondern vom Staat mithilfe von **Fünf-Jahres-Plänen** zentral geplant und verwaltet werden. Diese legten fest, welche Industrieanlagen gebaut und was in welcher Menge von Industrie und Landwirtschaft produziert werden sollte. Auch die Preise wurden zentral festgelegt. Diese **Zentralverwaltungswirtschaft** (auch „Planwirtschaft" genannt) unterschied sich damit grundlegend von der Sozialen Marktwirtschaft der BRD.

M1b Plakat zum Fünf-Jahres-Plan (1951)

Wirtschaftliche Entwicklung

Die Hoffnungen, die viele Menschen in das sozialistische Wirtschaftsmodell gesetzt hatten, waren groß. Viele glaubten, dass durch die Zentralverwaltungswirtschaft unvorhergesehene Krisen und Arbeitslosigkeit, wie sie im Kapitalismus immer wieder auftraten, vermieden werden konnten. Eine Wiederholung der Weltwirtschaftskrise der 1930er-Jahre mit ihren verheerenden Folgen erschien unmöglich. Auch die DDR und andere osteuropäische Länder erlebten nach dem Zweiten Weltkrieg eine Phase des Wirtschaftswachstums. Dieses fiel jedoch deutlich schwächer aus als in Westeuropa und der BRD.
Die wirtschaftliche Ausgangssituation nach dem Zweiten Weltkrieg war in der DDR schlechter als in der BRD. So fehlten schwerindustrielle Zentren wie das Ruhrgebiet, Kohle und Erz mussten importiert werden. Auch hatte die DDR keine Wirtschaftsmacht wie die USA zur Unterstützung: Die Sowjetunion litt selbst an den Folgen des Krieges, weshalb ihre Reparationsforderungen um ein Vielfaches höher waren als die der westlichen Siegermächte. Dabei wurden große Teile der Industrieanlagen demontiert und in die Sowjetunion gebracht. So gingen drei Viertel der Auto-, Eisen- und Werkzeugindustrie verloren. Auch war wegen der Blockbildung in Ost und West der Zugang zum Welthandel beschränkt. Die im „Rat für gegenseitige Wirtschaftshilfe" (RGW) zusammengeschlossenen Ostblock-Länder verfügten über wenig Kaufkraft und hatten noch größere wirtschaftliche Probleme als die DDR.

Schon früh wurden Probleme und Widersprüche der Zentralverwaltungswirtschaft deutlich. Eine gewaltige Planungsbürokratie entstand, die einzelnen Betriebe hatten praktisch keine Entscheidungsbefugnis, selbst nachgeordnete Einzelfragen wurden zentral geregelt. Das machte die Wirtschaftsabläufe schwerfällig und verhinderte unternehmerische Flexibilität und Innovation. Immer wieder stockte die Produktion wegen Versorgungsproblemen mit Rohstoffen und Vorprodukten.
Außerdem plante die Planungsbehörde oft an den Bedürfnissen der Menschen vorbei. Die SED-Führung setzte – dem sowjetischen Vorbild folgend – auf den **Primat der Schwerindustrie**: Vor allem große Kraft- und Stahlwerke sowie Maschinenfabriken sollten entstehen. Der Konsumgüterbereich wurde vernachlässigt, was immer wieder zu gravierenden Versorgungsproblemen und damit zu Unzufriedenheit in der Bevölkerung führte. Dies umso mehr, als die DDR-Bürger die Konsumgesellschaft der BRD vor Augen hatten. Konkurrenz zwischen den Betrieben fehlte als Anreiz. Die Betriebe konzentrierten sich darauf, die staatlichen Produktionsvorgaben quantitativ zu erfüllen, und achteten dabei weniger auf die Qualität (Tonnenideologie). Schließlich hemmte die Tatsache, dass keine Arbeitskräfte entlassen werden durften, die Automatisierung und damit die Steigerung der Arbeitsproduktivität. Dem einzelnen Arbeitnehmer fehlten Aufstiegsmöglichkeiten. Konkurrenz und Eigennutz als Grundlage der Motivation hatten im sozialistischen Wirtschaftssystem keinen Platz.

Ideal der „klassenlosen Gesellschaft" und Versorgungsstaat

Die sozialen Unterschiede sollten beim Übergang in die „klassenlose Gesellschaft" auf ein Minimum reduziert werden. Fabrikdirektor und Arbeiter sollten im selben Wohnblock leben, auch ihre Einkommen unterschieden sich im Vergleich zum Westen nur gering. Zudem gab es ein **Recht auf Arbeit**, unabhängig von der Wirtschaftlichkeit: Unternehmen durften keine Arbeitskräfte entlassen, auch wenn diese für die Produktion nicht benötigt wurden. Die DDR war ein **Versorgungsstaat**, der für alle Menschen die Befriedigung der Grundbedürfnisse und kostenlose Sozialleistungen garantierte.
Im Vergleich zur BRD war die DDR eine deutlich egalitärere Gesellschaft mit einem hohen Maß an sozialer Sicherheit: Die Vermögensunterschiede waren durch Enteignungen 1945 eingeebnet worden, die Einkommen stark nivelliert, Wohnraum war dank Subventionen billig aber sehr knapp. Sozialleistungen wie Schulen, medizinische Versorgung und auch staatliche Urlaubsangebote waren nicht an den Verdienst oder die berufliche Position gebunden – mit Ausnahme der SED-Parteielite, die stark begünstigt wurde.
Problematisch blieb die Versorgung mit Konsumgütern. Auch im Hinblick auf Innovation, Effizienz, Modernisierung und Produktivität war die Zentralverwaltungswirtschaft der DDR der Sozialen Marktwirtschaft deutlich unterlegen. Auch wenn die DDR-Wirtschaft anderen Ostblock-Ländern überlegen war, verglichen die DDR-Bürger ihren Lebensstandard mit dem in der BRD, was maßgeblich zur Destabilisierung des SED-Regimes beitrug.

M2 Ausstattung mit langlebigen Konsumgütern in Ost- und Westdeutschland

(Quelle: Statistisches Jahrbuch der DDR 28/1983)

In 100 Haushalten (4-Personen-Haushalt mit mittlerem Einkommen) **gab es 1982:**

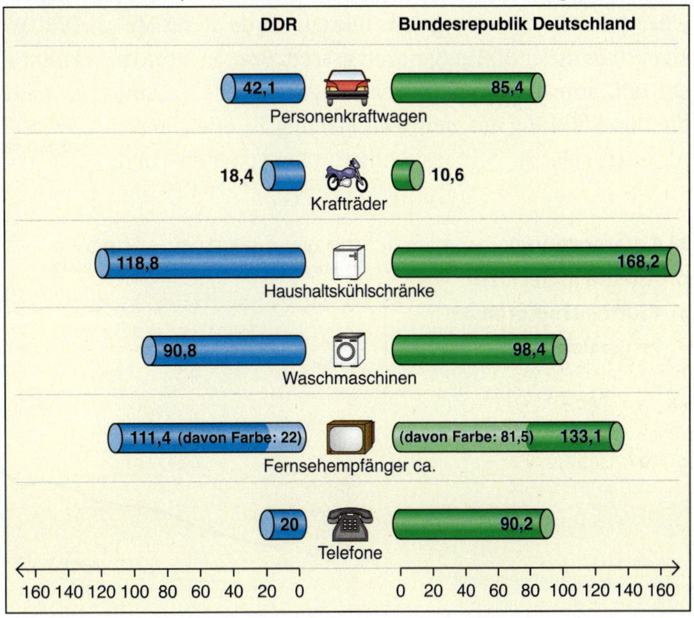

M3 Probleme der Zentralverwaltungswirtschaft

Der Wirtschaftswissenschaftler Joachim Ragnitz über das Scheitern der Zentralverwaltungswirtschaft:

Konsumnachfrage nicht planbar: Die Zentralverwaltungswirtschaft konnte in der DDR vor allem deswegen nicht funktionieren, weil die Konsumnachfrage der privaten Haushalte nicht explizit in das Planungsverfahren einbezogen war. Es war a priori unklar, welche Güter wann und wo nachgefragt wurden. [...] Diskrepanzen zwischen Angebot und Nachfrage waren daher unvermeidlich.

System verhindert Flexibilität: In engem Zusammenhang hiermit steht, dass die Flexibilität eines Systems zentraler Planung, also seine Fähigkeit, auf sich verändernde Rahmenbedingungen zu reagieren, vergleichsweise gering ist. Während in einer Marktwirtschaft Abweichungen zwischen geplanten und realisierten Produktionsmengen durch Preisanpassungen behoben werden, die zu baldiger Markträumung führen und den Beteiligten als wichtiger Signalgeber dienen, ist in einem System zentraler Planung eine Anpassung der produzierten Mengen immer erst in der Folgeperiode möglich. Bei sich ständig ändernden Nachfragebedingungen muss es dann zwangsläufig dazu kommen, dass die Planvorgaben permanent verfehlt werden. [...]

Verzicht auf Marktpreise: Dies führt unmittelbar zu einem weiteren Systemfehler der DDR-Wirtschaftsordnung, nämlich dem Verzicht auf Marktpreise als Informationsinstrument einerseits, aber auch als Anreizinstrument andererseits. Während in marktwirtschaftlichen Systemen Knappheiten durch steigende Preise angezeigt werden und deswegen – über entsprechende Gewinnanreize – zu einer Ausweitung des Angebots führen, wurde dieser Mechanismus in der DDR außer Kraft gesetzt. Preise hatten in der DDR primär die Funktion einer Rechengröße, [... um] die Durchführung der zentralen Planung zu erleichtern. Als Instrument zur Signalisierung von Knappheiten – und damit als marktliches Lenkungsinstrument – spielten die Preise in der DDR hingegen keine Rolle. Zudem wurden die Preise bestimmter Güter aus sozialpolitischen Gründen unter ihren wahren Produktionskosten festgesetzt, während andere Güter aus primär ideologischen Gründen zu einem überhöhten Preis abgegeben wurden. Dies hatte dann zur Folge, dass Güter des täglichen Bedarfs – wie Brot oder Brötchen – über mehr als zwanzig Jahre hinweg zu einem unveränderten (niedrigen) Preis (5 Pfennig pro Brötchen) abgegeben wurden, obwohl die Löhne – als wesentlicher Bestandteil der Produktionskosten – in der gleichen Zeit um mehr als 72 Prozent (von 768 Mark 1970 auf 1322 Mark 1989) stiegen. Ähnliches gilt für andere Nahrungsmittel, Beförderungsentgelte im Öffentlichen Personennahverkehr, Brennstoffe oder auch Teile des Sortiments bei Haushaltschemikalien, Genussmitteln und Haushaltswaren. Auch die Wohnungsmieten waren aus sozialpolitischen Gründen niedrig festgesetzt, mit dem Effekt, dass notwendige Erhaltungsmaßnahmen durch Mieteinnahmen nicht finanziert werden konnten. [...]

Fehlender Wettbewerb: Die zentrale Führung, aber auch der Zusammenschluss ganzer Industriezweige innerhalb eines Kombinats brachten es mit sich, dass es einen Wettbewerb zwischen eigenverantwortlich agierenden Unternehmen nicht gab. Anreize für einen effizienten Ressourceneinsatz gab es damit so gut wie nicht, zumal Gewinne an den Staatshaushalt abgeführt werden mussten, etwaige Verluste im Gegenzug aber auch durch den Staatshaushalt abgedeckt wurden. Fehlender Wettbewerb kann darüber hinaus auch als eine Ursache für die ungenügend ausgeprägte Innovationstätigkeit in der DDR-Wirtschaft angesehen werden. Zentrale Vorgaben konnten dies nur ungenügend ausgleichen.

(Joachim Ragnitz, Die Planwirtschaft als Irrweg; in: Udo Scheer (Hg.), Die sozialistische Planwirtschaft der DDR, Bonn (Konrad-Adenauer-Stiftung) 2010, S. 50 ff.)

M4 Versorgungsprobleme in der DDR

a) Bruttoinlandsprodukt im Vergleich

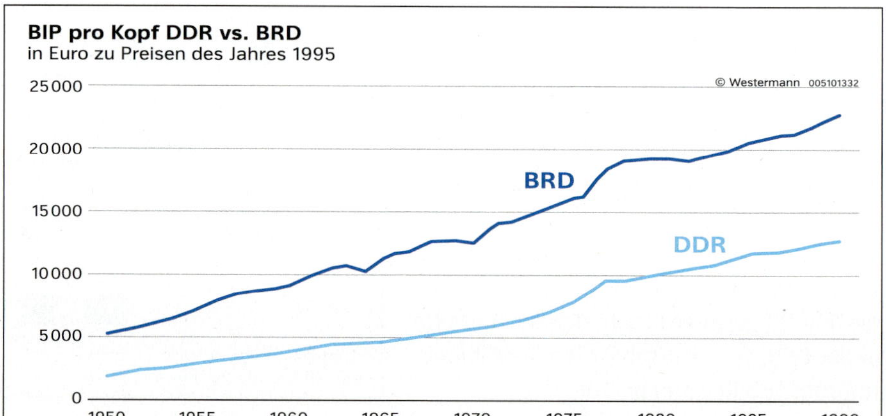

(Datenbasis zusammengestellt nach verschiedenen Quellen)

b) Aus der SZB bzw. von der DDR geleistete Reparationen und Besatzungskosten (bis Dezember 1953)

Art der Leistung	Betrag in Mio. US-$
Demontagen	2 436,0
Lieferungen aus der laufenden Produktion	2 614,3
Lieferungen der SAG[1] Wismut	1 584,5
Rückkauf von SAG-Unternehmen	382,0
Illegale Beschlagnahmungen	352,1
Besatzungsgeld	1 240,0
Außenhandelsverluste der SBZ/DDR	400,0
Transport der Reparationsgüter über Derutra[2]	133,3
Verdeckte Reparationen	266,7
Zwischensumme	**9 408,9**
Besatzungskosten	5 914,1
Vermutliche Gesamtkosten bis Ende 1953	**15 323,0**

(Matthias Judt (Hg.), DDR-Geschichte in Dokumenten, Bonn (Ch. Links) 1998, S. 116)

[1] SAG: Sowjetische Aktiengesellschaft
[2] Derutra: Deutsch-russische Transport AG

c) Mangelwirtschaft: Schlange vor Lebensmittel-Laden (1950)

d) „Kleiner Grenzverkehr“: West-Berlinerin reicht Ost-Berlinerinnen ein Paket mit Nahrungsmitteln (1961, kurz nach Beginn des Mauerbaus).

Arbeitsanregungen

? Beschreiben Sie M 1. Diskutieren Sie, welcher Anspruch an eine erfolgreiche Wirtschaftsordnung in den Plakaten zum Ausdruck kommt.

1. Wirtschaftsordnung in Osteuropa und in der DDR

a) Arbeiten Sie aus DT 1 die Prinzipien der Zentralverwaltungswirtschaft heraus.

\+ **b)** Stellen Sie die Hauptunterschiede zwischen der Zentralverwaltungswirtschaft der DDR und der Sozialen Marktwirtschaft der BRD dar.

c) Arbeiten Sie die Probleme der Zentralverwaltungswirtschaft aus M 3 und M 4 heraus.

Definieren Sie den Begriff „Zentralverwaltungswirtschaft“. (DT 1)

2. Wirtschaftliche und soziale Entwicklung

a) Stellen Sie die wirtschaftliche Entwicklung der DDR dar und erklären Sie die Unterschiede zur BRD. (DT 2, M 2)

\+ **b)** Vergleichen Sie die Ausgangsvoraussetzungen der BRD und der DDR bei der Wirtschaftsentwicklung.

c) Definieren Sie den Begriff „Versorgungsstaat“. (DT 3)

Erörtern Sie, ob das Wirtschaftsmodell der BRD dem der DDR in jeder Hinsicht überlegen war.

9. Anfangsjahre der BRD – Die Ära Adenauer zwischen Aufbruch und Beharrung

Die BRD stand in ihren Anfangsjahren, den Aufbaujahren, nicht nur vor den Aufgaben, dem neuen Staat Souveränität zu verschaffen und die Wiedervereinigung anzustreben, sondern auch im Innern die Demokratie zu stärken, mit der NS-Vergangenheit abzuschließen und die Wirtschaft wachsen zu lassen. Die erste Phase der jungen Bundesrepublik wurde durch Konrad Adenauer geprägt, der von 1949 – 1963 das Amt des Bundeskanzlers bekleidete.

M 1 Wahlplakat der CDU zur Bundestagswahl 1957

M 2 Konrad Adenauer
Er war von 1949 – 1963 der erste Bundeskanzler der Bundesrepublik Deutschland.

Souveränität durch Westintegration

Mit der Gründung der Bundesrepublik war die Herrschaft der Besatzungsmächte nicht beendet. Ein Besatzungsstatut bestimmte, dass eine Alliierte Hohe Kommission die Kontrolle über die Bundes- und Landesregierungen ausübte. Die Kommission war insbesondere zuständig für den Außenhandel, die Außenpolitik und die Kontrolle des Ruhrgebiets, das als Zentrum der kriegswichtigen Schwerindustrie in Deutschland unter internationaler Kontrolle stand. Sie konnte auch jederzeit alle Zuständigkeiten der bundesrepublikanischen Regierung übernehmen.
Der erste Bundeskanzler der Bundesrepublik, Konrad Adenauer (CDU), verfolgte das Ziel, diese Einschränkungen der Souveränität abzubauen und die Bundesrepublik zum Partner der Westmächte zu machen. Für ihn stand die Westintegration der BRD vor einer möglichen Wiedervereinigung, ganz im Gegensatz zur SPD, die die Westintegration als schädlich für die Wiedervereinigung heftig kritisierte. Ein erster Schritt zur Annäherung an den Westen gelang Adenauer schon im November 1949 durch das Petersberger Abkommen mit der Hohen Kommission. Von nun an konnte die Bundesrepublik internationalen Organisationen beitreten (Beitritt zum Europarat 1950) und Handels- und Konsularbeziehungen mit anderen Staaten aufnehmen.
Für die Westintegration von grundsätzlicher Bedeutung war die Aussöhnung mit Frankreich. Eine wichtige Maßnahme war die Gründung der Europäischen Gemeinschaft für Kohle und Stahl („Montanunion"), in der Frankreich, Italien, die Beneluxstaaten und die Bundesrepublik 1951 eine gemeinsame Kontrolle der Kohle- und Stahlproduktion vereinbarten. Die Montanunion war nicht nur das Ende des Ruhrstatuts, sondern auch der Startschuss zum Prozess der europäischen Integration.
Der Kalte Krieg ließ den Ruf nach einer **Wiederbewaffnung** der BRD zur Stärkung der Verteidigung Westeuropas lauter werden. In den Pariser Verträgen (1955) – einer Reihe von Abkommen zwischen Frankreich, Großbritannien, den Beneluxstaaten, Italien, USA, Kanada und der BRD – wurden der Beitritt der BRD zur NATO geregelt und das Besatzungsstatut aufgehoben. Zwar blieb die Hoheit über Berlin bei den Siegermächten und auch Regelungen über Gesamtdeutschland konnten nur von ihnen getroffen werden, aber das Ziel Adenauers, die Souveränität der BRD zu erreichen, war somit erfüllt. Dass die Bundesrepublik zusichern musste, die Wiedervereinigung nur friedlich zu erreichen und auf Kernwaffen zu verzichten, war in diesem Zusammenhang für Adenauer leicht zu akzeptieren.

„Wirtschaftswunder": Goldene 50er …

Der Nachkriegsboom in Europa bescherte der Bundesrepublik einen enormen wirtschaftlichen Aufschwung, der angesichts der Erinnerung an die Zusammenbruchsgesellschaft in den unmittelbaren Nachkriegsjahren die kühnsten Hoffnungen übertraf. Die Vielzahl an Flüchtlingen und Vertriebenen konnte erfolgreich in die bundesdeutsche Gesellschaft integriert werden. Die Arbeitslosigkeit sank, die Löhne stiegen und die Baubranche sorgte für genügend Wohnraum. Die unerwartete Erholung der westdeutschen Wirtschaft, das sogenannte „Wirtschaftswunder", galt als die Erfolgsgeschichte der jungen Bundesrepublik und erfüllte viele Westdeutsche mit Stolz.

Der überraschende Sieg bei der Fußballweltmeisterschaft 1954 in Bern („Das Wunder von Bern") gegen die als unschlagbar geltenden Ungarn war ebenfalls ein Beitrag zum wiedererstarkenden Selbstbewusstsein der (West-)Deutschen.

... und „bleierne Zeit"

Die rasche wirtschaftliche Erholung verdeckte allerdings den Blick auf die nach wie vor vorhandenen sozialen Unterschiede. Nicht alle profitierten gleichermaßen vom Wirtschaftswachstum. Auch fand eine Auseinandersetzung mit der NS-Vergangenheit kaum statt. Unangenehme Fragen nach dem eigenen Fehlverhalten in der oft beschönigend als „dunkle Zeit" bezeichneten unmittelbaren Vergangenheit hatten keinen Platz in einer Gesellschaft, die sich dem Wiederaufbau und der Rückkehr zur „Normalität" verschrieben hatte. Zwar waren durch die Nürnberger Prozesse schon Haupttäter des nationalsozialistischen Regimes verurteilt worden, aber gerade die mittlere Führungsebene – Beamte, Vertreter der Justiz und der Wirtschaft – blieb in der Regierungszeit Adenauers von der Strafverfolgung unbehelligt und konnte sogar einflussreiche Positionen in Politik, Wirtschaft und Justiz erreichen. Prominentes Beispiel hierfür war Hans Globke, der an der Ausarbeitung mehrerer NS-Rassengesetzte mitgearbeitet hatte und nun Chef des Bundeskanzleramtes war. Erst ab 1953 gab es einen Rechtsanspruch auf individuelle Hilfe für die Opfer des Nationalsozialismus, Entschädigung für Enteignungen sowie Rentenzahlungen für die Überlebenden der Shoah in Israel. Erst Ende der 1950er-Jahre wurden in den Bildungsplänen der Schulen die Auseinandersetzung mit den NS-Verbrechen aufgegriffen, Gedenkstätten eingerichtet, erneute Prozesse gegen NS-Verbrecher geführt und in Ludwigsburg die Zentralstelle zur Aufklärung nationalsozialistischer Verbrechen eingerichtet.
Die Gesellschaft der Adenauerzeit war wenig an politischer Veränderung interessiert. Das Bild der Frau war rückwärtsgewandt. Spielten die Frauen in der Nachkriegszeit eine wichtige Rolle, wurden sie in den 1950er-Jahren wieder zu den „drei Ks" zurückgedrängt: Kinder, Küche, Kirche. Der Schriftsteller Erich Kästner bezeichnete daher die 1950er-Jahre als „motorisiertes Biedermeier" und der Kabarettist Wolfgang Neuss die Bundesrepublik als „ungelernte Republik".
Die außenpolitischen Erfolge, Stabilität und der wirtschaftliche Aufschwung stärkten die Position der CDU/CSU und ihres Bundeskanzlers Konrad Adenauer. Bei der Bundestagswahl 1957 erreichte die CDU/CSU, die bislang in Koalitionen regiert hatte, die absolute Mehrheit der Wählerstimmen und der Sitze im Parlament. Adenauer, „der Alte", war unumstrittene Leitfigur in der Partei und beliebt beim Volk. Sein Führungsstil war dabei eher autoritär, auf seine Person zugeschnitten („Kanzlerdemokratie") und nicht mehr zeitgemäß. Die Bundesregierung feierte ihre Erfolge auch gerade in Abgrenzung von den geringeren Erfolgen der DDR, der „Sowjetzone", wie Konrad Adenauer zu sagen pflegte. Ein ausgeprägter Antikommunismus prägte die politische Kultur der jungen Bundesrepublik.

Das Ende der Ära Adenauer

Bei der Bundestagswahl 1961 verlor die CDU/CSU die absolute Mehrheit. Parteiinterne Auseinandersetzungen um seine Nachfolge (Adenauer war nun 85 Jahre) und seinen Führungsstil schadeten seinem Ansehen. Die „Spiegel-Affäre" (1962) läutete das Ende der Ära Adenauer ein. Nach einem kritischen Bericht des Nachrichtenmagazins DER SPIEGEL über ein NATO-Manöver wurden der Herausgeber Rudolf Augstein und der Redakteur Conrad Ahlers auf Betreiben des Verteidigungsministers Franz-Josef Strauß (CSU) wegen Landesverrates verhaftet. Die FDP sah darin eine massive Verletzung der Grundrechte und auch in der Presse wurde die Attacke auf die freie Berichterstattung vonseiten des Staates angeprangert. Strauß musste auf Druck der FDP zurücktreten und Adenauer kündigte seinen Rücktritt für 1963 an. Nachfolger wurde der ehemalige Wirtschaftsminister Ludwig Erhard (CDU). Die kritische Öffentlichkeit hatte zum ersten Mal in der jungen Bundesrepublik erfolgreich die Regierung in ihre Schranken verwiesen.

M 3 Adenauers Außenpolitik

In einer Rede vor dem Deutschen Bundestag am 24.11.1949 erläuterte Adenauer seine Außenpolitik:

[...] Lassen Sie mich einige Ausführungen über die nach meiner Meinung zu beobachtende Methode unserer Außenpolitik machen! Wir Deutsche auf der einen Seite und die Alliierten auf der anderen Seite sehen naturgemäß den gleichen Tatbestand von zwei verschiedenen Gesichtspunkten aus an. Ich meine: Wir Deutschen sollten nicht vergessen, was sich von 1933 bis 1945 abgespielt hat; wir dürfen auch nicht vergessen, welches Unglück durch die nationalsozialistische Regierung über die ganze Welt gekommen ist. Ich meine: Wir dürfen nicht vergessen, dass noch heute fast alle Völker der Erde schwer unter den Folgen dieses Krieges zu leiden haben. Endlich glaube ich, dass wir uns bei allem, was wir tun, klar sein müssen, dass wir infolge des totalen Zusammenbruchs ohne Macht sind. Man muss sich deswegen darüber klar sein, dass bei den Verhandlungen, die wir Deutsche mit den Alliierten zu führen haben, um fortschreitend in immer größeren Besitz der staatlichen Macht zu kommen, das psychologische Moment eine sehr große Rolle spielt, dass man aber von vornherein nicht ohne Weiteres volles Vertrauen verlangen und erwarten kann. Wir können und dürfen nicht davon ausgehen, dass nun bei den anderen plötzlich ein völliger Stimmungsumschwung gegenüber Deutschland eingetreten ist, dass vielmehr das Vertrauen nur langsam, Stück für Stück, wiedergewonnen werden kann. So unglaubwürdig und falsch es sein würde, wenn wir eine Politik sklavischer Unterwürfigkeit verfolgen würden, eine dumme, unkluge und aussichtslose Politik wäre es, wenn wir etwa auftrumpfen wollten. Ich glaube, wir Deutsche müssten uns auch vor der spekulativen Erwägung besonders hüten, dass wir aus einer Uneinigkeit unter den anderen großen Mächten irgendwie Erfolge erzielen könnten. Ich betone nochmals: Die Methode der deutschen Außenpolitik muss sein, langsam und stückweise weiterzukommen. Sie muss vor allem auch psychologisch sein und muss versuchen, das Vertrauen wieder zu erwerben, das wir Deutsche durch den Nationalsozialismus leider Gottes im weiten Umfang verloren haben. [...] Unter psychologischen Gesichtspunkten muss man auch das Verlangen nach Sicherheit auf der anderen Seite betrachten. Das Sicherheitsverlangen hat auch eine psychologische Wurzel. Man kann in gewissem Umfang durch verstandesmäßige Darlegungen ein Gefühl der Unsicherheit gegenüber Deutschland bekämpfen, aber man kann, wie man weder der Liebe noch dem Hass mit Vernunftgründen völlig entgegentreten kann, auch dem Bedürfnis nach Sicherheit mit Vernunftgründen allein nicht entgegentreten. Auch hier, glaube ich, muss man Schritt für Schritt und psychologisch behutsam weitergehen, um auf dem Wege über Gewinnung des Vertrauens das Sicherheitsbedürfnis auf der anderen Seite zu befriedigen.

(Zit. nach: Josef Selbach (Hg.), Konrad Adenauer, Bundestagsreden, Bonn (AZ Studio) 1967, S. 29 f.)

M 4 Adenauer zur Frage der Westintegration (1949)

Auszug aus einem Interview mit der französischen Nachrichtenagentur AFP:

Frage: Glauben Sie, dass der Beitritt Deutschlands zum Atlantikpakt [NATO] möglich oder wünschbar sei?

Antwort: Ein Beitritt zum Atlantikpakt setzt eine bewaffnete Nation voraus. Deutschland ist abgerüstet. Außerdem hat es während des Krieges riesige Verluste an Menschen und Reichtümern erlitten. Zudem haben wir nicht den Wunsch, unser Volk einer neuen blutigen Prüfung auszusetzen. Diejenigen, die uns entwaffnet haben, besitzen die moralische Pflicht, über unsere Sicherheit zu wachen und uns gegebenenfalls zu verteidigen.

Frage: Wie werden sich die Beziehungen der Bundesrepublik mit Westeuropa entwickeln?

Antwort: Ich hoffe, dass Deutschland bald in die Gemeinschaft der europäischen Völker aufgenommen werde. Was unsere Aufnahme in den Europarat [1950/51 trat die BRD dieser Vereinigung von heute insgesamt 47 Staaten bei.] betrifft, müssen wir indessen klug sein und den Eindruck vermeiden, als ob wir die Türe gewaltsam öffnen wollten. Ich glaube, dass es weise sein wird, unsere Kandidatur erst zu stellen, wenn wir die Gewissheit haben, dass Deutschland alle Aussichten hat, aufgenommen zu werden.

Frage: Was gedenkt die Bundesrepublik zu tun, um die deutsche Einheit wieder herzustellen?

Antwort: In der nächsten Zukunft können wir nichts Bestimmtes tun, da das Problem der deutschen Einheit in vieler Hinsicht von den Beziehungen der westlichen Alliierten und Russland abhängig ist. Wir müssen indessen alles tun, damit die 20 Millionen Deutschen der Ostzone nicht den Eindruck erhalten, verlassen und vergessen zu sein. Die Bundesrepublik muss ein Anziehungspol für Ostdeutschland werden und die psychologischen Beziehungen mit dem Osten wahren und stärken. Unsere Politik darf indessen nicht zu dem Glauben verleiten, dass wir das in der Sowjetzone errichtete kommunistische System anerkennen.

(Zit. nach: Keesing's Archiv der Gegenwart, 1949, S. 2069)

M 5a „Kanzlerdemokratie"

1960 schilderte der Publizist und Berater von Ludwig Erhard, Rüdiger Altmann, den Regierungsstil Konrad Adenauers:

So wie sie uns vor Augen steht, stellt die Kanzlerdemokratie eine Zusammenfassung sehr verschiedener Elemente dar: Sie reicht von der persönlichen Macht des Kanzlers über seine Stellung als Parteiführer bis zu der Art, wie er seine amtlichen Kompetenzen ausübt. Man könnte fast sagen, dass sich gerade in dieser Verbindung ihr eigentlicher Charakter ausgeprägt hat. Trotzdem muss sie – zumal niemand die Verfassungsmäßigkeit dieser Art von Regierung ernsthaft bestritten hat – eine Basis im Grundgesetz dieser Republik haben, wenn sie nicht gar von der Verfassung gewollt ist. Und tatsächlich sind im Grundgesetz eine Reihe von Bestimmungen getroffen worden, die der Position der Regierung und insbesondere des Kanzlers eine gewisse Stabilität verschaffen sollen. So wird der Bundeskanzler ohne Aussprache vom Parlament gewählt und kann, sobald er vom Bundespräsidenten ernannt ist, seinerseits die Ernennung der Minister vorschlagen. Er braucht dazu nicht mal das ausdrückliche Vertrauen des Parlaments. Dasselbe gilt für seine Regierungserklärung. Das Parlament hat auch nicht das Recht, gegen einzelne Minister mit dem Misstrauensvotum vorzugehen. Vor allem aber kann es den Kanzler und seine Regierung nur durch die Wahl eines Nachfolgers stürzen. [...] So ist die Regierung auf Kosten vor allem des Parlaments zum stärksten Verfassungsorgan der Bundesrepublik geworden. [...] Jedenfalls gab der Funktionalismus der Verfassung einem so routinierten Techniker der Macht wie Adenauer genau die Chance, die er brauchte. [...] Die CDU und die SPD mögen ihre festen Anhänger haben. Aber den Ausschlag gaben sowohl 1953 und 1957 die breiten Wählermassen, die nicht mehr zwischen den Parteien und ihren Programmen, sondern für oder gegen Adenauer stimmten. Das war der entscheidende Schritt zur Kanzlerdemokratie.

(Zit. nach: Rüdiger Altmann, Das Erbe Adenauers, Stuttgart (Seewald) 1960, S. 25 ff.)

M 5b Adenauer bei einer Rede im Bundestag, 1952

Arbeitsanregungen

Beschreiben Sie M 1, das Plakat der CDU für die Bundestagswahlen 1957, in der die CDU/CSU die absolute Mehrheit im Deutschen Bundestag gewann. Äußern Sie Vermutungen über die Regierungszeit des ersten Kanzlers der Bundesrepublik Konrad Adenauer (1949 – 1963).

1. Ziele Adenauers

a) Arbeiten Sie die außenpolitischen Ziele der Regierung Adenauers heraus. (M 3/M 4)

b) Stellen Sie die Ziele, Maßnahmen und Erfolge der Regierung Adenauer grafisch dar (z. B. in einer Mindmap). (DT 1 – 2)

Erklären Sie die Begriffe „Westintegration" und „Wirtschaftswunder". (DT 1 – 2)

2. Probleme der Ära Adenauer

a) Erklären Sie den Begriff „Kanzlerdemokratie" (M 5a)

b) Arbeiten Sie aus DT 3 die Probleme der Adenauer-Ära heraus.

a) Überprüfen Sie, ob der CDU-Slogan von 1957 „Keine Experimente" als symptomatisch für die Ära Adenauer bezeichnet werden kann.

b) Diskutieren Sie, von welchen Faktoren die „Experimentierfreudigkeit" einer Generation abhängen kann.

10. Anfangsjahre der DDR – Die Ära Ulbricht zwischen Aufbruch und Repression

„Auferstanden aus Ruinen und der Zukunft zugewandt", so präsentierte sich die am 7.10.1949 gegründete Deutsche Demokratische Republik in ihrer Nationalhymne. Der „erste sozialistische **Arbeiter- und Bauernstaat** auf deutschem Boden" proklamierte den grundlegenden Umbau von Politik, Wirtschaft und Gesellschaft mit dem Anspruch, im Wettkampf der Systeme ein „neues Deutschland" zu erschaffen. Die erste Phase der jungen DDR wurde durch Walter Ulbricht geprägt, der von 1950 – 1971 die Führung der SED und damit auch die faktische Führung des Staates übernahm.

M 1 Walter Ulbricht
1950 – 1971 SED-Vorsitzender sowie Mitglied des Politbüros der SED und Vorsitzender des Staatsrates der DDR

M 2a Aufbruch: Flüchtlinge und Vertriebene (SED-Wahlplakat 1946)

Aufbruchsstimmung

Die DDR erhob den Anspruch, mit dem sozialistischen System den **Kapitalismus**, der kommunistischer Interpretation zufolge ursächlich für den Faschismus gewesen war, endgültig überwunden zu haben. Anders als die BRD repräsentiere die DDR damit ein besseres, ein „neues Deutschland". Die Idee eines humanen, fortschrittlichen **Sozialismus**, der eine gerechte Welt ohne Klassengegensätze versprach, zog zunächst vor allem auch die junge Generation der Deutschen an, die unter dem NS-Regime großgeworden war; aber auch führende aus dem Exil zurückgekehrte Intellektuelle wie Bertolt Brecht oder Anna Seghers unterstützten den neuen Staat zunächst.

„Die Partei hat immer recht"

Obwohl es in der DDR formal ein Mehrparteiensystem gab, dessen Spektrum von einer konservativen (NDPD) über eine liberale (LDPD) bis hin zu einer christlich-demokratischen Partei (CDU) reichte, lag die politische Macht bei der SED. Sie verstand sich als „Vorhut der Arbeiterklasse" und gab entsprechend der kommunistischen Lehre von der „Diktatur des Proletariats" die politischen Entscheidungen vor. Allerdings wurde erst 1968 dieser Führungsanspruch der SED in Artikel 1 der überarbeiteten DDR-Verfassung auch offiziell festgeschrieben.
Bei den ersten Wahlen in der sowjetischen Besatzungszone bekamen die „bürgerlichen" (d.h. nichtsozialistischen) Parteien noch mehr Stimmen als die SED. Bei den folgenden Wahlen änderte man das Wahlsystem zu Einheitslisten. Die prozentualen Anteile waren vorab so festgelegt, dass die SED zusammen mit den von ihr kontrollierten Massenorganisationen über die absolute Mehrheit in der Volkskammer verfügte. Die Bürger konnten bei Wahlen nur ihre Zustimmung (oder Ablehnung) des einzigen Wahlvorschlages zum Ausdruck bringen. Eine Änderung der Mehrheits- und damit Machtverhältnisse durch die Wahl einer bestimmten Partei war somit ausgeschlossen.

Der „planmäßige Aufbau des Sozialismus" und schwindender Zuspruch

1952 proklamierte Walter Ulbricht, seit 1950 Generalsekretär des Zentralkomitees der SED, den „planmäßigen Aufbau des Sozialismus" mit dem Ziel, das Wirtschaftssystem der DDR endgültig dem stalinistischen Vorbild anzupassen: Die Bildung „Landwirtschaftlicher Produktionsgenossenschaften" (LPG) wurde genauso forciert wie der Ausbau der Schwerindustrie, der empfindlich zulasten der Konsumgüter- und Grundnahrungsmittelproduktion (Abschaffung von Lebensmittelkarten erst 1958) ging. Während die Kollektivierung der Landwirtschaft unter Ausübung massiven staatlichen Zwangs 1960 abgeschlossen werden konnte, musste die Schwerpunktsetzung auf der Schwerindustrie nicht zuletzt aufgrund einer sich verschärfenden Massenflucht gut ausgebildeter junger Arbeitnehmer/-innen bereits 1953 durch den „Neuen Kurs“ korrigiert werden.

Die zaghaften Korrekturen konnten die weiter zunehmende Abwanderung aus der DDR („**Republikflucht**“) nicht verhindern: So verließen 1960 fast 200 000 Menschen und im ersten Halbjahr des Jahres 1961 allein über 100 000 Menschen die DDR. Mit Zustimmung der Moskauer Führung ließ die DDR-Führung die Grenze ihres Staates in der Nacht vom 12. auf den 13. August 1961 militärisch abriegeln (**Mauerbau**), um die DDR vor dem drohenden wirtschaftlichen Kollaps zu bewahren.

Überwachung und Repression

Die DDR-Führung sah sich einer „Abstimmung mit den Füßen“ ihrer Bevölkerung gegenüber, die in scharfem Widerspruch zu der positiven Ausgangsstimmung Ende der 1940er-Jahre stand. Schon am **17. Juni 1953** kam es zu einem **Volksaufstand**, bei dem ca. eine Million DDR-Bürger gegen die Erhöhung der Arbeitsnormen und die schlechte Versorgung protestierten sowie politische Forderungen wie die nach freien Wahlen, einer neuen Regierung und der Wiedervereinigung Deutschlands stellten. Der friedliche Aufstand wurde von der DDR-Führung mithilfe der sowjetischen Besatzungsmacht gewaltsam niedergeschlagen.

Die DDR-Führung sah sich gezwungen, den SED-Staat gegen Oppositionelle – in der Diktion der SED „feindlich-negative Kräfte“ – mit allen Mitteln zu verteidigen. So wurde die DDR unter Walter Ulbricht immer mehr zum Überwachungsstaat, der der politischen Linientreue seiner Bürger zutiefst misstraute. Das im Jahre 1950 eingerichtete Ministerium für Staatssicherheit (MfS, „Stasi“), das von 1957 bis 1989 von Erich Mielke geleitet wurde, sollte „die staatliche Sicherheit und den Schutz der Deutschen Demokratischen Republik“ gewährleisten und die „sozialistischen Errungenschaften“ sowie die Staatsgrenze schützen. Unterstanden dem MfS im Jahre 1950 lediglich 1 000 hauptamtliche Mitarbeiter, vergrößerte sich diese Anzahl 1957 auf 14 000 und 1973 auf über 52 000. Im Jahre 1989 standen 91 015 hauptamtliche Mitarbeiter im Dienst des MfS. Eine flächendeckende Überwachung wurde zudem durch die Rekrutierung sogenannter „Inoffizieller Mitarbeiter“ (IM) gewährleistet, deren Anzahl im Jahr des Mauerfalls 1989 174 000 betrug: Insgesamt belief sich die Zahl der IM von 1949 bis 1989 auf mindestens 600 000, sodass gerade die IM wesentlich für ein von Angst, Misstrauen und widerwilliger Anpassung geprägtes gesellschaftliches Klima verantwortlich waren. Die Methoden, die die Staatsicherheit anwandte, um tatsächliche oder potenzielle politische Gegner auszuschalten, reichten von der Bespitzelung und Überwachung über „Zersetzungsmaßnahmen“, durch welche eine „systematische Diskreditierung des öffentlichen Rufes, des Ansehens und des Prestiges“ der Zielperson erreicht werden sollte, bis hin zur Isolationshaft in einer der 17 Untersuchungshaftanstalten der Staatsicherheit. Diese Verhaftungen „zur Klärung eines Sachverhalts“ entbehrten jeglicher rechtsstaatlichen Grundlage; die Zahl politischer Häftlinge während des Bestehens der DDR wird auf 180 000 geschätzt.

M 2b „Baut mit uns an neuem Leben“
SED-Propagandaplakat, 1946

M 2c „Bildungsquell aller Schaffenden“
Werbeplakat für die Volkshochschule, 1946

M 3 Der NVA-Soldat Conrad Schumann
Er sprang am 13. August 1961 über den Stacheldraht nach West-Berlin.

M 4 Der 18-jährige Bauarbeiter Peter Fechter
Er wurde bei seinem Fluchtversuch von DDR-Grenzsoldaten mehrfach angeschossen, woraufhin ihm über einen längeren Zeitraum keine Hilfe gewährt wurde. Er verblutete am 17. August 1962 hilflos auf dem Todesstreifen in Berlin.

M5 Die Verwirklichung des Sozialismus in der DDR (1952)

Walter Ulbricht, Generalsekretär des ZK der SED, verkündet den planmäßigen Aufbau des Sozialismus:

In Übereinstimmung mit den Vorschlägen aus der Arbeiterklasse, aus der werktätigen Bauernschaft und aus anderen Kreisen der Werktätigen hat das Zentralkomitee der Sozialistischen Einheitspartei Deutschlands beschlossen, der II. Parteikonferenz vorzuschlagen, dass in der Deutschen Demokratischen Republik der Sozialismus planmäßig aufgebaut wird.

Das Hauptinstrument bei der Schaffung der Grundlagen des Sozialismus ist die Staatsmacht. Die volksdemokratischen Grundlagen der Staatsmacht werden ständig gefestigt. Dazu trägt die weitere Festigung des Blockes der antifaschistisch-demokratischen Parteien bei. Dieser Staat der Werktätigen hat zwei Klassen zur Grundlage: die Arbeiterklasse und die Klasse der werktätigen Bauernschaft. [...]

Außerdem gibt es bei uns die der Arbeiterklasse nahestehende Schicht der Intelligenz, der eine sehr wichtige gesellschaftliche Bedeutung zukommt und die zum Unterschied von der Intelligenz der kapitalistischen Gesellschaft ihre Arbeit, ihre Kräfte, ihr Wissen in den Dienst der Sache des Volkes stellt. Die führende Rolle hat die Arbeiterklasse in ihren Händen, als die fortgeschrittenste Klasse, die von der Sozialistischen Einheitspartei Deutschlands, von der Partei, die sich von der Lehre von Marx-Engels-Lenin-Stalin leiten lässt, geführt wird.

Was sind die Aufgaben der Staatsmacht in der Deutschen Demokratischen Republik?

1. Brechung des Widerstandes der gestürzten und enteigneten Großkapitalisten und Großagrarier. Liquidierung aller ihrer Versuche, die Macht des Kapitals wiederherzustellen.
2. Organisierung des Aufbaus des Sozialismus mithilfe des Zusammenschlusses aller Werktätigen um die Arbeiterklasse.

(Zit. nach: Matthias Judt (Hg.), DDR-Geschichte in Dokumenten, Bonn (bpb) 1998, S. 52 f.)

M6 Der Kirchenkampf

Erklärung der Evangelischen Bischofskonferenz zur Lage der Kirche in der DDR (1953):

Der Druck, der in Glaubens- und Gewissensfragen auf Glieder der Evangelischen Kirche innerhalb der Deutschen Demokratischen Republik ausgeübt wird, droht untragbar zu werden. Uns ist bekannt geworden, dass gegen die Glieder der Jungen Gemeinde mit besonderer Härte vorgegangen wird und welche Mittel dabei angewendet werden. Wir wissen von vielen Fällen, in denen junge Menschen, die ihre Gliedschaft in der Jungen Gemeinde nicht aufgeben wollten, von der Schule verwiesen und am Abschluss ihrer Ausbildung gehindert wurden. Wir wissen von anderen noch schwereren Fällen, in denen ein unverantwortlicher Druck auf junge Menschen ausgeübt worden ist mit dem Ziel, das Rückgrat ihrer Gesinnung und ihres Glaubens zu brechen.

Wir erklären, dass wir kein Wort von den Angriffen glauben, die in der „Jungen Welt“, dem Organ des Zentralrates der FDJ, gegen die Junge Gemeinde erhoben worden sind.

Wir kennen diese jungen Christen und wissen, dass es nicht wahr ist, dass sie die Junge Gemeinde zu einer „Terrorgruppe zur Sabotage der Wiedervereinigung Deutschlands“ machen wollten. Terror, Verrat und Sabotage gehören nicht zu den Mitteln christlicher Wirksamkeit. Uns ist weiterhin bekannt geworden, dass Verhaftungen vorgenommen werden, ohne dass den Beschuldigten der Grund ihrer Verhaftung mitgeteilt oder den Angehörigen der Aufenthaltsort der Verhafteten bekanntgegeben wird. Wir wissen von unbegreiflich hohen Strafen in Fällen, die das allgemeine Rechtsempfinden der gesamten zivilisierten Welt völlig anders beurteilen würde.

Wir erklären, dass wir diese Methode der Rechtspraxis wie auch des Vorgehens gegen junge Menschen als unmenschlich empfinden. Wer die Einheit Deutschlands will, darf mit Deutschen nicht so umgehen.

(Zit. nach: Hermann Weber (Hg.), Kleine Geschichte der DDR, Köln (Edition Deutschland Archiv) 1980, S. 66)

M7 Stalinismus und Antistalinismus

Robert Havemann, Marxist und Kritiker des SED-Regimes, zu seiner Abkehr vom Stalinismus (1965):

Damals galt für mich der Grundsatz: Die Wahrheit ist „parteilich“. Jeden Gedanken, der nicht „marxistisch“ war, hielt ich für feindlich und für falsch zugleich. Natürlich maßte ich mir nicht an, ob bestimmte Meinungen das Prädikat „marxistisch“ verdienten oder nicht. Das zu entscheiden war Sache der Partei. Ich war zu unbedingter Bescheidenheit gegenüber der kollektiven Weisheit der Partei erzogen. Für mich galt: Die Partei hat immer recht. [...]

Stalin war für mich der bedeutendste damals lebende Marxist. Seine Worte waren unwiderleglich. [...]

Heute erscheint mir die Geistesverfassung, in der ich mich damals befand, als geradezu lächerlich. Damals war sie das aber keineswegs. Sie war für einen guten Kommunisten eigentlich selbstverständlich.

Wir hatten einen jahrzehntelangen schweren Kampf hinter uns. An einem Abschnitt des Kampfes, der ein Kampf auf Leben und Tod war, hatte ich in der antifaschistischen Widerstandsbewegung teilgenommen. Meine besten Freunde waren in diesem Kampf gefallen. Der Zusammenbruch des verhassten Hitler-Regimes war ein großer Sieg unserer guten Sache. Er war unter der Führung Stalins errungen worden. Meine Befreiung aus dem Zuchthaus, mein Denken – alles verdankte ich der Partei, verdankte ich Stalin. [...]

Vor dem XX. Parteitag war, was die Parteiführung sagte, für mich tabu. Sie hatte das Recht der Zensur und der Unterdrückung aller Meinungen, die sie nicht teilte. Heute weiß ich, dass die Parteiführung das Recht der Zensur nicht hat. Ich weiß, jeder von uns, außerhalb und innerhalb der Partei, hat das Recht und die Pflicht, sich ein selbstständiges Urteil zu bilden, auch über die Gedanken, die ich in meinen Vorlesungen dargelegt habe.

(Robert Havemann: Ja, ich hatte unrecht – Warum ich Stalinist war und Antistalinist wurde; in: ders., Die Stimme des Gewissens – Texte eines deutschen Antistalinisten, Hamburg (Rowohlt) 1990, S. 124 ff.)

M 8 Auszug aus der Anklageschrift gegen einen Fleischermeister (15.5.1953)

[Angeklagt] am 6.3.1953 in der Gemeinde Jerichow, Boykotthetze gegen demokratische Einrichtungen und Organisationen sowie Völkerhass betrieben und hierbei nach dem 8.5.1945 durch Erfindung und Verbreitung tendenziöser Gerüchte den Frieden des deutschen Volkes gefährdet zu haben. Er hat [...] anlässlich des Ablebens des Vorsitzenden des Ministerrates der UdSSR, Josef Wissarionowitsch Stalin, hetzerische und verleumderische Reden über die Sowjetunion und deren Staatsmänner geführt.

[15.3.1953: Vernehmungsprotokoll]

Frage: Welche feindliche Tätigkeit haben Sie durchgeführt?

Antwort: Ich äußerte mich in gehässiger und diffamierender Weise gegen einen führenden Staatsmann der Sowjetunion.

Frage: Wann und wo verbreiteten Sie diese gehässigen Äußerungen?

Antwort: Diese gemeinen und gehässigen Äußerungen tätigte ich in meiner Wohnung nach Ableben des größten sowjetischen Staatsmannes Stalin.

Frage: Welche Äußerungen wurden von Ihnen verbreitet?

Antwort: Ich verbreitete in böswilliger Absicht das Gerücht, dass Stalin genug Menschenleben auf dem Gewissen habe und dass der Tod viel zu gut für ihn gewesen sei. Des Weiteren behauptete ich, dass Stalin an dem Flüchtlingselend schuld sei.

(Zit. nach: Gudrun Weber/Thomas Auerbach, Genossen – wir müssen alles wissen! DDR-Alltag im Spiegel der Stasi-Akten. Ein Lesebuch, Bonn (bpb) 2014, S. 87)

Arbeitsanregungen

Betrachten Sie M 3 und M 4. Arbeiten Sie das Bild heraus, das die Fotografen von der DDR jeweils entwerfen.

1. Aufbruchstimmung

a) Arbeiten Sie die Hoffnungen heraus, die mit der Schaffung eines „Neuen Deutschland" verbunden wurden. (DT 1, M 2 a – c, M 5)

b) Stellen Sie die Maßnahmen zum „planmäßigen Aufbau des Sozialismus" dar. (DT 3)

2. Opposition und Repression

a) Arbeiten Sie die Kritik an den Zuständen in der DDR heraus sowie die Art und Weise, in der diese Kritik zum Ausdruck kam. (DT 3 – 4)

b) Charakterisieren Sie die Reaktion der DDR-Führung auf die Opposition. (DT 3 – 4, M 6, M 8)

c) Arbeiten Sie die Gründe heraus, die Havemann in M 7 für seine anfängliche Zustimmung zum System anführt.

d) Beurteilen Sie die repressiven Maßnahmen der DDR-Führung aus der Sicht eines Anhängers der marxistischen Lehre. Nehmen Sie anschließend selbst Stellung.

Arbeiten Sie die repressiven Reaktionen der DDR-Führung auf oppositionelle Bestrebungen heraus. (DT 4, M 8)

Zustimmung, Anpassung, Rückzug, Revolte – Diskutieren Sie die Handlungsmöglichkeiten der Menschen in der DDR und deren möglichen Gründe für ihre jeweilige Haltung.

Fit fürs Abitur

Historische Urteile bilden

Eigene historische Urteile zu bilden, das ist die „Königsdisziplin“ im Geschichtsunterricht. Ein Urteil fordert ein hohes Maß an Selbstständigkeit. Da historische Zusammenhänge oft sehr vielschichtig sind, stehen Urteile nicht von vornherein fest. Man muss wie in einer Gerichtsverhandlung alle relevanten Sachverhalte und ihre Zusammenhänge kennen sowie Argumente sorgfältig abwägen.

Die Beurteilungsoperatoren

In jeder Abiturklausur und in der Regel auch in jeder schriftlichen Klausur findet sich eine Aufgabe mit einem der Operatoren „beurteilen“, „überprüfen“ oder „erörtern“. Sie gehören alle zum dritten, d. h. obersten Anforderungsbereich.

→ **Überprüfen:** Hier untersuchen Sie, ob eine bestimmte Aussage zutrifft oder ein bestimmtes Kriterium erfüllt ist. Dazu reicht häufig eine stichprobenartige Überprüfung.

→ **Beurteilen:** Hier schätzen Sie einen Sachverhalt nach bestimmten Kriterien ein. Sie müssen in der Regel das Urteil breiter anlegen als bei dem Operator „überprüfen“ und die Argumente gegeneinander abwägen.

→ **Erörtern:** Hier geht Ihrem Urteil eine Pro- und Kontra-Argumentation voraus (dialektische Erörterung). Zwar muss man bei jedem Urteil das Für und Wider berücksichtigen und abwägen, bei „erörtern“ steht dies aber besonders im Zentrum und muss in Ihrem Text klar erkennbar sein.

Bei allen Urteilsoperatoren müssen Sie klarlegen, aufgrund welcher **Kriterien** Sie ihr Urteil bilden. Manchmal muss man dazu nicht viel schreiben, weil die Kriterien offensichtlich sind. Meistens müssen aber **Begriffe erklärt** (Beurteilen Sie, inwieweit die DDR ein Unrechtsstaat war. → Was heißt „Unrechtsstaat“?) oder ausdifferenziert werden (Beurteilen Sie, inwieweit die Politik Bismarcks gegenüber den Sozialdemokraten erfolgreich war. → Erfolgreich in welcher Hinsicht? Kurzfristig oder langfristig erfolgreich?).

→ **Bewerten:** Während die drei genannten Operatoren ein **Sachurteil** verlangen, also ein Urteil nach sachlich überprüfbaren Kriterien (die in der Regel durch die Aufgabenstellung schon vorgegeben werden), verlangt der Operator „bewerten“ ein **Werturteil**, bei dem ethisch-moralische Kriterien auf historische Sachverhalte angewandt werden. Sie müssen also vorab entscheiden, welche Wertmaßstäbe Sie anlegen wollen, und diese dann offenlegen.

Schritte zur Bildung eines historischen Urteils

Schritte	Formulierungshilfen	Häufige Fehler
1. Aufgabenstellung klären und Beruteilungskriterien benennen • Aufgabenstellung erläutern • Schwierige Begriffe erklären • Beurteilungskriterien benennen	• Im Folgenden möchte ich beurteilen/erörtern/überprüfen, inwieweit/ob … • Unter einem „Unrechtsstaat"/unter „sozial"/unter „gerecht" versteht man (in der Regel) … • „Erfolgreich"/„bedeutsam" … kann zum einen heißen …, zum anderen … • Darüber hinaus kann man unterscheiden, ob es kurzfristig/langfristig erfolgreich/bedeutsam … ist. • Darüber hinaus kommt es darauf an, für wen/für welche Gesellschaftsgruppe es bedeutsam … war.	• Beurteilungskriterien nicht genannt (ersten Schritt übersprungen und gleich mit der Argumentation begonnen) • Nur Eröffnungssatz ohne substanziellen Inhalt („Im Folgenden möchte ich erörtern, ob …") • Aufführen von Pseudokriterien, die in der Argumentation weiter unten keine Rolle mehr spielen
2. Argumente anführen • Anführen möglichst aller relevanten (d. h. für die Fragestellung passenden/wichtigen) Argumente • Argumente auf die eingangs genannten Kriterien beziehen	• Was dafür spricht ist, dass … • Ein Beweis dafür, dass …, ist … • Nach den Maßstäben der/des … • Angesichts dieser Tatsache kann man das … als … bezeichnen. • Zum einen kann man anführen, dass …, zum anderen … • Des Weiteren …	• Fehlende Argumente • Nicht passende Argumente • Allgemeine Darstellung/Erzählung ohne Bezugnahme auf die Kriterien (nicht argumentiert)
3. Gegenargumente anführen • Anführen von (möglichen) Gegenargumenten • Berücksichtigen von anderen Sichtweisen • Abwägen der Gegenargumente → Dieser Schritt muss bei dem Operator „erörtern" ähnlich ausführlich ausfallen wie Schritt 2. → Gegenargumente können mit Blick auf das angestrebte Urteil/Fazit auch gleich widerlegt oder relativiert werden.	• Man kann dies aber auch anders sehen … • Aus der Sicht eines … • Nach den Maßstäben der/des … • Es sollte auch bedacht/erwähnt werden, dass … • Einerseits …, andererseits … • Dagegen/jedoch/aber … • Ein Gegenargument wäre … • Allerdings kann man hier wiederum einwenden …	• Keine Gegenargumente angeführt
4. Das Urteil formulieren und begründen • Knappe und wertende Zusammenfassung der Argumente • Fazit	• Meiner Meinung nach/Aus meiner Sicht … • Nach Abwägung aller Argumente … • Es gibt mehr Argumente, die für … sprechen als für … • Die Gegenargumente sind zwar nicht vollkommen von der Hand zu weisen, insgesamt wiegen sie aber nicht so schwer … Entscheidend ist vielmehr … • Von den angeführten Argumenten ist für mich am gewichtigsten …	• Zu ausführliche Wiederholung der schon vorgebrachten Argumente (anstatt einer knappen Zusammenfassung) • Einführen neuer Argumente, die bislang gar nicht vorgebracht wurden

Konzept – Urteil vorbereiten

Bei jedem Aufgabentyp ist es wichtig, sich vor der Ausformulierung der Lösung ein Konzept zu machen. Notieren Sie zu *erklärende Begriffe, Beurteilungskriterien, Argumente (pro/kontra und gegebenenfalls Perspektivenwechsel), Fazit.*

M 1 Beispiel einer Schülerarbeit (Auszüge)

Aufgabenstellung

Erörtern Sie die demokratische Qualität der Deutschen Demokratischen Republik.

Eröffnungssatz

Die DDR führte die Bezeichnung „demokratisch“ in ihrem Namen. Dennoch bezeichnen viele die DDR als Diktatur oder als undemokratisch.

Erklärung der Begriffe und Nennen der Beurteilungskriterien

Das Wort Demokratie kommt aus dem Griechischen und bedeutet „Herrschaft des Volkes“. Unter Demokratie versteht man (nach „westlichem“ oder liberalem bzw. liberaldemokratischem Verständnis) einen Staat mit Verfassung, Grundrechten, vor allem Meinungsfreiheit, einem Parlament, freien Wahlen, mehreren Parteien, einem Rechtsstaat, Gewaltenteilung (zur Verhinderung von Machtmissbrauch) und vielem mehr.

Argumente pro demokratisch

Die DDR verfügte über eine Verfassung, über ein Parlament (Volkskammer) und sogar über verschiedene Parteien – nicht nur über die SED. Auch fanden regelmäßig Wahlen zur Volkskammer statt. All das kann man als Argument anführen für die Aussage, dass die DDR sich berechtigterweise „demokratisch“ genannt hat.

Argumente kontra demokratisch

Allerdings gibt es gewichtige Gegenargumente. Die Grundrechte hatten nicht diesen „heiligen“ Status wie z. B. in der Bundesrepublik. Insbesondere die Meinungsfreiheit war eingeschränkt. Die Stasi bespitzelte jeden und verfolgte diejenigen, die gegen das Regime waren oder auch nur einfach ausreisen wollten. Die Volkskammer hatte nicht wirklich viel zu sagen. Die Entscheidungen wurden durch die SED getroffen. Die Wahlen zur Volkskammer fanden über die Einheitsliste der „Nationalen Front“ statt, d. h. die Wähler konnten nicht zwischen verschiedenen Parteien auswählen, sondern konnten nur zustimmen (oder ablehnen). Die Mehrheitsverhältnisse waren von vornherein so festgelegt, dass die SED die meisten Sitze hatte. Außerdem war es üblich, offen abzustimmen. Wer in der Wahlkabine seinen Wahlzettel ausfüllte, machte sich verdächtig.

Das sind in meinen Augen schwerwiegende Argumente, die gegen die demokratische Qualität der DDR sprechen. Die DDR hatte als kommunistischer Staat allerdings ein anderes Demokratieverständnis. Aus ihrer Sicht verkörperte die führende Partei, die aus KPD und SPD zwangsvereinigte SED, das „wirkliche“ Gemeinwohl. Da der Sozialismus für die Kommunisten die Befreiung des Volkes aus Unterdrückung darstellt, kann der Weg, über den Sozialismus die klassenlose Gesellschaft zu erreichen, nicht zur Diskussion stehen, d.h. darüber kann auch nicht in Wahlen entschieden werden. Da durch die Herrschaft der SED das (eigentliche) Volk die Herrschaft im Staat übernommen hat, braucht der Einzelne auch nicht einen umfassenden Grundrechtsschutz, der ihn vor einem „bösen“ Staat schützt.

Berücksichtigung einer anderen Sichtweise (also nochmals pro demokratisch)

Nach Abwägung aller Argumente kann man klar sagen, dass aus liberaldemokratischer Sicht die DDR eindeutig keine Demokratie darstellt, obwohl sie äußere Merkmale eines demokratischen Verfassungsstaates aufweist. Der kommunistischen Sicht kann ich mich persönlich nicht anschließen.

Abschließendes Urteil

M 2 Beispiele für Beurteilungsaufgaben

1. Erörtern Sie, ob die Industrialisierung einen Fortschritt für die Bevölkerung der Industrieländer dargestellt hat.
2. Beurteilen Sie, inwieweit Bismarcks Strategie zur Eindämmung der Arbeiterbewegung erfolgreich war.
3. Beurteilen Sie, inwiefern der deutsche Widerstand gegen den Nationalsozialismus erfolgreich war.
4. Überprüfen Sie, ob die Bezeichnung „Stunde Null“ für das Jahr 1945 in Deutschland zutreffend ist.
5. Erörtern Sie, ob die DDR sich berechtigterweise „demokratisch“ genannt hat.

Arbeitsanregungen

Ein Richter spricht in einer Gerichtsverhandlung ein Urteil. Tauschen Sie sich darüber aus, worauf der Richter bei seiner Urteilsfindung achten soll. Inwiefern ist ein Urteil in einer Gerichtsverhandlung mit einem historischen Urteil vergleichbar?

1. Historische Urteile bilden

a) Informieren Sie sich über die einzelnen Beurteilungsoperatoren.

b) Informieren Sie sich über die Schritte bei der Bildung eines historischen Urteils. Vergleichen Sie die Schritte mit dem Schülerbeispiel M 1.

c) Finden Sie zu den Aufgaben in M 2 Kriterien und erklären Sie, wenn notwendig, Begriffe.

d) Formulieren Sie für eine der Aufgaben in M 2 Schritt 1 aus.

2. Weitere Aufgaben

a) Sichten Sie die Aufgaben mit Waage-Symbol (⚖) in Ihrem Schulbuch.

b) Formulieren Sie zur Vorbereitung der nächsten schriftlichen Klausur mögliche sinnvolle Aufgabenstellungen für die Operatoren überprüfen, beurteilen, erörtern.

c) Beurteilen Sie die Qualität der Auszüge aus Schülerarbeit M 1.

11. Aufbruch in die „Postmoderne“

Die Zeit der 1960er-Jahre ist gekennzeichnet durch zunehmende Demokratisierung, aufkommenden Massenkonsum, Individualisierung und das Fehlen allgemein verbindlicher Wertesysteme. Dieser Wandel hat auch die Kunst tief greifend verändert. Es entstehen völlig neue Konzepte davon, was Kunst sein und leisten soll.

Was war das Neue?

Der Begriff der Moderne gilt für die Kunst seit Beginn des 20. Jahrhunderts. Die Abbildfunktion, die die Kunst jahrhundertelang beschäftigt hatte, war schon in der zweiten Hälfte des 19. Jahrhunderts durch neue technische und wissenschaftliche Erfindungen und Erkenntnisse obsolet geworden. Industrialisierung, Urbanisierung und die Umbrüche in den westlichen Gesellschaften hatten die Künstler veranlasst, neue Wege und Ausdrucksformen zu suchen. Es entstanden innerhalb der „Moderne“ verschiedene Kunststile, die auf dem subjektiven Weltverständnis der Künstler gründeten.

Nach der brutalen Unterbrechung dieser Entwicklung durch den Zweiten Weltkrieg und die Verbrechen der Nationalsozialisten sahen sich die Künstler seit den 1960er-/1970er-Jahren in einer Welt, in der diese Modernisierungsprozesse unter einem beschleunigten Tempo die gesamte Gesellschaft erfassten und tief greifende Veränderungen nach sich zogen.

Die Kunst reagierte darauf mit einer Vielfalt von künstlerischen Ansätzen und Neuerungen, die über das hinausgingen, was vor dem Zweiten Weltkrieg angedacht worden war. Das betrifft die Ausdrucksformen und Materialien, die verwendet werden, die Aufnahme neuer Medien wie z. B. die Videotechnik in das Kunstschaffen, die Überwindung der Grenzen zwischen Kunst- und Alltagswirklichkeit bzw. zwischen Kunst und Leben, die Aufhebung der Grenzen zwischen „hoher“ Kunst und Unterhaltungskunst und die Überschreitung der Grenzen der einzelnen Kunstgattungen, z. B. in der Kunstform der Performance. Darüber hinaus wird dem Betrachter eine neue Rolle zugewiesen. Er soll das Kunstwerk nicht mehr passiv auf sich wirken lassen, sondern sich aktiv damit auseinandersetzen.

Begreift man die eingangs beschriebenen gesellschaftlichen Umwälzungen in ihrem Ausmaß als fundamentale Veränderungen für die Gesellschaften, dann lässt sich in den 1960er-Jahren der Übergang von der „Moderne“ zur „Postmoderne“ ansetzen.

Pop Art und Andy Warhol (1928 – 1987)

Die Pop Art stellte sich mit ihrer radikalen Gegenständlichkeit und mit ihren Motiven, die sie aus der Alltagswirklichkeit, aus Zeitschriften und Werbung bezog, gegen eine Überhöhung der Kunst und den ihr zugeschriebenen Erkenntnisgewinn.

Andy Warhol ist ein Hauptvertreter der Pop Art und bis heute einer der populärsten Künstler der Welt. Aus der Werbebranche kommend, ist er vor allem für seine Siebdrucke bekannt. Als Motive wählte er Ikonen des Konsums des „American way of life“ und „Celebrities“ aus allen Bereichen des öffentlichen Lebens. Daneben findet sich aber auch zum Beispiel das Motiv des Totenschädels, womit er 1972 auf den Tod seiner Mutter reagierte. Seine Siebdrucke basieren alle auf Fotos, die er zum Teil Zeitschriften entnahm und immer auf die gleiche Art und Weise verfremdete. Es liegt am Betrachter zu entscheiden, ob er die Kunst Andy Warhols als kritisch, ironisch, oberflächlich oder hintergründig beurteilt.

Gearbeitet hat Warhol mit einem Team in seiner „factory“ in New York, die zeitweise viele der damals berühmten Künstler anzog und für ihre Partys bekannt war. Hier experimentierte Warhol auch mit den Medien Fotografie und Film, produzierte zeitweise die Band Velvet Underground und erarbeitete für sie aufwendige Bühnenshows.

M 1 Andy Warhol: Marilyn Monroe (Marilyn Monroe Complete Portfolio), 1967

Andy Warhol sagte über sich und seine Kunst:

„Während der 1960er-Jahre haben die Menschen vergessen, was Gefühle sind. Und ich glaube, sie haben sich nie wieder daran erinnert."

„Ich liebe Los Angeles. Ich liebe Hollywood. Sie sind toll. Jeder da ist aus Plastik, aber ich liebe Plastik. Ich will Plastik sein."

„In Zukunft wird jeder 15 Minuten weltberühmt sein."

Ein Bild der Reihe erreichte 2022 mit 185 Mio. Euro einen bislang unerreichten Kaufpreis für ein Kunstwerk.

M2 Duane Hanson (1925 – 1996): „Riot" (Aufstand), 1967

Duane Hanson, der ebenfalls der Pop Art bzw. dem Hyperrealismus zugerechnet wird, nimmt eine ausgesprochen gesellschaftskritische Haltung ein und zeigt die Schwachstellen des „American way of life" auf.

Joseph Beuys (1921 – 1986)

Joseph Beuys bildet mit seinem Werk gewissermaßen den Gegenpol zu Andy Warhol. Er veränderte die Kunstwelt nachhaltig mit seiner mystisch aufgeladenen Kunst und seinen gesellschaftskritischen Aktionen. Er inszenierte sich als Schamane und Heilsbringer. Er liebte es, mit Materialien wie Fett, Filz und Wachs zu arbeiten und sich selbst als Person in seine Kunst einzubringen.

Gestützt auf die anthroposophischen Schriften Rudolf Steiners proklamierte Beuys eine ganzheitliche Weltsicht, in der er Gegensätze wie Intellekt und Seele, Ost und West, Natur und Geist zur Synthese führen wollte.

Beuys war der Ansicht, dass jedes kreative Wirken eines Menschen als Kunst aufzufassen sei („Jeder Mensch ist ein Künstler"). Er geht dabei so weit, dass bereits das Denken und die Sprache als Kunstwerk zu werten seien. Setzen die Menschen also ihre kreative Kraft ein, so können sie die Gesellschft verändern und sich aus bestehenden Zwängen befreien. Dabei entstehe eine neue Gesellschaftsform, die Beuys als Gesamtkunstwerk versteht und als „Soziale Plastik" bezeichnet. Somit lehnt Beuys jegliche elitäre Sonderstellung der Kunst und des Kunstschaffens ab und bezieht in die Definition dessen, was Kunst sein solle, alle kreativen Prozesse im Zusammenleben der Menschen mit ein. Diese umfassende Definition der Kunst bezeichnete Beuys als „erweiterten Kunstbegriff".

Er selbst drückte es 1976 so aus: „Man kann und darf [den Kunstbegriff] nicht so traditionell halten und sagen: Das machen die Künstler und das machen die Ingenieure. Das kann man aber durchbrechen. Und einen Ausweg gibt es allein durch einen erweiterten Kunstbegriff, der anthropologisch ist, der wirklich ernst nimmt, dass jeder Mensch ein Künstler ist, dass in jedem Menschen ein kreativer Kern ist."

Seinen Überzeugungen entsprechend war Beuys sein Leben lang politisch aktiv. So gehört er zu den Gründungsmitgliedern der Partei DIE GRÜNEN und kandidierte im Jahr 1979 für das Europaparlament als Direktkandidat.

M 3 Joseph Beuys: „I like America and America likes me"

Aktion vom 21. bis zum 25. Mai 1974 in der Galerie René Block, New York.

Beuys ließ sich auf einer Bahre liegend mit verbundenen Augen in einem Krankenwagen vom Flughafen in die Galerie bringen, wo er drei Tage mit einem Kojoten verbrachte. In dem Raum befanden sich lediglich Ausgaben der Tageszeitung Wall Street Journal, Stroh, Filzdecken, ein Hirtenstab und eine Triangel. Auf der Abbildung sieht man Beuys mit einer Filzdecke und dem Hirtenstab. Nach den drei Tagen ließ sich Beuys auf die gleiche Art, wie er gekommen war, wieder zum Flughafen bringen.

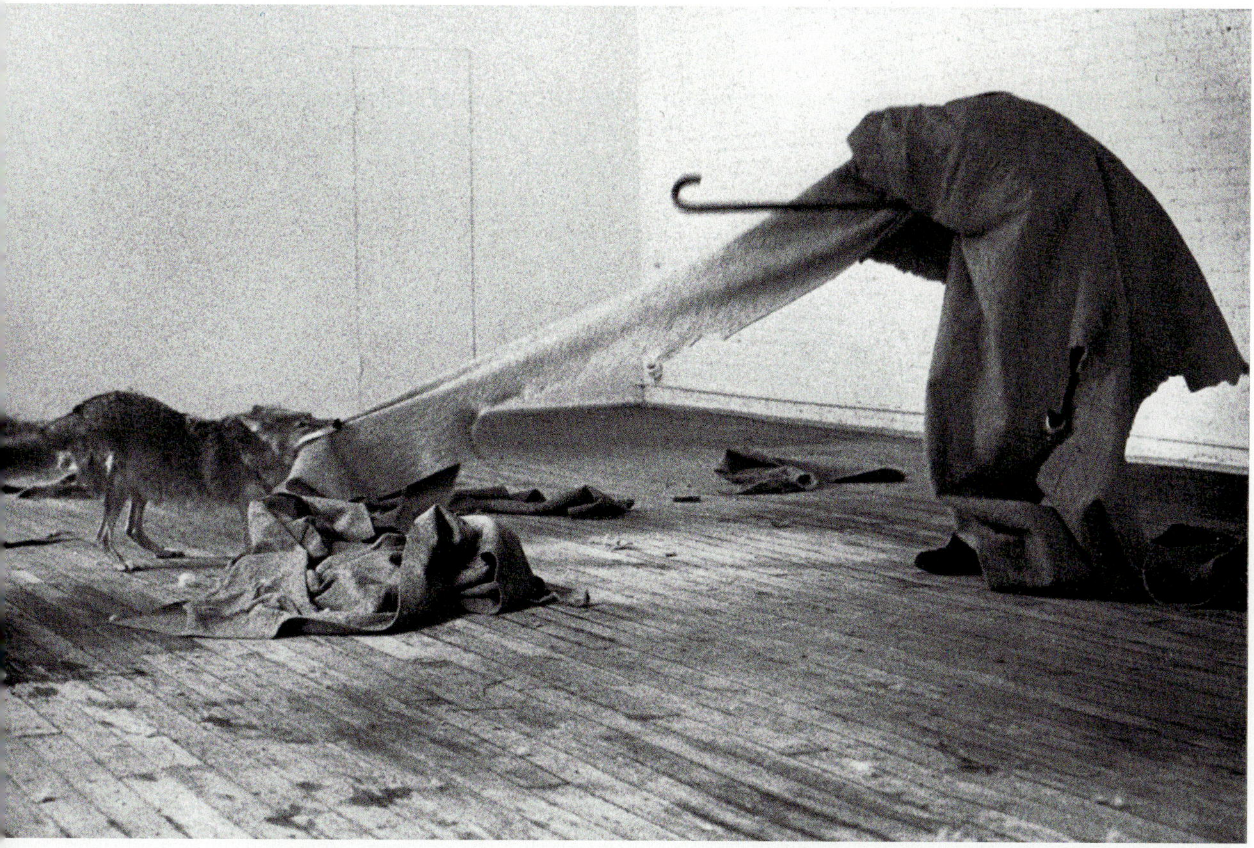

Arbeitsanregungen

? Betrachten Sie M 2. Tauschen Sie sich aus: Was fällt Ihnen auf – an der Art der Darstellung, am Dargestellten? Was bewirkt diese Installation beim Betrachter?

a) Arbeiten Sie DT 1/2 sowie M 1/3 heraus, auf welche politischen und gesellschaftlichen Entwicklungen Warhol und Beuys in ihren Werken Bezug nehmen.

+ b) Vergleichen Sie Selbstverständnis und Werk von Warhol und Hanson.

+ c) Recherchieren Sie weitere Künstler, die die Grenzen traditioneller Kunst überschreiten, z. B. Niki de Saint Phalle, Marina Abramović und Ulay, Christo und Jeanne Claude, Cindy Sherman.

d) Erläutern Sie das Selbstverständnis der einzelnen Künstler.

Diskutieren Sie die Rolle der Kunst in modernen Gesellschaften. Inwiefern ist die Kunst Spiegel gesellschaftlicher Veränderungen? Inwiefern soll und kann Kunst gesellschaftliche Veränderungen vorantreiben?

12. Proteste in Ost und West – 1950er- und 60er-Jahre

In den 1950er- und 1960er-Jahren gab es sowohl in West- als auch in Osteuropa Protestbewegungen, die überwiegend von jungen Menschen getragen wurden. Während sie in der DDR, in Polen, Ungarn und in der Sowjetunion schon in den 1950er-Jahren begannen, hatten sie in Westeuropa ihren zeitlichen Schwerpunkt in den 1960er-Jahren. Sowohl im Osten als auch im Westen lagen die Ursachen des Protests in den tief greifenden Veränderungen, die sich in der Nachkriegszeit vollzogen.

M 1 Anders leben als die Eltern: Die Kommune I (1967)

Die Kommune I war eine politisch motivierte Wohngemeinschaft in West-Berlin, die es sich zum Ziel machte, neue Lebensformen als Gegenmodell zur bürgerlichen Kleinfamilie zu praktizieren.

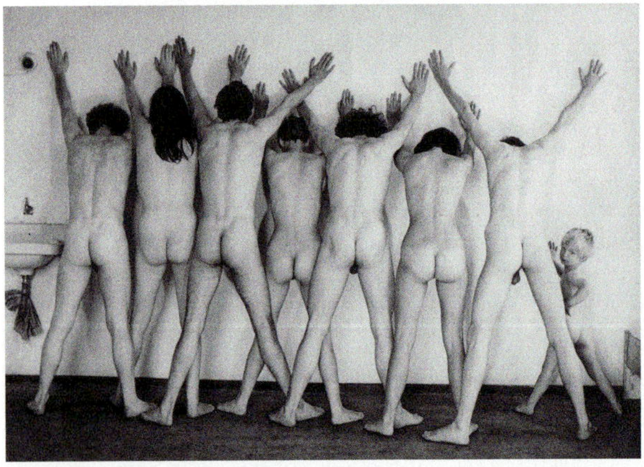

M 2 Wertewandel: Erziehungsziele von Eltern 1957 – 1996

(Nach: Detlef Pollack/Gergely Rosta, Religion in der Moderne – Ein internationaler Vergleich, Frankfurt/M. (Campus) 2022, S. 151)

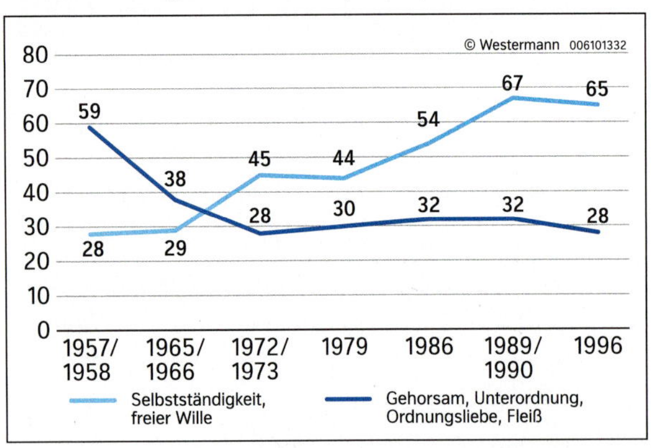

1968 – das Ende der Nachkriegszeit in Europa

1968 war die Nachkriegszeit unwiderruflich zu Ende. Die junge Generation in ganz Europa hatte in den Jahren zuvor grundsätzlich andere Erfahrungen gemacht als ihre Eltern: Statt Krieg und Entbehrung erlebten sie ein „Golden Age", das seit den 1950er-Jahren ein ungewöhnlich starkes Wirtschaftswachstum, Massenwohlstand und Massenkonsum sowie einen „Baby-Boom" mit sich gebracht hatte. Hinzu kam in den 1960er-Jahren eine vorher ungekannte Bildungsexpansion. In ganz Europa öffneten sich Grammar Schools, Lycées, Gymnasien und Universitäten bisher ausgeschlossenen sozialen Schichten. Bei den höheren Bildungsabschlüssen wuchs auch der Frauenanteil deutlich an.

Im Westen: Pop als Gegenkultur

Mit dieser Bildungsrevolution vergrößerte sich die Kluft zwischen den Generationen weiter. Eine stark wachsende, gebildete, wohlhabende, optimistische und selbstbewusste Jugend stand einer vielfach verunsicherten, desillusionierten, von Mangel und Krieg traumatisierten Elterngeneration gegenüber. Pop-Musik, Werbung, Kino und Fernsehen waren von jungen Menschen dominiert und konkurrierten um sie als Zielgruppe. Die Pop-Kultur überwand rasch die nationalen Grenzen und wurde zur internationalen Massenkultur der „Swinging Sixties". Körperbetonte Mode, z. B. Jeans und Mini-Röcke, lange Haare bei beiden Geschlechtern und die durch die Anti-Baby-Pille ausgelöste „sexuelle Revolution" der Hippies („Make love, not war") taten das Ihre, um den Generationenkonflikt weiter anzuheizen. Dazu trugen auch alternative Lebensformen wie Wohngemeinschaften und „Kommunen" bei – kämpferische Gegenentwürfe zur bürgerliche Kleinfamilie.

Wertewandel

Die „Swinging Sixties" waren mit einem tief greifenden **Wertewandel** verbunden. Die bis in die 1960er-Jahre hinein noch gängige Prügelstrafe wurde als Erziehungsmittel geächtet. Kinder und Jugendliche wurden zum kritischen Hinterfragen von Autoritäten – Eltern und Lehrkräften – er-

mutigt, traditionelle Erwartungshaltungen des sich Fügens, der Unterordnung und des Gehorsams waren verpönt. An ihre Stelle traten argumentative Erziehungsformen („Man lernt nur aus Kritik“), die auf neue Werte wie Selbstständigkeit, Selbstverantwortung und Rücksichtnahme abzielten.
Sozialwissenschaftler konnten den tief greifenden Wertewandel in Umfragen empirisch nachweisen. Sie beobachteten eine Verschiebung weg von „Pflicht- und Akzeptanzwerten“ (wie Arbeits- und Leistungsbereitschaft, Pflichterfüllung, Disziplin, Pünktlichkeit und Sparsamkeit, Gehorsam, Unterordnung und Autorität) hin zu „Freiheits- und Selbstentfaltungswerten“ (wie Emanzipation von Autoritäten, Gleichheit, Selbstständigkeit, Mitbestimmung, Kritikfähigkeit, freiem Willen und individueller Autonomie).

M 3 Detonation einer Napalm-Bombe in Vietnam (1966)

Der Vietnamkrieg

Der gesellschaftliche Wertewandel und der popkulturelle Protest gegen die Elterngeneration politisierten sich Mitte der 1960er-Jahre durch den Vietnamkrieg. Als US-Präsident Lyndon B. Johnson 1965 in Vietnam intervenierte, um die vom kommunistischen Nordvietnam unter Ho Chi Minh unterstützten Vietcong-Guerillas in Südvietnam zu bekämpfen, waren auch in den USA viele junge Menschen nicht mehr bereit, die Entscheidung ihres Präsidenten widerspruchslos hinzunehmen. US-Medien zeigten Massenproteste mit bis zu 500 000 Teilnehmern, bei denen junge Rekruten ihre Einberufungsbescheide demonstrativ öffentlich verbrannten. Auf wachsende moralische Empörung stießen vor allem amerikanische Flächenbombardements auf Nordvietnam und der großflächige Napalm-Einsatz durch US-Flugzeuge, der bei den häufig zivilen Opfern zu schweren Verbrennungen auf der Haut führte. Auch das Entlauben des vietnamesischen Regenwaldes mit hochgiftigen Chemikalien (z. B. Agent Orange) sowie Kriegsverbrechen von US-Bodentruppen gegen die vietnamesische Zivilbevölkerung führten aufgrund kritischer Berichte in den Medien zum Anschwellen der Massendemonstrationen auch in vielen Ländern Westeuropas, bei denen die rasch wachsende **68er-Bewegung** die moralische Autorität der USA als Führungsmacht der „freien Welt“ immer grundsätzlicher infrage stellte.

Bundesrepublik: Die Verdrängung des Nationalsozialismus

In der Bundesrepublik kam zum Vietnamkrieg als Katalysator der Protestbewegung ein deutsches Spezifikum hinzu, worüber sich zahlreiche junge Menschen empörten: die von vielen Erwachsenen verweigerte Auseinandersetzung mit dem Nationalsozialismus. In Schulen wurde das Thema von den Lehrenden, die oft selbst Kriegsteilnehmer waren, totgeschwiegen. Auch das Schweigen der Eltern zu Hause, wenn sie von ihren Kindern nach ihrer Rolle im „Dritten Reich“ gefragt wurden, entfremdete die Generationen weiter voneinander. Statt ihr Mitmachen im „Dritten Reich“ selbstkritisch zu hinterfragen, konzentrierten viele Erwachsene ihre ganze Energie auf materiellen Wohlstand und waren stolz auf das deutsche „Wirtschaftswunder“.
Die Kritik der jungen Generation am kollektiven Beschweigen der NS-Vergangenheit und der Flucht ihrer Eltern in den Konsum wuchs weiter, als die Große Koalition aus CDU und SPD 1968 ihre Zwei-Drittel-Mehrheit im Bundestag dazu nutzen wollte, das Grundgesetz zu ändern, um eine Notstandsgesetzgebung durchzusetzen, mit der es im Notstandsfall möglich gewesen wäre, die Grundrechte der Bürger und Bürgerinnen einzuschränken. Die geplanten Notstandsgesetze erinnerten die 68er-Bewegung an den Artikel 48 der Weimarer Reichsverfassung, mit dem die Demokratie in der Weimarer Republik ausgehebelt worden war.

M4 Demonstration gegen die Notstandsgesetze in Bonn (1968)

In dieser Situation propagierte der „Sozialistische Deutsche Studentenbund“ (SDS) die Bildung einer „Außerparlamentarischen Opposition“ (APO), die durch Demonstrationen, „Sit-ins“ (Sitzstreiks) und „Teach-ins“ (Diskussionen in Schulen und Universitäten) die politische Teilhabe der Bürger und Bürgerinnen stärken wollte. Aber auch deren Massendemonstrationen konnten die Verabschiedung des Gesetzespakets durch die Große Koalition nicht verhindern, sodass nun der Einsatz der Bundeswehr bei inneren Unruhen und die Aufhebung des Brief-, Post- und Fernmeldegeheimnisses im Notstandsfall möglich wurden, was viele an den Artikel 48 der Weimarer Verfassung erinnerte.
Die Enttäuschung vieler junger Menschen über diese innenpolitische Niederlage leitete überraschend schnell den Zerfall der 68er-Bewegung ein. Nicht wenige junge Menschen wandten sich nun linksextremen Gruppen zu. Die Mehrzahl der enttäuschten Studierenden und Schüler/-innen trat aber der SPD bei. Sie begannen den „langen Marsch durch die Institutionen“ und versuchten, ihre politischen Ideen nun auf dem Weg parlamentarischer Reformen durchzusetzen.

Der Ostblock: Reformen als Ursachen der Proteste

Während im Westen Generationenkonflikte und ein mit ihnen verbundener Wertewandel tief greifende Veränderungen herbeiführten, markierte im Ostblock ein äußeres Ereignis eine tiefe Zäsur: der Tod Stalins im März 1953, der mehr als ein Vierteljahrhundert lang die Sowjetunion mit systematischem Staatsterror beherrscht hatte.

M5 Aufbahrung des toten Stalin im offenen Sarg vor dem Kreml (1953)

Bereits wenige Wochen nach dem Tod des Diktators beschloss die KPdSU einen „Neuen Kurs“ für die Sowjetunion und ihre Verbündeten im Ostblock. Der überraschend schnell eingeleitete Kurswechsel war notwendig geworden, weil die Sowjetunion seit dem Ende des Zweiten Weltkriegs unter einer schweren Wirtschaftskrise litt. Es galt, die Lebensmittelversorgung der Bevölkerung zu verbessern, indem für die Bauern wirtschaftliche Anreize geschaffen und die Anteile der Schwer- und Rüstungsindustrie zugunsten der Konsumgüterproduktion reduziert wurden. Außerdem hatten Stalins Personenkult und sein willkürlicher Massenterror in den Jahren nach Kriegsende zusehends Legitimationsprobleme in der Bevölkerung geschaffen.

Mit der Einführung des „Neuen Kurses" wurde im Frühjahr 1953 Stalins Alleinherrschaft durch eine „kollektive Führung" von Partei und Staat ersetzt. Sie wollte die stalinistische Zentralverwaltungswirtschaft im gesamten Ostblock lockern zugunsten marktwirtschaftlicher Anreize für die Bauern, größerer Entscheidungsspielräume für die einzelnen Industriebetriebe sowie eine Stärkung des Konsumgütersektors.

M 6 Aufstand des 17. Juni 1953 in der DDR

Der Aufstand des 17. Juni in der DDR

Der „Neue Kurs" zeigte im Ostblock rasche Wirkungen. Auch für die DDR hatte die neue sowjetische Führung Reformpläne. Die stalinistische Politik des SED-Chefs Walter Ulbricht, der 1952 den beschleunigten Ausbau der Schwerindustrie auf Kosten des Konsumgütersektors sowie die forcierte Kollektivierung der Landwirtschaft verordnet hatte, sollte beendet werden. Ulbrichts „Aufbau des Sozialismus" in der DDR wurde begleitet vom Prozess des „gesetzmäßig sich verschärfenden Klassenkampfs", der sich vor allem gegen die christlichen Kirchen richtete. Gegen Mitglieder der „Jungen Gemeinden" wurden flächendeckend Schulverweise und Studierverbote verhängt.

Die von der sowjetischen Kritik an ihrer stalinistischen Politik überrumpelte SED wollte die verordnete Entstalinisierung eindämmen und reagierte mit hinhaltendem Widerstand. Sie kündigte zwar die Förderung der Konsumgüterindustrie und die Einstellung der Maßnahmen gegen die Kirchen an. Trotz der anderslautenden Forderungen aus Moskau erhöhte sie aber Ende Mai 1953 die Arbeitsnormen in den Industriebetrieben, was Lohnkürzungen für die Arbeiter bedeutete. In der Begründung hielt die SED demonstrativ am forcierten „Aufbau des Sozialismus" als Ziel ihrer Politik fest und wandte sich damit offen gegen den „Neuen Kurs" Moskaus.

Der Enttäuschung der Bevölkerung machte sich schon am 11. und 12. Juni Luft in ersten Streiks vor allem junger Arbeiter. Bauarbeiter der Ostberliner Stalinallee, des Vorzeigeprojekts sozialistischen Wohnungsbaus in der DDR, zogen auf die Straße und forderten den Rücktritt der DDR-Regierung. Sie riefen zum Generalstreik gegen die Normerhöhungen auf. Beim **Aufstand des 17. Juni** breitete sich die Streik- und Protestbewegung auf fast 600 Orte der DDR aus, wobei städtische Mittelschichten, Bauern und Intellektuelle hinzustießen. Unter den ca. 500 000 Streikenden und ca. 400 000 Demonstranten waren junge Menschen unter 30 Jahren überrepräsentiert. Neben wirtschaftlichen und sozialpolitischen Forderungen wurden auch Rufe nach freien Wahlen, Einführung eines Mehrparteiensystems und deutscher Einheit immer lauter. Nachdem Polizei und Staatssicherheit die Kontrolle über die Lage verloren hatten, wurde der Volksaufstand von sowjetischen Panzern niedergeschlagen, wobei mehr als 50 Protestierende getötet und 40 sowjetische Soldaten wegen Befehlsverweigerung hingerichtet wurden.

M 7 Ungarnaufstand in Budapest 1956: aufständische Ungarn und ein zerstörter sowjetischer Panzer

Der Ungarnaufstand 1956

Unter Nikita Chruschtschow, dem neuen starken Mann in der „kollektiven Führung" der KPdSU, wurde der „Neue Kurs" nach 1953 konsequent weitergeführt. Beim XX. Parteitag der KPdSU 1956 verkündete er in einer Geheimrede die „Entstalinisierung". Er verurteilte alle Formen von Personenkult und staatlichem Terror, außerdem proklamierte er die Pluralität der „Wege zum Sozialismus" für die Brudersstaaten in Osteuropa. Das war ein klares Signal für innere Reformen in den kommunistischen Staaten Osteuropas, das vielfältige Hoffnungen weckte.

Die Entstalinisierung führte in Ungarn im Juni 1956 zu heftigen Auseinandersetzungen in der kommunistischen Partei, in deren Folge der stalinistische Parteichef Mátyás Rákosi, der sich selbst als „Stalins besten Schüler" bezeichnete, abgesetzt und durch den nationalen Reformkommunisten Imre Nagy ersetzt wurde. Er versprach einen „nationalen und menschlichen Sozialismus" und forderte die Einführung eines Mehrparteiensystems nach westlichem Muster, nahm Verhandlungen mit der Sowjetunion über den Abzug der Roten Armee aus Ungarn auf, trat aus dem Warschauer Pakt aus und proklamierte die Neutralität und Blockfreiheit Ungarns. Die Aufkündigung des Bündnisses konnte von der Sowjetunion nicht hingenommen werden. Im November intervenierten sowjetische Panzertruppen und setzten eine Gegenregierung unter dem prosowjetischen Kommunisten János Kádár ein. Beim **Ungarnaufstand** tobten elf Tage lang Straßen- und Häuserkämpfe in Budapest und vielen anderen ungarischen Städten, bei denen ca. 3 000 Menschen ums Leben kamen, darunter ca. 700 sowjetische Soldaten. Am 15. November hatte die sowjetische Armee nach verlustreichen Kämpfen die Lage unter Kontrolle, der Ungarnaufstand war gescheitert.

Der „Prager Frühling" 1968

Während die Aufstände in der DDR 1953 und in Ungarn 1956 keine direkten Auswirkungen auf die kommunistischen Nachbarländer hatten, fanden die Reformideen des „**Prager Frühlings**" im Ostblock eine breite Resonanz. Ein Grund dafür war, dass Nachrichten über die Revolte der 68er-Bewegung in Westeuropa inzwischen über die Medien auch in die RGW-Staaten gekommen waren und dort bereits bestehende Hoffnungen auf eine Liberalisierung weiter verstärkten.

Diese Hoffnungen griff im Januar 1968 Alexander Dubček, der Generalsekretär der KSČ, auf. Er verkündete die Idee eines „Sozialismus mit menschlichem Antlitz". In die sozialistische Zentralverwaltungswirtschaft der ČSSR wollte er marktwirtschaftliche Anreizsysteme einführen, z. B. eine marktgesteuerte Preisbildung. Mit dem Konzept einer „Humanen Wirtschaftsdemokratie" wollte sein Wirtschaftsminister Ota Šik unter dem Begriff „Arbeiterselbstverwaltung" die Beteiligung der Arbeiter in den Industriebetrieben stärken und die Planungsbürokratie abbauen.

Im April 1968 verabschiedete die KSČ ein neues Parteiprogramm, in dem Schritte zur Demokratisierung von Staat und Partei, die Kontrolle der Regierung durch das Parlament, der Ausbau rechtsstaatlicher Organe, Gewährung von Religions-, Presse- und Meinungsfreiheit, die Zulassung freier Gewerkschaften und eine föderalistische Nationalitätenpolitik angekündigt wurden.

So wollte man einen „dritten Weg“ zwischen Kapitalismus und Kommunismus beschreiten, um die Nachteile beider Systeme gleichermaßen zu überwinden.
Wie die 68er-Bewegung in Westeuropa wollten auch die Reformkräfte innerhalb der KSČ eine grundlegende Liberalisierung in Wirtschaft, Politik und Gesellschaft erreichen. Aber am 21.8.1968 marschierten 500 000 sowjetische, polnische, ungarische und bulgarische Soldaten in Prag ein und besetzten die Tschechoslowakei. Der Einmarsch forderte mehr als 100 Tote und zahlreiche Verletzte. Als Reaktion auf den „Prager Frühling“ schränkte die Sowjetunion mit der nach dem sowjetischen Staats- und Parteichef Leonid Breschnew benannten „Breschnew-Doktrin“ nicht nur die Souveränität der CSSR, sondern aller RGW-Staaten grundsätzlich ein und drohte bei ähnlichen Entwicklungen wie in der CSSR erneut mit militärischer Intervention. Die Dubček-Gruppe wurde entmachtet, viele Aktivisten der Protestbewegung bekamen mehrjährige Haftstrafen, ca. 200 000 Menschen flüchteten aus dem Land. Trotzdem blieb die Idee eines „Sozialismus mit menschlichem Antlitz“ im Ostblock lebendig. Insbesondere in Polen, Jugoslawien und der DDR gab es vielfältige Solidarisierungsaktionen mit den Prager Reformkommunisten und der Einmarsch von Warschauer-Pakt-Staaten in die Tschechoslowakei stieß auf zahlreiche Proteste im Ostblock. Dadurch festigte sich im Ostblock seit dem Ende der 1960er-Jahre eine Protestkultur, die über die tschechoslowakische „Charta 77“-Bewegung und die polnischen Solidarność-Proteste ab 1980 (vgl. S. 114 und S. 145) wesentlich zum Zusammenbruch des Kommunismus 1989/90 beitrug.

M 8 „Prager Frühling“ 1968: demonstrierende Arbeiter und Studenten

Arbeitsanregungen

? Vergleichen Sie M 4 und M 6. Stellen Sie Fragen.

Proteste in Ost und West

a) Erarbeiten Sie eine Mindmap mit der Überschrift „Proteste in Ost und West“. (DT 1 – 9), M 1 – 8).

oder:

b) Versetzen Sie sich in die Lage eines Journalisten, der nach dem Ende der Proteste in Ost- und Westeuropa einen Zeitungsartikel schreibt mit dem Titel: „Hätte die Jugendrevolte auch siegen können?“. Wählen Sie selbst, in welchem Land der Journalist lebt und welche politische Ausrichtung seine Zeitung hat. (DT 1 – 9)

Der Historiker Ulrich Herbert schrieb 2014: „Die Protestbewegung [...] trug dazu bei, die zuvor bereits angelegten Entwicklungen hin zu einer weniger autoritären, liberaleren Gesellschaft zu beschleunigen und zu verbreitern“. Diskutieren Sie über diese These, beziehen Sie dabei auch mögliche Auswirkungen bis heute ein.

13. Proteste in Ost und West – 1950er- und 60er-Jahre

In den 1950er- und 60er-Jahren gab es sowohl in West- als auch in Osteuropa Protestbewegungen, die überwiegend von jungen Menschen getragen wurden. Während sie in der DDR, in Polen, Ungarn und in der Sowjetunion schon in den 1950er-Jahren begannen, hatten sie in Westeuropa ihren zeitlichen Schwerpunkt in den 1960er-Jahren. Sowohl im Osten als auch im Westen lagen die Ursachen des Protests in den tief greifenden Veränderungen, die sich in der Nachkriegszeit vollzogen.

M 1 Protest-Demonstration gegen den Vietnamkrieg in Washington (1968)

M 2 Protest-Demonstration gegen sowjetische Panzer in Prag (1968)

Eine fiktive Zeitzeugen-Diskussion nach der Friedlichen Revolution 1989 zum Thema „Proteste in West- und Osteuropa in den 1950er- und 60er-Jahren" organisieren

Seit den 1950er-Jahren gab es in West- und Osteuropa Proteste gegen die bestehenden Verhältnisse. Auf den folgenden Seiten können Sie untersuchen, welche Ursachen diese Proteste hatten und welche Gemeinsamkeiten bzw. Unterschiede es zwischen ihnen gab. Danach organisieren Sie eine fiktive Zeitzeugen-Diskussion, die nach der Friedlichen Revolution 1989 stattfindet und an der Vertreter/-innen aus verschiedenen Ländern (z. B. USA, Bundesrepublik, Frankreich, Sowjetunion, DDR, Ungarn, Tschechien) teilnehmen. Die (fiktiven) Zeitzeugen versuchen, gemeinsam die Frage zu klären, welche Bedeutung die Proteste seit den 1950er-Jahren für die politische und gesellschaftliche Entwicklung der Gegenwart seit der Epochenwende 1989/90 hatten.

Gehen Sie dabei folgendermaßen vor:

1. Untersuchen Sie zunächst alle M 1 – M 8 im Hinblick auf die geografische Verteilung und die äußeren Formen der Proteste sowie die staatlichen Reaktionen in West- und Osteuropa. Bearbeiten Sie danach die Stationen 1 – 7 auf den folgenden Seiten arbeitsteilig in Gruppen unter der Fragestellung: **„Proteste in Ost und West – ein gemeinsamer Aufbruch in eine freiere Gesellschaft?".** Erarbeiten Sie einen Diskussionsbeitrag für die Zeitzeugen-Diskussion zu dem Teilthema, das Sie sich in Ihrer Gruppe erarbeitet haben.
2. Bereiten Sie sich auf die Diskussion vor. Orientieren Sie sich dabei an folgenden Fragen:

- Was waren die Ursachen der Protestbewegungen? Welche Ziele verfolgten sie? Inwiefern waren sie Reaktionen auf Defizite des jeweiligen politischen Systems zu ihrer Zeit?
- In welchen Formen wurden die Proteste in Ost und West ausgetragen? Wie reagierten Staat und Gesellschaft jeweils auf sie?
- Welche Folgen hatten die Proteste in Ost und West vermutlich? Inwieweit sind ihre Wirkungen noch heute spürbar?

M 3 **Hippies in Kalifornien (1969)**

M 6 **Streikende Arbeiter in Mailand (1968)**

M 4 **Barrikaden: „Mai 68“ in Paris**

M 7 **Proteste gegen den spanischen Diktator Franco an der Universität Madrid (1968)**

M 5 **Gemeinsamer Drogenkonsum: Kommune 1 in West-Berlin (1968)**

M 8 **Gestürzte Stalin-Statue in Budapest (1956)**

Tipps und Fragen:
- Vergleichen Sie M 1 – M 8 im Hinblick auf Ähnlichkeiten und Unterschiede.
- Wogegen wird jeweils protestiert?

Ende der Nachkriegszeit

1968 war die Nachkriegszeit unwiderruflich zu Ende. Die junge Generation in ganz Europa hatte in den Jahren zuvor grundsätzlich andere Erfahrungen gemacht als ihre Eltern: Statt Krieg und Entbehrung erlebten sie ein „Golden Age“, das seit den 1950er-Jahren ein ungewöhnlich starkes Wirtschaftswachstum, Massenwohlstand und Massenkonsum sowie einen „Baby-Boom“ mit sich gebracht hatte. Hinzu kam in den 1960er-Jahren eine vorher ungekannte Bildungsexpansion. In ganz Europa öffneten sich Grammar Schools, Lycées, Gymnasien und Universitäten bisher ausgeschlossenen sozialen Schichten. Bei den höheren Bildungsabschlüssen wuchs auch der Frauenanteil deutlich an.

Pop als Gegenkultur

Mit dieser Bildungsrevolution vergrößerte sich die Kluft zwischen den Generationen weiter. Eine stark wachsende, gebildete, wohlhabende, optimistische und selbstbewusste Jugend stand einer vielfach verunsicherten, desillusionierten, von Mangel und Krieg traumatisierten Elterngeneration gegenüber. Pop-Musik, Werbung, Kino und Fernsehen waren von jungen Menschen dominiert und konkurrierten um sie als Zielgruppe. Die Pop-Kultur überwand rasch die nationalen Grenzen und wurde zur internationalen Massenkultur der „Swinging Sixties“. Körperbetonte Mode, z. B. Jeans und Mini-Röcke, lange Haare bei beiden Geschlechtern und die durch die Anti-Baby-Pille ausgelöste „sexuelle Revolution“ der Hippies („Make love, not war“) taten das Ihre, um den Generationenkonflikt weiter anzuheizen.

Alternative Lebensformen

Der Generationenkonflikt zeigte sich auch in der Suche nach neuen Lebensformen, in denen man sich aus den Abhängigkeiten und Moralvorstellungen der Eltern befreien wollte. Aus den USA kam die Idee der Hippie-Kommunen nach Europa, im studentischen Milieu entstanden Wohngemeinschaften. Man kochte und aß zusammen, erzog die Kinder gemeinsam und versuchte tradierte Geschlechterrollen und enge Zweierbeziehungen durch Experimente mit neuen Formen „freier Liebe“ und gemeinsamem Drogenkonsum zu überwinden – auch das eine Provokation für die Kriegsgeneration.

Wertewandel

Die „Swinging Sixties“ waren mit einem tief greifenden **Wertewandel** verbunden. Die bis in die 1960er-Jahre hinein noch gängige Prügelstrafe wurde als Erziehungsmittel geächtet. Kinder und Jugendliche wurden zum kritischen Hinterfragen von Autoritäten – Eltern und Lehrkräften – entschieden ermutigt; traditionelle Erwartungshaltungen des sich Fügens, der Unterordnung und des Gehorsams waren verpönt. An ihre Stelle traten argumentative Erziehungsformen („Man lernt nur aus Kritik“), die auf neue Werte wie Selbstständigkeit, Selbstverantwortung und Rücksichtnahme abzielten.

Das Verhältnis der Geschlechter zueinander änderte sich ebenfalls: Partnerschaft bedeutete nicht mehr automatisch Heirat und Elternschaft, gewollte Kinderlosigkeit wurde durch die „Pille“ ermöglicht. Und auch Sexualität und Ehe wurden entkoppelt: Die Idee der „freien Liebe“ trat an die Stelle einer „repressiven“ Sexualmoral, also der auf „bürgerlichen Besitzansprüchen“ beruhenden festen Zweierbeziehung (in provokativer Zuspitzung gereimt: „Wer zweimal mit derselben pennt, gehört schon zum Establishment“). Statt sozial verbindlicher Institutionen (wie z. B. Ehe und Familie) wurden dem Einzelnen neue Wahl- und Entscheidungsmöglichkeiten im Lebensalltag anboten (wie z. B. Single-Haushalte oder Patchwork-Familien).

Sozialwissenschaftler konnten den tief greifenden Wertewandel in Umfragen empirisch nachweisen. Sie beobachteten eine Verschiebung weg von „Pflicht- und Akzeptanzwerten“ (wie Arbeits- und Leistungsbereitschaft, Pflichterfüllung, Disziplin, Pünktlichkeit und Sparsamkeit, Gehorsam, Unterordnung und Autorität) hin zu „Freiheits- und Selbstentfaltungswerten“ (wie Emanzipation von Autoritäten, Gleichheit, Selbstständigkeit, Mitbestimmung, Kritikfähigkeit, freiem Willen und individueller Autonomie).

M 9 Die Beatles – der neue Männertyp (1969)

M 10 Twiggy – der neue Frauentyp (1967)

„Twiggy" Lawson (rechts) wurde in den „Swinging Sixties" in London als schlankes Teenager-Model bekannt und prägte den Stil dieser Zeit.

M 11 Pop-Gegenkultur: Woodstock (1969)

Dreitägiges Open-Air-Musikfestival mit mehr als 32 Pop-Bands und 400 000 Zuschauern im US-Bundesstaat New York

M 12 Wertewandel

Der Soziologe Ralf Dahrendorf über die Mentalität junger Menschen in der Bundesrepublik (1962):

Die [jungen] Deutschen sind heute weder fleißig noch besonders militärfreundlich, weder sehr subaltern noch romantisch. Wohl der entscheidende Wandel in den sozialen Werten, an denen Menschen ihr Verhalten orientieren, ist die Entdeckung des individuellen Lebenserfolgs und Lebensgenusses als Richtschnur des Handelns [...], der Wunsch nach individuellem Glückszuwachs, gepaart mit dem latenten Protest gegen alle äußeren, insbesondere staatlichen Eingriffe in den eigenen Lebensplan. Die institutionelle Bedeutung solcher neuen Entwicklungen liegt vor allem darin, dass diese die Tendenz zur monolithisch geschlossenen Organisation der gesellschaftlichen Dinge, die die deutsche Geschichte kennzeichnet, aufgehalten haben. [...] Wer sich daran gewöhnt hat, seinen Lebensplan selbst zu bestimmen und sein individuelles Lebensglück zur Richtschnur seines Handelns zu machen, wird nicht leicht bereit sein, die Unmündigkeit autoritärer oder totalitärer Herrschaft zu ertragen.

(Ralf Dahrendorf, Die neue Gesellschaft – Soziale Strukturwandlungen in der Nachkriegszeit; in: Hans Werner Richter (Hg.), Bestandsaufnahme – Eine deutsche Bilanz, München (Desch) 1962, S. 215 f.)

Tipps und Fragen:

- Welche Ursachen hat die Jugendrevolte in Westeuropa?
- Charakterisieren Sie den Konflikt zwischen der Kriegs- und der Nachkriegsgeneration.
- Welche Rolle spielten Bildungsexpansion und Wertewandel?

Das Civil Rights Movement in den USA

Der gegenkulturelle Protest der kritischen Jugend politisierte sich zuerst in den USA. Mit dem „Marsch auf Washington“ 1963, der von dem Pastor und Bürgerrechtler Martin Luther King angeführt wurde und an dem mehr als 250 000 überwiegend junge schwarze und weiße Amerikaner teilnahmen, erreichte das „biracial movement“ seinen Höhepunkt. In seiner Rede „I have a dream“ forderte Martin Luther King unter dem Applaus Hunderttausender das sofortige Ende der Rassentrennung in den Südstaaten der USA. Die Medien machten das „Civil Rights Movement“, ein Spezifikum der USA, weltweit bekannt. Dadurch wurde es zum Vorbild und Katalysator der internationalen Jugendrevolte.

Der Vietnamkrieg

Als die USA 1965 in Vietnam intervenierten, um die vom kommunistischen Nordvietnam unter Ho Chi Minh unterstützten Vietcong-Guerillas in Südvietnam zu bekämpfen, begannen in den USA rasch Proteste gegen den verlustreichen Krieg. Sie wurden von den „Students for a Democratic Society“ (SDS) angeführt und führten bis 1968 zu immer größeren Demonstrationen mit bis zu 500 000 Teilnehmern. Wachsende moralische Empörung verursachten vor allem amerikanische Flächenbombardements auf Nordvietnam und der großflächige Napalm-Einsatz durch US-Flugzeuge, der bei den häufig zivilen Opfern zu schweren Verbrennungen auf der Haut führte. Auch das Entlauben des vietnamesischen Regenwaldes, der den nordvietnamesischen Kämpfern als Deckung diente, mit hochgiftigen Chemikalien (z. B. Agent Orange) sowie Kriegsverbrechen von US-Bodentruppen gegen die vietnamesische Zivilbevölkerung führten aufgrund kritischer Berichte in den Medien zum Anschwellen der Massendemonstrationen, bei denen die jugendlichen Demonstrierenden die moralische Autorität der USA als Führungsmacht der „freien Welt“ immer grundsätzlicher infrage stellten.

Bündnis mit der Arbeiterbewegung in Italien und Frankreich

Die Proteste der **68er-Bewegung** gegen die US-Kriegsführung in Vietnam griffen rasch nach Westeuropa über. In Großbritannien fanden Massendemonstrationen mit 200 000 Teilnehmern statt und am Internationalen Vietnam-Kongress in West-Berlin, den 1968 der „Sozialistische Deutsche Studentenbund“ (SDS) veranstaltete, nahmen 44 Delegationen aus 14 Ländern teil. Im selben Jahr löste das gewaltsame Vorgehen der Pariser Polizei gegen studentische Vietnam-Proteste in Paris den „Mai 1968“ aus, bei dem es zu wochenlangen bürgerkriegsartigen Unruhen kam. Hier wie auch bei den Anti-Vietnam-Demonstrationen in Italien entstanden Bündnisse zwischen protestierenden Studenten und streikenden Arbeitern von Großbetrieben (z. B. Renault und Pirelli). Sie forderten Lohnerhöhung, bessere Arbeitsbedingungen und betriebliche Mitsprache. Durch Fabrikbesetzungen verursachten sie schwere politische Erschütterungen.

M 13 Marsch auf Washington (1963)

M 14 Verhör einer vietnamesischen Bäuerin durch US-Soldaten (1968)

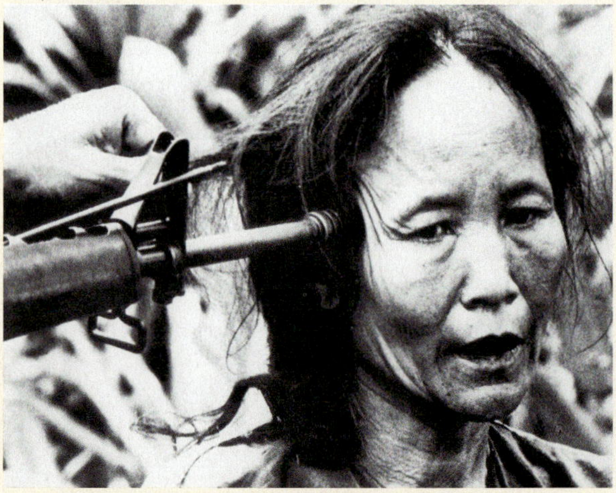

M 15 Der „Mai 68": Studierende und Arbeiter/-innen in Paris am 13. Mai 1968

M 16 Verstörende Ereignisse (1962)

Aus dem Port-Huron-Statement der amerikanischen „Students for a Democratic Society" (1962):

Wir gehören zu einer Generation, die in mehr oder weniger bescheidenem Wohlstand aufgewachsen und mittlerweile an den Universitäten angekommen ist, und wir empfinden ein tiefes Unbehagen angesichts der Welt, die man uns hinterlässt. Als wir Kinder waren, waren die USA das reichste und stärkste Land der Welt. Sie verfügten als einziges Land über die Atombombe, hatten vergleichsweise wenig unter den Kriegsfolgen zu leiden und waren Gründungsmitglied der Vereinten Nationen, die – wie wir damals meinten – den Einfluss des Westens in die Welt tragen würden. [...]

Doch mit der Zeit haben verstörende Ereignisse unser Wohlbefinden erschüttert und uns in unserer Gleichgültigkeit aufgerüttelt. Zunächst brachte die allgegenwärtige und quälende Erniedrigung von Menschen – im Zeichen der in den Südstaaten herrschenden rassistischen Bigotterie – die meisten von uns dazu, nicht länger zu schweigen und aktiv zu werden.

Unsere Arbeit ist von dem Gefühl geprägt, dass wir womöglich die letzte Generation in dem großen Experiment mit lebenden Wesen sein könnten. Aber wir sind eine Minderheit – die große Mehrheit unseres Volkes betrachtet das vorübergehende Gleichgewicht unserer Gesellschaft und der Welt als dauerhaft und funktional.

(Zit. nach: Le Monde diplomatique, 9.3.2012, Berlin (taz Entwicklungs GmbH & Co. Medien KG), Übers. aus dem Englischen: Niels Kadritzke; https://monde-diplomatique.de/artikel/!610835 [04.11.2021])

M 17 Strebt nach der Macht! (1968)

Aus einem während des „Mai 68" in Paris verteilten Flugblatt:

Genossen, Studenten und Arbeiter Frankreichs!

Strebt nach dem Hohen und Großen, strebt nach der Macht!

Nehmt die sofortige Organisation des gesellschaftlichen Lebens des Landes in die Hand!

Verwaltet die Bereiche, in welchen ihr eure Berufe ausübt.

Setzt selber die Fabriken, die Universitäten, die sozialen Einrichtungen in Gang.

Setzt euch selbst an die Stelle des verfallenden kapitalistischen Staats.

Lasst den Streik und den Kampf nicht in der Paralyse [= Lähmung] verfaulen. [...]

Vorwärts für die große sozialistische französische Revolution, die das Gesicht der Welt von Westen bis Osten verändern wird!

(Zit. nach: Jean-Jacques Lebel u. a. (Hg.), La Chienlit – Dokumente zur französischen Mai-Revolte, Darmstadt (Melzer) 1969, S. 266)

Tipps und Fragen:
- Welche Kritikpunkte und welche Ziele verbinden die Protestbewegungen in den USA und Europa?
- Arbeiten Sie die Besonderheiten der Protestbewegungen in den USA und Frankreich heraus.

Die Verdrängung des Nationalsozialismus

Neben dem Vietnamkrieg als Katalysator der 68er-Bewegung kam in der Bundesrepublik ein deutsches Spezifikum hinzu, worüber sich viele junge Menschen empörten: die von vielen Erwachsenen verweigerte Auseinandersetzung mit dem Nationalsozialismus. In Schulen wurde das Thema von den Lehrenden, die oft selbst Kriegsteilnehmer waren, totgeschwiegen. Auch das Schweigen der Eltern zu Hause, wenn sie von ihren Kindern nach ihrer Rolle im „Dritten Reich" gefragt wurden, entfremdete die Generationen weiter voneinander. Statt ihr Mitmachen im „Dritten Reich" selbstkritisch zu hinterfragen, konzentrierten viele Erwachsene ihre ganze Energie auf materiellen Wohlstand und wachsenden Konsum.

Die **68er-Bewegung** protestierte gegen diese kollektive Verdrängung, weil sie die junge Demokratie dadurch gefährdet sah. Die „Unfähigkeit zu trauern", so der Titel eines damals viel gelesenen Buchs aus dem Jahr 1967, zeigte sich für viele junge Menschen besonders deutlich in der Person des CDU-Bundeskanzlers Kurt Georg Kiesinger (1966 – 1969), der zwischen 1933 und 1945 ununterbrochen ordentliches Parteimitglied der NSDAP und von 1940 bis 1945 in leitender Position im Außenministerium tätig gewesen war. Er führte eine Große Koalition aus CDU und SPD, die Oppositionspartei FDP verfügte im Bundestag nur über 49 von 469 Sitzen. Angesichts dieses Ungleichgewichts erklärten 1968 fast zwei Drittel der Schüler/-innen an Gymnasien und der Studierenden ihr Misstrauen gegenüber der Stabilität der Demokratie in der Bundesrepublik.

In dieser Situation propagierte der „Sozialistische Deutsche Studentenbund" (SDS) die Bildung einer „Außerparlamentarischen Opposition" (APO), die durch Demonstrationen, „Sit-ins" (Sitzstreiks) und „Teach-ins" (Diskussionen in Schulen und Universitäten) die politische Teilhabe der Bürger/-innen stärken wollte. Als während der Wirtschaftskrise 1966/67 die rechtsextreme NPD in mehrere Landtage einzog und in Baden-Württemberg sogar 9,8 % erreichte, schienen sich die Folgen der verdrängten NS-Vergangenheit unabweislich zu zeigen. Studierende und Schüler/-innen skandierten bei ihren Demonstrationen: „Kapitalismus in Not – Faschismus droht!"

Die Skepsis der jungen Menschen wuchs weiter, als die Große Koalition 1968 ihre Zwei-Drittel-Mehrheit im Bundestag dazu nutzen wollte, das Grundgesetz zu ändern, um eine Notstandsgesetzgebung durchzusetzen, mit der es im Notstandsfall möglich sein sollten, die Grundrechte der Bürger/-innen (z. B. Brief-, Post- und Fernmeldegeheimnis, Einsatz der Bundeswehr bei inneren Unruhen) einzuschränken. Die geplanten Notstandsgesetze erinnerten die 68er-Bewegung an den Artikel 48 der Weimarer Verfassung.

Ausweitung und Ende der Proteste

Als im April 1968 das führende SDS-Mitglied Rudi Dutschke von einem Rechtsextremisten durch Schüsse auf offener Straße lebensgefährlich verletzt wurde, fühlte sich die 68er-Bewegung in ihren Befürchtungen erneut bestätigt. Das Attentat löste eine Welle von Massendemonstrationen aus, die zu bürgerkriegsähnlichen Zuständen eskalierten. Nach Auffassung der Demonstrierenden war der Attentäter durch die „manipulative" Hetze der Medien gegen die Studentenbewegung zu seiner Tat angestiftet worden. Dafür machten sie vor allem die „BILD"-Zeitung des Axel-Springer-Konzerns verantwortlich, deren Schlagzeilen (z. B. „Unruhestifter unter den Studenten ausmerzen!") viele an die NS-Zeit denken ließen.

Eine weitere Zuspitzung erfolgte vor der Bundestagsabstimmung über die Notstandsgesetze am 30. Mai 1968. Neue Massendemonstrationen konnten nicht verhindern, dass die Große Koalition das Gesetzespaket, das viele an das „Ermächtigungsgesetz" von 1933 erinnerte, mit ihrer Zwei-Drittel-Mehrheit verabschiedete.

Die Enttäuschung vieler junger Menschen über diese innenpolitische Niederlage leitete überraschend schnell den Zerfall der 68er-Bewegung ein. Nicht wenige junge Menschen wendeten sich nun linksextremen Gruppen zu. Die Mehrzahl der enttäuschten Studierenden und Schüler/-innen trat aber der SPD bei. Sie versuchten, ihre politischen Ideen nun auf dem Weg parlamentarischer Reformen durchzusetzen („Langer Marsch durch die Institutionen").

M 18 Transparent gegen die Notstandsgesetze (1968)

M19 „Die Demokratie ist am Ende“

Aus der „Römerbergrede“ des SDS-Bundesvorstandsmitglieds Hans-Jürgen Krahl am 27.5.1968 in Frankfurt am Main vor 12 000 Menschen drei Tage vor der Verabschiedung der Notstandsgesetze im Deutschen Bundestag:

Die Demokratie in Deutschland ist am Ende; die Notstandsgesetze stehen vor ihrer endgültigen Verabschiedung. Trotz der massenhaften Proteste aus den Reihen der Arbeiter, Studenten und Schüler, trotz der massiven Demonstrationen in den letzten Jahren sind dieser Staat und seine Bundestagsabgeordneten entschlossen, unsere letzten spärlichen demokratischen Rechtsansprüche in diesem Land auszulöschen. [...]

Die Geschichte, nicht zuletzt die der Deutschen, hat uns mehrfach gelehrt, dass der einzige Ausweg der kapitalistischen Wirtschaftsordnung aus der Krise in der offenen Gewalt des Faschismus besteht. [...]

Seit der Erschießung des Studenten Benno Ohnesorg in Berlin [1967] bis hin zum Mordanschlag auf Rudi Dutschke [1968] haben die Regierenden und Springers BILD eine regelrechte Hetzjagd gegen Studenten entfacht. Die Springerpresse fordert mehr oder minder unverhohlen die Bevölkerung zu Gewalttaten gegen Studenten auf, die sie als langmähnige und ungewaschene Untermenschen darstellt. [...] Die Herrschenden wollen der Bevölkerung mit allen Mitteln einreden, unsere Aktionen seien Terror; um dies zu beweisen, schrecken sie auch vor offenen Lügen nicht zurück. Wir aber erwidern ihnen: Gewalt, das ist die Volksverhetzung der BILD-Zeitung; Gewalt, das ist die Vorbereitung der Notstandsdiktatur. Und dagegen nehmen wir das Recht des Geschlagenen in Anspruch, das elementare Recht auf Notwehr und Widerstand.

Regierung und Bundestag versuchen uns einzureden, die Notstandsgesetze träfen nur Vorsorge für die Demokratie in Notzeiten. In der Tat, die Notstandsgesetze treffen Vorsorge, aber Vorsorge für einen neuen Faschismus, Vorsorge für Zwangs- und Dienstverpflichtung, für Schutzhaft und Arbeitslager. Die Notstandsgesetze, sagt man uns, ergänzen das Grundgesetz. In Wirklichkeit sind sie das Grundgesetz einer zur Zwangskaserne abgeriegelten Gesellschaft. [...]

Mit der Verabschiedung der Notstandsgesetze steht die Uhr auf fünf Minuten vor 12. [...] Die Losung für die nächsten Tage kann nur sein: politischer Streik! Nur eine Welle von Streiks ermöglicht schließlich den Generalstreik. Politischer Streik am Dienstag, politischer Streik am Mittwoch, politischer Streik in den Betrieben, an der Universität und in den Schulen.

Es lebe die praktische Solidarität der Arbeiter, Studenten und Schüler!

(Zit. nach: Detlev Claussen/Regine Dermitzel (Hg.), Universität und Widerstand, Frankfurt/M. (Europäische Verlagsanstalt) 1968, S. 34–41)

M20 Der bei einer Demonstration von einem Polizisten erschossene Student Benno Ohnesorg (1967)

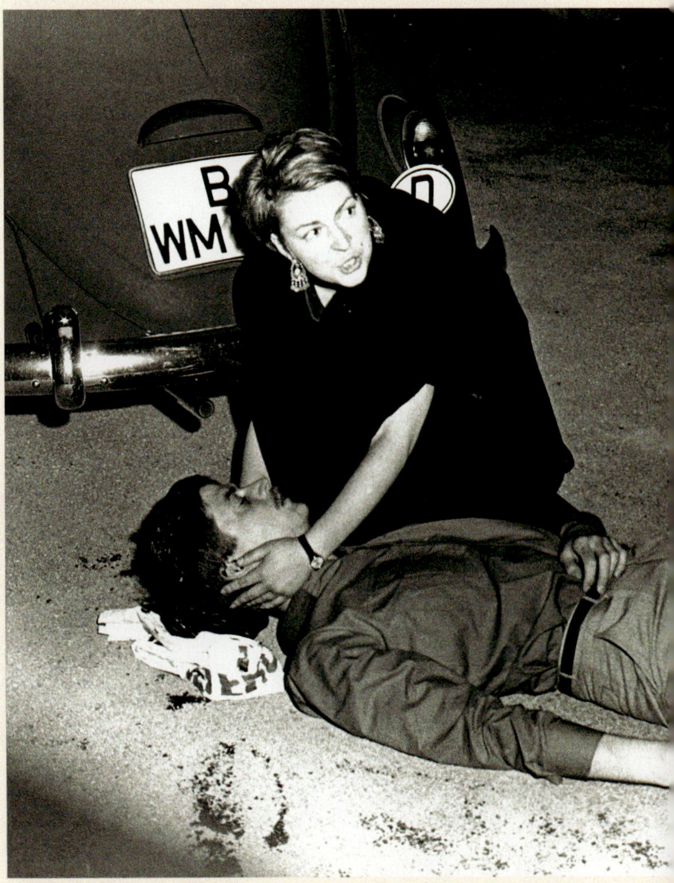

Tipps und Fragen:

- Welche Kritikpunkte äußerte und welche Ziele verfolgte die 68er-Bewegung in der Bundesrepublik?
- Arbeiten Sie die Besonderheiten der Protestbewegung in der Bundesrepublik heraus.
- Gibt es Auswirkungen der 68er-Proteste auf die Bundesrepublik der Gegenwart?

Der „Neue Kurs“ nach Stalins Tod

Stalins Tod im März 1953 machte den Weg frei für eine Neuausrichtung des erstarrten politischen Systems in der Sowjetunion. Bereits wenige Wochen nach seinem Tod beschloss die KPdSU tief greifende Refomen für die Sowjetunion und ihre Verbündeten im Ostblock. Der überraschend schnell eingeführte „Neue Kurs“ war notwendig geworden, weil die Sowjetunion seit dem Ende des Zweiten Weltkriegs unter einer schweren Wirtschaftskrise litt. Es galt nun, die Versorgung der Bevölkerung mit Lebensmitteln und Konsumgütern zu verbessern. Außerdem hatten Stalins Personenkult und sein willkürlicher Massenterror in den Jahren nach Kriegsende zusehends Legitimationsprobleme in der Bevölkerung geschaffen.

Mit der Einführung des „Neuen Kurses“ wurde im Frühjahr 1953 Stalins Alleinherrschaft durch eine „kollektive Führung“ von Partei und Staat ersetzt. In der Wirtschaft sollten die Anteile der Schwer- und Rüstungsindustrie zugunsten der Konsumgüterindustrie reduziert werden. Geplant war auch die Lockerung der stalinistischen Zentralverwaltungswirtschaft im gesamten Ostblock zugunsten marktwirtschaftlicher Anreize für die Bauern und größerer Entscheidungsspielräume für die einzelnen Industriebetriebe. Dezentralisierung sollte an die Stelle der zentralistischen Kommandowirtschaft treten, örtliche Sachkenntnis die Gängelung durch zentrale Planungsbehörden ersetzen. Die Rentabilität sollte zum Hauptkriterium der betrieblichen Leistung werden. Ein leistungsorientiertes Anreizsystem sah vor, dass Betriebe mit überdurchschnittlicher Rentabilität den Mehrgewinn behalten und reinvestieren oder den Mitarbeitern als Prämie auszahlen durften.

Entstalinisierung

Nikita Chruschtschow, der neue starke Mann in der „kollektiven Führung“ der KPdSU, distanzierte sich beim XX. Parteitag der KPdSU 1956 vom Personenkult Stalins, verurteilte alle Formen staatlichen Terrors und proklamierte die Pluralität der „Wege zum Sozialismus“ für die Bruderstaaten in Osteuropa. Nach einem Roman des sowjetischen Dichters Ilja Ehrenburg aus dem Jahr 1957 wurde die Ära Chruschtschow als „Tauwetter“-Periode bezeichnet. Sie war einerseits ein Signal für innere Reformen in den kommunistischen Staaten Osteuropas, das Hoffnungen bei der Bevölkerung weckte; andererseits reagierten einige Staats- und Parteiführungen, z. B. in der DDR, aber auch mit Widerstand gegen den „Neuen Kurs“ der sowjetischen Regierung und die Entstalinisierung, weil sie einen Machtverlust befürchteten.

Wie in Westeuropa, erlebte auch die Wirtschaft im Ostblock seit der Mitte der 1950er-Jahre einen Aufschwung, der zu einem starken Wachstum der Industrieproduktion von ca. 4 % in den RGW-Staaten führte. Eine junge Generation mit neuen politischen und gesellschaftlichen Zielvorstellungen geriet zusehends in Konflikt mit der älteren, stalinistisch geprägten Generation, die im System des Stalinismus und unter dem Eindruck des Siegs der Roten Armee im „Großen Vaterländischen Krieg“ sozialisiert worden war.

M 21 Entstalinisierung: Stalin-Porträts werden aus Museen entfernt (1956)

LA DOMENICA DEL CORRIERE

Supplemento settimanale illustrato del nuovo CORRIERE DELLA SERA - Abbonamenti: Italia, anno L. 1400, semestre L. 750 - Estero, anno L. 2350, semestre L. 125

Anno 58 — N. 14 1 Aprile 1956 L. 30.-

Stalin in soffitta. I ritratti del Generalissimo, opere che diedero agli artisti che le avevano create fama e onorificenze, sono scomparsi o stanno per sparire del tutto dai musei dell' Unione Sovietica. Il personale delle gallerie ha ricevuto l'ordine di rimuovere i dipinti raffiguranti l'effigie del dittatore morto nel marzo del 1953. L'«operazione quadri» fa parte della offensiva scatenata in questo periodo da Nikita Kruscev, segretario generale del partito comunista, contro colui che per tanti anni era stato esaltato quale padre, maestro e duce del popolo russo. (Disegno di Walter Molino)

M 22 Entstalinisierung – Hoffnung auch im Westen (1956)

Transparent in West-Berlin kurz nach dem XX. Parteitag der KPdSU (1956)

M 23 Entstalinisierung (1956)

Aus der Geheimrede von Nikita Chruschtschow auf dem XX. Parteitag der KPdSU im Februar 1956:

Genossen! Der Personenkult [Stalins] trug dazu bei, im Parteiaufbau und in der wirtschaftlichen Tätigkeit fehlerhafte Methoden zu verbreiten; er bewirkte die brutale Verletzung der innerparteilichen Sowjetdemokratie, nacktes Administrieren, verschiedenartige Verzerrungen, das Vertuschen von Fehlern, die Lackierung der Wirklichkeit. Es wimmelte bei uns von Speichelleckern, Lobhudlern und Betrügern.

Man darf auch nicht daran vorbeisehen, dass infolge der zahlreichen Verhaftungen von Partei-, Sowjet- und Wirtschaftsfunktionären viele unserer Mitarbeiter ängstlich zu arbeiten begannen, übermäßige Vorsicht an den Tag legten, sich vor allem Neuen, ja vor dem eigenen Schatten fürchteten, sodass sie weniger Initiative in der Arbeit zu zeigen begannen.

Und nehmen wir die Beschlüsse der Partei- und Sowjetorgane. Man begann sie nach einer Schablone anzufertigen, häufig ohne Berücksichtigung der konkreten Situation. Es kam dazu, dass Partei- und andere Funktionäre auf den kleinsten Sitzungen und Beratungen in allen Fragen ihre Reden abzulesen begannen. All das beschwor die Gefahr der Bürokratisierung der Partei, des Sowjetsystems und des Staatapparates herauf.

Stalins Lebensfremdheit, seine Unkenntnis der wirklichen Lage an der Basis kann am Beispiel der Leitung der Landwirtschaft gut aufgezeigt werden. Alle, die sich auch nur etwas für die Lage im Lande interessierten, sahen die schwierige Situation in der Landwirtschaft, doch Stalin nahm diese nicht wahr. Haben wir darüber zu Stalin gesprochen? Ja, wir haben, doch er unterstützte uns nicht. Warum geschah das? Deshalb, weil Stalin nie ins Land reiste, sich nicht mit Arbeitern und Kolchosbauern traf und die tatsächliche Lage vor Ort nicht kannte. Das Land und die Landwirtschaft kannte er nur aus Filmen. Und die Filme beschönigten, lackierten den Zustand in der Landwirtschaft. In vielen Filmen wurde das Kolchosleben so dargestellt, dass die Tische sich unter den Truthähnen und Gänsen bogen. Offensichtlich meinte Stalin, dass es so in Wirklichkeit sei.

(Zit. nach: 1000 Schlüsseldokumente zur russischen und sowjetischen Geschichte, München (Bayerische Staatsbibliothek) o. J., Übers. aus dem Russ. von Lilia Antipow; https://www.1000dokumente.de/index.html?c=dokument_ru&dokument=0014_ent&object=translation&st=&l=de [04.11.2021])

M 24 Rolle der jüngeren Generation

Der Historiker Georg von Rauch (1990):

Das eigentliche Motiv dieser Zertrümmerung des Stalin-Mythos scheint in den Schwierigkeiten der inneren Lenkung der sowjetischen Gesellschaft, besonders ihrer jüngeren Generation, zu suchen zu sein. Die Parteiführung sah sich anscheinend veranlasst, durch einen revolutionären Akt, der eine Schockwirkung auslösen sollte, das Vertrauensverhältnis zwischen Regierung und Volk wiederherzustellen, das während der stalinistischen Ära verloren gegangen war.

(Georg von Rauch, Geschichte der Sowjetunion, Stuttgart (Kröner) 1990, S. 509)

Tipps und Fragen:

- Charakterisieren Sie den „Neuen Kurs“ und die Entstalinisierung in der Sowjetunion.
- Welche Auswirkungen für die Sowjetunion und den Ostblock insgesamt sind zu erwarten?

Der Aufstand des 17. Juni in der DDR

Der Bruch der sowjetischen Führung mit dem Stalinismus und der „Neue Kurs" seit dem Frühjahr 1953 bedeuteten nicht nur für die Sowjetunion einschneidende Veränderungen, sondern auch für die anderen Ostblockstaaten. Auch für die DDR hatte die neue sowjetische Führung Reformpläne. Die stalinistische Politik des SED-Chefs Walter Ulbricht, der 1952 den beschleunigten Ausbau der Schwerindustrie auf Kosten des Konsumgütersektors sowie die forcierte Kollektivierung der Landwirtschaft verordnet hatte, sollte beendet werden. Ulbrichts „Aufbau des Sozialismus" in der DDR wurde begleitet vom Prozess des „sich verschärfenden Klassenkampfs" – so Ulbricht –, der sich vor allem gegen die christlichen Kirchen richtete. Gegen Mitglieder der „Jungen Gemeinden" wurden flächendeckend Schulverweise und Studierverbote verhängt.

Die von der sowjetischen Kritik an ihrer stalinistischen Politik überrumpelte SED wollte die verordnete Entstalinisierung eindämmen. Auf die Reformforderungen aus Moskau reagierte sie mit hinhaltendem Widerstand. Sie kündigte zwar die Förderung der Konsumgüterindustrie und die Einstellung der Maßnahmen gegen die Kirchen an. Trotz der anderslautenden Forderungen aus Moskau blieb sie aber bei ihrem stalinistischen Kurs und erhöhte Ende Mai 1953 die Arbeitsnormen in den Industriebetrieben, was Lohnkürzungen für die Arbeiter bedeutete. In der Begründung hielt die SED demonstrativ am forcierten „Aufbau des Sozialismus" als Ziel ihrer Politik fest und wandte sich damit offen gegen den „Neuen Kurs" Moskaus.

Die Enttäuschung der Bevölkerung machte sich schon am 11. und 12. Juni Luft in ersten Streiks vor allem junger Arbeiter. Bauarbeiter der Ostberliner Stalinallee, des Vorzeigeprojekts sozialistischen Wohnungsbaus in der DDR, zogen auf die Straße und forderten den Rücktritt der DDR-Regierung. Sie riefen zum Generalstreik gegen die Normerhöhungen auf. Beim **Aufstand des 17. Juni** verbreitete sich die Streik- und Protestbewegung auf fast 600 Orte der DDR aus, wobei städtische Mittelschichten, Bauern und Intellektuelle hinzustießen. Unter den ca. 500 000 Streikenden und ca. 400 000 Demonstranten waren junge Menschen unter 30 Jahren überrepräsentiert. Neben wirtschaftlichen und sozialpolitischen Forderungen wurden Rufe nach freien Wahlen, Einführung eines Mehrparteiensystems und deutscher Einheit immer lauter. Nachdem Polizei und Staatssicherheit die Kontrolle über die Lage verloren hatten, wurde der Volksaufstand von sowjetischen Panzern niedergeschlagen, wobei mehr als 50 Protestierende getötet und 40 sowjetische Soldaten wegen Befehlsverweigerung hingerichtet wurden.

Aufgrund von Berichten über den Juni-Aufstand in der DDR kam es 1953/54 in den sowjetischen Straflagern Workuta im Nord-Ural und Kengir in Kasachstan zu Aufständen von Strafgefangenen. Wie am 17. Juni 1953 in der DDR erhofften sie sich aufgrund des „Neuen Kurses" in der Sowjetunion nach Stalins Tod Liberalisierungsmaßnahmen im Gulag-System. Ermutigt von den Vorgängen in der DDR forderten sie die Freilassung aus den Lagern. Beide Aufstände wurden gewaltsam niedergeschlagen. Hunderte von Aufständischen kamen dabei ums Leben.

M 25a 17. Juni 1953: Ost-Berliner Bauarbeiter fordern die Senkung der Arbeitsnormen

M 25b 17. Juni 1953: Sowjetische Panzer schlagen den Aufstand nieder

M 26 Über die Maßnahmen zur Gesundung der politischen Lage in der Deutschen Demokratischen Republik

Aus einem Beschluss des Politbüros des Zentralkomitees der KPdSU in Moskau vom 8.5.1953:

Aufgrund einer fehlerhaften politischen Linie ist in der Deutschen Demokratischen Republik eine äußerst unbefriedigende politische und wirtschaftliche Lage entstanden. Hauptursache dieser Lage ist, dass gemäß den Beschlüssen der II. Parteikonferenenz der SED [im Juli 1952], gebilligt vom Politbüro, fälschlicherweise der Kurs auf einen beschleunigten Aufbau des Sozialismus in Ostdeutschland genommen worden war ohne Vorhandensein der dafür notwendigen realen sowohl innen- als auch außenpolitischen Voraussetzungen. Dazu zählen z.B. die übereilte Schaffung der landwirtschaftlichen Produktionsgenossenschaften und die Fehler in Bezug auf die Geistlichen. Es ist im Auge zu behalten, dass unter den heutigen Bedingungen in der DDR nur eine einfachere Form der Produktionskooperierung der Bauern, wie die Genossenschaften zur gemeinsamen Bearbeitung des Bodens, ohne dass die Produktionsmittel vergesellschaftet werden, mehr oder weniger lebensfähig sein kann. Der Fünfjahrplan der Volkswirtschaft ist zu revidieren in Richtung einer Lockerung des überspannten Tempos der Entwicklung der Schwerindustrie und einer schroffen Vergrößerung der Produktion der Massenbedarfswaren und der vollen Sicherung der Versorgung der Bevölkerung mit Lebensmitteln. Es sind Maßnahmen zur Stärkung der Gesetzlichkeit und Gewährung der Bürgerrechte zu treffen. [...] Unter den heutigen Bedingungen ist der Kurs auf eine Forcierung des Aufbaus des Sozialismus in der DDR für nicht richtig zu halten.

(Zit. nach: Helmut Müller-Enbergs, Der Fall Rudolf Herrnstadt, Tauwetterpolitik vor dem 17. Juni, Berlin (LinksDr.) 1991, S. 173)

M 27 SED gegen den „Neuen Kurs“ der KPdSU

Aus dem Beschluss des Ministerrats der DDR vom 28.5.1953:

Der von der II. Parteikonferenz der Sozialistischen Einheitspartei Deutschlands gefasste Beschluss zur Schaffung der Grundlagen für den Aufbau des Sozialismus in der Deutschen Demokratischen Republik erfordert die Stärkung der sozialistischen Industrie. [...] Das Ziel dieser Maßnahmen ist, die Arbeitsnormen mit den Erfordernissen der Steigerung der Arbeitsproduktivität in Übereinstimmung zu bringen und zunächst eine Erhöhung der für die Produktion entscheidenden Arbeitsnormen im Durchschnitt um mindestens 10% bis zum 30. Juni 1953 sicherzustellen.

(Zit. nach: Torsten Diedrich, Der 17. Juni 1953 in der DDR, Berlin (Dietz) 1991, S. 205 f.)

M 28 Streikforderungen

Telegramm des Streikkomitees Bitterfeld an die DDR-Regierung vom 16./17.6.1953:

An die sogenannte Deutsche Demokratische Regierung in Berlin-Pankow

Wir Werktätigen des Kreises Bitterfeld fordern von Ihnen:

1. Sofortigen Rücktritt der sogenannten Deutschen Demokratischen Regierung, die sich durch Wahlmanöver an die Macht gebracht hat.
2. Bildung einer provisorischen Regierung aus den fortschrittlichen Werktätigen.
3. Zulassung sämtlicher großer demokratischer Parteien Westdeutschlands.
4. Freie und geheime direkte Wahlen spätestens in vier Wochen.
5. Freilassung sämtlicher politischer Gefangener (direkt politischer, sogenannter „Wirtschaftsverbrecher“ und konfessionell Verfolgter).
6. Sofortige Abschaffung der Zonengrenzen und Zurückziehung der Volkspolizei.
7. Sofortige Normalisierung des sozialen Lebensstandards.
8. Sofortige Auflösung der sogenannten „National-Armee“.
9. Keine Repressalien gegen auch nur einen Streikenden.

(Der Morgen, Beilage vom 16./17.6.1953)

Tipps und Fragen:
- Welche Kritikpunkte und Ziele verfolgen die Aufständischen am 17. Juni 1953?
- Welche Zusammenhänge bestehen zum „Neuen Kurs“ in der Sowjetunion?

Sowjetunion: März 1956

Beim XX. Parteitag der KPdSU im Februar 1956 verkündete Nikita Chruschtschow, der neue starke Mann in der „kollektiven Führung" der KPdSU, in einer Geheimrede die „Entstalinisierung". Er verurteilte alle Formen von Personenkult und staatlichem Terror, außerdem proklamierte er die Pluralität der „Wege zum Sozialismus" für die Brudersstaaten in Osteuropa. Das war ein klares Signal für innere Reformen in der Sowjetunion und in den kommunistischen Staaten Osteuropas, das vielfältige Hoffnungen weckte.

Der „Neue Kurses" der sowjetischen Staats- und Parteiführung ermutigte auch Proteste in der Sowjetunion selbst. Im März 1956 fanden Massendemonstrationen in der georgischen Hauptstadt Tiflis und in weiteren Städten Georgiens statt. Sie waren die ersten offenen politischen Proteste in der Sowjetunion nach mehr als 25 Jahren Stalinismus. Die Demonstrationen richteten sich äußerlich zwar gegen die Kritik an dem in Georgien geborenen Stalin, im Kern ging es den Demonstranten aber um den Austritt Georgiens aus der UdSSR. Die Unruhen, an denen Zehntausende überwiegend junge Menschen teilnahmen, wurden von der Roten Armee gewaltsam niedergeschlagen. Dabei kamen mindestens 80 Menschen ums Leben. Dennoch bildeten sich unter dem Eindruck der Ereignisse erste illegale Oppositionsgruppen in Georgien. Auch in anderen Republiken der Sowjetunion gab es in der Nachfolge der georgischen Unruhen immer wieder Demonstrationen und Streiks, die mit wirtschaftlichen (gegen Normerhöhungen und Preissteigerungen) und politischen (freie Wahlen) Forderungen auftraten. Alle wurden gewaltsam niedergeschlagen.

Polen: Juni 1956

Auch die Massendemonstrationen in Polen, die im Juni 1956 begannen, waren eine Folge der im Februar 1956 begonnenen Entstalinisierung. Der polnische Staats- und Parteichef Bolesław Bierut, dessen stalinistische Politik von Personenkult und Staatsterrorismus geprägt war, war während seiner Teilnahme am XX. Parteitag der KPdSU in Moskau – vermutlich an einem Herzinfarkt – gestorben, nachdem Chruschtschow die Politik der Entstalinisierung verkündet hatte. Nach seinem Tod entbrannten in der „Polnischen Vereinigten Arbeiterpartei" (PVAP) Richtungskämpfe um den „Neuen Kurs", der an die Stelle der stalinistischen Politik Bieruts treten sollte. Forderungen in der Bevölkerung nach einer Verbesserung der Versorgung mit Konsumgütern und einer Senkung der Arbeitsnormen führten am 28. Juni 1956 im polnischen Posen zu Massendemonstrationen von Arbeitern, an denen insgesamt ca. 100 000 Menschen teilnahmen und die auch auf Warschau und andere polnische Städte übergriffen. Nach Schüssen auf die Demonstranten kam es zu Straßen- und Häuserkämpfen, die erst am Tag darauf von 10 000 Soldaten mit 400 Panzern niedergeschlagen werden konnten. Beim „Posener Juni" starben 57 Menschen, ca. 600 wurden verletzt. Neuer Staats- und Parteichef wurde Władisław Gomułka. Seine Wirtschaftsreformen stoppten die stalinistische Kollektivierung der Landwirtschaft und erlaubten begrenzte Privatunternehmen im Agrarbereich, Handwerk und Handel. Damit begann ein Wirtschaftswachstum in Polen, das zu einer verbesserten Versorgung der Bevölkerung mit Konsumgütern führte.

Der Ungarnaufstand: Oktober/November 1956

Die Entstalinisierung führte auch in Ungarn im Juni 1956 zu heftigen Auseinandersetzungen in der kommunistischen Partei. Der stalinistische Parteichef Mátyás Rákosi, der sich selbst als „Stalins besten Schüler" bezeichnete, wurde abgesetzt und durch den nationalen Reformkommunisten Imre Nagy ersetzt. Im Oktober spitzte sich die Lage zu, als nach studentischen Massendemonstrationen Nagy zum Ministerpräsidenten Ungarns ernannt wurde. In Ungarn gingen die Forderungen weiter als in Polen. Nagy forderte die Einführung eines Mehrparteiensystems nach westlichem Muster, nahm Verhandlungen mit der Sowjetunion über den Abzug der Roten Armee aus Ungarn auf, trat aus dem Warschauer Pakt aus und proklamierte die Neutralität und Blockfreiheit Ungarns. Im November intervenierten sowjetische Panzertruppen und setzten eine Gegenregierung unter dem prosowjetischen Kommunisten János Kádár ein. Die Proteste in Ungarn zeichneten sich durch besondere Gewalttätigkeit aus. Beim **Ungarnaufstand** tobten elf Tage lang Straßen- und Häuserkämpfe in Budapest und vielen anderen ungarischen Städten, bei denen ca. 3 000 Menschen ums Leben kamen, darunter ca. 700 sowjetische Soldaten. Imre Nagy wurde 1958 – trotz zugesicherter Straffreiheit – nach einem Prozess hingerichtet.

M 29 Völlige Neuorganisation

Aus einer Resolution der Studenten der Technischen Hochschule Budapest vom 22./23.10.1956:

1. Wir fordern den alsbaldigen Abzug aller Sowjettruppen nach den Bestimmungen des Friedensvertrages.
2. Wir fordern die Wahl neuer Führer der Partei der Ungarischen Werktätigen. Diese Funktionäre sollen so rasch wie möglich einen Parteikongress einberufen, um ein neues Zentralkomitee zu wählen.
3. Unter Führung des Genossen Imre Nagy muss sich eine neue Regierung konstituieren; alle verbrecherischen Führer der Stalin-Rákosi-Ära müssen unverzüglich von ihren Pflichten entbunden werden. [...]
5. Wir fordern, dass im ganzen Land allgemeine und geheime Wahlen abgehalten werden, an denen alle politischen Parteien teilnehmen, um eine neue Nationalversammlung zu wählen. Wir fordern, dass das Recht der Arbeiter auf Streik anerkannt wird. [...]
7. Wir fordern eine völlige Neuorganisation des Wirtschaftslebens von Ungarn unter der Leitung von Fachleuten. Das gesamte auf Planung beruhende Wirtschaftssystem muss im Lichte der in Ungarn herrschenden Bedingungen und der lebenswichtigen Interessen des ungarischen Volkes überprüft werden. [...]
9. Wir fordern eine vollständige Revision der in der Industrie geltenden Normen und eine alsbaldige und radikale Anpassung der Löhne an die berechtigten Bedürfnisse der Arbeiter und Intellektuellen. Wir fordern, dass für Arbeiter ein zum Lebensunterhalt ausreichender Mindestlohn festgesetzt wird. [...]
12. Wir fordern bedingungslose Meinungs- und Redefreiheit sowie die Freiheit für Presse und Rundfunk. [...]

Die Studenten der Technischen Hochschule Budapest erklären einstimmig ihre Solidarität mit den Bestrebungen der Arbeiter und Studenten von Warschau und ganz Polen nach nationaler Unabhängigkeit.

(Zit. nach: Peter Gosztony, Der Ungarische Volksaufstand in Augenzeugenberichten, Düsseldorf (dtv Verlagsgesellschaft) 1966, S. 127 – 129)

Tipps und Fragen:

- Arbeiten Sie aus M 29 die Forderungen der protestierenden Studenten heraus.
- Vergleichen Sie diese Forderungen mit denen, die in der Sowjetunion und Polen 1956 gestellt wurden.
- Arbeiten Sie die Besonderheiten des Ungarnaufstandes heraus.
- Welche Zusammenhänge bestehen zum „Neuen Kurs“ in der Sowjetunion?

M 30 Aufständische erobern einen sowjetischen Panzer in Budapest (1956)

M 31 Denkmal für den „Posener Juni“ 1956 (errichtet 1981)

Das Denkmal trägt die Jahreszahlen: 1956 – 1968 – 1970 – 1976 – 1980 – 1981 und wurde dem kommunistischen Regime 1981 von der Protestbewegung abgetrotzt.

Der „Prager Frühling“

Die Reformideen des „**Prager Frühlings**“ fanden im Ostblock eine bis dahin ungekannt große Resonanz. In Polen, Jugoslawien und der DDR gab es vielfältige Solidarisierungsaktionen und der Einmarsch von Warschauer-Pakt-Staaten nach Prag stieß auf vielfältige Proteste im Ostblock. Dadurch festigte sich eine Protestkultur, die über die tschechoslowakische „Charta 77“-Bewegung und die polnischen Solidarność-Proteste ab 1980 (vgl. S. 114 und S. 145) wesentlich zum Zusammenbruch des Kommunismus 1989/90 beitrug. Wie kam es dazu?

Im Januar 1968 verkündete Alexander Dubček, der Generalsekretär der KSČ, die Idee, in die sozialistische Zentralverwaltungswirtschaft der ČSSR marktwirtschaftliche Anreizsysteme, z. B. eine marktgesteuerte Preisbildung, einzuführen. Mit der Einführung einer „Humanen Wirtschaftsdemokratie“ wollte sein Wirtschaftsminister Ota Šik unter dem Begriff „Arbeiterselbstverwaltung“ die Beteiligung der Arbeiter in den Industriebetrieben stärken und die Planungsbürokratie abbauen. Im April 1968 verabschiedete die Kommunistische Partei (KSČ) ein neues Parteiprogramm, in dem die Einführung marktwirtschaftlicher Elemente, Schritte zur Demokratisierung von Staat und Partei, die Kontrolle der Regierung durch das Parlament, der Ausbau rechtsstaatlicher Organe, Gewährung von Religions-, Presse- und Meinungsfreiheit, die Zulassung freier Gewerkschaften und eine föderalistische Nationalitätenpolitik angekündigt wurden. So wollte man einen „dritten Weg“ zwischen Kapitalismus und Kommunismus beschreiten, um die Nachteile beider Systeme gleichermaßen zu überwinden.

Dubček ließ rasch unabhängige Gewerkschaften zu und beendete die Zensur, um eine breite öffentliche Diskussion über sein Ziel eines „Sozialismus mit menschlichem Antlitz“ zu ermöglichen. Rechtsstaatlichkeit, Pluralismus und Gewaltenteilung waren mittelfristige Ziele des „Prager Frühlings“. Im Frühsommer 1968 entstanden Bürgerbewegungen, die sich an Wahlen beteiligen wollten. Es gab Bestrebungen zur Neugründung von Parteien. Die kommunistische Jugendorganisation zerfiel, autonome Jugendbewegungen entstanden. In vielen Betrieben bildeten sich unabhängige Gewerkschaftsgruppen und Arbeiterräte.

Wie die 68er-Bewegung in Westeuropa wollten auch die Reformkräfte innerhalb der KSČ eine grundlegende Liberalisierung in Wirtschaft, Politik und Gesellschaft erreichen. Aber am 21.8.1968 marschierten 500 000 sowjetische, polnische, ungarische und bulgarische Soldaten in Prag ein und besetzten die Tschechoslowakei. Der Einmarsch der Warschauer-Pakt-Truppen forderte mehr als 100 Tote und zahlreiche Verletzte. Die Sowjetunion verkündete nun den Grundsatz, dass die die Souveränität der RGW-Staaten grundsätzlich eingeschränkt sei und ein Abweichen vom sozialistischen Weg mit militärischer Gewalt verhindert werde (Breschnew-Doktrin). Die Dubček-Gruppe wurde entmachtet, viele Aktivisten der Protestbewegung bekamen mehrjährige Haftstrafen, ca. 200 000 Menschen flüchteten. Auch in Polen, Jugoslawien und der DDR endeten die Solidaritätsaktionen mit Berufs- und Studierverboten, Festnahmen und Haftstrafen. Trotzdem blieb die Idee eines „Sozialismus mit menschlichem Antlitz“ im Ostblock lebendig.

Polen und Jugoslawien

Die Forderungen des „Prager Frühlings“ wurden 1968 auch in Polen, wo es schon seit 1964 immer wieder Proteste gab, und Jugoslawien aufgegriffen. In Belgrad demonstrierten Studierende 1968 mit Parolen wie „Nieder mit der roten Bourgeoisie!“ und „Selbstverwaltung von unten nach oben!“. Auch in den jugoslawischen Universitätsstädten Zagreb, Ljubljana und Sarajevo solidarisierten sich Studierende mit dem „Prager Frühling“.

In Warschau skandierten Anfang März 20 000 Studierende „Hoch lebe die Tschechoslowakei!“. Ihr Protest griff schnell auf weitere polnische Städte über: auf Gdańsk, Kraków, Poznań, Wrocław und Łodź. Ende März hatte die Protestbewegung alle polnischen Universitäten erfasst.

Ausgangspunkt der polnischen Märzunruhen 1968 war die Absetzung des Theaterstücks „Totenfeier“ des polnischen Nationaldichters Adam Mickiewicz (1798 – 1855) im Warschauer Nationaltheater, das – wie schon bei seiner Erstaufführung 1832 – als Aufruf zum Widerstand gegen die russische Okkupation interpretiert wurde. Unter den Parolen „Unabhängigkeit ohne Zensur!“ und „Kultur ohne Zensur!“ folgten in mehreren polnischen Universitätsstädten studentische Demonstrationen und Protestversammlungen, die auch vom beginnenden „Prager Frühling“ seit Januar 1968 inspiriert waren und Hoffnungen auf eine politische Liberalisierung zum Ausdruck brachten. Höhepunkt der Proteste war eine Versammlung am 15. März 1968 in Gdańsk, an der ca. 20 000 Studierende und Arbeiter/-innen teilnahmen. Sie forderten Rede-, Versammlungs- und Kunstfreiheit sowie die Einhaltung der verfassungsmäßig garantierten Menschen- und Bürgerrechte in Polen. Relegationen für Studierende, Berufsverbote für Professoren, Massenfestnahmen und langjährige Haftstrafen beendeten den polnischen „März 1968“ wenige Wochen später.

DDR

In der DDR kam es zu einer Vielzahl von demonstrativen Solidarisierungsaktionen mit dem „Prager Frühling“. Im März 1969 berichtete der Stasi-Chef Erich Mielke über 2 100 öffentliche Protestakte nach dem 21. August 1968. In einigen Städten kam es zu Kurzdemonstrationen und es wurden Flugblattaktionen gemeldet mit Aufschriften wie: „Prag ist das Stalingrad für Ulbricht“. Eine andere Form der Proteste war das Anbringen von „Hetzlosungen“ (so die Bezeichnung des MfS) an Hauswänden, Bahnhöfen, Friedhofsmauern, Betriebshallen, Brücken oder auf Autostraßen. Insgesamt zählte das MfS unmittelbar nach dem Einmarsch 1 690 solcher öffentlich angebrachter Parolen. Auch diese Straftatbestände zogen Haftstrafen und andere Sanktionen (z. B. Studierverbote) nach sich, allerdings wurden nach MfS-Angaben nur 20 % der Fälle aufgeklärt.

Großes Interesse gab es bei jungen Menschen in der DDR an der westlichen Pop-Kultur und den Protestaktionen der APO in der Bundesrepublik, über die vor allem in katholischen und evangelischen Studentengemeinden diskutiert wurde. Die Unzufriedenheit mit den bestehenden Zuständen, die Kritik an Autoritäten sowie die Hoffnung auf einen undogmatischen, demokratischen Sozialismus, der mehr Bürgerbeteiligung ermöglichte, verband die Protestbewegungen in der Bundesrepublik und in der DDR. So sind 1968 beim Volksentscheid über die neue DDR-Verfassung 700 000 Gegenstimmen und Nichtwähler offiziell festgestellt worden – mehr als jemals zuvor und danach. Die verbreitete Stimmungslage zum Volksentscheid brachte beim Karneval 1968 ein DDR-Büttenredner zum Ausdruck: „Das ganze Fischvolk diskutiert die neue Verfassung. Schade, dass Fische stumm sind.“ Auch er bekam eine Haftstrafe.

M 32 Sowjetische Panzer in Prag (August 1968)

M 33 Solidaritätsparole in der DDR (1968)

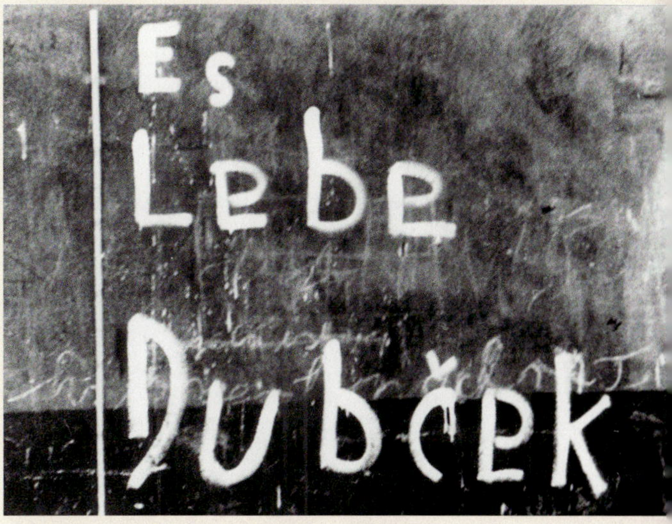

M 34 „Prager Frühling“: Programm der KSČ

Aus dem „Aktionsprogramm der Kommunistischen Partei der Tschechoslowakei“ (KSČ), angenommen auf der Plenartagung des Zentralkomitees unter Leitung von Alexander Dubček am 5.4.1968:

Ihre Fähigkeit, die Gesellschaft zu leiten, hat die [Kommunistische] Partei besonders in der gegenwärtigen Zeit bewiesen, als sie aus eigener Initiative den Demokratisierungsprozess ausgelöst und gesichert hat. [...] Sie verwirklicht ihre führende Rolle nicht dadurch, dass sie die Gesellschaft beherrscht, sondern dadurch, dass sie der freien, fortschrittlichen und sozialistischen Entwicklung am treuesten dient. [...] Die führende Rolle der Partei wurde in der Vergangenheit oft als Monopol, als Konzentration der Macht in der Hand der Parteiorgane aufgefasst. Das entsprach der falschen These, dass die Partei das Instrument der Diktatur des Proletariats sei. Diese schädliche Auffassung schwächte die Initiative und Verantwortung der staatlichen, wirtschaftlichen und gesellschaftlichen Institutionen. [...] Grundlage der Aktionsfähigkeit der Partei unter den neuen Bedingungen ist die ideelle und organisatorische Einheit, die auf der Basis breiter innerparteilicher Demokratie entsteht. Die Politik der Partei geht von der Forderung aus, dass es im ganzen Staatsmechanismus zu keiner allzu großen Konzentration der Macht innerhalb eines Gliedes, eines Apparates oder bei einer Einzelperson kommen darf.

(Zit. nach: Zdenek Mlynar, Nachtfrost – Erfahrungen auf dem Weg vom realen zum menschlichen Sozialismus, Köln (EVA) 1978, S. 325 – 327, 329, 340)

M 35 Demonstration für den „Prager Frühling“ auf dem Wenzelsplatz in Prag (August 1968)

M 36 Ein Demonstrant in Prag stellt sich einem sowjetischen Panzer entgegen (August 1968)

M 37 Die Breschnew-Doktrin (1968)

Aus der Rede des sowjetischen Staats- und Parteichefs Leonid Breschnew, mit der er am 12.11.1968 den Einmarsch von RGW-Staaten in die Tschechoslowakei nachträglich begründet:

Die KPdSU setzte sich immer dafür ein, dass jedes sozialistische Land die konkreten Formen seiner Entwicklung auf dem Wege zum Sozialismus unter Berücksichtigung der Eigenart seiner nationalen Bedingungen selbst bestimmte. Aber bekanntlich, Genossen, gibt es auch allgemeine Gesetzmäßigkeiten des sozialistischen Aufbaus und ein Abweichen von diesen Gesetzmäßigkeiten könnte zu einem Abweichen vom Sozialismus im Allgemeinen führen. Und wenn innere und äußere dem Sozialismus feindliche Kräfte die Entwicklung eines sozialistischen Landes zu wenden und auf eine Wiederherstellung der kapitalistischen Zustände zu drängen versuchen, wenn also eine ernste Gefahr für die Sache des Sozialismus in diesem Lande, eine Gefahr für die Sicherheit der ganzen sozialistischen Gemeinschaft entsteht – dann wird dies nicht nur zu einem Problem für das Volk dieses Landes, sondern auch zu einem gemeinsamen Problem, zu einem Gegenstand der Sorge aller sozialistischen Länder.

Begreiflicherweise stellt militärische Hilfe für ein Bruderland zur Unterbindung einer für die sozialistische Ordnung entstandenen Gefahr eine erzwungene, außerordentliche Maßnahme dar. Sie kann nur durch direkte Aktionen der Feinde des Sozialismus im Landesinnern und außerhalb seiner Grenzen ausgelöst werden, durch Handlungen, die eine Gefahr für die gemeinsamen Interessen des sozialistischen Lagers darstellen.

(Zit. nach: Europa-Archiv, XXIV. Jg./1969, Folge 11, 10. Juni 1969, S. D 257 ff.)

M 38 Polen: Polizisten attackieren Studierende in Warschau, die sich mit dem „Prager Frühling" solidarisieren (März 1968)

M 39 Jugoslawien: Protestierende Studierende in Belgrad (Juni 1968)

M 40a „Prager Frühling": Proteste in der DDR 1968

Aus einem Stasi-Bericht über Protestaktionen von Oppositionellen zwischen dem 21.8. und 8.9.1968 anlässlich des Truppeneinmarschs in Prag:

An 389 Stellen in Berlin wurden insgesamt 3 528 Flugblätter verbreitet und an 212 Stellen 271 Hetzlosungen geschmiert. [...] Die Herstellungs- und Verbreitungsmethoden der Flugblätter und das Schmieren von Losungen zeigen keine besonders raffinierten Methoden. Überwiegend wurde auf öffentlichen Plätzen und Straßen geworfen, im Unterschied zur sonstigen Verbreitung, wo das Einwerfen in Hausbriefkästen überwiegt. Die Täter waren in der Mehrzahl bereit, ein größeres Risiko einzugehen. [...]

Die Täter wandten sich mit ihren Losungen und Flugblättern hauptsächlich gegen die Maßnahmen der Bruderländer und forderten in den meisten Fällen den Abzug der Truppen. An zweiter Stelle in der Häufigkeit des Auftretens liegen Bekenntnisse zu Dubćek bzw. zum revisionistischen Weg der tschechoslowakischen Partei- und Staatsführung. Nur ein geringer Teil der Täter bekannte sich offen zur Konterrevolution.

(Zit. nach: Stefan Wolle, Der Traum von der Revolte – Die DDR 1968, Bonn (bpb) 2008, S. 159 f.)

M 40b Altersstruktur der DDR-Bürger/-innen, die sich an Sympathiekundgebungen mit dem „Prager Frühling" beteiligt haben (1968)

Alter	Anteil Prozent
Bis 16 Jahre	4,5 %
16 – 30 Jahre	70,4 %
Über 30 Jahre	25,1 %

(Nach: Ilko-Sascha Kowalcuk, Der Prager Frühling 1968 und die DDR, Berlin (Agentur für Bildung – Geschichte, Politik und Medien e. V.) 2018; http://lernen-aus-der-geschichte.de/Lernen-und-Lehren/content/13943 [05.11.2021])

Tipps und Fragen:
- Welche Ursachen, Ziele und Folgen hat der „Prager Frühling"?
- Welche Auswirkungen hat er im Ostblock?
- Welche Rolle spielt der Generationenkonflikt?

Geschichte konkret

14. Der Weg in den Terror – „Rote Armee Fraktion“ und „Rote Brigaden“

Eine ernste politische Herausforderung erwuchs Westeuropa seit Mitte der 1970er-Jahre aus dem organisierten Terrorismus linksradikaler Gruppen. Aus Enttäuschung über das Scheitern ihrer revolutionären Hoffnungen nach 1968 verfolgten kleine Gruppen in mehreren Ländern die Strategie des Guerillakampfes (span. guerilla = kleiner Krieg).

Die „Rote Armee Fraktion“ in der Bundesrepublik

M 1 Emblem (Erkennungszeichen) der „Roten Armee Fraktion“ (1971)

Schon 1968 wurde innerhalb der Außerparlamentarischen Opposition über die Legitimität von Gewalt bei der Durchsetzung politischer Ziele diskutiert. Unterschieden wurde dabei zwischen (legitimer) „Gewalt gegen Sachen“ und (illegitimer) „Gewalt gegen Personen“. 1968 waren in Frankfurt am Main vier junge Radikale – darunter Andreas Baader und Gudrun Ensslin – unter dem Verdacht festgenommen worden, aus Protest gegen die durch Napalmverbrennungen gequälten Vietnamesen zwei Kaufhäuser in Brand gesteckt zu haben. Der Aufruf zur Gewalt gegen Sachen erfolgte zuvor schon in einem Flugblatt der Westberliner „Kommune I“. Sie hatte nach dem Brand eines Kaufhauses in Brüssel gefragt: „Wann brennen die Berliner Kaufhäuser?“

M 2 Ein brennendes Kaufhaus mit brennenden Menschen vermittelte zum ersten Mal in einer europäischen Großstadt jenes knisternde Vietnam-Gefühl (dabei zu sein und mitzubrennen), das wir in Berlin bislang noch missen müssen. [...] Wenn es irgendwo brennt in der nächsten Zeit, wenn irgendwo eine Kaserne in die Luft geht, wenn irgendwo in einem Stadion die Tribüne einstürzt, seid bitte nicht überrascht. Genauso wenig wie beim Überschreiten der Demarkationslinie durch die Amis, der Bombardierung des Stadtzentrums von Hanoi [der Hauptstadt Nordvietnams], dem Einmarsch der Marines nach China. Brüssel hat uns die einzige Antwort darauf gegeben: Burn, warehouse, burn!

(Zit. nach: „Warum brennst Du, Konsument?“ – Das Flugblatt Nr. 7 der Kommune 1 vom 24. Mai 1967, © Faksimile: Universitätsarchiv der Freien Universität Berlin, 2010; https://www.1000dokumente.de/index. html?c=dokument_de&dokument=0085_kom&object=facsimile&l=de [05.11.2021])

1971 veröffentlichten Ulrike Meinhof und Andreas Baader das „Konzept Stadtguerilla“, mit dem sie die Gründung der „Roten Armee Fraktion“ (RAF) bekanntgaben und ihren Weg in den Terror begründeten:

M 3 Stadtguerilla ist die Konsequenz aus der längst vollzogenen Negation der parlamentarischen Demokratie durch ihre Repräsentanten selbst, die unvermeidliche Antwort auf Notstandsgesetze, die Bereitschaft, mit Mitteln zu kämpfen, die das System für sich bereitgestellt hat. Durch geeignete Aktionen muss die Guerilla klarstellen, dass sich ihre Angriffe grundsätzlich gegen alle Institutionen des Klassenfeinds, alle Verwaltungsdienststellen und Polizeiposten, gegen die Direktionszentren der Konzerne, aber auch gegen alle Funktionsträger dieser Institutionen, gegen leitende Beamte, Richter, Direktoren usw. richten. Erst in der Endphase können Massenaktionen – Demonstrationen, Streiks, Barrikaden – die Entscheidung bringen und zur völligen Entwaffnung der Unterdrückungsorgane führen. Wir müssen also einen Angriff unternehmen, um das revolutionäre Bewusstsein der Massen zu wecken. Die Bomben gegen den Unterdrückungsapparat schmeißen wir auch in das Bewusstsein der Massen.

(Rote Armee Fraktion – Texte und Materialien zur Geschichte der RAF, bearbeitet von Martin Hoffmann, Berlin (ID-Verlag) 1997, S. 41 f.)

M4a Attentat der Roten Armee Fraktion auf Hanns-Martin Schleyer (1977)

Der Arbeitgeberpräsident Hanns-Martin Schleyer wurde 1977 entführt, um die Freilassung von elf inhaftierten RAF-Mitgliedern zu erpressen. Die Bundesregierung ließ sich nicht erpressen und ging auf die Forderungen nicht ein. Schleyer wurde daraufhin von seinen Entführern erschossen, die auch seinen Fahrer und drei Polizisten ermordeten.

M4b Von der RAF entführt und ermordet

M5 Fahndungsplakat

Der Staat reagierte mit allen polizeilichen Mitteln auf den RAF-Terrorismus. Er ging dabei z. B. durch Telefonüberwachung auch gegen offene und verdeckte Unterstützer („Sympathisanten") vor. Mit dem sogenannten „Radikalenerlass" wurden Bewerber für den Öffentlichen Dienst regelmäßig auf ihre Verfassungstreue überprüft. Über 1000 überwiegend als linksextrem bewertete Lehrer und Hochschullehrer wurden deswegen nicht eingestellt.

Seinen Höhepunkt erreichte der RAF-Terror 1977: Der Generalbundesanwalt Siegfried Buback, der Bankier Jürgen Ponto und der Unternehmer Hanns-Martin Schleyer wurden ermordet. Führende RAF-Mitglieder konnten danach verhaftet werden. Wenig später kaperten arabische Terroristen eine Lufthansa-Maschine, um ihre deutschen Gesinnungsgenossen freizupressen. Ein Sonderkommando des Bundesgrenzschutzes stürmte jedoch das nach Mogadischu, die Hauptstadt Somalias, entführte Flugzeug und befreite die Geiseln. Vier führende RAF-Terroristen verübten in Haft Selbstmord.

Die Staatsmacht hatte im „Deutschen Herbst“ 1977 gegen den linksextremistischen Terror gesiegt. Gleichzeitig hat sie den Rechtsstaat an die Grenzen seiner Belastbarkeit geführt. Angesichts von Großkontrollen auf Autobahnen und des Ausbaus der elektronischen Rasterfahndung (Herausfiltern von Personen aus Datenbanken anhand allgemeiner Kriterien ohne konkrete Verdachtshinweise) warnten nicht wenige vor der Missachtung liberaler Prinzipien und einem schleichenden Übergang zu polizeistaatlichen Methoden. Breite Kritik rief auch das 1977 vom Bundestag verabschiedete Kontaktsperregesetz für Inhaftierte hervor. Im Kampf gegen den Terrorismus, so der Vorwurf, opfere der Staat die Achtung der Menschenrechte und das Recht auf eine angemessene Verteidigung:

M6 Besteht eine gegenwärtige Gefahr für Leben, Leib oder Freiheit einer Person und begründen bestimmte Tatsachen den Verdacht, dass die Gefahr von einer terroristischen Vereinigung ausgeht, und ist es zur Abwehr dieser Gefahr geboten, jedwede Verbindung von Gefangenen untereinander und mit der Außenwelt einschließlich des schriftlichen und mündlichen Verkehrs mit dem Verteidiger zu unterbrechen, so kann eine entsprechende Feststellung getroffen werden.

(Irmgard Wilharm (Hg.), Deutsche Geschichte 1962–1983 – Dokumente, Bd. 2, Frankfurt/M. (Fischer) 1985, S. 152)

Die Terroristen selbst hofften darauf, dass durch den Druck des Terrorismus der Staat zunehmend aggressiver reagieren, seine „liberale Maske“ ablegen und seinen „wahren repressiven Charakter“ zeigen würde.

M7 **DER SPIEGEL Nr. 50/1977**

Die „Roten Brigaden“ in Italien

M8 **Emblem der „Roten Brigaden“ (1971)**

Die „Brigate Rosse“ (BR) erregten erstmals 1971 mit Flugblättern Aufmerksamkeit, auf denen sie politische Ziele und Formen des bewaffneten Kampfes formulierten, die denen der „Roten Armee Fraktion“ sehr ähnlich waren. Im Unterschied zur RAF betonten sie in den folgenden Jahren aber immer ihre enge Verbundenheit mit der italienischen Arbeiterbewegung:

M9 Unsere Überzeugung ist, dass der bewaffnete Kampf in Italien von einer Organisation geführt werden muss, die der direkte Ausdruck der Klassenbewegung ist. Das Volk ist der Ausgangspunkt für alles; deshalb muss man es vereinigen, mobilisieren und bewaffnen. Die Entwicklung einer ersten Phase des Krieges, der Guerilla, in den Städten und den großen

Industriemetropolen Europas erscheint uns möglich, wenn wir die Praxis und die Grenzen der ersten bewaffneten Gruppen in Deutschland, Frankreich und Italien betrachten. [... Grundlage ist] das Anwachsen der bewaffneten proletarischen Macht in den größeren Fabriken und in den proletarischen Stadtvierteln, wo sich Aufstände und Ausbeutung am meisten konzentrieren.

(L. Ulrich (Hg.), Brigate Rosse – Bewaffneter Kampf für den Kommunismus, Hamburg (Manifest) 1974, S. 56)

Das soziale Konfliktpotenzial in den rasch wachsenden italienischen Industriestädten und die hohe Jugendarbeitslosigkeit (1978 waren 1,7 Mio. Arbeitslose zwischen 15 und 29 Jahren alt) führten in Italien zu einer breiten Solidarisierung vor allem junger Arbeiter mit den „Brigate Rosse“: 1977 gab es in Italien ca. 700 aktive Terroristen und ca. 10 000 „stille Helfer“, die die Terroristen insgeheim unterstützten.

Zwischen 1970 und 1988 verübte die Gruppe 73 Mordanschläge und organisierte zahlreiche Entführungen und Banküberfälle. Ermordet wurden Unternehmer, Richter, Journalisten und Politiker. Das prominenteste Todesopfer war 1978 der christdemokratische Politiker Aldo Moro, der bis 1976 Ministerpräsident Italiens gewesen war. Die „Roten Brigaden“ begründeten dessen Entführung und die Ermordung seiner fünf Leibwächter 1978 folgendermaßen:

M 10 Wir haben den Knecht des Staates, Aldo Moro, entführt und seine Leibwächter, die Lederköpfe [Holzschlagstöcke] des Innenministers Cossiga, eliminiert. Moro ist nur der Anfang.

Den Angriff in das Herz des Staates tragen, die Krise des Regimes in einen bewaffneten Kampf für den Kommunismus verwandeln!

(Zit. nach: DER SPIEGEL, Nr. 12/26.3.1978, S. 33)

Angesichts der wachsenden politisch motivierten Gewalt distanzierte sich die große Mehrheit der ehemaligen 68er-Aktivisten von den terroristischen Gruppen. So bezeichnete z. B. der Dichter Heinrich Böll die Aktionen der RAF in der Bundesrepublik als einen „Krieg von 6 gegen 60 Millionen“, der durch nichts zu rechtfertigen sei. Wie viele andere wies aber auch Böll darauf hin, dass die terroristische Bedrohung auch zu Grenzüberschreitungen des Rechtsstaats geführt habe, aus denen die Demokratie ihre Lehren ziehen müsse.

Nach 1977 verübten kleine, politisch isolierte Gruppen der „Roten Brigaden“ und der „Roten Armee Fraktion“ in der Bundesrepublik und Italien weitere Terroranschläge, bis beide Organisationen 1987 bzw. 1998 den bewaffneten Kampf für beendet erklärten.

M 11 Der ehemalige italienische Ministerpräsident Aldo Moro als Gefangener der „Roten Brigaden“ (1978)

Nach 55 Tagen Geiselhaft wurde Moro im Kofferraum eines Autos erschossen aufgefunden.

Arbeitsanregungen

? Stellen Sie Hypothesen auf, warum Teile der Außerparlamentarischen Opposition den Weg in den Terror beschritten haben könnten.

a) Erläutern Sie die Rolle der Gewalt in den Diskussionen der APO (DT 1, M 2) und in dem „Konzept Stadtguerilla“ der RAF (M 3).

b) Erörtern Sie, ausgehend von M 5 und M 6, ob der Rechtsstaat im Kampf gegen den Terror die ihm gesetzten Grenzen überschritten hat.

c) Vergleichen Sie die „Rote Armee Fraktion“ und die „Roten Brigaden“.

„Der politische Terrorismus war eine logische Folge der 68er-Bewegung.“ Erörtern Sie diese Aussage.

Fit fürs Abitur

Historische Sachverhalte darstellen

Wenn Historiker/-innen Artikel oder Bücher über Geschichte schreiben, dann verfassen sie Darstellungen über Geschichte. Auch in schriftlichen Klausuren wird von den Schülerinnen und Schülern verlangt, historische Sachverhalte darzustellen. Je komplexer und umfangreicher ein Sachverhalt ist, umso wichtiger ist es, hierbei geplant vorzugehen.

Der Operator „darstellen"

In jeder Abiturklausur und auch oft in schriftlichen Klausuren findet sich eine Aufgabe mit dem Operator „darstellen". Dieser Operator verlangt mehr als ein bloßes „Beschreiben" oder „Erläutern". Er verlangt, dass in einem fortlaufenden Text historische Sachverhalte strukturiert und zusammenhängend verdeutlicht werden. Übrigens: Sonderzeichen (Pfeile, „&" usw.) sowie Aufzählungen mit Spiegelstrichen sollten in der Klausur in einem fortlaufenden Text nicht verwendet werden.

Konzept – Darstellung vorbereiten

Bei jedem Aufgabentyp ist es wichtig, vor der Ausformulierung der Lösung ein Konzept zu erstellen. Das gilt in besonderem Maße bei Aufgaben mit dem Operator „darstellen". Daher finden Sie unten bei den „Schritten zur Darstellung von historischen Sachverhalten" ausführliche Hinweise zur Vorbereitung einer Darstellung. Sie sollten sich unbedingt die Zeit für ein Konzept nehmen. Ein Konzept enthält stichwortartig alle wichtigen Begriffe/Inhalte und eine Strukturierung.

Schritte zur Darstellung von historischen Sachverhalten

1. Aufgabenstellung verstehen • Aufgabenstellung genau lesen, Eingrenzen des Themas (Was gehört dazu? Was gehört nicht dazu? Gibt die Aufgabenstellung eine mögliche Strukturierung vor?)	**Häufige Fehler** • Überspringen dieses Schrittes • Thema zu weit oder zu eng gefasst
2. Inhalte sammeln und strukturieren • Sammeln von Begriffen und Namen von Akteuren (Personen), die bei der Behandlung des Themas eine Rolle spielen • Anordnung der Begriffe im Zusammenhang (z. B. in einer Conceptmap), Aufzeigen von Gemeinsamkeiten, Kausalitäten u. Ä. • Gruppieren (Clustern) von Begriffen (z. B. durch Umkreisen) • Festlegen einer Gliederung, Nummerieren der Begriffscluster in der Reihenfolge, die Sie Ihrer Darstellung zugrunde legen wollen	**Häufige Fehler** • Überspringen dieses Schrittes, kein Konzept gemacht • **Folge bei Ausformulierung:** Zusammenhänge nicht benannt, Aneinanderreihung von Einzelinformationen • **Folge bei Ausformulierung:** keine Strukturierung
3. Darstellung ausformulieren – Einleitung • Einleitung, in der das Thema genannt wird • Vorstellen der Strukturierung	**Formulierungshilfen – Einleitung** • Im Folgenden werde ich … darstellen. • Ich werde bei meiner Darstellung folgendermaßen vorgehen./Ich werde zunächst … vorstellen, dann … und schließlich…/Ich werde das Thema entlang der Bereiche/Unterpunkte … darstellen.

4. Darstellung ausformulieren – Hauptteil
- Strukturierte Darstellung

Formulierungshilfen – Hauptteil

Gliederung
- Zunächst/Als Erstes möchte ich …
- Ein erster/zweiter Punkt ist …
- Erstens/Zweitens …
- Des Weiteren/Außerdem …
- Schließlich/Abschließend …

Kausalitäten
- weil/deswegen/daher/aus diesem Grund
- als Folge davon/als Konsequenz davon

Gegensätze
- anders als/im Gegensatz zu
- dennoch/trotzdem/obwohl

Zusammenfassung
- Insgesamt/Zusammenfassend/Abschließend lässt sich sagen/kann man sagen/zeigt sich …

M 1 Beispiel einer Schülerarbeit – Begriffssammlung

Aufgabe: Stellen Sie den Weg zur deutschen Teilung dar.

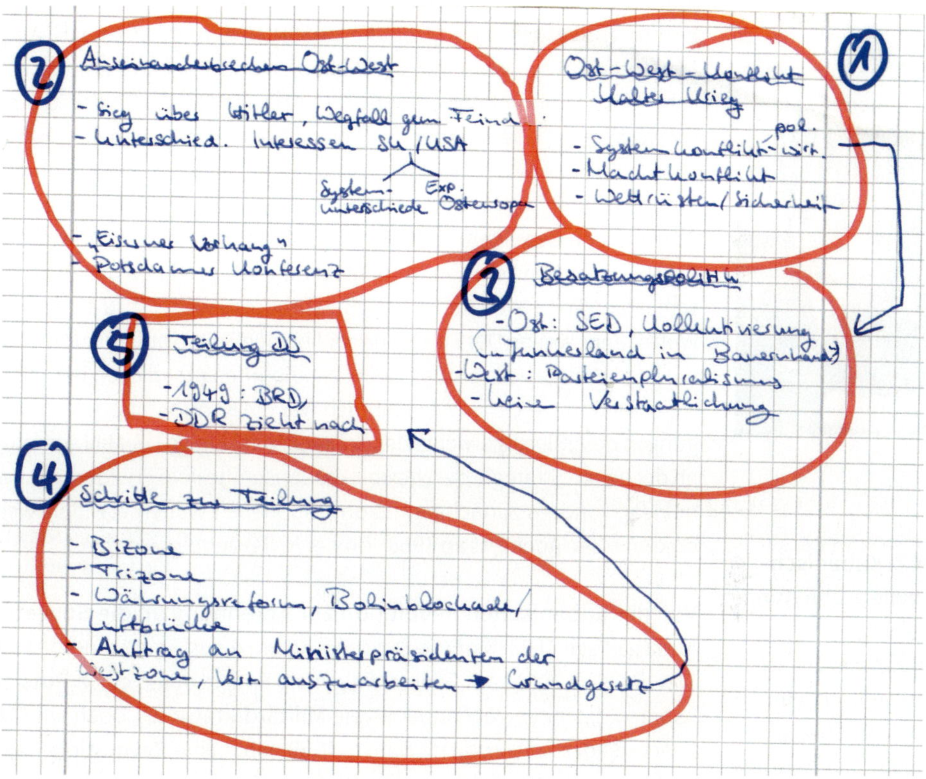

Arbeitsanregungen

? Einfach drauflosschreiben oder vorher ein Konzept verfassen? Tauschen Sie sich über Ihre Erfahrungen bei der Bearbeitung von Aufgaben in schriftlichen Klausuren aus.

1. Historische Sachverhalte darstellen

a) Informieren Sie sich über die Anforderungen des Operators „darstellen“.

b) Informieren Sie sich über die Schritte bei der Darstellung von historischen Sachverhalten. Vergleichen Sie die Schritte mit dem Schülerbeispiel M 1.

+ **c)** Formulieren Sie die Darstellung auf Grundlage von M 1 aus.

d) Bearbeiten Sie folgende Aufgabe: *Stellen Sie die Proteste in Ost und West in den 1950er- und 1960er-Jahren dar.*

2. Weitere Aufgaben

Formulieren Sie zur Vorbereitung der nächsten schriftlichen Klausur mögliche sinnvolle Aufgabenstellungen für den Operator „darstellen“.

15. Kuba im Kalten Krieg

Zu Beginn der 1960er-Jahre schien der Status quo in Europa unverrückbar, die Blockbildung war zementiert. Im Zuge der Dekolonisierung, die ab 1960 ihren Höhepunkt erreichte, versuchten beide Supermächte daher nun verstärkt, Länder der sogenannten „Dritten Welt“ auf ihre Seite zu ziehen. 1962 eskalierte eine Krise um Kuba, ein Atomkrieg drohte.

M1 US-Präsident John F. Kennedy
Er amtierte ab 1961 als US-Präsident, bis er 1963 bei einem Attentat ermordet wurde.

M2 Kubanisch-sowjetische Annäherung
Der kubanische Ministerpräsident Castro (li.) und der sowjetische Staats- und Parteichef Chruschtschow treffen sich 1960 bei der UN-Vollversammlung in New York.

Die Politik der Stärke

Mit der militärischen Blockbildung in NATO (1949) und Warschauer Pakt (1955) begann das atomare Wettrüsten der Supermächte: Nachdem die USA 1945 die Atom- und 1952 die Wasserstoffbombe entwickelt hatten, zog die UdSSR 1949 und 1953 nach. Aufgrund der amerikanischen Überlegenheit bei atomaren Sprengköpfen und Trägersystemen (Langstreckenbomber und -raketen) für Atombomben verfolgte die NATO ab 1957 die Doktrin der massiven Vergeltung („massive retaliation“): Jeder Angriff auf einen NATO-Staat sollte durch einen massiven atomaren Gegenschlag beantwortet werden. Diese Politik der Stärke wurde durch den Sputnik-Schock 1957 grundlegend infrage gestellt. Denn die für den Westen völlig überraschende Beförderung eines sowjetischen Satelliten in die Erdumlaufbahn zeigte, dass sowjetische Atomraketen nun auch die USA erreichen konnten. Verursacht durch das Streben der Supermächte, ihre atomare Zweitschlagfähigkeit („Wer zuerst schießt, stirbt als Zweiter“) zu sichern, drehte sich die Spirale des Wettrüstens weiter. Der Einsatz der auf beiden Seiten aufgebauten atomaren Arsenale hätte aber die gegenseitige Vernichtung bedeutet. Konnte unter diesen Bedingungen die Politik der Stärke weitergeführt werden? Wie gefährlich war die Konfrontation der Supermächte unter den Bedingungen des „Gleichgewichts des Schreckens“? Einige US-Militärstrategen arbeiteten zwar schon an der neuen Strategie der „flexible response“ (flexible Erwiderung), wonach Angriffe nicht gleich nuklear, sondern zunächst mit konventionellen Waffen erwidert werden sollten. Diese Militärdoktrin sollte aber erst ab 1968 von der NATO verfolgt werden.

Von der Kubanischen Revolution zur Anlehnung an die Sowjetunion

Kuba galt seit 1823 (Monroe-Doktrin: „Amerika den Amerikanern!“) als traditionelles Einflussgebiet der USA. 1952 kam General Fulgencio Batista durch einen **Putsch** an die Macht. Die USA erkannten die ihnen gegenüber loyale **Militärdiktatur** an. Doch eine Guerillabewegung mit Fidel Castro an der Spitze stürzte Batista 1959 durch eine **Revolution**. Castro verfolgte das Ziel einer größeren wirtschaftlichen und politischen Unabhängigkeit gegenüber den USA. Zum Erhalt ihrer Hegemonie plante die US-Regierung einen Putsch gegen Castro. Eine von der US-Regierung unterstützte Invasion von Exil-Kubanern scheiterte 1961 („Debakel in der Schweinebucht“). Hierdurch zur stärkeren Anlehnung an die UdSSR gedrängt, erklärte Castro Kuba zum ersten sozialistischen Staat der westlichen Hemisphäre.

Kuba-Krise – die Welt am Abgrund eines Atomkriegs

Seit 1959 waren in den NATO-Staaten Italien und Türkei stationierte US-amerikanische Atomraketen auf sowjetische Ziele gerichtet. Kuba bot der UdSSR nun die Chance, das atomare Gleichgewicht herzustellen. Nachdem am 14. Oktober 1962 ein US-Aufklärungsflugzeug sowjetische Raketenabschussrampen auf Kuba entdeckt hatte, forderte US-Präsident John F. Kennedy in einer Fernsehansprache die UdSSR auf, die sowjetischen Raketen auf Kuba abzuziehen. Er kündigte eine Seeblockade rund um Kuba an: US-Kriegsschiffe und atomar bestückte Bomber sollten die Lieferung weiterer Atomwaffen verhindern. Die USA und die Sowjetunion steuerten auf einen direkten militärischen Konflikt zu, der bislang im „Kalten Krieg“ tunlichst vermieden worden war.

Was würde geschehen, wenn die sowjetischen Schiffe die Seeblockade der US-Marine in internationalem Gewässer ignorieren sollten? Was würde geschehen, wenn US-amerikanische Schiffe das Feuer eröffneten? Der sowjetische Staats- und Parteichef Nikita Chruschtschow protestierte zwar scharf gegen die US-amerikanische Seeblockade, die seiner Meinung nach klar gegen internationales Recht verstieß, ließ aber dennoch die sowjetischen Schiffe abdrehen. Doch weitere gefährliche Situationen folgten. So schossen sowjetische Luftabwehrraketen ein US-Aufklärungsflugzeug über Kuba ab. Kennedy verbot in diesem Fall einen Gegenschlag.

Sieg der amerikanisch-sowjetischen Diplomatie

Parallel dazu versuchten Kennedy und Chruschtschow, die Kuba-Krise in geheimen Verhandlungen zu entschärfen. Insgesamt 13 Tage stand die Welt dabei am Rand eines atomaren Weltkriegs. Die Krise konnte erst Ende Oktober 1962 beigelegt werden, als sich Chruschtschow bereiterklärte, die Atomraketen aus Kuba abzuziehen. Die USA bauten im Gegenzug wenig später ihre Atomraketen in der Türkei ab.

Die **Kuba-Krise** hatte allen Beteiligten gezeigt, dass schon ein nur zufälliges Missgeschick in diesem Machtpoker fatale Folgen hätte haben können: Ein zu spät eingetroffenes Telegramm oder ein versehentlich abgefeuerter Schuss hätten eine Gewaltspirale mit fatalem Ausgang in Gang gesetzt. Sprachlosigkeit, Feindschaft und eine militärische Politik der Stärke hatten zu dieser Situation geführt.

M3 Chronologie der Kuba-Krise

22. Oktober 1962: Kennedy gibt in einer Fernsehansprache bekannt, dass die UdSSR nach Erkenntnissen von US-Aufklärungsflugzeugen auf Kuba atomare Mittelstreckenraketen stationiert habe, welche die Sicherheit der USA bedrohten. Das solle unbedingt verhindert werden.

23. Oktober 1962: Kennedy trifft die Entscheidung, keinen Angriff auf Kuba zu befehlen, weil nicht zu erwarten ist, dass die dortigen Raketen durch einen Präventivschlag vollständig auszuschalten sind.

24. Oktober 1962: Kennedy befiehlt eine Seeblockade Kubas.

25. Oktober 1962: Kennedy befiehlt die Mobilisierung atomar bestückter B52-Bomber.

26. Oktober 1962: Chruschtschow versetzt die sowjetischen Atom-U-Boote in der Karibik in Alarmbereitschaft.

27. Oktober 1962: Chruschtschow befiehlt den auf dem Weg nach Kuba befindlichen Raketentransportschiffen, ihre Fahrt fortzusetzen, im Konfliktfall aber abzudrehen und in die Sowjetunion zurückzukehren.

28. Oktober 1962: Chruschtschow erklärt, die auf Kuba stationierten Raketen abzuziehen. Kennedy garantiert im Gegenzug, die sozialistische Gesellschaftsordnung auf Kuba zu tolerieren und Kuba auch künftig nicht anzugreifen. Er erklärt sich bereit, im Sommer 1963 die auf die Sowjetunion gerichteten US-Mittelstreckenraketen aus der Türkei abzuziehen.

M4 „Über der Gartenmauer/dem Gartenzaun"

Karikatur von Norman Mansbridge am 17. Oktober 1962 in der britischen Satirezeitschrift „Punch": Kennedy (li.) und Chruschtschow (re.) lesen beide dasselbe Garten-Buch mit dem Titel „Hinweise zum Zurückschneiden".

OVER THE GARDEN WALL

M5 Reichweiten

Die beiden Karten zeigen die Reichweite der sowjetischen Atomraketen auf Kuba (o.) und der amerikanischen Atomraketen in der Türkei (u.) im Jahr 1962. Die zwei Ringe in der oberen Karte zeigen die unterschiedlichen Reichweiten der beiden auf Kuba stationierten sowjetischen Raketentypen.

M6 Aufrechterhaltung des Friedens und der Sicherheit „mit allen etwa erforderlichen Mitteln“

Auf eine Rundfunk- und Fernsehansprache, in der sich John F. Kennedy erstmals nach Entdeckung sowjetischer Atomrakten auf Kuba äußerte (22. Oktober 1962), folgte seine Proklamation einer Waffensperre gegen Kuba („Quarantäne“-Proklamation) am 24. Oktober 1962:

[...] Angesichts der Tatsache, dass in einer vom amerikanischen Kongress verabschiedeten und am 3. Oktober gebilligten gemeinsamen Resolution erklärt wurde, dass die Vereinigten Staaten entschlossen sind, mit allen etwa erforderlichen Mitteln, einschließlich der Anwendung von Waffengewalt, das marxistisch-leninistische Regime auf Kuba daran zu hindern, durch Gewalt oder Gewaltdrohungen seine aggressiven oder umstürzlerischen Tätigkeiten auf andere Teile dieser Hemisphäre auszudehnen, und zu verhindern, dass in Kuba ein von außen unterstütztes militärisches Potenzial aufgebaut oder eingesetzt wird, das die Sicherheit der Vereinigten Staaten gefährdet, [...] und um zu verhindern, dass die Raketen mit offensiver Kapazität auf Kuba jemals eine aktive Bedrohung des Friedens und der Sicherheit des Kontinents werden: – proklamiere ich [...] hiermit, dass die unter meinem Befehl stehenden Streitkräfte angewiesen sind, [...] die Auslieferung von Offensivwaffen und hiermit in Verbindung stehendem Material an Kuba gemäß den in dieser Anordnung enthaltenen Anweisungen zu unterbinden [...].

(Zit. nach: Archiv der Gegenwart, Bonn/Wien/Zürich (Siegler & Co) 1962, S. 10197 f.)

M7 Ein „großer Sieg“ der UdSSR?

Chruschtschow schreibt in den nach seinem Tod 1971 im Westen, nicht jedoch in der UdSSR, veröffentlichten Memoiren:

Wir [das Präsidium der KPdSU] waren sicher, dass die Amerikaner sich niemals mit der Existenz von Castros Kuba abfinden würden. Sie fürchteten ebenso sehr, wie wir es hofften, dass ein sozialistisches Kuba möglicherweise ein Magnet werden würde, der den Sozialismus für andere lateinamerikanische Länder anziehend machte. [...] Wir waren verpflichtet, alles zu tun, was in unserer Macht stand, um Kubas Existenz als sozialistisches Land und als praktisches Beispiel für die anderen Länder Lateinamerikas zu schützen. Es war mir klar, dass wir Kuba sehr wohl verlieren könnten, falls wir nicht einige entscheidende Schritte zu seiner Verteidigung unternahmen. [...] Wir mussten ein greifbares und wirksames Abschreckungsmittel schaffen gegen eine amerikanische Einmischung in der Karibischen See. Aber was für eins?

Die logische Antwort waren Raketen. [...] Unsere Raketen [würden] das hergestellt haben, was der Westen gern das „Gleichgewicht der Kräfte“ nennt. Die Amerikaner hatten unser Land mit Militärstützpunkten umgeben und bedrohten uns mit nuklearen Waffen, und jetzt würden sie erfahren, wie einem zumute ist, wenn feindliche Raketen auf einen gerichtet sind [...].
Die beiden mächtigsten Nationen der Welt waren zum Kampf gegeneinander angetreten, jede mit dem Finger auf dem Knopf. Man hatte gedacht, dass ein Krieg unvermeidlich war. Aber beide Seiten zeigten, dass selbst die dringlichste Meinungsverschiedenheit durch einen Kompromiss gelöst werden kann, wenn der Wunsch, einen Krieg zu vermeiden, stark genug ist. [...] Doch war es ein großer Sieg für uns, dass wir in der Lage gewesen waren, Kennedy das Versprechen abzuringen, dass weder Amerika noch einer seiner Verbündeten Kuba angreifen werde. [...] Indem wir die Welt an den Rand eines Atomkrieges brachten, gewannen wir ein sozialistisches Kuba. [...]

(Zit. nach: Strobe Talbott (Hg.), Chruschtschow erinnert sich, ins Deutsche übertragen von Margaret Carroux u. a., Reinbek bei Hamburg (Rowohlt) 1971, S. 492 ff.)

M 8 „Das wahre Ausmaß der Gefahr“

Die Historiker Jürgen Heideking und Christof Mauch beschreiben rückblickend die Risiken während der Kuba-Krise (2008):

Tatsächlich war die Lage noch ernster, als sie dem Krisenstab im Weißen Haus damals erschien, denn die sowjetischen Truppen auf Kuba verfügten bereits über 36 einsatzbereite Atomsprengköpfe für die Raketen, die fast jeden Punkt in den USA hätten erreichen können. Der amerikanischen Aufklärung war ebenfalls entgangen, dass die Sowjets taktische Atombomben auf die Insel gebracht hatten, die gegen angreifende US-Truppen eingesetzt werden sollten. Erst dieses 1992 von den Russen gelüftete Geheimnis lässt das wahre Ausmaß der Gefahr erkennen, in der die Welt 30 Jahre zuvor geschwebt hatte. Wenn sich Kennedy, wie von mehreren militärischen und zivilen Beratern empfohlen, für die Bombardierung der Raketenstellungen oder für eine Invasion der Insel entschieden hätte, wäre ein atomarer Schlagabtausch mit der Sowjetunion wohl unvermeidlich gewesen. Stattdessen optierte Kennedy für die mildeste der vorgeschlagenen Maßnahmen, eine als „Quarantäne“ bezeichnete Seeblockade Kubas. Auch der Abschuss eines amerikanischen Düsenjägers durch die kubanische Luftabwehr verleitete ihn nicht zu weiter gehenden Schritten. In der aufs Äußerste gespannten Lage ließ der Präsident die Kontakte nach Moskau (die hauptsächlich über seinen Bruder und einen KGB-Agenten in Washington liefen) nicht abreißen.

(Jürgen Heideking/Christof Mauch, Geschichte der USA, Tübingen (A. Francke Verlag) 2008, S. 323)

Arbeitsanregungen

? „Wer zuerst schießt, stirbt als Zweiter.“ Tauschen Sie sich über die Gefahren des Kalten Kriegs aus. Stellen Sie Fragen.

1. Die Politik der Stärke

a) Stellen Sie dar, wie sich in den 1950er-Jahren die militärischen Kräfteverhältnisse zwischen Ost und West veränderten. (DT 1)

b) Überprüfen Sie, inwiefern die Grundlagen für eine militärische „Politik der Stärke“ am Ende der 1950er-Jahre immer noch gegeben waren. (DT 1)

2. Kubanische Revolution und Kuba-Krise

a) Erklären Sie, warum Kuba zu einem verbündeten Staat der UdSSR wurde. (DT 2 – 3, M 2)

b) Stellen Sie die Kuba-Krise dar. Gliedern Sie Ihre Darstellung nach Konfliktursache, Zielen der Akteure, Konfliktverlauf und Lösung. (DT 3 – 4, M 3, M 5 – M 7)

c) Beurteilen Sie, inwieweit die Gefahr einer Eskalation des Konfliktes und eines Atomkrieges gegeben war. (DT 3 – 4, M 3, M 8)

d) Bewerten Sie das Verhalten der beteiligten Akteure. Berücksichtigen Sie dabei mögliche Asymmetrien in den amerikanisch-sowjetischen Beziehungen. (DT 3 – 4, M 3 – M 7)

Stellen Sie den Verlauf der Kuba-Krise dar. (DT 3 – 4)

Diskutieren Sie, welche Schlüsse die politisch Verantwortlichen aus der Kuba-Krise für die Gestaltung der Zukunft ziehen könnten.

16. Fidel Castro und die Kubanische Revolution

Im 19. Jahrhundert entwickelte sich die spanische Kolonie Kuba zu einer Zuckermonokultur, zu deren weitaus wichtigstem Investor und Abnehmer die USA wurden. Seit Mitte des 19. Jahrhunderts kämpfte eine sozialrevolutionäre Bewegung für die Unabhängigkeit Kubas. Nach dem Spanisch-Amerikanischen Krieg 1898 an die USA abgetreten, blieb Kuba – trotz formaler Unabhängigkeit seit 1902 – unter amerikanischem Einfluss. Erst 1959 gelang Fidel Castro mit der Kubanischen Revolution ein Neubeginn.

M1 Fidel Castro im Alter von drei Jahren

Kindheit im „wilden Osten“

Fidel Castro wurde am 13.8.1926 als uneheliches Kind eines reichen Plantagenbesitzers und dessen Haushälterin im rückständigen Osten Kubas geboren. In Kuba waren US-amerikanische Konzerne stark vertreten und bestimmten Wirtschaft und Politik, dies galt vor allem für Castros Heimatregion. Fidel kannte selbst keine wirtschaftliche Not, doch von klein auf erlebte er die bittere Armut der Landbevölkerung.

M2 Niemals mehr werde ich es schaffen, aus meinem Gedächtnis die Bilder so vieler zerlumpter, barfüßiger, hungriger Menschen auszulöschen [...]. Und trotzdem existierte bei uns eine Oase, verglichen mit dem Leben der Arbeiter auf dem Großgrundbesitz der Yankees.

(Zit. nach: Frei Betto, Nachtgespräche mit Fidel, Freiburg/Schweiz (Genossenschaft Edition Exodus) ^{3}1987, S. 126)

Prägung durch die Jesuiten

1941 wechselte Castro auf Kubas renommierteste Schule, das Jesuitenkolleg Belén in Havanna. Dort glänzte er mit schulischen und sportlichen Spitzenleistungen. Die sozialkritischen Lehren der Jesuitenpadres prägten Castro. Er identifizierte sich stark mit dem kubanischen Nationalhelden José Martí (1853–1895), der in seinen Schriften den kubanischen Unabhängigkeitskampf propagierte.

Vom Armenanwalt zum Revolutionär

Nach exzellentem Schulabschluss studierte Castro ab 1945 u. a. Jura an der Universität Havanna, wo sein Weg in die Politik begann.

M3 Als ich achtzehn war, war ich ein politischer Analphabet. Da ich nicht aus einer Politiker-Familie stammte oder in einer politischen Atmosphäre groß wurde, wäre es unmöglich [...] gewesen, innerhalb einer relativ kurzen Zeit eine revolutionäre Rolle zu spielen, [...] hätte ich nicht eine besondere Berufung gehabt.

(Zit. nach: Volker Skierka, Fidel Castro – Eine Biographie, Berlin (Kindler) 2001, S. 35 f.)

Castro schloss sich einer nationalrevolutionären Partei an. Nach seiner Promotion 1950 vertrat er juristisch – gemäß seiner politischen Gesinnung – vor allem arme Klienten. Bevorzugt widmete er sich jedoch dem Kampf gegen die Regierung. Kurz vor den Parlamentswahlen 1952 durchkreuzte ein von den USA gedeckter Militärputsch durch General Fulgencio Batista Castros aussichtsreiche Präsidentschaftskandidatur. Nachdem ein erster Aufstandsversuch Castros 1953 fehlgeschlagen war, reagierte die Batista-Armee äußerst brutal: Revolutionäre wurden inhaftiert, gefoltert oder ermordet.

Sieg der Revolution

Auch Castro kam in Haft, wo er allerdings nach knapp zwei Jahren begnadigt wurde. In Mexiko organisierte er ab 1955 mit wenigen Anhängern, darunter sein Bruder Raúl und der argentinische Arzt Ernesto „Che“ Guevara, den Guerillakrieg gegen Batistas Militärdiktatur. Als sich der Sieg der Rebellen abzeichnete, flüchteten Angehörige der kubanischen Mittel- und Oberschicht in die USA. Mit der Flucht Batistas 1959 wurde Castro der mächtigste Mann Kubas.

M4 Fidel Castro und Ernesto „Che“ Guevara

Foto undatiert, vermutlich 1960er-Jahre

M 5 Fidel Castro 1959

Konsolidierung der Revolution

Auf den Sieg der Revolution folgte die Abrechnung mit dem entmachteten Batista-Regime: Beamte wurden entlassen, politische Gegner in Schnellverfahren verurteilt und teilweise sogar hingerichtet. Aus Sorge um die ideologische Ausrichtung der Revolution unterstützen die USA Exilkubaner bei Terror- und Sabotageakten. Castro kritisierte die USA in der Folge immer schärfer, so z. B. am 27. Oktober 1959 auf einer Massenkundgebung in Havanna:

M 6 Kuba hat gerade einen zwei Jahre dauernden Krieg überstanden, in dem seine Städte und Felder mit Bomben, Flugzeugen und Napalm aus Amerika angegriffen wurden. Tausende Bürger sind durch Waffen getötet worden, die aus den Vereinigten Staaten stammten. Das Mindeste, das wir erwarten können, nachdem wir die Söldnerarmeen zerschlagen und unser Volk aus der Tyrannei befreit haben, ist, dass unser Volk nicht länger von Stützpunkten auf US-amerikanischem Territorium aus bombardiert wird.

(Zit. nach: The University of Texas at Austin, eigene Übersetzung aus dem Englischen von Boris Hucker; http://lanic.utexas.edu/project/castro/db/1959/19591027.html; [08.11.2021])

Annäherung an die Sowjetunion

Die eilig verabschiedeten Revolutionsgesetze beinhalteten auch eine umfassende Landreform zur Verbesserung der Ernährungs- und Wirtschaftslage. Castro betonte rückblickend die einschneidende Wirkung der Agrarreform:

M 7 Es war das erste Gesetz, das einen wirklichen Bruch zwischen der Revolution und den reichsten und privilegiertesten Schichten des Landes zur Folge hatte. Auch den Bruch mit den Vereinigten Staaten und mit den multinationalen Konzernen, [...] die sich das Land einfach angeeignet oder sehr billig gekauft hatten. [...] Von diesem Gesetz wurde sogar das Land meiner eigenen Familie berührt [...]. Sie verlor die Hälfte des eigenen Landes und das gesamte gepachtete Land.

(Zit. nach: Frei Betto, a. a. O., S. 156 f.)

Mit der auf die Agrarreform folgenden Verstaatlichung von Banken, Industriebetrieben und Landwirtschaft verloren US-Konzerne Investitionen in Milliardenhöhe. In den USA wuchs angesichts dieser Maßnahmen die Angst vor einem kommunistischen Regime nur ca. 300 km von der Küste Floridas entfernt. Die USA verhängten daraufhin eine Handelssperre gegen Kuba. Auf diese Weise zur Suche nach einer neuen Schutzmacht gedrängt, näherte sich Kuba der Sowjetunion an, der die strategische Bedeutung der Insel in der Konfrontation des Kalten Kriegs bewusst war.

M 8 Autos in Havanna (2015)

Aufgrund der von den USA nach der Revolution verhängten Handelssperre stammten die einzigen amerikanischen Autos auf Kuba noch jahrzehntelang aus der Zeit der Batista-Diktatur, in der Kuba zum Spielfeld für US-amerikanische Wirtschaftsinteressen wurde.

Arbeitsanregungen

? Fidel Castro und Ernesto „Che" Guevara (M 4) wurden für viele Jugendliche in den USA und Westeuropa zu Helden. Stellen Sie Vermutungen darüber an, was die Menschen an ihnen fasziniert haben könnte.

a) Arbeiten Sie aus den Bildern- und Textelementen zentrale Stationen in Fidel Castros Leben heraus.

b) Erläutern Sie, mit welchen Mitteln Castro die Kubanische Revolution zum Erfolg führte.

c) Charakterisieren Sie Castros Politik im Kontext des Kalten Kriegs.

+ d) Beschreiben Sie die aktuelle wirtschaftliche und politische Situation Kubas. Recherchieren Sie dazu im Internet.

Bewerten Sie, inwieweit es gerechtfertigt ist, dass Castro von vielen Kubanern noch heute als Nationalheld verehrt wird.

17. Von der Konfrontation zur Entspannung im Kalten Krieg

Als die Sowjetunion im November 1962 begann, ihre Atomsprengköpfe aus Kuba abzuziehen, und die USA im Gegenzug die Seeblockade um die Insel lockerten, war vielen Menschen klar geworden, dass die Welt nur knapp einem Atomkrieg entronnen war. In der Folge vollzog sich ein Prozess der Annäherung der beiden Supermächte, in der internationalen Politik begann eine Phase der Entspannung.

M1 Heißer Draht, 1963
Der erste Fernschreiber des „Heißen Drahtes", der Direktverbindung vom Weißen Haus in den Kreml

M2 Chruschtschow und Kennedy 1961 in Wien
Sie kamen dort schon bei einem Gipfel-Treffen zusammen, aber erst die Kuba-Krise 1962 führte zu substanziellen Erfolgen in der Entspannung des Ost-West-Verhältnisses.

Auf dem Weg zur Entspannung

Sowohl der US-Präsident John F. Kennedy (1917 – 1963) als auch der sowjetische Regierungschef Nikita Chruschtschow (1894 – 1971) waren infolge der Kuba-Krise zu der Überzeugung gelangt, dass eine weitere Zuspitzung der Blockkonfrontation unkontrollierbare Folgen haben könnte und damit grundsätzlich nicht im Interesse ihrer nationalen Sicherheit lag. Beide Seiten konnten sich vergleichsweise schnell auf Maßnahmen einigen, die eine wechselseitige Kommunikation und vertragliche Bindungen etablierten: Bereits 1963 wurde eine direkte Fernschreiberverbindung zwischen dem Weißen Haus und dem Kreml eingerichtet, der sogenannte „Heiße Draht" („Hotline"), sodass in kritischen Fällen die beiden Regierungschefs direkt miteinander kommunizieren konnten. Im gleichen Jahr unterzeichneten beide Länder zwei Rüstungskontrollverträge, die den Rüstungswettlauf bremsen sollten und Kernwaffentests in der Luft, auf der Erde und unter Wasser verboten. Auch wenn damit weiterhin unterirdische Tests möglich waren und die beiden Atommächte Frankreich und China nicht unterzeichneten, können diese Verträge als erster Schritt auf dem Weg zur Entspannung beurteilt werden. Auch auf einem dritten Gebiet, nämlich in der Deutschland-Frage, hielten beide Supermächte am Status quo fest: Die USA tolerierten den Mauerbau in Berlin, andererseits garantierte die Sowjetunion die Existenz Berlins als Ganzes.
Kennedys „Strategie für den Frieden", die auch als **„Kennedy-Impuls"** bezeichnet wurde, weil sie die programmatische Grundlage der US-Außenpolitik bildete, blieb auch erhalten, als der Präsident im November 1963 einem Attentat zum Opfer fiel. Auch Chruschtschow vertrat eine Politik der **„friedlichen Koexistenz"**, die von einer Systemkonkurrenz ohne direkte militärische Konfrontation ausging. Dem chinesischen Staatschef Mao Zedong, der diese Haltung kritisierte und auf eine Fortsetzung des antiimperialistischen Kampfes drängte, antwortete er: „Die Atombombe kennt keine Klassenunterschiede".

Heißer Krieg an der Peripherie: Der Vietnamkrieg

Kriege in Asien oder Afrika wurden als **„Stellvertreterkriege"** geführt, in denen die beiden Supermächte nicht direkt aufeinandertrafen. Ein solcher Krieg war der Vietnamkrieg. Der heutige Staat Vietnam war nach dem Abzug der französischen Kolonialtruppen aus Indochina 1954 entlang des 17. Breitengrades in zwei Teile geteilt worden: einen nördlichen unter der Herrschaft des Kommunisten Ho Chi Minh, der von China und der Sowjet-

M 3 Vietnamkrieg

Südvietnamesiche Soldaten und US-Kriegsberichterstatter folgen fliehenden Kindern auf einer Landstraße bei Trang Bang (Südvietnam) nach einem Napalmangriff.

union gestützt wurde, sowie einen südlichen unter der autoritären Herrschaft des Ngo Dinh Diem, unterstützt von den USA. Als die Kriegshandlungen zwischen südvietnamesischem Militär und kommunistischen Guerillas, den sogenannten Vietcong, zunahmen, griffen die USA auch militärisch ein, da sie die Ausbreitung des Kommunismus in ganz Südostasien befürchteten (Domino-Theorie). Hatte Kennedy zunächst 20 000 „Militärberater" geschickt, stockte sein Nachfolger Johnson die Truppen 1965 auf 500 000 Mann auf. Es begann ein für beide Seiten verlustreicher Bodenkrieg zwischen den waffentechnisch überlegenen US-Truppen, die auch Städte in Nordvietnam, Laos und Kambodscha bombardierten, und den geschickt und in kleinen Einheiten im Gelände des Dschungels operierenden Vietcong. Als die Proteste gegen den Vietnamkrieg in den USA immer lauter wurden, musste die US-Regierung auf einen Abzug ihrer Truppen hinarbeiten. Der Abzug erfolgte 1973 und endete mit einer Niederlage der USA. 1975 endete der Vietnamkrieg mit der Eroberung der südvietnamesischen Hauptstadt Saigon durch nordvietnamesische Truppen. Seitdem ist das wiedervereinigte Land eine kommunistische Diktatur.

Die Sowjetunion als Imperium: Breschnew-Doktrin und Prager Frühling 1968

In der Sowjetunion änderte sich nach der Ablösung Chruschtschows durch Leonid Breschnew 1964 der politische Kurs, insbesondere gegenüber den osteuropäischen Staaten. Hatten diese noch bis 1968 gehofft, einen ihrer nationalen Tradition angepassten Reformkommunismus unabhängig von der Sowjetunion entwickeln zu können, wurden sie von dieser 1968 eines Besseren belehrt. Nach dem Einmarsch von Warschauer-Pakt-Truppen in die Tschechoslowakei, die einen eigenen Weg zum Sozialismus hatte einschlagen wollen, erklärte Breschnew gegenüber allen osteuropäischen Staaten 1968 die Doktrin der begrenzten Souveränität der Ostblockstaaten (Breschnew-Doktrin). Die Sowjetunion beanspruchte das Recht, auch militärisch einzugreifen, wenn sie in Ländern ihres Machtbereichs den Sozialismus in Gefahr sah. Die Entspannung und damit die Abgrenzung der Interessensphären zwischen Ost und West hatte also nicht zu einer Liberalisierung innerhalb des Ostblocks geführt.

Entspannung in kleinen Schritten

Nachdem das Jahr 1968 in Ost und West die Unzufriedenheit der Nachkriegsgeneration mit dem politischen „Establishment" gezeigt hatte (vgl. S. 62–85), brachen in den Folgejahren auch auf außenpolitischer Ebene Verkrustungen auf. In den USA begann mit dem neuen Sicherheitsberater Henry Kissinger (geb. 1923) seit 1969 ein Politikwechsel hin zu mehr multilateralen Vereinbarungen. Die Sowjetunion hatte ebenfalls ein großes Interesse, ihre mittlerweile erreichte nukleare Parität mit den USA vertraglich festzuschreiben und wirtschaftliche Beziehungen aufzubauen, die auch den Technologietransfer ermöglichten. Aber auch die Militärbündnisse veränderten ihre Strategien in ähnlicher Richtung: NATO und Warschauer Pakt definierten Sicherheit jetzt nicht mehr nur über militärische Abschreckung, sondern auch über gegenseitige politische Vereinbarungen. Es begann eine „Ära der Verhandlungen".

Ein erster Schritt war 1972 die Unterzeichnung des SALT-Vertrages zur Begrenzung der interkontinentalen Offensivraketen und der Raketenabwehrsysteme auf beiden Seiten. Damit konnte der Rüstungswettlauf gestoppt und eine gewisse Vertrauensbasis zwischen den Supermächten hergestellt werden. Weitere Abkommen zur Verbesserung des „Heißen Drahtes" und zur Konfliktvermeidung folgten. Gleichzeitig bewirkte die „Neue Ostpolitik" der sozialliberalen Regierung Brandt in Deutschland eine Entspannung zwischen den beiden deutschen Staaten BRD und DDR, was wiederum die Vertrauensbildung zwischen den Blöcken stärkte und die nach dem Mauerbau 1961 eingetretene Eiszeit in der deutschen Frage international aufbrach.

Dialog und Vertrauensbildung: Die Konferenz für Sicherheit und Zusammenarbeit in Europa

Der zweite und weitaus wichtigere Schritt war die Einberufung der Konferenz für Sicherheit und Zusammenarbeit in Europa (KSZE), die von 1972–1975 im finnischen Helsinki tagte. Hier verständigten sich Regierungschefs von 35 Staaten aus dem westlichen Bündnissystem und dem Ostblock auf wesentliche Grundsätze zukünftiger Zusammenarbeit und hielten diese in einer Schlussakte zwar unverbindlich, aber öffentlich fest. Dazu gehörten die Unverletzlichkeit der Grenzen in Europa und der Verzicht auf Androhung und Anwendung von Gewalt. Damit hatte der Westen faktisch den 1945 geschaffenen Status quo in Europa anerkannt und der Osten auf weitere Expansion verzichtet. Zudem sollte die europäische Sicherheit durch wirtschaftlichen und wissenschaftlichen Austausch verstärkt werden. Auch dahinter stand die Überlegung, dass durch wechselseitige Abhängigkeit (Interdependenz) ein Konflikt unwahrscheinlicher würde. Und schließlich verpflichteten sich alle Unterzeichner auf die Einhaltung von „Menschenrechten und Grundfreiheiten" einschließlich der Gewährung von Gedankenfreiheit und Freizügigkeit. Obwohl sich die Ostblockstaaten nur bedingt an diese Abmachung hielten, konnten sich gerade zivilgesellschaftliche Bewegungen in diesen Staaten auf die Schlussakte von Helsinki berufen (vgl. S. 126 f.).

M4 KSZE-Konferenz im Helsinki
Rede des US-Präsidenten Ford vor Vertretern von 35 Staaten aus Europa und Nordamerika im Rahmen der KSZE 1975 in Helsinki

Aus heutiger Sicht werden die Jahre von 1968 bis etwa 1975 als Phase der Entspannung im Kalten Krieg bezeichnet, wobei der **Helsinki-Prozess** als Wendepunkt des Kalten Krieges gedeutet wird. Dennoch ging das Wettrüsten weiter, insbesondere die technische Weiterentwicklung und Optimierung von Sprengköpfen und Raketentechnik wurden fortgesetzt. Ebenso bauten beide Supermächte ihre geheimdienstlichen Aktivitäten aus und intervenierten mit diesen Mitteln in Konflikten auf der ganzen Welt. Auch in der Phase des Helsinki-Prozesses bestand also eine Gleichzeitigkeit von Entspannung und Rivalität.

Erst mit der „Charta von Paris für ein neues Europa“ begann 1990 im Rahmen des Helsinki-Prozesses der Aufbau permanenter Institutionen zur kontinuierlichen Kooperation und Friedenssicherung. In der Folge dieses Institutionalisierungsprozesses wurde die KSZE 1995 zur „Organisation für Sicherheit und Zusammenarbeit in Europa“ (OSZE) umbenannt. Seitdem ist sie mit ihren 57 Teilnehmern die einzige sicherheitspolitische Organisation, in der alle europäischen Länder, die Nachfolgestaaten der Sowjetunion, die USA und Kanada vertreten sind.

M5 „Ein Jahr nach Helsinki: Prosit – auf weitere Erfolge!“

Karikatur von Fritz J. Behrendt (1976)

M6 Vereinbarungen zur Rüstungskontrolle

1972 SALT I Vertrag („Strategic Arms Limitation Talks“):
Begrenzung der Gesamtzahl von strategischen Atomwaffen (interkontinentale Offensivraketen)

1979 SALT II Vertrag:
Begrenzung der Mittelstreckenraketen (2021 als New-START-Vertrag erneut fortgesetzt)

1973 – 1989 MBFR-Verhandlungen („Mutual Balanced Force Reduction“):
Verhandlungen zur Begrenzung konventioneller Waffen, 1989 erfolglos

1972 ABM-Vertrag („Anti-Ballistic Missile Treaty“):
Begrenzung der Raketenabwehrsysteme (seit 2002 ausgesetzt)

M7 Der Helsinki-Prozess: von der KSZE zur OSZE

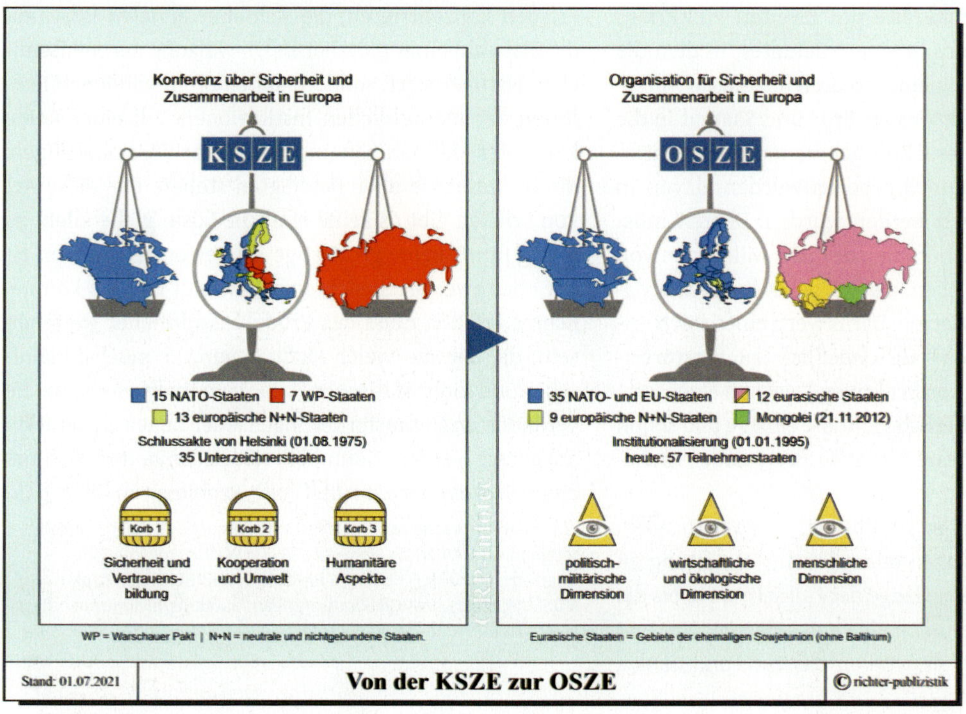

M 8 Strategie für den Frieden

Aus der Rede des US-Präsidenten John F. Kennedy an der Universität Washington, 10. Juni 1963:

Aus diesem Grund habe ich mich entschieden, jetzt und hier über ein Thema zu sprechen, bei dem man zu oft auf Unwissenheit stößt und bei dem die Wahrheit zu selten erkannt wird, obwohl es sich bei ihm um das wichtigste Thema auf der ganzen Welt handelt: den Weltfrieden.

Welche Art von Frieden meine ich? Nach welcher Art von Frieden streben wir? Nicht nach einer Pax Americana [lat. = amerikanischer Friede], die der Welt durch amerikanische Kriegswaffen aufgezwungen wird. Auch geht es nicht um den Frieden des Grabes oder um die Sicherheit der Sklaven. Ich spreche von echtem Frieden, von der Art Frieden, die das Leben auf der Erde lebenswert macht, von der Art Frieden, durch die Menschen und Nationen wachsen, hoffen und für ihre Kinder die Grundlage einer besseren Zukunft legen können. Ich spreche nicht nur von Frieden für Amerikaner, sondern von Frieden für alle Männer und Frauen. Auch geht es nicht nur darum, dass in unserer Zeit Frieden herrscht, sondern für alle Zeiten.

Ich spreche von Frieden, weil sich das Gesicht des Krieges verändert hat. Totaler Krieg ist in einem Zeitalter sinnlos, in dem Großmächte viele und relativ unbezwingbare Atomwaffen unterhalten können und sich weigern, ohne Einsatz dieser Waffen zu kapitulieren. Er ist sinnlos in einem Zeitalter, in dem die Explosion einer einzigen Atomwaffe nahezu zehnmal so stark ausfällt wie die Waffen aller alliierten Luftstreitkräfte des Zweiten Weltkriegs zusammen. Er ist sinnlos in einem Zeitalter, in dem die tödlichen Gifte, die bei einem atomaren Austausch freigesetzt werden, mit Wind, Wasser, Erde und Saatgut in die entlegensten Winkel dieser Erde gebracht und Generationen, die noch nicht einmal geboren wurden, davon in Mitleidenschaft gezogen werden würden. Derzeit müssen wir zur Friedenssicherung jedes Jahr Milliarden von Dollar für Waffen ausgeben, die nur gekauft werden, damit wir sie niemals einsetzen. Der Erwerb eines solch ungenutzten Arsenals, das ausschließlich zu zerstörerischen, nicht jedoch zu konstruktiven Zwecken eingesetzt werden könnte, ist sicherlich nicht die einzige und schon gar nicht die effizienteste Methode der Friedenssicherung. [...]

So mancher sagt, dass es sinnlos sei, von Weltfrieden, weltweit gültigen Gesetzen oder globaler Abrüstung zu sprechen, und dass dies so lange der Fall sein wird, bis die Machthaber der Sowjetunion eine aufgeklärtere Haltung einnehmen. Ich hoffe, sie werden das tun, und denke, dass wir sie dabei unterstützen können. Ich denke aber auch, dass wir unsere eigene Haltung als Einzelne und als Nation erneut hinterfragen sollten, da sie eine genauso wichtige Rolle spielt wie die der Sowjetunion. Jeder Absolvent dieser Hochschule und jeder gewissenhafte Bürger, der Krieg ablehnt und Frieden herbeisehnt, sollte damit beginnen, nach innen zu blicken, indem er überlegt, welche Einstellung er in Bezug auf die Möglichkeit des Friedens, die Sowjetunion, den Verlauf des Kalten Krieges und Freiheit und Frieden hier im eigenen Land vertritt. [...]

Lassen Sie uns überlegen, wie wir zum Frieden an sich stehen. Zu viele Menschen unter uns glauben, dass es nicht möglich sei, in Frieden zu leben. Zu viele denken, dass dies unrealistisch sei. Dies ist jedoch eine gefährliche, defätistische Ansicht. Sie führt zu der Schlussfolgerung, dass Krieg unvermeidbar ist und dass die Menschheit dem Schicksal verfallen ist und von Kräften geleitet wird, die sie nicht kontrollieren kann. Wir brauchen diese Ansicht nicht zu akzeptieren. [...]

Ich beziehe mich hier nicht auf das absolute, grenzenlose Konzept von Frieden und Wohlwollen, von dem einige phantasieren und Fanatiker träumen. Ich möchte gar nicht leugnen, wie wichtig Hoffnungen und Träume sind, aber wir rufen lediglich Enttäuschung und Unglaubwürdigkeit hervor, wenn wir dieses Konzept zu unserem einzigen, unmittelbaren Ziel machen.

Wir sollten uns stattdessen auf eine praktischere Art von Frieden konzentrieren, die sich eher erzielen lässt und die nicht auf einer plötzlichen Umwälzung der menschlichen Natur basiert, sondern auf einer allmählichen Evolution der menschlichen Institutionen, auf einer Reihe konkreter Maßnahmen und wirksamer Vereinbarungen, die im Interesse aller Beteiligten stehen. Für diese Art von Frieden gibt es keine einfache Lösung, die allein zu Erfolg führt, keine großartige Zauberformel, die von einer oder zwei Großmächten angewandt werden könnte. Echter Frieden muss das Produkt zahlreicher Nationen sein, die Summe vieler Maßnahmen. Er muss dynamischer und nicht statischer Natur sein und er muss an die veränderten Herausforderungen jeder neuen Generation angepasst werden. Denn bei Frieden handelt es sich um einen Prozess, um eine Methode, Probleme zu lösen [...].

(Zit. nach: Ansprache von Präsident John F. Kennedy bei der Eröffnungszeremonie der American University 1963 in Washington, offizielle Übersetzung: JOHN F. KENNEDY PRÄSIDENTENBIBLIOTHEK UND MUSEUM; https://www.jfklibrary.org/learn/about-jfk/historic-speeches/american-university-commencement-address [24.11.2021])

M 9 Entwicklung der Atomsprengköpfe in den USA und der UdSSR

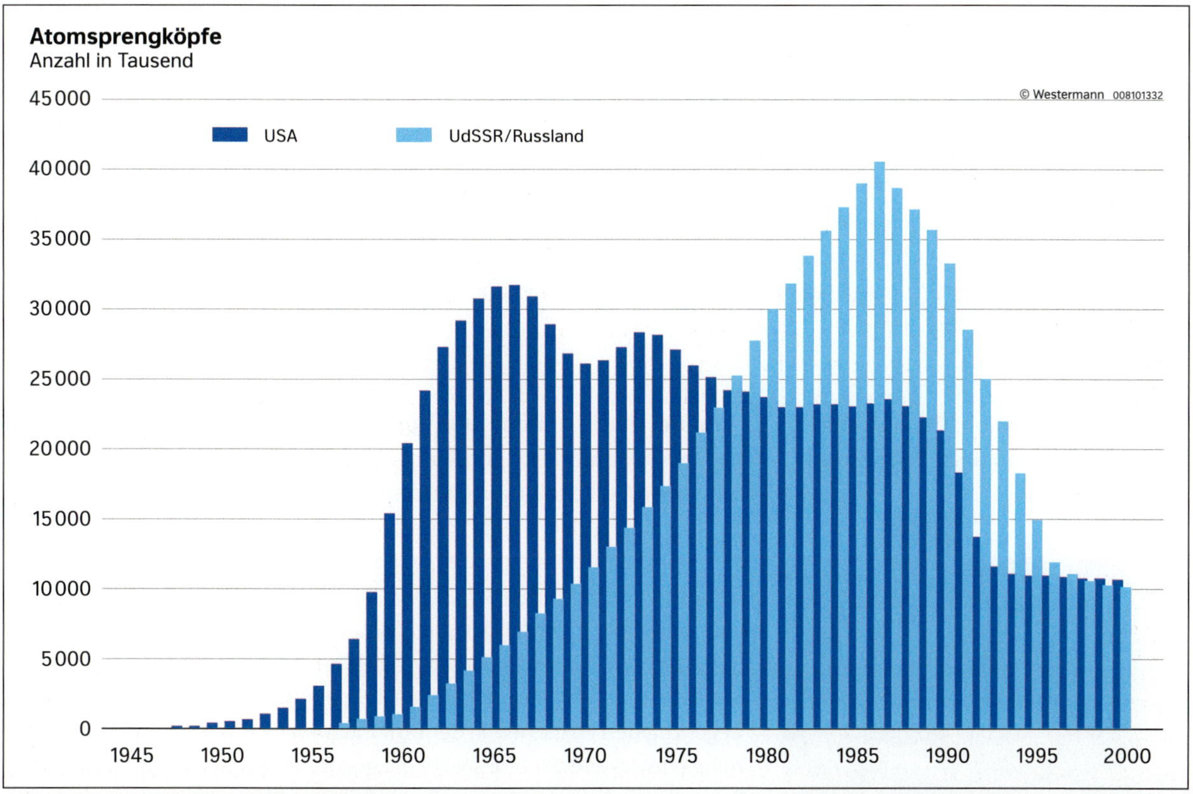

(Quelle: Bulletin der Atomwissenschaftler, 2002)

Arbeitsanregungen

? Betrachten Sie M 1. Stellen Sie Vermutungen auf, wie es zwischen den beiden Supermächten zu einer Entspannung kommen konnte.

1. Auf dem Weg zur Entspannung

a) Analysieren Sie M 8. Beachten Sie dabei die Vorgehensweise auf S. 250 f.. Für die Einordnung in den historischen Kontext lesen Sie DT 1.

b) Erklären Sie das jeweilige Interesse der USA und der Sowjetunion an der Entspannungspolitik. (DT 1, M 8)

Stellen Sie die Ursachen für den Übergang von der Konfrontation zur Entspannung dar. (DT 1)

2. Im Schatten der Entspannungspolitik

a) Erklären Sie am Beispiel des Vietnamkriegs den Begriff „Stellvertreterkrieg". (DT 2)

b) Beurteilen Sie, inwiefern der Vietnamkrieg einen Bruch mit dem „Kennedy-Impuls" darstellt. (DT 1 – 2, M 3)

c) Erklären Sie am Beispiel des Prager Frühlings und der Breschnew-Doktrin den Begriff „Imperium" für die UdSSR. (DT 3)

d) Erörtern Sie, ob die Breschnew-Doktrin zur Stabilität des Ostblocks beigetragen hat. (DT 3)

3. Die Konferenz für Sicherheit und Zusammenarbeit in Europa

a) Stellen Sie wesentliche Etappen der „Ära der Entspannung" und des Helsinki-Prozesses in einem Schaubild dar. (DT 4, M 7)

b) Beurteilen Sie, inwieweit man 1975 von einem nahen Ende des Kalten Krieges ausgehen konnte. (DT 4, M 5 – M 6, M 9).

Ist zwischen rivalisierenden Staaten mit unvereinbaren Werten und Interessen Verständigung möglich? Diskutieren Sie über die Rolle von multilateralen Organisationen wie der UNO oder der OSZE an einem aktuellen Beispiel.

18. Modell Deutschland? – Der Modernisierungsschub in der sozialliberalen Ära

Mit Spannung blickte die Welt 1972 auf Deutschland, genauer auf München, den Austragungsort der Olympischen Spiele. Diese fanden zum ersten Mal seit den von den Nationalsozialisten inszenierten Spielen 1936 wieder auf deutschem Boden statt. Wie würde sich die BRD präsentieren? Das Ausland war erstaunt: Statt Militärmusik spielte ein Swing-Orchester und ein weltoffener Olympiapark mit modernem Stadion und gefälligen Anlagen empfing die Besucher. Viele deuteten diese Anlage als Ikone des neuen Deutschland der sozialliberalen Ära: modern, zivil, weltoffen und liberal.

M1 Blick ins Stadion: Olympische Spiele 1936 (oben) und 1972 (unten)

M2 Staatsbesuch in der Sowjetunion
v. l.: Breschnew, Brandt und Bahr 1971 auf der Krim

„Wandel durch Annäherung" und die „Neue Ostpolitik"

Kennedys „Strategie für den Frieden" (s. S. 102) hatte gezeigt, dass die USA zum einen Verhandlungen mit dem Ostblock für notwendig hielten und dass sie zum anderen nicht mehr bereit waren, die nukleare Entspannung für eine Lösung der deutschen Frage einzutauschen. Wollte man auf dem Gebiet der deutsch-deutschen Beziehungen Fortschritte erzielen, konnte man also nicht mehr nur auf die Position der Stärke vertrauen, und so bot bereits Bundeskanzler Adenauer der UdSSR 1962 eine Anerkennung des Status quo an, d. h. der deutschen Teilung und des Mauerbaus, wenn im Gegenzug den Menschen in der DDR mehr Freiheit gewährt würde. Gleichzeitig entwickelte der SPD-Politiker Egon Bahr, später Staatssekretär in der Regierung Brandt, 1963 ein außenpolitisches Programm, das noch deutlicher auf einen Bruch mit der bisherigen außenpolitischen Position der Bundesregierung zielte: Er nannte es „Wandel durch Annäherung".
So sollte zunächst auf die Hallstein-Doktrin verzichtet werden, wonach die BRD die diplomatischen Beziehungen mit den Ländern abbrach, die die DDR als Staat anerkannten. Hierin zeigte sich bereits die Bereitschaft, der DDR einen staatlichen Charakter zuzugestehen, was bisher strikt abgelehnt worden war, bezeichnete man doch die DDR weiterhin als „Ostzone". Daneben wollte man zweitens vor allem dem Ostblock versichern, dass die Grenzen, wie sie seit 1945 de facto bestanden – auch wenn es noch keinen abschließenden Friedensvertrag gab – nicht mit Gewalt verändert werden dürften. Dieses Zugeständnis der Unverletzlichkeit der Grenzen sollte drittens begleitet werden von einem zunehmenden wirtschaftlichen Austausch zwischen Ost und West, und zwar insbesondere mit der Sowjetunion. Durch diese zunächst einseitigen Zugeständnisse in „homöopathischen Dosen" erhoffte sich Bahr ein Entgegenkommen der UdSSR in den alltäglichen Beziehungen zwischen Ost- und West-Berlin sowie zwischen der BRD und der DDR insgesamt.
Mit dem Amtsantritt der sozialliberalen Regierung von Willy Brandt wurde dieses Programm ab 1969 schrittweise in die Tat umgesetzt, wobei insbesondere die UdSSR und die USA im Zuge der internationalen Entspannung diese **Neue Ostpolitik** der BRD unterstützten. In den Verträgen von Moskau (1970), Warschau (1970) und dem Grundlagenvertrag mit der DDR (1972) wurden das Prinzip des Gewaltverzichts festgeschrieben und die europäischen Grenzen seit 1945 de facto anerkannt, insbesondere die Grenze zwi-

schen BRD und DDR sowie die Oder-Neiße-Grenze zu Polen. BRD und DDR erkannten sich faktisch gegenseitig an. Damit verzichtete die BRD auf ihren seit 1949 geäußerten Anspruch, einzig legitimierte Vertretung des ganzen deutschen Volkes zu sein. Gleichzeitig wurden mit dem Vier-Mächte-Abkommen über Berlin (1971) die faktische Zugehörigkeit West-Berlins zur BRD sowie Transit-Erleichterungen in die Stadt festgeschrieben.
Für die sozialliberale Regierung Brandt war dies, wie Brandt selbst sagte, die einzige Möglichkeit, ein „Auseinanderleben der deutschen Nation“ zu verhindern und von einem „Nebeneinander zu einem Miteinander“ zu gelangen.
Ganz anders fiel die Reaktion vonseiten der CDU-Opposition und der Verbände der „Heimatvertriebenen“ aus: Letztere warfen dem „Verräter Brandt“ einen Ausverkauf der deutschen Interessen im Osten vor, für die CDU war der Grundlagenvertrag schlicht ein „Teilungsvertrag“ und damit Verrat am Ziel der deutschen Wiedervereinigung. Als die bayerische CSU-Staatsregierung diesen vor dem Bundesverfassungsgericht infrage stellte, wies das Gericht zwar die Klage ab, verpflichtete aber die Bundesregierung dazu, auch in Zukunft das Wiedervereinigungsgebot des Grundgesetzes umzusetzen und von nur einer, nicht zwei deutschen Staatsangehörigkeiten auszugehen. Als die sozialliberale Regierung nach einem knapp gescheiterten Misstrauensvotum 1972 Neuwahlen ansetzte, wurde sie von den Wählern mehrheitlich bestätigt. Die SPD wurde mit 45,9 % sogar zum ersten Mal stärkste Partei in der BRD.

M 3 Proteste der Vertriebenenverbände gegen die Ostverträge 1972 in Bonn

„Mehr Demokratie wagen“ – Die innenpolitischen Reformen der sozialliberalen Regierung Brandt

Auch in der Innenpolitik verstand sich die Regierung Brandt als Reformregierung, die Demokratie nicht nur auf der Ebene der staatlichen Institutionen, sondern auch der Gesellschaft verwirklichen wollte („**Mehr Demokratie wagen**“). „Wir stehen nicht am Ende unserer Demokratie, wir fangen erst richtig an“, sagte Brandt 1969 in seiner Regierungserklärung. Die Reformvorhaben erstreckten sich auf den Bereich der sozialen Sicherheit, der Frauenpolitik, der Bildung und der betrieblichen Mitbestimmung. Damit sollte die deutsche Gesellschaft an die Anforderungen des beginnenden Strukturwandels in den Industriestaaten und veränderte Moralvorstellungen angepasst, also modernisiert werden. Die Prinzipien der Chancengleichheit und des sozialen Ausgleichs sollten in die bestehende liberale Ordnung integriert, bestehende Hierarchien abgebaut werden. Folgende Reformen wurden beschlossen:

- *Reform des Strafrechts:* An die Stelle der bloßen Vergeltung und Sühne wurde nun auch das Prinzip der Resozialisierung bei Straftätern eingeführt, Zuchthäuser als besondere Gefängnisse mit verschärften Haftbedingungen wurden generell abgeschafft; das Demonstrationsrecht wurde aufgewertet, indem die Teilnahme an einer gewalttätigen Demonstration nicht mehr automatisch alle Beteiligten zu Straftätern machte.
- *Das Recht auf Abtreibung:* In einem über mehrere Jahre ausgetragenen politischen Streit zwischen Regierung und Opposition wurde schließlich 1977 der den Schwangerschaftsabbruch unter Strafe stellende § 218 StGB eingeschränkt, indem innerhalb der ersten drei Monate bei entsprechender Indikation eine Abtreibung straffrei wurde. Die Frauenbewegung war damit nicht zufrieden.
- *Ehe und Familie:* Die Rechte von Jugendlichen wurden gestärkt, das Wahlalter von 21 auf 18 Jahre herabgesetzt. Im Familienrecht führte die sozialliberale Koaltion Reformen der 1960er-Jahre fort. Bei Scheidungen, in der Haushaltsführung, im Namensrecht und beim Recht auf Berufstätigkeit wurde die Frau dem Mann gleichgestellt.
- *Reform der Sozialversicherungen:* Lohnfortzahlung im Krankheitsfall für sechs Wochen, Einführung von Mindestrenten und Erhöhung des Rentenniveaus.

M 4a/b Wahlplakate zur Bundestagswahl 1969
Plakate des Bundeskanzlers Kurt-Georg Kiesinger (CDU) und seines Herausforderers Willy Brandt (SPD)

- *Betriebliche Mitbestimmung:* Die Rolle der Betriebsräte und Gewerkschaften im Unternehmen wurde per Gesetz aufgewertet. Sie konnten von nun an bei Fragen der Arbeitszeit, der Fürsorge oder der Entlassung mitreden und Sozialpläne einfordern. Bei Großunternehmen galt eine Parität von Unternehmervertretern und Angestellten/Arbeiter-Vertretern im Aufsichtsrat.
- *Bildungsreform:* Das hergebrachte Bildungsgefälle zwischen Arm und Reich bzw. Stadt und Land sollte durch eine Reform der Gymnasien und neue Studiengänge verringert werden, ebenso erhielten Kinder aus einkommensschwachen Familien Fördergelder (BAföG). Dazu wurden der Wechsel zwischen den Schularten und der Hochschulzugang erleichtert. Die Bildungsformen beschleunigten daher einen allgemeinen Trend: Die „Abiturientenquote" stieg zwischen 1950 und 1970 von 5 % auf 18 %, die Bildungsausgaben verdoppelten sich zwischen 1972 und 1975 auf 56 Milliarden Euro. Auch die Zahl der Studierenden stieg zwischen 1965 und 1975 von knapp 400 000 auf über 800 000.

M 5 Bildungsexpansion 1952 – 2012

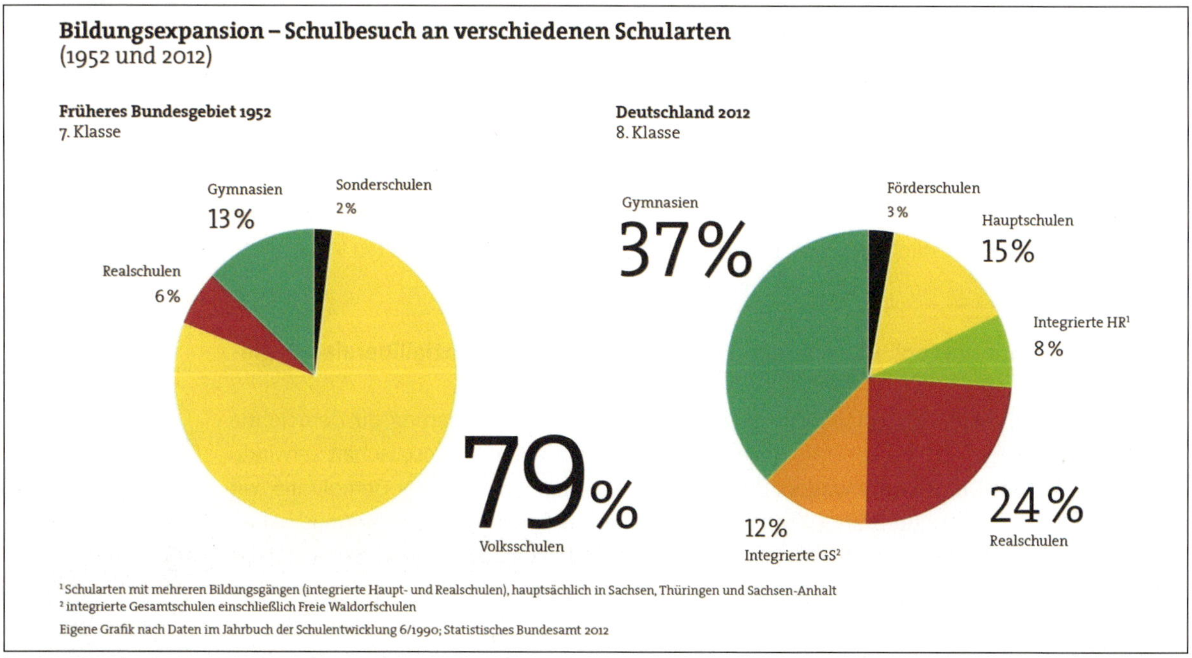

(Nach: Rainer Geißler, Bildungsexpansion und Bildungschancen; in: Informationen zur politischen Bildung, Sozialer Wandel in Deutschland, Bonn (bpb), 16.12.2014)

M 6 Plakatkampagne der SPD zur Bundestagswahl 1972

In der zeitgenössischen Bewertung fanden die Reformen erwartungsgemäß unterschiedliche Resonanz. Während die gemäßigten Teile der Studentenbewegung sich der SPD und Willy Brandt als neuem Hoffnungsträger anschlossen, organisierten die Unternehmerverbände gemeinsam mit der CDU Kampagnen gegen den „Neomarxismus" der Bundesregierung. Obwohl die Reformen im Strudel des zunehmenden Abschmelzens der traditionellen Arbeitsplätze in der Industrie, vor allem im Textil-, Kohle- und Stahlsektor, an die Grenzen ihrer Finanzierbarkeit gerieten, schufen sie Aufstiegsmöglichkeiten für viele Kinder aus Arbeiter- und Angestelltenfamilien in akademische Berufe. Wie auch schon in der Außenpolitik können die innenpolitischen Reformen der sozialliberalen Ära daher auch als Modell für den Ausbau des Wohlfahrtsstaates in Westeuropa betrachtet werden.

Bilanz der sozialliberalen Ära

Der auf Willy Brandt folgende Bundeskanzler Helmut Schmidt trat ab 1974 mit einem klaren Bekenntnis zu Nüchternheit und Pragmatismus an. In seine Regierungszeit fiel das Ende des Nachkriegsbooms: stagnierendes Wachstum, Staatsverschuldung, Strukturwandel und strukturelle Arbeitslosigkeit sowie die Frage nach der Finanzierbarkeit des Sozialstaats prägten seine Regierungszeit. Reformen wurden daher nicht weitergeführt, teilweise sogar revidiert. Stattdessen versuchte man, den rasanten Strukturwandel im Ruhrgebiet und anderen Industriezentren durch staatliche Subventionen abzufedern.

Auf der einen Seite ist also festzuhalten, dass die Reformpolitik, eingeführt zu einem Zeitpunkt der Vollbeschäftigung, die öffentlichen Ausgaben geradezu explodieren ließ: Allein zwischen 1969 und 1974 stiegen diese um 63 %, der Anteil der Staatsausgaben am Bruttoinlandsprodukt wuchs von 30 % auf 50 % an. Dieser Modernisierungspfad konnte in einer Zeit des wirtschaftlichen Schwierigkeiten nicht aufrechterhalten werden.

Auf der anderen Seite ist festzuhalten, dass der sozialliberale Politikwechsel als wichtige Etappe auf dem Weg zur inneren Demokratisierung der BRD betrachtet werden muss. Der Wechsel von Regierung und Opposition hatte ohne Staatskrise funktioniert, Partizipationswünsche der Studentenbewegung waren in die Gesetzgebung aufgenommen worden und die innerdeutschen Beziehungen hatten sich entspannt. Die Vorstellung, dass Grenzänderungen nicht mehr einseitig gefordert oder durchgesetzt werden durften, wie es in den Ostverträgen festgehalten war, wurde sogar zum Modell für die Beschlüsse der KSZE 1975, ebenso wie der deutsche Sozialstaat in Europa Modellcharakter erlangte. Nicht zufällig gewann die SPD die Bundestagswahl 1976 mit der Parole „Modell Deutschland“.

M 7 Verträge der Neuen Ostpolitik 1970–1972

a) Moskauer Vertrag zwischen der BRD und der UdSSR 7.8.1970: Gewaltverzicht, Anerkennung der Unverletzlichkeit[1] der Grenze zwischen BRD und DDR sowie der Oder-Neiße-Grenze zu Polen. Daneben kam es zu einem Handelsvertrag deutscher Firmen mit der UdSSR, wonach die westdeutsche Stahlindustrie Gasrohre im Gegenzug zu Erdgaslieferungen der UdSSR zusagte.

b) Warschauer Vertrag zwischen der BRD und der Volksrepublik Polen 7.12.1970: Gewaltverzicht, Anerkennung der Unverletzlichkeit[1] der Oder-Neiße-Grenze zwischen Deutschland und Polen. Anlässlich der Unterzeichnung kniete Bundeskanzler Brandt vor dem Ehrenmahl der Toten des Warschauer Getto-Aufstandes von 1943 nieder (s. Foto rechts), was als Bitte um Vergebung für die deutschen Verbrechen im Zweiten Weltkrieg gedeutet wurde.

c) Vier-Mächte-Abkommen zwischen den alliierten Siegermächten 3.9.1971: Garantie des Transits zwischen der BRD und West-Berlin, faktische Anerkennung der Zugehörigkeit West-Berlins zur Rechtsordnung der BRD.

d) Grundlagenvertrag zwischen BRD und DDR 21.12.1972: Vereinbarung von „gutnachbarlichen“ Beziehungen; staatsrechtliche, nicht völkerrechtliche gegenseitige Anerkennung; Unterhalt von ständigen Vertretungen im anderen Land.

[1] Anmerkung: In der BRD unterschied man zwischen *Unverletzlichkeit* und *Unveränderbarkeit* der Grenzen. Eine Veränderbarkeit der Grenzen war aus Sicht der BRD auch weiterhin dann möglich, wenn in freien Wahlen und mit der Zustimmung der Siegermächte eine Grenzveränderung legitimiert würde. Im russischen Text unterblieb diese Unterscheidung.

M8 Wandel durch Annäherung

Aus Egon Bahrs Rede vor der evangelischen Akademie in Tutzing (1963) – eine wegweisende Rede, die seine Gedanken zur neuen Politik gegenüber dem Ostblock zusammenfasste:

Die Voraussetzungen zur Wiedervereinigung sind nur mit der Sowjetunion zu schaffen. Sie sind nicht in Ost-Berlin zu bekommen, nicht gegen die Sowjetunion, nicht ohne sie. Wer Vorstellungen entwickelt, die sich im Grunde darauf zurückführen lassen, dass die Wiedervereinigung mit Ost-Berlin zu erreichen ist, hängt Illusionen nach und sollte sich die Anwesenheit von 20 oder 22 gut ausgerüsteten sowjetischen Divisionen vergegenwärtigen. Die Wiedervereinigung ist ein außenpolitisches Problem. [...] Die amerikanische Strategie des Friedens [seit der Kuba-Krise] lässt sich auch durch die Formel definieren, dass die kommunistische Herrschaft nicht beseitigt, sondern verändert werden soll. Die Änderung des Ost-West-Verhältnisses, die die USA versuchen wollen, dient der Überwindung des Status quo, indem der Status quo zunächst nicht verändert werden soll. Das klingt paradox, aber es eröffnet Aussichten, nachdem die bisherige Politik des Drucks und Gegendrucks nur zu einer Erstarrung des Status quo geführt hat. Das Vertrauen darauf, dass unsere Welt die bessere ist, die im friedlichen Sinn stärkere, die sich durchsetzen wird, macht den Versuch denkbar, sich selbst und die andere Seite zu öffnen und die bisherigen Befreiungsvorstellungen zurückzustellen. [...] Der amerikanische Präsident hat die Formel geprägt, dass so viel Handel mit den Ländern des Ostblocks entwickelt werden sollte, wie es möglich ist, ohne unsere Sicherheit zu gefährden. Wenn man diese Formel auf Deutschland anwendet, so eröffnet sich ein ungewöhnlich weites Feld. Es wäre gut, wenn dieses Feld zunächst einmal nach den Gesichtspunkten unserer Möglichkeiten und unserer Grenzen abgesteckt würde. Ich glaube, sie sind sehr viel größer als alle Zahlen, die bisher genannt wurden. Wenn es richtig ist, dass die Verstärkung des Ost-West-Handels mit der genannten Einschränkung im Interesse des Westens liegt, und ich glaube, es ist richtig, dann liegt sie auch im deutschen Interesse, erst recht in Deutschland. [...] Wir haben gesagt, dass die Mauer ein Zeichen der Schwäche ist. Man könnte auch sagen, sie war ein Zeichen der Angst und des Selbsterhaltungstriebes des kommunistischen Regimes. Die Frage ist, ob es nicht Möglichkeiten gibt, diese durchaus berechtigten Sorgen dem Regime graduell so weit zu nehmen, dass auch die Auflockerung der Grenzen und der Mauer praktikabel wird, weil das Risiko erträglich ist. Das ist eine Politik, die man auf die Formel bringen könnte: Wandel durch Annäherung.

(Zit. nach: Bundeszentrale für politische Bildung (Hg.), Deutschland Archiv, 8/1973, S. 862 f.)

M9 „Mehr Demokratie wagen"

Aus der Regierungserklärung Willy Brandts vor dem Deutschen Bundestag am 28.10.1969:

Unsere parlamentarische Demokratie hat 20 Jahre nach ihrer Gründung ihre Fähigkeit zum Wandel bewiesen und damit ihre Probe bestanden. Dies ist auch außerhalb unserer Grenzen vermerkt worden und hat unserem Staat zu neuem Vertrauen in der Welt verholfen. [...] Unser Volk braucht wie jedes andere seine innere Ordnung. In den 70er-Jahren werden wir aber in diesem Lande nur so viel Ordnung haben, wie wir an Mitverantwortung ermutigen. Solche demokratische Ordnung braucht außerordentliche Geduld im Zuhören und außerordentliche Anstrengung, sich gegenseitig zu verstehen. [...] Wir wollen mehr Demokratie wagen. Wir werden unsere Arbeitsweise öffnen und dem kritischen Bedürfnis nach Information Genüge tun. Wir werden darauf hinwirken, dass nicht nur durch Anhörungen im Bundestag [...] jeder Bürger die Möglichkeit erhält, an der Reform von Staat und Gesellschaft mitzuwirken. [...] Mitbestimmung, Mitverantwortung in den verschiedenen Bereichen unserer Gesellschaft wird eine bewegende Kraft der kommenden Jahre sein. Wir können nicht die perfekte Demokratie schaffen. Wir wollen eine Gesellschaft, die mehr Freiheit bietet und mehr Mitverantwortung fordert. Diese Regierung sucht das Gespräch, sie sucht kritische Partnerschaft mit allen, die Verantwortung tragen, sei es in den Kirchen, der Kunst, der Wissenschaft und der Wirtschaft oder in anderen Bereichen der Gesellschaft. Dies gilt nicht zuletzt für die Gewerkschaften, um deren vertrauensvolle Zusammenarbeit wir uns bemühen. Wir brauchen ihnen ihre überragende Bedeutung für diesen Staat, für seinen weiteren Ausbau zum sozialen Rechtsstaat nicht zu bescheinigen.

(Zit nach: Verhandlungen des Deutschen Bundestages, 6. Wahlperiode, Stenographische Berichte, Bd. 71, Bonn 1969/70, S. 20–34)

M 10 **Wandzeitung der CDU zum Grundlagenvertrag (1973)**

Arbeitsanregungen

? Betrachten Sie M 1 und lesen Sie den Einleitungstext. Stellen Sie Vermutungen an, warum das Olympiastadion in München als Ikone der neuen Ära der sozialliberalen Regierung gelten kann.

1. Wandel durch Annäherung

a) Analysieren Sie M 8. Berücksichtigen Sie dabei die internationalen Rahmenbedingungen des Kalten Krieges.

b) Erläutern Sie den Zusammenhang zwischen der Neuen Ostpolitik und Kennedys „Strategie für den Frieden“. (DT 1, M 2/M 7; S. 102, M 8)

c) Beurteilen Sie, inwiefern die Ziele von Bahr in den Ostverträgen umgesetzt wurden (DT 1, M 2/M 7)

d) Erklären Sie, warum die Neue Ostpolitik einen Bruch mit der bisherigen Außenpolitik darstellt. (DT 1/DT 3, M 3)

e) Arbeiten Sie aus M 10 die Kritik der CDU/CSU an der Neuen Ostpolitik heraus.

f) Beurteilen Sie diese Kritik. (DT 1, M 3/M 10)

Charakterisieren Sie die Neue Ostpolitik und erklären Sie deren Absichten. (DT 1, M 7)

2. Mehr Demokratie wagen

a) Analysieren Sie M 9.

b) Beurteilen Sie, inwiefern dieses Programm in die Realität umgesetzt wurde. (M 5/M 9, DT 2)

c) Vergleichen Sie die beiden Wahlplakate M 4a und b. Gehen Sie dabei besonders auf die jeweilige Text- und Bildgestaltung auf das Politikverständnis der beiden Parteien ein.

a) Erörtern Sie ob die innenpolitischen Reformen Willy Brandts erfolgreich waren. (DT 2–3, M 5/M 6)

b) Stellen Sie sich eine Arbeiterfamilie in Stuttgart im Jahr 1974 vor. Der Vater (40) arbeitet in der Maschinenindustrie, die Mutter (39) im Einzelhandel, die vier Kinder (5, 8, 16 und 19) gehen noch zur Schule. Stellen Sie mögliche Veränderungen zusammen, die die Reformen im Leben dieser Familie bewirken könnten. Bewerten Sie dabei Chancen und Risiken für die Familie.

Ein rascher Blick

19. Aufbrüche in die Zivilgesellschaft in West und Ost

Seit den 1970er-Jahren gab es sowohl in West- als auch in Osteuropa einen zivilgesellschaftlichen Aufbruch, der überwiegend von jungen Menschen getragen wurde. Sie wandten sich neuen Lebensformen zu und forderten mehr politisch-gesellschaftliche Teilhabe. Die Politisierung, die sich seit den 1960er-Jahren in West- und Osteuropa vollzogen hatte, setzte sich in diesen Bürgerbewegungen fort.

M1 Grün-alternatives Milieu: der Freiburger Stadtteil Vauban (2021)

Wohlstand und Wertewandel im Westen

Die wirtschaftliche Entwicklung Westeuropas war bis in die Mitte der 1970er-Jahre hinein durch ein ungewöhnlich starkes Wachstum und hohe Einkommenszuwächse für breite Bevölkerungsschichten gekennzeichnet. Gleichzeitig verwandelte sich die traditionelle Industriegesellschaft zusehends in eine Dienstleistungsgesellschaft, die bei den Arbeitskräften ein anspruchsvolleres Qualifikationsniveau und höhere Bildungsabschlüsse voraussetzte.
In der während des langen Booms entstandenen Wohlstands- und Konsumgesellschaft erreichte in Europa die soziale Ungleichheit im Prozess der allgemeinen Höherqualifizierung der Bevölkerung ihr historisch niedrigstes Niveau. Sie war auch äußerlich – z. B. am Kleidungs- und Einrichtungsstil – immer weniger sichtbar. Die traditionellen Schichtungskriterien Einkommen und Bildung verloren so an Bedeutung. Statt von „Schichten" oder gar „Klassen" sprach man in der Soziologie deshalb nun von verschiedenen „Milieus", die jeweils durch eigene Wertorientierungen, Lebensstile und Konsummuster gekennzeichnet waren. Obwohl mit ähnlichen Einkommen und Bildungsabschlüssen ausgestattet, unterschied sich in den 1970er-Jahren z. B. der Lebensstil einer Familie aus dem links-alternativen Milieu, der durch Fahrräder, Birkenstock-Sandalen und Jute-Taschen gekennzeichnet war, deutlich vom Lebensstil einer Familie aus dem konservativ-bürgerlichen Milieu, in dem man zwei Autos fuhr und im Anzug bzw. Business-Kostüm ins Büro ging.
Durch den tief greifenden gesellschaftlichen Wandel, mit dem Wohlstand, Konsum und Freizeit zunahmen und die durchschnittliche Arbeitszeit zurückging, vervielfältigten sich die Möglichkeiten des Einzelnen, sein Leben nach eigenen Vorstellungen zu gestalten. Der für die Moderne seit dem 19. Jahrhundert charakteristische Prozess der Individualisierung beschleunigte sich seit den 1970er-Jahren noch einmal erheblich. Die wachsende **Pluralisierung** der Lebensformen schuf immer neue Wahl- und Entscheidungsmöglichkeiten des Einzelnen, z. B. bei der Familienform, der Mediennutzung oder der Kirchenbindung. Dieser Zuwachs an individueller Freiheit ging einher mit einem Rückgang der Prägekraft traditioneller Instanzen: Nationen, Parteien, Gewerkschaften, Kirchen, (staatliche) Autoritäten verloren an Einfluss. So nahm z. B. bei Wahlen in der Bundesrepublik die Bindekraft der Volksparteien CDU und SPD ab. Neue Parteien machten ihnen Konkurrenz, in der BRD zuerst 1980 „DIE GRÜNEN". Auch der Anteil der Nichtwähler und Wechselwähler stieg an.
In immer größeren Teilen der westeuropäischen Wohlstandsgesellschaften konstatierten die Sozialwissenschaften außerdem einen Wertewandel, eine „stille Revolution" (Ronald Inglehart) weg von „materiellen" Werten wie Vermögen oder Status hin zu „postmateriellen" Werten: **Emanzipation**, individuelle Selbstverwirklichung, politisch-gesellschaftliche Partizipation und multikulturelle Toleranz wurden vielen Menschen wichtiger.

Autoritärer Versorgungsstaat im Osten

Über die Medien, die den „Eisernen Vorhang" zwischen Ost und West mühelos überwanden, erreichten die Wünsche nach individueller Selbstbestimmung, politischer Mitbestimmung und verbesserter Versorgung mit Konsumgütern auch den Ostblock. Auch hier übernahm die jüngere

Generation die westlichen Modetrends: Sie hörte Pop-Musik und trug lange Haare, Jeans und Miniröcke. Seit den 1970er-Jahren entstanden auch im Ostblock vielfältige Segmente einer Pop-, Rock-, Punk- und Alternativszene.

Auf die Forderungen nach verbesserter Versorgung reagierten die kommunistischen Machthaber im Ostblock mit Wirtschafts- und Bildungsreformen, ohne ihren autoritären Anspruch auf politische Alleinherrschaft aufgeben zu wollen. Den Schwächen der Planwirtschaft, die dem globalen Wettbewerb immer weniger gewachsen war, begegnete man mit der Einführung marktähnlicher Wirtschaftsstrukturen, durch die den Betrieben größere Selbstständigkeit bei der Material- und Kreditbeschaffung eingeräumt wurde. Durch umfangreiche Investitionen in die naturwissenschaftliche Forschung sollte eine „wissenschaftlich-technische Revolution" vorangetrieben werden.

Die geplante Modernisierung der Wirtschaft wurde flankiert von einer Reform der kommunistischen Bildungssysteme, die die Bildungsplanung verbessern, das Bildungsniveau anheben und das Bildungssystem enger mit der beruflichen Praxis verknüpfen sollte. Mathematische, kybernetische und naturwissenschaftlich-technische Bildung erhielten Vorrang. Auch im Osten führten die Bildungsreformen zu einer deutlichen Bildungsexpansion: In der DDR z. B. stieg die Zahl der Schüler/-innen, die länger als acht Jahre zur Schule gingen, zwischen 1950 und 1970 von 16 % auf 85 %. Damit veränderte sich auch die Sozialstruktur: In den „Arbeiter- und Bauernstaaten" des Ostblocks wuchs eine neue Generation junger, akademisch ausgebildeter und pragmatisch denkender Reformer in Wirtschaft und Bildungssystem heran, die immer häufiger in Konflikt mit den konservativen Vertretern der alten, proletarischen Politikergeneration gerieten.

Die industrielle Produktion wuchs auf dieser Grundlage auch im Ostblock deutlich an, in der DDR zwischen 1970 und 1974 sogar um 30 %. Auch die Versorgung mit Konsumgütern – z. B. Kühlschränken, Waschmaschinen, Fernsehgeräten, Autos – verbesserte sich. Der Wohnungsbau wurde gefördert, Löhne und Renten erhöht, Arbeitszeiten – besonders für Frauen mit Kindern – verkürzt. Mit dem globalen Konjunktureinbruch seit der Mitte der 1970er-Jahre und der Weltwirtschaftskrise von 1979 bis 1982, die im Westen mit der beginnenden Digitalisierung einen tief greifenden Strukturwandel auslösten, gerieten die autoritären Versorgungsstaaten des Ostens aber in eine existenzbedrohende Wirtschaftskrise. Gegenüber der Forschungs- und Technologieoffensive des Westens, die auf Mikroelektronik, Laser- und Satellitentechnik setzte, verloren die Ostblock-Staaten zusehends den Anschluss, obwohl sie seit Mitte der 1970er-Jahre riesige Summen in Mikroelektronik und Datenverarbeitung investierten.

Neue soziale Bewegungen

Trotz der unterschiedlichen politischen, wirtschaftlichen und gesellschaftlichen Entwicklungen in Ost und West entstanden in den 1970er-Jahren über die Blockgrenzen hinweg Zivilgesellschaften, die mit neuen Lebensformen experimentierten und mehr politische Partizipation einforderten. In Westeuropa vollzog sich seit der 68er-Revolte eine Politisierung breiter Bevölkerungsschichten. Nach den Studierenden und Schüler/-innen wurden in den 1970er-Jahren zivilgesellschaftliche Bewegungen aktiv, die sich innerhalb der politischen Öffentlichkeit nicht vertreten fühlten und deshalb ihre Teilhaberechte immer unüberhörbarer einklagten. In Abgrenzung zu älteren Bewegungen, etwa zur Arbeiterbewegung und zur Frauenbewegung des 19. Jahrhunderts, wurden sie als „**Neue Soziale Bewegungen**" bezeichnet.

Auf den Begriff gebracht: Zivilgesellschaft

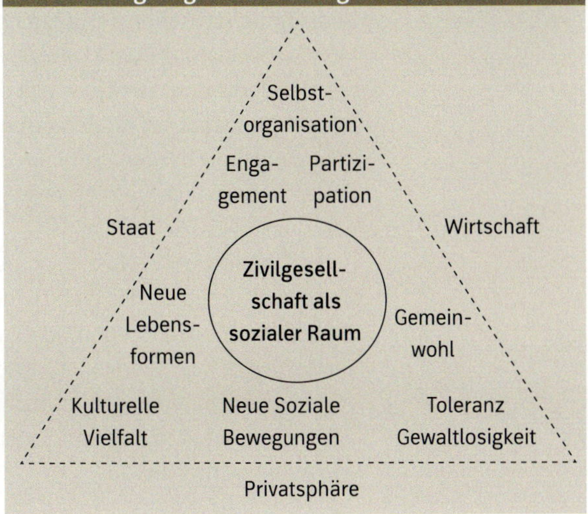

Ein rascher Blick

Frauenbewegung im Westen

Im Gegensatz zur älteren Frauenbewegung des 19. und 20. Jahrhunderts beschränkte sich die bald global agierende „Neue Frauenbewegung“ nicht auf die Forderung nach rechtlicher Gleichstellung (z. B. im Wahlrecht, im Bildungszugang oder im Berufsleben), sondern kritisierte auch die gesellschaftliche Benachteiligung von Frauen (z. B. in der Familie und im Alltag).
Eine breite Öffentlichkeit erreichte die „Neue Frauenbewegung“ mit der 1971 begonnenen Kampagne gegen das strafrechtliche Verbot der Abtreibung, das Frauen z. B. in Frankreich mit zehn, in Italien mit fünf und in der BRD mit drei Jahren Haft bedrohte. Hunderte französische und deutsche Frauen veröffentlichten Selbstbezichtigungen („Ich habe abgetrieben!“) in den Medien, darunter in beiden Fällen viele Prominente (z. B. die französische Schriftstellerin Simone de Beauvoir und die deutsche Journalistin Carola Stern). Sie lösten Fraueninitiativen, Unterschriftensammlungen und Demonstrationen unter der Parole „Mein Bauch gehört mir!“ aus. In Italien organisierte z. B. das neu gegründete „Movimento della Liberazione delle Donne Italiane“ einen Marsch von 50 000 Frauen auf Rom. Obwohl die katholische Kirche 1968 mit der Enzyklika „Humanae vitae“ die Regierungen aufgefordert hatte, das ungeborene Leben unter allen Umständen zu schützen, setzte sich die Neue Frauenbewegung weltweit durch. Folge war die Straffreiheit für Schwangerschaftsabbruch in mehreren westeuropäischen Ländern, z. B. in der Bundesrepublik 1974, in Frankreich 1975 und in Italien 1978.
Es folgten weitere Gesetzesänderungen z. B. zur Reform des Scheidungsrechts sowie Maßnahmen zur Bekämpfung von Gewalt gegen Frauen, z. B. durch die Einrichtung von Frauenhäusern. Auch eine eigene Frauen-Presse (z. B. „Torchon brûlé“ 1971 und „Emma“ 1977) entstand. So festigte sich eine feministische Gegenkultur. Hinzu kamen Frauenquoten für die Besetzung von Führungspositionen, z. B. in Parteien und Wirtschaftsunternehmen. Die Veränderungen, die die Neue Frauenbewegung erkämpfte, schlugen sich jedoch nur langsam auch in der Zusammensetzung der Parlamente nieder. Es entstand in Europa nirgendwo eine „Frauenpartei“, die Vertreterinnen ins Parlament gebracht hätte. Frauen bleiben – bis heute – eine parlamentarische Minderheit (2021: 12 % im ungarischen und 47 % im schwedischen Parlament, 35 % im Bundestag).

M 2 Frauen-Demonstration in New York für die Legalisierung der Abtreibung (1972)

Frauenbewegung im Osten

Auch in Osteuropa formierten sich jenseits der parteioffiziellen kommunistischen Frauenorganisationen (in der DDR z. B. der „Demokratische Frauenbund Deutschlands) feministische Frauenbewegungen, die aber schwächer waren als im Westen. Anlass war häufig der im Alltag erlebte Widerspruch zwischen der staatlich propagierten Gleichstellung der Frauen und ihrer faktischen Mehrfachbelastung durch Familie, Haushalt und Beruf. Frauen in den Ostblock-Staaten profitierten – anders als im Westen – von der staatlichen Frauenförderung und dem flächendeckenden Ganztagsangebot an Kindergärten und Horten, außerdem bestand in der DDR seit 1972 eine Fristenregelung bei der Abtreibung. Sie gingen häufiger als die Frauen im Westen einer bezahlten Erwerbsarbeit nach, verdienten aber weniger als ihre männlichen Kollegen und konnten nur eingeschränkt beruflich aufsteigen.
In der DDR entstand 1982 z. B. anlässlich einer von der Volkskammer geplanten Novellierung des Wehrdienstgesetzes, das Wehrdienst für Frauen im Kriegsfall vorsah, die autonome Frauengruppe „Frauen für den Frieden“, die in mehreren DDR-Städten Unterorganisationen gründete. Sie verfasste eine von 130 Frauen unterschriebene Protesteingabe an die Volkskammer, in der der Wehrdienst für Frauen grundsätzlich abgelehnt wurde. Der Staatssicherheitsdienst der DDR reagierte mit Bespitzelung und Schikanen gegen die engagierten Frauen, z. B. mit der Kündigung von Arbeitsverträgen.

Die ökologische Bewegung im Westen

1972 legte der „Club of Rome“, eine unabhängige Vereinigung internationaler Wissenschaftler, Politiker und Unternehmer, unter dem Titel „Grenzen des Wachstums“ einen Bericht „zur Lage der Menschheit“ vor, der erschreckende Zahlen über die in naher Zukunft bevorstehende Verknappung der globalen natürlichen Ressourcen enthielt. In Europa führten die immer deutlicher zutage tretenden ökologischen Probleme zu einem wachsenden Krisenbewusstsein. In der Bundesrepublik trugen Bücher mit hohen Verkaufszahlen nun Titel wie „Ende oder Wende?“, „Ein Planet wird geplündert“ oder „Vom Fortschritt in die Unmenschlichkeit“. Neue global agierende Organisationen (z. B. Friends of the Earth 1969, Greenpeace 1971, Robin Wood 1982) wiesen mit spektakulären, medienwirksamen Aktionen auf ökologische Probleme hin (z. B. die Dezimierung bedrohter Tierarten, die Gefährdung des tropischen Regenwalds durch kommerzielle Abholzung oder brutale Methoden beim Walfang und der Tierhaltung). Zahlreiche ökologische Bürgerinitiativen entstanden, die sich zunächst lokaler oder regionaler Umweltprobleme annahmen, z. B. der Wasser- und Luftverschmutzung oder des Waldsterbens. 1973 kandidierten die ersten „ökologischen“ Listen bei Regionalwahlen in Frankreich und Großbritannien, in der Bundesrepublik zogen DIE GRÜNEN 1983 mit 5,6 % der Stimmen in den Bundestag ein. 1985 stellten sie in der hessischen Landesregierung mit Joschka Fischer den ersten Minister für Umwelt und Energie. Auch in den Parlamenten anderer westeuropäischer Länder spielten ökologische Parteien eine wachsende Rolle, wenn auch ihr Einzug in die Parlamente etwas länger dauerte als in der Bundesrepublik.

M 3 Anti-Atomkraft-Demonstration gegen das Atommüll-Endlager Gorleben (1977)

Bürgerinitiativen im Westen

Mit dem ökologischen Protest wuchs in Europa auch die Bürgerinitiativen-Bewegung an. In der Bundesrepublik erreichte sie am Ende der 1970er-Jahre ca. 1,8 Millionen Mitglieder, was etwa dem Umfang der politischen Parteien entsprach. Ihr durch Demonstrationen und Bauplatzbesetzungen artikulierter Protest richtete sich zunächst gegen Kernkraftwerke und andere kerntechnische Anlagen (z. B. das Atommüll-Endager in Gorleben). Auch in Frankreich und Spanien fanden ab 1977 große Anti-AKW-Demonstrationen statt. Immer mehr Menschen bezweifelten das staatliche Versprechen sauberer Energiegewinnung durch die Pläne zum massiven Ausbau der Anzahl von Kernkraftwerken.

Hinzu kamen Bürgerinitiativen, die sich anderen Problemen widmeten: Wichtig waren Verkehrsfragen, z. B. der Straßen- und Flughafenausbau, wofür es gigantische Ausweitungspläne gab: In der Bundesrepublik z. B. war eine Ausdehnung des Autobahnnetzes von ca. 4 000 auf 19 000 km binnen 20 Jahren geplant. Proteste gab es auch gegen die Idee der staatlichen Verkehrsplaner von der „autogerechten Stadt“, in der sich alle Planungsmaßnahmen dem ungehinderten Verkehrsfluss der Autos unterordnen sollten.

Hinzu kamen Probleme der Stadtentwicklung. Geplant wurden riesige Trabantenstädte an den urbanen Peripherien, in denen die Menschen – anstatt in der Innenstadt – wohnen sollten. Während Altstädte dem Flächenabriss zum Opfer fielen, wurden Hochhausareale wie das Märkische Viertel in Berlin oder München-Neuperlach aus dem Boden gestampft. Sie führten zu Folgeproblemen wie Mietsteigerungen, Boden- und Wohnraumspekulation oder Luxussanierungen auf Kosten bezahlbaren Wohnraums. Dagegen protestierten Mitglieder der linksalternativen Szene mit der demonstrativen Besetzung leerstehender Häuser, die von Investoren als Spekulationsobjekte genutzt wurden.

Andere Bürgerinitiativen kämpften für eine bessere Gestaltung des Lebensraums von Kindern und Jugendlichen z. B. durch die Einrichtung von Spielplätzen, Kinderläden und Jugendzentren.

Dissidentenbewegung im Osten

Trotz der Unterdrückung in den kommunistischen Diktaturen entstanden auch im Ostblock Ansätze zu zivilgesellschaftlichem Engagement. In der ČSSR entwickelte sich – anknüpfend an den „Prager Frühling" 1968 – seit Mitte der 1970er-Jahre eine **Dissidentenbewegung**, die staatlich garantierte Menschen-, Bürger- und Teilhaberechte forderte. Sie wurde ermutigt durch die blockübergreifende „Konferenz über Sicherheit und Zusammenarbeit in Europa" (KSZE) 1975 in Helsinki, in deren Schlussakte die kommunistischen Regierungen sich auf die Achtung der Menschenrechte und Grundfreiheiten verpflichtet hatten.

An der Spitze der „**Charta 77**"-Bewegung standen der Dichter Václav Havel, Jiří Hajek (im „Prager Frühling" Außenminister) und der Philosoph Jan Patocka. Sie warfen der Regierung der ČSSR vor, die Menschenrechtsartikel der tschechoslowakischen Verfassung und das Helsinki-Protokoll zu missachten. 243 Personen unterzeichneten 1977 das Originaldokument und im Laufe des folgenden Jahrzehnts schlossen sich ihnen mehr als 1600 weitere an. Das Regime reagierte mit Einschüchterungsversuchen: Man kündigte die Arbeitsverträge der Unterzeichner, erkannte ihnen die Staatsbürgerschaft ab, wies sie aus und verurteilte sie zu teilweise mehrjährigen Haftstrafen. Angesichts dieser rigorosen Unterdrückungspolitik wurde 1978 die zivilgesellschaftliche Hilfsorganisation „Ausschuss zur Verteidigung der zu Unrecht Verfolgten" gegründet, die den Oppositionellen Rechtsbeistand leistete und die Öffentlichkeit über die staatliche Repression durch Flugblätter und eine allmählich entstehende Untergrundpresse (Samisdat, russ. = Selbstverlag) informierte.

Auch in der DDR und der Sowjetunion entstanden wachsende Dissidentenbewegungen. Sie veröffentlichten ihre regimekritischen Stellungnahmen entweder in Organen einer sich ausbreitenden Untergrund-Presse oder über westliche Verlage. Zu den bekanntesten Dissidenten der DDR gehörten Rudolf Bahro und Robert Havemann, die an der DDR als Marxisten den Verrat ihrer humanistischen Ideale kritisierten. Auch Liedermacher wie Wolf Biermann kritisierten in ihren Songs die DDR. Das Regime reagierte mit der Ausbürgerung von Biermann und Bahro, erntete aber öffentliche Kritik: Gegen Biermanns Ausbürgerung protestierten in einem offenen Brief schon einen Tag später 12 prominente DDR-Schriftsteller. Mehr als 100 weitere Künstler folgten, dennoch blieb es bei seiner Ausbürgerung. Auf diesem Weg verließen in den 1970er-Jahren auch viele weitere prominente Musiker, Schauspieler und Schriftsteller die DDR, z. B. der Schauspieler Manfred Krug sowie die Dichter Günter Kunert, Jürgen Fuchs und Erich Loest.

Auch im Ostblock wirkte die ökologische Frage zusehends als Katalysator des politischen Protests. Da der staatlich verordnete Primat für die Grundstoff- und Schwerindustrie (Kohle und Stahl) in ganz Osteuropa zu schweren Umweltbelastungen führte, wurde die wachsende Wasser- und Luftverschmutzung von immer mehr Menschen als Angriff auf das elementare Menschenrecht auf Leben und Gesundheit wahrgenommen. Der Philosoph Wolfgang Harich, der in seinem 1975 im Westen veröffentlichten Buch „Kommunismus ohne Wachstum?" eine ökologische Wende in der DDR forderte, wurde ausgewiesen. Im „Bund der Evangelischen Kirchen" der DDR bildeten sich oppositionelle Gruppen zumeist jugendlicher Christen, die sich für mehr Umweltschutz in der DDR einsetzten. Die neue zivilgesellschaftliche Bewegung erstarkte insgesamt durch die Verbindung mit der Kirche, der einzigen überdauernden vorsozialistischen Institution.

In der Sowjetunion publizierte der Biochemiker Zhorfes A. Medwedjew geheime Untersuchungen über die sowjetische Genetikforschung und einen verheimlichten Atomunfall 1957 auf dem Gelände einer geheimen kerntechnischen Anlage im Ural, worauf er zunächst schikaniert und dann ausgebürgert wurde. Der Kernphysiker und Nobelpreisträger Andrej Sacharow, der „Vater der sowjetischen Wasserstoffbombe", kritisierte als international renommierter Wissenschaftler die Gefahren der sowjetischen Atomforschung und engagierte sich auch bei allgemeinpolitischen Fragen, z. B. kritisierte er die Niederschlagung des „Prager Frühlings" 1968 und den Einmarsch sowjetischer Truppen in Afghanistan 1979. Er wurde mit seiner Frau nach Gorki verbannt.

M 4 Hochgiftige Chemie-Abfälle im Abwassersee einer Fabrik bei Bitterfeld (DDR)

Andere Dissidenten, z. B. die Lyrikerin Natalja Gorbanewskaja, wurden in psychiatrischen Krankenhäusern interniert oder, wie der Publizist Wladimir Bukowski, in Gefängnissen oder Arbeitslagern inhaftiert.

M5 Für Frieden und Abrüstung
Bonn, 10.10.1981: An der bis dahin größten Friedensdemonstration in der Geschichte der Bundesrepublik nahmen etwa 300 000 Menschen teil.

Friedensbewegung im Westen

Nach einer kurzen Phase der Entspannung bahnte sich Ende der 1970er-Jahre eine „neue Eiszeit" im Verhältnis der Blöcke an. Konflikte entstanden durch den Aufbau eines sowjetischen Stützpunktsystems in Afrika von Somalia über Angola bis Mozambique sowie durch den Einmarsch sowjetischer Truppen in Afghanistan 1979. Als die Sowjetunion in der DDR und Polen neu entwickelte Mittelstreckenraketen stationierte, die Westeuropa bedrohten, reagierte der Westen: Er stellte eigene moderne Mittelstreckenraketen auf und die USA entwickelten ein Raketenabwehrsystem im Weltraum (Strategic Defense Initiative/SDI).
Eine breite Friedensbewegung protestierte aus Angst vor einem Atomkrieg gegen den neuen Rüstungswettlauf der Supermächte mit Großdemonstrationen, an denen ab 1979 Hunderttausende von Menschen in vielen westeuropäischen Städten teilnahmen, z. B. in Bonn, Amsterdam, Den Haag, Brüssel, Kopenhagen, Rom, Madrid und London.

Friedensbewegung im Osten

Die Zahl oppositioneller Friedensgruppen nahm seit den 1970er-Jahren auch im Ostblock zu. Sie verstanden sich als Teil der gesamteuropäischen Friedensbewegung und protestierten gegen die Gefahr eines Atomkriegs in Mitteleuropa. In der DDR formierten sie sich unter dem Schutz der Kirchen. Schon 1981 trugen 100 000 DDR-Jugendliche den von dem Jugendpfarrer Harald Brettschneider entworfenen Aufnäher „Schwerter zu Pflugscharen". Er war auf der evangelischen Friedensdekade 1981 eingeführt und von der SED sofort verboten worden. Die 1982 gegründete Gruppe „Frauen für den Frieden" schlug die Brücke einerseits zur feministischen Frauenbewegung in der DDR, andererseits zur Friedensbewegung im Westen.
Über die Medien vermittelt, entstanden so jenseits der offiziellen Politik immer engere Verbindungen zwischen zivilgesellschaftlichen Friedensgruppen in West und Ost, die sich gegenseitig unterstützten. So stellten in der Bundesrepublik der „Krefelder Appell" (1980) und in der DDR der „Berliner Appell" (1982) ähnliche Abrüstungsforderungen an ihre Regierungen. Die Zivilgesellschaft überwand durch solche blockübergreifenden Kooperationen sogar den „Eisernen Vorhang".

M6 Schwerter zu Pflugscharen (1981)
Emblem der DDR-Friedensbewegung, das von vielen Jugendlichen getragen wurde.

Arbeitsanregungen

? Vergleichen Sie M 5 und M 6. Stellen Sie Fragen.

a) Erarbeiten Sie eine Mindmap mit der Überschrift „Aufbrüche in die Zivilgesellschaft in West und Ost". (DT 1 – 10)

b) Vergleichen Sie die zivilgesellschaftlichen Aufbrüche in West- und Osteuropa. (DT 1 – 10)

„Die zivilgesellschaftlichen Bewegungen haben Europa seit den 1970er-Jahren grundlegend verändert." Diskutieren Sie über diese These.

20. Aufbrüche in die Zivilgesellschaft in West und Ost

Seit den 1970er-Jahren gab es sowohl in West- als auch in Osteuropa einen zivilgesellschaftlichen Aufbruch, der überwiegend von jungen Menschen getragen wurde. Sie wandten sich neuen Lebensformen zu und forderten mehr politisch-gesellschaftliche Teilhabe. Die Politisierung, die sich seit den 1960er-Jahren in West- und Osteuropa vollzogen hatte, setzte sich in diesen Bürgerbewegungen fort.

M 1 Frauen-Demonstration in Gießen (1982)

M 2 Frauen-Demonstration am Weltfrauentag (8. März 2021)

Eine Ausstellung vorbereiten zum Thema „Aufbrüche in die Zivilgesellschaft seit den 1970er-Jahren in Ost und West"

Die zivilgesellschaftlichen Aufbrüche (vgl. M 3 und M 4) in Europa seit den 1970er-Jahren haben in vielfacher Hinsicht die Grundlagen für das Europa des 21. Jahrhunderts gelegt. Bei der Erarbeitung eines Ausstellungskonzepts zu den Grundlagen der heutigen Zivilgesellschaft in Europa sollten Sie sich fragen, welche Bedeutung die Ereignisse und Prozesse der 1970er- und 80er-Jahre für unsere Gegenwart hatten. Ihre Urteile über die Auswirkungen der dargestellten Vorgänge auf die Gegenwart werden naturgemäß subjektiv geprägt sein und kontrovers diskutiert werden.

Gehen Sie dabei folgendermaßen vor:

1. Klären Sie zunächst die Begriffe „Zivilgesellschaft" (M 3) und „Neue Soziale Bewegungen" (M 4). Vergleichen Sie dann die Fotos jeweils paarweise (also M 1 mit M 2, M 5 mit M 6, M 7 mit M 8) im Hinblick auf die historische und aktuelle Bedeutung der Zivilgesellschaft.
2. Bearbeiten Sie danach die Stationen 1 – 4 auf den folgenden Seiten arbeitsteilig in Gruppen unter der Fragestellung: **Die europäische Gesellschaft des 21. Jahrhunderts – ein Kind der zivilgesellschaftlichen Bewegungen seit den 1970er-Jahren?** Erarbeiten Sie dabei einen Ausstellungsbeitrag zu dem Teilthema, das Sie sich in Ihrer Gruppe erarbeitet haben.
3. Orientieren Sie sich bei Ihrer Vorbereitung der Ausstellung an folgenden Fragen:
   - Was waren die Ursachen der zivilgesellschaftlichen Aufbrüche in Ost und West? Welche Gemeinsamkeiten, welche Unterschiede gab es zwischen ihnen?
   - Wie entwickelten sich Zivilgesellschaft und „Neue Soziale Bewegungen" in Ost und West? Wie reagierten Staat und Gesellschaft jeweils auf sie?
   - Welche Folgen hatten die zivilgesellschaftlichen Aufbrüche in Ost und West? Inwieweit sind ihre Wirkungen noch heute spürbar?

M3 Zivilgesellschaft

Der Historiker Jürgen Kocka (2001):

Der Begriff „Zivilgesellschaft“ bezeichnet einerseits den weitgehend selbstregulierten sozialen Raum bürgerschaftlichen Engagements zwischen Staat, Ökonomie und Privatsphäre, andererseits ein immer noch nicht voll eingelöstes Zukunftsprojekt menschlichen Zusammenlebens in der Tradition der Aufklärung. Dazu gehören gesellschaftliche Selbstorganisation, Gemeinwohlorientierung, die Begrenzung staatlicher Herrschaft durch Partizipation wie auch kulturelle Vielfalt, politische Öffentlichkeit und ökonomische Leistungsfähigkeit.

(Jürgen Kocka, Vorwort; in: ders. u. a., Neues über Zivilgesellschaft – Aus historisch-sozialwissenschaftlichem Blickwinkel. Discussion Paper P01-801, Berlin (Wissenschaftszentrum Berlin) 2001, S. 1)

M4 Neue Soziale Bewegungen

Die Soziologen Roland Roth und Dieter Rucht (2002):

Die Neuen Sozialen Bewegungen (NSB) verbinden antibürokratische, radikaldemokratische Forderungen mit dem Ziel solidarischer, selbstbestimmter Lebensweisen und der Verbesserung der Lebensbedingungen. Thematische Brennpunkte wichtiger Einzelbewegungen sind Bürger- und Menschenrechte, Emanzipation von Frauen, Ökologie, Frieden und Abrüstung, selbstverwaltete Lebens- und Arbeitsformen sowie Hunger und Elend in der Dritten Welt. [...] Es dominiert bei den AnhängerInnen der NSB deutlich ein linkslibertäres Selbstverständnis.

(Roland Roth/Dieter Rucht, Art – Neue Soziale Bewegungen; in: Martin Greiffenhagen (Hg.), Handwörterbuch zur politischen Kultur der Bundesrepublik Deutschland, Wiesbaden (Westdeutscher Verlag) 2002, S. 297 f.)

M5 Demonstration von Atomkraftgegnern in Hameln (1977)

M6 „Fridays-for-Future“-Demonstration in Heidelberg (2021)

M7 Demonstration der Friedensbewegung in Bonn gegen das atomare Wettrüsten (1981)

M8 Ostermarsch in München gegen Krieg und Aufrüstung (2021)

Tipps und Fragen:

- Vergleichen Sie die Bewegungen der 1970er-/80er-Jahre mit denen von 2021.

Wirtschaftlicher und gesellschaftlicher Wandel in Westeuropa

Die wirtschaftliche Entwicklung Westeuropas war bis in die Mitte der 1970er-Jahre hinein durch ein ungewöhnlich starkes Wachstum und hohe Einkommenszuwächse für breite Bevölkerungsschichten gekennzeichnet. Gleichzeitig verwandelte sich die traditionelle Industriegesellschaft zusehends in eine Dienstleistungsgesellschaft, die bei den Arbeitskräften ein anspruchsvolleres Qualifikationsniveau und höhere Bildungsabschlüsse voraussetzte.

In der während des langen Booms entstandenen Wohlstands- und Konsumgesellschaft erreichte in Europa die soziale Ungleichheit im Prozess der allgemeinen Höherqualifizierung der Bevölkerung ihr historisch niedrigstes Niveau. Sie war auch äußerlich – z. B. am Kleidungs- und Einrichtungsstil – immer weniger sichtbar. Die traditionellen Schichtungskriterien Einkommen und Bildung verloren so an Bedeutung. Statt von „Schichten“ oder gar „Klassen“ sprach man in der Soziologie deshalb nun von verschiedenen „Milieus“, die jeweils durch eigene Wertorientierungen, Lebensstile und Konsummuster gekennzeichnet waren. Obwohl mit ähnlichen Einkommen und Bildungsabschlüssen ausgestattet, unterschied sich in den 1970er-Jahren z. B. der Lebensstil einer Familie aus dem grün-alternativen Milieu, der durch Fahrräder, Birkenstock-Sandalen und Jute-Taschen gekennzeichnet war, deutlich vom Lebensstil einer Familie aus dem konservativ-bürgerlichen Milieu, in dem man zwei Autos fuhr und im Anzug bzw. Business-Kostüm ins Büro ging.

Durch den tief greifenden gesellschaftlichen Wandel, mit dem Wohlstand, Konsum und Freizeit zunahmen und die durchschnittliche Arbeitszeit zurückging, vervielfältigten sich die Möglichkeiten des Einzelnen, sein Leben nach eigenen Vorstellungen zu gestalten. Der für die Moderne seit dem 19. Jahrhundert charakteristische Prozess der Individualisierung beschleunigte sich seit den 1970er-Jahren noch einmal erheblich. Die wachsende **Pluralisierung** der Lebensformen schuf immer neue Wahl- und Entscheidungsmöglichkeiten des Einzelnen, z. B. bei der Familienform, der Mediennutzung oder der Kirchenbindung. Dieser Zuwachs an individueller Freiheit ging einher mit einem Rückgang der Prägekraft traditioneller Instanzen: Nationen, Parteien, Gewerkschaften, Kirchen, (staatliche) Autoritäten verloren an Einfluss. So nahm z. B. bei Wahlen die Bindekraft der Volksparteien ab. Neue Parteien machten ihnen Konkurrenz, in der BRD zuerst 1980 „DIE GRÜNEN“. Auch der Anteil der Nichtwähler und Wechselwähler stieg an.

In immer größeren Teilen der westeuropäischen Wohlstandsgesellschaften beobachteten die Sozialwissenschaften außerdem einen Wertewandel, eine „stille Revolution“ (Ronald Inglehart) weg von „materiellen“ Werten wie Vermögen oder Status hin zu „postmateriellen“ Werten: **Emanzipation**, individuelle Selbstverwirklichung, politisch-gesellschaftliche Partizipation und multikulturelle Toleranz wurden vielen Menschen wichtiger.

Autoritärer Versorgungsstaat im Osten

Über die Medien, die den „Eisernen Vorhang“ zwischen Ost und West mühelos überwanden, erreichten die Wünsche nach individueller Selbstbestimmung, politischer Mitbestimmung und verbesserter Versorgung mit Konsumgütern auch den Ostblock. Auch hier übernahm die jüngere Generation die westlichen Modetrends: Sie hörte Pop-Musik und trug lange Haare, Jeans und Miniröcke. Seit den 1970er-Jahren entstanden auch im Ostblock vielfältige Segmente einer Pop-, Rock-, Punk- und Alternativszene. Ausdruck der damit verbundenen Hoffnungen auf Liberalisierung waren auch die immer lauter werdenden Forderungen nach politischer Partizipation in Osteuropa.

Auf die Forderungen nach verbesserter Versorgung reagierten die kommunistischen Machthaber im Ostblock mit Wirtschafts- und Bildungsreformen, ohne ihren autoritären Anspruch auf politische Alleinherrschaft aufgeben zu wollen. Den Schwächen der Planwirtschaft, die dem globalen Wettbewerb immer weniger gewachsen war, begegnete man mit der Einführung marktähnlicher Wirtschaftsstrukturen, durch die den Betrieben größere Selbstständigkeit bei der Material- und Kreditbeschaffung eingeräumt wurde. Durch umfangreiche Investitionen in die naturwissenschaftliche Forschung sollte eine „wissenschaftlich-technischen Revolution“ vorangetrieben werden.

Die geplante Modernisierung der Wirtschaft wurde flankiert von einer Reform der kommunistischen Bildungssysteme, die die Bildungsplanung verbessern, das Bildungsniveau anheben und das Bildungssystem enger mit der beruflichen Praxis verknüpfen sollte. Mathematische, kybernetische und naturwissenschaftlich-technische Bildung erhielten Vorrang. Auch im Osten führ-

ten die Bildungsreformen zu einer deutlichen Bildungsexpansion: In der DDR z. B. stieg die Zahl der Schüler/-innen, die länger als acht Jahre zur Schule gingen, zwischen 1950 und 1970 von 16 % auf 85 %. Damit veränderte sich auch die Sozialstruktur: In den „Arbeiter- und Bauernstaaten" des Ostblocks wuchs eine neue Generation junger, akademisch ausgebildeter und pragmatisch denkender Reformtechnokraten in Wirtschaft und Bildungssystem heran, die immer häufiger in Konflikt mit den konservativen Kadern der alten, proletarischen Politikergeneration gerieten.
Die industrielle Produktion wuchs auf dieser Grundlage auch im Ostblock deutlich an, in der DDR zwischen 1970 und 1974 sogar um 30 %. Auch die Versorgung mit Konsumgütern – z. B. Kühlschränken, Waschmaschinen, Fernsehgeräten, Autos – verbesserte sich. Der Wohnungsbau wurde gefördert, Löhne und Renten erhöht, Arbeitszeiten – besonders für Frauen mit Kindern – verkürzt.
Mit dem globalen Konjunktureinbruch seit Mitte der 1970er-Jahre und der Weltwirtschaftskrise von 1979 bis 1982, die im Westen mit der beginnenden Digitalisierung einen tief greifenden Strukturwandel auslösten, gerieten die autoritären Versorgungssstaaten des Ostens aber in eine existenzbedrohende Wirtschaftskrise. Gegenüber der Forschungs- und Technologieoffensive des Westens, die auf Mikroelektronik, Laser- und Satellitentechnik setzte, verloren die Ostblock-Staaten zusehends den Anschluss, obwohl sie seit Mitte der 1970er-Jahre riesige Summen in Mikroelektronik und Datenverarbeitung investierten.

M 9a Sinus-Milieu aktuell: Performer (2021)
Die flexible, global orientierte Leistungselite (Idealtypus)

M 9b Sinus-Milieu aktuell: Postmaterielle (2021)
Die links-liberale, stark postmateriell geprägte obere Mitte (Idealtypus)

M 10 Bindungskraft der Volksparteien in der BRD

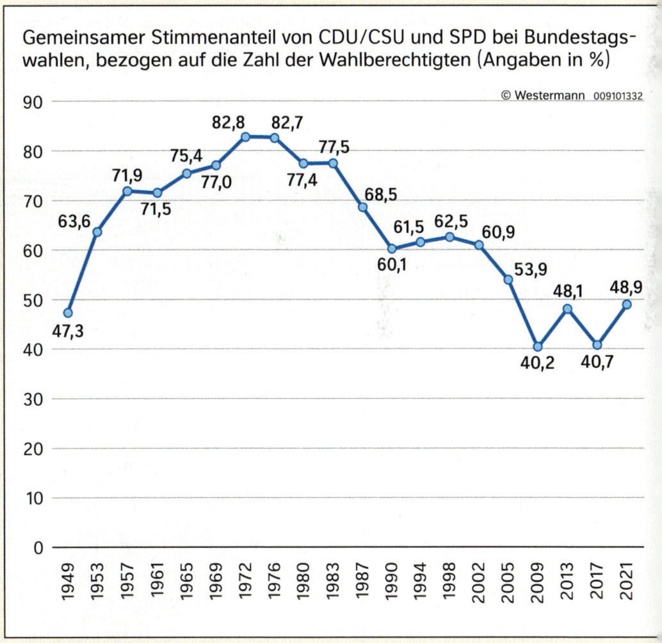

(Nach: Frank Decker, Parteiensystem und Koalitionsbeziehungen seit der deutschen Vereinigung; in: BpB (Hg.), Informationen zur politischen Bildung, Nr. 37/2021, S. 11, aktualisiert)

M 11 Pluralisierung und Postmaterialismus

Aus einem Buch des deutschen Politikwissenschaftlers Klaus Detterbeck (2021):

Mit der generellen Steigerung des Lebensstandards, höherer sozialer Mobilität, einem Ausbau des öffentlichen Dienstes und besseren Bildungschancen für die unteren Schichten sank die [gesellschaftliche] Geschlossenheit [...]. Lebenswege wurden individueller. Dies brachte eine stärkere Differenzierung und Pluralisierung politischer Orientierungen mit sich, die nun zunehmend weniger durch die soziale Herkunft definiert wurden. [...]

Veränderungen in den Werthaltungen der Bürger, speziell unter den Jüngeren mit höheren Bildungsabschlüssen, brachten zudem neue politische Perspektiven hervor. Postmaterielle Werte, die von stärkerer politischer Partizipation, höherer ökologischer Verantwortung und freierer individueller Entfaltung geprägt sind, wurden für einen Teil der Wählerschaft wichtiger als materielle Werte von Wohlstand und Sicherheit. Die „stille Revolution" fand somit in den Köpfen statt. [...] Sie wurde getragen von Themen des Umweltschutzes, der Emanzipation der Frauen, der Ausweitung politischer Beteiligungschancen, der Wertschätzung multikultureller Heterogenität sowie der internationalen Solidarität mit Blick auf die „Dritte Welt".

(Klaus Detterbeck, Parteien im Auf und Ab, Bonn (bpb) 2021, S. 49 f.)

M 12 Neue Milieus in der Bundesrepublik (Sinus-Milieus 1980)

Sozialmilieus unterscheiden sich vom alten Schichtenmodell dadurch, dass sie nicht nur nach Bildung und Einkommen (hier die y-Achse), sondern auch nach Lebensstilen und Wertorientierungen differenzieren (hier die x-Achse). Milieus können schichtübergreifend sein, ihre Grenzen sind fließend.

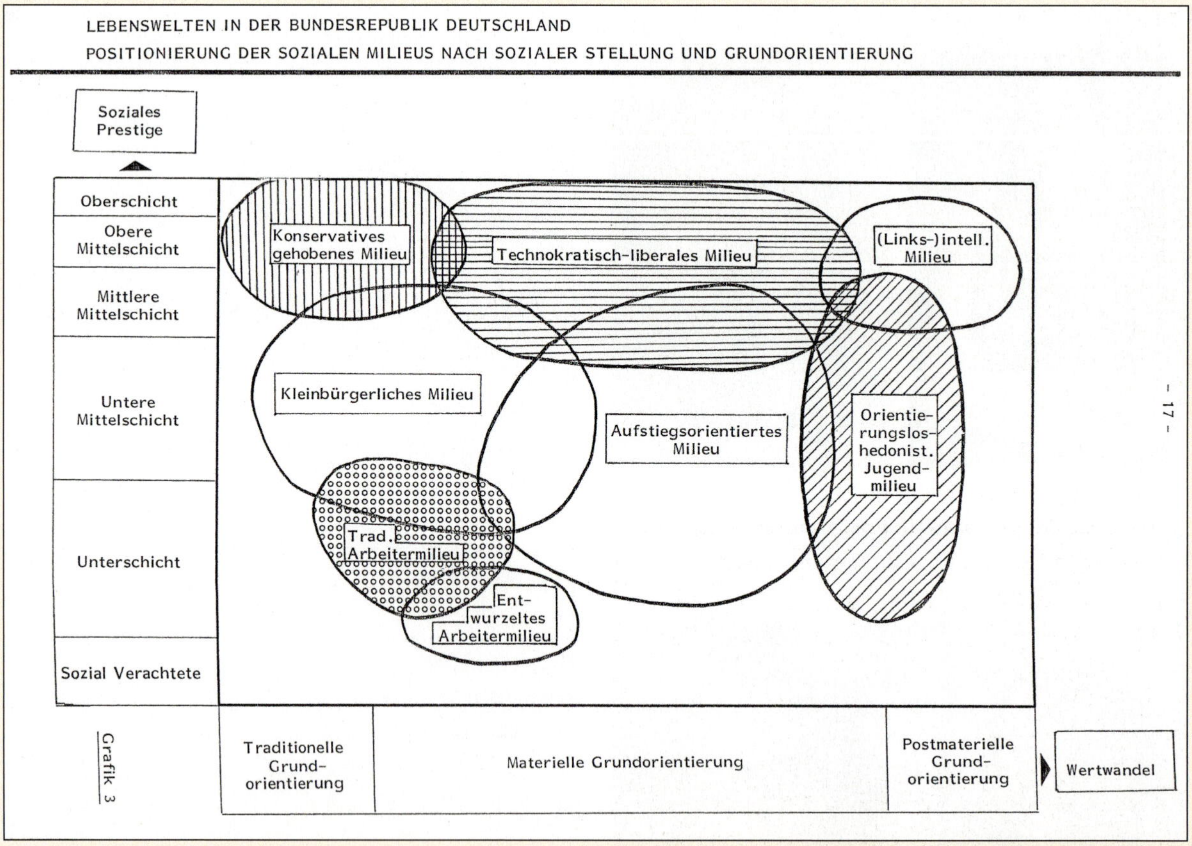

(Quelle: SINUS-Institut, Heidelberg)

M 13 Haushaltsausstattung mit Konsumgütern: BRD und DDR im Vergleich

	BRD 1962	BRD 1988	DDR 1960	DDR 1988
PKW	27 %	68 %	3 %	52 %
Farbfernseher		87 %		53 %
Waschmaschine	34 %	86 %	6 %	66 %
Gefrierschrank	3 %	70 %		43 %
Festnetztelefon	14 %	93 %		16 %

(Nach: Informationen zur politischen Bildung, Nr. 324/April 2014, Sozialer Wandel in Deutschland, Bonn (bpb), S. 11)

M 14 Die DDR-Rockband „Die Puhdys" bei einem Auftritt (1978)

M 15 Punker in der DDR (um 1980)

M 16 „Einheit von Wirtschafts- und Sozialpolitik": Wohnungsbau in Dresden (1970er-Jahre)

M 17 „Einheit von Wirtschafts- und Sozialpolitik" (1976)

Aus dem SED-Programm vom 22.5.1976:

Die Sozialistische Einheitspartei Deutschlands geht davon aus, dass die schrittweise Verbesserung des Lebensniveaus aller Werktätigen hohe Leistungen in der sozialistischen Produktion und ein stabiles Wirtschaftswachstum erfordert. [...] Die Wirtschafts- und Sozialpolitik der Sozialistischen Einheitspartei Deutschlands trägt zur weiteren Annäherung der Klassen und Schichten, zur Verringerung wesentlicher Unterschiede zwischen körperlicher und geistiger Arbeit und zur Annäherung der Lebensbedingungen zwischen Stadt und Land bei. Sie verbindet die Verwirklichung des Leistungsprinzips mit der Minderung der sozialen Unterschiede.

(Zit. nach: Programm und Statut der SED vom 22. Mai 1976, mit einem einleitenden Kommentar von Karl Wilhelm Fricke, Köln (Wissenschaft und Politik) 1976, S. 57 f.)

Tipps und Fragen:

- Welche gesellschaftlichen Veränderungen spiegeln sich im Übergang zu den „neuen Milieus" wider?
- Beschreiben Sie die wirtschaftliche und gesellschaftliche Entwicklung im Ostblock seit den 1970er-Jahren und vergleichen Sie sie mit der Entwicklung in Westeuropa.

Der Feminismus

In Westeuropa vollzog sich seit der 68er-Revolte eine Politisierung breiter Bevölkerungsschichten. Nach den Studierenden und Schülern/Schülerinnen wurden in den 1970er-Jahren „**Neue Soziale Bewegungen**" aktiv, die sich innerhalb der politischen Öffentlichkeit nicht vertreten fühlten und deshalb ihre Teilhaberechte immer unüberhörbarer einklagten. Das galt in erster Linie für die Frauen.

Im Gegensatz zur älteren Frauenbewegung des 19. und 20. Jahrhunderts beschränkte sich die „Neue Frauenbewegung" nicht auf die Forderung nach rechtlicher Gleichstellung (z. B. im Wahlrecht, im Bildungszugang oder im Berufsleben), sondern kritisierte auch die gesellschaftliche Benachteiligung von Frauen (z. B. in der Familie und im Alltag). Eine breite Öffentlichkeit erreichte die Neue Frauenbewegung mit der 1971 begonnenen deutsch-französischen Kampagne gegen das strafrechtliche Verbot der Abtreibung, das Frauen z. B. in Frankreich mit zehn, in Italien mit fünf und in der BRD mit drei Jahren Haft bedrohte. Hunderte französische und deutsche Frauen veröffentlichten Selbstbezichtigungen („Ich habe abgetrieben!") in den Medien, darunter in beiden Fällen viele Prominente (z. B. die Schriftstellerin Simone de Beauvoir und die Journalistin Carola Stern). Sie lösten Fraueninitiativen, Unterschriftensammlungen und Demonstrationen unter der Parole „Mein Bauch gehört mir!" aus. In Italien organisierte z. B. das neu gegründete „Movimento della Liberazione delle Donne Italiane" einen Marsch von 50 000 Frauen auf Rom. Obwohl die katholische Kirche 1968 mit der Enzyklika „Humanae vitae" die Regierungen aufgefordert hatte, das ungeborene Leben unter allen Umständen zu schützen, setzte sich die Neue Frauenbewegung weltweit durch. Folge war eine Legalisierung des Schwangerschaftsabbruchs in mehreren westeuropäischen Ländern, z. B. in der Bundesrepublik 1974, in Frankreich 1975 und in Italien 1978.

Es folgten Gesetzesänderungen z. B. zur Reform des Scheidungsrechts sowie Maßnahmen zur Bekämpfung von Gewalt gegen Frauen, z. B. durch die Einrichtung von Frauenhäusern. Auch eine eigene Frauen-Presse (z. B. „Torchon brûlé" 1971, „Courage" 1976 und „Emma" 1977) entstand. So festigte sich eine feministische Gegenkultur.

Hinzu kamen Frauenquoten für die Besetzung von Führungspositionen, z. B. in Parteien und Wirtschaftsunternehmen. Die Veränderungen, die die Neue Frauenbewegung erkämpfte, schlugen sich jedoch nur langsam auch in der Zusammensetzung der Parlamente nieder. Es entstand in Europa nirgendwo eine „Frauenpartei", die Vertreterinnen ins Parlament gebracht hätte. Frauen bleiben – bis heute – eine parlamentarische Minderheit (2021: 12 % im ungarischen und 47 % im schwedischen Parlament, 35 % im Bundestag).

Bevölkerungsrückgang und Frauenerwerbstätigkeit

Eine weitere Ursache für das Entstehen der Neuen Frauenbewegung war die wachsende Frauenerwerbstätigkeit in Westeuropa seit den 1970er-Jahren. Die ihr zugrunde liegende Bevölkerungsentwicklung in Europa war vom Phänomen der demografischen Alterung geprägt. Neben der gestiegenen Lebenserwartung ging sie auf rückläufige Geburtenraten zurück: Der „Babyboom" war zu Ende. Wurden im Jahr 1965 in der Bundesrepublik, Frankreich und Großbritannien noch ca. 2,5 Kinder pro Frau geboren, waren es 1975 in der BRD nur noch 1,4, in Frankreich 1,7 und in Großbritannien 1,8.

Die wichtigste Ursache für diese Trendumkehr waren steigende Bildungschancen von Frauen und Mädchen durch Bildungsreformen und Bildungsexpansion seit den 1960er-Jahren. Im Zuge des wirtschaftlichen Strukturwandels, der körperlich schwere Industriearbeit immer mehr durch Büroarbeit im Dienstleistungssektor ersetzte, expandierte die Erwerbstätigkeit verheirateter Frauen in der Bundesrepublik zwischen 1950 und 1970 von ca. 25 % auf ca. 50 %. Sie wurde ein wichtiger Katalysator der Frauenemanzipation. Das traditionelle Leitbild aufopferungsbereiter, unbezahlter Familienarbeit geriet in die feministische Kritik, weil berufstätige Frauen sich nicht mehr damit identifizierten. Mit der Erwerbstätigkeit nutzten auch verheiratete Frauen das Angebot moderner Leistungsgesellschaften, Einkommen und Status durch eine qualifizierte Berufsposition zu erlangen und dadurch sozial aufzusteigen.

Frauenbewegung in Osteuropa

Auch in Osteuropa formierten sich jenseits der parteioffiziellen kommunistischen Frauenorganisationen (in der DDR z. B. der „Demokratische Frauenbund Deutschlands) feministische Frauenbewegungen, die aber schwächer waren als im Westen. Anlass war häufig der im Alltag erlebte Widerspruch zwischen der staatlich propagierten Gleichstellung der Frauen und ihrer faktischen Mehrfachbelastung durch Familie, Haushalt und Beruf. Frauen in den Ostblock-Staaten profitierten – anders als im Westen – von der staatlichen Frauenförderung und dem flächendeckenden Ganztagsangebot an Kindergärten und Horten; außerdem bestand seit 1955 in der Sowjetunion und seit 1972 in der DDR eine Fristenregelung bei der Abtreibung. Frauen gingen auch häufiger als Frauen im Westen einer bezahlten Erwerbsarbeit nach, verdienten aber weniger als ihre männlichen Kollegen und konnten nur eingeschränkt beruflich aufsteigen.

In der DDR entstand 1982 z. B. anlässlich einer von der Volkskammer geplanten Novellierung des Wehrdienstgesetzes, das Wehrdienst für Frauen im Kriegsfall vorsah, die autonome Frauengruppe „Frauen für den Frieden“, die in mehreren DDR-Städten Unterorganisationen gründete. Sie verfasste eine von 130 Frauen unterschriebene Protesteingabe an die Volkskammer, in der der Wehrdienst für Frauen grundsätzlich abgelehnt wurde. Der Staatssicherheitsdienst der DDR reagierte mit Bespitzelung und Schikanen gegen die engagierten Frauen, z. B. mit der Kündigung von Arbeitsverträgen.

M18 Das Manifest der 343 (1971)

Titelblatt des „Nouvel Observateur“ (1971): Die Liste der 343 Französinnen, die den Mut haben, das Manifest „Ich habe abtreiben lassen“ zu unterschreiben.

M19 Das feministische Magazin „Emma“ (1977)

M 20 Emanzipation der Frau (1968)

Aus einem Text des „Aktionsrats zur Befreiung der Frau“, West-Berlin 1968:

Die Emanzipation der Frau ist ein Gradmesser der gesamtgesellschaftlichen Emanzipation. Es gibt keine Befreiung der Menschheit ohne die soziale, emotionale sowie ökonomische Unabhängigkeit und Gleichstellung von Mann und Frau. [...]

Kleine Mädchen werden rosa gekleidet, kleine Jungen hellblau. Kleine Mädchen werden zu haushaltsorientiertem Spiel angehalten, kleine Jungen wegen der Puppe ausgelacht. Die Jungen sollen das Haus verlassen, sollen selbstständig werden und Erfahrungen machen. Sich ruhig austoben, auch sexuell. Mädchen lernen bald, die Männer zu erwarten, wenn Vater und Brüder abends heimkommen und wenn das Essen vorbereitet sein muss. Sie identifizieren sich bald mit der Mutter, die über Lob des Vaters glücklich, über seine Unzufriedenheit schuldbewusst ist. [...]

In ihrer Vorbereitung auf die nie zu erreichende Illusion wird die Frau vorwiegend partnerorientiert. Die kapitalistische Gesellschaft unterstützt sie dabei mit Werbung und Entertainment. Von einer aufkommenden Bewusstheit ihrer Situation wird die Frau systematisch abgelenkt. Kleidung, Gehabe, Emotionen der Frau sind schließlich Ausdruck ihrer hochgradigen Partner-Erwartung.

Für den Mann zeigt sich diese erregte Frau als erregendes Lustobjekt. In Filmen und Illustrierten wird ihm diese angeboten. Da er in seiner Erziehung und Beeinflussung zur überwiegenden Sachorientierung gebracht wurde, entspricht das Auswählen, Begutachten, Verbrauchen und Ablegen vom Konsumgut Frau durchaus seiner Art. [...]

Der Mann der kapitalistischen Gesellschaft ist ein emotionsloses Arbeitstier, die Frau ein gefühlshaftes Objekt. Ihre gegenseitigen Rollenerwartungen sind kaum vereinbar. Er ist außenorientiert, arbeitet an sachlichen Problemen, kann sich weiterentwickeln und lernen, während die Frau noch in eine Empfindungsdifferenzierung bis zur Schmerzhaftigkeit verstrickt ist.

Lassen wir uns zudem nicht vormachen, Emanzipation bedeute: dem Mann entsprechend zu werden. Würden wir der vermeintlichen Emanzipation des Mannes in einer autoritären Gesellschaft nacheifern, so wäre das Resultat gesteigerter Konkurrenzkampf, Aggressivität, Brutalität, Selbstunterdrückung. Denken wir daran, dass sich der Mann ebenso wie die Frau aus seiner Rollenfixierung emanzipieren muss.

(Zit. nach: Lutz Schulenburg (Hg.), Das Leben ändern – die Welt verändern, Hamburg (Edition Nautilus) 1998, S. 303 – 307)

M 21 Nein zur Pille

In seiner Enzyklika „Humanae Vitae“ (1968) verurteilte Papst Paul VI. jede künstliche Form der Empfängnisverhütung, also auch die Anti-Baby-Pille, als Sünde.

M 22 Frauen-Demonstration in Karlsruhe für eine Fristenregelung beim Schwangerschaftsabbruch (1983)

Mit der Fristenregelung wird die Straffreiheit bei Schwangerschaftsabbruch bis zur 14. Schwangerschaftswoche gefordert.

M 23 Frauenanteil in Bildung, Beruf und Politik: BRD und DDR (1980er-Jahre)

	BRD	DDR
Studierende an Hochschulen	41 %	59 %
Promotionen	26 %	38 %
Habilitationen	9 %	15 %
Richterinnen	18 %	50 %
Schulleiterinnen	20 %	32 %
Gewerkschaftsmitglieder	25 %	53 %
Betriebsratsvorsitzende	21 %	50 %

(Nach: Matthias Judt (Hg.), DDR-Geschichte in Dokumenten, Bonn (bpb) 1998, S. 215)

M 24 Stand der „Frauen für den Frieden“ beim Kirchentag in der DDR (1983)

Mitglieder der „Frauen für den Frieden“ sammeln Spenden für die Familien von inhaftierten DDR-Wehrdienstverweigerern.

M 25 Frauenbewegung in der DDR: „Frauen für den Frieden“ (1982)

Die DDR-Feministin Ruth Leiserowitz berichtet rückblickend über die Entstehung der autonomen Frauengruppe „Frauen für den Frieden“ in der DDR:

Es begann mit einer gemeinsamen Eingabe zu einem Gesetz, das Frauen in die Armee zwingen sollte. Was bedeutete es, in der DDR eine Eingabe zu schreiben? Eine Eingabe war eine der wenigen Möglichkeiten, sich an staatliche Entscheidungsträger zu wenden, um bestehende Zustände zu kritisieren. Individuell verfasste Eingaben waren die Regel, während kollektiv organisierte zu kritischen politischen Themen durchaus Repressionen zur Folge haben konnten. [...]

Die Eingabe, datiert vom 12. Oktober 1982 und unterschrieben von etwa 130 Frauen aus Ost-Berlin und Halle (Saale), wurde an Partei- und Staatschef Erich Honecker geschickt. [...] Die Eingabe wurde im Januar 1983 wegen Nichtbeantwortung wiederholt. Anlässlich des Friedenstreffens in Dresden am 13. Februar stellten Frauen der Berliner Gruppe „Frauen für den Frieden“ in der Petrikirche unter dem Motto „Die Kraft der Schwachen“ ihr Anliegen dar. In der DDR gründeten sich weitere Gruppen, die friedenspolitisch arbeiten wollten.

Anfang Juli 1983 fand die zweite Berliner Friedenswerkstatt unter dem Motto „Vertrauen wagen“ statt. Die Ost-Berliner „Frauen für den Frieden“ hatten gemeinsam mit den Hallenser Frauen einen eigenen Stand. Sie setzten sich kritisch mit der Zivilverteidigung in der DDR auseinander und zeigten auf, wie stark die Bedrohung durch einen Atomkrieg verharmlost wurde. [...] Nachdem Katrin Eigenfeld, Mitglied der Hallenser Frauengruppe, am 31. August 1983 verhaftet worden war, verfasste die Berliner Frauengruppe ein Protestschreiben.

(Almut Ilsen/Ruth Leiserowitz (Hg.), Seid doch laut! Die Frauen für den Frieden in Ost-Berlin, Berlin (Ch. Links) 2019, S. 11 f., 20 f.)

M 26 Vernetzung

Die Historikerin Jessica Bock über die Vernetzung der DDR-Frauenbewegung mit anderen alternativen DDR-Gruppen:

Bereits ein knappes halbes Jahr nach ihrer Gründung initiierten die Friedensfrauen zusammen mit anderen Vertretern/Vertreterinnen von Leipziger Basisgruppen im Herbst 1984 das Samisdat [Untergrundzeitschrift] „KONTAKTE“. [...] Als Herausgeber fungierte das Jugendpfarramt. In ihrem fünfjährigen Bestehen entwickelte sich „KONTAKTE“ zu einem Forum der Diskussion und des Austauschs zwischen Gruppen wie z. B. der „Arbeitsgruppe Friedensdienst“, den „Frauen für den Frieden“, dem „Friedenskreis der ESG [Evangelische Studentengemeinde]“, der „Initiativgrupe Hoffnung für Nicaragua“, der „Arbeitsgruppe Umweltschutz“, der „Arbeitsgruppe Menschenrechte“, dem „Arbeitskreis Gerechtigkeit“ und dem „Arbeitskreis solidarische Kirche“. Die Friedensfrauen nutzten den 150 Auflagen starken Informationsbrief für ihre „Öffentlichkeitsarbeit“.

(Jessica Bock, Frauenbewegung in Ostdeutschland – Aufbruch, Revolte und Transformation in Leipzig 1980 – 2000, Halle (Mitteldeutscher Verlag) 2020, S. 162)

Tipps und Fragen:

- Stellen Sie die Ursachen für die Entstehung der „Neuen Frauenbewegung“ dar.
- Erläutern Sie die Ziele der „Neuen Frauenbewegung“.
- Vergleichen Sie die Frauenbewegung in West- und Osteuropa.
- Bewerten Sie die Erfolge der Frauenbewegung.

Die ökologische Bewegung

1972 legte der „Club of Rome“, eine unabhängige Vereinigung internationaler Wissenschaftler, Politiker und Unternehmer, unter dem Titel „Grenzen des Wachstums“ einen Bericht „zur Lage der Menschheit“ vor, der erschreckende Zahlen über die in naher Zukunft bevorstehende Verknappung der globalen natürlichen Ressourcen enthielt. In Europa führten die immer deutlicher zutage tretenden ökologischen Probleme zu einem wachsenden Krisenbewusstsein. In der Bundesrepublik trugen Bücher mit hohen Verkaufszahlen nun Titel wie „Ende oder Wende?“, „Ein Planet wird geplündert“ oder „Vom Fortschritt in die Unmenschlichkeit“. Neue global agierende Organisationen (z. B. Friends of the Earth 1969, Greenpeace 1971, Robin Wood 1982) wiesen mit spektakulären, medienwirksamen Aktionsformen auf ökologische Probleme hin (z. B. die Dezimierung bedrohter Tierarten, die Gefährdung des tropischen Regenwalds durch kommerzielle Abholzung oder brutale Methoden beim Walfang und der Tierhaltung). Zahlreiche ökologische Bürgerinitiativen entstanden, die sich zunächst lokaler oder regionaler Umweltprobleme annahmen, z. B. der Wasser- und Luftverschmutzung oder des Waldsterbens. 1973 kandidierten die ersten „ökologischen“ Listen bei Regionalwahlen in Frankreich und Großbritannien, in der Bundesrepublik zogen DIE GRÜNEN 1979 in die ersten Landesparlamente ein und 1983 mit 5,6 % der Stimmen in den Bundestag. 1985 stellten sie in der hessischen Landesregierung mit Joschka Fischer den ersten Minister für Umwelt und Energie. Auch in den Parlamenten anderer westeuropäischer Länder spielten ökologische Parteien eine wachsende Rolle, wenn auch ihr Einzug in die Parlamente etwas länger dauerte als in der Bundesrepublik.

Bürgerinitiativen

Mit dem ökologischen Protest wuchs in Europa auch die Bürgerinitiativen-Bewegung an. In der Bundesrepublik erreichten sie am Ende der 1970er-Jahre ca. 1,8 Millionen Mitglieder, was etwa dem Umfang der politischen Parteien entsprach. Ihr durch Demonstrationen und Bauplatzbesetzungen artikulierter Protest richtete sich zunächst gegen großtechnische Atomenergiekonzepte, insbesondere gegen geplante Kernkraftwerke: 1975 im südbadischen Wyhl sowie wenig später in den west- und norddeutschen Kommunen Brokdorf 1976, Grohnde und Kalkar 1977 sowie Gorleben 1979. Auch in Frankreich und Spanien fanden ab 1977 große Anti-AKW-Demonstrationen statt. Immer mehr Menschen in Europa bezweifelten das staatliche Versprechen sauberer Energiegewinnung durch die Pläne zum massiven Ausbau der Anzahl von Kernkraftwerken.

Hinzu kamen Bürgerinitiativen, die sich anderen Problemen widmeten: Wichtig waren Verkehrsfragen, z. B. durch Straßen- und Flughafenausbau, wofür es gigantische Erweiterungspläne gab: In der Bundesrepublik z. B. war eine Ausdehnung des Autobahnnetzes von ca. 4 000 auf 19 000 km binnen 20 Jahren geplant. Proteste gab es auch gegen die Idee der staatlichen Verkehrsplaner von der „autogerechten Stadt“, in der sich alle Planungsmaßnahmen dem ungehinderten Verkehrsfluss der Autos unterordnen sollten.

Hinzu kamen Probleme der Stadtentwicklung. Geplant wurden riesige Trabantenstädte an den urbanen Peripherien, in denen die Menschen – anstatt in der Innenstadt – wohnen sollten. Während Altstädte dem Flächenabriss zum Opfer fielen, wurden Hochhausareale wie das Märkische Viertel in Berlin oder München-Neuperlach aus dem Boden gestampft. Sie führten zu Folgeproblemen wie Mietsteigerungen, Boden- und Wohnraumspekulation oder Luxussanierungen auf Kosten bezahlbaren Wohnraums. Dagegen protestierten Mitglieder der linksalternativen Szene mit der demonstrativen Besetzung leerstehender Häuser, die von Investoren als Spekulationsobjekte genutzt wurden.

Andere Bürgerinitiativen kämpften für eine bessere Gestaltung des Lebensraums von Kindern und Jugendlichen z. B. durch die Einrichtung von Spielplätzen, Kinderläden und selbstverwalteten Jugendzentren. Auch Fragen der Bildungspolitik, etwa der Eltern- und Schülermitbestimmung in Schulen, nahmen sich Bürgerinitiativen an.

Dissidentenbewegung im Osten

Trotz der Unterdrückung in den kommunistischen Diktaturen entstanden auch im Ostblock Ansätze zu zivilgesellschaftlichem Engagement. In der ČSSR entwickelte sich – anknüpfend an den „Prager Frühling“ 1968 – seit der Mitte der 1970er-Jahre eine **Dissidentenbewegung**, die staatlich garantierte Menschen-, Bürger- und Teilhaberechte forderte. Sie wurde ermutigt durch die blockübergreifende „Konferenz über Sicherheit und Zusammenarbeit in Europa“ (KSZE) 1975 in Helsinki, in deren Schlussakte sich auch die kommunistischen Regierun-

gen auf die Achtung der Menschenrechte und Grundfreiheiten verpflichtet hatten.
An der Spitze der „**Charta 77**"-Bewegung standen der Dichter Václav Havel, Jiří Hajek (im „Prager Frühling" Außenminister) und der Philosoph Jan Patocka. Sie warfen der Regierung der ČSSR vor, die Menschenrechtsartikel der tschechoslowakischen Verfassung und das Helsinki-Protokoll zu missachten. 243 Personen unterzeichneten 1977 das Originaldokument und im Laufe des folgenden Jahrzehnts schlossen sich ihnen mehr als 1 600 weitere an. Das Regime reagierte mit Einschüchterungsversuchen: Man kündigte die Arbeitsverträge der Unterzeichner, erkannte ihnen die Staatsbürgerschaft ab, wies sie aus und verurteilte sie zu teilweise mehrjährigen Haftstrafen. Angesichts dieser rigorosen Unterdrückungspolitik wurde 1978 die zivilgesellschaftliche Hilfsorganisation „Ausschuss zur Verteidigung der zu Unrecht Verfolgten" gegründet, die den Oppositionellen Rechtsbeistand leistete und die Öffentlichkeit über die staatliche Repression durch Flugblätter und eine allmählich entstehende Untergrundpresse (Samisdat, russ. = Selbstverlag) informierte.
Auch in der DDR und der Sowjetunion entstand eine wachsende Dissidentenbewegung. Sie veröffentlichten ihre regimekritischen Stellungnahmen entweder in Organen einer sich ausbreitenden Untergrund-Presse oder über westliche Verlage. Zu den bekanntesten Dissidenten der DDR gehörten Rudolf Bahro und Robert Havemann, die an der DDR als Marxisten den Verrat ihrer humanistischen Ideale kritisierten. Auch Liedermacher wie Wolf Biermann kritisierten in ihren Songs die DDR. Das Regime reagierte mit der Ausbürgerung von Biermann und Bahro, erntete aber öffentliche Kritik: Gegen Biermanns Ausbürgerung protestierten in einem offenen Brief schon einen Tag später 12 prominente DDR-Schriftsteller – darunter Christa Wolf, Jurek Becker, Sarah Kirsch, Franz Fühmann, Günter Kunert, Volker Braun, Stefan Hermlin, Stefan Heym, Heiner Müller. Mehr als 100 weitere Künstler (z. B. Ulrich Plenzdorf, Nina Hagen, Robert Havemann und die Rockband Klaus Renft Combo) folgten, dennoch blieb es bei seiner Ausbürgerung. Auf diesem Weg verließen in den 1970er-Jahren auch viele weitere prominente Musiker, Schauspieler und Schriftsteller die DDR, z. B. der Schauspieler Manfred Krug sowie die Dichter Günter Kunert, Jürgen Fuchs und Erich Loest.
Auch im Ostblock wirkte die ökologische Frage zusehends als Katalysator des politischen Protests. Da der staatlich verordnete Primat für die Grundstoff- und Schwerindustrie (Kohle und Stahl) in ganz Osteuropa zu schweren Umweltbelastungen führte, wurde die wachsende Wasser- und Luftverschmutzung von immer mehr Menschen als Angriff auf das elementare Menschenrecht auf Leben und Gesundheit wahrgenommen. Der Philosoph Wolfgang Harich, der in seinem 1975 im Westen veröffentlichten Buch „Kommunismus ohne Wachstum?" eine ökologische Wende in der DDR forderte, wurde ausgewiesen. Im „Bund der Evangelischen Kirchen" der DDR bildeten sich oppositionelle Gruppen zumeist jugendlicher Christen, die sich für mehr Umweltschutz in der DDR einsetzten. Die neue zivilgesellschaftliche Bewegung erstarkte insgesamt durch die Verbindung mit der Kirche, der einzigen überdauernden vorsozialistischen Institution.
In der Sowjetunion publizierte der Biochemiker Zhorfes A. Medwedjew geheime Untersuchungen über die sowjetische Genetikforschung und einen verheimlichten Atomunfall 1957 auf dem Gelände einer geheimen kerntechnischen Anlage im Ural, worauf er zunächst schikaniert und dann ausgebürgert wurde. Der Kernphysiker und Nobelpreisträger Andrej Sacharow, der „Vater der sowjetischen Wasserstoffbombe", kritisierte als international renommierter Wissenschaftler die Gefahren der sowjetischen Atomforschung und engagierte sich auch bei allgemeinpolitischen Fragen; z. B. kritisierte er die Niederschlagung des „Prager Frühlings" 1968 und den Einmarsch sowjetischer Truppen in Afghanistan 1979. Er wurde mit seiner Frau nach Gorki verbannt. Andere Dissidenten, z. B. die Lyrikerin Natalja Gorbanewskaja, wurden in psychiatrischen Krankenhäusern interniert oder, wie der Publizist Wladimir Bukowski, in Gefängnissen oder Arbeitslagern inhaftiert.

M 27 Sturm auf den Bauplatz für das Atomkraftwerk Wyhl in Südbaden (1976)

M 28 Button der westdeutschen Anti-AKW-Bewegung (1975)

M 29 Wolf Biermann bei einer Solidaritätsveranstaltung in Frankfurt/Main für die Bürgerrechtsbewegung „Charta 77“ (1977)

M 30 Grenzen des Wachstums

Aus dem Bericht des Club of Rome (1972):

Unsere Schlussfolgerungen lauten:

1. Wenn die gegenwärtige Zunahme der Weltbevölkerung, der Industrialisierung, der Umweltverschmutzung, der Nahrungsmittelproduktion und der Ausbeutung von natürlichen Rohstoffen unverändert anhält, werden die absoluten Wachstumsgrenzen auf der Erde im Laufe der nächsten hundert Jahre erreicht. Mit großer Wahrscheinlichkeit führt dies zu einem ziemlichen raschen und nicht aufhaltbaren Absinken der Bevölkerungszahl und der industriellen Kapazität.

2. Es erscheint möglich, die Wachstumstendenzen zu ändern und einen ökologischen und wirtschaftlichen Gleichgewichtszustand herbeizuführen, der auch in weiterer Zukunft aufrechterhalten werden kann. Er könnte so erreicht werden, dass die materiellen Lebensgrundlagen für jeden Menschen auf der Erde sichergestellt sind und noch immer Spielraum bleibt, individuelle menschliche Fähigkeiten zu nutzen und persönliche Ziele zu erreichen.

3. Je eher die Menschheit sich entschließt, diesen Gleichgewichtszustand herzustellen, und je rascher sie damit beginnt, um so größer sind die Chancen, dass sie ihn auch erreicht.

Diese knappen Schlussfolgerungen sind derart weitreichend und werfen so viele Fragen für künftige Forschungen auf, dass auch wir selbst uns von der Größe dieser gigantischen Aufgabe, die hier erledigt werden muss, nahezu überfordert fühlen. Wir hoffen, dass dieses Buch das Interesse der Menschen auf allen Gebieten der Forschung und in allen Ländern der Erde weckt und das Verständnis für die riesige Aufgabe fördert: den Übergang vom Wachstum zum Gleichgewicht.

(Dennis Meadows/Donella Meadows/Erich Zahn/Peter Milling, Die Grenzen des Wachstums – Bericht des Club of Rome zur Lage der Menschheit, Stuttgart (Rowohlt) 1972, S. 11 – 17)

M 31 Grenzen des Wachstums (1972)

M 32 DDR-Künstler gegen die Biermann-Ausbürgerung (1976)

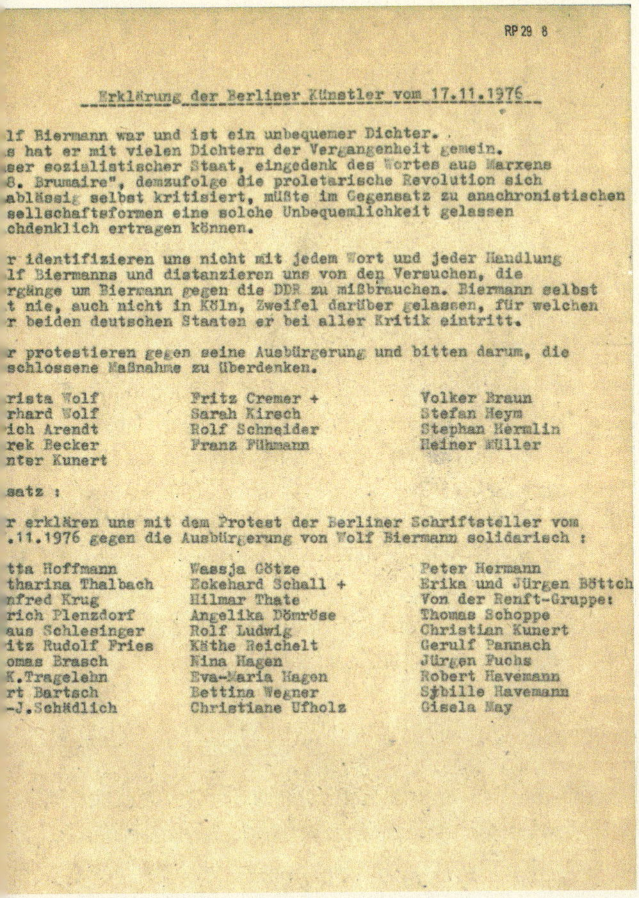

RP 29 8

Erklärung der Berliner Künstler vom 17.11.1976

lf Biermann war und ist ein unbequemer Dichter.
s hat er mit vielen Dichtern der Vergangenheit gemein.
ser sozialistischer Staat, eingedenk des Wortes aus Marxens
8. Brumaire", demzufolge die proletarische Revolution sich
ablässig selbst kritisiert, müßte im Gegensatz zu anachronistischen
sellschaftsformen eine solche Unbequemlichkeit gelassen
chdenklich ertragen können.

r identifizieren uns nicht mit jedem Wort und jeder Handlung
lf Biermanns und distanzieren uns von den Versuchen, die
rgänge um Biermann gegen die DDR zu mißbrauchen. Biermann selbst
t nie, auch nicht in Köln, Zweifel darüber gelassen, für welchen
r beiden deutschen Staaten er bei aller Kritik eintritt.

r protestieren gegen seine Ausbürgerung und bitten darum, die
schlossene Maßnahme zu überdenken.

rista Wolf	Fritz Cremer +	Volker Braun
rhard Wolf	Sarah Kirsch	Stefan Heym
ich Arendt	Rolf Schneider	Stephan Hermlin
rek Becker	Franz Fühmann	Heiner Müller
nter Kunert		

satz :

r erklären uns mit dem Protest der Berliner Schriftsteller vom
.11.1976 gegen die Ausbürgerung von Wolf Biermann solidarisch :

tta Hoffmann	Wassja Götze	Peter Hermann
tharina Thalbach	Eckehard Schall +	Erika und Jürgen Böttch
nfred Krug	Hilmar Thate	Von der Renft-Gruppe:
rich Plenzdorf	Angelika Domröse	Thomas Schoppe
aus Schlesinger	Rolf Ludwig	Christian Kunert
itz Rudolf Fries	Käthe Reichelt	Gerulf Pannach
omas Brasch	Nina Hagen	Jürgen Fuchs
K.Tragelehn	Eva-Maria Hagen	Robert Havemann
rt Bartsch	Bettina Wegner	Sybille Havemann
-J.Schädlich	Christiane Ufholz	Gisela May

(Martin Langebach (Hg.), Protest – Deutschland 1949 – 2020, Bonn (bpb) 2021, S. 222)

M 33 Charta 77 (1977)

Aus dem ins Deutsche übertragenen handschriftlichen Text:

Charta 77 ist eine freie, informelle und offene Gemeinschaft von Menschen verschiedener Überzeugungen, verschiedener Religionen und verschiedener Berufe, verbunden durch den Willen, sich einzeln und gemeinsam für die Respektierung von Bürger- und Menschenrechten in unserem Land und in der Welt einzusetzen – jener Rechte, die den Menschen von beiden kodifizierten internationalen Pakten, von der Abschlussakte der Konferenz in Helsinki, von zahlreichen weiteren internationalen Dokumenten gegen Krieg, Gewaltanwendung und soziale und geistige Unterdrückung zugestanden werden und die zusammenfassend von der „Allgemeinen Erklärung der Menschenrechte" der UN zum Ausdruck gebracht werden.

Charta 77 fußt auf dem Boden der Solidarität und Freundschaft von Menschen, die von der gemeinsamen Sorge um das Geschick der Ideale bewegt werden, mit denen sie ihr Leben und ihre Arbeit verbunden haben und verbinden.

Charta 77 ist keine Organisation, hat keine Statuten, keine ständigen Organe und keine organisatorisch bedingte Mitgliedschaft. Ihr gehört jeder an, der ihrer Idee zustimmt, an ihrer Arbeit teilnimmt und sie unterstützt.

Charta 77 ist keine Basis für oppositionelle politische Tätigkeit. Sie will dem Gemeininteresse dienen wie viele Bürgerinitiativen in verschiedenen Ländern des Westens und des Ostens. Sie will also nicht eigene Programme politischer oder gesellschaftlicher Reformen oder Veränderungen aufstellen, sondern in ihrem Wirkungsbereich einen konstruktiven Dialog mit der politischen und staatlichen Macht führen, insbesondere dadurch, dass sie auf verschiedene konkrete Fälle von Verletzung der Menschen- und Bürgerrechte hinweist, deren Dokumentation verbreitet, Lösungen vorschlägt, die auf Vertiefung dieser Rechte und ihrer Garantien abzielen, und als Vermittler in anfallenden Konfliktsituationen wirken, die durch Widerrechtlichkeit verursacht werden können.

Durch ihren symbolischen Namen betont Charta 77, dass sie an der Schwelle eines Jahres entsteht, das zum Jahr der Rechte politisch Gefangener erklärt wurde und in dessen Verlauf die Belgrader Konferenz die Erfüllung der Verpflichtungen von Helsinki [In der Schlussakte der KSZE-Konferenz in Helsinki 1975 wurde die Achtung der Menschenrechte und Grundfreiheiten vereinbart.] prüfen soll. [...]

Wir glauben daran, dass Charta 77 dazu beitragen wird, dass in der Tschechoslowakei alle Bürger als freie Menschen arbeiten und leben können.

(Offizielle deutsche Veröffentlichung des Gründungstextes in der FAZ vom 7.1.1977)

Tipps und Fragen:

- Vergleichen Sie die Bedeutung der zivilgesellschaftlichen Bewegungen für die politische Entwicklung in West und Ost.
- Bewerten Sie die Auswirkungen der zivilgesellschaftlichen Bewegungen in West und Ost bis heute.

Friedensbewegung in Westeuropa

Nachdem sich der Kalte Krieg in den 1960er-Jahren zunehmend von Europa weg in andere Weltregionen verlagert hatte, wo – z. B. in Vietnam – „Stellvertreterkriege“ geführt wurden, bahnte sich in den 1970er-Jahren eine „neue Eiszeit“ im Verhältnis der Blöcke an. Konflikte entstanden durch den Aufbau eines sowjetischen Stützpunktsystems in Afrika von Somalia über Angola bis Mozambique sowie durch den Einmarsch sowjetischer Truppen in Afghanistan 1979. Als die Sowjetunion in der DDR und Polen neu entwickelte Mittelstreckenraketen stationierte, die Europa sowie Ost- und Südostasien bedrohten, reagierte der Westen mit der Aufstellung eigener Mittelstreckenraketen und der Entwicklung eines Raketenabwehrsystems im Weltraum (Strategic Defense Initiative/SDI). Eine breite Friedensbewegung protestierte aus Angst vor einem Atomkrieg gegen den neuen Rüstungswettlauf der Supermächte mit Großdemonstrationen, an denen ab 1979 Hunderttausende von Menschen in vielen westeuropäischen Städten teilnahmen, z. B. in Bonn, Amsterdam, Den Haag, Brüssel, Kopenhagen, Rom, Madrid und London.

Die Gründung der „GRÜNEN“

Der zunächst nur punktuelle Protest vieler Bürgerinitiativen gegen die friedliche und militärische Nutzung der Kernenergie und die damit verbundenen Gefahren bündelte und erweiterte sich seit der Mitte der 1970er-Jahre zu einem immer breiter werdenden Widerstand gegen Gefahrenpotenziale in Ost und West gleichermaßen: gegen neues Wettrüsten und Atomkriegsgefahr, gegen industriewirtschaftliche Wachstumsideologien sowie gegen die Bürgerferne von Parteien und Parlamenten. Organisatorisches Sammelbecken dieser Initiativen wurden in der Bundesrepublik die 1980 als Bundespartei gegründeten „GRÜNEN“, die mit ihrer Wahlkampfparole „ökologisch – sozial – basisdemokratisch – gewaltfrei“ 1983 erstmals in den Bundestag einzogen. Ab Mitte der 1980er-Jahre gab es auch in den meisten anderen Parlamenten Westeuropas grüne Parteien, die aus den zivilgesellschaftlichen Friedensbewegungen hervorgingen.

Friedensbewegung in Osteuropa

Die Zahl oppositioneller Friedensgruppen nahm seit den 1970er-Jahren auch im Ostblock zu. Sie verstanden sich als Teil der gesamteuropäischen Friedensbewegung und protestierten gegen die Gefahr eines Atomkriegs in Mitteleuropa. In der DDR formierten sie sich unter dem Schutz der Kirchen. Schon 1981 trugen 100 000 DDR-Jugendliche den von dem Jugendpfarrer Harald Brettschneider entworfenen Aufnäher „Schwerter zu Pflugscharen“. Er war auf der evangelischen Friedensdekade 1981 eingeführt und von der SED sofort verboten worden. Die 1982 gegründete Gruppe „Frauen für den Frieden“ schlug die Brücke einerseits zur feministischen Frauenbewegung in der DDR, andererseits zur Friedensbewegung im Westen.

Über die Medien vermittelt, entstanden so jenseits der offiziellen Politik immer engere Verbindungen zwischen zivilgesellschaftlichen Friedensgruppen in West und Ost, die sich gegenseitig unterstützten. So stellten in der Bundesrepublik der „Krefelder Appell“ (1980) und in der DDR der „Berliner Appell“ (1982) ähnliche Abrüstungsforderungen an ihre Regierungen. Die Zivilgesellschaft überwand durch solche blockübergreifenden Kooperationen sogar den „Eisernen Vorhang“.

M 34 Protest gegen US-Mittelstreckenraketen in Bonn (1983)

M 35 Anstecker der westdeutschen Friedensbewegung (1983)

Aufruf zu einer bundesweiten Aktionswoche gegen die NATO-Nachrüstung

M 36 Keine neuen Atomraketen in Europa! (1980)

Aus dem „Krefelder Appell", dem ersten zentralen Dokument der westdeutschen Friedensbewegung:

Die Erwartung, wonach Vereinbarungen zwischen den USA und der Sowjetunion zur Begrenzung der eurostrategischen Waffensysteme noch vor der Stationierung einer neuen Generation amerikanischer nuklearer Mittelstreckenwaffen in Westeuropa erreicht werden könnte, scheint sich nicht zu erfüllen. [...]

Die Teilnehmer am Krefelder Gespräch vom 15. und 16. November 1980 appellieren daher gemeinsam an die Bundesregierung,

- die Zustimmung zur Stationierung von Pershing-II-Raketen und Marschflugkörpern [Cruise Missiles] in Mitteleuropa zurückzuziehen;
- im Bündnis künftig eine Haltung einzunehmen, die unser Land nicht länger dem Verdacht aussetzt, Wegbereiter eines neuen, vor allem die Europäer gefährdenden nuklearen Wettrüstens sein zu wollen. [...]

Alle Mitbürgerinnen und Mitbürger werden deshalb aufgerufen, diesen Appell zu unterstützen, um durch unablässigen und wachsenden Druck der öffentlichen Meinung eine Sicherheitspolitik zu erzwingen, die

- eine Aufrüstung Mitteleuropas zur nuklearen Waffenplattform der USA nicht zulässt;
- Abrüstung für wichtiger hält als Abschreckung;
- die Entwicklung der Bundeswehr an dieser Zielsetzung orientiert.

(Zit. nach: Irmgard Wilharm (Hg.), Deutsche Geschichte 1962–1983, Bd. 2, Frankfurt/M. (Fischer) 1985, S. 209 f.)

M 37 Menschenkette der westdeutschen Friedensbewegung gegen die NATO-Nachrüstung von Stuttgart bis Neu-Ulm (1983)

M 38 Symbol der DDR-Friedensbewegung (1981)

Nach einem Zitat aus der Offenbarung des Propheten Michaias: „Sie werden ihre Schwerter zu Pflugscharen machen. Es wird kein Volk gegen das andere sein Schwert erheben."

M 39 „Schwerter zu Pflugscharen“ (1982)

Aus dem Protokoll der Konferenz der Evangelischen Kirchenleitungen der DDR:

Die Konferenz hat unterstrichen, dass sie in der staatlichen Entscheidung gegen das Symbol der Friedensdekade [„Schwerter zu Pflugscharen“] eine Einschränkung des öffentlichen Zeugnisses der Kirche und eine Einschränkung der Glaubens- und Gewissensfreiheit sehen muss. Sie hat unter Nennung einer Fülle konkreter Fälle dagegen Einspruch erhoben,

- dass das eigenständige christliche Friedenszeugnis als Bildung einer „unabhängigen Friedensbewegung“ verdächtigt wird;
- dass das Tragen des Friedenssymbols „Schwerter zu Pflugscharen“ als Bestreitung der Friedenspolitik der DDR angesehen wird;
- dass seitens der Sicherheitsorgane den Trägern dieses Symbols unterschiedlos missbräuchliche Absichten unterstellt und sie durch weithin unangemessene Maßnahmen kriminalisiert werden.

Die Konferenz hat ihre Betroffenheit darüber zum Ausdruck gebracht, dass bei Eingriffen keine klare Auskunft über die rechtliche Grundlage gegeben wird.

(Zit. nach: Matthias Judt (Hg.), DDR-Geschichte in Dokumenten, Bonn (bpb) 1998, S. 396 f.)

M 40 Fort mit den Waffen! (1982)

Aus dem „Berliner Appell“, dem ersten zentralen Dokument der DDR-Friedensbewegung, verfasst von dem Chemiker Robert Havemann und dem Pfarrer Rainer Eppelmann:

Wenn wir leben wollen, fort mit den Waffen! Und als Erstes: Fort mit den Atomwaffen! Ganz Europa muss zur atomwaffenfreien Zone werden. Wir schlagen vor: Verhandlungen zwischen den Regierungen der beiden deutschen Staaten über die Entfernung aller Atomwaffen aus Deutschland.

Das geteilte Deutschland ist zur Aufmarschbasis der beiden großen Atommächte geworden. Wir schlagen vor, diese lebensgefährliche Konfrontation zu beenden. [...]

Wir wenden uns an die Öffentlichkeit und an unsere Regierung, über die folgenden Fragen zu beraten und zu entscheiden:

a) Sollten wir nicht auf die Produktion, den Verkauf und die Einfuhr von sogenanntem Kriegsspielzeug verzichten?

b) Sollten wir nicht anstelle des Wehrkundeunterrichts an unseren Schulen einen Unterricht über Fragen des Friedens einführen?

c) Sollten wir nicht anstelle des jetzigen Wehrersatzdienstes für Kriegsdienstverweigerer einen sozialen Friedensdienst zulassen?

d) Sollten wir nicht auf alle Demonstrationen militärischer Machtmittel in der Öffentlichkeit verzichten und unsere staatlichen Feiern stattdessen dazu benutzen, den Friedenswillen des Volkes kundzutun?

e) Sollten wir nicht auf die Übungen zur sogenannten Zivilverteidigung verzichten? Da es im Atomkrieg keine Möglichkeit einer sinnvollen Zivilverteidigung gibt, wird durch diese Übungen nur der Atomkrieg verharmlost. Ist es nicht womöglich eine Art psychologischer Kriegsvorbereitung?

(Zit. nach: Wolfgang Büscher (Hg.), Friedensbewegung in der DDR – Texte 1978 – 1982, Hattingen (Scandica) 1982, S. 246 f.)

M 41 Demonstration der „Friedensgemeinschaft Jena“ (DDR 1983)

M 42 Die Friedensbewegung der DDR (1983)

Aus den Erinnerungen einer DDR-Friedensaktivistin (2019):

Bis zum Herbst des Jahres [1983] hegten die Protestierenden in beiden Teilen Deutschlands die Hoffnung, dass sich die Stationierung der Mittelstreckenraketen noch verhindern lasse. So intensivierten sich auch innerhalb der unabhängigen Friedensbewegung der DDR die Bemühungen, sichtbare Proteste zu organisieren. Am 1. September 1983 trafen sich ca. 70 Personen zu einer Mahnwache mit Kerzen (s. M 44). Es sollte eine Menschenkette zwischen der amerikanischen und der sowjetischen Botschaft in Ost-Berlin gebildet werden. Die Mahnwache wurde durch einen Polizeieinsatz auseinandergetrieben, die meisten Beteiligten wurden mehrere Stunden festgehalten und verhört. [...]

Die Ost-Berliner „Frauen für den Frieden" fühlten sich durch ihre internationalen Kontakte in den Kontext der internationalen Protestbewegung eingebunden und beschlossen, ihre Aktivitäten weiterhin parallel zu denen der Frauen aus West-Berlin zu organisieren. Zwischen dem 17. und dem 22. Oktober 1983 fand eine Aktionswoche der Friedensbewegung in der Bundesrepublik und in West-Berlin statt. Der 17. Oktober 1983 war als Widerstandstag der Frauen deklariert worden. Da in einigen Regionen in der DDR bereits Krankenschwestern gemäß dem neuen Wehrdienstgesetz gemustert und mit einem Wehrpass versehen worden waren, beschlossen die Ost-Berliner „Friedensfrauen", sich – als Zeichen des Protestes ganz in Schwarz gekleidet – am 17. Oktober auf dem Postamt Alexanderplatz zu treffen und gemeinschaftlich ihre Verweigerungen per Einschreiben abzusenden. Etwa 40 Frauen folgten dem Aufruf. Die Sicherheitsbehörden griffen ein und nahmen einige Frauen kurzzeitig fest.

(Zit. nach: Almut Ilsen/Ruth Leiserowitz (Hg.), Seid doch laut! Die Frauen für den Frieden in Ost-Berlin, Berlin (Ch. Links) 2019, S. 22 f.)

M 43 Mahnwache der DDR-Friedensbewegung

Menschenkette zwischen den Botschaften der USA und der UdSSR in Ost-Berlin (1983)

M 44 „Frauen für den Frieden" (DDR 1983)

Die DDR-Friedensaktivistin Bärbel Bohley bei der „Friedenswerkstatt" 1983 in der Ost-Berliner Erlöserkirche

Tipps und Fragen:

- Vergleichen Sie die Friedensbewegungen in West und Ost.
- Bewerten Sie die Auswirkungen der Friedensbewegungen in West und Ost bis heute.

21. Ende des „Golden Age" – Krise und Strukturwandel

In den 1970er-Jahren ging in Europa und weltweit das „Golden Age" der wirtschaftlichen Prosperität zu Ende, das in Deutschland als „Wirtschaftswunder", in Italien als „Miracolo economico" bezeichnet worden war und auch den Ostblock erreicht hatte. An die Stelle von Wirtschaftswachstum und Massenkonsum traten globale Krisen und ein tief greifender Wandel in Wirtschaft und Gesellschaft.

M1 Sonntagsfahrverbot (1973)
Autobahnkreuz Duisburg-Kaiserberg am 25.11.1973

Das Ende des Nachkriegsbooms

Am Anfang der 1970er-Jahre wandelte sich das wirtschaftliche Klima in Westeuropa grundlegend. Die besonderen Bedingungen der Nachkriegszeit, die durch den Wiederaufbau nach 1945 in ganz Europa ausgelösten „Trente Glorieuses", liefen aus. Die westeuropäischen Staaten hatten die Kriegsschäden behoben, massiv in Produktionsgüter investiert, viele Konsumbedürfnisse waren befriedigt und die wirtschaftliche Aufholjagd Westeuropas gegenüber den USA war weitgehend ans Ziel gekommen. Das Tempo der wirtschaftlichen Expansion schwächte sich ab, die großen Zuwachsraten gehörten der Vergangenheit an. Es begann nun eine Phase, die durch rückläufiges Wirtschaftswachstum, Inflation, wachsende Arbeitslosigkeit, zunehmende Staatsverschuldung und einen Strukturwandel von alten zu neuen Leitsektoren wie Mikroelektronik oder Biotechnologie gekennzeichnet war.

Nicht verursacht, aber angestoßen wurde der Wandel durch zwei wirtschaftliche Ereignisse: Erstens brach das System fester Wechselkurse, das nach dem Zweiten Weltkrieg unter Führung der USA aufgebaut worden war, zusammen. Das System sah vor, dass der Gegenwert des US-Dollars in Gold garantiert sei. Diese Garantie konnte die US-Notenbank angesichts der immensen Mengen an US-Dollars, die seit den 1950er-Jahren weltweit in Umlauf gebracht und durch die hohen Rüstungsausgaben der USA für den Vietnamkrieg in den 1960er-Jahren nochmals gesteigert worden waren, nicht mehr leisten. Das System der festen Wechselkurse brach zusammen, fortan bestimmten Angebot und Nachfrage auf den Devisenmärkten die Wechselkurse. Die damit verbundenen Turbulenzen verunsicherten die Märkte.

Ein zweiter Punkt war die **Ölkrise**. 1973 beschlossen die arabischen Ölstaaten eine konzertierte Ölpreissteigerung um 172 %. Damit reagierten sie auf den durch US-Unterstützung erzielten Sieg Israels im Yom-Kippur-Krieg und die israelische Besetzung ägyptischen und syrischen Territoriums. Die Ölkrise traf die westliche Wirtschaft, die in den Jahrzehnten zuvor immer mehr von Kohle auf Öl als primärem Energieträger umgestiegen war, vollkommen unvorbereitet und löste einen Schock aus. So sah sich z. B. die Bundesregierung zu rigorosen Einsparungsmaßnahmen beim Öl gezwungen und verhängte für alle Bürger Sonntagsfahrverbote und Geschwindigkeitsbegrenzungen. Als 1979 die zweite Ölkrise folgte, war klar: Billige Energie (durch den Import billigen arabischen Öls) und stabile Währungen (durch den starken US-Dollar) gehörten der Vergangenheit an.

1979 Zweite Ölkrise

1979/81 Beginn der neoliberalen Wirtschaftspolitik in Großbritannien (M. Thatcher) und den USA (R. Reagan)

In Europas Wirtschaft zog nun die zuvor unbekannte „**Stagflation**“ ein: niedrige bzw. negative Wachstumsraten (BRD 1975: –1,1 %) bei Anstieg von Inflation (BRD 1974: 7 %) und Arbeitslosigkeit (BRD 1975: 4,6 %). Kreditfinanzierte staatliche Konjunkturprogramme wirkten nicht ausreichend krisendämpfend und verstärkten darüber hinaus die Staatsverschuldung – in der BRD vervierfachte sie sich zwischen 1970 und 1980 auf 500 Mrd. DM. Außerdem entwickelte sich eine vorher unbekannte „**Sockelarbeitslosigkeit**“: Bei konjunktureller Erholung reduzierte sich zwar die Arbeitslosenquote, erreichte aber nicht das Vorkrisenniveau. Es baute sich vielmehr ein immer größer werdender Sockel an Arbeitslosen auf, die auch in Aufschwungphasen keine Arbeit mehr fanden.

M2 Robotertechnologie bei VW (1983)

Ein Roboter legt das Reserverad in den VW.

Strukturwandel

Parallel zu der krisenhaften Wirtschaftsentwicklung der 1970er-Jahre vollzog sich in Europa ein rascher technologischer Wandel, der begleitet wurde von einer wachsenden **Digitalisierung**: Computer- und Robotertechnik, Gen- und Biotechnologie, Telekommunikation und Mikroelektronik verdrängten die auf Stahl und Kohle beruhende Wirtschaft der „Hochmoderne“.
Die seit etwa 1870 bestehende europäische Industriegesellschaft verwandelte sich in den 1970er-Jahren in eine Dienstleistungsgesellschaft. Um 1980 überflügelte der tertiäre Sektor endgültig den sekundären Sektor, der seit der zweiten Hälfte des 19. Jahrhunderts in Europa bestimmend gewesen war. Durch diese Tertiarisierung vollzog sich in Westeuropa und Nordamerika ein tief greifender **Strukturwandel** der Wirtschaft. Befördert wurde dieser Wandel durch eine zunehmende Internationalisierung von Produktion und Handel (Globalisierung). Mit dem Abwandern vieler Industriearbeitsplätze vor allem nach Asien starben die traditionsreichen Schwerindustrieregionen im Ruhrgebiet, in Mittelengland, Nordfrankreich, Wallonien und im Mittleren Westen der USA. Mit Japan und den asiatischen Schwellenländern wie Korea oder Taiwan, wenig später dann auch China, tauchten aggressive Konkurrenten auf dem Weltmarkt auf, die aufgrund niedriger Löhne industrielle Massengüter billiger produzieren konnten als ihre Mitbewerber in Europa.

Neoliberalismus als Ausweg?

Zur Überwindung von Wachstumsschwäche, „Stagflation“ und Arbeitslosigkeit wandten sich in Westeuropa und Nordamerika viele Regierungen von der keynesianischen Wirtschaftspolitik ab, die die Wirtschaft durch staatliche Regulierung und Stimulierung der Nachfrage in Krisenzeiten (z. B. durch staatliche Bauprojekte und Erhöhung der Sozialausgaben) hatte ankurbeln wollen, aber in den 1970er-Jahren zu hoher Staatsverschuldung geführt hatte. An die Stelle des Keynesianismus trat der **Neoliberalismus**, der in Großbritannien seit 1979 unter der Premierministerin Margaret Thatcher und in den USA seit 1981 unter dem Präsidenten Ronald Reagan zur wirtschaftspolitischen Leitlinie wurde. Die Wirtschaft sollte nun durch Maßnahmen zur Entlastung der Unternehmen stabilisiert werden: freie Marktwirtschaft mit freiem Wettbewerb ohne staatliche Eingriffe im Sinne von Adam Smith (1723–1790), freies Unternehmertum durch Abbau von Flächentarifverträgen und Schwächung der Gewerkschaften, Stärkung der individuellen Verantwortung durch Abbau des Sozialstaats, Entlastung der Unternehmen durch Reduzierung von Steuern und Abgaben, Rückzug des Staates durch Abbau öffentlicher Leistungen (etwa im Bildungs- und Sozialbereich) sowie durch Privatisierung staatlicher Betriebe (z. B. im Bereich der Telekommunikation). Dem allem zugrunde lag der Glaube an die Effizienz der Märkte und das

M3 Computer-Revolution und Arbeitslosigkeit (1978)

Cover: DER SPIEGEL, 17.4.1978

M 4 Arbeitszeitverkürzung: Die 35-Stunden-Woche – ein Mittel gegen den Strukturwandel? (1984)

Ein Kennzeichen des Strukturwandels war der Produktivitätszuwachs: Das gleiche Produkt konnte aufgrund des technischen Fortschritts in immer weniger Arbeitsstunden produziert werden. Wenn dieser Produktionsfortschritt nicht durch Mehrproduktion aufgefangen wird (etwa indem mehr Autos produziert und verkauft werden), müssen bei gleichbleibender Arbeitszeit Arbeitskräfte entlassen werden. Durch ihre Forderung nach Verkürzung der Wochenarbeitszeit auf 35 Stunden bei vollem Lohnausgleich wollten die Gewerkschaften angesichts steigender Arbeitslosenzahlen den Arbeitsplatzabbau aufhalten.

rationale Handeln der Marktteilnehmer. Nach der nun vorherrschenden neoliberalen Theorie des Monetarismus war es Aufgabe der (von der Regierung unabhängigen) staatlichen Zentralbanken, durch Steuerung der Geldmenge für Preisstabilität zu sorgen. Die staatliche Wirtschaftspolitik sollte sich auf die Sicherstellung der marktwirtschaftlichen Ordnung beschränken.

Wachsende soziale Ungleichheit

Der wirtschaftspolitische Kurswechsel im Sinne des Neoliberalismus führte zum Übergang von einer nachfrage- zu einer angebotsorientierten Wirtschaftspolitik.Diese führte Ende der 1980er-Jahre zwar zu einer wirtschaftlichen Erholung mit Wirtschaftswachstum und sinkender Inflation. Doch davon profitierten vor allem die Unternehmer und Kapitaleigner. Löhne und Gehälter blieben deutlich hinter den Steigerungsraten der Unternehmensgewinne zurück.

Dabei spaltete sich auch unter den abhängig Beschäftigten der Arbeitsmarkt. Während für qualifizierte Arbeitskräfte im Zuge der Tertiarisierung Vollbeschäftigung oder zusehends sogar Unterbeschäftigung zu verzeichnen war, standen für Arbeitskräfte mit niedrigem Qualifikationsniveau immer weniger Arbeitsplätze zur Verfügung. Zu den nur schwer zu vermittelnden Gruppen auf dem Arbeitsmarkt gehörten ältere und gering qualifizierte Arbeitnehmer, alleinerziehende Frauen und Langzeitarbeitslose. War in den 1950er-Jahren noch von der bevorstehenden „nivellierten Mittelstandsgesellschaft“ (Schelsky) die Rede, so sprachen nun Beobachter von der Entwicklung hin zu einer „**Zwei-Drittel-Gesellschaft**“, weil eine wachsende Minderheit in den westeuropäischen Gesellschaften in „prekäre“ Beschäftigungsverhältnisse geriet und zumindest zeitweise Arbeitslosigkeit, niedrigem Einkommen und Sozialhilfebezug ausgesetzt war.

Das neue Prekariat

Der Anteil der erwerbstätigen Bevölkerung, der in einem Normalarbeitsverhältnis tätig ist – vollbeschäftigt, unbefristet, tariflich geregelt –, ist seit den 1990er-Jahren sukzessive zurückgegangen. Prekär ist die soziale Lage von Menschen, die Gefahr laufen, in die Armut und die damit verbundene soziale Ausgrenzung abzugleiten. Ihr Anteil schwankt in Europa seit 2000 zwischen 22 % und 25 % mit steigender Tendenz: Seit 2011 liegt er über 25 %.

Zu prekären Beschäftigungsverhältnissen zählen vor allem befristete Arbeitsverträge mit geringem Kündigungsschutz, wie z. B. Teilzeitverträge, geringfügige Beschäftigungsverhältnisse (z. B. „Minijobs“), Formen von Leiharbeit, Werkverträge oder Scheinselbstständigkeit. Die Deregulierung des Arbeitsmarkts kommt den Flexibilitätsbedürfnissen der globalen Märkte entgegen, konfrontiert die betroffenen Menschen aber mit der Gefahr sozialen Abstiegs. Der wachsende Anteil dieses „Prekariats“ auf den gespaltenen Arbeitsmärkten gefährdet zusehends die wirtschaftliche und politische Stabilität der westeuropäischen Gesellschaften, denn er führt zum Phänomen der „schrumpfenden Mittelschicht“, die lange Zeit stabilisierend wirkte.

M5 Erwerbstätige in der Bundesrepublik Deutschland nach Wirtschaftssektoren (in %) 1950 – 2019

Jahr	Primärer Sektor	Sekundärer Sektor	Tertiärer Sektor
1950	24,6	42,9	32,5
1960	13,7	47,9	38,3
1970	8,4	46,5	45,1
1980	5,1	41,1	53,8
1990	3,5	36,6	59,9
2000	1,9	28,4	69,7
2010	1,6	24,4	74,0
2019	1,3	24,1	74,6

(Quelle: Statistisches Bundesamt 2022)

M6 Gesamtwirtschaftliche Entwicklung in der BRD 1969 – 1989 (in %)

Jahr	Inflation	AL-Quote	Wachstum BIP
1969	2,1	0,8	7,4
1970	3,3	0,7	5,4
1975	5,9	4,6	-1,1
1980	5,5	3,6	0,9
1985	2,0	8,9	1,9
1989	2,8	7,6	4,2

(Eigene Zusammenstellung nach: Dieter Grosser/Stephan Bierling/Beate Neuss (Hg.), Deutsche Geschichte in Quellen und Darstellungen, Bd. 11, Stuttgart (Reclam) 1996, S. 84 f., 137)

M7a Arbeitslose in der Autostadt Detroit (1980)

M7b Sockelarbeitslosigkeit 1970 – 2000

Der deutsche Arbeitsmarkt war jahrzehntelang geprägt durch eine steigende Sockelarbeitslosigkeit: Nach jedem Konjunkturzyklus blieb ein wachsender Sockel struktureller Arbeitslosigkeit bestehen. Dieser wurde erstmals im Zuge der positiven Entwicklung des Arbeitsmarkts in den Jahren 2006 – 2008 abgebaut.

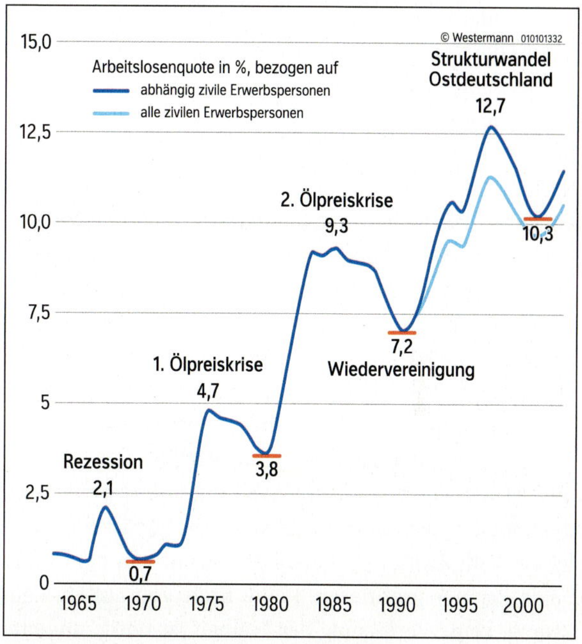

(Datenbasis: Statistik der Bundesagentur für Arbeit)

M8 Sorge um Arbeitsplätze (1981)

Aus dem Bericht zur Lage der Nation von Bundeskanzler Helmut Schmidt am 9.4.1981:

Wir in der Bundesrepublik haben Mühe, die seit 1978 eingetretene abermalige Verdoppelung unserer jährlichen Ölrechnungen auf 60 Mrd. DM zu verkraften. Unter dem Druck von außen werden auch bei uns Bruttosozialprodukt und Volkseinkommen in diesem Jahr real zurückgehen. Das gilt für Industrieunternehmen, das gilt für Banken, das gilt für die Landwirtschaft – und es trifft auch die Arbeitnehmer. Die Sorge um Arbeitsplätze hat zugenommen. [...]

Bei uns – und ähnlich in der DDR – gibt es manchen, der sich Sorgen um seine wirtschaftliche Zukunft macht. Angst um den Frieden, Angst um Sicherheit insgesamt kommen hinzu. [...] Der Beginn der Achtzigerjahre stellt an die Gesellschaft Anforderungen von größerer Bedeutung und von anderer Bedeutung, anderer Qualität als der Beginn der Siebzigerjahre. Die Bürger müssen sich aus dem einseitigen Anspruchsdenken befreien, das die Wachstumsgesellschaft zunächst mit sich gebracht hat.

(Archiv der Gegenwart, Bd. 8, Sankt Augustin (Siegler) 2000, S. 7463 f.)

M9 Neoliberalismus (1979)

Aus einem Buch des amerikanischen Wirtschaftswissenschaftlers und Nobelpreisträgers Milton Friedman, der einer der bedeutendsten Vertreter des Neoliberalismus ist:

Die Geschichte der USA ist die Geschichte eines wirtschaftlichen, aber auch eines politischen Wunders. Dieses Wunder wurde Realität, weil zwei geistige Strömungen in die Praxis umgesetzt werden konnten, die durch ein seltsames Zusammentreffen im gleichen Jahr, nämlich 1776, formuliert und publiziert wurden.

Die eine geistige Strömung ist niedergelegt im „Wealth of Nations“, dem Meisterwerk, das der Schotte Adam Smith als Vater der modernen Volkswirtschaftslehre schuf. Er analysierte die Methode, wie ein Marktsystem die Freiheit von Einzelnen, die ihre eigenen Ziele verfolgen, kombinieren kann mit einem umfassenden Zusammenwirken und einer Zusammenarbeit, die auf wirtschaftlichem Gebiet notwendig ist, um unsere Nahrung, unsere Kleidung, unsere Wohnungen bereitzustellen. Adam Smiths grundsätzliche Überlegung war, dass jeweils beide Partner von einem Austausch profitieren können und dass, solange die Zusammenarbeit ausschließlich freiwillig ist, kein Austausch stattfinden kann, von dem nicht beide Partner profitieren. Keine Kraft von außen, kein Zwang, keine Verletzung der Freiheit ist nötig, um eine Zusammenarbeit von Einzelpersonen zu erreichen, bei der alle Beteiligten profitieren. [...]

Die zweite geistige Strömung nahm ihren Ausgang von der Unabhängigkeitserklärung. Jefferson proklamierte eine neue Nation, die erste in der Geschichte, die aufgebaut war auf dem Grundprinzip, dass jedermann berechtigt sei, seinen eigenen Nutzen zu verfolgen. [...]

Für Smith und Jefferson war die Rolle der Regierung die eines *Schiedsrichters, nicht die eines Beteiligten*! [...] Die Erfahrung der letzten Jahre [vor 1979] – langsameres Wachstum und rückläufige Produktivität – erweckt Zweifel, ob es der private Unternehmergeist weiterhin schaffen wird, die tödlichen Auswirkungen der Verwaltungsherrschaft zu überwinden, wenn wir so weitermachen und der staatlichen Bürokratie immer mehr Macht zugestehen, eine „neue Klasse“ von Verwaltungsbürokraten zu beauftragen, immer größere Teile unseres Einkommens angeblich zu unserem Nutzen auszugeben. Früher oder später – und vielleicht schon früher als manche von uns erwarten – wird eine immer größere Regierungsbürokratie sowohl den Wohlstand zerstören, den wir dem freien Markt verdanken, als auch die persönliche Freiheit, die so überzeugend in der Unabhängigkeitserklärung verkündet wurde. [...]

Wir müssen die *grundlegenden Regeln* unseres Systems verstehen: die *ökonomischen* Regeln von Adam Smith, die zeigen, wie es möglich ist, dass sich ein komplexes, wohlorganisiertes und ruhig funktionierendes System ohne zentralen Befehl entwickeln und blühen kann, wie man Koordination ohne Zwang erreicht; die *politischen* Regeln, wie sie Thomas Jefferson formuliert hat. Wir müssen erkennen, woher es kommt, dass Versuche, die Kooperation durch zentrale Lenkung zu ersetzen, so viel zerstören können, und wir müssen auch die enge Verbindung zwischen politischer und wirtschaftlicher Freiheit erkennen. Glücklicherweise wendet sich das Blatt. In den Vereinigten Staaten, in Großbritannien, in den Staaten Westeuropas und in vielen anderen Staaten rund um die Welt wächst das Bewusstsein, wie gefährlich große Staatsbürokratien sind, wächst die Unzufriedenheit mit den Praktiken, die sie verfolgen.

(Milton Friedman, Chancen, die ich meine, Berlin (Ullstein) 1980, S. 16 f.)

M10 Kritik des Neoliberalismus (2017)

Der deutsche Politikwissenschaftler Christoph Butterwegge kritisiert den Neoliberalismus:

Die von neoliberaler Seite verlangte bzw. vorangetriebene „US-Amerikanisierung“ des Sozialstaates führt zwangsläufig [...] zu einer Pauperisierung bzw. Prekarisierung eines größeren Teils der Bevölkerung, einer forcierten, sich auch sozialräumlich verfestigenden Polarisierung zwischen Arm und Reich sowie einer Peripherisierung ökonomisch weniger leistungsfähiger bzw. demografisch benachteiligter Regionen. Jenseits des Atlantiks ist diese Entwicklung zur extremen sozialen Ungleichheit schon viel klarer ausgeprägt, samt ihren Gefahren für den Zusammenhalt der Gesellschaft, die sich in einer Konflikteskalation, wachsenden Brutalität und steigenden (Gewalt-)Kriminalität, massenhaftem Drogenmissbrauch sowie einer Verwahrlosung der öffentlichen Infrastruktur manifestieren. Damit verbunden wäre eine tiefe Spaltung, die man in den USA seit Langem beobachtet, weil sie das dominante Strukturmerkmal neoliberaler Standort-, Wirtschafts- und Sozialpolitik ist. [...]

Zusammen mit der Individualisierung und der sozialen Polarisierung trägt die neoliberale Leistungsideologie, wonach „jeder seines Glückes Schmied“ ist, zur Entsolidarisierung bei und verhindert, dass eine gemeinsame Abwehrfront zustande kommt. Denn die Armut erscheint teilweise sogar davon unmittelbar Betroffenen nicht als gesellschaftliches Problem, das nur politisch erfolgreich bekämpft werden kann, sondern als selbst verschuldetes Schicksal. [...] Solidarität zerfällt nicht von selbst, wird vielmehr gezielt zerstört. Neoliberal heißt unsozial zu sein, weil der Markt als gesellschaftlicher Regelungsmechanismus vergöttert wird, obwohl er die Gesellschaft ohne Rücksichtnahme auf deren schwächste Mitglieder in Arm und Reich spaltet sowie die Rivalität zwischen und die Brutalität von Menschen fördert, während der Wohlfahrtsstaat abgelehnt wird, welcher für einen gewissen Ausgleich sorgt und ein Mindestmaß an sozialer Sicherheit gewährleistet. Die neoliberale Hegemonie, verstanden als öffentliche Meinungsführerschaft des Marktradikalismus, verschärft aber nicht nur die soziale Asymmetrie, bedeutet vielmehr auch eine Gefahr für die Demokratie. Die neoliberale Globalisierung bietet [...] ein ideales Einfallstor für Versuche zur Unterminierung demokratischer Verfahren und Institutionen [...]. Wer die öffentliche Meinung beherrscht, kann (formal)demokratisch über alles abstimmen lassen. Dies ist ein Grund dafür, weshalb Neoliberale in der Regel kein Problem mit direktdemokratischen Verfahren haben, wenngleich sie klassische Demokratieprinzipien wie Gleichheit oder Selbstbestimmung ablehnen. [...] Neoliberale negieren jedoch noch eine weitere wichtige Voraussetzung der Demokratie: die Berücksichtigung ihrer sozialen Grundlagen und ihres öffentlichen Charakters. Was bleibt, ist die Aufrechterhaltung scheindemokratischer Strukturen – bei substanzieller Aushöhlung demokratischer Praktiken und Prinzipien.

(Christoph Butterwegge u. a., Kritik des Neoliberalismus, Wiesbaden (Springer) 2017, S. 192, 197, 200 ff.)

M 11 Prekariat in Deutschland (2021)

Aus einem SPIEGEL-Bericht vom 19.9.2021 über prekäre Beschäftigungsverhältnisse in Deutschland bis zum 31.12.2020:

Die Inflation in Deutschland steigt, die Löhne dagegen kaum: Mehr als 2,5 Millionen Menschen haben hierzulande weniger als 2 000 Euro brutto im Monat zur Verfügung. Damit ist rund jeder achte Vollzeitbeschäftigte davon betroffen, in Ostdeutschland sogar fast jeder fünfte. Das zeigt die Antwort der Bundesregierung auf eine Anfrage der Linken im Bundestag.

Insgesamt hatten Ende 2020 in Deutschland 2,545 Millionen sozialversicherungspflichtig Vollzeitbeschäftigte nur ein Entgelt von weniger als 2 000 Euro im Monat. In Westdeutschland waren es 1,838 Millionen, also zehn Prozent. In Ostdeutschland kamen 707 000 – 18 Prozent der Vollzeitbeschäftigten – nicht über diese Gehaltsschwelle. Die Regierung beruft sich in ihrer Antwort auf das Statistische Bundesamt.

Niedrig liegen die Löhne etwa seit Jahren bei Reinigungsberufen, in der Gastronomie, Hotellerie oder dem Tourismus. Dies sind auch Bereiche, die teils besonders stark von der Coronapandemie betroffen waren.

(© flg/dpa-AFX)

Arbeitsanregungen

Betrachten Sie M 3 und benennen Sie das dargestellte Problem.

1. Vom Boom zur Krise

a) Stellen Sie Ursachen und Verlauf der Wirtschaftskrise in den 1970er-Jahren dar. (DT 1, M 2/M 5 – M 8)

b) Erläutern Sie die Folgen der Wirtschaftskrise. (DT 2, M 1/M 3 – M 4)

c) Beurteilen Sie, inwieweit sich in den 1970er-Jahren ein „Strukturbruch“ in Nordamerika und Westeuropa vollzog.

2. Neoliberalismus – pro und contra

a) Erklären Sie den Begriff „Neoliberalismus“. (DT 3, M 9)

b) Arbeiten Sie aus M 10 Argumente gegen den Neoliberalismus heraus.

c) Bewerten Sie das Konzept des „Neoliberalismus“.

Erklären Sie den Begriff „Neoliberalismus“ und erläutern Sie seine Bedeutung als Reaktion auf das Ende des Booms. (DT 3)

3. Soziale Folgen der Wirtschaftskrise nach dem Boom

a) Stellen Sie die sozialen Folgen der Wirtschaftskrise nach dem Boom dar. (DT 4)

b) Erklären Sie den Begriff „Prekariat“. (DT 5, M 11)

c) Bewerten Sie die sozialen Folgen der Wirtschaftskrise nach dem Boom.

Diskutieren Sie, inwieweit die Folgen der Wirtschaftskrise nach dem Boom bis in unsere Gegenwart hinein weiterwirken.

22. Europäische Zivilgesellschaft – ein globales Zukunftsmodell?

Das politische und gesellschaftliche Engagement der Bürgerinnen und Bürger in Europa ist seit den 1970er-Jahren gewachsen. Hat zivilgesellschaftliches Engagement die Welt demokratischer gemacht? Ist die Zivilgesellschaft ein Modell für die Zukunft? Wir haben einen emeritierten Professor für Geschichte gefragt, der sich mit dieser Frage lange Zeit intensiv auseinandergesetzt hat.

M1 Interview mit dem Historiker Jürgen Kocka

Jürgen Kocka war bis 2009 Professor für die Geschichte der industriellen Welt an der Freien Universität Berlin.

Was meint der Begriff „Zivilgesellschaft"?

Zur „Zivilgesellschaft" gehören gemeinschaftliche Initiativen, Bewegungen, Organisationen und Netzwerke, Genossenschaften, Vereine und Selbsthilfegruppen, Nachbarschaftsinitiativen und Nichtregierungsorganisationen – Institutionen und Tätigkeitsfelder zwischen Staat, Markt und Privatsphäre. Bei zivilgesellschaftlichen Aktivitäten handelt es sich um freiwillige, im Wesentlichen unentgeltliche, über den privaten Raum hinausreichende Tätigkeiten mit viel Selbstständigkeit und Freiheit, in gemeinschaftlicher Kooperation mit anderen und sehr oft durch Engagement für allgemeinere Zwecke, für Aspekte des Gemeinwohls motiviert, so unterschiedlich dieses auch definiert werden mag. Zivilgesellschaft ist in sich vielfältig, ihre Akteure verfolgen unterschiedliche, oft gegensätzliche Ziele, in ihr finden auch harte Konflikte statt, doch Gewaltlosigkeit gehört zur Definition von Zivilgesellschaft.

Das Spektrum der so umschriebenen Tätigkeiten reicht von der unentgeltlichen Mithilfe beim Deutschunterricht für Zuwanderer über das Ehrenamt im Sportverein und das Engagement in der Kirchengemeinde bis zum Einsatz für Menschenrechte in transnationalen Nicht-Regierungs-Organisationen oder bis zum Mäzenatentum[1] großen Stils, beispielsweise durch die Förderung von Wissenschaft und Kunst.

M2 Ehrenamtlicher Deutschunterricht für Migranten (2020)

Dass man nicht Teil des privaten Lebens ist, sondern irgendeinen Öffentlichkeitsbezug hat; dass man nicht staatlich ist, sondern sich freiwillig engagiert; dass man Leistungen nicht gegen Bezahlung oder im Tausch erbringt, sondern etwas für das Gemeinwohl tut – all das gehört zum verbreiteten Selbstverständnis der zivilgesellschaftlichen Organisationen und Initiativen, die zugleich oft der Geselligkeit ihrer Angehörigen dienen. Aber im Prinzip stellt die Zivilgesellschaft eine eigenständige Arena im öffentlichen Raum dar, sie funktioniert anders als die staatliche Politik oder die gewinnorientierte Marktwirtschaft. Von beiden grenzt sie sich ab.

Der Sport und die Wohlfahrtspflege sind bei uns die größten zivilgesellschaftlichen Bereiche, aber Bildung und Erziehung sowie Kultur und Medien nehmen anteilsmäßig zu. Im Aufwind befindet sich die politische Zivilgesellschaft, also jener kleine Teil, der sich ausdrücklich politischen Zielen widmet. Dies zeigt sich am wachsenden Einfluss von Stiftungen, Wissenschaftlergruppen und Think Tanks[2] auf die politische Willensbildung. Es zeigt sich auch an den Aktionen, mit denen zivilgesellschaftliche Bewegungen – z. B. im Kampf gegen den Kli-

M 3 „Homolulu": Demonstration von Schwulen und Lesben in Frankfurt/Main (1979)

mawandel oder aber als „Querdenker"-Protest gegen behördliche Freiheitseinschränkungen in Zeiten der Pandemie – die Politik des Landes zu beeinflussen suchen, oft in Konkurrenz mit den Institutionen der parlamentarischen Demokratie. Während zivilgesellschaftliche Initiativen und Organisationen meist im lokalen, regionalen und nationalen Rahmen wirken (Klubs und Vereine, die Freiwillige Feuerwehr, gemeinnützige Sozialunternehmen), wenn auch oft mit internationalen Verflechtungen (so z. B. das Rote Kreuz oder die Rotarier), findet der gegenwärtige Aufstieg der politischen Zivilgesellschaft verstärkt im Einsatz für transnationale Ziele und grenzüberschreitend statt – man denke an Amnesty International, Oxfam, Greenpeace oder „Fridays for Future". Innerhalb Europas verdichtet sich die grenzüberschreitende Kooperation zwischen zivilgesellschaftlichen Initiativen.

M 4 Gemeinnützigkeit (2018)

M 5 Sea-Watch: Seenotrettung für Geflüchtete auf dem Mittelmeer (2019)

53 Flüchtlinge rettete die „Sea-Watch 3" am 12. Juni 2019 vor der Küste Libyens. Italien verweigerte dem Schiff die Einfahrt in den Hafen von Lampedusa. Am 29. Juni fuhr Kapitänin Carola Rackete dennoch in den Hafen ein und rettete so die Geflüchteten.

In welcher Beziehung steht das zivilgesellschaftliche Projekt zum Projekt der „bürgerlichen Gesellschaft" des 18./19. Jahrhunderts?

Was in anderen Sprachen seit dem späten Mittelalter als societas civilis, société civile oder civil society bezeichnet wurde, hieß im Deutschen nicht nur Zivilgesellschaft, sondern auch Bürgergesellschaft oder bürgerliche Gesellschaft, in Anspielung auf den Bürger (seltener die Bürgerin) im Sinn von citoyen (und citoyenne). Der Begriff hatte utopischen Gehalt. Denn er meinte, im reformfreudigen Denken der Aufklärung und dann des Liberalismus, eine erst noch zu erarbeitende oder zu erkämpfende zukünftige Gesellschaft, in der die Menschen als mündige citizens selbstständig und frei, ohne obrigkeitsstaatliche Gängelung zusammenleben und sich um das Gemeinwe-

M 6 Besetzung leerstehender Häuser in Berlin (1990)

sen kümmern würden – mit Toleranz für Vielfalt, aber ohne allzu große soziale Ungleichheit.

Aber „Bürger“ meint im Deutschen nicht nur „citizen“, sondern auch „bourgeois“, also nicht nur alle mündigen Subjekte des Gemeinwesens mit bürgerlichen Rechten und Pflichten, sondern auch die Angehörigen einer seit dem 18. Jahrhundert immer wichtiger werdenden, jedoch schmalen, relativ gut gestellten Schicht, nämlich das Besitz- und Bildungsbürgertum. Mit der Aufwertung von Bildung und dem Siegeszug des Kapitalismus wurde diese zweite Bedeutung von „Bürger“ und „bürgerlich“ im 19. Jahrhundert dominant. Damit aber wurde „bürgerliche Gesellschaft“ immer häufiger als bloßer Teilbereich verstanden, als System der Bedürfnisse, der Arbeit, des Marktes, der partikularen Interessen. In der konservativen wie in der sozialistischen Kritik des 19. Jahrhunderts wurde diese abwertende Vorstellung von „bürgerlicher Gesellschaft“ noch einmal radikalisiert, besonders wirksam bei Marx, der sie als Bourgeois-Gesellschaft mit der kapitalistischen Ökonomie als Basis attackierte. Seitdem ist im Deutschen „bürgerliche Gesellschaft“ primär als kritischer, polemischer Begriff eingefärbt und als positiver Bewegungs- und Zielbegriff nicht mehr so recht zu gebrauchen. Als dann in den 1980er-/90er-Jahren „civil society“ zu einem Schlüsselwort antidiktatorischer Kritik in Lateinamerika und vor allem in den Dissidenten-Bewegungen Ostmitteleuropas wurde und dabei seine ehemals positive Wertigkeit kraftvoll zurückgewann, konnte er nicht einfach als „bürgerliche Gesellschaft“ ins Deutsche übertragen werden – zu kritisch-pejorativ[3] waren hier die Obertöne dieses Begriffs. Man wich auf den spröderen, aber nicht negativ belasteten Begriff der „Zivilgesellschaft“ (nur manchmal auf „Bürgergesellschaft“) aus. Tatsächlich steckt viel Bürgerlichkeit in der Zivilgesellschaft, und zwar nicht nur aufgrund der Tradition der älteren aufklärerischen Utopie einer zukünftigen Bürgergesellschaft von gleichberechtigten und gleichverpflichteten citoyens und citoyennes; sondern auch aufgrund von Prägungen durch die „Bourgeosie“, genauer: durch das Besitz- und Bildungsbürgertum des 19. Jahrhunderts. Dessen Kultur, Reformziele und Organisationsfähigkeit – der anfangs vor allem bürgerliche Verein! – prägten und stärkten die sich profilierende Zivilgesellschaft. Allerdings war die realgeschichtliche Basis der Zivilgesellschaft nie ausschließlich bürgerlich, sondern auch gespeist durch die genossenschaftlichen Praktiken von Angehörigen anderer sozialer Schichten und Klassen, beispielsweise der bäuerlichen Dorfgemeinschaften, adliger Zusammenschlüsse, der Bruderschaften von Handwerksgesellen und der Arbeitergewerkschaften. Die größten Emanzipationsbewegungen des 19. Jahrhunderts, die Arbeiter- und Frauenbewegungen, waren Produkte der Zivilgesellschaft.

Wer sind die Feinde der Zivilgesellschaft?

Es gibt viele, aber der wichtigste ist heute die Diktatur. Zwar zeigen historische Beispiele, dass der Widerstand gegen Diktaturen oft in zivilgesellschaftlicher Form stattfand und die Zivilgesellschaft dadurch große historische Bedeutung gewann – so in den Protesten gegen die staats-

M7 1989 – „Sternstunde in der Geschichte der Zivilgesellschaft“

M 8 Bedrohung der Zivilgesellschaft

Bei einer Demonstration für Freiheitsrechte in Moskau wird ein Demonstrant von der Polizei verhaftet (2011).

sozialistischen Diktaturen Mittel- und Osteuropas in den späten 1980er-Jahren. Sie hatten Erfolg. Der große Umbruch von 1989 war eine Sternstunde in der Geschichte der Zivilgesellschaft.

Aber die Geschichte zeigt ebenfalls, und dies wiegt vor, dass starke Diktaturen und autoritäre Politiksysteme – Russland und China als heutige Beispiele – die Zivilgesellschaft kontrollieren, schwächen, beschädigen, reduzieren und in ihrer Existenz gefährden. Um sich voll entfalten zu können, braucht die Zivilgesellschaft nämlich gesicherte Spielräume. Sie leidet unter der Verweigerung von Freiheit, sie erodiert unter dem Druck obrigkeitsstaatlicher Gängelung, sie verkümmert als Folge ungebremster Durchstaatlichung der Lebensverhältnisse, wie sie in Diktaturen möglich ist.

Zwar dienen zivilgesellschaftliche Bewegungen nicht selten undemokratischen Zielen, beispielsweise im Umfeld von Populismus und Fremdenfeindlichkeit. Doch zivilgesellschaftliche Praktiken sind Formen demokratischer Partizipation: vielfältig, dezentral, meist sehr konkret. Wer sich zivilgesellschaftlich engagiert, kümmert sich um mehr als um seine selbstbezogenen Interessen und Belange. Er oder sie tut es eigenständig, mit eigener Kraft, als mündiges Subjekt, jedoch nicht allein, sondern zusammen mit anderen. Zivilgesellschaftliches Engagement ist insofern ein Stück Demokratie. Deshalb wird es von Diktatoren und autoritären Herrschern gefürchtet und bekämpft.

Wird sich die Zivilgesellschaft in der Zukunft weltweit durchsetzen?

Zivilgesellschaft braucht einerseits Räume der Freiheit und andererseits die Stabilisierung durch Regeln. Am ehesten garantiert dies der Rechts- und Verfassungsstaat mit seinen liberal-demokratischen Institutionen, Werten und Praktiken. Doch um dessen weltweite Durchsetzung ist es derzeit nicht gut bestellt. Geprägt durch aufklärerische Traditionen, erfährt der weitere Aufstieg der Zivilgesellschaft viel Gegenwind in einer Zeit, in der Nationalismen, identitäre Partikularitäten und vielfältige Formen von Gewalt erneut stärker werden. Wer auf die globale Verbreitung der Zivilgesellschaft hofft, sollte bereit sein, sich auf längere Zeiträume einzustellen.

---

[1] Mäzenatentum: finanzielle Förderung durch wohlhabendere Personen
[2] Think Tanks: „Denkfabriken", z. B. Stiftungen oder Vereine
[3] kritisch-pejorativ: kritisch-abwertend; identitäre Partikularitäten (rechtsradikale Bewegungen, die sich gegen ethnische Durchmischung wenden)

Arbeitsanregungen

? Diskutieren Sie über Vor- und Nachteile eines großen politischen Engagements der Bürgerinnen und Bürger in einer Demokratie.

1. Arbeiten Sie aus M 1 die Merkmale heraus, die die Zivilgesellschaft kennzeichnen.
2. Vergleichen Sie modernes zivilgesellschaftliches Engagement mit dem Projekt der „bürgerlichen Gesellschaft" des 18./19. Jahrhunderts.
3. „Zivilgesellschaftliche Bewegungen [... dienen] nicht selten undemokratischen Zielen." (Z. 155 f.). Diskutieren Sie, ob zivilgesellschaftliches Engagement in jedem Fall „ein Stück Demokratie" (Z. 165) ist bzw. unter welchen Bedingungen zivilgesellschaftliches Engagement die demokratische Qualität einer Gesellschaft erhöht.
4. Diskutieren Sie über Gefahren für das Projekt der Zivilgesellschaft in Vergangenheit, Gegenwart und Zukunft.

Diskutieren Sie: Welche Bedeutung sollte die Zivilgesellschaft als von Staat und Wirtschaft weitgehend unabhängiger Bereich in Zukunft haben.

23. Der Zusammenbruch des Ostblocks

1989 und 1990 führten in allen Ländern des Ostblocks die zivilgesellschaftlichen Protestbewegungen zum Zusammenbruch der herrschenden kommunistischen Regime. In der Sowjetunion kam es zum Austritt aller Sowjetrepubliken, auch Russlands, aus der „Union der Sozialistischen Sowjetrepubliken“. Die Sowjetunion und der Warschauer Pakt wurden 1991 aufgelöst.

M1 Michail Gorbatschow, Generalsekretär der KPdSU von 1985–1991

Problemdruck im Ostblock

In den 1950er- und 60er-Jahren hatte die Sowjetunion im „Wettkampf der Systeme“ noch Höchstleistungen aufzuweisen, wie z. B. die erfolgreiche erste Erdumkreisung des Satelliten „Sputnik“ 1957. Im **Rüstungswettlauf** erreichte sie in den 1970er-Jahren bei den interkontinentalen Raketen eine militärische Parität mit den USA. Aber die beginnende Digitalisierung Ende der 1970er-Jahre machte das sowjetische **Innovationsdefizit** in der Hochtechnologie offenbar. Immer deutlicher traten in der Sowjetunion wie in den sozialistischen Satellitenstaaten die strukturellen Probleme des Sozialismus zutage: Der Planungsbürokratie in der Zentralverwaltungswirtschaft gelang es nicht, menschliche Arbeit und materielle Ressourcen optimal einzusetzen und gemäß den Bedürfnissen der Bevölkerung zu produzieren (Steuerungsdefizit). Da es keinen Wettbewerb unter Betrieben und Beschäftigten gab, fehlte der Eigennutz als Triebfeder (Motivationsdefizit). Neben den wirtschaftlichen Problemen entstanden zunehmend politische Probleme. Die Bevölkerung wurde in ihren Freiheitsrechten beschnitten und die politische Führung lag in den Händen einer überalterten Kadergeneration. Hinzu traten weitere Probleme wie Korruption und verbreiteter Alkoholismus. Außerdem band der Primat der Rüstung einen großen Teil der wissenschaftlichen Kapazitäten. Auch der globale **Strukturwandel** hin zur postindustriellen Dienstleistungsgesellschaft verschärfte die ökonomischen Rahmenbedingungen nicht nur in der Sowjetunion, sondern im gesamten Ostblock dramatisch, was zu **Versorgungskrisen** und zu einer wachsenden **Staatsverschuldung** führte. Die **Umweltverschmutzung** nahm durch Raubbau an der Natur und fehlende Umwelttechnologien rasant zu.

Reformen unter Gorbatschow

M2 Abrüstung
Der amerikanische Präsident Ronald Reagan (l.) und der Generalsekretär der KPdSU Michail Gorbatschow stoßen am 8. Dezember 1987 in Washington auf den INF-Vertrag an.

Bewegung in dieses lähmende Geflecht von Problemen schien 1985 der Amtsantritt des 54-jährigen Michail Gorbatschow als neuer sowjetischer Staats- und Parteichef zu bringen. Gorbatschow erkannte die Ursache für die wirtschaftlichen Schwächen des kommunistischen Systems in der Ineffizienz der Zentralverwaltungswirtschaft. Er versuchte, den dringend notwendigen Strukturwandel durch Umgestaltung und Modernisierung von Wirtschaft und Politik zu erreichen, die er mit seinem Programm von **Glasnost** (russ. = Transparenz) und **Perestroika** (russ. = Umgestaltung) verfolgte. So wurden Dissidenten aus der Haft entlassen, Demonstrationen zugelassen und den Kirchen eine größere Handlungsfreiheit eingeräumt. Perestroika beinhaltete eine schrittweise Zulassung marktwirtschaftlicher Strukturen.
Die wirtschaftliche Erholung blieb jedoch aus. Die neuen Freiheiten führten zu Teuerung, Inflation und Versorgungsengpässen. Auch der Versuch, den Wodkakonsum einzuschränken, scheiterte. Das Reaktorunglück am 26. April 1986 in Tschernobyl offenbarte die dramatische Situation in der Sowjetunion. Nach anfänglichen Vertuschungsversuchen obsiegte zwar „Glasnost“, wodurch aber zugleich auch die Überforderung der Behörden deutlich wurde. Der menschenunwürdige Umgang mit den Opfern der Katastrophe verstärkte die **Legitimitätskrise** des kommunistischen Systems.
Angesichts der sich zusehends verschärfenden Wirtschaftskrise in der Sowjetunion sah Gorbatschow seine dringlichste außenpolitische Aufgabe in der Beendigung des Rüstungswettlaufs, der sich im „Second Cold War“ nochmals intensiviert hatte. Vor allem das immens teure US-Rüstungs-

programm SDI (= Strategic Defense Initiative), das die Errichtung eines Gürtels moderner Raketenabwehrsysteme vorsah, die sowjetische Interkontinentalraketen abfangen sollten und damit die über die Jahre angehäuften Nuklearwaffen auf einen Schlag nutzlos gemacht hätten, stellte die Sowjetunion vor finanziell unlösbare Probleme. In mehreren Abrüstungsgesprächen mit dem US-Präsidenten Ronald Reagan leitete Gorbatschow eine **Entspannungspolitik** ein, in deren Folge im Dezember 1987 im sogenannten INF-Vertrag (= Intermediate Nuclear Forces) die Abrüstung aller in Europa stationierten Mittelstreckenraketen bis 1991 vereinbart wurde.
Auch die Mitglieder der Warschauer-Pakt-Staaten forderte Gorbatschow auf, eigene Reformen im Geist von Perestrojka und Glasnost einzuleiten, wodurch er de facto die Breschnew-Doktrin außer Kraft setzte. Diese ungewohnte Freiheit der Ostblockstatten, jetzt ihren Weg eigener innerer Reformen und ohne Einmischung von außen gehen zu können, wurde später in Anspielung auf das weltbekannt gewordene Lied „My Way“ von Frank Sinatra als **Sinatra-Doktrin** bezeichnet. Sie stieß aber nicht bei allen Ostblockstaaten auf Zustimmung. DDR und ČSSR z. B. befürchteten Destabilisierung und Machtverlust.

M 3 „Osteuropäischer Geleitzug im Winter 1988/89
Karikatur von Karl-Heinz Schoenfeld aus dem „Tagesspiegel“ vom 29.12.1988

Als es im Sommer 1989 in Polen zu teilweise freien Wahlen kam, bei denen die oppositionelle „Solidarność“ alle frei wählbaren Sitze eroberte, und in Ungarn die Grenze zum Westen geöffnet wurde, schritt die Führung der Sowjetunion daher genauso wenig ein wie am 9.11.1989 bei der Öffnung der „Berliner Mauer“ oder bei der „Samtenen Revolution“ in der Tschechoslowakei und beim Sturz der kommunistischen Regime in Bulgarien und Rumänien im November/Dezember 1989.

Solidarność-Bewegung in Polen

Schon vor Gorbatschows Reformpolitik waren in den 1980er-Jahren im gesamten Ostblock Bürgerbewegungen entstanden, die gegen die wirtschaftlichen Verhältnisse und die damit verbundenen ökologischen Folgen sowie für Meinungsfreiheit und ein Ende der kommunistischen Zwangsherrschaft protestierten. Eine Vorreiterolle kam dabei Polen zu, wo es im Sommer 1980 aufgrund drastischer Preissteigerungen für Lebensmittel erneut zu Protesten kam. Diese weiteten sich zu einer landesweiten Streikbewegung gegen das kommunistische Regime aus und führten zur Gründung der unabhängigen Gewerkschaft **Solidarność** (poln. = Solidarität), deren langjähriger Vorsitzender der spätere Friedensnobelpreisträger und polnische Staatspräsident Lech Wałęsa wurde. Nachdem der Widerstand der kommunistischen Regierung, die Gewerkschaft offiziell zuzulassen, gebrochen war, wuchs die Bewegung immer weiter an. Schon 1981 waren ungefähr 10 Millionen Polen Mitglied der unabhängigen Gewerkschaft, fast ein Drittel der Gesamtbevölkerung, darunter sogar Mitglieder der kommunistischen Partei.
Moskau verlangte die Auflösung der Solidarność. Die polnische Regierung reagierte mit der Verhängung des Kriegsrechts (Ausnahmezustand, in dem die öffentliche Sicherheit durch das Militär und unter Einschränkung von Bürgerrechten aufrechterhalten wird) im Dezember 1981 und dem Verbot der Solidarność. Dies konnte den drohenden Einmarsch der Sowjetunion verhindern, wie er 1968 in der Tschechoslowakei erfolgt war. Die zugrunde liegenden Probleme blieben. Wirtschaftsreformen, die die Lage beruhigen sollten, brachten nicht den gewünschten Erfolg.
Nach Aufhebung des Kriegsrechts im Juli 1983 kam es weiterhin zu Massenprotesten, die ihren Höhepunkt in einer zweiten Streikwelle im August 1988 fanden. Die kommunistische Führung musste erneut einlenken und zeigte Bereitschaft, mit den Gewerkschaftsführern zu verhandeln. Die Idee des „Runden Tisches“ war geboren, der die institutionelle Grundlage des evolutionären

M 4 Solidarność
Der polnische Gewerkschaftsführer Lech Wałęsa spricht auf einem Elektrokarren während des Streiks im August 1980 zu Arbeitern der Danziger Lenin-Werft.

M 5 Friedliche Machtübergabe
Der Schriftsteller und Menschenrechtler Václav Havel (von 1989 bis 1992 Staatspräsident der Tschechoslowakei und von 1993 bis 2003 der Tschechischen Republik) und Alexander Dubček, Führer des „Prager Frühlings“ 1968, erfahren am Abend des 24. November 1989 vom Rücktritt des Politbüros der KPČ.

Systemwechsels vom Sozialismus zur liberalen Demokratie bildete. Er übernahm eine Vorbildfunktion für vergleichbare politische Prozesse in den Ländern des Ostblocks. Bei den ersten freien Parlamentswahlen im Sommer 1989 erhielt die inzwischen als Partei zugelassene „Solidarność“ eine überwältigende Mehrheit der Stimmen. Der Solidarność-Berater Tadeusz Mazowiecki wurde am 24. August 1989 zum ersten nichtkommunistischen Regierungschef in Polen seit 42 Jahren ernannt, der Gewerkschaftsführer Lech Wałęsa wurde am 7. Dezember 1990 für fünf Jahre zum Staatspräsidenten gewählt.

„Samtene Revolution“ in der Tschechoslowakei

Auch in der Tschechoslowakei formierte sich Ende der 1980er-Jahre massiver Protest gegen das kommunistische Regime. Anlässlich des 20. Jahrestags der Niederschlagung des „Prager Frühlings“ kam es am 21. August 1988 in Prag zur ersten antikommunistischen Massendemonstration seit 1969, bald darauf auch in Bratislava und anderen Orten. Die Polizei reagierte mit Brutalität und verhaftete zahlreiche Oppositionelle, darunter auch den Schriftsteller Václav Havel, einen der Initiatoren der Bürgerrechtsbewegung **„Charta 77“**. Eine Aufbruchsdynamik breitete sich im Ostblock aus. Nach Reformen im Sommer 1989 in Polen und Ungarn kam es am 17. November 1989 in Prag erneut zu Massendemonstrationen. Die Gewaltexzesse der Polizei führten zu einer breiten Solidarisierungsbewegung innerhalb der Bevölkerung, die sich zehn Tage später zu einem Generalstreik ausweitete. Der Systemwechsel erfolgte in wenigen Wochen und weitgehend gewaltfrei, weswegen man auch von der **„Samtenen Revolution“** spricht. Die Opposition unter Leitung Václav Havels wurde an der Regierung beteiligt und die Grenzbefestigung zu Österreich und zur Bundesrepublik im Dezember abgebaut. Am 29. Dezember 1989 wurde Václav Havel zum Staatspräsidenten gewählt – der politische Umbruch war auch in der Tschechoslowakei vollzogen.

Die „Friedliche Revolution“ in der DDR

Auch die Führung der DDR kämpfte zu Beginn der 1980er-Jahre mit einer wachsenden Staatsverschuldung. Neben den sich seit Mitte der 1970er-Jahren verschärfenden ökonomischen Rahmenbedingungen führte vor allem der von Erich Honecker in den 1970er-Jahren initiierte Ausbau des Wohlfahrtsstaates („Einheit von Wirtschafts- und Sozialpolitik“) zu wachsenden Schulden. Für die Finanzierung der Sozialprogramme musste sich die DDR die nötigen Devisen an den internationalen Kapitalmärkten leihen. So verstärkte man die Exporte von DDR-Waren in den Westen, was wiederum zu einer Versorgungskrise in der DDR führte, wo diese Waren für den Konsum fehlten. Zur Devisenbeschaffung diente auch der Freikauf politischer Häftlinge durch die BRD. Zur fortlaufenden Deckung ihrer Devisenschulden wurden die regelmäßigen Zahlungen aus dem Westen, gepaart mit einzelnen Milliardenkrediten, für die DDR überlebenswichtig. Neben der Versorgungskrise nahm in der DDR die Umweltverschmutzung bedrohliche Ausmaße an und wirkte als Katalysator für die Bildung wachsender **Bürgerbewegungen**. Diese äußerten auch unter dem Motto „Schwerter zu Pflugscharen“ massiv Kritik am Rüstungswettlauf und der Militarisierung in der Kindererziehung der DDR. Die zivilgesellschaftlichen Umwelt- und Friedensgruppen agierten unter dem Dach der evangelischen Kirche, die Versammlungsräume und kircheninterne Veröffentlichungsmöglichkeiten sowie einen begrenzten Schutz gegenüber staatlichen Zugriffen bot.

M 6 „Den Sozialismus in seinem Lauf …“
Karikatur von Horst Haitzinger (BRD) 1989 auf die reformunwillige DDR-Regierung.

Staatliche Unterdrückungsversuche konnten die Bürgerbewegungen nicht mehr stoppen. Vielmehr radikalisierten sie sich und dehnten ihre Forderungen auf die Einführung demokratischer Grundrechte aus – ähnlich wie zuvor schon in der ČSSR („Charta 77") und in Polen („Solidarność"). Innerhalb des Ostblocks erwies sich die DDR-Führung als besonders reformunwillig und isolierte sich dadurch immer mehr. Angesichts ihrer Reformverweigerung wuchs die Enttäuschung vieler Menschen.

M7 Montagsdemonstration in Leipzig am 9.10.1989

Neben die Bürgerbewegung, die innere Reformen forderte, trat die **Ausreisebewegung**, die den Glauben an die Reformierbarkeit der DDR verloren hatte. Dem Ruf der Ausreisewilligen „Wir wollen raus!" stand der Ruf der Reformwilligen gegenüber: „Wir bleiben hier!". Um die Lage zu beruhigen, wich das verunsicherte SED-Regime zurück und erlaubte 1984 mehr als 30000 DDR-Bürgern die legale Übersiedlung in den Westen. Die erhoffte „Ventilfunktion" trat aber nicht ein: Die Zahl der Ausreisewilligen wuchs von Jahr zu Jahr weiter an.
Angesichts dieser Entwicklung verloren die Regimekritiker trotz nach wie vor massiver Überwachung durch die Staatssicherheit zunehmend die Angst vor dem Regime. Das zeigte sich erstmals bei öffentlichen Protesten gegen die Manipulationen der Kommunalwahlen im Frühjahr 1989, die offen als Wahlbetrug angeprangert wurden. Als das reformorientierte Ungarn im Mai 1989 unter Berufung auf das von Gorbatschow eingeräumte Selbstbestimmungsrecht die Grenzbefestigungen zu Österreich abbaute, öffnete sich den Fluchtwilligen in der DDR ein Weg über Ungarn und Österreich in den Westen.
Wenig später kam es auch in China zu Demonstrationen gegen die kommunistische Führung, die jedoch am 3./4 Juni 1989 im Tian'anmen-Massaker (Massaker auf dem Platz des Himmlischen Friedens) in Peking mit äußerster Brutalität niedergeschlagen wurden, wobei es Tausende von Toten gab. Die DDR-Führung lobte diese „chinesische Lösung" demonstrativ, was viele Oppositionelle ein ähnliches Vorgehen in der DDR befürchten ließ. Tausende Ausreisewillige suchten daraufhin im August 1989 Zuflucht in Botschaften der Bundesrepublik, vor allem in Budapest, Prag und Warschau, um ihre Ausreise zu erzwingen. Um Entlastung zu schaffen, wich die SED erneut zurück und ließ über 5000 „Botschaftsflüchtlinge" am 30. September in Sonderzügen über das Territorium der DDR in die Bundesrepublik ausreisen.
Zeitgleich mit der anschwellenden Ausreisebewegung wuchsen die Teilnehmerzahlen an den „Montagsdemonstrationen", die wöchentlich im Anschluss an die Friedensgebete in der Leipziger Nikolaikirche stattfanden. Gegen die gewaltlosen Proteste schritt die DDR-Führung zunächst mit Brutalität und Verhaftungen ein, was die Solidarisierung aber nur verstärkte. Das Ende der DDR zeichnete sich am 9. Oktober in Leipzig ab, als trotz eines drohenden Schießbefehls 70000 Demonstranten gewaltfrei unter den Rufen „Wir sind das Volk!" und „Keine Gewalt!" demonstrierten, ohne dass Sicherheitskräfte eingriffen. Die DDR-Führung schreckte angesichts der massenhaften Proteste vor einer „chinesischen Lösung" zurück. In der Folge überschlugen sich die Ereignisse: Erich Honecker wurde am 18. Oktober zum Rücktritt gezwungen und Anfang November protestierten bereits Hunderttausende auf den Straßen gegen die SED. Die Massenflucht erreichte Rekordzahlen, sodass die SED schließlich kapitulierte und am 9. November die Berliner Mauer öffnete. Damit hatte die **„Friedliche Revolution"** gesiegt.

Zusammenbruch des Kommunismus und Regimewechsel im Ostblock

Vom Baltikum bis nach Rumänien, von der DDR bis zur Sowjetunion – 1989/1990 erlebten alle kommunistischen Staaten einen Systemwechsel weg vom Staatssozialismus. Dieser Umbruch beendete nach 70 Jahren in der Sowjetunion die Herrschaft der kommunistischen Partei und nach 45 Jahren die von der Sowjetunion auf die Länder Osteuropas übertragene Nachkriegsordnung. Diese Revolution schuf neue Hoffnungen, aber auch Unsicherheiten angesichts einer ungewissen Zukunft.

Aufbrüche und Systemwechsel in Osteuropa

M 8 Streik für freie Gewerkschaften in Polen (August 1980)

Gewerkschaftsaktivisten unterstützen die Streikenden der Danziger Werft mit Brot.

(Foto: Boguslaw Nieznalski/European Solidarity Centre)

M 9 „Singende Revolution“: Estländisches Sängerfest in Tallin (September 1988)

Das Singen nationaler und regionaler Lieder war ein in der Sowjetzeit unterdrücktes Zeichen nationaler Eigenständigeit in den Staaten des Baltikums.

(Foto: Verner Puhm/Film Archives of National Archives of Estonia)

M 10 „Samtene Revolution“ in der ČSSR: Knieende Demonstranten in Prag (19. November 1989)

(Foto: Lubomir Katek/East News/AFP)

M 11 Erinnerung an frühere Freiheitskämpfe in Ungarn (15. März 1989)

Demonstration in Budapest zur Erinnerung an die Revolution 1848: Auf den Plakaten wird auch an den Aufstand 1956 erinnert.

(Foto: Krzystof Miller/Agencja Gazeta)

M 12 „High Noon“ mit dem Wahlzettel: Wahlplakat der Freien Gewerkschaft Solidarność zur Parlamentswahl in Polen am 4. Juni 1989

Das Plakat zeigt Gary Cooper aus dem Western „High Noon“. Statt einer Waffe trägt er einen Zettel mit der Aufschrift „Wahlen“.

(Entwurf: Tomasz Sarnecki, Foto: Radu Sighetti/FORUM)

M13 Der „Baltische Weg" (23. August 1989)

Eine über 600 km lange Menschenkette im Baltikum (Litauen, Lettland, Estland)

(Foto: Juri Vendelin/Lehtikuva Oy)

M14 „Friedliche Revolution" in der DDR (9. November 1989)

Jubelnde Menschen auf der Berliner Mauer vor dem Brandenburger Tor

(Foto: ullstein bild/Röhrbein)

M15 Straßenkämpfe in Bukarest/Rumänien (Dezember 1989)

(Foto: Radu Sighetti/FORUM)

M16 „Runder Tisch" in Warschau/Polen (5. April 1989)

Nach dem Vorbild Polens wurden in vielen osteuropäischen Staaten „Runde Tische" eingerichtet, an denen in der Übergangsphase Oppositionsgruppen und Regierungsvertreter berieten.

M17 „Das Wettrüsten gewinnen"

US-Präsident Ronald Reagan im Rückblick auf seine Rüstungsstrategie 1983:

Es war meine feste Absicht, die sowjetische Führung wissen zu lassen, dass wir alles daransetzen werden, um das Wettrüsten zu gewinnen. Wir werden niemals den zweiten Platz akzeptieren. Der große und dynamische Erfolg des Kapitalismus hat uns eine mächtige Waffe im Kampf gegen den Kommunismus in die Hand gegeben: Geld. Die Russen können niemals das Wettrüsten gewinnen. Wir können sie für immer mit unseren finanziellen Mitteln überbieten. Außerdem sind die verschiedenen Anreize des kapitalistischen Systems für uns eine industrielle Basis, um für immer den technologischen Vorsprung zu wahren.

(Zit. nach: Christian Hacke, Zur Weltmacht verdammt, Berlin (Propyläen) 1997, S. 299)

M 18 Ökologische Katastrophe am Aralsee

Aus einem sowjetischen Zeitungsbericht (1989):

Eines der größten abflusslosen Wasserbecken der Welt schrumpft buchstäblich vor unseren Augen zusammen. [...] Blicken wir 30 Jahre zurück: ein blaues, endloses Meer, Fischer, die reiche Fänge von Brassen und Barben anlanden, Bauern, die Berge von Wasser- und Zuckermelonen anbieten. Damals überlegte man: Wenn man am Aralsee einen internationalen Kurort errichtet, kann man von den Gewinnen die Rohbaumwolle im Ausland kaufen, die man damals in der UdSSR dringend brauchte. Aber der Kurort kam nicht, stattdessen baute man in Usbekistan und in anderen mittelasiatischen Republiken mehr und mehr Baumwolle an. Dazu mussten aus dem Amudarja und dem Syrdarja, den wichtigsten Zuflüssen des Aralsees, für die Bewässerung wachsende Wassermengen entnommen werden. Das Ergebnis: Die beiden gewaltigen Ströme fließen nur noch auf Landkarten in den Aralsee. In Wirklichkeit tragen sie in den letzten Jahren so gut wie kein Wasser mehr ins Meer. [...] Der Spiegel des Aralsees sinkt jährlich um rund 90 Zentimeter. Wenn das so weitergeht, wird nach den Prognosen zahlreicher Wissenschaftler gegen Ende dieses Jahrhunderts an der Stelle des Aralsees ein See mit Salzlake von maximal 5000 Quadratkilometern Fläche übrig bleiben — achtmal so groß wie der Bodensee.

(Sowjetunion heute, Nr. 34/1989, Heft 5, S. 16 f.)

M 19 „Menschenunwürdiges Angebot an Konsumgütern“

Der ungarische Historiker György Dalos schreibt über die Wirtschaftskrise im Ostblock 1989:

„Was wird aus der Versorgung der Bevölkerung? Wo sind die Waren des täglichen Bedarfs? Die Lage wird mit jedem Tag schlechter. Wir bitten zu erklären, warum die Rationierung des Zuckerverkaufs von 2 Kilogramm auf 1,5 Kilogramm pro Kopf gesunken ist“, schreiben die Werktätigen aus dem südrussischen Pawlowsk im Herbst 1989 in einem Brief an das Zentralkomitee. „In unserer Stadt sind Haushalts- und Toiletteseifen sowie Waschpulver aus den Regalen verschwunden. Als Zucker zur Mangelware wurde und rationiert werden musste, hatten wir Verständnis für diese Entscheidung. Aber jetzt, wo die lokalen Behörden eine derart miserable Norm für Seife und Waschpulver festgelegt haben, sind wir äußerst empört“, schreiben die Einwohner der ukrainischen Stadt Alexandrowsk. Aus der 70 000 Einwohner zählenden Stadt Apatiti auf der Halbinsel Kola beschwert sich eine junge Mutter: „Ich habe nichts, womit ich den fünf Monate alten Jegorka ernähren könnte. Es gibt in der Stadt weder Kindersäfte noch Fruchtmus oder irgendwelche Breie für Kleinkinder.“ [...]

Die Arbeitsniederlegung der 500 000 Bergarbeiter, die einst zur bestbezahlten sowjetischen Arbeiteraristokratie gehörten, hatte kaum etwas mit dem Inhalt der Lohntüten zu tun. Ausschlaggebend war vielmehr das menschenunwürdige Angebot an Konsumgütern, wobei Konsum hier als ein elementarer Prozess verstanden werden muss, der Arbeitskräften überhaupt die Chance gibt, sich physisch und psychisch zu reproduzieren. [...] Das politische Element dieser Bewegung kam darin zum Ausdruck, dass die Kumpel die Erfüllung ihrer Bedingungen nicht mehr von den lokalen Behörden erwarteten, sondern eine direkte Begegnung mit Gorbatschow anstrebten – sie erklärten sich sogar bereit, die Reisekosten der Moskauer Delegation selbst zu decken.

(György Dalos, Lebt wohl – Genossen! Der Untergang des sowjetischen Imperiums, München (C. H. Beck) 2011, S. 128 ff.)

M 20 „... dass es keinen Schutz gibt gegen den ‚guten Willen‘ der Machthaber“

Aus dem Programm der polnischen Gewerkschaft „Solidarność“ (Oktober 1981):

Die ‚Solidarność‘ vereint viele gesellschaftliche Strömungen, vereint Menschen mit unterschiedlichen politischen und religiösen Überzeugungen und Menschen unterschiedlicher Nationalität. Uns verbindet der Protest gegen die Ungerechtigkeit, gegen den Missbrauch der Macht und die Monopolisierung des Rechts im Namen der gesamten Nation zu sprechen und zu handeln. Uns verbindet der Protest gegen den Staat, der die Bürger wie sein Eigentum behandelt. Wir lehnen es ab, dass die arbeitende Bevölkerung im Konflikt mit dem Staat der authentischen Interessenvertretung beraubt ist, dass es keinen Schutz gibt gegen den ‚guten Willen‘ der Machthaber, die allein über den Grad der Freiheit entscheiden, den sie ihren Bürgern zugestehen. Wir verurteilen, dass unbedingter politischer Gehorsam anstelle von Eigeninitiative und Selbstständigkeit belohnt wird. Uns verbindet die Ablehnung der Lüge im öffentlichen Leben, die Verschwendung der Ergebnisse der harten Arbeit des Volkes.

[...] Grundlage des Handelns muss die Achtung des Menschen sein. Der Staat muss dem Menschen dienen und darf nicht über ihn herrschen, die Organisierung des Staates muss der Gesellschaft dienen und darf nicht von einer einzigen politischen Partei monopolisiert werden. Der Staat muss so organisiert sein, dass er das Wohl des gesamten Volkes zum Ausdruck bringt.

(Zit. nach: Barbara Büscher u. a. (Hg.), Solidarność – Die polnische Gewerkschaft „Solidarität" in Dokumenten, Diskussionen und Beiträgen 1980 bis 1982, Köln (Bund-Verlag) 1983, S. 297)

M 21 DDR: Wirtschaftsentwicklung bis 1989

a) Bundesrepublik und DDR 1988/89 im Vergleich

	BRD	DDR	Verhältnis DDR/BRD in %
Bevölkerung in Mio.	61,8	16,4	26,5
BIP in Mrd. DM	2.236	230	10,3
BIP pro Kopf in DM	36 200	14 000	38,7
Exporte in Mrd. DM	649,1	48,3	7,4
Importe in Mrd. DM	513,7	49,2	9,6
Anteil der Haushalte mit Auto in %	97	52	53,6
Anteil der Haushalte mit Farbfernseher in %	94	52	55,3
Anteil der Haushalte mit Telefon in %	98	9	9,2

(Eigene Zusammenstellung auf der Basis verschiedener Quellen)

b) Altersstruktur der Ausrüstungen in der Industrie: DDR und BRD 1989 (in %)

Altersgruppe	DDR	BRD
Bis 5 Jahre	27,0	40,2
5 – 10 Jahre	22,4	29,7
10 – 20 Jahre	29,2	24,7
Über 20 Jahre	21,4	5,4

(Nach: Frieder Gebhardt (Hg.), Wirtschaftsatlas neue Bundesländer, Gotha (Perthes) 1994, S. 46)

c) Arbeitsproduktivität in der DDR (BRD = 100 %, in %, geschätzt)

Jahr	Prozent
1950 – 60	44
1960 – 70	34
1970 – 80	33
1980 – 89	20

(Nach: Albrecht Ritschl, Aufstieg und Niedergang der Wirtschaft der DDR – Ein Zahlenbild 1945 – 1989; in: Jahrbuch für Wirtschaftsgeschichte 2/1995, Berlin (De Gruyter), S. 16)

d) Investitionsquote: DDR und BRD (Anteil der Investitionen am Bruttoinlandsprodukt in %)

	DDR	BRD
1970	19,4	26,0
1975	17,1	20,8
1980	16,5	25,9
1985	12,0	22,6
1987	11,4	22,7

(Nach: Deutschland in Zahlen; www.deutschlandinzahlen.de/tab/welt/oeffentliche-haushalte/einnahmen-und-ausgaben-des-staates/investitionsquote [06.12.2021])

e) Auslandsverschuldung der DDR 1970 – 1987 (in Mrd. Mark)

Jahr	Mrd. Mark
1970	2,2
1975	11,0
1980	25,3
1985	30,0
1987	34,7

(Nach: Konrad Jarausch, Die unverhoffte Einheit, Frankfurt/M. (Suhrkamp) 1995, S. 154)

f) Durchschnittliche Exporterlöse der DDR für eine im Inland aufgewendete Mark 1970–1988

Jahr	Exporterlös in DM
1970	0,536
1980	0,454
1985	0,275
1988	0,246

(Nach: Günter Kusch u. a., Schlussbilanz. DDR – Fazit einer verfehlten Wirtschafts- und Sozialpolitik, Berlin (Duncker & Humblot) 1991, S. 54)

In 40 Jahren DDR summiert sich zugleich die vierzigjährige Niederlage des deutschen Imperialismus und Militarismus. Der Sozialismus auf deutschem Boden ist ihm so unerträglich, weil die vordem ausgebeuteten Massen hier den Beweis erbringen, dass sie fähig sind, ihre Geschicke ohne Kapitalisten selbst zu bestimmen. [...]
Wir werden unsere Republik in der Gemeinschaft der sozialistischen Länder, durch unsere Politik der Kontinuität und Erneuerung auch künftig in den Farben der DDR verändern. [...]

(Zit. nach: Neues Deutschland/Organ des Zentralkomitees der Sozialistischen Einheitspartei Deutschlands, 9.10.1989, S. 3 f.)

M 22 Wanderungssaldo der BRD gegenüber der DDR 1949–1989 (inkl. Ost-Berlin)

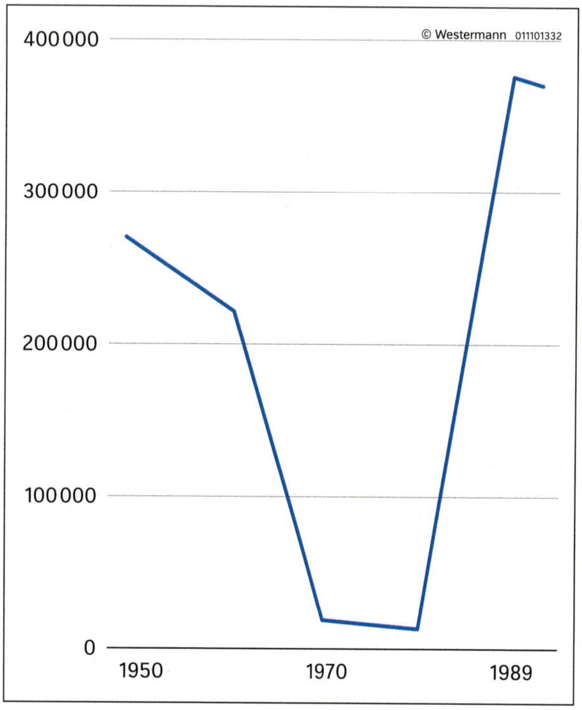

(Quelle: Datenreport 2008, Statistisches Jahrbuch 2018)

M 23 „Höchster Lebensstandard“

Aus der Festansprache von Erich Honecker zum 40. Jahrestag der DDR am 6.10.1989:

Unsere Republik gehört heute zu den zehn leistungsfähigsten Industrienationen der Welt, zu den knapp zwei Dutzend Ländern mit dem höchsten Lebensstandard. [...] Die DDR ist das Werk von Millionen, von mehreren Generationen, die in harter Arbeit ihren Arbeiter- und Bauern-Staat aufgebaut haben, einen Staat mit moderner Industrie und Landwirtschaft, mit einem sozialistischen Bildungswesen, mit aufblühender Wissenschaft und Kultur. [...]

M 24 Für eine Reform der DDR

Aus dem Gründungsaufruf des zivilgesellschaftlichen „Neuen Forums“ am 9.9.1989:

In unserem Lande ist die Kommunikation zwischen Staat und Gesellschaft offensichtlich gestört. Belege dafür sind die weitverbreitete Verdrossenheit bis hin zum Rückzug in die private Nische und zur massenhaften Auswanderung. [...] Auf der einen Seite wünschen wir uns eine Erweiterung des Warenangebots und bessere Versorgung, andererseits sehen wir deren soziale und ökologische Kosten und plädieren für die Abkehr vom ungehemmten Wachstum. Wir wollen Spielraum für wirtschaftliche Initiative, aber keine Entartung in eine Ellenbogengesellschaft. Wir wollen das Bewährte erhalten und doch Platz für Erneuerung schaffen, um sparsamer und weniger naturfeindlich zu leben. Wir wollen geordnete Verhältnisse, aber keine Bevormundung. Wir wollen freie, selbstbewusste Menschen, die doch gemeinschaftsbewusst handeln. Wir wollen vor Gewalt geschützt sein und dabei nicht einen Staat von Bütteln und Spitzeln ertragen müssen. Faulpelze und Maulhelden sollen aus ihren Druckposten [bequemer Posten, auf dem man sich vor Aufgaben „drücken“ kann] vertrieben werden, aber wir wollen dabei keine Nachteile für sozial Schwache und Wehrlose. Wir wollen ein wirksames Gesundheitswesen für jeden; aber niemand soll auf Kosten anderer krankfeiern. Wir wollen an Export und Welthandel teilhaben, aber weder zum Schuldner und Diener der führenden Industriestaaten noch zum Ausbeuter und Gläubiger der wirtschaftlich schwachen Länder werden. [...]
Es kommt in der jetzigen gesellschaftlichen Entwicklung darauf an,
- dass eine größere Anzahl von Menschen am gesellschaftlichen Reformprozess mitwirkt,
- dass die vielfältigen Einzel- und Gruppenaktivitäten zu einem Gesamthandeln führen. [...]

Für eine solche übergreifende Initiative wählen wir den Namen NEUES FORUM. Wir rufen alle Bürger und Bürgerinnen der DDR, die an einer Umgestaltung unserer Gesellschaft mitwirken wollen, auf, Mitglieder des „Neuen Forums" zu werden.

(Zit. nach: Volker Gransow/Konrad Jarausch (Hg.), Die deutsche Vereinigung, Köln (Wissenschaft und Politik) 1991, S. 60 f.)

M 25 Ursachen der „Friedlichen Revolution"

Der britische Historiker Timothy Garton Ash schreibt:

Das Wort Wiedervereinigung schreibt der Historiker Michael Wolffsohn, sollte U-n-g-a-r-n buchstabiert werden; zumindest aber würde es so beginnen. Damit meint er, dass Ungarns Entscheidungen, im Mai 1989 entlang seiner Grenze zu Österreich den buchstäblich Eisernen Vorhang zu demontieren und dann, ab dem 11. September, Flüchtlinge aus der DDR in den Westen ausreisen zu lassen – die unmittelbaren Gründe für den Zusammenbruch des Honecker-Regimes gewesen seien.

Eine solche Behauptung ist natürlich höchst anfechtbar. So mancher würde dagegen argumentieren, dass es erstens eine Vereinigung und keine Wiedervereinigung war und dass diese außerdem G-o-r-b-a-t-s-c-h-o-w buchstabiert werden müsste. Er würde auf den gesamten Hintergrund von Perestroika, Glasnost und der duldsameren sowjetischen Politik gegenüber Osteuropa verweisen und schließlich auf die Bedrängnis, in der sich das Honecker-Regime befand – durch Gorbatschows berühmten Kommentar „Wer zu spät kommt, den bestraft das Leben", vielleicht aber auch bedrängt von direkten und konspirativeren Mitteln.

Eine andere, unter deutschen Politikern beliebte Buchstabierung war nach der Vereinigung: H-e-l-s-i-n-k-i [gemeint ist die KSZE-Konferenz], wohingegen in Amerika und Großbritannien häufig das alternative N-a-t-o vorgezogen wurde.

Andere wiederum schrieben E-u-r-o-p-a und meinten damit in erster Linie die (West-)Europäische Gemeinschaft – die sich selbst einfach als Europa buchstabierte – oder meinten sogar K-a-p-i-t-a-l-i-s-m-u-s. Einige Ostdeutsche würden noch immer L-e-i-p-z-i-g schreiben und damit die großen Demonstrationen im Herbst 1989 meinen. Einige wenige, vor allem in Polen, würden sogar S-o-l-i-d-a-r-n-o-s-c vorschlagen und behaupten, dass diese polnische Bewegung nicht nur durch die versuchte, friedliche, selbstbeschränkte Revolution von 1980/81 den Weg bereitet hatte, sondern auch im Übergang vom Kommunismus, der zu Beginn des Jahres 1989 am Runden Tisch verhandelt wurde.

(Timothy Garton Ash, Im Namen Europas – Deutschland und der geteilte Kontinent, München (Hanser) 1993, S. 503 ff.)

Arbeitsanregungen

? Arbeiten Sie die Aussagen von M 6 heraus. Stellen Sie Fragen zur Reformierbarkeit des Sozialismus.

1. Reformen in der Sowjetunion

a) Arbeiten Sie aus DT 1 die Gründe heraus, die Gorbatschow zu seiner Reformpolitik bewegt haben.

b) Überprüfen Sie die Notwendigkeit der Reformen anhand von M 17- M 19.

2. Aufbrüche in Osteuropa

a) Arbeiten Sie aus M 20 heraus, welche Kritik am Kommunismus geübt wird.

+ **b)** Ergänzen Sie die Kritikpunkte durch weitere aus DT 1 – 4.

3. Die „Friedliche Revolution" in der DDR

a) Charakterisieren Sie die wirtschaftliche Lage der DDR am Vorabend der „Friedlichen Revolution" 1989. (DT 5, M 21)

b) Arbeiten Sie aus M 23 heraus, wie Honecker die DDR legitimiert.

c) Überprüfen Sie seine Argumente, ausgehend von M 21 und M 22.

d) Vergleichen Sie M 23 und M 24.

e) Erörtern Sie, ob die politischen Ziele des „Neuen Forums" (M 24) innerhalb des kommunistischen Systems erreichbar gewesen wären.

Erarbeiten Sie eine Mindmap zum Thema „Der Zusammenbruch des DDR-Regimes 1989".

Betrachten Sie abschließend M 8 – M 16. Diskutieren Sie, ausgehend von M 25, die Ursachen für den Zusammenbruch der kommunistischen Regime im Ostblock.

Vergleichen von Materialien

Bei einem Vergleich können historische Sachverhalte oder Materialien/Aussagen miteinander verglichen werden. Ein Vergleich fragt nach Gemeinsamkeiten und Unterschieden. Er ist in der Regel insofern aufschlussreich, als Gemeinsamkeiten das „Typische" oder „Verbindende", Unterschiede das „Besondere" oder „Spezifische" darstellen.

Der Operator „vergleichen"

Bei historischen Vergleichen werden zwei oder mehrere historische Sachverhalte systematisch im Hinblick auf Ähnlichkeiten und Unterschiede untersucht. Damit ein Vergleich möglich ist, sind gemeinsame Vergleichskriterien notwendig. Das Vergleichskriterium ist die jeweilige Kategorie, die verglichen werden muss. So können beim Vergleich zweier Revolutionen z. B. die Ursachen als Vergleichskriterium herangezogen werden. Ich kann zwei Revolutionen nur dann in dieser Hinsicht vergleichen, wenn ich bei beiden Revolutionen Wissen über die Ursachen habe. Die Güte eines Vergleichs bemisst sich maßgeblich an diesen Vergleichskriterien. Näheres zu historischen Vergleichen finden Sie im Anhang auf S. 269 f.
Sehr häufig finden sich im schriftlichen Abitur Aufgaben, bei denen Sie zwei Materialien miteinander vergleichen müssen (z. B.: „Analysieren Sie M 1 und vergleichen es mit M 2." Oder: „Analysieren Sie M 1 und vergleichen Sie die Grundaussagen mit denen von M 2."). Ein Vergleich von Materialien verlangt in der Regel keine vollständige zweite Analyse, sondern zieht entlang der gewählten Vergleichskriterien Teile der Analyse des ersten Materials heran und vergleicht mit ihnen die entsprechenden Teile des zweiten Materials. Zwei voneinander unabhängige Analysen, die nicht miteinander über Vergleichskritierien in Beziehung gesetzt werden, wären nicht im Sinne der Aufgabenstellung und würden entsprechend auch bei der Korrektur zu deutlichen Einbußen in der Punktebewertung führen.

Kriterien beim Vergleich von Materialien

Vergleichskriterium	Hilfreiche Fragen
1. Formales • Zeit/Entstehungszeit • Materialart • Autor/Auftraggeber • Adressaten	• Sind die Materialien (annähernd) zur gleichen Zeit verfasst? Ist der Zeitunterschied relevant? • Richten sie sich an die gleichen/an unterschiedliche Adressaten? • Verfolgen sie ähnliche/unterschiedliche Zwecke?
2. Thema	• Haben die Materialien das gleiche Thema? • Worin besteht (bei unterschiedlichen Themen) doch ein gemeinsamer thematischer Bezug? • Auf welche historischen Sachverhalte (Ereignis, Entwicklung/Prozess, Person …) beziehen sich die Materialien?
3. Inhalt • Aussagen, Argumente • Perspektive, Zielrichtung • Sprachliche/gestalterische Mittel	• Stimmen wesentliche Aussagen überein? Oder unterscheiden sie sich? • Wird ähnlich oder unterschiedlich argumentiert? • Sind die Grundpositionen gleich/unterschiedlich? • In welcher Weise wird argumentiert (sachlich, polemisch, anklagend, emotional …)? • Jeder Vergleich endet mit einem kurz begründeten Fazit.

M 1 Rede von Erich Honecker, Generalsekretär des Zentralkomitees der SED, auf der Festveranstaltung anlässlich des 30. Jahrestages der DDR, Ost-Berlin, 7. Oktober 1979

Liebe Freunde und Genossen!

Drei Jahrzehnte Deutsche Demokratische Republik erhärten überzeugend die Tatsache, dass die Gründung unseres Staates ein Wendepunkt in der Geschichte unseres Volkes und Europas war. [...] Erstmals entstand ein deutscher Staat, in dem nicht mehr kapitalistische Ausbeuter regieren, sondern die Arbeiter und Bauern. Imperialismus, Militarismus und Revanchismus wurden bei uns mit Stumpf und Stiel beseitigt, die Klassenprivilegien aus der Zeit der kapitalistischen Herrschaft überwunden. Hier ist das Volk der wahre Souverän. [...] Wohl begründet dürfen wir feststellen: In der deutschen Geschichte hat es niemals zuvor einen Staat gegeben, in dem das Volk so frei atmen, die Springquellen des gesellschaftlichen Reichtums für sich erschließen, alle materiellen und geistigen Werte zum eigenen Wohl nutzen und mehren kann wie in unserer Arbeiter-und-Bauern-Macht. In der Deutschen Demokratischen Republik sind die Menschenrechte, vor allem das Recht auf Arbeit, auf Bildung, Erholung und Gesunderhaltung, das Recht auf soziale Sicherheit nicht nur Verfassungsgrundsatz, sondern Realität. An jeden Bürger richtet sich die Aufforderung, mitzuarbeiten, mitzuplanen und mitzuregieren. Das ist reale Demokratie, sozialistische Demokratie. In unserem Staat geschieht entsprechend der Verfassung der DDR nichts um seiner selbst willen, sondern gilt alles Sinnen und Trachten einem glücklichen und friedlichen Leben des Volkes. Mit berechtigtem Stolz blicken die Menschen unseres Landes auf das in drei Jahrzehnten gemeinsam Erreichte, auf die grundlegenden Veränderungen ihres Daseins zum Guten, die sich vollzogen haben.

(Zit. nach: http://www.argus.bstu.bundesarchiv.de/dy30bho/mets/dy30bho_2318/index.htm?target=midosaFraContent&backlink=/dy30bho/index.htm-kid-31bb81fd-db29-4e03-8a13-3554361487b5&sign=2318 [03.01.2022])

M 2 „Jeder folgt freudig Honeckers Aufruf zum Schmuck der Heimat!"

Karikatur von Wolfgang Hicks, BRD 1979

M 3 Mögliche Vergleichskriterien

Vergleichskriterium	M 1	M 2
1. Formales ▹ Autor, Herkunft ▹ Material ▹ Zeit		
2. Thema		
3. Inhalt ▹ Charakterisierung der DDR ▹ Charakterisierung der Menschen in der DDR ▹ Charakterisierung des Festes zum 30. Jahrestag der DDR ▹ Gestalterische Mittel		

Arbeitsanregungen

? Tauschen Sie sich über ihr Vorwissen zum Operator „vergleichen" aus.

Materialien analysieren und vergleichen

a) Beschreiben Sie die Anforderungen des Operators „vergleichen".

b) Informieren Sie sich über die Kriterien beim Vergleich von Materialien.

c) Erstellen Sie eine Lösungsskizze zum zweiten Teil (vergleichen) der folgenden Aufgabe: Analysieren Sie M 1 und vergleichen Sie M 1 mit M 2. Legen Sie dazu eine Tabelle nach dem Muster von M 3 an.

24. Reform der DDR oder Beitritt zur BRD? – Die deutsche Einheit

Nach dem Rücktritt der alten SED-Führung unter Erich Honecker kam schnell die Frage auf, wie es mit der DDR weitergehen sollte. Während die SED versuchte, ihre Parteiprivilegien zu retten, schwebte Teilen der Bürgerbewegung eine Reform der DDR hin zu einem demokratischen Sozialismus vor. Andere hofften, genauso wie Politiker im Westen, auf eine Wiedervereinigung.

M1 Entwurf einer neuen Verfassung für die DDR vom 6. April 1990

Auf der Suche nach einem „dritten Weg"

Der Mauerfall am 9. November 1989 kam für alle Beteiligten völlig überraschend. Niemand hatte ein politisches Konzept für die neue Lage: weder die westlichen Regierungen und die Sowjetunion noch die Bürgerbewegung in der DDR. Neben die SED und die alten „Blockparteien" traten im Herbst 1989 neue Parteien und Organisationen wie die „Sozialdemokratische Partei in der DDR", der „Demokratische Aufbruch" und das „Neue Forum".
Beim „Runden Tisch", der nach dem Vorbild Polens in Ost-Berlin zusammenkam, diskutierten diese Bündnisse mit der noch regierenden SED, die sich im Dezember 1989 in „Partei des Demokratischen Sozialismus" (PDS) umbenannte. Teile der Bürgerbewegung suchten nach einem „dritten Weg" zwischen der alten kommunistischen DDR und der Übernahme des liberalen, kapitalistischen Systems der BRD. Sie erarbeiteten eine neue Verfassung, die den Fortbestand einer souveränen DDR vorsah und sich vor allem durch die Gewährleistung sozialer Grundrechte wie des Rechts auf Arbeit vom Grundgesetz der BRD abheben sollte.

„Wir sind ein Volk!"

Schon Ende November 1989 wurde aber bei den Demonstrationen in ostdeutschen Städten die alte Parole „Wir sind das Volk" durch die neuen Parolen „Wir sind ein Volk" und „Deutschland einig Vaterland" verdrängt. Damit geriet die Vereinigung der DDR mit der BRD unüberhörbar auf die politische Tagesordnung. Die Bürgerbewegungen, die die „Friedliche Revolution" vorangetrieben hatten und ihr Ziel einer reformierten und eigenständigen DDR verfolgten, wurden durch die Mehrheit der Bevölkerung zunehmend an den Rand gedrängt. Auch die Bundesregierung unter Helmut Kohl (CDU) sprach sich für eine schnelle Vereinigung beider deutscher Staaten aus. Der staatliche Einigungsprozess erhielt eine Dynamik, mit der anfangs kaum jemand gerechnet hatte. Eine enorme Ausreisebewegung aus der DDR sowie die DDR-Volkskammerwahl im März 1990 unterstrichen das geringe Interesse der DDR-Bürger an einer Fortführung der staatlichen Trennung.

M2 Protestplakat auf einer Montagsdemonstration am 12.3.1990 in Leipzig

M3 Pressekonferenz, August 1990

Ministerpräsident Lothar de Maiziere mit der stellvertretenden Regierungssprecherin Angela Merkel

Bei dieser ersten und letzten freien Wahl der DDR erhielt die für den Beitritt der DDR zur BRD plädierende „Allianz für Deutschland" 47,8 % der Wählerstimmen. Ihr Spitzenkandidat Lothar de Maizière (CDU) wurde zum ersten demokratisch gewählten Ministerpräsidenten der DDR.

Beitritt der DDR zur Bundesrepublik

Damit war nicht nur die Option einer staatlichen Eigenständigkeit der DDR vom Tisch, sondern auch der von der Bundesregierung bevorzugte Weg zur schnellen Wiedervereinigung nach Art. 23 GG durch einen Beitritt der DDR zur Bundesrepublik und die Ausdehnung des Grundgesetzes auf das Gebiet der bisherigen DDR frei. Die Bürgerrechtsbewegung befürwortete eine Einigung nach Art. 146 GG, die vorsah, dass das von den westdeutschen Ländern beschlossene „Grundgesetz" durch eine „von dem deutschen Volke in freier Entscheidung beschlossene Verfassung" abgelöst werde. Diese Option war von der Entwicklung überholt worden. Am 1. Juli 1990 trat die **Wirtschafts-, Währungs- und Sozialunion** zwischen der Bundesrepublik Deutschland und der DDR in Kraft, die festlegte, dass die DDR das wirtschafts- und sozialpolitische System der Bundesrepublik übernimmt und die D-Mark als alleiniges Zahlungsmittel eingeführt wird. Löhne, Gehälter, Renten und Mieten wurden im Verhältnis 1:1 umgestellt, höhere Sparbeträge im Verhältnis 2:1. In einem Einigungsvertrag, der am 3. Oktober 1990 in Kraft trat, wurde der Beitritt der DDR zur Bundesrepublik nach Artikel 23 des Grundgesetzes beschlossen.

Die außenpolitische Absicherung der deutschen Einheit

Hatten die Siegermächte des Zweiten Weltkriegs USA, Frankreich, Großbritannien und die Sowjetunion noch im Herbst 1989 eher verstimmt auf das Vorpreschen der Bundesregierung in Richtung Wiedervereinigung reagiert, so erkannten auch sie im Laufe des Jahres 1990 die Eigendynamik, die auf eine Wiedervereinigung zuführte. Die USA unterstützten diese Entwicklung unter der Bedingung, dass das vereinte Deutschland der NATO angehören würde. Frankreichs Bedenken konnten durch die Zusage der Einbettung Deutschland in die Europäische Gemeinschaft sowie der Einführung des Euro zerstreut werden. Am schwierigsten gestalten sich die Gespräche mit Großbritannien unter Premierministerin Magret Thatcher, die ein Wiedererstarken Deutschlands in der Mitte Europas befürchtete und erst nach langen Verhandlungen zustimmte. Auch die Sowjetunion äußerte zunächst Bedenken gegen die staatliche Vereinigung und sperrte sich gegen eine NATO-Zugehörigkeit des vereinigten Deutschlands. Der Prozess der deutschen Einheit hätte von der Sowjetunion jedoch nur noch mit militärischer Gewalt gestoppt werden können. Ein Entgegenkommen in militärischen Fragen (z. B. Reduktion der Truppenstärke der Bundeswehr, Garantien für den Abzug der sowjetischen Truppen) und vor allem ein Kredit in Höhe von 20 Milliarden DM bewegten die wirtschaftlich angeschlagene Supermacht der vollen Souveränität eines vereinigten Deutschlands und ihrem NATO-Beitritt zuzustimmen.

Der **Zwei-Plus-Vier-Vertrag** vom 12. September 1990, der zwischen den Regierungen der BRD und der DDR sowie Großbritanniens, Frankreichs, der USA und der Sowjetunion geschlossen wurde, vollendete die deutsche Wiedervereinigung. Sowjetische Truppen wurden aus dem Gebiet der ehemaligen DDR abgezogen und das vereinigte Deutschland bestätigte die Oder-Neiße-Linie als Grenze zu Polen. Es verpflichtete sich zudem zum Verzicht auf ABC-Waffen und zur Verkleinerung der Bundeswehr. Am 3. Oktober 1990, der zum neuen deutschen Nationalfeiertag erklärt wurde, trat die DDR auf Grundlage von Artikel 23 des Grundgesetzes der Bundesrepublik Deutschland bei. Damit war die **deutsche Einheit** vollzogen.

M4 „Einheitsfest" am 3. Oktober 1990 vor dem Reichstag

M5 Einheit als Ergebnis eines Prozesses

Aus dem Drei-Stufen-Plan der Bürgerbewegung „Demokratie jetzt“ vom 14.12.1989:

Nach unserer Überzeugung kann eine „Wiedervereinigung“ durch den Anschluss der Deutschen Demokratischen Republik an die Bundesrepublik Deutschland die deutsche Frage nicht lösen. [...] Diese neue Einheit kann nur das Ergebnis eines Prozesses der gegenseitigen Annäherung und der politischen und sozialen Reformen in beiden deutschen Staaten sein. [...]

Erste Stufe: Durchführung grundlegender politischer und gesellschaftlicher Reformen in der DDR in einem Reformbündnis mit unseren osteuropäischen Nachbarn. [...] Einleitung von sozialen und gesellschaftspolitischen Reformen in der Bundesrepublik Deutschland, die zu mehr sozialer Gerechtigkeit, zur deutlichen Dämpfung der Arbeitslosigkeit und zu mehr Umweltverträglichkeit in Produktion und Konsumtion führen. [...] Einberufung einer deutschen Nationalversammlung aus Bürgerinnen und Bürgern beider Staaten zur Annäherung und demokratischen Willensbildung in der nationalen Frage.

Zweite Stufe: Ausbau des Grundlagenvertrages zwischen der Bundesrepublik und der DDR durch einen Nationalvertrag. Zusammenschluss zu einem Staatenbund und Schaffung einer dualen deutschen Staatsbürgerschaft. [...]

Dritte Stufe: Abschluss der Entmilitarisierung und des Rückzugs der Alliierten Mächte. [...] Volksentscheid über die politische Einheit in einem Bund deutscher Länder. Schaffung einer einheitlichen deutschen Staatsbürgerschaft. International bindende Verpflichtungen zur Mitwirkung am Entstehen einer neuen solidarischen Weltwirtschaftsordnung. International bindende Verpflichtung zur vollen Realisierung einer umweltschützenden Produktionsweise.

(Volker Gransow (Hg.), Die deutsche Vereinigung – Dokumente zu Bürgerbewegung, Annäherung und Beitritt, Köln (Wissenschaft und Politik) 1991, S. 110 f.)

M6 Wahlplakate zur DDR-Volkskammerwahl im März 1990

M 7 Wahlplakat von Bündnis 90 zur DDR-Volkskammerwahl im März 1990

Bündnis 90 war ein Zusammenschluss von Bürgerbewegungen und Oppositionsgruppen der DDR. 1993 vereinigten sie sich mit der Partei der „Grünen" zur Partei BÜNDNIS 90/DIE GRÜNEN. Art. 23 GG sah einen Beitritt von Ländern zur BRD vor. Der Artikel war ursprünglich v. a. für den nachträglichen Beitritt des Saarlandes zum Bundesgebiet vorgesehen, das bis 1957 als eigenständiger Staat unter französischem Einfluss ausgegliedert war.

M 8 „Einheit so schnell wie möglich"

Aus der Regierungserklärung von Ministerpräsident Lothar de Maiziere vor der Volkskammer, 19.4.1990:

Der Wählerauftrag, dem die Regierung verpflichtet ist, fordert die Herstellung der Einheit Deutschlands in einem ungeteilten, friedlichen Europa. [...] Die Einheit muss so schnell wie möglich kommen, aber die Rahmenbedingungen müssen so gut, so vernünftig, so zukunftsfähig sein wie nötig. Die Diskussion um die Währungsumstellung 1:1 oder 1:2 haben uns mit aller Deutlichkeit vor Augen geführt, dass hier ein Zusammenhang besteht und dass wir Bedingungen vereinbaren müssen, die sichern, dass die DDR-Bürger nicht das Gefühl bekommen, zweitklassige Bundesbürger zu werden. [...] Die Teilung kann tatsächlich nur durch Teilen aufgehoben werden. Wir werden hart und gut arbeiten, aber wir brauchen auch weiterhin Ihre Sympathie und Solidarität, so wie wir sie im letzten Herbst spürten.
Wir werden gefragt: Haben wir gar nichts einzubringen in die deutsche Einheit? Und wir antworten: Doch, wir haben! Wir bringen ein unser Land und unsere Menschen, wir bringen geschaffene Werte und unseren Fleiß ein, unsere Ausbildung und unsere Improvisationsgabe. Not macht erfinderisch. Wir bringen die Erfahrungen der letzten Jahrzehnte ein, die wir mit den Ländern Osteuropas gemeinsam haben. Wir bringen ein unsere Sensibilität für soziale Gerechtigkeit, für Solidarität und Toleranz. [...] Wir bringen unsere bitteren und stolzen Erfahrungen an der Schwelle zwischen Anpassung und Widerstand ein. Wir bringen unsere Identität ein und unsere Würde. Unsere Identität, das ist unsere Geschichte und Kultur, unser Versagen und unsere Leistung, unsere Ideale und unsere Leiden. Unsere Würde, das ist unsere Freiheit und unser Menschenrecht auf Selbstbestimmung.

(Zit. nach: Rainer A. Müller u.a. (Hg.), Deutsche Geschichte in Quellen und Darstellungen, Bd. 11, Stuttgart (Reclam) 1995, S. 364 f.)

Arbeitsanregungen

? Arbeiten Sie aus M 2 und M 7 die Haltung zu einer staatlichen Vereinigung von BRD und DDR heraus.

1. Ein „dritter Weg"?
Vergleichen Sie M 5 und M 8 hinsichtlich ihrer Haltung zur deutschen Einheit.

2. Rasche staatliche Einheit über Art. 23 GG

a) Erstellen Sie ein Verlaufsdiagramm, in dem Sie wesentliche Stationen auf dem Weg zur deutschen Einheit (DT 1 – 3) darstellen. Erklären Sie, warum die staatliche Einheit über Art. 23 GG vollzogen worden ist.

b) „Kein Anschluss unter dieser Nummer!" Erörtern Sie Vor- und Nachteile der beiden Wege (Art. 23 GG bzw. Art. 146 GG) zur Wiedervereinigung.

\+ **c)** Arbeiten Sie aus M 8 heraus, was Lothar de Maizìere als DDR-„Mitgift" bezeichnet. Überlegen Sie, was die Bundesrepublik als „Mitgift" in die Wiedervereinigung einbrachte.

Stellen Sie mithilfe von DT 2 – 3 sowie M 2 und M 7 tabellarisch die Gründe zusammen, die für bzw. gegen einen raschen Beitritt der DDR zur Bundesrepublik sprachen.

3. Der internationale Rahmen
Stellen Sie die Positionen der Siegermächte des Zweiten Weltkriegs zur deutschen Einheit zusammen. (DT 4)

Beurteilen Sie, inwieweit die Ziele der DDR-Bürgerbewegung durch die deutsche Einheit verwirklicht wurden.

Materialien beurteilen

Die Beurteilung von Materialien geht über die einfache Analyse hinaus und verlangt eine kritische Auseinandersetzung mit den in den Quellen oder Darstellungen getroffenen Aussagen.

Die Operatoren „analysieren“ und „beurteilen“

In jeder Abiturklausur und in der Regel auch in jeder schriftlichen Klausur findet sich eine Aufgabe mit dem Operator „analysieren“. Dieser Operator verlangt, dass Materialien systematisch untersucht und ausgewertet werden. Die Analyse besteht in der Regel bei allen Materialgruppen (also z. B. bei Statistiken, Bildern oder Texten) in

1. der formalen Beschreibung,
2. der inhaltlichen Beschreibung bzw. dem Herausarbeiten der Inhalte und
3. der Erklärung im historischen Zusammenhang.

Die Analyse zielt vorrangig darauf, den Inhalt eines Materials aufzuschlüsseln, ihn zu verstehen und im historischen Kontext verständlich zu machen. Dabei sollte auch kritisch berücksichtigt werden, wie vertrauenswürdig z. B. eine Quelle ist und ob es eine Perspektive zu berücksichtigen gilt. Eine kritische Auseinandersetzung mit den Inhalten dagegen ist nicht gefordert.

Eine solche kritische Auseinandersetzung ist dagegen gefordert, wenn bei der Aufgabe einer der Operatoren „überprüfen“ oder „beurteilen“ (seltener „erörtern“) hinzukommt. Hier ist nach einer Analyse eine Beurteilung vorzunehmen, die sich an den Kriterien für historische Urteile (vgl. S. 271 f.) orientiert. Anders als bei einer eigenständigen Urteilsaufgabe, bei der selbstständig Kriterien festgelegt und Argumente angeführt sowie gegeneinander abgewogen werden müssen, reicht es aber, sich kritisch mit einem schon vorhandenen Urteil und den zugehörigen Argumenten auseinanderzusetzen.

M 1 Der Schwarze Kanal

Ab 1960 strahlte das Fernsehen der DDR die Sendung „Der Schwarze Kanal“ aus, immer montags gegen 21.30 Uhr nach dem Spielfilm. Die Sendung verfasste und moderierte Karl-Eduard von Schnitzler. Es war eine Propagandsendung, die mithilfe von Ausschnitten aus dem „Westfernsehen“ das kapitalistische System anprangerte und die DDR verteidigte. Karl-Eduard von Schnitzler moderierte auch die Sendung zum 9.10.1980 (M 2).

Gütekriterien zur kritischen Beurteilung von Materialien

Gütekriterien beim historischen Urteil	Mögliche Verstöße
1. Transparenz der Position • Beurteilungskriterien, Wertmaßstäbe • Perspektive • Absicht, Intention	• Kriterien sind nicht offengelegt oder allenfalls implizit genannt. • Urteil/Aussagen basieren auf Werten, denen man nicht zustimmen kann/die zu hinterfragen sind.
2. Berücksichtigung aller relevanten Informationen	• Wichtige Informationen ausgeblendet/Informationen nur selektiv herangezogen
3. Sachliche Richtigkeit	• Sachverhalte falsch dargestellt • Gewicht von Sachverhalten unangemessen beurteilt (heruntergespielt, übertrieben)
4. Schlüssigkeit der Argumentation	• Widersprüche (Behauptungen, die nicht gleichzeitig wahr sein können) • logische Fehler (z. B. Kausalitäten, die keine sind/die nicht zwingend erscheinen) • Lücken in der Argumentation • haltlose Behauptungen statt Beweisen/Argumenten
5. Reflexivität • Berücksichtigung anderer Perspektiven • ausgewogene Darstellung/Argumentation • Abwägen von Aussagen	• einseitige Perspektive • Nichtberücksichtigen/Unterschlagen wichtiger Gegenargumente
6. Glaubwürdigkeit, Ehrlichkeit, Verlässlichkeit	• Herkunft der Daten (z. B. bei Statistiken) nicht offengelegt • Daten-/Informationsquelle tendenziös/nicht vertrauenswürdig • tendenziöse Darstellung (z. B. bei Statistiken durch Verschieben der Maßstäbe) • Propaganda • Täuschung • Aufhetzung

M2 Beispielmaterial zur kritischen Beurteilung eines Materials: Zum 40. Jahrestag der DDR

Aus dem Sendeprotokoll der Sendung des „Schwarzen Kanals" vom 9.10.1989 (vgl. die Hinweise in M1):

Die treuen 17 Millionen Bürger der Deutschen Demokratischen Republik feierten [...] den 40. Geburtstag ihres Staates, der – zwar „isoliert", wie Klugscheißer in westlichen Gazetten und Regierungen orakeln – vor Gästen und Festen nur so platzte. [...] Michail Gorbatschow jedenfalls – es waren genug Zeugen da [...] aus der westlichen Welt (im vor dem Untergang stehenden, nicht existierenden Staat) – Gorbatschow war jedenfalls sehr entspannt und locker und fröhlich [...], wo auch immer er auftrat, auf der Ehrentribüne, als die Nationale Volksarmee in der Hauptstadt der Deutschen Demokratischen Republik auf der Karl-Marx-Allee vor der Führung, den Gästen und den Hauptstädtern defilierte. [...] Sozialistische „Reformen" sind es [...] nicht, die [... die Kritiker der DDR aus dem Westen] meinen, wenn sie mit langweiliger Eintönigkeit und Einfallslosigkeit „Freiheit und Reformen" brüllen lassen. [...] Was haben Ausreißer und Flüchtlinge zurückgelassen? Soziale Sicherheit, Wohnung, Arbeit, Verwandte, vielleicht den „Wartburg" [Auto aus DDR-Produktion, besser als der verbreitete „Trabant"]. Mehr noch zählt, was sie vergessen haben: Moral, Anstand, beschworene Vaterlandsliebe, Charakter. Und dann haben sie noch gestohlen: das Wissen und Können, die ihnen vermittelt worden sind – Schulbildung, Fachlehre, wissenschaftliches Niveau – alles vermittelt vom Staat und seinen Bürgern. Sie haben unsere Weltoffenheit missbraucht. Und die sie weiter missbrauchen zu können glauben und deshalb ihren Gleichgesinnten nicht folgen, sondern hier Krawall machen sollen. Sie sind ohne jede Massenbasis, untereinander zerstritten, Schreihälse ohne Köpfe – es sei denn, man meint mit „Köpfen" ihre Ahnungslosigkeit und Hysterie – oder jene „Köpfe" im kapitalistischen Westen, deren Zweigstellen sie gerne bei uns spielen möchten. Nun meint man in eigener Panik und beim Versuch, bei uns Panik zu stiften, diese DDR – sie habe ja „keine Legitimität". Nun, mit der BRD können wir da natürlich nicht konkurrieren, denn sie wurde auf alliiertes Geheiß als alliierter Separatstaat gebildet – mit einem 74-jährigen Adenauer als „Kanzler der Alliierten". Und mit Globke [Kanzleramtsminister unter Adenauer und Verwaltungsjurist im Nationalsozialismus] und anderen faschistischen Verbrechern [...]. Eine andere DDR will man haben mit „Reformen": ohne Sozialismus und ohne Arbeiter- und Bauernmacht. Die Antwort beim Festakt und auf den Straßen und Plätzen lautet: Das hättet Ihr Euch so gedacht, Ihr Schreihälse. Aber daraus wird nichts. Wir bleiben beim Sozialismus, haben ihn stets verbessert und werden ihn genauso weiter verbessern. Aber Eure Menschen-Marktwirtschaft? Nein, danke. Das ist die Antwort 40 Jahre nach Gründung der Deutschen Demokratischen Republik.

(Zit. nach: Deutsches Rundfunkarchiv; http://sk.dra.de/ kanal_pdf/ E028-00-06_0004297.pdf [04.01.2022])

Lösungshinweise zur Textanalyse

Formale Beschreibung

Auszug aus dem Sendeprotokoll des Schwarzen Kanals für den 9.10.1989 anlässlich des 40. Jahrestages der DDR. Sendung findet einen Monat vor dem Mauerfall statt. Moderator: Karl-Eduard von Schnitzler. Sendung: Propagandasendung, die mit Ausschnitten aus dem Westfernsehen arbeitet. Adressaten: Bürger der DDR.

Herausarbeiten des Inhalts – inhaltliche Punkte

- Anders als (von westlichen Medien) behauptet, fand der 40. Jahrestag der DDR unter großer Beteiligung statt. Der Führer der Sowjetunion, Gorbatschow, war sehr „entspannt und locker und fröhlich". (Z. 8 f.)
- Kritisiert die Kritiker der DDR:
  - Sie bringen Menschen dazu, lauthals Freiheit und Reformen zu fordern (d. h. die Menschen artikulieren nicht ihre eigenen Interessen auf der Straße, sondern sind manipuliert). Sie streben auch keine sozialistischen Reformen an.
  - „Ausreißer und Flüchtlinge" (Z. 17) geben die Segnungen des sozialistischen Staates auf, handeln unmoralisch (ohne „Moral, Anstand, beschworene Vaterlandsliebe, Charakter", Z. 21 f.) und „stehlen" (Z. 22) durch ihre Flucht, das, was der Staat und seine Bürger z. B. durch Bildung in sie schon investiert haben.
  - Diejenigen, die zurückbleiben und in der DDR unberechtigterweise Kritik äußern, sind dumm, untereinander zerstritten und ohne Rückhalt in der Bevölkerung sowie Agenten des Westens.
- Verteidigung der DDR bzw. Gegenangriff: Kritiker werfen der DDR mangelnde Legitimität vor. Doch die BRD hat keine Legitimität, denn sie ist nur ein Produkt der Westalliierten; Adenauer war ein Werkzeug der Alliierten und viele ehemalige Nationalsozialisten spielen dort eine wichtige Rolle.
- Diejenigen, die eine andere DDR fordern, fordern letztlich eine Abkehr vom Sozialismus. Die einhellige Antwort aus der DDR lautet: Nein. Nein zu einer unmenschlichen Marktwirtschaft. Diese Einhelligkeit haben die offiziellen Feierlichkeiten zum 40. Jahrestag und die Menschen auf den Straßen und Plätzen gezeigt.

Die hier im Indikativ wiedergegebenen Inhalte müssen bei der Ausarbeitung der Aufgabe mit den entsprechenden Mitteln (z. B. Konjunktiv der indirekten Rede) als Redewiedergabe markiert werden.

Herausarbeiten des Inhalts – sprachliche Mittel

- Sprachliche Diskreditierung der Gegner, Aggressivität: „Klugscheißer" (Z. 3), Kritik in langweiliger „Eintönigkeit und Einfallslosigkeit" (Z. 15 f.), Kritiker „brüllen" (Z. 17), „Ausreißer und Flüchtlinge" (Z. 17) haben „gestohlen" (Z. 3), Kritiker machen „Krawall" (Z. 29), sind „Schreihälse ohne Köpfe" (Z. 30f.) usw.
- Vorwurf der feindlichen Propaganda: Feierlichkeiten waren angeblich „isoliert" (Z. 3); Kritiker fordern „Reformen" (Z. 13 f. u. ö.); sie behaupten, die DDR habe „keine Legitimität" (Z. 36).
  Diese Begriffe werden im Protokoll mit Anführungszeichen aufgeführt. Es ist anzunehmen, dass dies in der Sendung sinngemäß sprachlich umgesetzt wurde.
- Sprachliche Aufwertung der DDR durch Hochwertbegriffe und Zeichen der Harmonie: entspannt, locker, fröhlich, Sicherheit, Wohnung, Arbeit, Verwandte, „Wartburg", Moral, Anstand, Vaterlandsliebe, Charak-

ter, Schulbildung, Fachlehre, wissenschaftliches Niveau, Weltoffenheit, Arbeiter- und Bauernmacht usw. (Zeilenbelege unterbleiben, da die Begriffe durchweg im Text und zum Teil wiederholt auftreten).

Den Text im historischen Zusammenhang erklären
- 40. Jahrestag der DDR, Besuch Gorbatschows
- Endphase der DDR, ein Monat vor dem Mauerfall
- Massenproteste und Fluchtbewegung

Wenn eine Beurteilungsaufgabe angeschlossen wird, können Teile des historischen Kontextes auch bei der Beurteilung angesprochen werden. In dem Fall fällt dieser Teil etwas knapper aus.

Resümee
M 2 ist eine deutliche Parteinahme für den Kurs der Reformverweigerung der DDR-Regierung. Proteste und Kritik werden als ausländische, feindliche Einflussnahme verurteilt.

M 3 Mögliche relevante Sachverhalte zur Beurteilung von M 2

(1) Die SED-Führung feiert am 7. Oktober 1989 den 40. Jahrestag der DDR. Einige hundert Meter entfernt demonstrieren Tausende Menschen für Freiheit und Demokratie.

(2) Am Vorabend versammeln sich rund 100 000 Mitglieder der „Freien Deutschen Jugend" zu einem Fackelzug, am Tag darauf findet eine Militärparade statt. Die DDR-Regierung widersetzt sich dem Reformimpuls Moskaus von Glasnost und Perestroika. Gorbatschow mahnt am 7. Oktober, sich einer Erneuerung der DDR nicht in den Weg zu stellen: „Wenn wir zurückbleiben, bestraft uns das Leben sofort." Später wird dieser Satz zu dem angeblichen Zitat vereinfacht: „Wer zu spät kommt, den bestraft das Leben".

(3) Seit geraumer Zeit gibt es regelmäßige Demonstrationen in Ost-Berlin und anderen Städten der DDR.

(4) Wie schon in den Jahren vor dem Mauerbau verlassen vor allem junge und gut ausgebildete Menschen die DDR.

(5) Vorwürfe, die von Befürwortern der DDR gegenüber der BRD oft vorgebracht werden: unsoziale Gesellschaft, mangelnde Solidarität/Konkurrenzgesellschaft („Ellenbogengesellschaft"), Armut, Drogenkonsum, Neonazismus („Rechts-Staat", „Faschismus", „Neo-Nazismus"), mangelnde Entnazifizierung, Satellitenstaat (d. h. abhängiger Staat) der USA, Unterdrückung der Frau („Kinder, Küche, Kirche"), Unterdrückung von Staaten der sogenannten Dritten Welt („Imperialismus"), keine Betreuung von Kindern berufstätiger Eltern, Gefährdung des Friedens durch aggressive Politik ...

(6) Vorwürfe, die von Systemkritikern (aus West und Ost) gegenüber der DDR vorgebracht werden: keine Freiheit (z. B. Meinungs-, Berufs- oder Reisefreiheit), Überwachungsstaat („Stasi-Staat"), keine Demokratie, sondern Diktatur („SED-Regime"), veraltete Führungseliten, verkrustete Strukturen, Satellitenstaat der Sowjetunion, schlechte Versorgung, langweilig/grau, Gefährdung des Friedens durch aggressive Politik ...

(Informationstext)

Arbeitsanregungen

? Tauschen Sie sich darüber aus, inwiefern es bei der Bearbeitung von Materialien (Quellen oder Darstellungen) sinnvoll oder notwendig ist, sie kritisch zu beurteilen.

Materialien kritisch beurteilen

a) Beschreiben Sie die Anforderungen der Operatoren „analysieren" und „beurteilen".

b) Informieren Sie sich über die Gütekriterien zur kritischen Beurteilung von Materialien.

c) Erstellen Sie eine Lösungsskizze zum Beurteilungsteil der Aufgabe: „Analysieren und beurteilen Sie M 2". Für den Teil der Textanalyse können Sie die oben angeführten Lösungshinweise als Hilfe heranziehen.

d) Identifizieren Sie auf Basis der Tabelle Verstöße gegen Gütekriterien eines historischen Urteils. M 3 kann Ihnen dabei helfen.

25. Der polnische Papst Johannes Paul II. und das Ende des Kommunismus in Osteuropa

Papst Johannes Paul II. hat eine wichtige Rolle in der Endphase des Kommunismus gespielt, denn der Katholizismus war ein wesentlicher Bestandteil der Identität der Polen. Zeitgleich mit dem Beginn des Pontifikats Johannes Pauls II. begann der Zusammenbruch des Ostblocks.

M1 Papst Johannes Paul II. (1978 – 2005)

Der „eilige Vater“ – ein Popstar der Katholiken?

Mit 26 Jahren und 5 Monaten war die Amtszeit von Papst Johannes Paul II. nach Pius IX. (Papst von 1846 bis 1878) die zweitlängste aller Päpste. Er war der erste Slawe im Papstamt. In seine Amtszeit fielen weltpolitische Ereignisse wie der NATO-Doppelbeschluss (1979), die Gründung der polnischen Gewerkschaft Solidarność (1980), die Amtszeit von Michail Gorbatschow (1985 – 1991), die Öffnung des Eisernen Vorhangs und der Fall der Mauer (1989), der Sturz aller kommunistischen Regime in Ostmitteleuropa (1989/90), das Ende des Kalten Krieges und der Zerfall der Sowjetunion (1991), das Ende Jugoslawiens und der anschließende blutige Bürgerkieg (1991 – 1999) sowie die islamistischen Terroranschläge in den USA (11. September 2001). Papst Johannes Paul II. war bekannter als die Rolling Stones oder Michael Jackson. 1995 besuchten vier Millionen Menschen seine Messe im philippinischen Manila – weltweit die höchste Besucherzahl bei einem öffentlichen Auftritt. Als „eiliger Vater“ absolvierte er 104 Auslandsreisen in 129 Länder und legte dabei etwa 1,2 Millionen Kilometer zurück. Er galt als außerordentlich sportlich und fuhr noch als Papst Ski. Nach seinem Tod 2005 wurde er schneller als alle anderen Päste 2011 selig und 2014 heilig gesprochen. Über 700 Statuen allein in seiner Heimat erinnern an ihn.

M2 Johannes Paul II. (links) bei einem Skiausflug 1984

M3 Die weltgrößte Statue Johannes Pauls II.

Sie steht in einem Vergnügungspark im polnischen Częstochowa (dt. Tschenstochau).

Geprägt durch die Zeit des Nationalsozialismus

Karol Józef Wojtyła, so hieß Johannes Paul mit bürgerlichem Namen, wurde am 18. Mai 1920 im polnischen Wadowice, knapp 50 Kilometer südwestlich von Krakau, geboren. Als Jugendlicher begeisterte er sich für das Theater. Zunächst studierte er ab 1938 in Krakau Literatur. Durch den Überfall der Wehrmacht auf Polen 1939 musste er sein Studium unterbrechen und wurde zum Arbeitsdienst im besetzten Polen gezwungen. In einem geheimen Priesterseminar begann er 1942 verbotenerweise Theologie zu studieren. Im November 1946 wurde er zum Priester geweiht, 1964 zum Erzbischof von Krakau.

Papstwahl 1978

Nach dem Tod seines Vorgängers Johannes Paul I., der nur 33 Tage im Amt war, wurde Karol Wojtyła am 16.10.1978 mit 58 Jahren zum ersten nichtitalienischen Papst seit 455 Jahren gewählt.

Politiker oder Prophet?

Gleich nach seiner Wahl wandte sich Johannes Paul II. vom Petersdom in Rom mit folgenden Worten an die Welt, die vor allem die Herrschenden in Polen und Osteuropa aufhorchen ließen:

M4 Habt keine Angst! Öffnet, ja reißt die Tore weit auf für Christus! Öffnet die Grenzen der Staaten, die wirtschaftlichen und politischen Systeme, die weiten Bereiche der Kultur, der Zivilisation und des Fortschritts seiner rettenden Macht! Habt keine Angst!

(Zit. nach: Ansprache von Johannes Paul II. am Beginn des Pontifikats, Rom, 22.10.1979, amtliche Übersetzung, © 1978 – Libreria Editrice Vaticana; https://www.vatican.va/content/john-paul-ii/de/homilies/1978/documents/hf_jp-ii_hom_19781022_inizio-pontificato.html [02.12.2021])

Seine erste weltweit beachtete Ansprache am 2.10.1979 vor der UNO galt dem Thema „Menschenrechte“:

M5 Die Allgemeine Erklärung der Menschenrechte – ergänzt durch zahlreiche weitere Erklärungen und Konventionen über sehr wichtige Bereiche der Menschenrechte [...] – muss für die Organisation der Vereinten Nationen der Grundwert bleiben, an dem sich das Gewissen ihrer Mitglieder ausrichten sollte und woraus sie sich ständig neue Anregung holen müssten. Wenn die Wahrheiten und Prinzipien, die in diesem Dokument enthalten sind, vergessen und übergangen würden und dabei die anfängliche Evidenz verlieren sollten, mit der sie im Augenblick der schmerzhaften Geburt aufleuchteten, dann könnte die hohe Zielsetzung der Organisation der Vereinten Nationen von einer neuen Zerstörung bedroht sein. So weit könnte es kommen, wenn über die einfache und zugleich eindringliche Sprache der Allgemeinen Erklärung der Menschenrechte ein gewisses Interesse endgültig die Oberhand gewänne, das man zu Unrecht als „politisch“ ausgibt, hingegen oft nur Gewinn und einseitigen Profit zulasten von anderen bedeutet oder Machtwillen, dem die Interessen anderer gleichgültig sind, alles das also, was von seinem Wesen her dem Geist der Erklärung widerspricht. Das so verstandene ‚politische Interesse‘, die Herren mögen mir verzeihen, entehrt die hohe und schwierige Mission, die zu Ihrem Dienst für das Wohl Ihrer Nationen und der ganzen Menschheit gehört.

(Zit. nach: Ansprache von Johannes Paul II. an die Vollversammlung der Vereinten Nationen, New York, 2.10.1979, amtliche Übersetzung, © 1978 – Libreria Editrice Vaticana; https://www.vatican.va/content/john-paul-ii/de/speeches/1979/october/documents/hf_jp-ii_spe_19791002_general-assembly-onu.html [02.12.2021])

Seine Worte ermutigten die Bürgerrechtsbewegungen in Osteuropa, waren aber auch ein deutlicher Hinweis für die ganze Welt, dass die Verteidigung der Menschenrechte ein zentrales Thema seines Pontifikats werden würde. D. P. Moynihan, US-Botschater bei der UNO, berichtete:

M6 Die Delegierten aus Osteuropa und der Sowjetunion wussten sehr wohl, wovon der Papst spricht, und zum ersten Mal waren sie in diesem Saal aufgeschreckt, nicht aber gelangweilt!

(Zit. nach: Janusz Poniewierski, Versuch einer Bilanz: Johannes Paul II. – Politiker oder Prophet?; in: Renovabis (Hg.), OWEP, Nr. 4/2005; https://www.owep.de/artikel/471-versuch-einer-bilanz-johannes-paul-ii-politiker-oder-prophet [02.12.2021])

M7 Besuch des Papstes in Warschau 1979

Siegesplatz (heute Piłsudski-Platz), der sonst für sozialistische Aufmärsche genutzt wurde

Die Kirche als Herausforderung für den Kommunismus

Papst Johannes Paul II. war sich bewusst, dass die katholische Kirche Polens als größte Oppositionsgruppe in einem Ostblockstaat eine große gesellschaftliche Kraft besaß. Bei seiner ersten Reise in seine polnische Heimat 1979 setzte er genau auf diese Kraft. Der Papst hatte sich selbst eingeladen. Der polnische Parteichef Edward Gierek stand nun vor dem Dilemma, entweder dem Papst die Einreise zu verweigern und damit eine internationale Blamage und Proteste in Polen zu riskieren oder der Reise zuzustimmen, deren Folgen unabsehbar waren. Trotz Warnungen aus Moskau entschied er, den Besuch zuzulassen, versuchte diesen aber nach Kräften zu kontrollieren. Bereits zum ersten Gottesdienst in Warschau kamen ca. 300 000 Menschen, darunter auch zahlreiche Sicherheitskräfte. In den folgenden Tagen erlebten etwa zehn Millionen Menschen den Papst live oder im Fernsehen. Bei der Übertragung der Gottesdienste im Staatsfernsehen wurde stets versucht, die Menschenmassen nicht zu zeigen. Abschluss und Höhepunkt war ein feierlicher Gottesdienst mit etwa zwei Millionen Menschen in Krakau, wo der Papst zuvor Erzbischof gewesen war und bei dem er darum bat, der Geist Gottes möge Polen verwandeln und die Menschen erneut ermutigte, keine Angst zu haben:

M8 Ich bitte euch, verliert niemals das Vertrauen, lasst euch nicht niederschlagen und nicht entmutigen. Und ich bitte euch, niemals die Wurzeln zu kappen, aus denen wir entstanden sind. Ich bitte euch, traut euch, trotz all eurer Schwäche, eure Kraft bei dem zu suchen, bei dem schon so viele Generationen unserer Väter und Mütter sie gefunden haben. Trennt euch niemals von ihm! Verliert nie die Freiheit des Geistes, mit der er den Menschen befreit!

(Zit. nach: Ludwig Ring-Eifel, Wie der Papst die Kommunisten das Fürchten lehrte, DOMRADIO.DE, Köln, 3.6.2019; https://www.domradio.de/themen/weltkirche/2019-06-03/vor-40-jahren-erste-polenreise-von-johannes-paul-ii [02.12.2021])

Durch diese Reise war Polen verändert worden. Dem Papst war eine Massenmobilisierung der katholischen Bevölkerung gelungen, die es nun wagte, öffentlich gegen das kommunistische Regime zu protestieren. Die Menschen hatten, wie vom Papst gefordert, ihre Angst verloren und spürten, dass sie mit weltweiter Aufmerksamkeit und Unterstützung der Autorität des Vatikans rechnen konnten. Die Reise wird daher auch als Geburtsstunde der unabhängigen Gewerkschaftsbewegung „Solidarność“ gesehen, die ein gutes Jahr später aus diesem Bewusstsein heraus gegründet wurde und mit ihren Streiks und ihrer Größe die Machtbasis der Kommunisten im gesamten Ostblock nachhaltig ins Wanken bringen sollte.

M9 Papst Johannes Paul II. und der polnische Gewerkschaftsführer Lech Wałęsa, 1983

Der streng katholische Wałęsa trug immer ein Bild der Schwarzen Madonna von Tschenstochau am Revers. Als er in Danzig 1980 nach langem Streik ein Abkommen mit der Regierung über die Zulassung der freien Gewerkschaft Solidarność unterschrieb, tat er dies mit einem überdimensionierten Kugelschreiber, der ein Bild des Papstes trug.

Das Attentat 1981

Die kommunistischen Herrscher im Ostblock waren sich spätestens nach seinem triumphalen Besuch in Polen 1979 der Gefahr bewusst, die vom Papst ausging. Am 13. Mai 1981 schoss während einer Generalaudienz in Rom mit 30 000 Besuchern der als Priester getarnte türkische Auftragsmörder Mehmet Ali Agca aus wenigen Metern auf den Papst und verletzte ihn lebensgefährlich. Auch wenn nicht definitiv bewiesen ist, wer für das Attentat verantwortlich war, gibt es doch starke Indizien dafür, dass der bulgarische Geheimdienst das Attentat im Auftrag der Sowjetunion geplant hatte.

M10 Interview vom 30.04.2011 mit dem dt. Theologen Hans Küng, dem der Papst aufgrund unterschiedlicher theologischer Vorstellungen 1979 die Lehrerlaubnis entzog

„Statt auf Dialog setzt man wieder auf Gängelung von Rede- und Gewissensfreiheit. Also wenn ich dann noch denke, dass [...] heute 80 Prozent der deutschen Katholiken Reformen in ihrer Kirche fordern [...], dann muss ich sagen, ich kann nicht verstehen, wie man einen solchen Mann [...] als Beispiel für die Kirche hinstellen kann."

(Hans Küng im Interview mit Jürgen Zurheide, „Ich kann nicht verstehen, wie man einen solchen Mann seligsprechen kann", in: Deutschlandfunk, 30.04.2011, https://www.deutschlandfunk.de/ich-kann-nicht-verstehen-wie-man-einen-solchen-mann-100.html [13.06.2022])

Der „Papst der Wende"

Der Papstbesuch hatte den Menschen nicht nur in Polen, das der Papst 1983 und 1987 erneut besuchte, sondern auch in den anderen Ländern des Ostblocks gezeigt, dass zivilgesellschaftliches Handeln gegen die kommunistische Herrschaft möglich ist. Johannes Paul II. wurde dadurch zum „Papst der Wende", der Stalins sarkastische Frage „Wie viele Bataillone hat der Papst?" eindrücklich beantwortete. So kam auch der letzte sowjetische Regierungschef Michail Gorbatschow in seinen Memoiren zur Erkenntnis: „Alles, was in den letzten Jahren in Osteuropa geschehen ist, wäre ohne diesen Papst nicht möglich gewesen".

Kein unumstrittenes Pontifikat

Während Papst Johannes Paul II. in Polen nach wie vor sehr verehrt wird, ist sein Pontifikat innerhalb der katholischen Kirche aufgrund seiner konservativen Positionen und seines harten Umgangs mit Kritikern durchaus umstritten.

Nach dem Zusammenbruch des Ostblocks richtete sich die Kritik des Papstes zunehmend gegen die weltweite Kommerzialisierung und Ökonomisierung des gesellschaftlichen Lebens, die Verabsolutierung des freien Marktes und die Globalisierung auf Kosten der Entwicklungsländer.

Der britische Historiker Timothy Garton Ash, nach eigener Aussage ein liberaler Agnostiker [= Person, die die Frage nach Gott für unbeantwortbar hält], bezeichnete Johannes Paul II. 1999 als „bedeutendste Führungspersönlichkeit der heutigen Welt". Seine Begründung:

M11 Viele im Westen sehen in ihm einen unverbesserlichen Reaktionär. Gorbatschow dagegen sagt, der Papst sei ein Mann der Linken. Tatsächlich hat er den Kommunismus wie den Kapitalismus gleichermaßen kritisch beurteilt. [...] Sein wichtigstes Anliegen ist, was er die Gegenwart Gottes und Jesu Christi in der Welt nennt. Doch das wird, übersetzt in die Sprache weltlicher Politik, zu einem Forderungskatalog an alle, die politische, wirtschaftliche oder kulturelle Macht ausüben – Forderungen zugunsten von „denen da unten".

(Timothy Garton Ash, Zeit der Freiheit – Aus den Zentren Mitteleuropas, München/Wien (Hanser) 1999, S. 375)

Arbeitsanregungen

? Papst Johannes Paul II. wird in Polen heute noch wie ein Nationalheld mit über 700 oft überlebensgroßen Statuen verehrt (M 3). Stellen Sie Vermutungen über die Gründe an.

a) Betrachten Sie die Bilder und lesen Sie die Textelemente. Arbeiten Sie aus M 4, M 5 und M 8 die Botschaft des Papstes heraus.

b) Erörtern Sie Möglichkeiten des Ostblocks, auf diese Botschaft zu reagieren.

c) Arbeiten Sie aus dem Text die Rolle heraus, die Johannes Paul II. für die Oppositionsbewegung in Polen spielte.

Diskutieren Sie mögliche Gründe für den Widerspruch zwischen Zustimmung (M 3, M 7) und Kritik (M 10) an der Amtszeit Johannes Pauls II. Diskutieren Sie anschließend über den Stellenwert öffentlicher Personen wie dem Papst für das Funktionieren einer kritischen Öffentlichkeit.

26. „Blühende Landschaften"? – Deutschland nach 1990

Auf das Ende der DDR folgte die deutsche Wiedervereinigung. Rasch sollte die sozialistische DDR in das liberaldemokratische System der BRD integriert werden. Viele Ostdeutsche hofften nun auf ein Leben in Freiheit und Wohlstand.

M1 Baustelle
Der Grafik-Designstudent Florian Wilshaus stellte mit diesem Plakat seine Sicht der Einheit 2005 bildlich dar.

Licht- und Schattenseiten der wirtschaftlichen Transformation

Als problematisch erwiesen sich die Folgen der im Juli 1990 in Kraft getretenen **Wirtschafts-, Währungs- und Sozialunion**. Durch den Umtauschkurs von 1:1 explodierten die Lohn- und Produktionskosten der DDR-Betriebe, was zu massiven Preissteigerungen führte. Dadurch fanden die DDR-Produkte keine Abnehmer mehr auf den traditionellen Absatzmärkten in Osteuropa, wo die Zentralverwaltungswirtschaft ebenfalls rasch beseitigt wurde. So halbierte sich die ostdeutsche Industrieproduktion binnen weniger Wochen und bis Ende 1990 ging fast ein Drittel der Arbeitsplätze verloren.

Um den Übergang von der DDR-Zentralverwaltungswirtschaft zur sozialen Marktwirtschaft vorzubereiten und zu begleiten, wurde 1990 die Treuhandanstalt gegründet. Die staatliche Einrichtung hatte die Aufgabe, die staatseigenen Betriebe der DDR entweder zu sanieren und an private Investoren zu verkaufen oder stillzulegen, falls sich keine Käufer fanden. Von den insgesamt 8500 „Volkseigenen Betrieben" der DDR mit vier Millionen Beschäftigten wurden schließlich zwei Drittel privatisiert und ein Drittel stillgelegt. Etwa 90 Prozent der Betriebe wurden von westdeutschen und ausländischen Investoren gekauft, nur 5 Prozent von Ostdeutschen übernommen. Ihnen fehlte häufig das nötige Kapital.

Durch die wirtschaftlichen Umstrukturierungen unter der Führung der Treuhand gingen in Ostdeutschland in den 1990er-Jahren 2,6 Millionen Arbeitsplätze verloren. Der Osten verlor zudem fast seine gesamte Industrie, weil ihre Produktivität und ihr technologischer Standard deutlich unter dem Westniveau lagen. Zwischen 1997 und 2006 lag die Arbeitslosenquote in den neuen Bundesländern bei etwa 18 Prozent, in den alten bei etwa 8 Prozent. Trotzdem haben sich die Lebensverhältnisse in Ostdeutschland insgesamt durch die staatliche Einigung fundamental verbessert. Die Wirtschaftskraft in Ostdeutschland (BIP pro Kopf) erreichte schon Mitte der 1990er-Jahre knapp 70 Prozent dessen, was in Westdeutschland erwirtschaftet wurde.

Leben in der Konkurrenzgesellschaft

M2 Wut auf die Treuhand
Warnschild eines Thüringer Bürgermeisters 1992

Aufgrund der dramatischen Veränderungen verflog der anfängliche Optimismus vieler Ostdeutscher nach der Wiedervereinigung rasch. Bundeskanzler Helmut Kohl (CDU) hatte 1990 „blühende Landschaften" im Osten prophezeit, doch für viele Menschen sah die Wirklichkeit anders aus. Als besonders traumatisch erwies sich die Erfahrung der Massenarbeitslosigkeit: Jeder zweite Ostdeutsche war zwanzig Jahre nach der Wiedervereinigung mindestens einmal arbeitslos gewesen. Dies wirkte umso härter, weil viele Ostdeutsche von der „Arbeitsgesellschaft DDR" geprägt waren, in der es offiziell keine Arbeitslosigkeit gegeben hatte und das private Leben aufs engste mit dem Arbeitsplatz verbunden war: Kinderbetreuung, Ferien- und Freizeitgestaltung wie medizinische Versorgung waren über den Betrieb organisiert worden. Das bedeutete, dass mit dem Verlust des Arbeitsplatzes die Menschen auch ihre gewohnte soziale Einbettung verloren.

Der Wandel in dieser **Transformationsgesellschaft** war tief greifend und ging in einem atemberaubenden Tempo vonstatten. Statt in einer Diktatur lebten die Menschen der ehemaligen DDR nun in einer freiheitlichen Demokratie, statt einer Mangelwirtschaft gab es nun eine Konsumgesellschaft mit Überfluss und Fülle. Die neue Wettbewerbs- und Leistungsgesellschaft bedeutete neue Chancen und Möglichkeiten, aber auch die Gefahr von Arbeitsplatzverlust, Vereinzelung und sozialer Deklassierung. Zwar fiel aufgrund der hohen Sozialleistungen kaum jemand in existentielle Armut, doch das konnte nicht das Gefühl von Überforderung, Entwurzelung, Verunsicherung und Marginalisierung verhindern. Es galten nun die Spielregeln einer liberalen Konkurrenzgesellschaft, der im Sozialismus oftmals gebrandmarkten „Ellenbogengesellschaft“.

M 3 Protest von Beschäftigten in Magdeburg gegen die Abwicklung ihrer Firma durch die Treuhand (1992)

Wählerverhalten

Die kollektiven Erfahrungen in der DDR und in der Transformationsgesellschaft haben bis heute Auswirkungen auf die politischen Einstellungen und das Wahlverhalten der Ostdeutschen. Zwar beurteilt in Umfragen eine große Mehrheit die deutsche Einheit aufgrund der gewonnenen Freiheit und des gestiegenen Wohlstands als positiv, dennoch wird der Verlust von sozialer Sicherheit und gegenseitiger Hilfe von vielen bis heute kritisch bewertet. Ihnen gilt die DDR in dieser Hinsicht nach wie vor als das „bessere Deutschland“. Schon Anfang der 1990er kam es daher zu Massendemonstrationen gegen die „neoliberalen“ Maßnahmen der Treuhand und die Politik der CDU/FDP-Regierung unter Bundeskanzler Helmut Kohl, die als „marktradikal“ gebrandmarkt wurden.
Das erklärt auch, warum in den 1990er- und 2000er-Jahren die SED-Nachfolgepartei „PDS/Die Linke“ sich als Partei mit breiter Wählerbasis in den ostdeutschen Bundesländern etablieren konnte. Sie vertrat nicht nur die Interessen ehemaliger SED-Parteigänger, sondern kanalisierte auch den Unmut der Menschen, die in der Transformationsphase Deklassierungserfahrungen machten, sich entwurzelt fühlten und die Konkurrenzgesellschaft des Westens ablehnten. Ein weiteres Sammelbecken für diejenigen, die sich von den etablierten Parteien („Establishment“) und der Gesellschaft vernachlässigt fühlen, ist die 2013 gegründete „Alternative für Deutschland“ (AfD) geworden: Mehr Ost- als Westdeutsche fühlen sich von populistischen, nationalistischen und fremdenfeindlichen Parolen angesprochen. Schon in den frühen 1990er-Jahren waren ausländerfeindliche Einstellungen in den neuen Bundesländern festzustellen, die sich in Gewalttaten gegenüber Migranten zeigten und als Reaktion auf die irritierenden Umbruchserfahrungen und das Gefühl der sozialen Deklassierung gedeutet werden können.

Situation heute

Die wirtschaftlichen und sozialen Verwerfungen der 1990er-Jahre sind inzwischen weitgehend überwunden. In vielen Regionen Ostdeutschlands sind moderne Industrie- und Dienstleistungsunternehmen entstanden. Die Arbeitslosigkeit lag 2020 in Ostdeutschland mit etwa sieben Prozent nur noch geringfügig über der im Westen. Auch ist die Lebenszufriedenheit in den neuen Bundesländern seit den 1990ern deutlich angestiegen und hat sich an die Werte im Westen angeglichen. Allerdings ist noch heute die überwiegende Mehrheit der Führungspositionen in ostdeutschen Unternehmen und Behörden von Westdeutschen besetzt. Noch immer gibt es im Westen deutlich mehr Industriebetriebe als im Osten. Die Entwicklung von Löhnen und Gehältern in Ostdeutschland hinkt nach wie vor der Entwicklung in Westdeutschland hinterher. Ihre Höhe hat trotz Zuwächsen noch nicht das Niveau der alten Bundesrepublik erreicht.

M 4 Entwicklung der Lebenszufriedenheit in Ost- und Westdeutschland 1990–2017

Der Wert 0 bedeutet „ganz und gar unzufrieden“, der Wert 10 „voll und ganz zufrieden“.

(Quelle: Deutsches Institut für Wirtschaftsforschung, 2019)

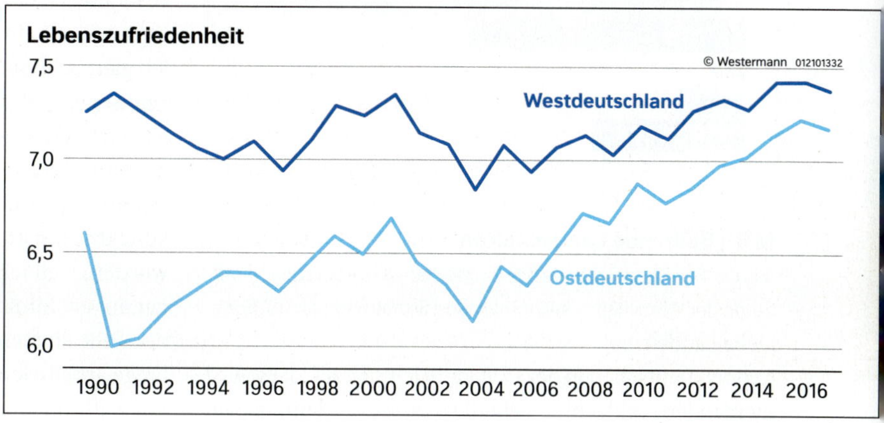

M5 Bilanz der deutschen Einheit (2019)

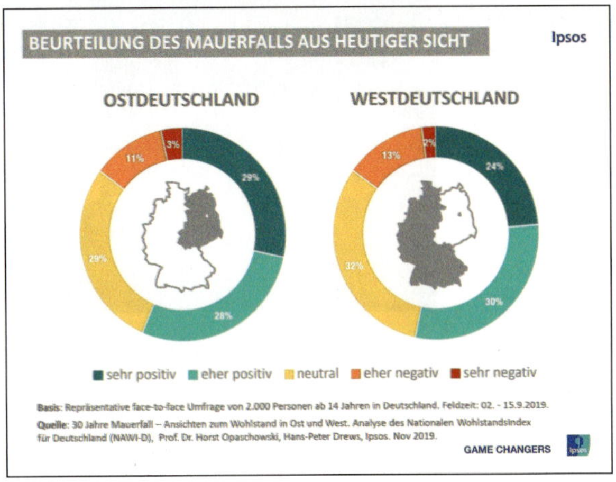

M6 West- und ostdeutsche Mentalität (2019)

(Quelle: Infratest dimap/ARD, 7.11.2019)

M7 Einstellungen zur Demokratie (2019)

(Quelle: Institut für Demoskopie Allensbach/FAZ, 23.1.2019)

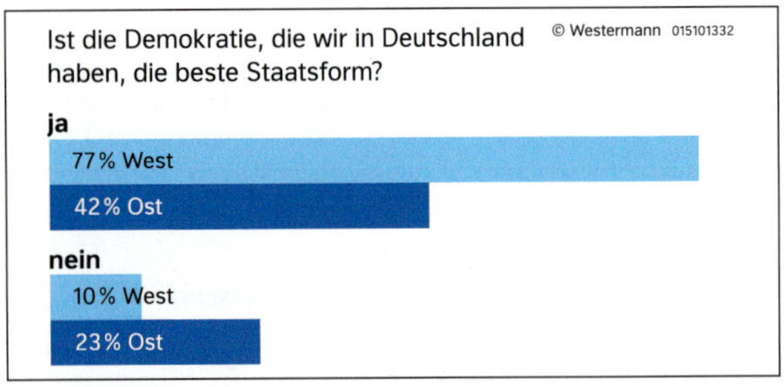

M8 „Blühende Landschaften"

Aus der Fernsehansprache des Bundeskanzlers Kohl zum Inkrafttreten der Wirtschafts-, Währungs- und Sozialunion am 1.7.1990:

Liebe Landsleute!

[...] Den Deutschen in der DDR kann ich sagen [...]: Es wird niemandem schlechter gehen als zuvor — dafür vielen besser. [...] Durch eine gemeinsame Anstrengung wird es uns gelingen, Mecklenburg-Vorpommern und Sachsen-Anhalt, Brandenburg, Sachsen und Thüringen schon bald wieder in blühende Landschaften zu verwandeln, in denen es sich zu leben und zu arbeiten lohnt.

Natürlich fragen sich viele, was dieser beispiellose Vorgang für sie ganz persönlich bedeutet — für ihren Arbeitsplatz, ihre soziale Sicherheit, für ihre Familien. Ich nehme diese Sorgen sehr ernst. Ich bitte die Landsleute in der DDR: Ergreifen Sie die Chance, lassen Sie sich nicht durch die Schwierigkeiten des Übergangs, die niemand leugnen kann, beirren. Wenn Sie mit Zuversicht nach vorn blicken, wenn alle mit anpacken, werden Sie und wir es gemeinsam schaffen. [...]

Und für die Menschen in der Bundesrepublik gilt: Keiner wird wegen der Vereinigung Deutschlands auf etwas verzichten müssen. Es geht doch allenfalls darum, Teile dessen, was wir in den kommenden Jahren zusätzlich erwirtschaften, unseren Landsleuten in der DDR zur Verfügung stellen zu wollen — als Hilfe zur Selbsthilfe. Dies ist für mich ein selbstverständliches Gebot nationaler Solidarität. Es ist zugleich eine Investition in unsere gemeinsame Zukunft. Denn der wirtschaftliche Aufbruch in der DDR wird allen zugutekommen — den Deutschen in Ost und in West und unseren Freunden und Partnern in Europa und in der Welt.

(Zit. nach: Bulletin des Presse- und Informationsamtes der Bundesregierung, Nr. 86/3. Juli 1990, S. 741 f.)

M9 Erinnerungen an die Transformationszeit

Simone Fall, eine 1939 geborene Rostockerin, die seit 1965 auf einer Werft gearbeitet hatte, berichtete im Jahr 2009:

Ich bin zunächst in der Werft geblieben. Dann bin ich entlassen worden. Da ist eine Welt für mich zusammengebrochen. Ich bin nach Hause, habe mich eingeschlossen und habe mich um gar nichts mehr gekümmert. Dann besuchte ich einen Lehrgang, insgesamt zwei Jahre. Aber Chancen auf eine Arbeit hatte ich leider nicht. Dann bin ich ganz schlimm krank geworden, das war die Angst, das Seelische, was mich aufgefressen hat. Schließlich bekam ich ein Praktikum in der „Bürowelt" und da habe ich auch eine Anstellung bekommen. [...]

Wichtig war für mich - vor der Wende - unser Arbeitskollektiv. Ich bin zweimal Aktivist oder Bestarbeiter geworden, weil ich es geschafft hatte, die Bestände im Lager auf ein Minimum zu reduzieren. [...] Ich habe mich in der DDR einfach sicherer gefühlt. Ich habe gewusst, so lange arbeite ich, so lange verdiene ich, das steht uns zu. Wir hatten nicht Angst um unser tägliches Brot. Und das war wichtig. Vor der Wende war ich auch immer gesund. [...]

Eine Unfreiheit in der DDR habe ich nicht wahrgenommen. Wenn ich nichts getan habe, hat mir auch keiner was getan. Ich konnte mir nie vorstellen, dass es so viel Armut gibt wie heute. Für mich war die Zeit in der DDR gut: das Soziale, die Arbeit, die Stabilität der Gesellschaft. Es war nicht alles schlecht. Es war eine andere Zeit, wir haben damit gelebt. Ich habe nichts Abfälliges darin gesehen.

(Zit. nach: Praxis Geschichte, Nr. 5/2009, S. 36)

M 10 Unzumutbar

Die ehemalige Treuhand-Chefin Birgit Breuel 2019 über die Transformationszeit in Ostdeutschland:

In Westdeutschland wäre es nicht möglich gewesen, den Leuten eine Veränderung diesen Ausmaßes zuzumuten.

(Zit. nach: FAZ.NET, 21.7.2019; https://www.faz.net/aktuell/wirtschaft/treuhand-chefin-birgit-breuel-im-interview-16294586.html [07.12.2021])

M 11 Arbeitslosenquote in Ost- und Westdeutschland 1994 – 2018

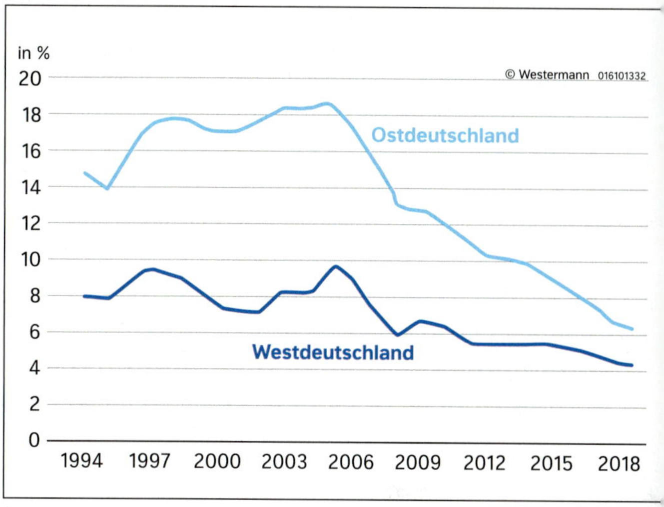

(Quelle: Statistisches Bundesamt)

M 12 Entwicklung der Erwerbseinkommen und Löhne in Ost- und Westdeutschland

	Westdeutschland			Ostdeutschland		
	1990 – 1994	1995 – 2009	2010 – 2017	1990 – 1994	1995 – 2009	2010 – 2017
durchschnittliches Bruttoerwerbseinkommen (Euro pro Monat)	2 845 €	3 021 €	2 984 €	1 684 €	2 272 €	2 306 €
davon Niedrigeinkommen (Prozent)	19,9 %	26,3 %	30,5 %	54,3 %	39,7 %	44,4 %

Die Tabelle stellt nur einen Ausschnitt der Einkommensdaten dar. Relativierend müssen ein zum Teil höheres Rentenniveau (z.B. bei Frauen) und geringere Lebenshaltungskosten (2009 um 6 Prozentpunkte in Ostdeutschland geringer als in Westdeutschland) berücksichtigt werden. (Quelle: Deutsches Institut für Wirtschaftsforschung, 2019)

Arbeitsanregungen

? Betrachten Sie M 1 – M 3 und M 5 – M 7. Formulieren Sie Fragen und Hypothesen.

1. Die Transformationszeit

a) Arbeiten Sie aus M 8 heraus, welche Versprechungen Bundeskanzler Helmut Kohl 1990 gemacht hat.

b) Überprüfen Sie, inwieweit sich Kohls Versprechungen (M 8) für die West- und Ostdeutschen erfüllt haben. (DT 1, M 4, M 6/M 7, M 9 – M 12)

\+ **c)** Analysieren Sie M 9.

\+ **d)** Erklären Sie vor dem Hintergrund von M 4 und M 8 – M 11 den starken Zuspruch, den die Parteien DIE LINKE und die AfD in den neuen Bundesländern verzeichnen.

Stellen Sie anhand von DT 1 – 3 Verlauf und Schwierigkeiten der Transformationszeit in Deutschland dar.

„Die Deutsche Einheit war ein Erfolg.“ Erörtern Sie diese These.

Fenster zur Welt

27. Leben in einer globalisierten Welt

Gegen Ende der 1990er-Jahre ist „Globalisierung“ zu einem häufig verwendeten Begriff geworden. Globalisierung bezeichnet die weltweite Vernetzung der verschiedenen Regionen dieser Erde, die sich in den verschiedensten Bereichen vollzieht. Dieser Prozess wird sehr kontrovers bewertet. Während die einen in der Globalisierung vor allem Chancen sehen, sehen andere sie als Ursache für viele aktuelle Probleme, z. B. das zunehmende Auseinanderklaffen von Armut und Reichtum oder die Umweltverschmutzung.

M1 Etappen der Vernetzung bis zum Ersten Weltkrieg (Beispiele)

Rom-China: Seidenstraße – Fernhandel
Römisches Reich/ Islamische Welt: Expansion, politisch-religiöse Ökumene
Kreuzzüge: Kriege und Kulturaustausch
Mongolenreich: Aufbau eines eurasischen Interaktionsraums
Expansion Europas nach Asien und Amerika: Integration Amerikas in den globalen Interaktionsraum, Aufbau von Kolonialimperien
Amerikanische Revolution und Einflüsse auf die Französische Revolution: Ideentransfer
Auswanderung nach Amerika: Migration
Imperialismus: politisch-militärische Expansion
Welt am Ende des 19. Jh. als vernetzter Raum: globaler Kapitalismus, industrielle und kommunikative Vernetzung

Vernetzung als Basisprozess der Geschichte

Globalisierung ist kein neuer Prozess. Schon in der Antike gab es weiträumige Vernetzungen, etwa im Mittelmeerraum, wo sich die griechische Kultur verbreitete, oder im Römischen Reich, das sich von Britannien bis nach Afrika und Asien erstreckte. Über die Seidenstraße fanden schon damals Waren aus China ihren Weg nach Europa. Weitere Etappen der Vernetzung folgten. Die Pest-Pandemie im 14. Jahrhundert zeigte, wie schnell sich der Pesterreger von China aus über die Seidenstraße nach Europa verbreiten konnte. Die Spekulation mit Tulpen-Zwiebeln aus dem Osmanischen Reich führte im Holland des 17. Jahrhunderts zum ersten Börsencrash der Geschichte. Schließlich entwickelte sich die Industrialisierung zu einem weltumspannenden Prozess, der das Leben der Menschen in den verschiedensten Regionen der Erde fundamental veränderte. Menschen verließen auf der Suche nach besseren Lebensbedingungen ihre Heimat und wanderten in immer weiter entfernte Regionen. Am Ende des 19. Jahrhunderts erreichte die Vernetzung, die inzwischen weltweite Ausmaße angenommen hatte und deswegen als Globalisierung bezeichnet wird, einen ersten Höhepunkt. Internationale Wirtschafts- und Handelsbeziehungen sowie der technische Fortschritt – etwa durch Telegraf oder Dampfschiff – hatten am Vorabend des Ersten Weltkriegs die Welt zu einem wirtschaftlich und kommunikativ eng vernetzten Raum werden lassen.

Globalisierung nach dem Zweiten Weltkrieg

Dieser enorme Globalisierungsschub um 1900 wurde allerdings durch den Ersten Weltkrieg jäh unterbrochen. Die Zwischenkriegszeit und der Zweite Weltkrieg brachten einen Rückbau der internationalen Verflechtungen und eine Zunahme von Protektionismus und Nationalismus. Erst in der Nachkriegszeit wurden die Verbindungen wieder aufgebaut – allerdings unter den Bedingungen der Blockbildung in Ost und West, die den östlichen Wirtschaftsraum von dem des Westens abtrennte.
Seit den 1980er-Jahren nahm, gefördert durch die Digitalisierung, die Globalisierung an Fahrt auf und erhielt durch das Ende des Kalten Krieges nochmals einen kräftigen Schub, sodass sie ins öffentliche Bewusstsein gerückt wurde: Ab Mitte der 1990er-Jahre war der Begriff Globalisierung aus politischen Debatten, Talkshows und Zeitungsartikeln nicht mehr wegzudenken.

Triebkräfte und Kennzeichen der Globalisierung

Treibende Kraft für die aktuellen Globalisierungsprozesse ist vor allem die Wirtschaft. Der Wirtschaftswissenschaftler David Ricardo (1772 – 1823) hatte in seinem Modell der „komparativen Kostenvorteile“ schon Anfang des 19. Jahrhunderts den Wirtschaftsliberalismus von Adam Smith auf den internationalen Warenaustausch übertragen und gezeigt, dass von internationalem Handel alle Beteiligten profitieren. Import von preisgünstigeren oder attraktiveren Waren und Dienstleistungen, Export in neue Absatzmärkte, Auslagerung der Produktion in Länder mit rentableren Produktionsbedingungen (z. B. niedrigerem Lohnniveau) waren und sind Triebfe-

Begriffe im Kontext: Globalisierung/Vernetzung

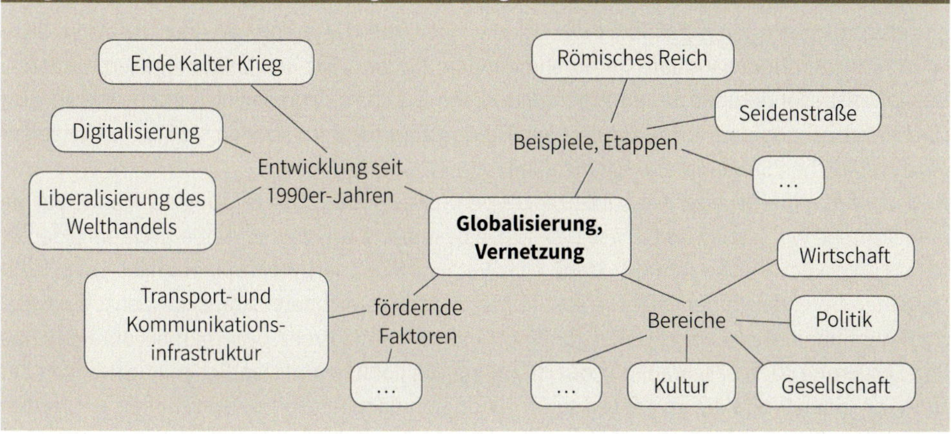

dern der wirtschaftlichen Globalisierung. Voraussetzungen sind Transport- und Kommunikationsmöglichkeiten sowie der Abbau von Handelsbarrieren. Ersteres wurde durch den ständigen Ausbau der Verkehrsnetze (u. a. auch durch den Flugverkehr) und die Digitalisierung erreicht, zweiteres durch die Liberalisierung des Welthandels (z. B. durch die Arbeit der World Trade Organization, WTO). Zu den zentralen Akteuren der wirtschaftlichen Globalisierung wurden **transnationale Konzerne** (auch transnationale Unternehmen genannt), die ihre Geschäfte in mehreren Ländern gleichzeitig betrieben.
Bei der wirtschaftlichen Globalisierung kommt es nicht nur zu Import und Export von Waren und Dienstleistungen, sondern auch von Kapital. Jeder, selbst eine Privatperson, kann heute sein Geld überall in der Welt anlegen und beispielsweise an der Hongkonger Börse Aktien (Unternehmensanteile) kaufen. Mithilfe elektronischer Buchungen kann Kapital in Echtzeit von einem Ende der Welt zum anderen Ende verschoben werden. Der internationale **Finanzmarkt**, also der Handel mit Krediten, Währungen und Aktien, hat inzwischen eine Eigendynamik entwickelt, die sich von der Realwirtschaft (also Waren und Dienstleistungen) immer mehr entkoppelt.
Ein weiteres Kennzeichen der Globalisierung ist die Zunahme der **Migration**. Hier steigert sich das Wachstum zwar nicht so stürmisch wie bei den wirtschaftlichen Kennzahlen, aber es steigt spürbar an. Auch im Bereich der Kultur ist die Vernetzung zu spüren. Im elektronischen Zeitalter verbreiten sich Informationen wie in einem „globalen Dorf“ sehr rasch: Modetrends, Musikstile, politische Theorien, Verschwörungserzählungen, Nachrichten von Katastrophen, Berichte über Lebensbedingungen und Einreisemöglichkeiten (etwa nach Westeuropa) und vieles mehr erreichen in kürzester Zeit weltweite Verbreitung.
Globalisierung ist also ein stark von der Wirtschaft angetriebener Prozess, der sich insgesamt jedoch auf die verschiedensten Bereiche erstreckt. Letztlich gibt es heute nur wenige Lebensbereiche, die von der weltweiten Vernetzung nicht betroffen sind.

Probleme und Gefahren

Die Globalisierung wird hochgradig kontrovers bewertet. Die Hauptkritik setzt an den wirtschaftlichen Triebkräften der Globalisierung an. Weltweites Wachstum fördere Umweltzerstörung und Ressourcenverbrauch. Ob Globalisierung den armen Ländern auf der Erde mehr schadet als nützt, wie Kritiker behaupten, ist umstritten. Empirische Daten sprechen zwar dafür, dass insgesamt der Wohlstand wächst, aber der durch die Globalisierung geschaffene Zuwachs ist weltweit sehr ungleich verteilt und kommt nicht allen gleichermaßen zugute. Die Liberalisierung nützt vor allem den wirtschaftlich Starken. Der afrikanische Kontinent ist beispielsweise von den internationalen Handelsströmen nach wie vor weitgehend abgeschnitten.

Außerdem richtet sich die Kritik gegen die Macht der transnationalen Unternehmen. Die nationalstaatlichen Regierungen geraten ihnen gegenüber ins Hintertreffen, denn es ist schwierig, einzelstaatliche Regeln gegenüber international agierenden Unternehmen durchzusetzen. Nicht selten verlegen transnationale Unternehmen ihren (Steuer-)Sitz in weniger regulierte Staaten. Das gilt insbesondere für die Unternehmen, deren Geschäft hauptsächlich internetbasiert ist. Durch Verbuchung der Konzerngewinne in Niedrigsteuerländern können sie sich teilweise der einzelstaatlichen Steuererhebung entziehen.
Kritisch wird außerdem der Konkurrenzdruck beurteilt, der durch die Öffnung der Märkte auf die einheimische Wirtschaft wirkt. Diese Diskussion bestimmte vor allem die Liberalisierungsdebatte im Europa der 1990er-Jahre. In Frankreich war lange Zeit der „plombier polonais“, der polnische Klempner, das in der Öffentlichkeit immer wieder gezeichnete Schreckgespenst einer Bedrohung einheimischer Handwerker durch ausländische Konkurrenz. Unternehmer unterstrichen ihre Forderung nach Beschränkung oder Senkung von Löhnen und staatlichen Abgaben mit der Drohung einer Produktionsverlagerung in Niedriglohnländer. Die Gewerkschaften kritisierten daher Globalisierung als Einfallstor für „Lohndumping“ und „Sozialabbau“.
„Wenn China niest, bekommt die Welt Schnupfen.“ Diesen Satz, der ursprünglich auf die Weltwirtschaft und potenzielle Absatzkrisen für die westlichen Industriestaaten gemünzt war, kann auch auf andere Bereiche übertragen werden. Produktionsstockungen können aufgrund der internationalen Arbeitsteilung rasch globale Lieferketten unterbrechen und zu weltweiten Produktionsengpässen führen. Aufgrund der weltweiten Vernetzung bleiben Wirtschaftskrisen, Kriege, Krankheiten und ähnliche Probleme seltener regional begrenzt, sondern weiten sich rasch zu globalen Problemen aus. Dieser Wegfall regional begrenzter „Verpuffungsräume“ erhöht die globale Verwundbarkeit und Instabilität insgesamt.

M2 Globalisierung einst und heute

Oben: Handelsschiff der niederländischen Ostindien-Kompanie, um 1600 (Rekonstruktion)
Unten: heutiges Container-Schiff

Chancen

Den Problemen und Gefahren stehen Chancen gegenüber, die den Prozess der Globalisierung vorantreiben. Die Überwindung regionaler Beschränkung durch Vernetzung bedeutet für Unternehmen und den Einzelnen mehr Möglichkeiten – nicht nur im wirtschaftlichen, sondern auch im kulturellen Bereich. Die internationale Liberalisierung generiert in der Summe Wirtschaftswachstum, sorgt für eine größere Gütervielfalt und günstigere Produkte. Die Globalisierung ermöglicht es ehemaligen Entwicklungsländern, zu sogenannten Schwellenländern zu werden, die den Industrialisierungsprozess in atemberaubendem Tempo durchlaufen.
Die weltweite Vernetzung erhöht die gegenseitige Abhängigkeit (Interdependenz) der Staaten untereinander. Das kann durchaus einen positiven Effekt für die Friedenssicherung haben. Denn wenn ein Land einen wichtigen Handelspartner militärisch angreift oder anderweitig schädigt, so schadet es sich wirtschaftlich selbst.
Der Schwäche des Nationalstaats gegenüber den transnationalen Akteuren kann nur durch internationale Kooperation begegnet werden. Deswegen zwingt die globale Vernetzung zur Überwindung des Nationalstaates und zum Aufbau internationaler Regelwerke. Das bietet die Chance, dass globale Probleme auch global gelöst werden, zum Beispiel beim Klimawandel, bei der Pandemiebekämpfung oder der Bewältigung internationaler Wirtschaftskrisen.

M3 Globalisierung seit 1970 in Deutschland und weltweit

Globalisierungsindex der KOF/Konjunkturforschungsstelle der ETH Zürich. Die KOF misst eine Vielzahl von Faktoren wie Außenhandel, Abbau von Zollschranken, Migration, grenzüberschreitende Investitionen (Direktinvestitionen) auf einer Skala von 1–100 und fasst sie in einem Gesamtindex zusammen.

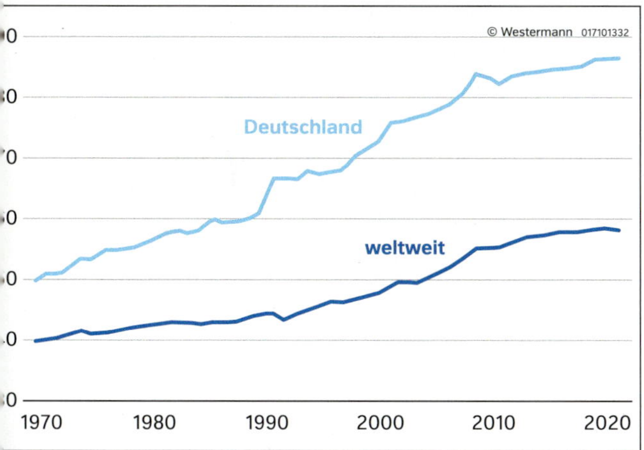

M4 Was bedeutet „Globalisierung"?

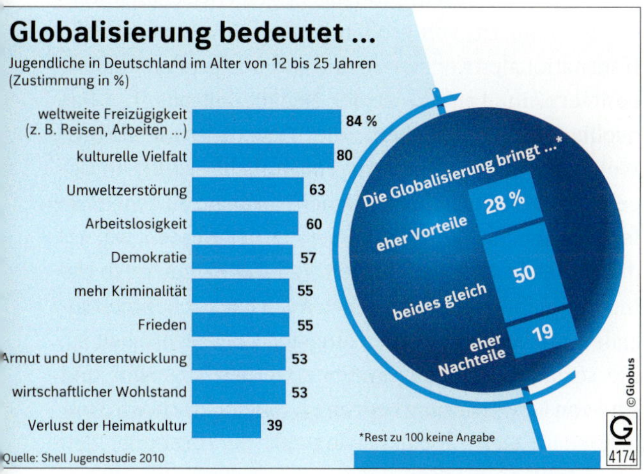

M5 Globalisierung und Digitalkonzerne

Karikatur von Gerhard Mester (undatiert)

M6 Globalisierung: Verhältnis von Ökonomie und Politik

Karikatur von Gerhard Mester (2003)

M 7 **Globale Handelsströme (2019)**

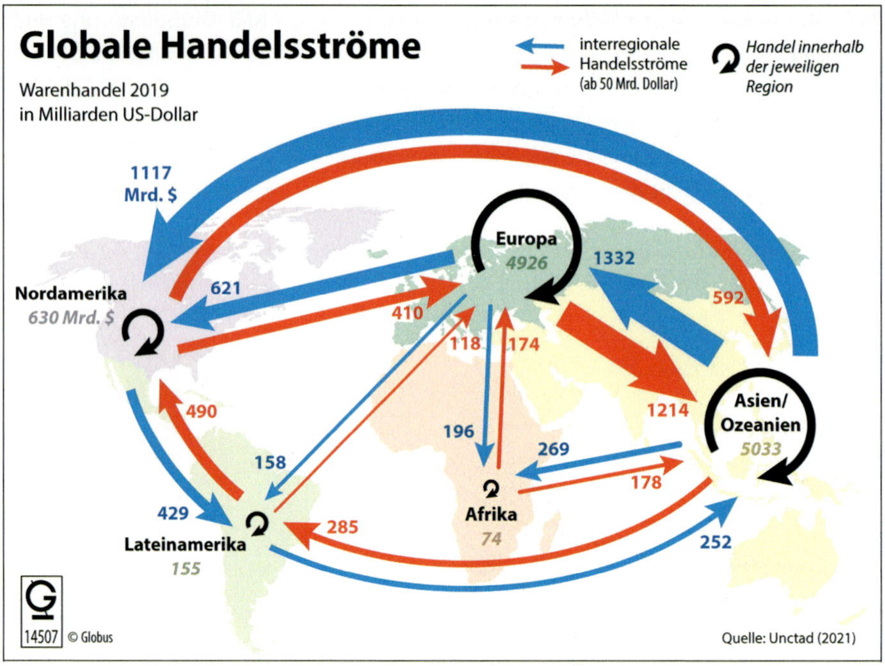

M 8a **Globalisierungsgegner (2014)**

Attac-Aktivisten bei einer Demonstration in Frankfurt vor den Gebäuden der Deutschen Bank. Attac (association pour la taxation des transactions financières et pour l'action citoyenne, dt.: Vereinigung zur Besteuerung von Finanztransaktionen im Interesse der Bürger) ist eine der wichtigsten globalisierungskritischen Nichtregierungsorganisationen. Sie wendet sich vor allem gegen die in ihren Augen zu weitgehende Deregulierung (Liberalisierung) der Weltwirtschaft.

M 8b **Attac-Erklärung 2006**

Die Globalisierung ist ein Umbruch von historischen Dimensionen. Sie verändert die Gesellschaft mit enormem Tempo und greift tief in unsere Lebensbedingungen ein. Sie wird bisher einseitig von mächtigen Wirtschaftsinteressen dominiert, von großen Banken, Investmentfonds, transnationalen Konzernen und anderen großen Kapitalbesitzern. Ihr Leitbild ist der Neoliberalismus. [...] Das neoliberale Versprechen, die Globalisierung bringe Wohlstand für alle, hat sich jedoch nicht erfüllt; im Gegenteil: Die soziale Kluft zwischen Nord und Süd wird tiefer. Während die Reichen immer reicher werden, wächst die Armut in der Dritten Welt. [...] Die Armut ist in die Industrieländer zurückgekehrt. Auch bei uns nehmen soziale Unsicherheit, Ausgrenzung und Ungerechtigkeit zu. Die sozialen Sicherungssysteme werden abgebaut und sind von Privatisierung bedroht. [...] Demokratie wird untergraben, weil Global Players mit der Drohung, den „Standort" zu wechseln, zunehmend die Politik diktieren. [...] Die Lösung der Umweltprobleme wird verschleppt. [...] Kulturelle Vielfalt wird durch eine ökonomisch mächtige Kulturindustrie eingeebnet. [...] Die neoliberale Globalisierung hat sehr viele Verlierer und nur wenige Gewinner hervorgebracht. Sie begünstigt damit politische Destabilisierung und ist ein Grund für Gewalt, Krieg und Terrorismus. Dies führt zur Rechtfertigung von weltweiter Aufrüstung, von Militarisierung und zur Aushöhlung demokratischer Rechte.

(Attac-Erklärung für eine demokratische Kontrolle der Finanzmärkte 2006; https://www.attac.de/fileadmin/user_upload/bundesebene/attac-strukturen/Attac_Erklaerung.pdf [05.01.2022])

M 9 Auswirkungen der Globalisierung

Die Wirtschaftswissenschaftler Axel Dreher und Andreas Fuchs über die Erkenntnisse aus Untersuchungen mit der KOF-Globalisierungsskala (vgl. M 3):

Was bedeutet es, globalisiert zu sein? Führt höhere Globalisierung zu besseren volkswirtschaftlichen Ergebnissen? [...] Globalisierung wird oft mit steigender Armut und noch häufiger mit der Erosion von Sozialstandards in Verbindung gebracht. Durch die Anwendung des KOF-Globalisierungsindex ist es möglich, die Folgen der Globalisierung empirisch zu untersuchen und einen Beitrag zu der kontroversen Debatte darüber zu liefern. Eine Vielzahl von Studien hat die Auswirkungen von Globalisierung untersucht. Globalisierung kann demnach nicht pauschal als gut oder schlecht bezeichnet werden. Eine Beurteilung ist stets abhängig von dem Untersuchungsgegenstand, der betrachteten Ländergruppe und Zeitperiode sowie den zugrunde liegenden Wertvorstellungen. Die Ergebnisse der mit dem KOF-Index durchgeführten Studien zeigen jedoch, dass der negative Einfluss der Globalisierung überschätzt wird. Eine empirische Untersuchung über die Globalisierung in den OECD-Ländern zeigt, dass die Steuern auf Kapital infolge der Globalisierung nicht – wie oftmals behauptet – gesunken, sondern vielmehr gestiegen sind. Man findet also keinen empirischen Beleg dafür, dass die Globalisierung zu einer Abwärtsspirale (Race to the Bottom) in der Fiskalpolitik geführt hat. Betrachtet man die Zusammensetzung der nationalen Haushalte, so findet man Unterstützung für die Hypothese, dass die Sozialausgaben angestiegen sind, um die Verlierer der Globalisierung zu entschädigen. Länder mit einer stärkeren politischen Globalisierung haben höhere Sozialausgaben. Somit scheint sich die Globalisierung auf die Fiskalpolitik auszuwirken, auch wenn kein Effekt auf die Gesamthöhe des Budgets zu beobachten ist. Eine weitere Studie zeigt, dass die Globalisierung das Wirtschaftswachstum signifikant erhöht. Dieser Effekt geht im Wesentlichen auf die wirtschaftliche Globalisierung zurück. [...] Weniger positiv sind jedoch die empirischen Ergebnisse hinsichtlich des Einflusses der Globalisierung auf die Ungleichheit der Einkommen. [...] Untersuchungen [... haben] gezeigt, dass die Globalisierung die Schere zwischen Arm und Reich vergrößert hat. Empirische Untersuchungen bestätigen auch die Hypothese, dass die Globalisierung zu einem Mitgliederschwund bei den Gewerkschaften in den OECD-Ländern geführt und diese so geschwächt hat. Dieser Effekt ist besonders auf die wirtschaftliche und soziale Globalisierung zurückzuführen. Hierbei ist zu berücksichtigen, dass sich die soziale Integration auf die Verbreitung von Ideen, Informationen und Menschen bezieht. Für einige Autoren impliziert soziale Globalisierung sogar eine Amerikanisierung der Gesellschaft. [...] Insgesamt scheint die Globalisierung den Entwicklungsländern aber mehr Vorteile als Nachteile zu bringen. Nicht jene Länder, die sich geöffnet haben, zählen heute zu den ärmsten der Welt, sondern jene, in denen Bürgerkriege, Diktatoren, Korruption, ethnische Auseinandersetzungen und die Unterdrückung der Frauen den zivilisatorischen Prozess behindern – Länder, die sich der Globalisierung nicht gestellt haben oder nicht stellen konnten.

(Axel Dreher/Andreas Fuchs, Ist Globalisierung messbar?; in: Die Volkswirtschaft, 10/2010, S. 12 – 13)

Arbeitsanregungen

? Beschreiben Sie M 5. Formulieren Sie Fragen.

1. Prozess und Kennzeichen der Globalisierung

a) Stellen sie die Entwicklung der Vernetzung bis zum Ersten Weltkrieg überblicksartig dar. (DT 1, M 1/M 2)

b) Erklären Sie, warum man ab den 1990er-Jahren von einer neuen Qualität der Globalisierung sprechen kann. (DT 2, M 3)

c) Arbeiten Sie aus DT 3 die Kennzeichen der Globalisierung heraus. Nennen Sie weitere Bereiche, in denen Globalisierungsprozesse stattfinden.

Definieren Sie den Begriff Globalisierung und erklären Sie, warum, man ab den 1990er-Jahren von einer neuen Qualität der Globalisierung sprechen kann. (DT 2)

2. Chancen und Risiken der Globalisierung

a) Arbeiten Sie aus DT 4 – 5 Chancen und Risiken der Globalisierung heraus.

b) Arbeiten Sie die Haltung von M 6 und M 8a zur Globalisierung heraus. Vergleichen Sie mit M 4.

c) Erörtern Sie, ob die Gefahren oder die Chancen der Globalisierung überwiegen. (M 4, M 7, M 8b, M 9)

Diskutieren Sie, wie die Globalisierung gestaltet werden sollte. Welche Rolle sollten die demokratisch verfassten Staaten in diesem Prozess einnehmen?

28. Kunst im digitalen Zeitalter

Seit den späten 1990er-Jahren hat die Digitalisierung zu tief greifenden Veränderungen in allen Lebensbereichen geführt. Rasante Datentransfers, die Vernetzung über Kontinente hinweg, der jederzeit mögliche Zugriff auf Wissen, die immense Flut von Bildern und Informationen – all dies unterscheidet die heutige Welt von der früherer Generationen. Diese Entwicklungen beeinflussen auch die Kunst.

Die Digitalisierung verändert die Kunstwelt

Die Epoche der modernen Kunst war wesentlich geprägt durch die Erfindung der Kamera. Dadurch verlor das reine Abbilden der Wirklichkeit für die Kunst an Bedeutung und darüber hinaus veränderte die massenhafte Reproduzierbarkeit der Bilder die Wahrnehmung der Betrachter, weil die Einzigartigkeit, die „Aura" (Walter Benjamin) des Kunstwerks verloren ging. Seither ist die Kunst geprägt von Stilpluralismus, der subjektiven Weltsicht des Künstlers und einer sehr offenen, weiten Definition dessen, was Kunst ist. Diese Offenheit, Diversität und Subjektivität werden durch die Digitalisierung noch weiter vorangetrieben. Dabei sind alle Bereiche des Kunstbetriebs von Veränderungen betroffen: das Schaffen von Kunstwerken selbst – z. B. digital veränderte Originale, 3D-gezeichnete Gemälde oder gar mithilfe von KI (Künstlicher Intelligenz) hergestellte Kunstwerke –, aber auch ihre Präsentation und nicht zuletzt ihre Vermarktung. Demnach könnte sich die Digitalisierung ähnlich umstürzend auf die Kunst auswirken, wie es Fotografie und Film taten.

Virtual Reality – eine neue Dimension?

Durch digitale Technologien werden imaginäre Wirklichkeiten immer plastischer erfahrbar, sodass die Grenzen zwischen „authentischer" Realität und „virtueller" Realität verschwimmen und Virtual Reality (VR) zu einem Teil der Lebenswirklichkeit wird. Das bietet zum einen den Kunstschaffenden neue Möglichkeiten, sich auszudrücken – so müsste ein Salvador Dalí seine Visionen nicht mehr akribisch malen, sondern könnte diese computergestützt tatsächlich „echt" inszenieren. Zum anderen ändert sich dadurch auch die Ausstellungskultur. Betrachtete man bisher ein Gemälde im Museum in kontemplativer Ruhe, so finden sich jetzt immer mehr Ausstellungen, die durch riesige 3D-Inszenierungen den Betrachter in die Welt der ausgestellten Kunst „einsaugen" und den Museumsbesuch zu einem „Event" werden lassen.

Ein Künstler, der all diese Möglichkeiten der VR nutzt und gleichzeitig reflektiert, ist z. B. Ed Atkins. In seinen Arbeiten thematisiert er Fragen wie: Wann ist eine Erfahrung ‚echt', wann ist sie ‚künstlich'? Welche sinnlichen, geistigen und körperlichen Erfahrungen gehen im Erleben der VR verloren? Welche Auswirkungen haben die „Parallelwelten" der VR auf den Einzelnen und auf die Gesellschaft? Um diesen Fragen nachzugehen, arbeitet Ed Atkins mit animierten Figuren, die äußerst realistisch und künstlich zugleich wirken und so den Betrachter verunsichern und zum Nachdenken anregen sollen.

M1 Ed Atkins (geb. 1982): Safe Conduct (2016)

In dem Video „Safe Conduct" befindet sich eine computergenerierte Figur, ein junger Mann, am Band der Sicherheitskontrolle eines Flughafens. Nacheinander legt er Reiseutensilien und Bekleidung auf das Band, bis er schließlich damit beginnt, auch seine Körperteile in die Aufbewahrungskiste zu legen. Das Gesicht der Figur scheint verwundet und zeigt körperliche und seelische Verletzungen. Die animierte Figur erhält so menschliche Züge.

„Jeder Mensch ist ein Künstler"

Der Satz von Joseph Beuys aus dem Jahr 1966 trifft heute in ungeahnter Weise zu. Mithilfe der verschiedenen sozialen Plattformen, die jedem die Möglichkeit bieten, sich selbst als Künstler zu präsentieren, und mithilfe von Apps, die es jedem ermöglichen, in professioneller Qualität Fotos zu machen, Bilder zu kreieren bzw. zu bearbeiten sowie Videos zu erstellen, werden künstlerische Potenziale geweckt, die auszuleben früher Wenigen vorbehalten war. Nun gilt: „Auch ich bin ein Künstler!“ bzw. „Auch ich kann meine künstlerischen Fähigkeiten öffentlich machen!“ Welche Folgen hat dieses neue Selbstverständnis für die Gesellschaft? Wird sie dadurch neue Impulse erhalten? Wird die Kunstwelt weniger elitär und exklusiv? Wird das soziale Miteinander kreativer und toleranter? Oder wird die Kunst niveauloser?

Markt ohne Grenzen – anything goes?

Dank digitaler Technologien hat nicht nur jeder die Möglichkeit, künstlerisch tätig zu werden, sondern jeder kann nun auch seine „Werke“ einer globalen Öffentlichkeit zeigen bzw. zum Verkauf anbieten. So entsteht ein erweiterter Kunsthandel, der die Grenzen der traditionellen Märkte wie Galerien und Kunstmessen sprengt.

Ein potenzieller Käufer oder Sammler sieht sich einem schrankenlosen Angebot gegenüber, das keinen Filter durchlaufen hat, denn es findet keine Vorauswahl durch Kunsthändler oder Sachverständige statt, die bei der Beurteilung Qualitätskriterien anlegen. Jeder darf teilnehmen und seine Werke auf den entsprechenden Plattformen anbieten. Häufig erfolgen dabei Vermarktung und Verkauf durch dezentrale Mechanismen, so z. B. als sogenannte NFTs (Non Fungible Tokens), also digital geschützte Kunstwerke.

Hier stellt sich die Frage, inwiefern der Kunstbetrachter in seinen Kaufentscheidungen unabhängig ist, inwiefern sich Qualität durchsetzen kann oder ob anspruchslose und leicht konsumierbare Inhalte bevorzugt werden. Wird sich das kulturelle Angebot in Zukunft nach Klicks und „Likes“ richten? Wäre van Gogh heute ein Superstar oder bekäme er kein einziges „Like“? Der digitale Marktplatz bietet Künstlern ungeahnte Freiräume und Interaktionschancen, er birgt jedoch auch die Gefahr der Beliebigkeit und Belanglosigkeit.

M 2 Everydays: The first 5000 days von Mike „Beeple“ Winkelmann

Diese digital erstellte Collage wurde als NFT bei Christie’s für mehr als 69 Millionen Dollar versteigert.

Arbeitsanregungen

? Tauschen Sie sich darüber aus, welchen Stellenwert Kunst in der digitalen Welt einnimmt und welche Bedeutung digitale Kunst für Sie hat.

1. Virtual Reality

a) Erläutern Sie Form und Inhalt des Kunstwerkes M 1. Recherchieren Sie dazu im Internet.

b) Diskutieren Sie: Welche gesellschaftlichen Veränderungen sind zu erkennen oder zu erwarten, wenn die Präsenz des Virtuellen in unserem Alltag immer selbstverständlicher wird?

c) Recherchieren Sie im Internet weitere Künstler, die digitale Technologien benutzen oder sich damit auseinandersetzen.

2 „Jeder Mensch ist ein Künstler“

a) Nehmen Sie Stellung zu den Kunstwerken M 1 und M 2.

b) Recherchieren Sie Beispiele zu NFT-Kunstwerken.

c) Berichten Sie von Ihren Erfahrungen mit digitaler Kunst. Diskutieren Sie: Wie müssen Fotos/Kunstwerke beschaffen sein, damit Sie aus der Masse herausstechen?

„Künstler sind überflüssig, jeder ist ein Künstler“. Diskutieren Sie über diese These.

29. Die „Große Transformation“ in Russland

Das Ende des Kalten Krieges führte zur Auflösung der Sowjetunion: 15 unabhängige Staaten gab es nun auf dem Gebiet des ehemaligen Vielvölkerstaats, der größte davon war die Russische Föderation. Wie auch in der DDR und in Osteuropa hatte der Zusammenbruch des kommunistischen Regimes eine schwere Wirtschaftskrise und einen gravierenden gesellschaftlichen Umbruch zur Folge, der die Menschen bis heute prägt.

M1 „A Tsar is born“ (2017)
Karikatur aus dem britischen Nachrichtenmagazin „The Economist“

Wirtschaftliche Liberalisierung und ihre sozialen Kosten

Der Präsident der 1992 gegründeten **Russischen Föderation** (dazu: **GUS**/Gemeinschaft Unabhängiger Staaten, s. Glossar, S. 301), Boris Jelzin, setzte auf wirtschaftliche Liberalisierung. Er hoffte, dass die Einführung der freien Marktwirtschaft zu einem raschen Aufschwung führen würde. Er gab die Preise für fast alle Güter frei, außerdem sollten die meisten Groß- und Mittelbetriebe in Aktiengesellschaften umgewandelt werden. Doch die Reformen erreichten nicht das gewünschte Ziel. Die Freigabe der Preise führte zu einer rasanten Teuerung und zahlreiche Betriebe gerieten in wirtschaftliche Schwierigkeiten, auch weil sie mit den attraktiveren und preisgünstigeren Produkten aus dem Westen nicht konkurrieren konnten. Viele Russen wurden arbeitslos und verarmten. Ehemalige Parteifunktionäre und Sowjetmanager konnten in dieser wirtschaftlichen Umbruchsituation günstig Aktienmehrheiten an Unternehmen sichern. Die wirtschaftliche Macht konzentrierte sich rasch zunehmend in den Händen weniger Superreicher, der sogenannten **Oligarchen** (von griech. oligarchia = Herrschaft der Wenigen). Gleichzeitig verschärfte sich die Krise weiter. Dies lag auch daran, dass die Oligarchen ihr Kapital lieber im Westen als im krisengeschüttelten Russland investierten. Der hochverschuldete Staat konnte Renten und Sozialleistungen nicht mehr bezahlen, sodass 40 Prozent der Russen im Jahr 1999 unterhalb der Armutsgrenze lebten. Viele wurden sogar obdachlos und litten Hunger.

Politische Krise und neue Verfassung

Durch die Wirtschaftskrise wandten sich immer mehr Russen von Präsident Jelzin ab. Viele wünschten sich die Sowjetunion zurück. Bei den Parlamentswahlen wurden kommunistische und rechtsextreme Parteien zunehmend stärker. In der Folge blockierten sich Regierung und Parlament gegenseitig. 1993 löste Jelzin das Parlament auf, das ihn im Gegenzug für abgesetzt erklärte. Einen bewaffneten Aufstand ließ Jelzin vom Militär niederschlagen. Er entwarf eine neue Verfassung, der in einem Referendum 57 Prozent der Wähler zustimmten. Diese Verfassung gab schon damals dem Präsidenten eine so große Machtfülle, dass eine wirksame Kontrolle durch das Parlament kaum möglich ist. Trotzdem blieb die Regierung Jelzin schwach. Die wirtschaftliche Situation blieb schlecht, zudem hatte der Präsident mit gesundheitlichen Problemen zu kämpfen. Hinzu kamen Machtkämpfe und Unabhängigkeitsbestrebungen in Teilrepubliken Russlands. Der Krieg der russischen Zentralregierung gegen die abtrünnige Region Tschetschenien war verlustreich, ohne dass Jelzin den Herrschaftsanspruch Russlands durchsetzen konnte. Seine Wiederwahl 1996 konnte Jelzin gegen die wiedererstarkenden Kommunisten nur durch die Hilfe der Oligarchen, die die russischen Medien kontrollierten, gewinnen.

M2 Stalin-Kult (2017)
In einer Umfrage 2017 sah eine Mehrheit der Russen in Josef Stalin die wichtigste Person der russischen Geschichte.

„Gelenkte Demokratie“ unter Putin

Diese unterstützen auch Wladimir Putin, der 2000 die Regierungsgeschäfte von dem angeschlagenen Boris Jelzin übernahm. Sein Ziel war die wirtschaftliche und politische Stabilisierung Russlands. Dazu zentralisierte er weitaus deutlicher als Jelzin die Macht in der Hand des Präsidenten. Diese Mischform zwischen präsidialem Autoritarismus (diktatorische Amtsausübung durch den Staatspräsidenten) und Demokratie (Abhalten von Wahlen) wird von manchen auch als „gelenkte

Demokratie“ bezeichnet. Putin beschränkte die Macht und Bereicherungsmöglichkeiten der Oligarchen nicht grundlegend, sondern entmachtete nur einige Oligarchen, die sich der Regierung widersetzten. Aufgrund steigender Weltmarktpreise für Öl und Gas verbesserte sich die wirtschaftliche Situation Russlands: Das Bruttoinlandsprodukt wuchs, die Arbeitslosenzahl ging zurück. Außenpolitisch setzte Putin auf eine Politik der Stärke. So zwang er nach einem neuen Krieg Tschetschenien zurück in die Russische Föderation; separatistische Bestrebungen in ehemaligen Teilrepubliken der Sowjetunion, z.B. in Georgien oder der Ukraine, wurden dagegen militärisch unterstützt und die Angliederung an das Staatsgebiet Russlands gefördert. 2014 erfolgte die völkerrechtswidrige Annexion der zur Ukraine gehörenden Krim, 2022 der militärische Angriff auf das Territorium der Ukraine.

Putins Regierungszeit ist geprägt von einer zunehmend diktatorischen Amtsführung, bei der die Opposition massiv unterdrückt wird und die Politik immer wieder gegen die in der russischen Verfassung verankerten Grundrechte verstößt. Durch die enge Verflechtung von Politik und Oligarchen ist Korruption ein grundlegendes Problem. Dennoch ist Putin in der Bevölkerung beliebt: In der Wahrnehmung vieler hat er das Land aus der Krise geführt, den Zerfall Russlands gestoppt und dem Land wieder zu Weltgeltung verholfen. Dabei wird Putins Herrschaft durch Propaganda stabilisiert: Alle Fernsehsender werden staatlich kontrolliert, das Internet wird zensiert.

M 3 Boris Jelzin
Er war von 1991 bis 2000 der erste Präsident der Russischen Föderation.

Das Ende einer Supermacht?

Russland musste auch eine fundamentale Veränderung seiner internationalen Machtstellung hinnehmen. Als Nachfolgeorganisation der Sowjetunion wurde 1991 von Russland, der Ukraine und Belarus die GUS (Gemeinschaft Unabhängiger Staaten) gegründet, die einen einheitlichen Wirtschafts- und Sicherheitsraum zwischen ehemaligen Sowjetrepubliken herstellen sollte. Die Wirtschaftskrise und das Chaos unter der Präsidentschaft Jelzin, während der Russland an den Rand der Zahlungsunfähigkeit kam, zeigten die Schwäche des Landes. Zwar verfügt Russland nach dem Ende des Kalten Krieges neben den USA immer noch über das weltweit bedeutendste Militärpotenzial, doch begann 1990 eine Phase der weltpolitischen Dominanz der USA. Die NATO und die EU erweiterten sich um ehemalige Ostblockstaaten und rückten näher an Russland heran. Dieser internationale Bedeutungsverlust der ehemaligen Supermacht verstärkte das Gefühl bei vielen Russen, abgehängt zu werden und durch die Transformation ihren ehemaligen Weltmachtstatus verloren zu haben. Auch aus diesem Grund wird von vielen Stalin, der Sieger im „Großen Vaterländischen Krieg“ inzwischen als positive Figur in der russischen Geschichte gesehen. Putin versuchte, den genannten Bedeutungsverlust u. a. durch militärische Maßnahmen (Annexion der Krim, militärische Unterstützung der Diktatur in Syrien) entgegenzuwirken.

Deutschland und Russland im Vergleich

Die **Transformationsgesellschaften** in Ostdeutschland wie in Russland hatten mit einer schweren Wirtschaftskrise zu kämpfen. Doch die Voraussetzungen in den beiden Ländern waren grundlegend anders. Während die DDR durch den Beitritt zur Bundesrepublik deren politisches und wirtschaftliches System übernahm, mussten in Russland erst neue staatliche und ökonomische Strukturen geschaffen werden. Die Schwäche des Staates und die neoliberalen Reformen führten dazu, dass die wirtschaftliche Macht in die Hände weniger Oligarchen gelangte und diese massiv Einfluss auf die Politik nehmen konnten. Anders als in Ostdeutschland wurden die hohen sozialen Folgekosten nicht durch Transferzahlungen aus dem Westen abgemildert. Doch obwohl in den neuen Bundesländern niemand verarmte, führten die rasanten Veränderungen der Transformation auch hier zu Verunsicherung und Skepsis gegenüber der liberalen Demokratie. Während sich diese in Ostdeutschland in den Wahlerfolgen links- und rechtsextremer Parteien zeigen, begünstigten sie in Russland die Entstehung eines autoritären Präsidialsystems, in dem die Menschenrechte verletzt, Minderheiten diskriminiert und Oppositionelle verfolgt werden.

M 4 Oligarchen und „Plünderer-Kapitalismus"

Der Historiker Philipp Ther über neoliberale Reformen in Russland nach 1990:

Ein Beispiel für staatsschädigende Geschäftspraktiken war der Verkauf des Öl- und Gaskonzerns Yukos an den Oligarchen Michail Chodorkowski. Der Geschäftsmann, der sein Vermögen Ende der Achtzigerjahre mit dem Import von Westwaren begründet hatte, gelangte unter Präsident Jelzin in hohe Regierungsämter und verfügte als stellvertretender Minister für Brennstoffe und Energie über Insiderkenntnisse. Der Verkauf von Yukos wurde über eine Bank abgewickelt, bei der Chodorkowski einer der Haupteigentümer war. Der Auktionspreis für das Unternehmen mit all seinen Öl- und Gasfeldern betrug 1995 etwa 350 Millionen US-Dollar. Zwei Jahre später lag der Börsenwert bei neun Milliarden Dollar.

Hätten die Oligarchen diese sagenhaften Gewinne reinvestiert, wäre der Schaden für den Staat, die Gesellschaft und die russische Volkswirtschaft begrenzt gewesen, aber sie transferierten einen großen Teil ihres Profits ins Ausland. [...] In der Regel beherrschten die Oligarchen das von ihren Firmen abgedeckte Marktsegment weitgehend (dementsprechend gab es neben Öl- und Gasoligarchen auch Nickeloligarchen, Kupferoligarchen etc.), sodass sich weitere Investitionen in Russland nur bedingt rechneten. Ihr Vertrauen in die russische Wirtschaft war begrenzt – warum, wussten sie aufgrund ihrer Machenschaften am besten. [...]

Der Leidtragende dieses „Plünderer-Kapitalismus" [...] war der russische Staat, der bei der Privatisierung nur einen Bruchteil des eigentlichen Werts der verkauften Unternehmen erhielt.

(Philipp Ther, Die neue Ordnung auf dem alten Kontinent – Eine Geschichte des neoliberalen Europa, Frankfurt/M. (Suhrkamp) 2016, S. 101 – 103)

M 5 Putins „gelenkte Demokratie"

Der Historiker Dietmar Neutatz über Wladimir Putins Regierungssystem (2013):

Putin reformierte das Regierungssystem, indem er die politische Entscheidungsmacht beim Präsidenten konzentrierte. Das Kabinett trat mehr als früher in den Hintergrund und fungierte nun als beratendes und ausführendes Organ des Präsidenten. Die Gewaltenteilung zwischen Exekutive und Legislative wurde spürbar reduziert, indem es Putin gelang, das Abstimmungsverhalten des nominell unabhängigen Parlaments faktisch zu beeinflussen. Politische Instrumentalisierung der Justiz und Einschränkung der Medienfreiheit taten ein Übriges, um die Kontrolle der Exekutive zu reduzieren. Der Stärkung der zentralen Exekutive diente auch die schrittweise Neuordnung des Verhältnisses zwischen dem Zentralstaat und den Föderationssubjekten. Die Gouverneure wurden seit 2004 nicht mehr direkt vom Volk gewählt, sondern vom Präsidenten nominiert. [...]

Kurz nach seiner ersten Wahl zum Präsidenten im März 2000 verwies Putin einzelne „Oligarchen" in die Schranken. Er zerschlug z. B. das Medienimperium von Gusinskij und brachte die wichtigsten Fernsehsender unter seine Kontrolle. Die „Oligarchen" waren damit aus der Politik verdrängt und auf die ökonomische Sphäre verwiesen, und der Staat hatte seine Handlungsautonomie gegenüber den Großunternehmern durchgesetzt.

Beschränkungen erfuhr auch die Zivilgesellschaft. Putin schuf geeignete Instrumente, um nichtstaatliche Organisationen bei Bedarf einzuschüchtern und zu disziplinieren. Das Ergebnis dieser Politik war zweifellos eine Ent-Demokratisierung des politischen Systems. Ob es sich dabei um ein Übergangsregime handelt, das nach der Konsolidierungsphase wieder zu mehr Demokratie zurückkehrt, oder ob sich die „gelenkte Demokratie" dauerhaft als eine autoritäre russische Variante des marktwirtschaftlichen Systems etablieren wird, wird die Zukunft weisen. Der Historiker wagt hier jedenfalls keine Prognose.

(Dietmar Neutatz, Träume und Alpträume – Eine Geschichte Russlands im 20. Jahrhundert. München (C. H. Beck) 2013, S. 595 f.)

M 6 Aus dem Länderbericht 2020 von Amnesty International zu Russland:

Das Recht auf Versammlungsfreiheit war weiterhin eingeschränkt und wurde im Dezember 2020 durch restriktive Maßnahmen weiter beschnitten. [...] Das Recht auf freie Meinungsäußerung war nach wie vor eingeschränkt. [...] Journalist*innen wurden weiterhin schikaniert, strafrechtlich verfolgt und tätlich angegriffen. [...] Das Internet wurde 2020 nach wie vor zensiert. [...] Oppositionelle und andere kritische Stimmen waren harten Repressalien ausgesetzt. [...] Gesetze [...] wurden dazu genutzt, unabhängige NGOs zu verleumden, ihnen die Finanzmittel zu entziehen und ihre Mitglieder streng zu bestrafen. [...] Folter und andere Misshandlungen waren noch immer allgegenwärtig. [...] Auch 2020 wurde immer wieder gegen das Recht auf ein faires Verfahren verstoßen. Oft wurde den Inhaftierten der Kontakt zu ihrem Rechtsbeistand verweigert und nach wie vor fanden zahlreiche Verfahren unter Ausschluss der Öffentlichkeit statt.

(AMNESTY REPORT/RUSSISCHE FÖDERATION, 7. 4. 2021, Amnesty International Deutschland e. V.; https://www.amnesty.de/informieren/amnesty-report/russland-2020 [07.12.2021])

2000
Wladimir Putin wird Präsident der Russischen Föderation

M7 Struktur der russischen Warenexporte in Mrd. US-Dollar

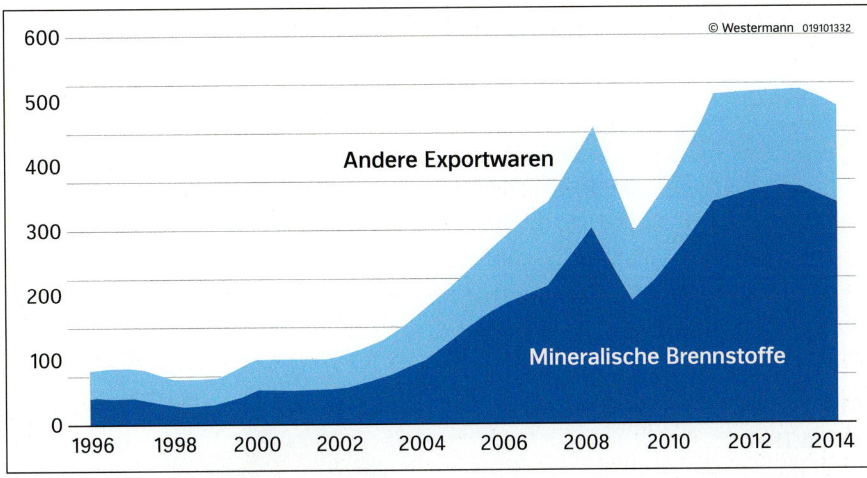

(Quelle: UNCTAD 2014)

M8 Wachstum des Bruttoinlandsproduktes der Wirtschaft Deutschlands und Russlands 1990 – 2020

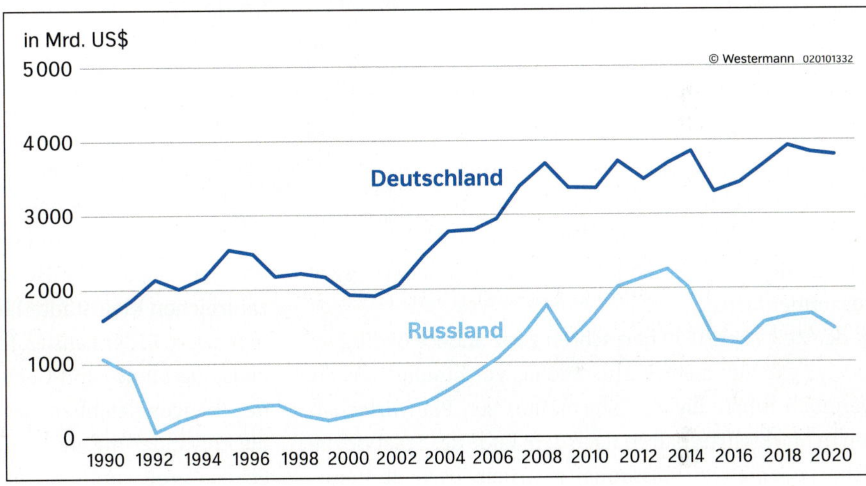

(Datenbasis nach verschiedenen Quellen)

Arbeitsanregungen

Arbeiten Sie heraus, was M 1 über das politische System Putins aussagt. Formulieren Sie Fragen und Hypothesen zur Transformation in Russland.

1. Die wirtschaftliche Transformation

a) Stellen Sie die Wirtschaftsreformen in Russland nach 1990 dar. (DT 1, M 4/M 7/M 8)

b) Beurteilen Sie, inwieweit die Wirtschaftsreformen in Russland erfolgreich waren.

2. Die politische Transformation

a) Stellen Sie die politische Transformation in Russland nach 1990 dar. (DT 2 – 4)

b) Beurteilen Sie, inwiefern in Russland nach 1990 eine Demokratisierung eingesetzt hat. (M 1/M 2, M 5/M 6)

c) Beurteilen Sie die Stabilität von Putins Herrschaftssystem.

Stellen Sie die politische Transformation in Russland nach 1990 dar. (DT 2 – 4)

3. Deutschland und Russland im Vergleich

a) Vergleichen Sie die Transformationsprozesse nach 1990 in Deutschland und Russland im Hinblick auf politische, wirtschaftliche und soziale Folgen.

b) Beurteilen Sie Erfolge und Misserfolge der beiden Transformationsprozesse.

„Den Menschen geht es heute in Russland besser als zur Zeit der Sowjetunion." Diskutieren Sie diese These.

30. Geschichte kontrovers: Die „Große Transformation" nach 1989

Nach den Revolutionen von 1989/90 folgte auf den Zusammenbruch des Kommunismus eine „Große Transformation", die sowohl Osteuropa als auch Westeuropa tief greifend verändert hat. Umstritten ist, ob diese Transformation erfolgreich verlaufen ist oder ob es bessere Alternativen gegeben hätte. Auch ihre Auswirkungen auf die Gegenwart werden kontrovers diskutiert. Wir haben mit einem Historiker gesprochen, der die „Große Transformation" intensiv erforscht hat.

M1 Interview mit dem Historiker Philipp Ther

Philipp Ther ist Professor für die Geschichte Ostmitteleuropas an der Universität Wien.

Was kennzeichnet die „Große Transformation" nach 1989 in Europa?

Der Begriff der „Großen Transformation" geht auf den aus Ungarn stammenden historischen Soziologen Karl Polanyi zurück, der damit 1944 die sozialen Verwerfungen infolge des globalen Kapitalismus im 19. Jahrhundert und dessen Krise in der Zwischenkriegszeit zusammenfasste.

In der Zeit nach 1989 herrschten ganz andere Bedingungen, es gab viel mehr Wohlstand als vor hundert Jahren. Dennoch führte die Transformation von Planwirtschaften in Marktwirtschaften nach dem Ende des Staatssozialismus ebenfalls zu massenhafter Arbeitslosigkeit, Verarmung, Entwurzelung und in Ostdeutschland trotz Sozialleistungen zu einer massiven Verunsicherung. Auch in Ländern und Regionen, deren Wirtschaft sich relativ bald erholte (z.B. in Teilen Polens, Sachsens und Thüringens) empfanden viele Menschen und vor allem die damaligen Kinder die Transformation als Zumutung. Das zeigt, dass offizielle Wirtschaftsdaten und individuelle Erfahrungen stark auseinanderklaffen können.

Der Begriff der Transformation war nach 1989 ursprünglich auf das postkommunistische Europa bezogen und somit geografisch beschränkt. Kotransformation bezeichnet die zunehmenden Rückwirkungen auf die alte Bundesrepublik und den Westen. Es gibt einen Zusammenhang zwischen dem ersten Schub an neoliberalen Reformen von 1990 und den Hartz-Reformen nach der Jahrtausendwende, auf die auch Vorbilder und Reformdiskurse aus dem postkommunistischen Europa einwirkten.

War die Transformation in Deutschland und Russland ein Erfolg?

Das kommt auf die Perspektive an. Gemessen am Lebensstandard und der Lebenserwartung trifft das auf Deutschland zweifelsohne zu. Der Zugewinn an Freiheit nach dem Ende der SED-Diktatur wird durchweg als positiv empfunden. Doch es gibt in Deutschland und in den ostdeutschen Bundesländern ein starkes Gefälle zwischen Wachstumsregionen wie Leipzig, Dresden und Jena (seit 2009 ist Berlin hinzugekommen) sowie zahlreichen Kleinstädten und strukturschwachen Regionen, wie z.B. der Lausitz. In der Russländischen Föderation ist das Stadt-Land-Gefälle jedoch weit größer und keine Chancengleichheit gegeben. Entsprechend hoch ist die Abwanderung aus ländlichen Regionen.

Ebenso groß sind die Unterschiede im politischen System. Die Bundesrepublik ist trotz der Erfolge der AfD weiterhin eine liberale Demokratie mit einem gut ausgebauten Sozialstaat, die Russländische Föderation hingegen ein autoritäres System mit pseudodemokratischen Elementen. Während die Bundesrepublik ein Garant des Friedens in Europa ist, verfolgt die russische Regierung seit 2004 gegenüber ihren postsowjetischen Nachbarstaaten eine neoimperiale [neo = erneut; imperial = auf den Aufbau/die Ausweitung eines Imperiums ausgerichtet] und aggressive Politik.

Ist die Transformation in osteuropäischen Staaten wie Tschechien und Polen besser gelungen?

Wenn man den wirtschaftlichen Aufholprozess betrachtet, waren Tschechien und vor allem Polen erfolgreicher. Polen war 1989 sehr arm und erwirtschaftete pro Kopf nur etwa ein Drittel des BIP [Bruttoinlandsprodukt = Summe aller in einer Volkswirtschaft erwirtschafteten Waren und Dienstleistungen] im Vergleich zum Durchschnitt in der damaligen EG. Mittlerweile steht Polen bei mehr als 70% des EU-Durchschnitts, einige Regionen liegen sogar darüber. Aber das Ost-West-Gefälle und die regionale und soziale Kluft waren ein Nährboden für die rechtspopulistische Partei PiS, die die Unabhängigkeit der Justiz und der Medien eingeschränkt hat. Tschechien hat heute pro Kopf (und kaufkraftbereinigt) in etwa das gleiche BIP erreicht wie die fünf neuen Länder und das ohne die Hilfe eines „großen Bruders“ im Westen. Außerdem ist die Demokratie ähnlich wie in der Slowakei stabil, was mit historischen Traditionen und einer weniger ungleichen Entwicklung zusammenhängt.

Sind bei der Transformation Fehler gemacht worden? Gab es alternative Wege, die hätten gegangen werden können?

Für sämtliche postkommunistischen Länder, zu denen durch die Vereinigung auch die Bundesrepublik gehört, waren die Wirtschaftsreformen ein Sprung ins kalte Wasser. In Deutschland kam die Kombination aus der Währungsunion mit ihrem hohen Wechselkurs für die Ostmark sowie die besonders radikale und rasche Privatisierung fast aller Staatsbetriebe und die Liberalisierung einer neoliberalen Schocktherapie gleich, der die ostdeutsche Wirtschaft nicht standhalten konnte. Alternativen wurden immer wieder diskutiert, aber die Visionen eines Dritten Wegs boten zu wenig konkrete Handhabe inmitten einer sich zuspitzenden Budget- [= Staatshaushalt] und Wirtschaftskrise.

Sind der Rechtspopulismus und die Renaissance des Nationalismus in Europa Folgen der „Großen Transformation“?

Genauso wenig wie man einen direkten Zusammenhang zwischen Schocktherapien und späteren wirtschaftlichen Aufschwüngen herstellen kann, den neoliberale Ökonomen und Politologen immer noch behaupten, lässt sich keine direkte kausale Verbindung zwischen den negativen Folgen der Transformation und dem Aufstieg der Rechtspopulisten und -Nationalisten herstellen. Außerdem darf man bei aller Kritik die Erfolge der Transformation nicht vergessen, ein Großteil der EU lebt in Frieden und Freiheit und auf einem hohen Wohlstandsniveau. Im postkommunistischen Europa haben die Rechtspopulisten jedoch ihre Bastionen in jenen Regionen und sozialen Schichten, die von der großen Transformation nur bedingt oder nicht profitierten. Hier gibt es Parallelen zu Westeuropa, Großbritannien und den USA. Allerdings kann man den Aufstieg der Rechtspopulisten nicht allein mit sozioökonomischen Grundlagen erklären. Historische Traditionen, das jeweilige politische System und speziell das Wahlrecht sowie der Wandel der Öffentlichkeit durch die sozialen Medien spielen auch eine wichtige Rolle.

M 2 Werk des südkoreanischen Reifenkonzerns Nexen Tire in Zatec/Tschechien (2019)

M 3 Rechtsradikale in Budapest (2018)

Arbeitsanregungen

? Betrachten Sie M 2 und M 3. Wiederholen Sie positive wie negative Folgen der Transformationsprozesse beim Übergang zur liberalen Demokratie, die Sie kennengelernt haben.

1. Arbeiten Sie heraus, wie Ther die „Große Transformation“ beurteilt.

2. Beurteilen Sie selbst, ob die „Große Transformation“ erfolgreich verlaufen ist.

Diskutieren Sie, inwiefern die „Große Transformation“ unsere Gegenwart immer noch beeinflusst.

31. Nach dem Ost-West-Konflikt – Perspektiven einer neuen „Weltordnung“

Über mehr als 40 Jahre hatte der Kalte Krieg die Weltordnung bestimmt. Nach dem Zusammenbruch der Sowjetunion und dem Ende des Ost-West-Konfliktes hofften viele auf ein friedliches Miteinander der einstigen Feinde und auf die Etablierung einer gerechten und friedlichen Weltordnung.

M 1 Interpretationsansätze in den 1990er-Jahren

Cover der deutschen Ausgabe von Francis Fukuyama: „The End of History and the Last Man“, 1992

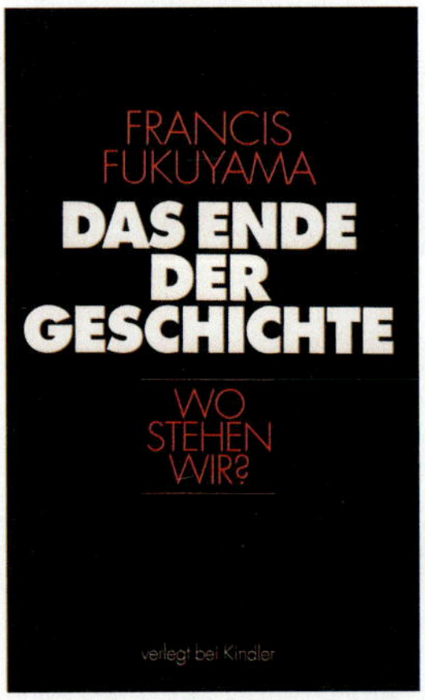

Cover der deutschen Ausgabe von Samuel P. Huntington: „The Clash of Civilizations“, 1996

Suche nach neuen Ordnungsmustern

Das Ende des Ost-West-Konfliktes weckte viele Hoffnungen: Die Kriegsgefahr schien gebannt. Geld, das der Kalte Krieg für die militärische Rüstung verschlungen hatte, schien nun verfügbar, um in andere Bereiche wie Bildung oder medizinische Versorgung gesteckt zu werden. Das Ende des Systemgegensatzes zwischen Kapitalismus und Kommunismus ließ eine gemeinsame Basis für mehr Austausch und Kooperation möglich erscheinen. Kurz: Eine beträchtliche „Friedensdividende“ schien in greifbare Nähe gerückt zu sein.

Historiker und Politologen machten sich nach 1990 auch Gedanken darüber, nach welchem Ordnungsmuster zukünftig die Weltpolitik funktioniere. So verkündete Anfang der 1990er-Jahre der US-Amerikaner Francis Fukuyama angesichts des Zusammenbruchs der Sowjetunion und des Ostblocks das „Ende der Geschichte“ und meinte damit den endgültigen Sieg der liberalen Demokratie. Sein Landsmann Samuel P. Huntington dagegen prognostizierte angesichts von kriegerischen Auseinandersetzungen mit Teilen der islamischen Welt und dem islamistischen Terrorismus, dass das Zusammenleben der Völker auf diesem Planeten zunehmend von kulturellen Konflikten, einem „clash of civilizations“, geprägt sein werde. Friedens- und Konfliktforscher sahen dagegen die Chance, endlich eine „Zivilisierung“ der internationalen Beziehungen erreichen und eine gerechte Weltordnung ausbauen zu können.

Multilateralismus oder „pax americana“?

Dieser Gedanke einer „Zivilisierung“ der internationalen Beziehungen geht zum einen von einer multilateralen (von lat: multus = viel, zahlreich und latus = Seite) Kooperation mehrerer Staaten bei der Lösung von Problemen aus, zum anderen von einem allgemein akzeptierten Normen- und Regelsystem (sogenannte „internationale Regime“). Multilateralismus und Verrechtlichung der internationalen Beziehungen könnten, so die Hoffnung, die Anarchie (griech. = Abwesenheit von Herrschaft) in den internationalen Beziehungen reduzieren, bei der bislang nur das „Recht des Stärkeren“ gelte. Ein wichtiger Schritt in dieser Richtung bestehe vor allem in der Stärkung der schon vorhandenen internationalen Organisationen, insbesondere der UNO.

In der Tat sind nach 1990 auch einige internationale Abkommen in feste Institutionen umgewandelt worden: Die Welthandelsorganisation (World Trade Organization/WTO) entstand 1994 aus dem Welthandelsabkommen (General Agreement on Tariffs and Trade/GATT), die OSZE (Organisation für Sicherheit und Zusammenarbeit in Europa) folgte 1995 auf die KSZE (Konferenz für Sicherheit und Zusammenarbeit in Europa). Auch die UNO baute ihr Institutionensystem aus. Außerdem suchten viele osteuropäische Staaten erfolgreich Anschluss an die Europäische Union und sogar an das westliche Militärbündnis NATO (1999 als erste Polen, Ungarn, Tschechien).

Diese Integration in supranationale Zusammenschlüsse blieb jedoch unvollständig. Denn die Westorientierung der ehemaligen Ostblockstaaten, insbesondere die Osterweiterung der ursprünglich gegen die Sowjetunion gerichteten NATO, führte zu einer Isolierung Russlands. Das Land sah sich einer „triumphalen Stimmung“ (Gorbatschow) im Westen gegenüber und um die Hoffnungen auf gleichberechtigte Beziehungen betrogen. Der verlorene Weltmachtstatus und

die Sicherheitsinteressen des Landes wurden daher immer mehr zum politischen Thema in Russland.
Die allein verbliebene Supermacht USA erfuhr durch das Ende des Kalten Krieges dagegen einen Machtzuwachs, den sie auch in internationalen Konflikten nutzte. So gab es seit 1990 eine Reihe von Konflikten, bei denen die USA gemeinsam mit ihren Verbündeten militärisch intervenierten, vor allem im Irak und in Afghanistan. Diese Interventionen waren nicht (so im Fall des Iraks) oder nur zum Teil durch ein UN-Mandat gedeckt. So stand den Ansätzen zu einer Verrechtlichung der internationalen Beziehungen ein von internationalem Recht und internationalen Organisationen weitgehend losgelöster US-amerikanischer Unilateralismus gegenüber. Kritiker sahen in den ersten beiden Jahrzehnten nach dem Ende des Kalten Krieges statt zunehmend zivilisierter und auf mulitlateraler Kooperation basierender internationaler Beziehungen eine auf wirtschaftlicher und militärischer Macht der USA basierende „pax americana" (lat. = amerikanischer Friede), also eine auf der Vorherrschaft der USA basierende Weltordnung, heraufziehen.
Nicht nur die USA, sondern auch andere Staaten sind ein Beispiel dafür, dass Einzelstaaten, sofern eine Aufgabe nationaler Souveränität zugunsten einer supranationalen Organisation mit kurz- oder mittelfristigen Nachteilen für sie verbunden ist, die Möglichkeiten nutzen, sich diesen Regeln zu entziehen. Anders als die 128 Vertragsstaaten, darunter alle Staaten der Europäischen Union, unterwerfen sich daher China, Indien, Russland und die USA nicht der Rechtsprechung des 1998 eingerichteten Internationalen Strafgerichtshofs in Den Haag.

Neue weltpolitische Rahmenbedingungen

Inzwischen haben sich die weltpolitischen Rahmenbedingungen verändert. Russland, das weiterhin über ein beträchtliches Militärpotenzial verfügt, ist gewillt, seine Stellung als (zumindest) regionale Großmacht nicht aufzugeben und seine internationale Bedeutung zu stärken. Die Dominanz der USA wird auch infrage gestellt durch den Aufstieg von Schwellenländern wie z. B. Indien, die wegen ihrer Bevölkerungszahl und ihrer wachsenden wirtschaftlichen Bedeutung eine wichtige internationale Rolle spielen werden. In besonderem Maße trifft das für China zu, das schon seit geraumer Zeit zur globalen Wirtschaftsmacht aufgestiegen ist und nun zunehmend daran arbeitet, seine Interessen auch international – etwa durch das Projekt der „Neuen Seidenstraße" – zu verfolgen. Auch die Erweiterung und Vertiefung der Europäischen Union hat einen internationalen Akteur von wachsender Bedeutung geschaffen. Inwiefern diese Verschiebungen zu einer Veränderung der Rolle der USA führen werden, wird die Zukunft zeigen.
Außerdem hat die Globalisierung zu einem Bedeutungsverlust der einzelstaatlichen Ebene geführt. Transnationale Akteure haben an Bedeutung gewonnen, z. B. transnationale Unternehmen (Microsoft, Alphabet oder Shell ...) oder Nichtregierungsorganisationen (Non Governmental Organizations/NGOs). Armut, Klimawandel, Umweltverschmutzung – es gibt eine Vielzahl von Problemen, die globale Reichweite haben und nicht von Einzelstaaten alleine gelöst werden können. Asymmetrische Kriege, bei denen sich lokale, schwer greifbare militärische Einheiten gegen gut organisierte Armeen behaupten können, „Cyber-Attacken" auf Infrastruktureinrichtungen (etwa Kraftwerke oder Wasserversorgung) zeigen die Schwächen herkömmlicher Kriegsdoktrinen, deren Vorstellung von militärischer Stärke noch dem Zählen von Panzern, Flugzeugen und Atomsprengköpfen aus der Zeit des Kalten Krieges verhaftet ist. Internationaler

M2 Entwicklung von Bevölkerung und Wirtschaftsleistung in verschiedenen Regionen

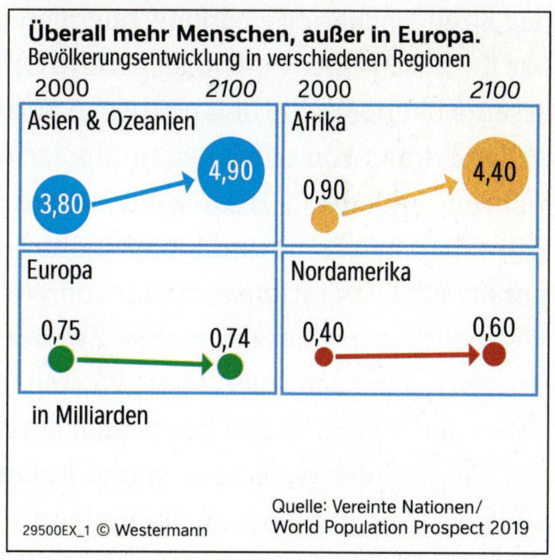

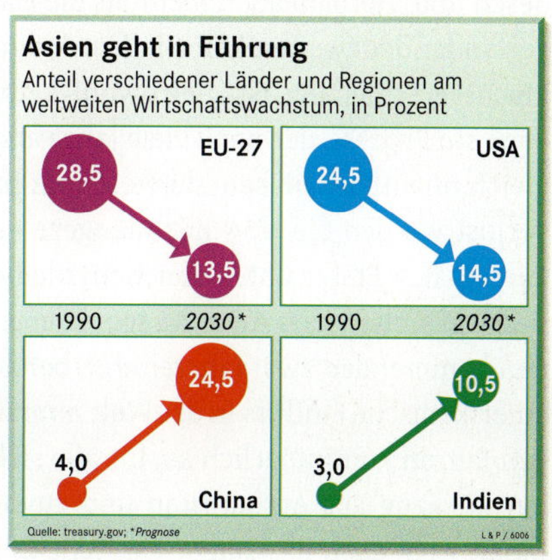

Terrorismus und Migrationsströme, die durch Armut oder Bürgerkriege verursacht werden, sind neue Herausforderungen, die seit den 1990er-Jahren ins Blickfeld gerückt sind.
Weder die Prognosen von Fukuyama noch von Huntington haben sich bislang erfüllt, genauso wenig wie die Hoffnungen auf eine Zivilisierung der internationalen Beziehungen. Vielmehr herrscht nach dem Ende des Ost-West-Konfliktes eine Offenheit bzw. „neue Unübersichtlichkeit" (Jürgen Habermas). Wie die Weltordnung in Zukunft gestaltet wird, wird nicht zuletzt davon abhängen, wie sich die internationalen Kräfteverhältnisse entwickeln und wie sehr die mächtigen Staaten dieser Welt bereit und in der Lage sein werden, zu einer auf Recht und Verträgen basierenden internationalen Weltordnung beizutragen.

M3 Der Aufstieg der neuen Gestaltungsmächte

Der deutsche Diplomat Heinrich Kreft schreibt 2013:

Wir leben in einer Zeit des beschleunigten Wandels. Die Globalisierung und der damit einhergehende Aufstieg neuer Mächte bei gleichzeitigem relativem Abstieg der USA, Europas und Japans ist der Megatrend unserer Zeit. Der Sieg des Westens über die Sowjetunion im Kalten Krieg hat zusammen mit technologischen Entwicklungen zu einer enormen Beschleunigung der Globalisierung und damit des Wandels geführt. Doch der „unipolar moment" der einzig verbliebenen Supermacht USA hat nicht lange gedauert – nur rund zwanzig Jahre nach dem Ende der alten Nachkriegsordnung zeichnen sich unübersehbar Konturen einer neuen, multizentrischen Welt ab. Der rasante ökonomische und politische Aufstieg Chinas lässt einige bereits von einer neuen Bipolarität („G2") reden, während andere ein „asiatisches Jahrhundert" heraufziehen sehen mit China und Indien („ChinIndia") im Mittelpunkt. Das Gravitationszentrum von Weltwirtschaft und Weltpolitik verschiebt sich ohne Zweifel vom nordatlantischen Raum nach Asien – vom Westen und Norden nach Osten und Süden. Neben den beiden bevölkerungsreichsten Ländern der Welt – China und Indien – gehören mit Südkorea, Indonesien, den Philippinen, Pakistan, Bangladesch und Vietnam auch mehr als die Hälfte der Aufsteigerländer der zweiten Reihe [...] zu Asien. [...] Die globale Machtverschiebung ist gleichwohl kein Tsunami, sondern ein Prozess, der noch viele Jahre andauern, aber zugleich unaufhaltsam sein dürfte. Trotz relativem Machtverlust werden die USA noch längere Zeit Primus inter Pares [lat. = Erster unter Gleichen] bleiben. Doch ist keineswegs sicher, dass Amerika seine derzeitige Position in den kommenden zwei Jahrzehnten behaupten kann. Der amerikanische Einfluss in der Welt nimmt schon seit einigen Jahren kontinuierlich ab, für alle sichtbar im aktuellen Rückzug aus Afghanistan und zuvor aus dem Irak. Damit geht auch das „amerikanische Zeitalter" und mit ihm die alte Ordnung ihrem Ende entgegen, die geprägt war durch die beiden Weltkriege, die Weltwirtschaftskrise und den Kalten Krieg.

(Heinrich Kreft, Deutschland, Europa und der Aufstieg der neuen Gestaltungsmächte; in: Aus Politik und Zeitgeschichte/APUZ, 50–51/2013, S. 13 f.)

M4 Vier Ordnungsmodelle für die Welt

Ulrich Menzel, Professor für Politikwissenschaft, fasst die vier Ordnungsmodelle zusammen, die die Anarchie (griech. = Abwesenheit von Herrschaft) in den internationalen Beziehungen, d. h. die Unordnung und Ungesetzlichkeit, überwinden sollen:

Angesichts dessen, dass es einen mit einem globalen Gewaltmonopol ausgestatteten Weltstaat nicht gibt, sind grundsätzlich vier Modelle denkbar, wie mit der wachsenden Anarchie der Staatenwelt umgegangen werden kann. Dem realistischen Denken entspricht das Selbsthilfeprinzip. Jeder Staat versucht so gut er kann, seine Interessen gegenüber einer abträglichen Welt aus eigener Kraft wahrzunehmen. Dazu benötigt er Macht und wirtschaftliche Ressourcen. Für große Staaten ist dies eher möglich als für kleine [...]. China und die USA sind die prominentesten Beispiele. Dem idealistischen Denken entspricht die Kooperation der Staaten durch Verträge, internationale Organisationen, das Völkerrecht und normengeleitetes Handeln, das auf gemeinsamen Werten beruht. Das Recht ersetzt die Macht, Arbeitsteilung ersetzt die Autarkie. Die EU war und ist das prominenteste und weltweit erfolgreichste Beispiel. Wenn man nicht die Anarchie, sondern die Hierarchie der Staatenwelt als ihr wesentliches Merkmal ansieht, kann man zudem zwischen dem hegemonialen Modell und dem imperialen Modell unterscheiden. Anstelle des nicht vorhandenen Weltstaats sorgen die großen Mächte für Ordnung. Der (benevolente [lat. = gut meinende]) Hegemon [griech. = Vorherrschende] stützt sich auf seine überragende Leistungsfähigkeit und die Akzeptanz der Gefolgschaft, weil er Ordnung durch die Bereitstellung internationaler öffentlicher Güter garantiert und zivilisatorische Ausstrahlungskraft (soft power) besitzt. Die USA haben die Rolle des Hegemons nach 1945 über die westliche und nach 1990 über die gesamte Welt eingenommen. Das Imperium hingegen nimmt seine Ordnungsfunktion über Herrschaft wahr, braucht keine Gefolgschaft, sondern kennt nur Knechtschaft. Es liefert aber sogenannte Clubgüter für die zuvor Unterworfenen und stützt sich auf deren Ressourcen. Die Sowjetunion gehörte zu diesem Typ.

(Ulrich Menzel, Wohin treibt die Welt?; in: Aus Politik und Zeitgeschichte/APUZ, 43–45/2016, S. 5)

M 5a Weltweite Fridays for Future-Demonstration im September 2019, hier in Köln

M 5b UN-Blauhelm-Soldaten versorgen ein Flüchtlingslager im Südsudan mit Wasser

Arbeitsanregungen

Beschreiben Sie M 1. Nennen Sie Hoffnungen und Befürchtungen, die mit dem Ende des Ost-West-Konfliktes zu Beginn der 1990er-Jahre verbunden sein konnten.

1. Von der bipolaren zur unipolaren Ordnung?

a) Arbeiten Sie die Hoffnungen heraus, die Friedens- und Konfliktforscher mit den Begriffen „Zivilisierung“ und „Multilateralismus“ verbinden. (DT 2)

b) Überprüfen Sie, ob diese Hoffnungen in den Jahrzehnten nach dem Mauerfall erfüllt wurden. (DT 2)

2. Weltpolitik unter veränderten Rahmenbedingungen

a) Arbeiten Sie die veränderten weltpolitischen Rahmenbedingungen heraus (DT 3, M 2/M 3). Stellen Sie Ihre Ergebnisse in Form einer Mindmap dar.

b) Diskutieren Sie, welches der vier Ordnungsmodelle aus M 4 am ehesten auf die aktuelle weltpolitische Situation zutrifft.

\+ c) Recherchieren Sie, welche internationalen Akteure für eine Veränderung der Rolle des Weltsicherheitsrates (z. B. Aufhebung des Veto-Rechts der ständigen Mitglieder) in der UNO eintreten.

\+ d) Arbeiten Sie an einem aktuellen Konflikt Ihrer Wahl die relevanten Akteure (Beteiligten, „Mitspieler“) heraus. Beurteilen Sie dabei die Rolle von internationalen Organisationen.

Charakterisieren Sie die veränderten weltpolitischen Rahmenbedingungen. (DT 3)

Formulieren Sie Anforderungen an eine friedliche Weltordnung. Entwerfen Sie Szenarien für die zukünftige Entwicklung. Welche Entwicklungen sind wünschenswert? Welche sind wahrscheinlich?

32. Nach dem Ost-West-Konflikt – Die Europäische Union als Organisationsform der Zukunft

Unterhalb des Ost-West-Konfliktes etablierte sich nach dem Zweiten Weltkrieg der Prozess der europäischen Integration. Aus der Kooperation von sechs Staaten in Fragen der Kohle- und Stahlproduktion seit den 1950er-Jahren ist heute in der Europäischen Union ein „Staatenverbund“ aus fast 30 Mitgliedsstaaten entstanden – ein politisches Gebilde, das die Beschränkungen des Nationalstaats hinter sich gelassen hat, neue Wege der internationalen Kooperation geht und als wichtiger Akteur in einer globalisierten Welt wahrgenommen wird.

Vorgeschichte

Es gab schon früh Menschen, die Friedenssicherung und Kooperation über nationale Grenzen hinweg postulierten. Der japanisch-österreichische Schriftsteller Richard Coudenhove-Kalergi gründete 1924 die Paneuropa-Union, die älteste europäische Einigungsbewegung. 1930 schlug der französische Außenminister Aristide Briand sogar einen Zusammenschluss der europäischen Staaten vor. Das Gegenteil blieb jedoch bis 1945 in Europa Realität: Nationalismus, Krieg und Zerstörung.

Nach den verheerenden Folgen des Zweiten Weltkriegs gewann die Idee der europäischen Integration aber neue Schubkraft. 1946 warb der ehemalige britische Premierminister Winston Churchill für die Schaffung der „Vereinigten Staaten von Europa“. Die Erbfeinde Frankreich und Deutschland sollten dabei die Führungsrolle übernehmen. Großbritannien selbst sah Churchill allerdings nicht als Teil dieses vereinten Europas.

Beginn der europäischen Integration

Der von zehn west- und nordeuropäischen Staaten 1949 gegründete Europarat war die erste internationale Organisation, in der das Nachkriegseuropa zusammenarbeitete. Der heute auf 47 Mitgliedsländer angewachsene Europarat, der nicht mit der Europäischen Union verwechselt werden darf, hat sich vor allem dem Schutz der Menschenrechte verschrieben. Die Mitgliedsländer sind der Europäische Menschenrechtskonvention (Konvention zum Schutze der Menschenrechte und Grundfreiheiten) von 1950 beigetreten. Jeder kann den Europäischen Menschenrechtsgerichtshof in Straßburg bei einer Verletzung dieser Konvention anrufen. Auch im Rahmen der OEEC (im Zusammenhang mit dem Marshallplan) und der NATO kam es in der Nachkriegszeit zu europäischer Kooperation.

Den Kern der eigentlichen europäischen Integration, die schließlich zur Europäischen Union geführt hat, bildete die deutsch-französische Annäherung. Die beiden „Erbfeinde“ beendeten eine lange Periode von Kriegen und gegenseitigen Demütigungen und trieben fortan als „deutsch-französisches Tandem“ die europäische Einigung voran. Der Prozess begann 1951 mit der Gründung der Europäischen Gemeinschaft für Kohle und Stahl (EGKS). Sechs Staaten (Frankreich, Deutschland, Italien, Belgien, Niederlande, Luxemburg) vergemeinschafteten den Bereich der Montanindustrie (Kohle und Stahl). Über die Produktion in diesem Bereich entschied eine eigens geschaffene „Hohe Behörde“, die erste supranationale Institution in Europa.

M 1 Beginn der europäischen Integration – Montanunion (Plakat der EGKS 1952)

Vertiefung der Gemeinschaft

Die EGKS eröffnete einen entwicklungsoffenen Prozess, bei dem sukzessive weitere Politikbereiche vergemeinschaftet wurden. Der Montanindustrie (EGKS) folgte die Atompolitik (Europäische Atomgemeinschaft/EURATOM), die Zoll- und Handelspolitik sowie die Agrarpolitik (Europäische Wirtschaftsgemeinschaft/EWG). 1967 fasste man die drei Gemeinschaften zusammen und sprach nun von der „Europäischen Gemeinschaft“ (EG). Weitere Politikbereiche kamen hinzu, z. B. die Koordination der Währungspolitik als Vorbereitung auf den Euro oder der Verbraucherschutz. Die Gemeinschaft bekam einen eigenen Haushalt, also eigene Finanzmittel. Seit 1979 wählen die Bürger direkt die Mitglieder des Europäischen Parlaments. Mit neuen Verträgen und der Erweiterung bestehender Verträge wurde so die Gemeinschaft der Mitgliedsstaaten Schritt für Schritt vertieft.

Erweiterung der Gemeinschaft

Neben der Vertiefung ist die Erweiterung ein Prinzip der europäischen Integration. Während der Zeit des Kalten Kriegs traten 1973 Dänemark, Großbritannien und Irland der Gemeinschaft bei. Nachdem die vormaligen Diktaturen zur Demokratie übergegangen waren, wurden 1981 Griechenland und 1986 Spanien und Portugal aufgenommen. Das Ende des Ost-West-Konfliktes und der Zusammenbruch des Ostblocks lösten eine regelrechte Eintrittswelle aus. Allein 2004 stießen zehn Länder, vor allem aus Mittel- und Osteuropa, zur Gemeinschaft (**Osterweiterung**). Von ursprünglich sechs wuchs im Jahr 2013 die Zahl der Mitgliedsstaaten auf annähernd 30. Allerdings hat Großbritannien im Jahr 2020 die Gemeinschaft verlassen („Brexit“).

M2 Etappen der europäischen Integration – Erweiterung

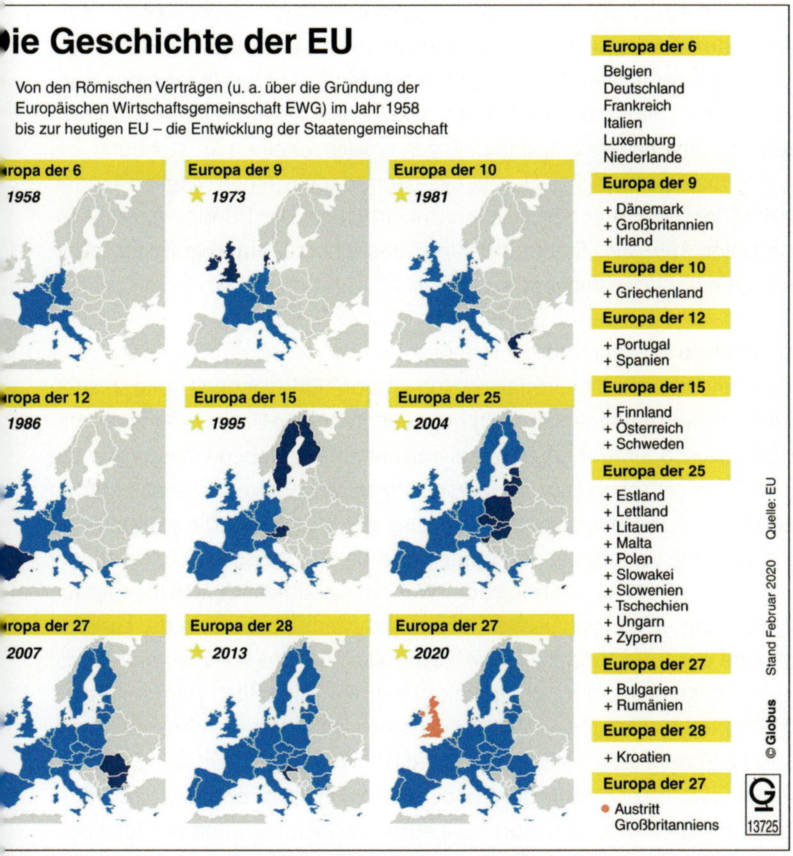

M3 Etappen der europäischen Integration – Vertiefung

1951 Gründung der Europäischen Gemeinschaft für Kohle und Stahl (EGKS)

1957 Gründung der Europäischen Wirtschaftsgemeinschaft (EWG) und der Europäischen Atomgemeinschaft (EURATOM)

1967 Schaffung der EG (Europäische Gemeinschaft) durch Zusammenlegung von EGKS, EWG und EURATOM

1968 Abschaffung der Binnenzölle

1970 Die EG bekommt eigene Einnahmen.

1979 Erste Direktwahl zum Europaparlament, Koordinierung der Währungspolitik (Europäisches Währungssystem)

1986 Einheitliche Europäische Akte, Schaffung eines Binnenmarktes bis 1993

1992 Vertrag von Maastricht, Umbenennung in Europäische Union, Stärkung der Rechte des Europäischen Parlamentes

1995 Abschaffung der Grenzkontrollen

2000 Feierliche Verkündigung der Charta der Grundrechte

2002 Euro-Einführung als Bargeld

2007 Vertrag von Lissabon, Schaffung eines EU-Ratspräsidenten und eines „EU-Außenministers“

(eigene Zusammenstellung)

M4 Euro
Mit übergroßen Euroschein-Nachbildungen feiern junge Menschen in der Sylvesternacht am 1.1.2002 vor dem Brandenburger Tor in Berlin die Einführung der neuen Währung. Mit der Ausgabe der Euro-Banknoten lief die größte Geldtauschaktion aller Zeiten an.

Die Europäische Union

Einen Einschnitt im Prozess der europäischen Integration brachten das Ende des Ost-West-Konfliktes und die deutsche Einheit. Die deutsche Einheit weckte alte Ängste vor einer deutschen Dominanz in Europa. Diesen Sorgen wurde durch eine Fortsetzung des Vertiefungsprozesses in der europäischen Gemeinschaft begegnet. Der Vertrag von Maastricht fasste 1992 die bisherigen Verträge zusammen und setzte einen einheitlichen rechtlichen Rahmen für die Gemeinschaft, die sich nun **„Europäische Union"** nannte. Der gemeinsame Binnenmarkt sieht den freien Verkehr von Personen, Gütern, Dienstleistungen und Kapital vor. Die Wirtschaftsunion wurde durch eine Währungsunion ergänzt. In einer Mehrzahl der Mitgliedsstaaten gilt der **Euro** als gemeinsames Zahlungsmittel. Der Vertrag von Maastricht ergänzte die wirtschaftliche Union durch eine Gemeinsame Außen- und Sicherheitspolitik (GASP) sowie die Zusammenarbeit in den Bereichen Justiz und Inneres. Auch die Rechte des Europäischen Parlamentes wurden weiter ausgebaut und durch die Einführung der Unionsbürgerschaft wurden die Rechte der EU-Bürger gestärkt.
Die Europäische Union ist weder ein Staatenbund noch ein Bundesstaat, obwohl sie Merkmale beider staatlichen Organisationsformen aufweist. Die Politikbereiche, die „supranational", also von europäischen Institutionen selbstständig entschieden werden, sind typisch für einen Bundesstaat. Die Politikbereiche, die „intergouvernemental", also von der Gesamtheit der Regierungen der Mitgliedsstaaten entschieden werden, sind dagegen typisch für einen Staatenbund, bei dem die Souveränität, d. h. die eigenständige Handlungsmacht der einzelnen Mitgliedsländer, nur wenig eingeschränkt ist. Wegen dieser begrifflichen Unklarheit hat das Bundesverfassungsgericht die Europäische Union 1993 als „Staatenverbund" bezeichnet – ein Begriff, der inzwischen auch in anderen Mitgliedsstaaten verwendet wird.

Grundlagen der europäischen Integration

Was waren und sind die Triebfedern für die europäische Integration? Eine wichtige Rolle spielten zweifellos die verheerenden Erfahrungen zweier Weltkriege in Europa. Die Überwindung des Nationalismus und die friedliche Kooperation über Staatsgrenzen hinweg haben Westeuropa seit 1945 eine lange Zeit frei von kriegerischen Auseinandersetzungen gebracht. Ein weiterer Antrieb waren der Wiederaufbau nach dem Krieg und die Förderung der Wirtschaft. Die gemeinsame Agrarpolitik sicherte die Nahrungsversorgung und milderte für die europäischen Landwirte die Folgen des Strukturwandels ab. Die Koordination in der Währungspolitik in den 1970er-Jahren – lange vor der Euro-Einführung – im Europäischen Währungssystem stabilisierte die europäischen Währungen, nachdem der Goldstandard für den US-Dollar (System von Bretton Woods) zusammengebrochen war. Im gemeinsamen Binnenmarkt wurden schließlich Hemmnisse für die Wirtschaft beseitigt und die Bedingungen für Produzenten und Konsumenten verbessert. Drittens bot die Europäische Gemeinschaft Mitgliedsstaaten die Möglichkeit, ihre weltpolitische Position zu stärken beziehungsweise den nationalen Bedeutungsverlust zu kompensieren. Die in ihrer Souveränität eingeschränkte BRD konnte durch die europäische Integration wieder eigenständiger Akteur auf der internationalen Bühne werden. Die ehemalige Großmacht Frankreich hoffte, über die Europäische Gemeinschaft ein Gegengewicht zur dominierenden Rolle der Supermacht USA im Kalten Krieg aufbauen und den Verlust „nationaler Größe" („grandeur") kompensieren zu können. Viertens ist die europäische Integration vom Gedanken einer Wertegemeinschaft getragen. Demokratie und Rechtsstaatlichkeit sind die unverrückbare Grundlage, auf die sich die Mitgliedsländer verpflichtet haben.

Die Europäische Union in einer globalisierten Welt

Der Nationalstaat ist „für die großen Probleme zu klein und für die kleinen Probleme zu groß“. So urteilte schon in den 1980er-Jahren der US-amerikanische Soziologe Daniel Bell und plädierte für die Überwindung des Nationalstaats und die Kooperation der Staaten untereinander. Klimawandel, Flüchtlingsströme, Pandemiebekämpfung, internationale Finanz- und Wirtschaftskrisen und viele andere Probleme können im Zeitalter der **Globalisierung** nur unzureichend mit den Mitteln des Nationalstaates gelöst werden. Der zukünftige Erfolg der Europäischen Union wird davon abhängen, ob es ihr gelingt, erstens ihren inneren Zusammenhalt weiterhin aufrechtzuerhalten und zweitens auf internationaler Ebene als handlungsfähiger Akteur aufzutreten.

Im Inneren sieht sich die EU mit einer Renaissance des Nationalismus konfrontiert. Vor allem in Osteuropa wiederholen sich die Probleme, die es schon nach dem Ersten Weltkrieg gegeben hat: nationaler Egoismus und die Gefährdung von Demokratie und Rechtsstaatlichkeit. Aber auch in Westeuropa stellt sich die Frage, ob die Union ihre Attraktivität als Gemeinschaft und den Zusammenhalt aufrechterhalten kann oder wegen zentrifugaler Tendenzen auseinanderzubrechen droht. Der Austritt von Großbritannien aus der Europäischen Union 2020 ist ein schwerwiegender Verlust für die Gemeinschaft.

EU-Kritiker – nicht nur in Großbritannien – fühlen sich von Regelungen aus Brüssel bevormundet (Slogan der Brexit-Befürworter in Großbritannien: „Let's take back control!“) oder mahnen mehr Transparenz und demokratische Mitsprache der Bevölkerung bei Unionsentscheidungen an. Auch zwingt die Vertiefung der Gemeinschaft, wie beispielsweise durch die gemeinsame Währung, die einzelstaatlichen Regierungen dazu, ihre wirtschafts- und finanzpolitischen Maßnahmen aneinander anzugleichen. Hier tendieren allerdings die südeuropäischen Länder dazu, eine höhere Staatsverschuldung und eine höhere Inflation in Kauf zu nehmen, während z. B. Deutschland für Haushaltsdisziplin, also geringere Schuldenaufnahme, und Geldwertstabilität eintritt. Das führt auch zu Konflikten um die Zinspolitik der Europäischen Zentralbank (EZB), die es ohne eine gemeinsame Währung nicht gäbe. Andererseits ist die große Gemeinschaft in der Lage, bei länderübergreifenden Problemen spürbare Maßnahmen zu ergreifen, von denen auch wirtschaftlich schwächere Mitgliedsländer profitieren, so beispielsweise die gemeinsame Impfstoffbeschaffung während der Corona-Pandemie oder die Auszahlung von Finanzhilfen bei Finanz- und Wirtschaftskrisen.

Auf internationaler Ebene gilt die Europäische Union als „ökonomischer Riese, politischer Zwerg und militärischer Wurm“. Außenpolitik und Militär gelten nach wie vor als Kernbestände einzelstaatlicher Souveränität. Das führt dazu, dass die Europäische Union nur begrenzt als machtvoller weltpolitischer Akteur wahrgenommen wird. Seit 2010 gibt es immerhin das Amt des Hohen Vertreters für die Außen- und Sicherheitspolitik („EU-Außenminister“). Auf internationalen Konferenzen tritt die Europäische Union inzwischen – neben den Vertretern der Mitgliedsländer – als eigenständiger Teilnehmer auf. Es bleibt jedoch offen, welche Rolle die Europäische Union im Konzert der großen Mächte wie USA, China oder Russland in Zukunft spielen wird.

M5 EU zwischen Anspruch und Wirklichkeit

Karikatur von Gerhard Mester, 2021

M 6 Proteste gegen die Finanzpolitik der EU

Demonstration vor dem griechischen Parlament in Athen gegen den Stabilitätspakt der EU (2010), der als „Spardiktat" kritisiert wird. Die Finanzkrise 2007/2008 brachte Griechenland an den Rand des Staatsbankrotts. Die EU reagierte mit finanziellen Hilfen, aber auch mit Auflagen, die eine Senkung der staatlichen Ausgaben und eine Erhöhung der Steuern vorsahen.

M 7 „Nein zur EU!"

Anti-EU-Demonstration 2019 in Warschau. Zwischen der EU und den konservativ-populistischen Regierungen in Polen und Ungarn kam es in den vergangenen Jahren immer wieder zu Meinungsverschiedenheiten in der Frage der Migrationspolitik und in Rechtsstaatsfragen. Die EU forderte von den EU-Mitgliedsstaaten, sich an der Aufnahme und Verteilung von Flüchtlingen zu beteiligen und Eingriffe in die Selbstständigkeit der Justiz sowie die Beschränkung der Rechte der nationalstaatlichen Parlamente rückgängig zu machen.

M 8 „Festigung der verantwortungsvollen globalen Führungsrolle Europas"

Die Europäische Kommission schreibt auf ihrer offiziellen Website unter dem Titel „Ein stärkeres Europa in der Welt. Festigung der verantwortungsvollen globalen Führungsrolle Europas" im Jahr 2022:

Die Europäische Kommission steht für Multilateralismus und für eine auf Regeln beruhende Weltordnung, in der die EU eine aktivere und größere Rolle spielt.

Als führende Wirtschaftsmacht braucht die EU eine starke, offene und faire Handelspolitik. Gleichzeitig will sie höchste Klima-, Umwelt- und Arbeitsschutzstandards gewährleisten. Zur Führungsrolle Europas gehört auch, dass wir eng mit unseren Nachbar- und Partnerländern zusammenarbeiten, eine umfassende Strategie für Afrika entwickeln und den Ländern des westlichen Balkans eine EU-Perspektive bieten.

Ziel der Kommission ist eine koordinierte Außenpolitik – von der Entwicklungshilfe bis hin zur Gemeinsamen Außen- und Sicherheitspolitik. Nur so können wir geschlossen auftreten und Europa weltweit mehr Gewicht verleihen.

(https://ec.europa.eu/info/strategy/priorities-2019-2024/stronger-europe-world_de [06.01.2022])

M 9 Für eine Reform der Europäischen Union

Aufruf von 144 Europa-Abgeordneten aus verschiedenen Fraktionen, 2021:

[...Die] EU [war] nicht in der Lage, effektiv auf die großen Herausforderungen des 21. Jahrhunderts zu reagieren: auf den Finanzcrash von 2008, die starke Migration 2015/2016, den Aufstieg des nationalen Populismus und auf das Brexit-Referendum 2016. Dieses Versagen hat auch die Rolle der nationalen Regierungen gestärkt – wie die Machtkonzentration im Europäischen Rat[1] zeigt, dessen Handeln durch gegensätzliche nationale Vetos blockiert wird. Und es führte zur chronischen Unfähigkeit der EU, eine gemeinsame Außenpolitik zu entwickeln, die die strategischen Interessen Europas fördern kann. Nun aber hat sich die Tonlage geändert. Angesichts einer beispiellosen Krise der öffentlichen Gesundheit und des Zusammenbruchs seiner Volkswirtschaften [gemeint sind die Folgen der COVID-19-Pandemie] hat Europa mit Geschlossenheit und Entschlossenheit reagiert und den Weg für die Zukunft der europäischen Integration aufgezeigt: Es hat die Grundlagen für ein „Europa der Gesundheit“ geschaffen, angefangen mit einer gemeinsamen Impfstrategie, sowie ein Konjunkturprogramm vorgestellt, das durch gemeinsame Anleihen finanziert und mit den Einnahmen aus neuen EU-Steuern zurückgezahlt werden soll, die von den Digital- und Finanzgiganten sowie von umweltverschmutzenden Industrien erhoben werden. Dieser föderale Plan stellt einen großen Schritt in Richtung einer Finanz- und Steuerunion dar, die in der Lage ist, die europäische Souveränität im In- und Ausland zu behaupten. [...Wir brauchen und wollen] heute eine starke, legitime und angemessen finanzierte politische Union, die die Herausforderungen unserer Zeit angehen kann und in einer Vielzahl von Politikbereichen – vom Klimawandel, wachsenden sozialen Ungleichheiten, Gesundheit und Migration bis hin zu Außenpolitik und Verteidigung – entschlossen handelt. Darüber hinaus fordern wir eine gesamteuropäische Demokratie – echte europäische politische Parteien und richtige Kampagnen für die Europawahlen, basierend auf der Schaffung transnationaler Wahllisten, die von den Kandidaten für die Präsidentschaft der Europäischen Kommission angeführt werden. Wir streben eine Union an, die zugleich eine Schicksals- und Wertegemeinschaft und ein Modell für die neue Welt ist, die jetzt Gestalt annimmt – ein Beispiel dafür, wie Länder in Frieden zusammenleben, Solidarität aufbauen und Menschenrechte, Rechtsstaatlichkeit und Grundfreiheiten schützen können.

(Quelle: https://www.federalists.eu/fileadmin/files_uef/AGORA/UEF-THE_SPINELLI_GROUP_Appeal_Unser_f%C3%B6derales_Europa_DE.docx.pdf; [06.01.2022])

---

[1] Gremium der Staats- und Regierungschefs der Mitgliedsländer der EU. Hier liegt das Schwergewicht also bei den einzelnen Mitgliedsstaaten, während die einzelstaatlichen Interessen bei der supranationalen Europäischen Kommission und dem Europäischen Parlament eher dem Gesamtinteresse der Union untergeordnet werden.

Arbeitsanregungen

? Arbeiten Sie aus M 5 die Einschätzung des Karikaturisten über Anspruch und Wirklichkeit der Europäischen Union heraus.

1. Der Prozess der europäischen Integration

a) Stellen Sie den Prozess der europäischen Integration dar. (DT 2–4, DT 6, M 2/M 3)

b) Erläutern Sie die Begriffe Erweiterung und Vertiefung.

c) Beurteilen Sie, inwiefern die Umbrüche um 1990 auch eine Zäsur für die europäische Integration darstellen. (DT 5)

2. Die Zukunft der Europäischen Union

a) Charakterisieren Sie den „Staatenverbund“ Europäische Union, indem Sie die Begriffe Nationalstaat, Bundesstaat und Staatenbund verwenden. (DT 5)

b) Arbeiten Sie aus DT 7 die Herausforderungen heraus, vor denen die EU steht.

c) Arbeiten Sie aus M 8 heraus, welche internationale Rolle nach Ansicht der Kommission die Europäische Union spielen sollte. Bewerten Sie dieses Programm vor dem Hintergrund der Herausforderungen einer globalisierten Welt.

Arbeiten Sie aus DT 7 die Herausforderungen heraus, vor denen die EU steht.

Diskutieren Sie ausgehend von M 6, M 7 und M 9 Entwicklungsperspektiven der Europäischen Union.

33. Die Berliner Republik auf dem Weg ins 21. Jahrhundert

Nachdem die deutsche Einheit im Jahr 1990 erreicht war, standen drei Regierungen vor der Herausforderung, das vereinigte Deutschland - seit dem 1991 beschlossenen Umzug des Deutschen Bundestags nach Berlin als „Berliner Republik" benannt - ins 21. Jahrhundert zu führen: die Regierung Kohl (1990 - 1998), die Regierung Schröder (1998 - 2005) und die Regierung Merkel (2005 - 2021). Sie versuchten auf unterschiedlichen Wegen, dieses Ziel zu erreichen.

Die Endphase der Ära Kohl (1990 - 1998)

Bei der ersten gesamtdeutschen Bundestagswahl 1990 erzielte die CDU/CSU/FDP-Koalition unter Helmut Kohl, dem „Kanzler der Einheit", eine klare Mehrheit - nicht zuletzt deshalb, weil Kohl den Prozess der staatlichen Wiedervereinigung 1989/90 entschieden und erfolgreich vorangetrieben hatte. In den Jahren nach 1990 musste die Regierung Kohl vor allem europa- und deutschlandpolitische Probleme lösen.

In der Europapolitik trug Kohl maßgeblich zur Durchsetzung des europäischen Binnenmarktes bis 1992, zur Gründung der Europäischen Union (1992/93) und der Europäischen Zentralbank (1998) bei, womit auch die Einführung des Euro als gemeinsame europäische Währung in die Wege geleitet wurde. Kohl beschleunigte den europäischen Integrationsprozess nicht zuletzt, um die deutsche Wiedervereinigung für die übrigen europäischen Staaten akzeptabel zu machen.

Deutschlandpolitisch beschäftigte Kohl die politisch-wirtschaftliche Transformation der neuen Bundesländer und ihre Zusammenführung mit den alten. Die verbreitete Kritik an der neoliberalen Praxis der Treuhand-Anstalt sowie am Ausmaß von Veränderung und Entwurzelung im Osten ließ viele Beobachter in den 1990er-Jahren von einer „Vereinigungskrise" in Deutschland sprechen. Die De-Industrialisierung Ostdeutschlands, die Abwicklung wirtschaftlicher, sozialer, kultureller und wissenschaftlicher Institutionen der ehemaligen DDR und die damit einhergehende Massenarbeitslosigkeit lösten bei vielen Menschen einen „Transformationsschock" aus, der zu verbreiteter Verunsicherung, Enttäuschung und Resignation führte. Von „blühenden Landschaften" (so Kohl 1990) im Osten und einem erfolgreichen Zusammenwachsen der beiden deutschen Teilgesellschaften konnte lange Zeit keine Rede sein.

M 1 Massenproteste gegen die Sparpolitik der Regierung Kohl (1996)

Auch gewaltige Transferleistungen für den „Aufbau Ost" in Milliardenhöhe, die bis 2003 auf zwei Billionen anwuchsen, konnten die Vereinigungskrise nicht lösen, führten aber zu wachsender Staatsverschuldung. Deshalb konnte die CDU/FDP-Koalition bei der Bundestagswahl 1994 ihre Mehrheit nur knapp behaupten.

Um die Wirtschafts- und Schuldenkrise zu lösen, verschärfte die Regierung Kohl ihre neoliberale Wirtschaftspolitik durch den Abbau sozialstaatlicher Regelungen, z. B. durch die Senkung der Lohnfortzahlung im Krankheitsfall, den Abbau des Kündigungsschutzes, die Anhebung des Renteneintrittsalters und die Kürzung der Leistungen bei Arbeitslosigkeit. Damit sollten die Kosten für die Unternehmen gesenkt und die Flexibilität des Arbeitsmarktes erhöht werden. Es folgten Leistungskürzungen in der Renten- und Krankenversicherung sowie bei der Sozialhilfe.

Für Opposition und Gewerkschaften stellte diese Sparpolitik einen Angriff auf den deutschen Sozialstaat dar. Unter den Parolen „Stoppt den Sozialabbau" und „Höchste Zeit für neue Zeiten" forderten 1996 bei einer von SPD und DGB organisierten Massendemonstration in Bonn 350 000 Menschen die Abwahl der Regierung Kohl. Diese erfolgte bei der Bundestagswahl 1998, bei der Gerhard Schröder (SPD) nach 16 Jahren Helmut Kohl als Kanzler ablöste.

Die rot-grüne Regierung Schröder (1998 – 2005)

Um ihre Wahlversprechen einzulösen, beschloss die neue rot-grüne Regierung Schröder 1998 eine Erhöhung der Sozialleistungen, z. B. beim Kindergeld und in der Pflegeversicherung. 1999 folgte eine Rentenreform, die eine staatlich geförderte private Altersversicherung vorsah („Riester-Rente", benannt nach dem damaligen Arbeits- und Sozialminister Walter Riester). Aber das weiterhin geringe Wirtschaftswachstum und die unverändert hohen Arbeitslosenzahlen erschwerten die Finanzierung des bestehenden Sozialsystems auch für die neue Regierung. Die 2002 eingesetzte „Hartz-Kommission", benannt nach ihrem Vorsitzenden, dem ehemaligen VW-Personalvorstand Peter Hartz, erarbeitete Vorschläge, die Kanzler Schröder in seiner „Agenda 2010" ein Jahr später umsetzte. Ihr Ziel war es, durch die Senkung der Sozialquote des Bruttoinlandsprodukts und der Lohnnebenkosten Deutschland international konkurrenzfähiger zu machen. Damit reagierte Schröder auf die eskalierende Wirtschaftskrise, die 2003 zu mehr als fünf Millionen Arbeitslosen (Arbeitslosenquote 11 %), einem negativen Wirtschaftswachstum, einem Haushaltsdefizit von 3,3 % der Wirtschaftsleistung, einer Staatsschuldenquote von 67 % und rapide fallenden Aktienkursen geführt hatte.
Mit einschneidenden Maßnahmen verkündete die Regierung Schröder das Ende der Sozialpolitik der klassischen Industriegesellschaft, die seit den 1880er-Jahren sukzessive ausgebaut worden war: Absenkung des Arbeitslosengeldes, Zusammenlegung von Arbeitslosen- und Sozialhilfe, Lockerungen beim Kündigungsschutz, Erhöhung des Renteneintrittsalters, Kürzungen im Gesundheitswesen, Ausbau von Leiharbeit und geringfügigen Beschäftigungsverhältnissen. Hinzu kamen drastische Steuersekungen, z. B. beim Eingangssteuersatz von 26 % auf 15 % und beim Spitzensteuersatz von 53 % auf 42 %.
Nach 2005 erholte sich die deutsche Wirtschaft und die Arbeitslosigkeit ging zurück, gleichzeitig verschärfte sich aber die soziale Ungleichheit und ein neues „Prekariat" entstand: Arbeitskräfte, die nicht dauerhaft oder nur zu schlechten Bedingungen beschäftigt waren. Auch die politischen Folgen der „Agenda 2010" waren einschneidend: Nicht nur die Gewerkschaften und Teile der SPD protestierten scharf gegen Schröders Sparpolitik. Mit 9 % der Wählerstimmen zog 2005 die Protestpartei „DIE LINKE" (zuvor: „Linkspartei.PDS") in den Bundestag ein, die Schröders Arbeitsmarktpolitik als „neoliberal" und „unsozialdemokratisch" entschieden ablehnte und links orientierte einstige Wähler der SPD abzog. Die SPD verlor 2005 die vorgezogene Bundestagswahl (Kanzler Schröder hatte zuvor im Bundestag die Vertrauensfrage über seine Politik gestellt, um in Neuwahlen ein erneutes Mandat des Volkes für seine Politik zu bekommen.) mit einem deutlichen Stimmenrückgang von über vier Prozentpunkten auf 34 %. Die einstige Volkspartei SPD, die Anfang der 1970er-Jahre über 45 % der Stimmen auf sich vereinigen konnte, sank bei den folgenden Bundestagswahlen sogar dauerhaft auf deutlich unter 30%. Erst 2021 konnte die SPD – allerdings aufgrund der Desintegration der ehemaligen Volksparteien nur in einer Dreier-Koalition mit BÜNDNIS 90/DIE GRÜNEN und FDP – mit Olaf Scholz wieder einen Bundeskanzler stellen.

M 2 DIE LINKE: Pressekonferenz nach der Bundestagswahl 2005

Die Ära Merkel (2005 – 2021)

Die 2005 aus CDU/CSU und SPD gebildete und von Kanzlerin Angela Merkel (CDU) geführte „Große Koalition“, deren Regierungszeit zwischen 2009 und 2013 von einer CDU/CSU/FDP-Koalition unterbrochen wurde, profitierte von den Reformen der Vorgängerregierung. Der Koalitionsvertrag sah vor, die Reformpolitik der „Agenda 2010“ mit Einsparungen zur Haushaltskonsolidierung fortzusetzen. Die Wettbewerbsfähigkeit der deutschen Wirtschaft wuchs durch den Druck, den die „Agenda 2010“ ausübte, z. B. auf Arbeitslose, eine Beschäftigung anzunehmen, und auf die Tarifpartner, die Lohnsteigerungen in engen Grenzen zu halten. Ergänzende Reformen der Großen Koalition setzten den Weg der Regierung Schröder fort, z. B. die Senkung der Beiträge zur Arbeitslosenversicherung und der Unternehmenssteuern mit dem Ziel, Investitionen und die Ansiedlung von Arbeitsplätzen in Deutschland zu fördern. So sank die Arbeitslosenzahl bis 2008 erstmals seit 1992 wieder unter drei Millionen und die Haushaltsdefizite gingen zurück.
Mit der Weltfinanzkrise ab 2008, die das internationale Bankensystem erschütterte und in großem Umfang staatliche Finanzhilfen erforderte, veränderten sich die wirtschaftlichen Rahmenbedingungen tief greifend. Durch den weltweiten Wachstumseinbruch schrumpfte die Wirtschaftsleistung in Deutschland um fünf Prozent. Trotzdem hielt die Große Koalition am Kurs der Haushaltskonsolidierung fest und verankerte 2009 – auf dem Höhepunkt der Weltbankenkrise – die „Schuldenbremse“ im Grundgesetz (Art. 115), um die staatliche Neuverschuldung zu begrenzen. Damit signalisierte sie ihre Entschlossenheit, trotz Krise die Schuldenquote weiter zu senken.
In der Euro-Krise, die 2009 von der Staatsverschuldung Griechenlands ausging und 2010 rasch auf weitere Euro-Staaten übergriff, übernahm die Regierung Merkel durch „Rettungsschirme“ und Garantiefonds erhebliche Haftungsrisiken, um den Krisenstaaten zu helfen. Ihre Begründung lautete: „Scheitert der Euro, scheitert Europa“. Ihre Forderung an die verschuldeten Länder, Reformen zur Haushaltskonsolidierung einzuleiten, wurde ergänzt durch die Zusage der EZB, notfalls unbegrenzt Anleihen von Krisenstaaten zu kaufen. Außerdem startete die EZB eine Niedrigzinspolitik für günstige Kredite. Geld sollte genügend vorhanden sein, um ein Stocken der Investitionstätigkeit und eine damit verbundene Rezession zu verhindern.
Die expansive Geldpolitik („Politik des billigen Geldes“) und ein niedriger Euro-Kurs beförderten die deutschen Exporte. So verstärkte sich Deutschlands wirtschaftliche Position noch weiter, was zu oft scharfer Kritik an der Regierung Merkel in den verschuldeten EU-Mitgliedsstaaten führte.
Nach der Überwindung der Finanz- und Eurokrise trat neben die Politik einer Verbesserung der Wettbewerbsbedingungen durch Einsparungen eine offensive Sozialpolitik: Mit der Einführung des gesetzlichen Mindestlohns 2014 sollte das durch die „Agenda 2010“ verstärkte Wachstum eines neuen Prekariats in Deutschland abgebremst werden. Und mit dem Ausbau der Rentenleistungen (Rente ab 63 für besonders langjährig Versicherte, Mütterrente, Grundrente) sollte das Verhältnis von Spar- und Sozialpolitik wieder ins Gleichgewicht gebracht werden. Es zeigte sich hier die Aufweichung des Unterschieds zwischen SPD und CDU in einem zentralen Politikfeld: Während unter dem SPD-Kanzler Schröder einschneidende

M 3 Merkel-Kritik in einer griechischen Tageszeitung (2012)

Deregulierungsmaßnahmen durchgesetzt worden waren, nahm nun die Regierung unter der Führung der CDU-Kanzlerin Merkel sozialpolitisch motivierte Anpassungen vor.
Umstritten war die Entscheidung der Großen Koalition, die deutschen Grenzen 2015 für asylsuchende Flüchtlinge aus den Krisenregionen Syrien, Irak und Afghanistan zu öffnen. Die Bundesregierung argumentierte mit der moralisch-humanitären Verpflichtung eines reichen Landes, zur Begrenzung des Flüchtlingselends beizutragen, sowie der Hoffnung, durch zuwandernde Flüchtlinge den Fachkräftemangel in Deutschland beheben zu können. Kritiker warnten vor den hohen Kosten für den Sozialstaat. Gegen die Flüchtlingsaufnahme wurden darüber hinaus auch kulturelle Vorbehalte laut.
In der Energie- und Klimapolitik beschloss die Regierung 2011 nach der Nuklearkatastrophe im japanischen Fukushima die Rückkehr zum bereits 2001 vertraglich vereinbarten Ausstieg aus der Atomenergie, der von der schwarz-gelben Regierung 2010 widerrufen worden war. Stattdessen wurden erneuerbare Energien (Sonnen- und Windenergie) staatlich gefördert. Angestoßen durch die Klimastreiks der Fridays-for-Future-Bewegung einigte sich die Regierung Merkel 2021 außerdem auf die politische Festlegung eines einheitlichen CO_2-Preises für die Bereiche Wärme und Verkehr.
2020 erreichte Deutschland die weltweit grassierende Corona-Epidemie, die die Regierung Merkel in enger Zusammenarbeit mit den Bundesländern und wissenschaftlichen Experten einzudämmen versuchte. Die damit verbundenen Einschränkungen staatsbürgerlicher Freiheitsrechte, z. B. die Verhängung von Ausgangsbeschränkungen sowie Pläne zur Einführung einer allgemeinen Impfpflicht, führten sowohl bei der parlamentarischen Opposition als auch in zivilgesellschaftlichen Bewegungen zu Kritik. Die Proteste von „Querdenkern" und anderen Impfgegnern radikalisierten sich zu einem politisch-gesellschaftlichen Rechtsruck. Die Fundamentalkritik am politischen System kleidete sich in das Gewand der Verteidiger von Freiheit und Grundrechten, denn – so die Behauptung – durch „Corona-Diktatur", „Lügenpresse" und „Impf-Zwang" habe die Regierung freiheitlich-demokratische Grundordnung, Pressefreiheit und Rechtsstaat außer Kraft gesetzt.
Als Vorbild dienten frühere rechtspopulistische Bewegungen, z. B. die Pegida-Demonstrationen, bei denen seit 2014 vor einer „Islamisierung des Abendlandes" gewarnt wurde. Auch die Flüchtlingskrise 2015/16 schürte Ängste vor „Überfremdung". Der Einzug der AfD in den Deutschen Bundestag 2017 verschaffte den rechtsautoritären Strömungen eine parlamentarische Plattform und die digitalen Medien erwiesen sich als Katalysatoren eines raueren, intoleranten Umgangstons in der politischen Auseinandersetzung.
Die Entwicklung der Pandemie seit 2020 zeigte, wie schnell die Balance zwischen Freiheit und Sicherheit in demokratisch verfassten Gemeinwesen gestört werden kann. Ihr Gleichgewicht auch in schwierigen Zeiten immer neu auszutarieren, ist eine bleibende Aufgabe für Demokraten.

M 4 Demonstration von Impfgegnern gegen Corona-Maßnahmen (2021)

M5 Zahl der Erstanträge auf Asyl in ausgewählten EU-Staaten 2008 – 2017

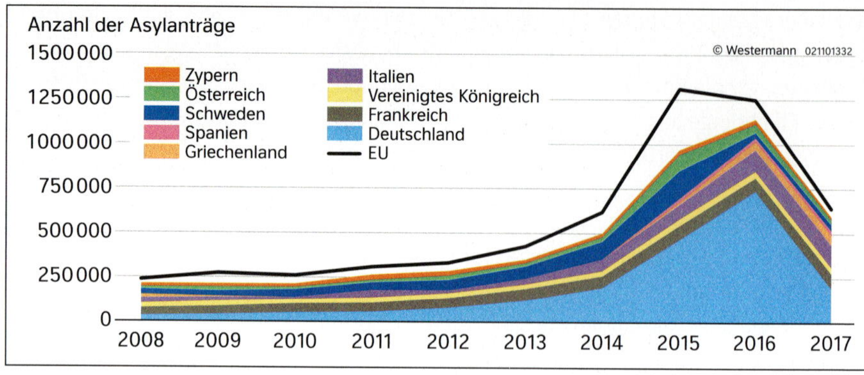

(Datenbasis: Eurostat)

M6 Europa-Politik der Regierung Kohl (1990)

Aus der Regierungserklärung Helmut Kohls am 4.10.1990:

Die oft gespenstisch anmutende Diskussion über die Frage, ob nicht deutsche Einheit und europäische Integration einander ausschlössen, gehört jetzt endgültig der Vergangenheit an. Deutschland darf kein weiteres Mal der Gefahr des Nationalismus erliegen. Wie kein anderer europäischer Staat ist Deutschland als Land in der Mitte Europas auf die europäische Integration angewiesen. Die Geschichte hat den Vätern und Müttern des Grundgesetzes recht gegeben: Sie hatten – wie die Präambel des Grundgesetzes von 1949 ausweist – klar erkannt, dass die Wiedervereinigung Deutschlands und die Schaffung eines vereinten Europa zwei Seiten ein und derselben Medaille waren und sind. [...]

Die Kräfte der Integration dürfen gerade jetzt nicht erlahmen. Der europäische Binnenmarkt, den wir bis zum 31. Dezember 1992 vollenden wollen, ist nur eine Zwischenstation auf dem Weg zur Europäischen Union, zu den Vereinigten Staaten von Europa. Bereits heute bereiten wir die Schritte vor, die uns weit über den Horizont des Binnenmarktes hinausführen: die Wirtschafts- und Währungsunion sowie die Politische Union. Die Verwirklichung der Europäischen Union wird Herzstück der Außenpolitik auch eines vereinten Deutschland sein.

(Helmut Kohl, Bilanz und Perspektiven – Regierungspolitik 1989 – 1991, Bd. 2, Bonn (Presse- und Informationsamt der Bundesregierung) 1992, S. 656 f.)

M7 „Die Neue Mitte" (1999)

Aus einem gemeinsamen Papier von Gerhard Schröder (SPD) und dem britischen Premierminister Tony Blair (Labour Party), 1999:

In fast allen Ländern der Europäischen Union regieren Sozialdemokraten. Markenzeichen dafür ist die „Neue Mitte" in Deutschland. Wir müssen unsere Politik in einem neuen, auf den heutigen Stand gebrachten wirtschaftlichen Rahmen betreiben, innerhalb dessen der Staat die Wirtschaft nach Kräften fördert, sich aber nie als Ersatz für die Wirtschaft betrachtet. Die Steuerungsfunktion von Märkten muss durch die Politik ergänzt und verbessert, nicht aber behindert werden. [...]

Der Weg zur sozialen Gerechtigkeit war [in der Vergangenheit] mit immer höheren öffentlichen Ausgaben gepflastert, ohne Rücksicht auf Ergebnisse oder die Wirkung der hohen Steuerlast auf Wettbewerbsfähigkeit, Beschäftigung oder private Ausgaben. Die Ansicht, dass der Staat schädliches Marktversagen korrigieren müsse, führte allzu oft zur überproportionalen Ausweitung von Verwaltung und Bürokratie im Rahmen sozialdemokratischer Politik. Allzu oft wurden Rechte höher bewertet als Pflichten. Aber die Verantwortung des Einzelnen in Familie, Nachbarschaft und Gesellschaft kann nicht an den Staat delegiert werden. Die Schwächen der Märkte wurden über-, ihre Stärken unterschätzt. In einer Welt immer rascherer Globalisierung und wissenschaftlicher Veränderungen müssen wir Bedingungen schaffen, in denen bestehende Unternehmen prosperieren und sich entwickeln und neue Unternehmen entstehen und wachsen können. Die Höhe der Staatsausgaben hat die Grenzen der Akzeptanz erreicht. Die notwendige Kürzung der staatlichen Ausgaben erfordert eine radikale Modernisierung des öffentlichen Sektors. Wir werden daher nicht zögern, Effizienz-, Wettbewerbs- und Leistungsdenken einzuführen, die Qualität öffentlicher Dienste rigoros zu überwachen und schlechte Leistungen auszumerzen.

Wir wollen eine Gesellschaft, die erfolgreiche Unternehmer ebenso positiv bestätigt wie erfolgreiche Künstler und Fußballspieler. Wir teilen die Überzeugung, dass die traditionellen Konflikte am Arbeitsplatz überwunden werden müssen. Teilzeitarbeit und geringfügige Arbeit sind besser als gar keine Arbeit, denn sie erleichtern den Übergang von Arbeitslosigkeit in Beschäftigung.

(Zit. nach: Blätter für deutsche und internationale Politik 7/1999, S. 887 – 896, © Blätter Verlagsgesellschaft mbH, Berlin 2022)

M 8 „Die Reichen noch reicher, die Armen noch ärmer“

Die Bundestagsabgeordnete Gesine Lötzsch (PDS, später: DIE LINKE) zur Regierungserklärung von Gerhard Schröder (2003):

Herr Bundeskanzler, Sie haben einen Wählerauftrag und den müssen Sie erfüllen. Sie wollten die Kohl'sche Umverteilung von unten nach oben beenden, doch Sie haben das Gegenteil gemacht. Sie haben die Reichen noch reicher und die Armen noch ärmer gemacht. Der Witz ist, dass die von Ihnen Begünstigten es Ihnen noch nicht einmal danken. Nehmen wir zum Beispiel die gigantischen Steuersenkungen für die Kapitalgesellschaften. Wo sind die positiven Effekte? Wo sind die neuen Arbeitsplätze? Ihre Steuerreform hat nur einen Effekt: Sie treibt die Kommunen in den Ruin. [...]

Was haben die Wirtschaftsverbände nicht schon alles versprochen: Schon Kohl hatten sie 500 000 neue Arbeitsplätze für die Lockerung des Kündigungsschutzes zugesagt. Wo aber sind diese Arbeitsplätze? Nein, das sind alles ungedeckte Wechsel. Sie müssen alle in die Pflicht nehmen, auch die Unternehmen. [...]

Es gehört kein Mut dazu, die Schwächsten in der Gesellschaft unter Druck zu setzen. Ich finde, Sie sollten endlich den Mut haben, sich mit den Mächtigen in dieser Gesellschaft auseinanderzusetzen. Ich darf Sie in diesem Zusammenhang an ein weiteres Wahlversprechen von 1998 erinnern. Sie versprachen die Einführung der Vermögenssteuer. Diese würde – das haben wir hier schon mehrmals besprochen – 10 Milliarden Euro im Jahr einbringen. Damit könnte man schon ein ordentliches kommunales Investitionsprogramm ohne Kredite finanzieren und Arbeitsplätze schaffen. [...]

Herr Bundeskanzler, Ihre Rede war nicht der lange angekündigte Befreiungsschlag und auch nicht die Ankündigung von schlüssigen Reformen. Sie haben uns einen Maßnahmenhaufen vor die Füße geworfen, der unser Land allerdings nicht weiterbringen wird.

(Deutscher Bundestag. Stenografischer Bericht, 32. Sitzung am 14.3.2003, S. 2543 – 2545)

M 9 Sozialquote der BRD 1990 – 2008

Staatliche Sozialausgaben in Prozent des BIP

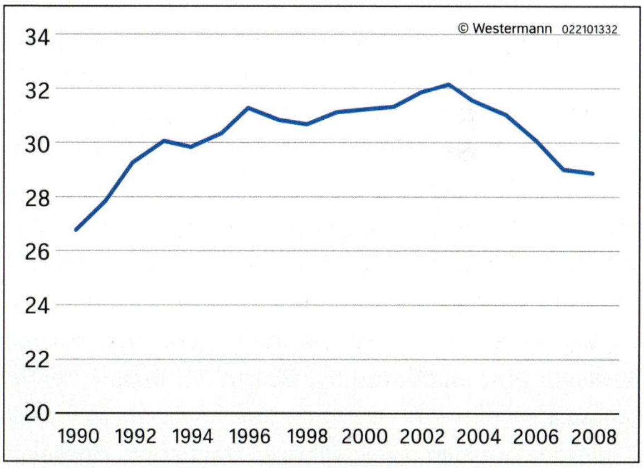

(Nach: Michael C. Bienert u. a. (Hg.), Die Berliner Repbulik, Berlin (be.bra) 2013, S. 87)

Arbeitsanregungen

Tauschen Sie sich aus über die Probleme, die das wiedervereinigte Deutschland nach 1990 zu lösen hatte.

1. Die Endphase der Ära Kohl

a) Erläutern Sie den Zusammenhang zwischen Helmut Kohls Deutschland- und Europa-Politik zwischen 1990 und 1998. (DT 1, M 6)

b) Beurteilen Sie, inwieweit die Politik Helmut Kohls in der zweiten Hälfte seiner Amtszeit den Herausforderungen an das wiedervereinigte Deutschland gerecht wurde.

2. Die rot-grüne Regierung Schröder

a) Vergleichen Sie die Politik Helmut Kohls mit der Gerhard Schröders. (DT 1 – 2)

b) Bewerten Sie die Neuausrichtung der sozialdemokratischen Politik, die in M 7 umrissen wird. Berücksichtigen Sie auch M 8 und M 9.

Legen Sie eine Tabelle an, in der Sie die Politik von Helmut Kohl der von Gerhard Schröder gegenüberstellen. (DT 1–2)

3. Die Ära Merkel

a) Gestalten Sie eine Mindmap zu den Politikfeldern der Ära Merkel. (DT 3, M 5)

b) Der Politologe Thomas Jäger schrieb 2021: „So wie es in der deutschen Außenpolitik kein Markenzeichen von Merkel gibt (anders bei Adenauer: Westintegration, Brandt: Ostpolitik, Schmidt: G7-Prozess, Kohl: deutsche Einheit), so steht auch innenpolitisch wenig zu Buche.“ Erörtern Sie diese Aussage und bewerten Sie die Politik der Regierung Merkel.

Diskutieren Sie, ob Deutschland nach den Regierungen Kohl, Schröder und Merkel gut gerüstet ist für das 21. Jahrhundert.

34. Wiederholen – Strukturieren – Beurteilen

M1 Begriffe

Zusammenbruchsgesellschaft, Flucht und Vertreibung

Systemkonflikt, Machtkonflikt, Rüstungswettlauf; Kapitalismus/Sozialismus, Marktwirtschaft/Zentralverwaltungswirtschaft; Kalter Krieg, Stellvertreterkrieg, Blockbildung, Bipolarität, Propaganda

Eiserner Vorhang: parlamentarische Demokratie/Volksdemokratie, Marktwirtschaft/Zentralverwaltungswirtschaft; Blockbildung, *Marshallplan*

Boom, Soziale Marktwirtschaft/Zentralverwaltungswirtschaft, Sozialstaat/Versorgungsstaat, *nivellierte Mittelstandsgesellschaft/Arbeiter-und-Bauernstaat*, Konsumgesellschaft/Primat der Schwerindustrie, *Keynesianismus/Fünf-Jahres-Plan*, Vollbeschäftigung/Recht auf Arbeit

Aufstand des 17. Juni, *Ungarnaufstand*, „Republikflucht“, Mauerbau, Wiederbewaffnung, 68er-Bewegung, Prager Frühling, Wertewandel

Putsch, Militärdiktatur, Revolution, Kuba-Krise

Friedliche Koexistenz, „Kennedy-Impuls“, Neue Ostpolitik, Helsinki-Prozess

Emanzipation: „Mehr Demokratie wagen“, Neue Soziale Bewegungen, Pluralisierung, Charta 77, Dissidentenbewegung

Ende des „Golden Age“: Ölkrise, Stagflation, Sockelarbeitslosigkeit, Zwei-Drittel-Gesellschaft, Neoliberalismus; Strukturwandel: Digitalisierung

Vernetzung: Transnationaler Konzern, Finanzmarkt, Migration

Strukturwandel, Innovationsdefizit, Staatsverschuldung, Rüstungswettlauf, Versorgungskrise, *Umweltverschmutzung*, Legitimitätskrise, Entspannungspolitik, Perestroika, Glasnost, Sinatra-Doktrin, Solidarność, Bürgerbewegung, Ausreisebewegung, „Friedliche Revolution“, *„Samtene Revolution“*

Wirtschafts-, Währungs- und Sozialunion, Zwei-Plus-Vier-Vertrag, Deutsche Einheit, Russische Föderation, *GUS*, Transformationsgesellschaft, Oligarch

Europäische Union, Euro, Osterweiterung, Globalisierung

Hinweis: Die kursiv gedruckten Begriffe sind vom Bildungsplan nur für den Leistungskurs ausgewiesen.

M2 Textanalyse: Aufruf des „NEUEN FORUM“ in Schwerin am 23.10.1989

Der friedliche, öffentliche und dauerhafte Dialog mit allen gesellschaftlichen Kräften ist der einzige Weg, die Vertrauenskrise zwischen Staat und Volk zu beseitigen. Aber Reden alleine reicht nicht! Wir haben lange genug gewartet! Wir müssen handeln! Aus diesem Grund rufen wir alle an Veränderungen interessierten Bürger auf, Demokratie und offene Meinungsäußerungen jetzt und überall im Betrieb, in der Familie und auch auf der Straße kompromisslos zu praktizieren.

Folgende Probleme, die uns wichtig sind, wollen wir zur Diskussion stellen:

1. In einer demokratischen Gesellschaft darf es keinen festgeschriebenen Führungsanspruch jedweder Organisation geben, dieser muss im offenen Austausch erkämpft werden und auf einer breiten Basis der Bevölkerung beruhen.

2. Alle Organisationen, die eine gesellschaftliche Begründung besitzen, müssen reale Arbeits- und Mitsprachemöglichkeiten haben, was auch umfangreiche Publikationsmöglichkeiten beinhaltet.

3. Alle Entscheidungen der Regierung müssen öffentlich gefällt werden (einschließlich der geführten Diskussionen), überprüfbar und einklagbar sein.

4. Wir meinen, dass nur die Direktwahl von Führungskadern wahres Vertrauen befördern kann.

Das Wahlverfahren muss in der Richtung geändert werden, dass eine wirklich geheime Wahl stattfindet, die für jeden Bürger die Möglichkeit der freien Abstimmung ohne Angst vor Repressalien absichert.

5. Rechtssicherheit bedeutet für uns, jedem Bürger die Angst vor Strafverfolgung bei offener Meinungsäußerung zu nehmen. Solange es nicht genug reale Alternativen gibt, halten wir die Straße für einen legitimen Ort der freien Meinungsäußerung.

6. Leistungsprinzip bedeutet für uns, in allen Bereichen die gesellschaftliche Vergütung der real geleisteten Arbeit anzupassen. Abschaffung jeglicher Privilegien materieller sowie ideeller Art!

7. Schaffung eines realen Verhältnisses zwischen Arbeitslohn und Preisen, das beinhaltet auch ein Überdenken der Subventionspolitik.

8. Unterschiede in der strafrechtlichen Verfolgung zwischen Botschaftsbesetzung und Republikflucht müssen

zugunsten der wegen versuchter DDR-Flucht Inhaftierten beseitigt werden.

9. Jeder Bürger muss zu jeder Zeit in jedes Land reisen können.

10. Nur dem Gewissen des Einzelnen muss es überlassen sein, ob er sich dem Dienst an der Waffe, in Uniform unter Befehlsgewalt unterwirft, oder die noch zu schaffende Möglichkeit eines zivilen Wehrersatzdienstes nutzt.

Ohne die konkrete Mitarbeit eines jeden an seinem Platz in der Gesellschaft sind schnelle progressive Veränderungen unmöglich. Hiermit stellen wir uns der Diskussion mit jedem Bürger unabhängig von seiner Weltanschauung.

(https://www.ddr89.de/nf/NF158.html [07.01.2022])

M 3 Bildanalyse: SED-Plakat zum 40. Jahrestag der DDR am 7.10.1989

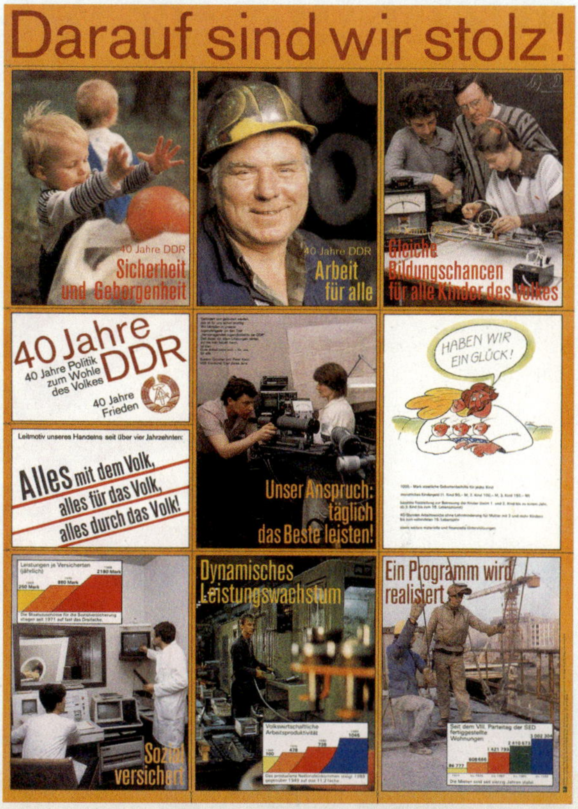

Arbeitsanregungen

1. Begriffe

a) Erklären Sie sich zu zweit gegenseitig die Begriffe aus M 1, indem Sie abwechselnd zu jedem Begriff einen Satz formulieren.

b) Entwerfen Sie eine Mindmap, in der Sie die Entwicklungen nach 1945 in Deutschland, Europa und weltweit unter Oberbegriffen ordnen.

2. Methode: Vergleichen und Beurteilen von Materialien

a) Analysieren Sie M 2.

b) Vergleichen Sie M 2 mit M 3.

c) Beurteilen Sie M 3.

3. Methode: Darstellen

a) Stellen Sie den Weg zur deutschen Teilung dar.

b) Stellen Sie Strukturen und Phasen des Kalten Kriegs dar.

c) Stellen Sie die Proteste in Ost und West in den 1960er-Jahren dar.

d) Stellen Sie die Veränderungen durch den Strukturwandel seit den 1970er-Jahren dar.

e) Stellen Sie den Zusammenbruch des Ostblocks dar.

f) Stellen Sie wesentliche Etappen auf dem Weg zur deutschen Einheit dar.

g) Stellen Sie die Entwicklung der europäischen Integration zwischen Erweiterung und Vertiefung dar.

4. Urteilen

a) Erörtern Sie, ob die deutsche Teilung 1949 alternativlos war oder ob sie hätte verhindert werden können.

b) Erörtern Sie, ob die 68er-Bewegung mehr Vorteile oder mehr Nachteile für Europa und Deutschland gebracht hat.

c) Erörtern Sie, ob bei der Globalisierung die Chancen oder die Risiken überwiegen.

d) Erörtern Sie, ob Gorbatschows Reformpolitik mehr positive oder mehr negative Folgen hatte.

e) Beurteilen Sie, inwiefern die Welt nach dem Ende des Kalten Kriegs sicherer geworden ist.

Aktuelle Probleme postkolonialer Räume in historischer Perspektive

Großes Bild: Frauen in Eritrea feiern am 25. April 1993 in Massawa ihre Unabhängigkeit; mit überwältigender Mehrheit haben sich die Einwohner der ehemals äthiopischen Provinz Eritrea bei einer Volksabstimmung für die Unabhängigkeit der Region ausgesprochen. Kleines Bild: Afrikanerin in Tel Aviv, (2015), geflüchtet aus Eritrea, wo ein autoritäres Regime seine Herrschaft mit polizeistaatlichen Mitteln sichert und das Land weitgehend von der Außenwelt abschottet. Eritrea gilt inzwischen als das „Nordkorea Afrikas“.

1. Aktuelle Probleme postkolonialer Räume in historischer Perspektive

Mit der Dekolonisierung nach dem Zweiten Weltkrieg lösten sich die europäischen Übersee-Imperien auf. Damit endete die Europäisierung der Welt, die spätestens um 1500 begonnen hatte. Der Zusammenbruch des europäischen Kolonialismus stellte eine tiefe Zäsur für die ehemals kolonisierten Länder dar, denn an die Stelle von Rassismus und Kolonialismus traten nun neue Werte: Menschenrechte, Rechtsstaatlichkeit und das Selbstbestimmungsrecht der Völker. Mit ihrer Umsetzung in den unabhängigen Staaten waren Chancen und Probleme verbunden.

M1 Dekolonisierung

Der Schriftsteller Pankaj Mishra schreibt hierzu (2014):

Für die meisten Menschen in Europa und Amerika ist das 20. Jahrhundert immer noch weitgehend definiert durch die beiden Weltkriege und das langjährige atomare Patt mit dem sowjetischen Kommunismus. Inzwischen ist jedoch deutlicher zu erkennen, dass für die Mehrheit der Weltbevölkerung das zentrale Ereignis des letzten Jahrhunderts das Erwachen Asiens und Afrikas und deren Auferstehung aus den Ruinen europäischer Reiche war. Das zu erkennen heißt, die Welt nicht nur zu erfassen, wie sie heute existiert, sondern wie sie sich auch weiterhin umgestalten wird – nicht so sehr nach dem Bild des Westens, sondern gemäß den Vorstellungen und Zielen der einstmals subalternen Völker.

(Pankaj Mishra, Aus den Ruinen des Empires, Bonn (bpb) 2014, S. 17)

M3 Paradox

Kwame Nkrumah (1909–1972), der Ghana 1957 als erstes schwarzafrikanisches Land in die Unabhängigkeit führte:

Obwohl die meisten Afrikaner arm sind, ist unser Kontinent potenziell extrem reich. Unsere Mineralvorkommen, die mit ausländischem Kapital ausgebeutet werden und lediglich diese ausländischen Investoren bereichern, reichen von Gold und Diamanten über Uran bis hin zu Öl. Unsere Wälder verfügen über einige der besten Holzarten überhaupt. Unsere landwirtschaftlichen Exportgüter umfassen Kakao, Kaffee, Gummi, Tabak und Baumwolle. [...] Dies ist einer der Gründe, warum wir in Afrika das Paradox haben, Armut inmitten des Überflusses und Mangel inmitten der Fülle vorzufinden.

(Zit. nach: Anna Berkenbusch (Hg.), 50 Jahre afrikanische Un-Abhängigkeiten, Berlin (Edition AfricAvenir) 2015, S. 89)

M2 Ende des Kolonialismus

Kinder feiern die Unabhängigkeit der Demokratischen Republik Kongo (1960).

M4 Kindersoldaten in Zimbabwe (2009)

M5 Folgen der Dekolonisierung

Die Journalistin Katherine Boo (2012):

Mumbai war auch ein Ort des schwelenden Grolls und des allgegenwärtigen Neids. Gab es eigentlich in dieser Stadt, die immer reicher wurde und immer ungleichere Chancen bot, einen Menschen, der die eigene Unzufriedenheit nicht einem anderen Menschen in die Schuhe schob? Die wohlhabenden Bürger gaben den Slumbewohnern die Schuld daran, dass die Stadt dreckig und unbewohnbar war; dabei sicherte doch gerade das Überangebot an Humankapital die niedrigen Lohnkosten für ihre Hausmädchen und Fahrer. Die Slumbewohner schimpften über all die von den Reichen und Mächtigen errichteten Barrieren, die sie von der Teilhabe an neuen Verdienstmöglichkeiten aussperrten. Egal wo, jeder schimpfte auf seinen Nächsten. Im 21. Jahrhundert trugen die Leute ihren Protest jedoch immer seltener gemeinsam auf die Straße. Je mehr das Gefühl der Gruppenzugehörigkeit durch die Kaste, die ethnische Herkunft und die Religion schwand, desto mehr wurden Zorn und Hoffnung ins Private verlagert [...].

(Katherine Boo, Annawadi oder der Traum von einem anderen Leben, München (Droemer Knaur) 2012, S. 152)

M6 Folgen der Dekolonisierung

Der Historiker Wolfgang Reinhard (2016):

Auch die Dekolonisation hat die Regel bestätigt, dass Opfer regelmäßig zu Tätern wurden, sobald sich die Machtverhältnisse ändern. An dieser tristen anthropologischen Einsicht in die Zwänge menschlicher Schäbigkeit kommt kein nachdenklicher Historiker vorbei. Bokassa, Idi Amin, Kim Jong Un, Moburu, Mugabe, Sadam Hussein, Suharto und Konsorten dürften die übelsten Kolonialgouverneure in den Schatten stellen.

(Wolfgang Reinhard, Die Unterwerfung der Welt, München (C. H. Beck) 2016, S. 1320)

M7 „Afrikanisches Jahr"

Der kamerunische Historiker Achille Mbembe anlässlich der zahlreichen 50-Jahr-Feiern zum „Afrikanischen Jahr", dem Höhepunkt der Dekolonisierung (2010):

Gibt es wirklich irgendetwas zu feiern oder ist im Gegenteil etwa alles Geschehene zu beklagen?

(Zit. nach: Anna Berkenbusch, a. a. O., S. 43)

Arbeitsanregungen

1. Tauschen Sie sich, ausgehend von M 1, über Ihr Vorwissen zur Dekolonisierung aus. Erörtern Sie, ob der Vorwurf der einseitigen Geschichtsbetrachtung, den Pankaj Mishra erhebt, berechtigt ist.
2. Stellen Sie anhand von M 2 – M 6 Chancen und Probleme der Dekolonisierung einander gegenüber.
3. Schreiben Sie Fragen auf, die Sie interessieren, nachdem Sie M 2 – M 6 betrachtet und gelesen haben.
4. Unterscheiden Sie Problembereiche der Dekolonisierung, die untersucht werden sollten.
5. Diskutieren Sie über mögliche Antworten auf die Frage Achille Mbembes. (M 7)

2. Kolonialismus – Unterwerfung der Welt durch Europa

Amerika, Australien, die pazifische Inselwelt, fast ganz Afrika und weite Teile Asiens: Im Verlauf der vergangenen 500 Jahre geriet der Großteil des Erdballs unter die Kontrolle europäischer Staaten, die riesige Kolonialimperien errichteten.

Der Begriff „Kolonialismus"

Zwischen dem 15. und 19. Jahrhundert errangen europäische Mächte die Kontrolle über große Teile der Erde. Diese Expansion Europas wird häufig mit dem Begriff **„Kolonialismus"** bezeichnet. Die Kolonisierung war kein einheitlicher, linear verlaufender Prozess, sie erfolgte vielmehr in mehreren Wellen mit jeweils unterschiedlichen Akteuren.
Kolonialismus bedeutete Machtentfaltung Europas nach außen, die einen tiefen Eingriff in die tradierten Gesellschaftsstrukturen der Kolonisierten und ihre Erfahrungswelt darstellte. Er war verbunden mit Kontrolle, Beherrschung und Ausbeutung, wodurch die kolonisierten Gesellschaften einer eigenen Entwicklung beraubt wurden. Legitimiert wurde koloniale Herrschaft mit einem rassistisch begründeten Anspruch der Europäer auf kulturelle Überlegenheit und einer daraus erwachsenden „Zivilisierungsaufgabe".

Phasen der Kolonisierung

Betrachtet man den Kolonialismus zeitlich, lassen sich fünf Phasen unterscheiden, in denen verschiedene Mächte die europäische Expansion vorantrieben: Ab dem 15. und 16. Jahrhundert waren dies zunächst Spanien und Portugal, gefolgt von den Niederlanden, England und Frankreich seit dem 17. Jahrhundert. Im 18. und frühen 19. Jahrhundert stieg Großbritannien zur dominierenden Kolonialmacht auf, die schließlich auf allen Kontinenten präsent war. In dieser dritten Phase verfügten die Europäer über bedeutenden Kolonialbesitz in Nord- und Südamerika, in Indien und Südostasien, in Südafrika sowie in Australien und Neuseeland. Zeitgleich verloren sie aber auch Kolonien, etwa Großbritannien 1776 in Nordamerika oder Spanien und Portugal in den 1820er-Jahren in Südamerika. Mit der Einnahme Algeriens durch Frankreich 1830 begann die vierte Phase: die koloniale Durchdringung Afrikas, die die Zeit des Hochimperialismus am Ende des 19. Jahrhunderts wesentlich prägte. Um 1900 kamen schließlich auch außereuropäische Mächte hinzu: So stieg Japan zur Kolonialmacht auf und nahm Gebiete in Ostasien und im Pazifikraum ein, ebenso wurden die USA globale Großmacht, die ihren überwiegend informellen Einfluss auf die Karibik, auf Asien und den Pazifik ausübte.

Formen kolonialer Herrschaft

Abhängig vom Zweck für die jeweilige Kolonialmacht unterschied sich die Form kolonialer Herrschaft. Es lassen sich drei Typen von Kolonien unterscheiden:
Stützpunktkolonien dienten strategischen Zwecken, vor allem der Kontrolle von Handelswaren und -routen sowie als Stützpunkte für die eigene Flotte. Keine Rolle spielte dagegen die Erschließung oder Beherrschung des Hinterlandes. Beispiel ist etwa Kapstadt im 17. Jahrhundert als zentraler Hafen auf dem Seeweg nach Indien.
Beherrschungskolonien dienten der wirtschaftlichen Ausbeutung: z. B. dem Abbau von Bodenschätzen, der Abschöpfung von Steuern oder als Absatzmarkt für die eigenen Güter. Die Verwaltung erfolgte meist durch eine kleine Anzahl europäischer Beamter und Militärs, wobei die lokale Elite in die alltägliche Verwaltung mit eingebunden sein konnte. Beispiele sind Britisch-Indien oder Französisch-Indochina.
Siedlungskolonien wie etwa die englischen Kolonien in Nordamerika oder Australien oder die französische Kolonie Algerien sind durch die massenhafte Immigration von europäischen Sied-

lern gekennzeichnet. Diese eigneten sich Land an, erschlossen und bewirtschafteten es: unter Ausbeutung der einheimischen Bevölkerung, soweit diese nicht bereits vertrieben oder ermordet worden war, oder durch Sklaven, die dorthin verschleppt worden waren.
Die genannten Typen von Kolonien dienen einer groben Unterscheidung, sie bilden jedoch nicht die koloniale Vielfalt und Dynamik ab. So entwickelte sich beispielsweise Australien von einer Sträflings- zu einer Siedlungskolonie.

Weltordnung um 1900

Am Vorabend des Ersten Weltkriegs war die Welt eine koloniale Welt, dominiert von europäischen Mächten, Japan und den USA. Schon wenige Jahrzehnte später aber hatte der Kolonialismus jede Legitimation eingebüßt und die Weltordnung sich grundlegend verändert.

M 1 Aspekte des Kolonialismus

a) Sklaven schneiden Zuckerrohr auf einer Plantage auf der Karibikinsel Antigua (William Clark, 1823). Zucker wurde zum wichtigsten Agrarexportgut dieser Regionen und in immer größeren Mengen in Europa verzehrt (Pro-Kopf-Konsum in Großbritannien 1914 rund 50 kg; zum Vergleich aktuell in Deutschland: rund 37 kg.)

b) Unter Samuel Maharero erhoben sich die Herero im heutigen Namibia 1904 gegen die deutsche Kolonialherrschaft (Aufnahme von 1903).

d) Auf der Suche nach wissenschaftlichen Belegen für die unterschiedliche Wertigkeit und die Hierarchie von „Rassen“ vermaßen Anthropologen wie der Deutsche Rudolf Virchow menschliche Schädel (Foto 1902).

c) Gefangene Herero oder Nama (Aufnahme wohl aus dem Jahr 1904). Mit äußerster Brutalität schlugen die deutschen Truppen den Aufstand dieser beiden Gruppen nieder – und begingen den ersten Völkermord des 20. Jahrhunderts.

e) Erschwingliche Kolonialwaren auch für die breite Bevölkerung gab es in Edeka-Läden wie hier in Hannover (Foto 1926; Edeka = ursprünglich Abkürzung für Einkaufsgenossenschaft der Kolonialwarenhändler).

M 2 Die Welt um 1914

Kolonialmächte und ihre Kolonialreiche zu Beginn des 20. Jahrhunderts

Dominion

(= sich selbst verwaltende Kolonie innerhalb des britischen Reichs) wurden:
Kanada (1867)
Australien / Neuseeland (1907)
Südafrika (1910)

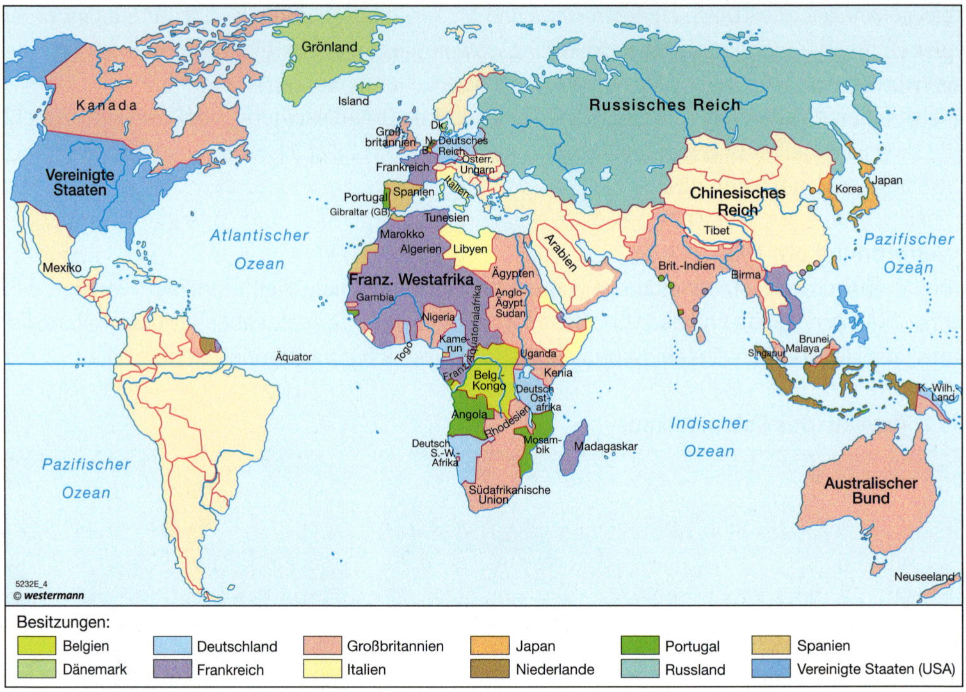

M 3 Historikerinnen und Historiker zu Aspekten des Kolonialismus

a) Die Historikerin Gabriele Metzler über die Grundlagen der europäischen Expansion (2018):

Vieles hatte zur erfolgreichen Expansion Europas beigetragen: Entdeckerlust und wissenschaftliche Neugier, gepaart mit militärischer Überlegenheit; bald – seit dem 18. Jahrhundert spätestens – auch kapitalistischer Ehrgeiz und ein missionarischer Antrieb, Zivilisation und Rechtgläubigkeit über die Welt zu verbreiten. Den Nutzen davon hatten vor allem die europäischen Gesellschaften selbst.

(Gabriele Metzler, Europa zwischen Kolonialismus und Dekolonisierung; in: Informationen zur politischen Bildung, Heft 338/März 2018, S. 4)

b) Der Historiker Sebastian Conrad über den Kolonialismus als umfassendes Phänomen (2012):

Seit der zweiten Hälfte des 19. Jahrhunderts, wenn nicht vorher, waren koloniale Verhältnisse integraler Bestandteil der internationalen Ordnung. Es ist jedoch wichtig, sich klarzumachen, dass der Kolonialismus ein umfassendes Phänomen war, dessen Bedeutung über die Ebene der Herrschaft weit hinausging. Die unterschiedlichen Formen des grenzüberschreitenden Austauschs waren kolonial geprägt: Die Weltwirtschaft basierte auf der asymmetrischen Einbeziehung der Rohstoffe, Arbeitskraft und Kaufinteressen außereuropäischer Gesellschaften. Der Kolonialismus war Bedingung und zentrale Ingredienz [= Bestandteil] der politischen Ordnung der Welt, aber auch der rechtlichen und ideologischen Legitimierung dieser Ordnung. Ein großer Teil der Migrationsbewegungen und Siedlungsprojekte vollzog sich unter kolonialen Bedingungen. Und auch die kulturelle Ordnung der Welt – inklusive der Weltausstellungen, der Missionstätigkeit, aber auch der Vorstellungen von Modernisierung und ‚Entwicklung' – waren kolonial konnotiert. Die Verflechtung der Welt vollzog sich im späten 19. und frühen 20. Jahrhundert unter kolonialen Bedingungen. Historiker haben daher auch die Verbindung zwischen Kolonialismus und der frühen Geschichte der Globalisierung betont.

(Sebastian Conrad, Kolonialismus und Postkolonialismus – Schlüsselbegriffe der aktuellen Debatte; in: APuZ 44 – 45/2012, S. 5)

c) Die Historiker Jürgen Osterhammel und Jan C. Jansen über die Handlungsspielräume der Kolonisierten (2009):

Spezielle Forschungen, viele davon auf Grundlage einheimischer Quellen, die nicht von den Kolonialherren stammen, haben die Handlungsspielräume der Kolonisierten in einzelnen kolonialen Situationen ausgelotet. Einen sinnvollen Mittelweg zwischen Dramatisierung und Trivialisierung der Wirkungen kolonialer Herrschaft weist eine Formulierung des nigerianischen Historikers J.F. Ade Akayi: „Obwohl die Europäer im Allgemeinen die Herren der kolonialen Situation waren und über politische Souveränität ebenso wie über kulturelle und wirtschaftliche Vorherrschaft verfügten, besaßen sie kein

Monopol der Initiative während der Kolonialzeit.“ Zu fragen wäre also, wer wann und unter welchen Bedingungen jeweils die historische Initiative innehatte. Damit wird auch ein Fragezeichen hinter das lange Zeit verbreitete Aktions-Reaktions-Schema gesetzt. Ihm zufolge waren es stets die dynamischen Repräsentanten des „Westens“, die agierten, während den Einheimischen nur übrigblieb, darauf zu reagieren. In Wahrheit kennzeichnet ein fortwährender Kampf aller Beteiligten um Aktionsmöglichkeiten die koloniale Situation.

(Jürgen Osterhammel/Jan C. Jansen, Kolonialismus. Geschichte – Formen – Folgen, München (C. H. Beck) 2009, S. 31)

d) Der Historiker John Darwin über die Weltordnung um 1900 (2010):

In einem selbst im Jahr 1860 noch kaum vorstellbaren Ausmaß war die Welt von 1900 eine imperiale Welt: bestehend aus territorialen Imperien, die sich über einen Großteil des Erdballs erstreckten, sowie informellen Handelsimperien, „Ungleichen Verträgen“ und extraterritorialen Privilegien (für Europäer) – mitsamt den Garnisonen und Kanonenbooten, um sie durchzusetzen – über fast den ganzen Rest der Erde. In Europa ersonnene Regeln des Völkerrechts wiesen Ansprüche auf Souveränität zurück (und rechtfertigten gleichzeitig ausländische Interventionen), wenn der betroffene Staat nicht einem in Europa anerkannten „Standard der Zivilisation“ entsprach. In der Wirtschaftstheorie, und zunehmend auch in der Praxis, implizierte diese imperiale Welt eine Arbeitsteilung. Die Kolonialmächte waren, in unterschiedlichem Ausmaß, gleichzeitig Industriemächte. Sie lieferten Industrieprodukte, Kapital, technisches Know-How und Fachkräfte – oder wollten es zumindest. Die Kolonien und „halbkolonialen“ Länder [...] hatten die Funktion, Lebensmittel, Rohstoffe und Waren zu produzieren, welche die industrielle Welt brauchte, und als Gegenleistung Industrieprodukte und Kapital anzunehmen, was nichts anderes bedeutete, als den freien Handel gegen lokale Interessen innerhalb geschützter Märkte durchzusetzen. Aus demografischer Sicht war die imperiale Welt eine Welt der Weißen. Den Europäern stand es mehr oder weniger – sofern Kriege und Konjunktur es erlaubten – frei auszuwandern, wohin immer sie wollten. Imperiale Herrscher förderten Migrationen nach Afroasien, um ihre Kolonien zu entwickeln, und traten die Ansprüche lokaler Gemeinwesen auf ihr angestammtes Land mit Füßen. Die kulturelle Theorie dieser imperialen Welt war vielleicht das allgegenwärtigste Merkmal. Europäer redeten sich und möglicherweise auch anderen ein, dass die nichteuropäischen Zivilisationen und Kulturen zwar ganz exotisch, faszinierend, romantisch oder liebenswert seien, dass sie aber bestenfalls in die Sackgasse führten. Lediglich die europäische Variante sei der bewährte Pfad zu „sittlichem und materiellem Fortschritt“ – wie die Überschrift des Jahresberichts lautete, den die von den Briten geleitete Regierung Indiens herausgab.

(John Darwin, Der imperiale Traum – Die Globalgeschichte großer Reiche 1400 – 2000, Frankfurt (Campus) 2010, S. 284)

Arbeitsanregungen

M 1 zeigt Aspekte des Kolonialismus: Was ist Ihnen bekannt, was überrascht Sie?

1. Kolonialismus: Begriff und Phänomen

a) Erstellen Sie ein Phasenschema zur Kolonisierung und erläutern Sie unterschiedliche Formen der Kolonialherrschaft. (DT 2 – 3)

b) Begründen Sie, warum Kolonialismus mehr als ein Herrschaftsphänomen war. (DT 1, M 1/M 3b)

c) Worauf sollte man achten, wenn man sich mit der Geschichte des Kolonialismus beschäftigt? Welche Fragen sollte man stellen und welche Problembereiche in den Blick nehmen? Entwickeln Sie eine Liste von Aspekten, die bei einer „Geschichte des Kolonialismus“ berücksichtigt werden sollten. (DT 1 – 3, M 3b – c)

Erstellen Sie eine Mindmap zum Begriff „Kolonialismus“. (DT 1 – 3, M 3a – b)

2. Weltordnung um 1900

a) Charakterisieren Sie die Weltordnung um 1900. (DT 4, M 2/M 3d)

b) Bewerten Sie diese Weltordnung.

Aktuelle Debatten um das koloniale Erbe stellen u. a. den Sturz von kolonialen Denkmälern, die Rückgabe kolonialer Raubkunst oder die Änderung von Kasernen- und Straßennamen, die nach Kolonialisten benannt sind, zur Diskussion. Tauschen Sie sich über Beispiele aus, die Sie kennen, und nehmen Sie dazu Stellung.

3. Krise der Imperien – Ursachen der Dekolonisierung

In den Jahren nach dem Ersten Weltkrieg erreichte die koloniale Welt ihre größte Ausdehnung: Etwa die Hälfte des Festlands der Erde war mit Kolonien überzogen und ungefähr zwei Fünftel der Weltbevölkerung stand unter kolonialer Herrschaft. Doch nur wenige Jahrzehnte später waren die riesigen Kolonialimperien und mit ihr die eurozentrische Weltordnung zerfallen.

M 1 Toussaint Louverture (1743 – 1803)

Zeitgenössische Darstellung): Geboren als Sklave in der französischen Kolonie Saint-Domingue (heute Haiti) führte er die erste erfolgreiche Revolution von Kolonisierten gegen die europäische Kolonialherrschaft an. In einem verlustreichen Bürgerkrieg brachte er die gesamte Insel unter seine Kontrolle und erließ eine Verfassung, die er auf dem Bild in der Hand hält. Als Frankreich eine Armee entsandte, verlor er die Macht und starb 1803 in einem französischen Gefängnis. Haiti aber wurde 1804 endgültig unabhängig.

Frühphasen der Dekolonisierung

Wie bei der europäischen Expansion lassen sich auch bei der Dekolonisierung verschiedene Etappen unterscheiden.

Eine erste Welle erfasste in den Jahrzehnten vor und nach 1800 die Neue Welt. In einem **Unabhängigkeitskrieg** befreiten sich 1776 bzw. 1783 zunächst die europäischen Siedler in Nordamerika vom britischen Mutterland. Die erste „farbige" **Revolution** gegen die französische Kolonialherrschaft wurde im Zuge der Französischen Revolution 1790 bis 1804 von den afroamerikanischen Sklaven auf Haiti gemacht. Rund zwei Jahrzehnte dauerten die Kämpfe, die in den 1820er-Jahren schließlich auch in Lateinamerika in die Unabhängigkeit von Spanien bzw. Portugal führten. Doch anders als es Simón Bolívar, der führende Kopf der Unabhängigkeitsbewegung Spanisch-Amerikas, erhofft hatte, mündete der Freiheitskampf nicht in eine politische Einheit, sondern in die Bildung einzelner Nationalstaaten.

Im Gegensatz zu diesen militärisch geführten Freiheitskämpfen folgte in der zweiten Vorläuferwelle eine **Dekolonisierung „von oben"**: Großbritannien überführte seine „weißen" Siedlungskolonien Kanada (1867), Australien (1907), Neuseeland (1907) und Südafrika (1910) weitgehend friedlich in den Status von „Dominions", also in sich selbst regierende Staaten innerhalb des British Empire. Mit dem „Westminster Statute" von 1931 erhielten diese Staaten faktisch volle Souveränität.

Höhepunkt der Dekolonisierung

Diese ersten beiden Phasen können als Vorspiel der „eigentlichen" Dekolonisierung betrachtet werden, die nach dem Zweiten Weltkrieg mit Wucht einsetzte und die das Ende der kolonialen, von Europa geprägten Weltordnung brachte.

Der erste Schub erfolgte zwischen 1946 und 1949 in Asien. Mahatma Gandhis **gewaltloser Widerstand** gegen die britische Kolonialherrschaft führte 1947 Indien in die Unabhängigkeit. Die Niederlage Japans im Zweiten Weltkrieg, das große Teile der europäischen Kolonien in Asien erobert hatte, hinterließ dort ein politisches Vakuum. In dieses stießen die **nationalen Befreiungsbewegungen**, die in vielen Regionen Asiens entstanden waren. Dagegen gelang es den Europäern nicht, ihre Kolonialherrschaft dauerhaft wiederherzustellen.

Bis zur Mitte der 1950er-Jahren errangen in einem zweiten Schub die nordafrikanischen Mittelmeeranrainer ihre Souveränität. In Algerien gelang dies allerdings erst 1962 nach einem achtjährigen, sehr blutigen Unabhängigkeitskrieg gegen Frankreich. Das Land war zu sehr und zu lange mit dem französischen „Mutterland" verflochten. Eine Vorreiterrolle für die Region spielte Ägypten, das offiziell seit 1922 unabhängig war. Zwar versuchten Frankreich und Großbritannien, ihren Einfluss, insbesondere auf den Suezkanal, weiterhin aufrechtzuerhalten, doch ihre Zeit als

weltpolitische Großmächte war unter den Bedingungen des Kalten Krieges endgültig vorbei: Während der sogenannten Suez-Krise 1956 wurden sie von den neuen Supermächten USA und UdSSR spektakulär in die Schranken gewiesen.
Mit ungeheurer Dynamik erfasste der dritte und größte Schub die Gebiete südlich der Sahara. Nach ihrer Niederlage in der Suez-Krise lieferten sich Großbritannien und Frankreich seit Ende der 1950er-Jahre einen regelrechten Wettlauf, ihre Kolonien in die Unabhängigkeit zu entlassen. Allein im Jahr 1960, dem „Afrikanischen Jahr", wurden 17 Staaten dieser Region souverän. Dabei verliefen die Übergänge vielfach friedlich; sie konnten aber auch mit einem ungeheuren Maß an Gewalt verbunden sein, wie etwa die Unabhängigkeit Belgisch-Kongos.
Auf diesen Höhepunkt der Dekolonisierung folgte im Wesentlichen nur noch die Befreiung der portugiesischen Kolonien im südlichen Afrika Mitte der 1970er-Jahre. Namibia und Eritrea wurden durch ihre Lösung von Südafrika bzw. Äthiopien sogar erst 1990 bzw. 1993 unabhängig.

Ursachen der Dekolonisierung

Die „eigentliche" Dekolonisierung begann mit dem Ersten Weltkrieg. In diesem Krieg griffen insbesondere Frankreich und Großbritannien in bis dahin beispiellosem Maß auf die Ressourcen ihrer Kolonien zurück. Dies aber verstärkte dort den antikolonialen Widerstand und den Nationalismus. Dazu kam, dass sich in der politischen Weltöffentlichkeit ein Bewusstseinswandel vollzog: So betonte US-Präsident Woodrow Wilson in seinen **„Vierzehn Punkten"** (1918) das **Selbstbestimmungsrecht der Völker** und in der Russischen Revolution 1917 riefen die siegreichen Bolschewiki die unterdrückten Völker zum Befreiungskampf auf. Verstärkt wurden diese Tendenzen durch den antikolonialen Widerstand in den europäischen Metropolen selbst, der vor allem von den kommunistischen Parteien getragen wurde.
Trotzdem erreichte die koloniale Welt in der Zwischenkriegszeit ihre größte Ausdehnung und die Kolonien wurden für ihre Mutterländer in kultureller, wissenschaftlicher, aber auch ökonomischer Hinsicht – beispielsweise im Zuge der Weltwirtschaftskrise ab 1929 – wichtiger denn je. Zwar verschwanden das Deutsche, das Habsburger und das Osmanische Reich als **Imperien**, doch die anderen Kolonialmächte gingen ohne Verluste aus dem Weltkrieg hervor oder konnten ihre Einflussgebiete sogar ausdehnen. So wurden die Kolonien, die das Deutsche Reich gemäß dem Versailler Vertrag verlor, und große Teile des Osmanischen Reichs nicht etwa unabhängig, sondern als **Mandatsgebiete** unter die Aufsicht und Verwaltung des 1919 gegründeten **Völkerbunds** gestellt. Vor allem Großbritannien und Frankreich übten im Auftrag des Völkerbunds die Mandate aus. Diesen lag zwar ein anderes Verständnis kolonialer Herrschaft zugrunde – die Mandatsgebiete sollten zur Unabhängigkeit vorbereitet und geführt werden, nur so hielt man Kolonialherrschaft noch für gerechtfertigt –, doch die Machtmittel des Völkerbunds waren gering und da die Mandatsträger ihre Gebiete als noch nicht reif für die Unabhängigkeit erachteten, agierten sie in diesen weitgehend unbehelligt als Kolonialmacht.
Zum Wendepunkt im Prozess der Dekolonisierung wurde der Zweite Weltkrieg. Wieder nutzten die europäischen Imperien ihre Kolonien umfangreich aus, was dort erneut den Widerstand gegen ihre Herrschaft stärkte. Dazu kam, dass der Krieg die Autorität der Kolonialherren mit ihrer angeblichen „Zivilisierungsmission" untergrub und etwa Frankreich durch seine Niederlage gegen Deutschland erheblichen Prestigeverlust erlitt. Durch seine antikoloniale Position beförderte schließlich auch der US-Präsident, der nachdrücklich für das Selbstbestimmungsrecht der Völker eintrat, den Prozess. Gemeinsam mit dem britischen Premier Churchill formulierte US-Präsident Roosevelt 1941 die „Atlantik-Charta", in der zentrale Prinzipien für die Nachkriegsordnung festgelegt waren. Andere Staaten wie die UdSSR und China verpflichteten sich auf die Prinzipien der Charta, die dann ein wichtiger Bestandteil der Charta der 1945 gegründeten UNO wurde.

Eine einfache Rückkehr zur alten kolonialen Weltordnung war nach dem Zweiten Weltkrieg nicht mehr möglich: Zu sehr waren die europäischen Kolonialmächte geschwächt, zu sehr hatte sich das öffentliche Bewusstsein verändert und zu sehr hatten sich die Gewichte in der internationalen Politik verschoben: zugunsten der neuen antikolonialen Supermächte USA und UdSSR – und damit zugunsten der Kolonien.

Faktoren einer Erklärung

Betrachtet man die Gelingensbedingungen der Dekolonisierung in vergleichender Perspektive, zeigt sich, dass der Schritt in die Unabhängigkeit im Wesentlichen von drei Faktoren abhing: von einer starken nationalen Befreiungsbewegung in der Kolonie, von günstigen internationalen Rahmenbedingungen, wobei die Rolle der USA, der UdSSR und der UNO im Besonderen zu betonen ist, sowie von der Konzessionsbereitschaft der jeweiligen Kolonialmacht, die auch einer starken antikolonialen Opposition in den europäische Metropolen selbst geschuldet sein konnte.

M2 Dekolonisierung 1945–1990

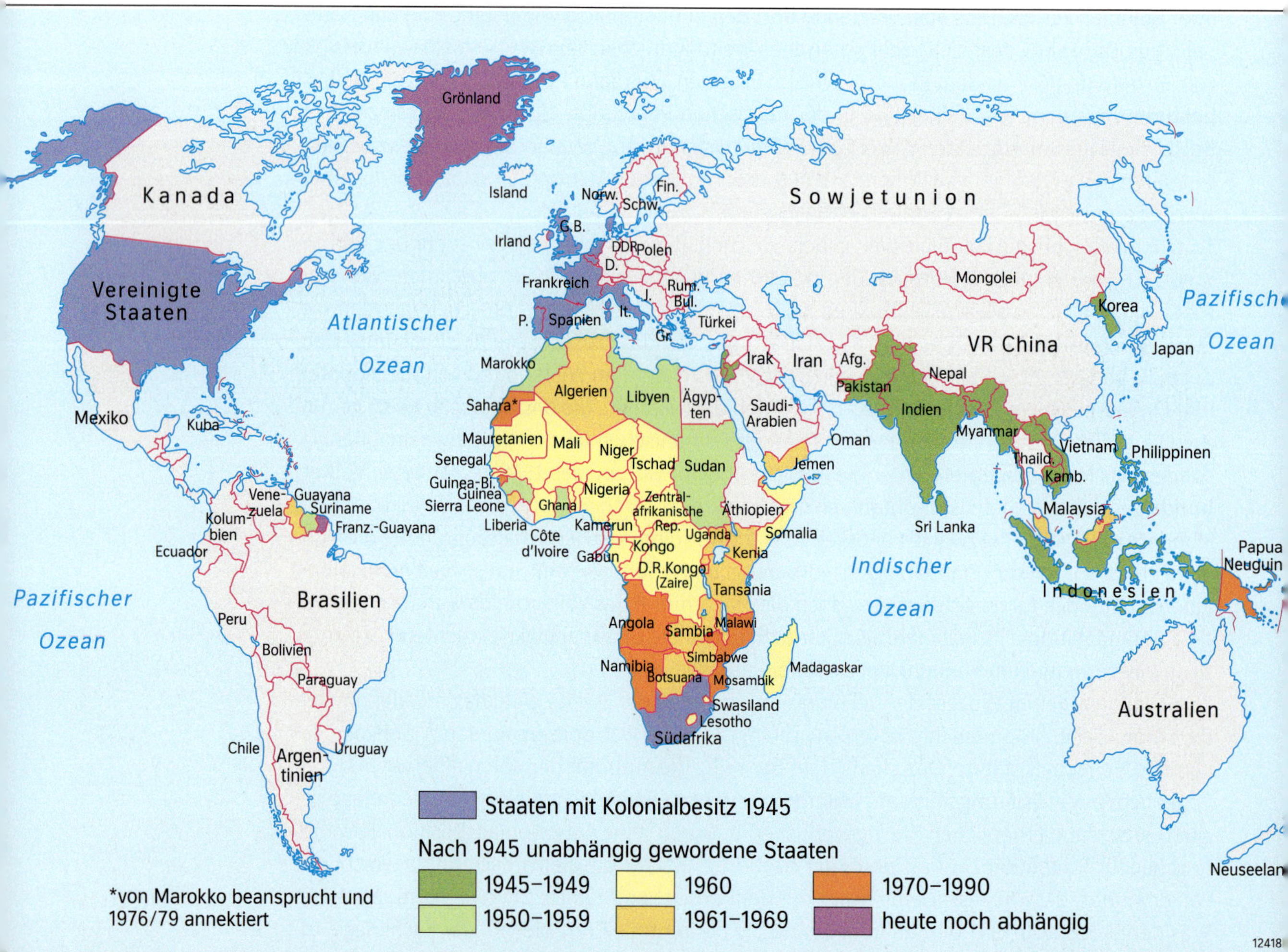

M 3 Triebkräfte der Dekolonisierung – Positionen

a) US-Präsident Wilson über das Selbstimmungsrecht der Völker

In „Vierzehn Punkten" skizzierte US-Präsident Woodrow Wilson am 8.1.1918 seine Vorstellungen von einer zukünftigen Friedensordnung. Schon ein Jahr zuvor hatte er diese Vision einer neuen Weltordnung wirkungsvoll zusammengefasst:

Keine Nation sollte danach streben, ihr politisches System auf eine andere Nation oder ein anderes Volk auszudehnen, sondern [...] jedes Volk sollte frei über sein politisches System, seine eigene Entwicklung bestimmen können, ungehindert, frei von Bedrohungen, unerschrocken, die kleinen Nationen an der Seite der großen und mächtigen.

(Zit. nach: Jörn Leonhard, Die Büchse der Pandora, München (C. H. Beck) 2014, S. 659)

b) Der indische Politiker Surendranath Banerjea über den Grundsatz der Selbstregierung

Aus einer Rede, die Banerjea auf dem zweiten Indischen Nationalkongress 1886 hielt:

Die Selbstregierung entspricht der natürlichen Ordnung und dem Willen der göttlichen Vorsehung. Jede Nation muss die Herrin ihres eigenen Schicksals sein. [...] Aber regieren wir uns selbst? Die Antwort ist nein. Leben wir also in einem unnatürlichen Zustand? Ja, in einem Zustand wie ein Patient in der Behandlung eines Arztes.

(Zit. nach: Asmut Brückmann, Von den Kolonien zur „Dritten Welt" – Wege und Probleme der Entkolonisierung, Stuttgart (Klett) 1999, S. 12)

c) Der US-amerikanische Soziologe und Bürgerrechtler William Dubois über die Rolle der Russischen Revolution

Dubois, der zwischen 1919 und 1923 gesamtafrikanische Kongresse organisierte, hatte selbst eine Reise in die Sowjetunion unternommen. In seinem autobiografischen Buch „Dusk of Dawn" schreibt er rückblickend:

Ich denke, es war die Russische Revolution, die zuerst diesen grundsätzlichen Wandel in meinem Denken beleuchtete und klärte. [...] Eine der größten Nationen der Welt [machte] sich aus freiem Entschluss daran [...], sich mit einem Bündel von Problemen [gemeint sind Massenarmut, Mangel an Ernährung, Kleidung, Gesundheit, Bildung] zu befassen, mit dem sich bis zu diesem Zeitpunkt keine Nation befasst hatte und mit welchem sich viele Nationen einschließlich unserer eigenen sogar bis heute nicht vollständig beschäftigen wollen. Russland versuchte, diese Probleme in Angriff zu nehmen [...].

(Zit. nach: Brückmann, a. a. O., S. 23)

d) Plakat der Kommunistischen Partei Frankreichs und des Gewerkschaftsbundes CGTU gegen die französische Kolonialherrschaft (1930)

„100 Jahre Beherrschung durch Frankreich. Den einen die Armut, den anderen der Reichtum. Unter dem Banner der Kommunistischen Partei Frankreichs und ihrer Gewerkschaft CGTU stehen wir auf für die Unabhängigkeit der Kolonialvölker." Abgebildet sind verschiedene Güter (Wein, Zink, Phosphat, Kupfer, Erdöl, Vieh ...).

e) Aus dem Manifest des Ersten arabischen Studentenkongresses in Brüssel (1938):

Ich bin Araber und glaube, dass die Araber eine Nation bilden. Das heilige Recht dieser Nation ist die Souveränität in ihren eigenen Angelegenheiten. Ihr brennendes Nationalgefühl zwingt sie, das arabische Heimatland zu befreien, alle seine Teile zusammenzuschließen und gerechtere und passendere politische, wirtschaftliche und soziale Einrichtungen als die jetzt bestehenden zu schaffen.

(Zit. nach: Brückmann, a. a. O., S. 10 f.)

f) Aus der „Atlantik-Charta" (1941)

Gemeinsame Erklärung des US-Präsidenten Franklin D. Roosevelt (vorne links) und des britischen Premierministers Winston Churchill (vorne rechts):

Der Präsident der Vereinigten Staaten von Amerika und Ministerpräsident Churchill, als Vertreter der Regierung Seiner Majestät im Vereinigten Königreich, erachten es als ihr Recht, einige allgemeine Prinzipien der Politik ihrer Länder bekanntzugeben, Prinzipien, auf deren Verwirklichung sich ihre Hoffnung auf eine bessere Zukunft der Welt gründet. [...]

2. Sie wünschen keinerlei territoriale Veränderungen, die nicht im Einklang mit den in voller Freiheit ausgedrückten Wünschen der betroffenen Völker stehen.

3. Sie achten das Recht aller Völker, sich jene Regierungsform zu geben, unter der sie zu leben wünschen. Die souveränen Rechte und autonomen Regierungen aller Völker, die ihrer durch Gewalt beraubt wurden, sollen wiederhergestellt werden.

(Zit. nach: Helmut Krieger (Hg.), Die Welt seit 1945 – Materialien für den Geschichtsunterricht, Frankfurt/M. (Diesterweg) 1983, S. 1)

g) Aus der „Charta der Vereinten Nationen" (26.6.1945):

Die Vereinten Nationen setzen sich folgende Ziele: [...]

2. freundschaftliche, auf der Achtung vor dem Grundsatz der Gleichberechtigung und Selbstbestimmung der Völker beruhende Beziehungen zwischen den Nationen zu entwickeln und andere geeignete Maßnahmen zur Festigung des Weltfriedens zu treffen;

3. eine internationale Zusammenarbeit herbeizuführen, um internationale Probleme wirtschaftlicher, sozialer, kultureller und humanitärer Art zu lösen und die Achtung vor den Menschenrechten und Grundfreiheiten für alle ohne Unterschied der Rasse, des Geschlechts, der Sprache oder der Religion zu fördern und zu festigen; [...].

(Zit. nach: https://unric.org/de/charta/[11.01.2022])

M4 Triebkräfte der Dekolonisierung – Darstellung in afrikanischen Schulbüchern

a) Aus einem Schulbuch des Senegal für das 5. und 6. Schuljahr (1972):

Zwischen den beiden Kriegen und nach dem Zweiten Weltkrieg machte die Emanzipation der kolonialisierten Völker große Fortschritte, dank

– der Haltung der beiden Großmächte USA und UdSSR, die beide für das Recht der Völker, ihre Regierungsform nach ihrem Gutdünken frei wählen zu können, eintraten;

– dem Kampf der schwarzen Intellektuellen für die Freiheit und die Würde des schwarzen Mannes;

– dem Begehren der Gewerkschaften und der ehemaligen Kriegsteilnehmer für Gleichheit und Gerechtigkeit.

Die Kriegsanstrengungen und die Treue der Kolonien gegenüber den Metropolen während schwieriger Momente schufen bei den Kolonialmächten eine Schuld der Anerkennung, insbesondere bei Großbritannien und Frankreich. Nach der deutschen Besetzung kannte Europa den Preis der Freiheit besser und war eher bereit, den Wünschen der unter ausländischer Herrschaft stehenden Völker Gehör zu verschaffen.

Die Aktionen der UNO, die bewaffneten Freiheitskämpfe und die politischen Forderungen führten vorerst nur zu schüchternen Reformen, die schließlich zur Unabhängigkeit fast aller Staaten Schwarzafrikas und Madagaskars führten.

(Dione Djibril/Sékéné Moy Cissoko, Histoire de l'Afrique – Tronc commun Cours moyen, Paris (Présence Africaine) 1972, S. 171. Zit. nach: Daniel V. Moser-Léchot (Übers.), Wege zur Unabhängigkeit – Die Darstellung der Entkolonisierung in afrikanischen Schulbüchern; in: Geschichte lernen, Heft 99/2004, S. 62)

b) Aus einem Schulbuch des Niger für die oberen Klassen der Gymnasien und Berufsschulen (1983, Auszug aus der allgemeinen Einführung):

Die internen Faktoren der Dekolonisierung: [...]

Die ursprünglich meist relativ kleinen Territorien wurden durch die Kolonialverwaltung zu großen Einheiten zusammengeschlossen (ohne Rücksicht auf die Geschichte, die Ethnien oder den gesunden Menschenverstand). Hier baute die Kolonialverwaltung eine bestimmte Anzahl von Kommunikationswegen, vorerst um die Rohstoffe leichter abtransportieren zu können; doch erleichterten diese auch die internen Bevölkerungsbewegungen und den Kulturaustausch. Dies begünstigte das Entstehen eines Nationalgefühls unter den Kolonisierten.

So hatten die Kolonisatoren in diesen entfernten Territorien, ohne es zu wollen, eine Situation geschaffen, die sich gegen sie selbst zu wenden begann. Unter der einheimischen Bevölkerung, die in die Marktwirtschaft integriert und auf westliche Weise erzogen und gleichzeitig ausgebeutet und verachtet wurde, begann sich die Elite allmählich von den Kolonisatoren zu lösen. [...]

Die externen Faktoren der Dekolonisierung:

Gekommen, um die Völker im Namen der Zivilisation aus dem Barbarentum zu befreien, begnügten sich die Europäer nicht damit, die natürlichen Ressourcen auszubeuten. Sie riefen während der beiden Weltkriege Hunderttausende von Afrikanern, denen man die Freiheit verweigert hatte [...], dazu auf, im Namen der Freiheit andere Europäer zu töten [...,] ein Paradox! Diese [Afrikaner] hatten in Europa gesehen, wie die Europäer bei sich zu Hause lebten und dass es [...] hier Reiche und weniger Reiche gab, ja sogar wirklich Arme – während ihnen das Leben in Afrika nie arme Weiße gezeigt hatte [...]. Im Kampf an der Seite gewisser Europäer gegen andere Europäer hatten sie gesehen, dass sie nicht über das Monopol der Barbarei verfügten [...]. Dies alles führte dazu, dass die Autorität ihrer Meister (in Afrika) untergraben wurde, da sie die Verletzlichkeit [der Weißen] erfahren hatten.

[...] Nachdem die Kirchen vorerst die Stützen der Kolonialmächte gewesen waren, verbreiteten sie nun unter den Kolonisierten die Idee von Gleichheit und Freiheit, unabhängig von der Hautfarbe, was, ungewollt, ebenfalls die Autorität der Kolonisatoren untergrub.

Die Verdammung des Kolonialismus durch die UdSSR und der Schrecken, den ein solches System in den USA (das selbst einmal Kolonie gewesen war) hervorrief [...], trugen ebenfalls dazu bei, die Nationalbewegungen in der Überzeugung zu bestärken, dass ihr Kampf eine gerechte Sache sei.

Weitere äußere Faktoren, die den Kolonialismus untergruben, waren die Gründung des Völkerbundes und der Vereinten Nationen.

(B. Delaveau/C. Mongnet/A. Salifou, Histoire – Décolonisation et problèmes de l'Afrique indépendante, Paris (EDICEF) 1983, S. 6 – 7; zit. nach: Daniel V. Moser-Léchot (Übers.), a. a. O., S. 62 f.)

Arbeitsanregungen

Beschreiben und erläutern Sie M 3 d. Stellen Sie Fragen, auch bezogen auf die Wirkungen der Dekolonisierung bis zur Gegenwart.

1. Phasen der Dekolonisierung

Erstellen Sie ein Phasenschema zur Dekolonisierung. (DT 1 – 2, M 2)

2. Ursachen der Dekolonisierung

a) Ordnen Sie die Quellen in M 3 in Gruppen.

b) Entwickeln Sie auf Basis der Ergebnisse aus Aufgabe 2a ein Ursachenmodell zur Dekolonisierung.

c) Überprüfen Sie Ihre Ergebnisse aus Aufgabe 2b mithilfe von DT 3 und DT 4.

+ **d)** Vergleichen Sie die Schulbuchauszüge in M 4 miteinander (inhaltliche Aspekte, sprachliche Gestaltung, Wertungen). Versuchen Sie, Erklärungen für mögliche Unterschiede zu finden.

+ **e)** Überprüfen Sie M 4 mithilfe von DT 4.

Arbeiten Sie aus DT 3 die Ursachen der Dekolonisierung heraus und integrieren Sie Ihre Ergebnisse in das Phasenmodell (Aufgabe 1).

Diskutieren Sie unter Rückgriff auf die vorangegangene Lerneinheit, inwieweit die Dekolonisierung das Ende des Kolonialismus bedeutete.

4. Formen und Prozesse der Dekolonisierung

Die Wege in die Unabhängigkeit waren vielgestaltig: Unabhängigkeit konnte von den Kolonialmächten gewährt oder musste von den Kolonien erkämpft werden. Die Macht konnte geordnet und planvoll in einheimische Hände übergehen oder aber die Kolonialmächte zogen sich nach blutigen Kämpfen überstürzt zurück.

Britischer und französischer Weg

Nach dem Zweiten Weltkrieg verfolgten die Kolonialmächte zunächst das Ziel, ihre Herrschaft weiterzuführen bzw. – wie im Fall Asiens nach der japanischen Niederlage – wiederzuerrichten. Dabei sollten die Kolonien durch Reformmaßnahmen modernisiert werden. Großbritannien und Frankreich, die beiden größten Kolonialmächte, schlugen hierfür unterschiedliche Wege ein. Großbritannien gewährte den Bewohnern in seinen Kolonien immer mehr politische Partizipation und Selbständigkeit. Diesem Weg der Dezentralisierung stand die französische Politik der zunehmenden Integration gegenüber: Die Kolonien sollten stärker an die Metropole gebunden werden. Dementsprechend galten alle Bewohner des Kolonialreichs nun als „gleiche Bürger", wobei offen blieb, welche Rechte damit verbunden waren, und die meisten Kolonien waren auch im französischen Parlament vertreten – freilich nicht den realen Bevölkerungsanteilen entsprechend.
Auch wenn sich der britische und der französische Weg erheblich unterschieden, in ihrer Wirkung glichen sie einander: Sie verstärkten in den Kolonien durch die zunehmende Politisierung der Bevölkerung den Wunsch nach Unabhängigkeit. Eine Fortsetzung kolonialer Herrschaft, auch unter geänderten Vorzeichen, war nach dem Zweiten Weltkrieg dauerhaft nicht mehr möglich.

Übergänge: Wege der Gewalt

In Summe war die Dekolonisierung ein gewaltsamer Prozess. Dies zeigte sich bereits bei deren Vorläuferwellen, etwa bei der Amerikanischen Revolution, in der sich die 13 nordamerikanischen Kolonien 1776 bzw. 1783 mit einem **Unabhängigkeitskrieg** von Großbritannien lösten.
Auch nach dem Zweiten Weltkrieg konnten die Wege zur Souveränität mit einem hohen Maß an Gewalt verbunden sein. So versuchte Frankreich zunächst, seine Herrschaft in Südostasien wiederzurichten. In „Indochina" – dem heutigen Vietnam, Laos und Kambodscha – stieß es aber auf den erbitterten Widerstand der Vietminh, einer 1941 gegründeten, kommunistisch geführten **nationalen Befreiungsbewegung**. Die Auseinandersetzung mündete in den Indochinakrieg (1946 – 1954), an dessen Ende Frankreich seine südostasiatischen Kolonialgebiete aufgeben musste: 1954 wurden Laos, Kambodscha und Vietnam unabhängig, doch vor dem Hintergrund des Kalten Kriegs ging der Indochinakrieg fast direkt in den Vietnamkrieg über (vgl. S. 228 – 231).

M 1a Niederlage Frankreichs im Indochinakrieg (1954)
Die siegreichen Vietminh hissen bei Dien Bien Phu ihre Flagge (gelber Stern auf rotem Grund). Im selben Jahr wird Vietnam unabhängig.

Im Jahr der Niederlage in Indochina eskalierte auch in Nordafrika die Situation. Schon ab 1830 hatte sich Frankreich in Algerien festgesetzt und im Laufe der Zeit waren immer mehr europäische Siedler hierhergekommen. Algerien galt den Franzosen nicht als Kolonie, sondern als Provinz und integraler Bestandteil Frankreichs. Dementsprechend war die Kolonialmacht auch zu Zugeständnissen bereit: So erhielten alle Algerier nach dem Zweiten Weltkrieg die französische Staatsbürgerschaft und es wurde ein Parlament eingerichtet, in dem europäische Siedler und Algerier paritätisch vertreten waren (was natürlich die Bevölkerungsproportionen nicht abbildete). Als die Siedler weitere Zugeständnisse

ablehnten, kam es zum bewaffneten Aufstand der „Front de Libération Nationale“ (FLN), einer nationalen Befreiungsbewegung der Algerier. Terror, Bombardements, Folter und Umsiedlungen kosteten im Algerienkrieg (1954 – 1962) zwischen 300 000 und 400 000 Menschen das Leben. Nach acht Jahren Krieg zogen sich die Franzosen und mit ihnen die europäischen Siedler aus Algerien zurück.
Doch nicht nur Frankreichs Rückzug war von Gewalt begleitet. So eskalierte beispielsweise in Kenia noch vor dem Ende der britischen Kolonialherrschaft (1963) die Situation: Auch hier gab es eine große Anzahl europäischer Siedler, die sich das fruchtbare Land einverleibt hatten und es mithilfe der Einheimischen profitabel bewirtschafteten. Im sogenannten „Mau-Mau-Aufstand“ erhob sich die größte einheimische Bevölkerungsgruppe, die davon am härtesten betroffen war. Großbritannien reagierte mit Gewalt, Folter und Deportationen. Hohe Opferzahlen forderte auch der Rückzug der Belgier aus dem Kongo (1960) – das Land versank über Jahre hinweg im blutigen Chaos – und auch das späte Ende der portugiesischen Kolonialherrschaft im südlichen Afrika Mitte der 1970er-Jahre.

Friedliche Übergänge

Andere Wege in die Unabhängigkeit verliefen dagegen weitgehend friedlich. Dies trifft beispielsweise auf die Goldküste, das heutige Ghana, zu. Seit 1896 britisches Protektorat, stärkten die von Großbritannien nach dem Zweiten Weltkrieg durchgeführten Verfassungsreformen die politische Partzipiation und das politische Bewusstsein der Bevölkerung. Einen charismatischen Führer fand die Unabhängigkeitsbewegung in Kwame Nkrumah, der in den USA und England studiert hatte. In der Wahl seiner Mittel orientierte sich Nkrumah am **gewaltlosen Widerstand** Mahatma Gandhis in Indien: Mit Streiks oder Boykotts versuchte er die Souveränität Ghanas durchzusetzen. Obwohl er aufgrund seiner Aktivitäten verhaftet war, gewann die Partei Nkrumahs die Wahlen 1951. Die britische Verwaltung entließ ihn daraufhin aus der Haft und Nkrumah wurde zum Ministerpräsidenten – zum ersten schwarzen Regierungschef, ein Vorgang mit großer Signalwirkung für ganz Afrika. Letztlich erzeugten die britischen Verfassungsreformen eine kaum mehr kontrollierbare Dynamik und so gelang es Nkrumah nach weiteren Wahlsiegen, Ghana 1957 in die Unabhängigkeit zu führen.
Nach demselben Muster gelang dieser Schritt in den folgenden Jahren vielen weiteren Staaten Afrikas. Dabei handelte es sich um Formen einer **Dekolonisierung „von oben“**, um Machtübertragungen, die von den Kolonialmächten ausgingen. Doch der Eindruck von Planmäßigkeit und Kontrolle täuscht. Oft wurden diese Mächte von den Ereignissen überrannt: von Fehleinschätzungen, antikolonialem Druck im eigenen Land, Eigendynamiken und Dominoeffekten vor Ort. In jedem Fall versuchten sie aber, sich dauerhaft Einfluss auf die neuen Staaten zu sichern, formelle Kontrolle also zu überführen in informelle Interessenswahrung.

M1b Unabhängigkeit Ghanas
Der erste Präsident Ghanas, Kwame Nkrumah, tanzt mit der Herzogin von Kent, die die britische Königin bei den Unabhängigkeitsfeierlichkeiten 1957 vertritt.

Allgemeine Tendenzen

Unabhängigkeit musste erkämpft oder konnte gewährt werden. Dieser Unterschied traf selbst dann zu, wenn es sich um benachbarte Kolonien handelte, die unter der Herrschaft ein und derselben Kolonialmacht standen. Der jeweilige Weg hing von internationalen Konstellationen – etwa Entwicklungen des Kalten Kriegs –, den internen Gegebenenheiten – etwa der Stärke der Unabhängigkeitsbewegung – und den Kräfteverhältnissen im Innern der jeweiligen Kolonialmacht ab. Dabei war die Gefahr einer Eskalation vor allem in den Kolonien groß, die für das Selbstverständnis der Kolonialmacht einen hohen Stellenwert hatten und wo es eine große Anzahl europäischer Siedler gab.
Schließlich lässt sich als Gemeinsamkeit feststellen, dass die Führer der Unabhängigkeitsbewegungen fast ausnahmslos Männer waren, die im Westen studiert hatten und bei denen sich dementsprechend einheimische Traditionen mit westlichem Gedankengut mischten.

M2 „Britischer Weg" und „Französischer Weg"

a) Kwame Nkrumah, der erste Präsident Ghanas, schreibt 1965:

Eingestandenermaßen zielt die britische Politik darauf ab, die Kolonialgebiete zu einer Selbstregierung innerhalb des Commonwealth [= Nachfolgeorganisation des Empire, lose Verbindung unabhängiger Staaten, die in erster Linie aus Großbritannien und seinen ehemaligen Kolonien gebildet wird] zu führen. Der verstorbene Ernest Bevin [britischer Außenminister 1945 – 1951] definierte die Gründe für eine solche Politik als „Gib und behalte!". Anscheinend wollte er damit ausdrücken, dass die Briten durch einen freiwilligen Rückzug zur rechten Zeit die Freundschaft der Afrikaner behalten, das Commonwealth festigen, das Lob der übrigen Welt ernten und sich obendrein eines Höchstmaßes politischer und wirtschaftlicher Vorteile versichern könnten. [...]
Im Gegensatz zu Frankreich betrachtete Großbritannien seine Kolonien nicht als Bestandteil des Mutterlandes. Niemals waren Kolonialgebiete im britischen Unterhaus in London vertreten. Normalerweise stand jeder Kolonie ein Gouverneur vor. Er war dem Kolonialminister verantwortlich, der wiederum dem Unterhaus, dem Kabinett und in letzter Instanz der Krone verantwortlich war. Er war hingegen keiner örtlichen Wählerschaft verantwortlich, und hier wird die wahrhaft autoritäre Natur dieses Regimes offensichtlich.

(Zit. nach: Asmut Brückmann, Von den Kolonien zur „Dritten Welt" – Wege und Probleme der Entkolonisierung, Stuttgart (Klett) 1999, S. 76)

b) Ahmed Sékou Touré, erster Premierminister Guineas, schreibt kurz vor der Unabhängigkeit seines Landes 1958 in der französischen Zeitung „Le Monde" (Hintergrund: Der französische Präsident Charles de Gaulle schuf 1958 die „Communauté francaise", eine Konföderation, die den Staaten innere Autonomie geben sollte – nicht aber in Justiz, Außenpolitik und Verteidigung. Guinea lehnte einen Beitritt zur „Communauté" ab):

[Der] Aufstieg der überseeischen Gebiete zur politischen Gleichheit mit ihrem ehemaligen Mutterland – das wird die Voraussetzung für ihre begeisterte Zustimmung zu einer Assoziierung mit der Französischen Republik sein. [...]
Die öffentliche Meinung muss wissen, dass jeder Verfassungsentwurf, der nicht ausdrücklich der alten und unmöglichen Politik der Assimilierung ein Ende setzt, der den überseeischen Völkern nicht das Recht auf Unabhängigkeit zugesteht und der nicht den Grundsatz der Gleichheit der Völker bestätigt, von uns einmütig und entschlossen abgelehnt wird. Die überseeischen Gebiete wünschen nicht mehr, im französischen Parlament vertreten zu sein, da sie nun ihr eigenes Parlament haben. Sie [...] sprechen nachdrücklich die Bitte aus, nicht die Ausübung ihres Selbstbestimmungsrechtes gleichzusetzen mit irgendeinem Willen sich von Frankreich zu trennen. Ganz im Gegenteil: Die afrikanischen Völker, ihre politischen und gewerkschaftlichen Organisationen befürworten im Wissen um die Rolle, die Frankreich im wirtschaftlichen und kulturellen Bereich spielen kann, ernsthaft und einmütig die schnelle Errichtung einer großen Föderation autonomer, im Guten wie im Schlechten solidarischer Staaten mit der Französischen Republik; eine Föderation, die im internationalen Raum ein Element des Friedens und Fortschritts sein möge.

(Zit. nach: Brückmann, a. a. O., S. 77)

M3 Mittel des Freiheitskampfes

a) Nach seiner ersten großen Widerstandsaktion gegen die britische Kolonialherrschaft wurde Mahatma Gandhi 1922 verhaftet. Vor Gericht sagte er:

Ich glaube, dass ich in Wirklichkeit sowohl Indien als auch England einen Dienst geleistet habe, indem ich durch die Methode der Nicht-Zusammenarbeit einen Weg gezeigt habe, auf dem wir diesem unnatürlichen Zustand, in dem beide Länder sich befinden, entrinnen können. Meiner Meinung nach ist es ebenso sehr eine Pflicht, dem Bösen die Zusammenarbeit zu verweigern, wie es eine Pflicht ist, mit dem Guten zusammenzuarbeiten. [...]
Ich bemühe mich darum, meinen Landsleuten zu beweisen, dass gewalttätige Nicht-Zusammenarbeit das Übel nur vermehrt, und dass, da das Böse nur durch Gewalt aufrechterhalten werden kann, eine Verweigerung, das Böse zu fördern, nur auf völlige Gewaltlosigkeit gegründet werden kann. Gewaltlosigkeit bedeutet auch freiwilliges Erdulden jeglicher Strafe, die die Nicht-Zusammenarbeit mit dem Bösen mit sich bringt.

(Zit. nach: Dietmar Rothermund, Der Freiheitskampf Indiens, Stuttgart (Klett) 1967, S. 44)

b) Aus einem Aufruf Ho Chi Minhs, des politischen Führers der Vietminh, der nationalen Befreiungsbewegung für ein unabhängiges Vietnam, zum Kampf gegen die Franzosen (1941):

Landsleute im ganzen Lande! Erhebt euch! Folgt dem heldenhaften Beispiel des chinesischen Volkes! [...] Die Zeit ist gekommen! Hoch das Banner des Aufstandes, führt das Volk des ganzen Landes in den entscheidenden Kampf gegen die Herrschaft der französischen Eroberer! Ihr seht, wie stark der Kampfgeist unseres Volkes ist. Wir müssen uns gleich erheben! Landsleute im ganzen Lande, steht auf! Schließt euch zusammen, vereinigt eure Kräfte, um die Herrschaft der französischen Eindringlinge zu stürzen! Es lebe der Sieg der vietnamesischen Revolution! Es lebe der Sieg der Weltrevolution!

(Zit. nach: Jürgen Horlemann/Peter Gäng, Vietnam – Genesis eines Konflikts, Frankfurt/M. (Suhrkamp) 1966, S. 188 f.)

M 4 Folgen der Dekolonisierung

a) Die Historiker Jan C. Jansen und Jürgen Osterhammel über mögliche Zusammenhänge und Spätfolgen:

Es gibt keine direkte Korrelation zwischen kolonialer Lage, Dekolonisationsprozess und der heutigen Situation von Staaten. Ehemalige Kolonien können sehr arm, aber auch wohlhabend sein (z. B. Südkorea, Taiwan, Singapur, Brunei, Zypern); Regionen in Asien und Afrika, die im 19. und 20. Jahrhundert niemals kolonisiert waren, gehören zu den ärmsten (Liberia, Nepal, Haiti) und reichsten (Saudi-Arabien) Ländern der Welt. Weder eine besonders repressive Kolonialherrschaft (wie die japanische in Korea) noch ein auffallend gewaltsamer Dekolonisationsprozess führten zwangsläufig zu außergewöhnlichen Belastungen in der Zeit der Unabhängigkeit. So ist Kenia, wo der Rückzug der Briten mit viel Gewalt verbunden war, heute wirtschaftlich nicht schlechter gestellt als das benachbarte Tansania, wo die Dekolonisation – genauer: die Entlassung aus dem Völkerbund/UN-Mandat – ausgesprochen sanft verlief. Allerdings ist ein undramatischer Übergang in die Unabhängigkeit niemals ein Nachteil gewesen.

(Jan C. Jansen/Jürgen Osterhammel, Dekolonisation – Das Ende der Inperien, München (C. H.Beck) 2013, S. 27 f.)

b) HDI-Karte (2019): „Human Development Index" der UN

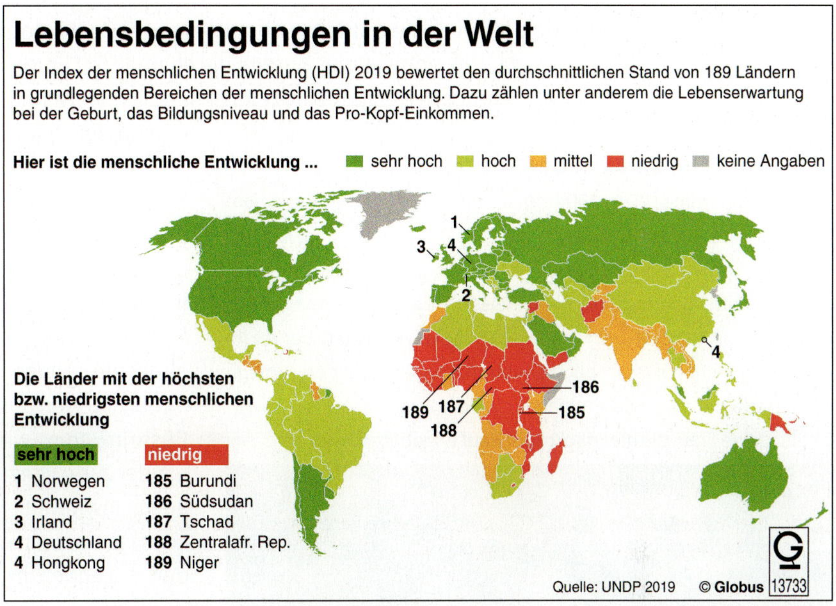

Arbeitsanregungen

? Arbeiten Sie heraus, welche thematische Klammer M 1a und M 1b verbindet. Formulieren Sie davon ausgehend eine historische Fragestellung.

1. Britischer und französischer Weg

a) Charakterisieren Sie den britischen und französischen Reformansatz zur Modernisierung der Kolonien nach dem Zweiten Weltkrieg. (DT 1)

\+ **b)** Arbeiten Sie aus M 2 heraus, wie die Kolonialpolitik jeweils bewertet wird.

c) Erklären Sie, warum die jeweilige Reformpolitik die Verselbständigungstendenzen in den Kolonien verstärkte. (DT 1, M 2)

2. Mittel und Wege zur Unabhängigkeit

a) Stellen Sie die verschiedenen Mittel und Wege in die Unabhängigkeit dar (DT 2 – 3, M 3). Verwenden Sie folgende Begriffe: gewaltloser Widerstand, Dekolonisierung „von oben", nationale Befreiungsbewegung, Unabhängigkeitskrieg.

b) Beurteilen Sie, inwieweit der Charakter des Übergangs – gewaltsam oder friedlich – erklärbar ist. Nutzen Sie auch DT 4.

Erläutern Sie einen gewaltsamen und einen friedlichen Übergang in die Unabhängigkeit. (DT 2 – 3)

Verorten Sie die in DT 2 – 3 angesprochenen Beispiele auf der Karte M 4 b. Auch wenn dieser Index nur begrenzte Aussagekraft hat, formulieren Sie Schlussfolgerungen zur langfristigen Bedeutung des Dekolonisierungsprozesses bis in die Gegenwart. Berücksichtigen Sie dabei auch M 4 a.

5. Postkoloniale Kunst

Während der Kolonialzeit zeigte sich der europäische Dominanzanspruch gegenüber den außereuropäischen Kulturen auch in der Kunst und im Umgang mit ihr. Kunstgegenstände wurden geraubt und in europäischen Museen ausgestellt, europäische Künstler verbreiteten ein Bild von außereuropäischen Kulturen, das von kolonialem Überlegenheitsgefühl geprägt war. Die eurozentrischen Denkmuster gerieten im Zuge der Dekolonisierung in die Kritik. Da sie vielfach über Bilder verfestigt und verbreitet werden, kommt der Kunst bei der Veränderung dieser Stereotype eine besondere Bedeutung zu.

Emanzipation aus westlichen Sichtweisen – Postcolonial Studies

Im Zuge der Dekolonisierung wurden die ehemaligen Kolonien zwar politisch befreit, ohne dass aber die jahrhundertealten eurozentrischen Sichtweisen überwunden worden wären. Deshalb entstanden seit den 1970er-Jahren die „Postcolonial Studies" als eigenständige Forschungsrichtung an Universitäten, die das Fortbestehen kolonialer Einstellungen und Denkmuster bis in die Gegenwart hinein untersuchen.

In diesem Zusammenhang wird beispielsweise die Frage diskutiert, ob Kunstwerke, die durch die Kolonialmächte entwendet wurden und bis heute in europäischen Museen ausgestellt werden (z. B. die Nofretete-Büste in Berlin), wieder an die ehemals kolonialisierten Länder zurückgegeben werden sollten. Diskutiert wird auch, inwieweit es Ausdruck eurozentrischen Denkens ist, dass afrikanische Kunstgegenstände zu Hunderttausenden in Völkerkundemuseen und nicht in Kunstmuseen anzutreffen sind.

Kritisch hinterfragt wird außerdem, dass die Darstellung außereuropäischer Motive in der westlichen Kunst einerseits zwar häufig von einer Faszination gegenüber dem Fremden geprägt ist, andererseits aber auch von einem Gefühl der Überlegenheit gegenüber den Fremden und ihrer Kultur, das sich nicht selten in der Zuschreibung rassistischer Stereotype niederschlägt. Das Anliegen der „Postcolonial Studies" und der von ihr beeinflussten Kunst ist es, diese Asymmetrien zwischen den Kulturen, die ein Fortwirken kolonialen Denkens verraten, zu analysieren und zu überwinden. Nur so kann der eigenständige Wert außereuropäischer Kulturen erkannt und anerkannt werden.

Viele Museen stellen sich derzeit die Frage, welche Ausstellungskonzepte zeitgemäß sind. Die kritisierten Kunstwerke abhängen, mit einem Kommentar versehen, den historischen Kontext erklären oder einfach hängen lassen?

M1 Jean-Léon Gérôme: Der Sklavenmarkt, 1866

Jean-Léon Gérome (1824–1904): Viele seiner Gemälde gehören dem Orientalismus an, einer Kunstrichtung im 19. Jahrhundert, die zumeist auf romantisierende Art und Weise nah- und fernöstliche Motive verwendete. Gérome unternahm Reisen in die Türkei und Ägypten, wo er Skizzen erstellte. Sein Gemälde „Der Sklavenmarkt" beruht jedoch wohl nicht auf tatsächlich Erlebtem, sondern stellt eine imaginäre Szene dar. Das Bild entstand in seinem Pariser Atelier. Dargestellt ist eine Frau, die hier nackt zum Kauf angeboten wird.

M2 Joana Choumali (geb. 1974 in Abidjan, Elfenbeinküste): Fotografie aus der Serie "Resilients"

In dieser Serie porträtierte Joana Choumali junge Afrikanerinnen in der Kleidung ihrer Mütter bzw. Großmütter, um sowohl die Kluft als auch die Verbindung zwischen Gegenwart und Vergangenheit aufzuzeigen. Das abgebildete Porträt zeigt Selena Souadou, 21, aus Guinea. Zum Zeitpunkt der Fotografie studierte Sie Internationale Beziehungen in den USA. Die Arbeit von Joana Coumalie kreist um die Themen Identität und Verschiedenartigkeit afrikanischer Kulturen.

M3 Zeitz MOCAA an der Habour Front im Norden Kapstadts, Südafrika
Thomas Zeitz, ein deutscher Manager, initiierte den Museumsbau und stellte seine umfangreiche Sammlung zeitgenössischer afrikanischer Kunst als Dauerleihgabe zur Verfügung.

Außereuropäische Kunst mit neuem Selbstbewusstsein – Zeitgenössische Kunst in Afrika

Die außereuropäische Kunst ist sich ihrer Eigenständigkeit und ihres Stellenwerts mehr und mehr bewusst. Erfolgreich auf dem Kunstmarkt und mit beeindruckenden Museumsbauten und Ausstellungen zeigt sich ihr neues Selbstbewusstsein. So wurde 2017 das Zeitz Museum of Contemporary Art Africa (kurz: Zeitz MOCAA) als weltweit größtes Museum für zeitgenössische afrikanische Kunst in Kapstadt/Südafrika eröffnet. Ein 57 Meter hoher Getreidesilokomplex aus dem Jahr 1921 wurde zu einem imposanten Museum umgebaut.
Allerdings sieht sich das Museum – gerade innerhalb Afrikas selbst – auch kritischen Fragen ausgesetzt: Warum wurde Kapstadt, die „europäischste" Stadt Südafrikas, als Standort gewählt? Warum fungiert der deutsche Manager Joachim Zeitz als Auftrag- und Namensgeber? Warum wurde ein Europäer (der Brite Thomas Heatherwick) als Architekt gewählt? Warum wird im Museum die Kunst des weißen Südafrikaners William Kentridge gezeigt? An welche Zielgruppe wendet sich das Museum? Handelt es sich um „ein schwarzes Museum für weiße Besucher"?

M4 William Kentridge (geb. 1955): „More Sweetly play the dance"
15-minütige Video-Installation, 22 x 6 Meter: Der Südafrikaner William Kentridge zählt zu den bekanntesten Künstlern unserer Zeit. Er setzt sich in seinem Werk mit der kolonialen Vergangenheit und der Ausbeutung des afrikanischen Kontinents, insbesondere Südafrikas, durch die Kolonialmächte auseinander. Kentridge nutzt für seine Videos collageartig reale Personen, Zeichnungen, Performance, Tanz und Musik.

Außereuropäische Kunst in Europa

Seit den 2000er-Jahren versucht die documenta in Kassel, die weltweit größte Ausstellung zeitgenössischer Kunst, in ihre Konzeption Künstler und Kunst aller Kontinente einzubeziehen. So verknüpfte die Kuratorin der documenta 10 (1997), Catherine David, in ihrem Ausstellungskonzept politische und gesellschaftliche Themen unter gleichberechtigter Einbeziehung außereuropäischer Kunst. Sie erhob erstmals für die documenta den Anspruch einer grundlegenden Gewichtsverschiebung, die dem Stellenwert der postkolonialen Kunst in der Epoche der Globalisierung gerecht wird.

M 5a documenta 14: Beau Dick = Benjamin Kerry Dick (1955 – 2017)
Beau Dick, ein indigener kanadischer Maskenschnitzer, Bildhauer und Aktivist, war auf der documenta 14 (Athen/Kassel 2017) in Kassel mit dem Werk „Undersea Kingdom“ vertreten, das aus 21 handgeschnitzten Masken besteht.

M 5b Gegen die Tyrannei

Die documenta-Kuratorin Candice Hopkins über Beau Dick (2017):

Dick schnitzt nicht einfach Masken, sondern Lebewesen mit einer großen Bedeutung außerhalb des begrenzten Bereichs zeitgenössischer Kunst. Er untergräbt beharrlich ihren Status als Kunstware. 2012 entfernte er vierzig Atlakim-Wald-Masken von den Wänden seiner Galerie und brachte sie zurück zu seiner Dorfgemeinschaft in Alert Bay. Dort ließ man sie ein letztes Mal tanzen, bevor sie feierlich verbrannt wurden. Die Zerstörung schließt eine Wiedergeburt ein, da sie die lebenserhaltende Verantwortung mit sich bringt, eine neue Serie von Masken zu schnitzen. [...]

Im Februar 2013 marschierte er [...] nach Victoria (British Columbia), wo er vor etwa 3 000 Anhänger_innen auf den Stufen des regionalen Legislative Assembly eine „Nunmgala“ genannte Kupferplatte zerbrach. 2014 versammelte er eine noch größere Zahl von Unterstützer_innen am Parliament Hill in Ottawa und zerbrach auch dort eine Kupferplatte. Als Schöpfer von Ungeheuern entlarvt er nun auch Ungeheuer anderer Art. Denn das rituelle Zerbrechen der Kupferplatten vor den beiden Sitzen der Macht ist ein Aufruf zum Widerstand gegen Kolonialismus und Kapitalismus: „Indem wir diese Platte brechen, wenden wir uns gegen die Tyrannei und Unterdrückung eines Staates, der die Menschenrechte missachtet und sich für den allmächtigen Dollar von der Natur abwendet. Wir handeln im Einklang mit unseren Gesetzen.“

(Candice Hopkins, Auszug aus dem documenta 14-Daybook; https://www.documenta14.de/de/artists/13689/beau-dick [11.01.2022])

Arbeitsanregungen

? Tauschen Sie sich darüber aus, ob Kunst für die Verbreitung stereotyper Denkweisen mitverantwortlich ist und inwiefern die Kunst diese Denkweisen Ihrer Ansicht nach verändern kann.

1. Kunst und Kolonialismus

Zeigen Sie auf, welche Inhalte in M 1 zum Ausdruck gebracht werden und welche Deutungen möglich sind.

2. Zeitgenössische außereuropäische Kunst

a) Erläutern Sie Form und Inhalt der Kunstwerke M 4 und M 5a und setzen Sie diese auch zu M 1 in Bezg.

b) Erläutern Sie anhand von M 4 und M 5a die Schwierigkeiten, mit denen sich die postkoloniale Kunst konfrontiert sieht.

\+ **c)** Recherchieren Sie im Internet weitere postkoloniale Kunst oder Künstler, die sich mit dem Thema Rassismus auseinandersetzen, wie z. B. Dak‘ Art Biennale in Dekor, Senegal, El Anatsui (geb. 1944), Kara Walker (geb. 1969), Walter Frank (1926 – 2009).

oder:

d) Führen Sie eine Podiumsdiskussion zum Thema „Rassismus und Sexismus in der Kunst“. Wie sollen Museen mit dieser Thematik umgehen? Berücksichtigen Sie dabei die Frage, ob frühere Kunst mit den ethischen Standards der Gegenwart beurteilt werden soll. Finden Sie Lösungsansätze.

Recherchieren Sie im Internet, welche Kampagnen es zur Überwindung von Rassismus gibt. Welche Bedeutung kommt hierbei der Kunst zu? Beurteilen Sie deren Wirkung und äußern Sie eigene Ideen.

6. Der Dekolonisierungsprozess: Fallbeispiele

Nach den beiden Weltkriegen 1914–1918 und 1939–1945 zerfielen die großen Kolonialimperien, die hauptsächlich im 19. Jahrhundert geschaffen worden waren. Die ehemaligen Großmächte hatten ihren weltpolitischen Status eingebüßt. Das von den USA und der Sowjetunion unterstützte Prinzip des Selbstbestimmungsrechts der Völker hatte Kolonialherrschaft nachhaltig delegitimiert. Das Selbstbestimmungsprinzip wurde zu einem Kernbestandteil der 1945 gegründeten Vereinten Nationen (UNO), deren Ziel die Sicherung des Weltfriedens und die Verteidigung der Menschenrechte ist. In Asien und Afrika wurden auf dieser Grundlage in wenigen Jahren Dutzende von Staaten in die Unabhängigkeit entlassen. Frieden, Freiheit und Menschenrechte waren damit aber noch keineswegs weltweit durchgesetzt und für alle garantiert.

M1 Dekolonisierung
Tanzende Frauen in traditioneller Kleidung anlässlich der Unabhängigkeitserklärung Kenias 1963

M2 Dekolonisierung
Vietnamesische Soldaten triumphieren 1954 auf einer abgeschossenen Maschine der französischen Luftwaffe. Zwei Jahre später verlässt die besiegte Kolonialmacht das südostasiatische Land.

Dekolonisierungsprozess – Fotoreportagen zu Fallbeispielen
Eine Fotoreportage soll ein informatives, anschauliches und aspektreiches Bild zu einem Thema erzeugen. Im Zentrum stehen deshalb Fotos, Bilder und Karten. Durch kürzere Texte werden Informationen ergänzt, die Dokumente in den historischen Zusammenhang eingeordnet und Vorgänge problematisiert.
Der Dekoloniserungsprozess wurde nach dem Zweiten Weltkrieg kontinuierlich von solchen Fotoreportagen begleitet, ab den 1960er-Jahren zunehmend auch durch Fernsehreportagen.

Gehen Sie folgendermaßen vor:

1. Untersuchen Sie zunächst M 1 – M 8 im Hinblick auf die Frage, wie es zur Unabhängigkeit kam und wie das Leben vor und nach der Unabhängigkeit aussah.
   Bearbeiten Sie anschließend die Stationen 1–3 arbeitsteilig in Gruppen unter der Themenstellung „Der Dekolonisierungsprozess: Ein Fallbeispiel". Eine Station kann auch von mehr als einer Gruppe bearbeitet werden. Wenden Sie dabei Fachbegriffe von S. 218 f. an.
   Gestalten Sie nun eine Fotoreportage zum Weg des entsprechenden Landes bzw. der Region in die Unabhängigkeit. Wählen Sie dafür geeignete Fotos aus den entsprechenden Seiten aus. Ergänzend können Sie auch eine Internet-Recherche vornehmen.
   Ergänzen Sie die Fotos durch passende Texte, Karten und Hinweise.
2. Strukturieren Sie Ihre Fotoreportage nach folgenden Fragen:
   - Wie sah der Lebensalltag in der Kolonie am Vorabend der Unabhängigkeit aus?
   - Wie lief die Dekolonisierung ab und welche Akteure waren zentral?
   - Welche Rolle spielten die internationale Staatenwelt und der Ost-West-Konflikt?
   - Inwiefern hat sich der Lebensalltag mit der Unabhängigkeit verbessert?
3. In einem Gallery-Walk werden die Ergebnisse präsentiert und verglichen. Überprüfen Sie dabei, inwiefern die vier Leitfragen für die verschiedenen Weltregionen einheitlich zu beantworten sind.
4. Diskutieren Sie abschließend die These: „Der Schritt in die Unabhängigkeit war zugleich ein Schritt zu mehr Freiheit und Wohlstand."

M 3 US-Truppen im Vietnam, 1965

M 5 Jerusalem, 1947

Britische Kolonialtruppen durchsuchen ein jüdisches Viertel nach Unabhängigkeits-Aktivisten.

M 7 Kapstadt, 1989

Eine Demonstration gegen die Apartheid in Südafrika wird mit Wasserwerfern und Tränengas aufgelöst.

M 4 Salutierende „Jungpionierinnen" im kommunistischen Nord-Vietnam, 1973

M 6 Friedensdemonstration im unabhängigen Israel, 1982

M 8 Wahllokal in Südafrika, 1994: Schwarze dürfen erstmals wählen

Tipps und Fragen:

- Vergleichen Sie die Abbildungen kurz vor und nach der Unabhängigkeit der Kolonien.
- Erörtern Sie, inwieweit Frieden, Freiheit und Menschenrechte verwirklicht sind.

Weite Teile Süd- und Südostasiens waren zu Beginn des 20. Jahrhunderts unter europäischer Kontrolle: China musste im Zuge der „Ungleichen Verträge“ seit 1842 seine Häfen für den europäischen Handel öffnen. Indien war von 1857 an Teil des britischen Weltreiches und spielte als Rohstofflieferant (Baumwolle, Tee, Getreide) und Absatzmarkt für englische Industriegüter eine sehr wichtige Rolle.

Mit militärischer Gewalt baute Frankreich ab 1859 das Kolonialreich „Französisch-Indochina“ auf, das sich über das Gebiet des heutigen Vietnam, Laos und Kambodscha erstreckte (vgl. S. 210, M 2). Die Region hatte bereits seit Jahrhunderten ein funktionierendes Staats- und Beamtenwesen, das unter chinesischem Einfluss aufgebaut worden war. Die konfuzianisch geprägten „Mandarine“ (chin. Titel für Beamte) verweigerten allerdings häufig die Kooperation mit den Franzosen. Im Gegenzug baute die französische Kolonialmacht – auch mithilfe missionierter Christen – eine eigene Kolonialverwaltung auf. Sie errichtete dafür in den großen Städten ein Bildungswesen nach französischem Vorbild und führte die lateinische Schrift ein. Zudem schufen sie ein Eisenbahn- und Telegrafennetz. Der größte Teil des Kolonialreichs blieb jedoch kleinbäuerlich geprägt und kam mit der Kolonialmacht kaum in Berührung. Ausnahme waren die rigide Steuereintreibung durch lokale Großgrundbesitzer und harte Arbeitsdienste. Immer wieder lehnte sich die einheimische Bevölkerung gegen die Unterdrückung auf. Doch die Unruhen schlug die Kolonialmacht stets mit ihrer Armee gewaltsam nieder.

Zu Beginn des 20. Jahrhunderts entstand in einer kleinen, städtisch geprägten Bevölkerungsschicht, die im französischen Bildungssystem erzogen wurde, eine Widerstands- und Unabhängigkeitsbewegung. Sie entwickelte einen Nationalismus, der sich gegen die französische Fremdherrschaft richtete und für das eigene Volk nach Freiheit und Gleichheit verlangte. Teil dieser Bewegung war der Kommunist Ho Chi Minh, der aufklärerisches Denken in einer französischen Schule in Saigon und auf Reisen nach Frankreich und in die UdSSR kennengelernt hatte.

Die im Zweiten Weltkrieg mit dem nationalsozialistischen Deutschland kollaborierende Vichy-Regierung kooperierte in Asien nun mit der „Achsenmacht“ Japan, die Vietnam militärisch besetzte, während die französische Kolonialverwaltung unangetastet blieb. Wie überall im japanischen Einflussgebiet litt die Zivilbevölkerung unter enormen Abgaben, Zwangsarbeit und Willkürherrschaft. Ho Chi Minh gelang es, eine parteiübergreifende Unabhängigkeitsbewegung zum Kampf gegen die französisch-japanische Doppelherrschaft zu bilden, die Liga für die Unabhängigkeit Vietnams, kurz: Viet-Minh. Mit der Niederlage der Japaner im Pazifikkrieg rief er 1945 die Unabhängigkeit aus und erklärte sich zum Präsidenten der Demokratischen Republik Vietnam.

Nach der Niederlage des nationalsozialistischen Deutschland machten sich die Franzosen 1945 daran, ihre Macht in den Kolonien wiederherzustellen und entsandten Truppen nach „Indochina“.

Der Viet-Minh unter Ho Chi Minh genoss aber – auch aufgrund einer Bildungsoffensive, in der der Großteil der Bevölkerung Lesen und Schreiben gelernt hatte – insbesondere im Norden des Landes hohes Ansehen. Er organisierte einen Guerilla-Krieg gegen die Kolonialarmee, die in der Entscheidungsschlacht von Dien Bien Phu 1954 endgültig geschlagen wurde. Frankreich versprach daraufhin den Truppenabzug, Vietnam wurde – wie Laos und Kambodscha vorher schon – von Frankreich unabhängig. Wie Großbritannien, das sich 1947 aus Indien, Pakistan und Myanmar zurückgezogen hatte, konnte sich die Großmacht im Niedergang eine längere militärische Kampagne nach zwei Weltkriegen nicht mehr leisten. 90% der Kriegskosten wurden am Ende bereits von den USA getragen.

Nachdem sich 1949 in China unter Mao Zedong schon eine kommunistische Herrschaft etabliert hatte, fürchteten die Amerikaner, dass ganz Asien der Reihe nach, wie fallende Dominosteine, ins kommunistische Lager überwechseln würde („Dominotheorie“). Im Kalten Krieg mit der Sowjetunion sollte der kommunistische Einfluss eingedämmt werden („Containment-Politik“) und ein vermeintlich drohender kommunistischen Machtblock von der Elbe bis zum Pazifik um jeden Preis verhindert werden. Deshalb unterstützten die USA eine noch 1949 von den Franzosen eingesetzte Marionettenregierung in Südvietnam, wo die Machtbasis von Ho Chi Minh geringer war als im Norden. Vereinbarte gemeinsame freie Wahlen sagte der Süden 1956 kurzerhand ab, weil ein Sieg der Kommunisten wahrscheinlich war. Vietnam war von nun an ein zwischen den Machtblöcken geteiltes Land – wie Deutschland und Korea.

Die diktatorische Regierung Südvietnams kontrollierte neben ihrer Hauptstadt Saigon aber nur einige größere Städte. Auf dem Land genoss Ho Chi Minh große Sympathie bei den Reisbauern, denn er hatte im Norden für eine Enteignung der Großgrundbesitzer gesorgt, die häu-

fig mit der Kolonialmacht kooperiert hatten. Das enteignete Land erhielten arme Kleinbauern. Im Süden blieb dagegen eine Landreform in Ansätzen stecken, die Kleinbauern hatten weiterhin unter enormen Abgaben zu leiden. Viele Bauern schlossen sich dem Vietcong an, einer prokommunistischen Guerilla-Miliz, die eine Vereinigung beider Landesteile unter kommunistischer Herrschaft anstrebte. Der Vietcong bekämpfte mit Anschlägen und kleineren Stoßtrupps Regierung und Armee des Südens. Die südvietnamesische Regierung wiederum verfolgte mit massiver Gewalt den Vietcong und alle, die sie für dessen Verbündete hielt.
Die USA unterstützten die Armee des Südens zunächst mit Waffenlieferungen und ab 1963 durch „Militärberater". Nach einem vermeintlichen nordvietnamesischen Angriff auf ein US-Kriegsschiff im Golf von Tonkin griffen die USA 1965 auch mit Bodentruppen in den Krieg ein und bombardierten über Jahre hinweg Ziele im Norden. Dieser erhielt Unterstützung von Russland und China – der Vietnamkrieg wurde so zum Sinnbild für einen Stellvertreterkrieg der Supermächte im Kalten Krieg.
Trotz massiver militärischer, wirtschaftlicher und technischer Überlegenheit konnten die USA den kommunistischen Norden und insbesondere die hoch motivierten, schwer zu fassenden Guerilla-Kämpfer des Vietcong im Süden nicht besiegen. Auf dem sogenannten Ho Chi Minh-Pfad – benannt nach dem bereits 1969 verstorbenen Staats- und Parteichef – wurde durch unwegsames Gebiet im Grenzgebirge zu Laos und Kambodscha der Vietcong mit Gütern und Personal aus dem Norden unterstützt.
Letztlich mussten die USA ihre Truppen abziehen. Der Militäreinsatz war angesichts wachsender Medienkritik an der Brutalität der US-Kriegsführung nicht mehr zu rechtfertigen, zumal sich weltweit Massendemonstrationen gegen den Krieg formierten und Wehrpflichtige medienwirksam ihre Einberufungsbescheide verbrannten. 1973 einigten sich die USA auf einen Friedensvertrag mit Nordvietnam, das nach dem Abzug der US-Truppen 1975 den Süden eroberte.
Vietnam war nun vereint. Die Militärdiktatur im Süden wurde durch die kommunistische Einparteiendiktatur des Nordens ersetzt, Landreformen durchgeführt und ein planwirtschaftliches System etabliert. Über 1,5 Millionen Vietnamesen, insbesondere Bewohner der großen Städte, flohen, da sie aufgrund ihrer Zusammenarbeit mit den Amerikanern mit Repressionen zu rechnen hatten. Viele von ihnen verließen das Land mit einfachen Booten über das Meer in die Nachbarstaaten. Einige dieser „Boat People" genannten Flüchtlinge erhielten auch in Deutschland Asyl, wo ihr Schicksal für große Anteilnahme sorgte. Die von den US-Amerikanern befürchtete Ausbreitung des Kommunismus bis nach Indien blieb allerdings aus.

M1 Einmarsch japanischer Truppen in Saigon: Beginn der japanisch-französischen Doppelherrschaft (1941)

M2 Ho Chi Minh (1890–1969)
Er war Widerstandskämpfer gegen Japan und Frankreich und von 1945–1969 Staats- und Parteichef im kommunistischen Nordvietnam.

M3 Unabhängigkeitserklärung der Demokratischen Republik Vietnam, 2. September 1945

Schon über 80 Jahre rauben die französischen Kolonialherren unter dem Deckmantel des Wahlspruchs von „Freiheit, Gleichheit und Brüderlichkeit" unser Land aus und knechten unsere Landsleute. Ihre Taten stehen in einem schreienden Gegensatz zu allen Prinzipien der Menschlichkeit und Gerechtigkeit. [...] Sie haben mehr Gefängnisse als Schulen erbaut. Sie haben erbarmungslose Strafen über die Patrioten unseres Landes verhängt. Sie haben alle Volksaufstände in Strömen von Blut erstickt. [...] Sie haben sich unser Land, unsere Bergwerke und unsere natürlichen Reichtümer angeeignet. [...]
Im Herbst 1940, als die japanischen Faschisten in Indochina eindrangen, um es als Stützpunkt im Krieg gegen die Alliierten zu benutzen, verrieten die französischen Kolonialherren unser Land, gaben es in die Hände der

Eroberer und kapitulierten vor Japan. [...] Nach der Kapitulation Japans stand das ganze Volk unseres Landes auf, nahm die Macht in seine Hände und gründete die Demokratische Republik Vietnam. So haben wir eigentlich unsere Freiheit und Unabhängigkeit den Japanern und nicht den Franzosen entrissen. [...] Ein Volk, das 80 Jahre lang einen beharrlichen Kampf gegen die französische Herrschaft geführt hat, das mehrere Jahre tapfer in den Reihen der Alliierten gegen den Faschismus kämpfte – solch ein Volk hat das Recht, frei zu sein! Solch ein Volk muss unabhängig sein! [...]

(Zit. nach: Jürgen Horlemann/Peter Gäng, Vietnam – Genesis eines Konflikts, Frankfurt/M. (Suhrkamp) 1966, S. 189 ff.)

M4 Der Vietnamkrieg

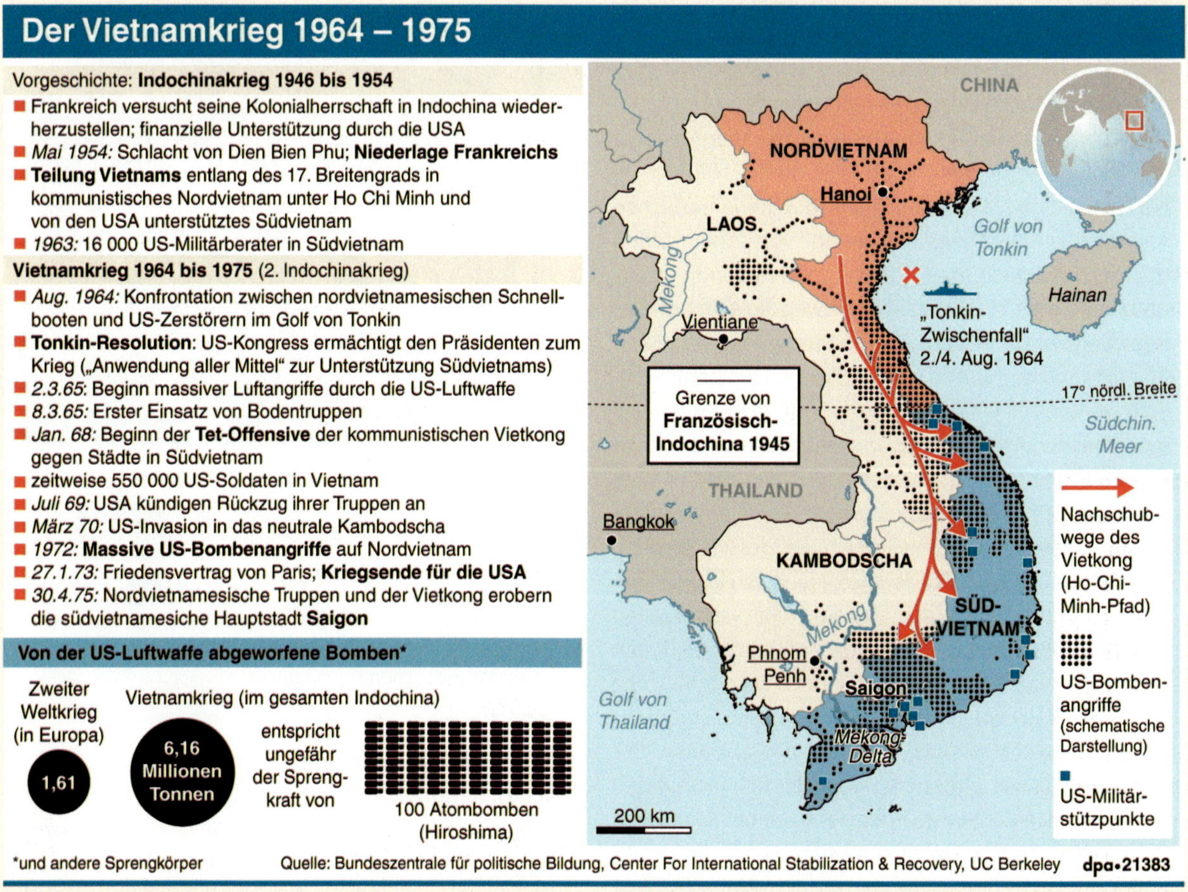

M5 Hinrichtung in Saigon, 1968

Der südvietnamesische Polizeipräsident von Saigon verdächtigte den Mann, ein Vietcong-Kämpfer zu sein.

M6 Sowjetisches Propagandafoto aus Nordvietnam, 1972

M7 US-Soldaten setzen im Einsatz gegen den Vietcong bei Saigon eine Hütte in Brand, 1967

M8 Kindheitserinnerungen eines Nordvietnamesen (2007)

Mein Vater war Mitglied der Kommunistischen Partei und diente zeitweise als Vorsitzender des lokalen Widerstandskomitees, als der Krieg gegen die Franzosen ausbrach. Später verließ er das Dorf, um in Dien Bien Phu [gegen die Franzosen] zu kämpfen. Meine Mutter war Analphabetin; sie arbeitete auf dem Feld und kümmerte sich um die Familie. Die Franzosen hatten während des Krieges unser Dorf niedergebrannt. [...] Kurz bevor er zur Armee ging, konnte mein Vater schließlich noch eine kleine Hütte inmitten unseres Bananengartens bauen.

Mir ist immer noch rätselhaft, wie das Komitee [der Kommunistischen Partei] für die Landreform meine Mutter als „grausamen Dorftyrannen" einstufen konnte. Laut den Kadern war der Grund, dass mein Großvater Dorfvorsteher war. Mein Großvater war 1933 gestorben, also 20 Jahre vor der Landreform. Mein Vater, der sich selbst der Revolution anschloss, war bitterarm und besaß kein eigenes Land zum Bebauen. [...]

Als das Komitee auftauchte, war ich ein gewöhnlicher Landjunge [...]. Als ich gerade draußen spielte, holte meine Mutter mich und meinen kleinen Bruder ins Haus herein [...] und sagte uns schluchzend: „Von jetzt an musst du zu Hause bleiben und nach deinem kleinen Bruder schauen. Du kannst nicht mehr zum Spielen hinaus oder zur Schule gehen. Wenn du deine Freunde triffst, musst du dich bücken und sie „Mein Herr" und „Meine Dame" nennen. [...] Unserer Familie wurde ein niederer Klassen-Rang zugewiesen." [...]

Trotz der Tatsache, dass unsere Familie nie genug zu essen hatte, wurde meine Mutter also als „grausamer Dorftyrann" bezeichnet. Darüber hinaus verbot uns das Landreform-Komitee jegliche Beziehungen zu unseren Nachbarn und Verwandten im Dorf. [...] Alles, was wir zu essen hatten, waren schale Maniokwurzeln [...] und Bananenwurzelbrei. Jede Nacht erschreckte das Schallen der Dorfmiliz, die an unserem Eingang vorbeimarschierte, meine Mutter zu Tode. [...]

Ehrlich gesagt war mein Dorf klein und bewohnt von Menschen, die nichts anderes als den Reisbau kannten. Es gab niemanden, den man ernstlich als reichen Grundherren bezeichnen konnte. In unserem Dorf gab es keine Grundbesitzer, die man für würdig erachtet hätte, sie zu erschießen; nur zwei Grundbesitzer wurden ins Dorfzentrum gebracht und öffentlich gedemütigt. [...]

Nach der Landreform gab es letztlich aber doch noch eine Aktion zur Wiedergutmachung von Irrtümern, in der die Kader die Einstufung meiner Mutter von „grausamer Dorftyrann" zu „armer landloser Bauer" änderten. Nach dieser „Rückstufung" weinte meine Mutter, weil sie von dieser schweren und entwürdigenden Bürde befreit wurde.

(Zit. nach: Nguyên Trọng Tân, I Know Mr. Cự, Mr. Đình, and Many other Stories that Land Reform Cadre Bôi Has Not Told, Journal of Vietnamese Studies, 2/2007, S. 252–259; eigene Übersetzung: Jochen Mayer)

M9 Die USA evakuieren nach dem Fall Saigons 1975 Flüchtlinge auf dem Dach der US-Botschaft

Tipps und Fragen:

- Welche Mächte waren im 20. Jahrhundert in Vietnam aktiv?
- „Die Franzosen verursachten den antikolonialen Widerstand selbst." Erläutern Sie diese Aussage.
- „Die USA haben den Vietnamkrieg an den Fernsehgeräten verloren". Erörtern Sie diese Aussage.
- Ho Chi Minh galt den revoltierenden Studenten des Jahres 1968 im Westen als Idol. Bewerten Sie seine kommunistische Herrschaft in Nordvietnam.

Die Stadt Jerusalem ist für drei Religionen eine heilige Stadt. Dort stehen mit der Klagemauer die letzten Reste des ehemaligen jüdischen Tempels, an dessen Stelle die Muslime später den Felsendom und die Al-Aqsa-Moschee, ihre drittheiligste Stätte neben Mekka und Medina, setzten. Außerdem soll Jesus Christus unweit davon auferstanden sein – weshalb Christen hier die Grabeskirche besuchen. Bis 1917 lag Jerusalem in einer von vielen Provinzen des Osmanischen Reiches, das sich bis ans Rote Meer und den Persischen Golf erstreckte. Juden, Christen und Muslime lebten nebeneinander. Die herrschaftliche Durchdringung der Provinz war eher gering ausgeprägt, auch weil das Land verkehrstechnisch kaum erschlossen war.

Dies änderte sich mit dem Ende des Ersten Weltkriegs, als Großbritannien im Nahen Osten die Osmanen besiegte und auf dem Gebiet des zerfallenen Osmanischen Reiches eine Kolonialherrschaft etablierte. Die Briten bauten Straßen und Elektrizität aus und erleichterten insbesondere Juden den Zuzug in das Land, in dem ihre religiösen Wurzeln liegen. In Europa hatte sich vor dem Hintergrund der gesellschaftlichen Ausgrenzung der Juden durch den Nationalismus unter Anführung des Journalisten Theodor Herzl der Zionismus formiert. Er nahm den Gedanken des modernen Nationalismus auf und verfolgte die Idee, der „jüdischen Nation" einen eigenen Nationalstaat zu geben.

Um sich die Unterstützung der in aller Welt verstreut lebenden Juden zu sichern, hatten die Briten ihnen in der Balfour-Erklärung 1917 die Unterstützung bei der „Errichtung einer nationalen Heimstätte" in Palästina – dem Gebiet zwischen Jordan und Mittelmeer – zugesagt. Bereits seit den 1880er-Jahren waren viele Juden vor Progromen aus Russland hierher geflohen. Diese Migrationsbewegung verstärkte sich mit der nationalsozialistischen Judenverfolgung ab 1933 und dem Holocaust ab 1941 rasant.

Jüdische Siedler bauten die Infrastruktur weiter aus und kauften dabei – meist von arabischen Großgrundbesitzern aus Syrien – Ländereien, die sie mit modernen Methoden effizient bebauten. Sie stellten in der Regel nur Juden ein und kündigten Pachtverträge mit lokalen Bauern.

Die arabische Seite warf den Briten zudem vor, sie hintergangen zu haben. In einem Briefwechsel mit dem Scherifen von Mekka (Herrscher von Mekka auf dem Gebiet des heutigen Saudi-Arabien) hatten die Briten 1916 Unterstützung für die Bildung eines großen arabischen Staates zugesagt. Tatsächlich wurde lediglich das spätere Saudi-Arabien unabhängig. Der restliche Nahe und Mittlere Osten wurde durch das Sykes-Picot-Abkommen von 1916 zwischen Großbritannien und Frankreich aufgeteilt, den Briten war dabei neben Erdölquellen auch der Schutz des unter ihrer Kontrolle stehenden Suezkanals in Ägypten wichtig.

Offiziell hatten sie ein Mandat des Völkerbundes – verbunden mit dem Auftrag, den Völkern des Nahen Ostens einen Weg zur Unabhängigkeit zu bahnen. Die bürgerkriegsähnlichen Zustände, aber auch Anschläge jüdischer und arabischer Nationalisten, die einen Abzug der Briten gewaltsam erzwingen wollten, um einen unabhängigen Staat zu schaffen, belasteten die Briten. Angesichts der hohen Kosten und Verluste des Zweiten Weltkriegs konnten und wollten sie keine Truppen mehr in Palästina unterhalten, das zunehmend im Chaos versank. Das ebenfalls kriegsgeschwächte Frankreich hatte seine Besitzungen in Syrien und dem Libanon bereits aufgegeben. Großbritannien überwies den Fall deshalb an die gerade gegründete UNO. Diese arbeitete 1947 den UN-Teilungsplan aus, der das Land in einen jüdischen und einen arabischen Teil aufteilen sollte. Er wurde durch eine Mehrheit der Staaten, u. a. die USA und die UdSSR, angenommen. Die Juden sollten dabei den größten Teil des Landes erhalten – darunter aber große Wüstengebiete. Während sie dem Plan zustimmten, lehnten die Araber ihn ab.

Die Briten kündigten für den Mai 1948 einen allgemeinen Truppenabzug an. Dies verschärfte jedoch den Bürgerkrieg zwischen Juden und Arabern, die sich nun gegenseitig aus verschiedenen Orten vertrieben. Am 15. Mai 1948 rief die jüdische Seite den unabhängigen Staat Israel aus, der von vielen Staaten auch völkerrechtlich anerkannt wurde. Die arabischen Nachbarstaaten griffen den jungen Staat jedoch sofort militärisch an.

Auch mithilfe US-amerikanischer und sowjetischer Unterstützung konnte sich der neu gegründete jüdische Staat gegen die zahlenmäßige Übermacht der arabischen Gegner durchsetzen. Dabei kam den Israelis zugute, dass sie bereits in der britischen Kolonialzeit paramilitärische Strukturen aufgebaut hatten. Im Ergebnis beherrschte der Staat Israel im Jahr 1949 ein Gebiet, das größer war als dasjenige, das ihm im UN-Teilungsplan zugesprochen worden war. Dabei wurden rund 700 000 Araber aus ihren Häusern und Siedlungen vertrieben. Bis heute leben zahlreiche ihrer Nachkommen in Flüchtlingslagern der Nachbarländer, insbesondere

in Jordanien. Aus fast allen arabischen Ländern wurden wiederum Juden vertrieben, deren Familien dort seit Jahrhunderten gelebt hatten. Auch verlor Israel zunächst die Kontrolle über die Altstadt Jerusalems und damit über ihre heiligste Stätte, die Klagemauer. Im Umfeld der Stadt, durch das die Grenze zwischen Israelis und Arabern verlief, kam es jahrelang zu Gefechten. Bei folgenden Auseinandersetzungen gelang es Israel jedoch, sich gegen die arabischen Nachbarn militärisch durchzusetzen. 1967 besetzten die Israelis den Gaza-Streifen und das Westjordanland mit Jerusalem. Beide Gebiete konnten sie auch bei einem arabischen Überraschungsangriff 1973 im Jom-Kippur-Krieg halten.
Viele palästinensische Araber fühlten sich deshalb weiterhin unter einer Fremdherrschaft. Sie gründeten im Jahr 1964 die PLO (Palestine Liberation Organization/ Palästinensische Befreiungsorganisation), deren wichtigste Figur Jassir Arafat (1929–2004) wurde.
Erst nach mehreren Aufständen der Palästinenser seit 1987 („Intifada") kam es 1995 zum Abkommen von Oslo, in dem eine palästinensiche Zivilverwaltung einige Hoheitsrechte erhielt (z.B. medizinische Versorgung, Bildung), jedoch keine Souveränität in Fragen der militärischen Verteidigung und inneren Sicherheit.
Israel entwickelte sich zu einer funktionierenden Demokratie, ökonomisch erfolgreich und militärisch stark. Die Gegnerschaft zu Israel sorgte für ein arabisches „Wir-Gefühl". Auch die Palästinenser wurden durch die Auseinandersetzungen mit Israel erst zu einer Gruppe zusammengeschlossen. Bis heute haben die arabischen Staaten mit Problemen zu kämpfen. In den meisten von ihnen setzten sich Monarchien oder autoritäre Diktaturen durch, in denen Korruption herrscht. Trotz des Rohstoffreichtums der Region sind breite Bevölkerungsschichten verarmt.

M11 Jüdisch-arabisches Nebeneinander im osmanischen Jerusalem, um 1900

M12 Flüchtlinge landen in Palästina, 1947
Jüdische Holocaust-Überlebende gehen trotz britischer Blockade an Land.

M13 Bevölkerung Palästinas 1882–1952 auf dem zeitweiligen britischen Kolonialgebiet

Juden		Araber
24 000	1882	426 000
84 000	1922	668 000
464 000	1940	1 081 000
554 000	1945	1 256 000
1 450 000	1952	1 216 000

(Zusammenstellung nach verschiedenen Quellen)

M14 Britischer Bericht über die Zustände im Mandatsgebiet Palästina (1937)
Ein unüberwindlicher Konflikt hat sich zwischen den beiden nationalen Gemeinschaften innerhalb der engen Grenzen eines kleinen Landes erhoben. Ungefähr eine Million Araber stehen in offenem oder latentem Kampf mit 400 000 Juden. Es gibt keine gemeinsame Grundlage zwischen ihnen. Die arabische Gemeinschaft ist vorwiegend asiatischen, die jüdische vorwiegend europäischen Charakters. Sie unterscheiden sich in Religion und Sprache. Ihr kulturelles und soziales Leben, ihre Denkweise und Lebensführung sind ebenso unvereinbar wie ihre nationalen Bestrebungen. Die Letztgenannten sind das größte Hindernis für den Frieden. [...] Der [Erste Welt-] Krieg und seine Folgen haben alle Araber mit der Hoff-

nung erfüllt, in einer freien und geeinten arabischen Welt die Traditionen des arabischen goldenen Zeitalters wiederzubeleben. In gleicher Weise sind die Juden von ihrer historischen Vergangenheit erfüllt. Sie wollen zeigen, was die jüdische Nation leisten kann, wenn sie wieder in das Land ihrer Väter zurückversetzt ist. Daher ist eine nationale Angleichung zwischen Juden und Arabern ausgeschlossen. [...] Weder Araber noch Juden haben irgendein Gefühl von Verpflichtung für einen einheitlichen [gemeinsamen] Staat. Dieser Konflikt kennzeichnete die Lage von Anfang an [...]. Der Konflikt ist ständig ernster geworden. Er ist gekennzeichnet durch eine Reihe von fünf arabischen Aufständen, die in dem Aufstand des letzten Jahres [1936] den Höhepunkt erreichten.

(Bericht über Palästina, erstattet durch die Britische Königliche Palästina-Kommission unter dem Vorsitz von Earl Peel, Berlin 1937, S. 422 f.)

M 15 Der Nahe Osten nach dem Ersten Weltkrieg

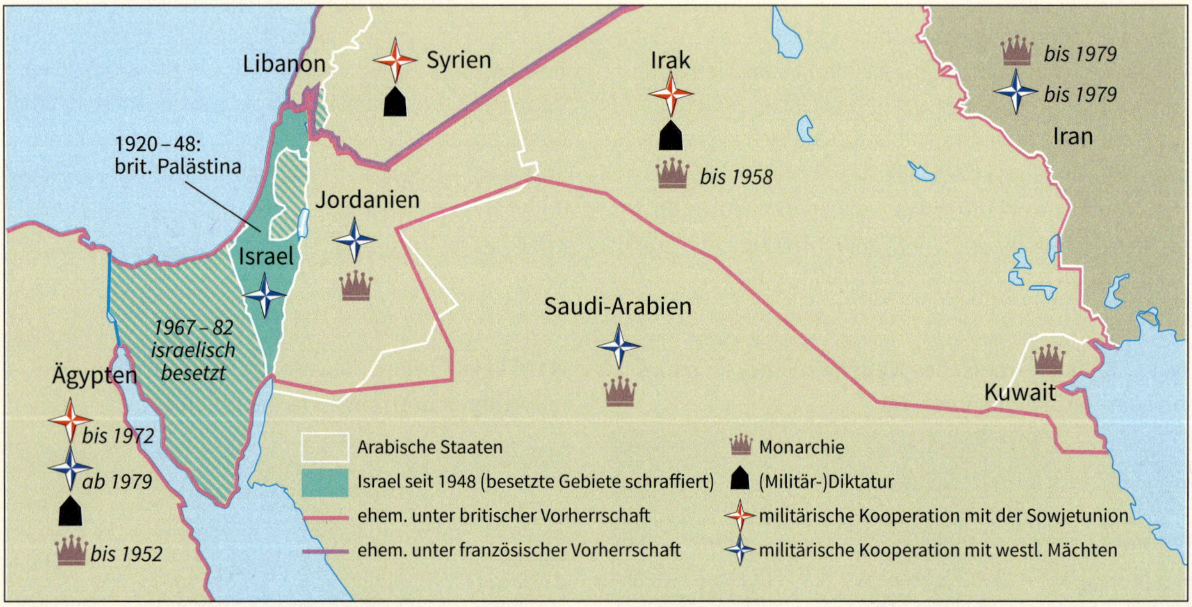

M 16 Britischer Kontrollposten im Bürgerkriegsgebiet Palästinas, 1946

M 17 Unabhängigkeitserklärung Israels, 1948

Im Lande Israel entstand das jüdische Volk. Hier prägte sich sein geistiges, religiöses und politisches Wesen. [...] Beseelt von der Kraft der Geschichte und Überlieferung, suchten Juden aller Generationen in ihrem alten Lande wieder Fuß zu fassen. Im Laufe der letzten Jahrzehnte kamen sie in großen Scharen. Pioniere, Verteidiger und Einwanderer, die trotz der Blockade den Weg in das Land unternahmen, erweckten Einöden zur Blüte, belebten aufs Neue die hebräische Sprache, bauten Dörfer und Städte und errichteten eine stets wachsende Gemeinschaft mit eigener Wirtschaft und Kultur, die nach Frieden strebte, aber sich auch zu schützen wusste, die allen im Lande die Segnungen des Fortschritts brachte und sich vollkommene Unabhängigkeit zum Ziel setzte. [...]

Dieses Recht wurde am 2. November 1917 in der Balfour-Deklaration anerkannt und auch durch das Völkerbundsmandat bestätigt [...].

Die Katastrophe, die in unserer Zeit über das jüdische Volk hereinbrach und in Europa Millionen von Juden vernichtete, bewies unwiderleglich aufs Neue, dass das Problem der jüdischen Heimatlosigkeit durch die Wiederherstellung des jüdischen Staates im Lande Israel gelöst werden muss, in einem Staat, dessen Pforten jedem Juden offenstehen und der dem jüdischen Volk den Rang einer gleichberechtigten Nation in der Völkerfamilie sichert. [...]

Am 29. November 1947 fasste die Vollversammlung der Vereinten Nationen einen Beschluss, der die Errichtung eines jüdischen Staates im Lande Israel forderte. [...] Die damalige Anerkennung der staatlichen Existenzberechtigung des jüdischen Volkes durch die Vereinten Nationen ist unwiderruflich.

[...] Der Staat Israel wird der jüdischen Einwanderung und der Sammlung der Juden im Exil offenstehen. Er wird sich der Entwicklung des Landes zum Wohle aller seiner Bewohner widmen. Er wird auf Freiheit, Gerechtigkeit und Frieden im Sinne der Visionen der Propheten Israels gestützt sein. Er wird all seinen Bürgern ohne Unterschied von Religion, Rasse und Geschlecht, soziale und politische Gleichberechtigung verbürgen. Er wird Glaubens- und Gewissensfreiheit, Freiheit der Sprache, Erziehung und Kultur gewährleisten, die Heiligen Stätten unter seinen Schutz nehmen und den Grundsätzen der Charta der Vereinten Nationen treu bleiben .

(Zit. nach: Abba Eban, Dies ist mein Volk – Die Geschichte der Juden, München (Droemer/Knaur) 1970, S. 365 – 368)

M 18 Juden vertreiben Araber, Haifa 1948

M 19 Palästinensische Nationalcharta, 1968

Von der PLO wurden auf einer Versammlung im ägyptischen Kairo folgende Artikel beschlossen:

1) Palästina ist das Vaterland des arabisch-palästinensischen Volkes, es ist ein integraler Bestandteil des Großen Vaterlandes und das Volk Palästinas ist ein Teil der arabischen Nation.

2) Palästina bildet mit seinen Grenzen, die zur Zeit des britischen Mandats bestanden, eine geschlossene territoriale Einheit.

3) Das palästinensisch-arabische Volk besitzt ein legales Recht auf sein Vaterland und sobald dessen Befreiung vollendet ist, wird es das Selbstbestimmungsrecht allein nach seinem eigenen Willen und seiner eigenen Wahl ausüben. [...]

20) Die Balfour-Deklaration, der Mandatsvertrag und alles, was darauf gegründet wurde, werden als null und nichtig betrachtet. Der Anspruch auf ein historisches oder geistiges Band zwischen den Juden und Palästina stimmt mit den historischen Realitäten nicht überein [...]. Der Judaismus ist in seiner Eigenschaft als eine Offenbarungsreligion keine Nationalität mit einer unabhängigen Existenz.

(Zit. nach: Der israelisch-arabische Konflikt, Bonn (Bundeszentrale für politische Bildung) 1985, S. 71 f.)

M 20 Arabische Übergriffe auf jüdische Ortschaften als Antwort auf den Teilungsplan der UN

M 21 Arabische Politiker

PLO-Chef Arafat (re.) mit den Staatsführern Mubarak/Ägypten (li.) und Hussein/Irak, 1988

Tipps und Fragen:

- Der Nahe Osten wurde während des Ersten Weltkriegs mehrfach „versprochen". Erläutern Sie diesen Sachverhalt.
- Vergleichen Sie, wie Juden und Araber die Existenz ihres Staates jeweils rechtfertigen.
- Vergleichen Sie die postkoloniale Entwicklung Israels mit der von arabischen Staaten.
- Diskutieren Sie, inwiefern der Nahost-Konflikt eine Folge der europäischen Kolonialherrschaft ist.

In den 1880er-Jahren trat die europäische Kolonialpolitik in eine neue Phase ein, die auch „Hochimperialismus" genannt wird. Neben wirtschaftlichen und machtpolitischen Gründen rückte nun die Idee der „Zivilisierung" außereuropäischer Völker in den Vordergrund, welche die Europäer aufgrund der vorherrschenden „Rassenlehre" für sich ableiteten. Innerhalb weniger Jahrzehnte teilten die europäischen Mächte fast den gesamten afrikanischen Kontinent unter sich auf und versuchten, ihre koloniale Herrschaft und ihre „Zivilisierungsmission" durch effiziente Kolonialverwaltungen durchzusetzen.

Der neue weltpolitische Rahmen nach 1945 begünstigte einen Dekolonisierungsprozess, in dem innerhalb weniger Jahrzehnte (insbesondere in den 1960er-Jahren) fast alle afrikanischen Länder ihre Unabhängigkeit erreichten. Allerdings liefen diese Prozesse sehr unterschiedlich ab. So gab es viele Kolonien, in denen der Prozess relativ rasch und weitgehend friedlich verlief (u. a. Ghana, Nigeria, Tunesien), aber auch einige, in denen der Ablösungsprozess deutlich länger dauerte und es zu massiver Gewalt kam (u. a. Kenia und Algerien). Dies lag zum einen an der jeweiligen Herangehensweise der Kolonialmächte und zum anderen an den jeweiligen regionalen Besonderheiten (Siedlungsstruktur, Rohstoffvorkommen, Einheitlichkeit der Unabhängigkeitsbewegung etc.) der Länder.

Die Unabhängigkeitsbewegungen waren sich jedoch in vielen Fällen nur darin einig, die Fremdherrschaft überwinden zu wollen. Nach der Unabhängigkeit traten in vielen Staaten die inneren Differenzen der verschiedenen Bewegungen (z. B. im Hinblick auf die religiöse, politische oder gesellschaftliche Ausrichtung nach Überwindung der Fremdherrschaft) wieder deutlich zutage, sodass sie nicht imstande waren, stabile staatliche Strukturen herauszubilden. So blieben sie politisch und wirtschaftlich weiterhin von den Kolonialmächten abhängig.

Sehr komplexe und langwierige Dekolonisierungsprozesse fanden insbesondere in den Kolonien statt, die einen hohen Anteil an europäischen Siedlern hatten, wie z. B. in Algerien oder Südafrika.

Das Fallbeispiel Südafrika

Aufgrund seiner Lage war Südafrika schon früh ein wichtiger geostrategischer Stützpunkt für die Europäer. So förderten die Niederländer schon im 17. Jahrhundert die Ansiedlung niederländischer Bauern (Buren), um die Versorgung der Handelsschiffe auf dem Seeweg nach Indien abzusichern. Nachdem die Briten Anfang des 19. Jahrhunderts die Kap-Kolonie in Besitz genommen hatten, zogen die Buren weiter ins Landesinnere, um sich der Herrschaft der Briten zu entziehen, und gründeten mit Transvaal und dem Oranje-Freistaat eigene, unabhängige Gemeinwesen. Die Buren, von der europäischen Aufklärung weitgehend unbeeinflusst, leiteten aus ihrer Grundüberzeugung einer vermeintlichen Überlegenheit der weißen Rasse das Recht ab, die afrikanischen Bevölkerungsgruppen zu verdrängen bzw. sie als billige Arbeitskräfte oder Sklaven auf ihren Farmen einzusetzen. Dies führte immer wieder zu Konflikten mit den Briten, die schon in den 1830er-Jahren die Sklaverei im Britischen Empire abgeschafft hatten.

Die Entdeckung von Gold und Diamanten Ende des 19. Jahrhunderts sorgte für weitere Spannungen zwischen Briten und Buren, da sie nun auch um die lukrativen Minen konkurrierten, die größtenteils in den Buren-Republiken lagen und in denen Hunderttausende Afrikaner unter inhumanen Bedingungen zur Arbeit gezwungen wurden. Die Konflikte führten zum sogenannten Buren-Krieg 1899–1902, in dem sich die Briten durchsetzen konnten und die Buren-Republiken offiziell annektierten. Der Einfluss der Buren war jedoch weiterhin enorm und die Briten erkannten, dass ein stabiles Südafrika nur mithilfe der Buren möglich war. 1910 erfolgte daher die Gründung der Südafrikanischen Union, die alle vier südafrikanischen Kolonien vereinigte. Diese erhielt den Status eines Dominion innerhalb des Britischen Empires, sodass die Südafrikanische Union faktisch unabhängig und nur noch formal mit dem Britischen Empire verbunden war. Diesen Status hatten zuvor schon weitere „weiße" Siedlerkolonien wie Kanada oder Australien erhalten.

Bei den Verhandlungen um eine Unionsverfassung konnten sich die Buren mit wesentlichen Forderungen durchsetzen, insbesondere aufgrund der ökonomischen Stärke der Buren-Republiken. Sie erreichten damit, dass die Europäer ihre Herrschaft über die afrikanische Mehrheit ausbauen und die Rohstoffe mithilfe der billigen Arbeitskräfte systematisch ausbeuten konnten. Um diese Dominanz durchzusetzen, wurden verschiedene Gesetze verabschiedet, die den Afrikanern unter anderem den Zugang zur öffentlichen Verwaltung und zum Militär erschwerten, ihnen das Wahlrecht entzogen sowie den Schwarzen getrennte Quartiere in Städten vorschrieben.

Als 1948 die burische Nationale Partei die Mehrheit im Unions-Parlament erlangte, wurde die Rassendiskriminierung (Apartheid) durch gezielte Gesetzgebung verschärft, auf andere Ethnien ausgedehnt (u.a. Asiaten und sogenannte „Mischlinge“) und auf alle Bereiche des Alltagslebens ausgeweitet. So durften Schwarze und Weiße keine „Mischehen“ mehr eingehen, öffentliche Einrichtungen (Toiletten, Busse, Badestrände etc.) wurden streng nach Rassen getrennt und Grundrechte der Schwarzen systematisch eingeschränkt. Außerdem wurden sogenannte „Homelands“ gegründet, formell unabhängige Stammesgebiete der Schwarzen (u.a. Transkei, KwaZulu), in denen ausschließlich Schwarze leben durften. Somit wollte sich die Regierung aller sozialen, politischen und ökonomischen Verantwortung für die afrikanischen Stämme entledigen.

Von Anfang an formierte sich Widerstand gegen die Apartheidpolitik, der jedoch anfangs noch uneinheitlich war. Ab den 1950er-Jahren wurde der „African National Congress“ (ANC) zunehmend zu einer Massenbewegung des gewaltfreien Widerstands gegen die Apartheidpolitik. Der ANC organisierte Streiks, Massenproteste und Boykottaktionen und wurde dabei von einer breiten Mehrheit der Bevölkerung sowie von Gewerkschaften, Frauen- und Studentenbewegungen unterstützt. Einige Gruppen gaben die strikte Gewaltfreiheit jedoch zwischenzeitlich auf und führten unter anderem Angriffe auf Strommasten, Polizeiwachen oder Passbehörden durch. 1960 wurde der ANC von der Regierung verboten, viele seiner Anhänger gingen anschließend ins Exil oder wurden inhaftiert, wie unter anderem Nelson Mandela, eine der führenden Figuren des ANC.

Während sich international immer mehr Menschen von der Herrschaft der Europäer befreien konnten, beantwortete das Apartheid-Regime Proteste und Widerstand mit zunehmender Repression und massiver Gewalt. So starben viele schwarze Demonstrierende bei Protestaktionen wie beispielsweise in Sharpeville 1960 oder in Johannesburg 1976.

Jedoch erst ab den 1980er-Jahren, als der internationale Druck auf das Regime (u.a. durch wirtschaftliche Sanktionen, zivilgesellschaftlich organisierten Boykott südafrikanischer Waren und weltweite Demonstrationen) weiter zunahm und Südafrika durch eine Wirtschaftskrise geschwächt wurde, begann das Apartheid-Regime zu wanken. In vielen Gegenden, insbesondere in den „Townships“ (Wohnsiedlungen von armen Schwarzen) der großen Städte, konnte das Regime die Lage kaum noch kontrollieren.

Mitte der 1980er-Jahre nahm die burische Regierung daher Verhandlungen mit der ANC-Führung um den inhaftierten Nelson Mandela auf, an deren Ende 1990 die Rassentrennung in der Öffentlichkeit aufgehoben wurde. Bei den ersten freien und gleichen Wahlen 1994 gingen der ANC und Mandela als Sieger hervor und 1996 wurde eine demokratische Verfassung für Südafrika verabschiedet.

Das Ende der Apartheid stellte die afrikanische Bevölkerungsmehrheit zwar formal gleich, die ethnischen Gegensätze sowie die soziale und wirtschaftliche Ungleichheit konnten jedoch nicht aufgelöst werden und sorgen bis heute für Spannungen in der südafrikanischen Gesellschaft.

M22 Die Dekolonisierung Afrikas

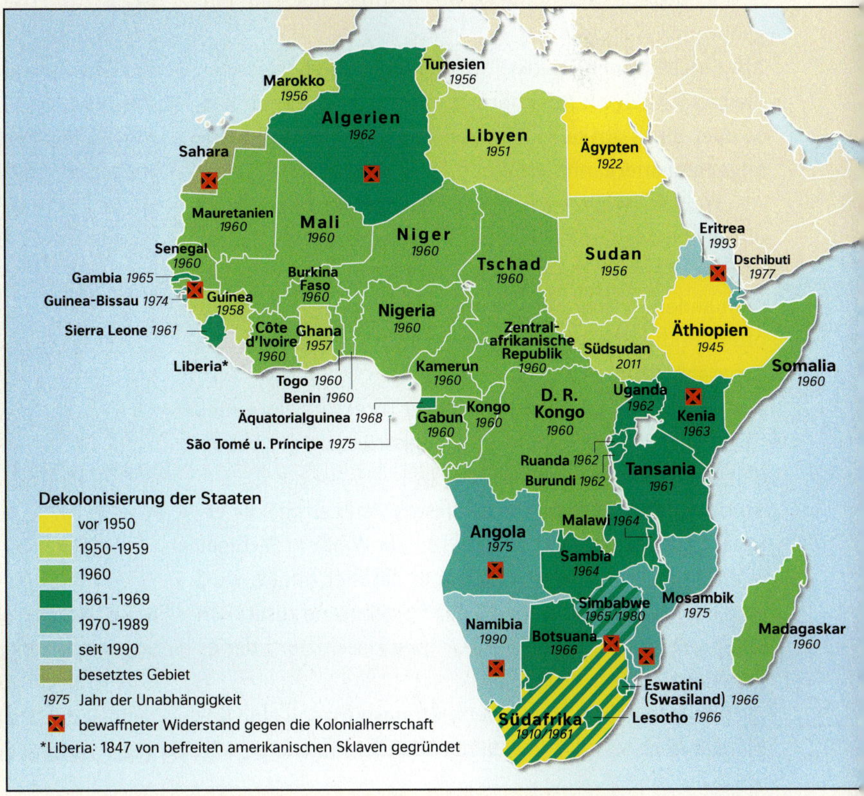

M23 Die Burenstaaten

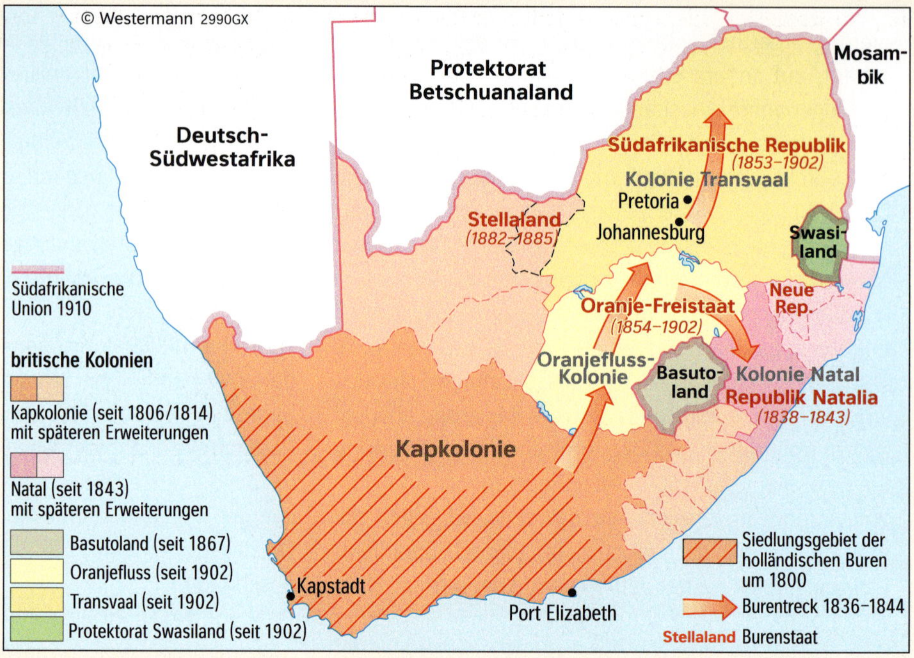

M24 Auszüge aus dem Population Registration Act von 1950

Auf dieser Grundlage sollten alle Menschen in Südafrika eine Identitätskarte erhalten:

Section 1: [...] Als ‚Farbiger' [Coloured] wird eine Person bezeichnet, die weder eine weiße Person ist noch ein Eingeborener. [...]

Als ‚Eingeborener' [Native] wird eine Person bezeichnet, die tatsächlich ein Angehöriger einer eingeborenen Rasse oder eines afrikanischen Stammes ist oder als solche allgemein anerkannt wird. [...]

Als ‚Weißer' [white person] wird eine Person bezeichnet, die der Erscheinung nach offenkundig eine weiße Person ist oder die als solche allgemein anerkannt wird, was aber niemanden einschließt, der der Erscheinung nach zwar offenkundig eine weiße Person ist, aber allgemein als Farbiger anerkannt ist.

Section 2: So bald als möglich soll der Direktor [des Amtes für Bevölkerungszählung] eine Registrierung der Bevölkerung der Union vornehmen [...].

Section 5: Jede Person, die in diesem Zentralregister erfasst ist, wird durch den Direktor als Weißer, Farbiger oder Eingeborener klassifiziert und darüber hinaus wird ggf. jede farbige Person und jeder Eingeborene zusätzlich entsprechend der ethnischen Gruppe klassifiziert, der er angehört.[...]

Section 8: In jedem Distriktverwaltungsbüro soll eine Kopie des Registers des jeweiligen Distrikts aushängen, in dem die Namen und andere persönliche Daten der Einwohner des jeweiligen Distrikts enthalten sind. [...]

(https://en.wikisource.org/wiki/Population_Registration_Act,_1950 [08.09.2021]; eigene Übersetzung des englischen Originals: Tim Dilger)

M25 Apartheid

Ein schwarzer junger Mann sitzt in Durban auf der Seitenlehne einer Bank, die ausschließlich für Weiße reserviert ist (aufgenommen am 21.12.1962).

M26 Nelson Mandela in einer Rede vor Gericht beim sogenannten „Rivonia-Prozess" (1964)

Rivonia ist ein Vorort von Johannesburg, in dem Widerstandskämpfer der „Umkhonto we Sizwe" (militärischer Arm des ANC) wegen Verstoßes gegen die Apartheid angeklagt wurden.

[...] Wir wollen vor allem gleiche politische Rechte, denn ohne sie bleiben unsere Behinderungen dauerhaft. Ich weiß, das klingt für die Weißen in diesem Land revolutionär, weil die Mehrheit der Wähler Afrikaner sein werden. Das lässt den weißen Mann die Demokratie fürchten.
Aber diese Angst darf der einzigen Lösung, die Rassenharmonie und Freiheit für alle garantiert, nicht im Weg stehen. Es ist nicht wahr, dass die Verleihung der Rechte an alle zu Rassenherrschaft führen wird. Die auf der Farbe basierende politische Teilung ist völlig künstlich und wenn sie verschwindet, wird es auch keine Vorherrschaft einer Farbgruppe über eine andere mehr geben. Der ANC hat ein halbes Jahrhundert damit verbracht, gegen Rassismus zu kämpfen. Wenn er triumphiert, wird er diese Politik nicht ändern.
Das ist es, was der ANC bekämpft. Sein Kampf ist ein wahrhaft nationaler. Es ist ein Kampf des afrikanischen Volkes, inspiriert von seinem eigenen Leiden und seiner eigenen Erfahrung. Es ist ein Kampf um das Recht auf Leben.
Zeit meines Lebens habe ich mich diesem Kampf des afrikanischen Volkes verschrieben. Ich habe gegen die weiße Vorherrschaft gekämpft und ich habe gegen die schwarze Vorherrschaft gekämpft. Ich hege das Ideal einer demokratischen und freien Gesellschaft, in der alle Menschen in Harmonie und mit gleichen Chancen zusammenleben. Es ist ein Ideal, für das ich zu leben und das ich zu verwirklichen hoffe. Doch wenn es sein soll, bin ich auch bereit, für dieses Ideal zu sterben.

(Zit. nach: http://www.historyplace.com/speeches/mandela.htm [10.09.21]; eigene Übersetzung des englischen Originals: Tim Dilger)

M27 Protest

21. März 1960: Tote und Verletzte liegen auf einer Straße in Sharpeville. Eine Demonstration gegen die Apartheidpolitik der Regierung war brutal niedergeschlagen worden. Offiziell gab es insgesamt 69 Tote und Hunderte Verletzte.

M28 London 1985: Demonstration gegen die Apartheidpolitik in Südafrika

M29 Ende der Apartheid

Der südafrikanische Präsident F. W. de Klerk und der spätere südafrikanische Präsident Nelson Mandela erhalten 1993 den Friedensnobelpreis für ihren Beitrag zur Beseitigung der Apartheid.

Tipps und Fragen:

- Trotz der formalen Unabhängigkeit der Südafrikanischen Union 1910 blieb Südafrika unter europäischer Herrschaft. Erläutern Sie diesen Sachverhalt.
- Charakterisieren Sie die Apartheidpolitik in Südafrika.
- Stellen Sie dar, wie sich Nelson Mandela die südafrikanische Gesellschaft nach Überwindung der Apartheid vorstellt.
- Recherchieren Sie den aktuellen Stand im Verhältnis der verschiedenen Bevölkerungsgruppen in Südafrika.

7. Folgen von Kolonialismus und Dekolonisierung in der Gegenwart: Die Beispiele Afghanistan und Nigeria

Auch Jahrzehnte nach der erfolgten Dekolonisierung ist der Lebensstandard auf dem Gebiet vieler ehemaliger Kolonien deutlich niedriger als in Europa oder Nordamerika. Welche Rolle dabei die Geschichte des Kolonialismus und seine Nachwirkungen spielen, ist nicht einfach zu beantworten. Dies zeigen die beiden Beispiele Nigeria und Afghanistan.

M1 Terroranschlag in New York
Am 11. September 2001 steuerten islamistische Terroristen gekaperte Flugzeuge in die zwei Wolkenkratzer des World Trade Centers.

Nigeria und Afghanistan – schwierige Wege in die Unabhängigkeit

Nigeria wurde seit 1861 schrittweise von der Küste aus bis ins Landesinnere unter britische Kontrolle gebracht und 1886 zur Kronkolonie erklärt. Es diente den Briten insbesondere als Lieferant für Kakao und Kautschuk. Im Zuge der Dekolonisierung Afrikas wurde das Land 1960 in die Unabhängigkeit entlassen. Auf die Unabhängigkeit folgten instabile Machtverhältnisse mit Bürgerkrieg, Militärputschen und vereinzelt demokratisch gewählten Regierungen. Auch nach der Demokratisierung und der Etablierung halbwegs fairer Wahlen bleiben Kritik an Korruption und Polizeigewalt. Immer wieder kommt es zu Unruhen.

Afghanistan war formal nie eine Kolonie, lag aber zwischen der britischen Einflusszone um Indien und Pakistan und der russischen in Zentralasien, wodurch das Land in ökonomische und politische Abhängigkeiten geriet. 1979 marschierte die Sowjetunion in das Land ein, um die kommunistische Regierung zu unterstützen. **Islamistische** Guerilla-Kämpfer, die sogenannten Mudschaheddin, fügten den sowjetischen Besatzungstruppen durch Angriffe in unwegsamem Gebiet erhebliche Verluste zu, denn aufgrund des sich zuspitzenden „Second Cold War" hatten sie moderne US-amerikanische Waffen erhalten. Die UdSSR musste sich 1989 geschlagen geben und abziehen. Nach einem Bürgerkrieg setzten sich schließlich die sogenannten Taliban (von arab. talib = Schüler) durch. Sie gingen auf afghanische Flüchtlinge zurück, die in religiösen Schulen im benachbarten Pakistan Zuflucht gefunden hatten. Die islamistische Terrorgruppe beherrschte nun das Land und begann, es im Sinne eines intoleranten und rückwärtsgewandten Islam (u. a. Verbot der Schulbildung für Mädchen) umzubauen. Auch boten sie dem islamistischen Terroristenführer Usama bin Ladin Unterschlupf. Der Sohn einer wohlhabenden saudi-arabischen Unternehmerfamilie betrachtete die USA als Hauptfeind der islamischen Welt, weil er durch deren weltweite Militärpräsenz – auch in Saudi-Arabien – und den allgegenwärtigen westlichen Lebensstil ein Leben im Sinne des Islam bedroht sah. Usama bin Ladin organisierte einen mit Flugzeugen durchgeführten Terroranschlag auf die USA am **11. September 2001**. Die USA griffen daraufhin Afghanistan an, da sie es für ein Rückzugsgebiet des globalen Terrorismus hielten, und kontrollierten das Land – auch mithilfe deutscher Truppen – bis zum gemeinsamen Abzug 2021.

Niedriger Industrialisierungsgrad und wirtschaftliche Ungleichheit

Afghanistan ist eines der ärmsten Länder der Welt. Die Industrie ist kaum entwickelt; hinzu kommen weitere Probleme, verursacht durch die schlechte Infrastruktur, Kriegszerstörungen und wetterbedingte Ernteausfälle. Afghanistan ist allenfalls im Bereich des illegalen Drogenhandels global integriert: Das Land stellte in den letzten Jahren 70 – 90% des Schlafmohns her, der als Grundlage für die weltweite Heroinproduktion dient. 2021 machte der Anbau von Schlafmohn allein 10% der Wirtschaftsleistung Afghanistans aus.

Auch Nigeria ist vorrangig Rohstofflieferant. Die nigerianischen Ölvorkommen waren erst zum Ende der Kolonialherrschaft entdeckt und zunächst durch westliche Firmen erschlossen worden. Diese liefern bis heute das technische Wissen für die Förderung, teilen sich mittlerweile aber in Joint Ventures mit der staatlichen nigerianischen Ölgesellschaft die Gewinne, die damit zu einem erheblichen Teil der nigerianischen Regierung zufließen. Der Großteil des Benzins und Diesels muss jedoch aufgrund fehlender oder maroder Raffinerien nach wie vor aus dem Ausland importiert werden. Zwar kommen die Einnahmen aus dem Ölgeschäft auch dem Bildungswesen und Infrastrukturprojekten zugute, jenseits der großen Städte ist das Land aber rückständig geblieben; das Schienennetz etwa stammt noch gänzlich aus der Kolonialzeit. Große Teile der Gewinne fließen in einem intransparenten, von korrupten Netzwerken getragenen System an wenige große Profiteure, die eng verzahnt sind mit den politischen Eliten und ihrer Klientel.

M2 Offshore-Ölförderung in Nigeria (2011)

Kritiker sehen in der Tatsache, dass bestimmte postkoloniale Staaten nur als Rohstofflieferanten dienen, eine neue Form der Abhängigkeit von den Industrieländern, die sie als **Neokolonialismus** bezeichnen. Es sei im Interesse der Industrieländer, dass es in diesen Ländern nicht zur Entwicklung von gewinnbringenden weiterverarbeitenden Industrien (z. B. Raffinerien oder chemische Industrie zur Verarbeitung von Erdöl) komme. Eine Allianz von korrupten Eliten mit den Industrieländern sei für die Beibehaltung dieses Zustandes verantwortlich. Während die korrupten Eliten profitierten, sehe die Mehrheit der Bevölkerung von den Gewinnen nichts.

Gesellschaftliche Konflikte

Wirtschaftliche Ungleichheit innerhalb der postkolonialen Staaten verstärkt die Gegensätze zwischen den ethnischen Gruppen und fördert **ethnopolitische Konflikte**: Afghanistan wird von neun ethnischen Großgruppen besiedelt, die nicht zuletzt wegen der Sprachbarriere kaum Kontakt pflegen. Im Gegenteil: Im seit 1973 kaum unterbrochenen Bürgerkrieg kämpfen diese Gruppen gegeneinander. Diese gesellschaftliche Zersplitterung erschwert den Aufbau eines demokratischen Gemeinwesens.

In Nigeria, dessen Grenzen nach 1884 von Großbritannien, Frankreich und Deutschland willkürlich gezogen wurden, werden über 500 Sprachen gesprochen und zahlreiche Religionen praktiziert. Der muslimisch geprägte Norden hatte traditionell kaum Kontakt zum christlich geprägten Süden – beide Religionen sind in der Bevölkerung ähnlich stark vertreten.

Im Konflikt um die Einnahmen aus der Erdölförderung rief die Bevölkerungsgruppe der christlich geprägten Igbo im Jahr 1967 den unabhängigen Staat Biafra aus. In einem blutigen Krieg mit Hunderttausenden Toten, darunter eine große Zahl verhungerter Kinder, eroberte die Zentralregierung das Gebiet bis 1970 zurück. Auch in Nigeria fehlt bis heute wegen der gesellschaftlichen Zersplitterung ein „Wir-Gefühl" in der Gesamtbevölkerung des Staates. Dagegen orientieren sich die Menschen weiterhin an Stammeszugeörigkeit und Religion. Sichtbar ist das auch im Norden Nigerias: Dort verbreitet die islamistische Terrororganisation Boko Haram, deren meiste Mitglieder dem Volk der Kanuri angehören, Angst und Schrecken. Sie fordert, ähnlich wie die Taliban in Afghanistan, die Einführung eines intoleranten und rückwärtsgewandten Islam, wendet sich gegen westliche Kultur und Bildung und ermordet Andersgläubige oder Muslime, die sich ihren Zielen nicht anschließen wollen. Boko Haram attackiert regelmäßig Schulen und nimmt insbesondere Schülerinnen als Geiseln.

M3 „Failed State" Afghanistan

Folgen eines Anschlags in der Hauptstadt Kabul, 2021

M4 Nigeria, 2017

Getragen wurden und werden derartige radikale Bewegungen oftmals durch eine junge und perspektivlose Generation. Ausreichende Ernährung und westliche Medizin haben für ein rasches Bevölkerungswachstum gesorgt. Nigeria hat heute über 200 Mio. Einwohner. Auch Afghanistan hat eine der am schnellsten wachsenden Bevölkerungen der Welt – ohne dass ausreichend Arbeitsplätze vorhanden sind. Fehlende Zukunftsaussichten erhöhen so die Bereitschaft zu radikalem Denken.

Gescheiterte Staaten?

Afghanistan gilt als **failed state** (gescheiterter Staat): Der Staat kann seine Grundfunktion, nämlich die Sicherheit der Bevölkerung durch Ausübung des staatlichen Gewaltmonopols zu sichern, nicht erfüllen. Auch ökonomische Wohlfahrt und Bildung, Rechtsstaat und Demokratie fehlen. Die 20-jährige Präsenz der USA und ihrer Verbündeten hatte sich „state building" als Ziel gesetzt. Auf den Trümmern der Taliban-Herrschaft sollte ein funktionierender Staat etabliert werden. Doch die Koalition unter Führung der USA ist gescheitert. Sie konnte keine stabile Zentralgewalt aufbauen und konnte nicht verhindern, dass in regionalen Stammesverbänden weiterhin selbsternannte „Warlords" große Macht haben. Afghanistan scheint von stabilen und demokratischen Verhältnissen nach wie vor weit entfernt zu sein.

Unklare Machtstrukturen und Rivalitäten gibt es auch in Nigeria, was sich in einer Geschichte von Bürgerkrieg, Militärputschen und immer wieder aufflammenden Unruhen zeigt. Seit 1998 hat sich die Situation etwas entspannt und eine einigermaßen stabile, allerdings korruptionsanfällige Demokratie hat sich entwickelt.

In vielen frisch in die Unabhängigkeit entlassenen Ländern fühlten sich die neuen Machthaber mehr sich selbst und ihrer Klientel als ihrem gesamten Volk verpflichtet. Knapp die Hälfte der Staaten Afrikas gelten bis heute als autoritäre Regime oder Diktaturen.

M5 Afghanistan, 2011

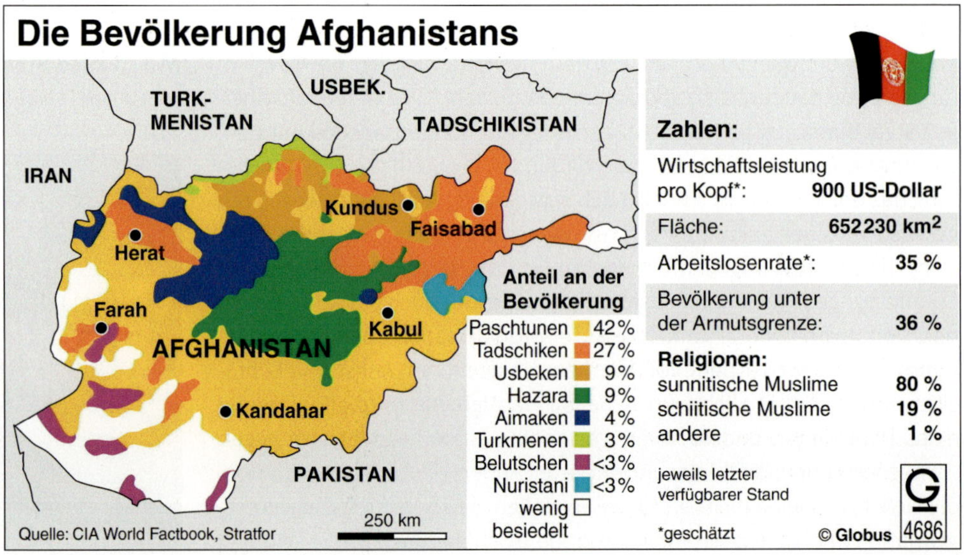

M6 Demokratie weltweit

Ergänzende Angaben:
33. Botswana,
110. Nigeria,
139. Afghanistan

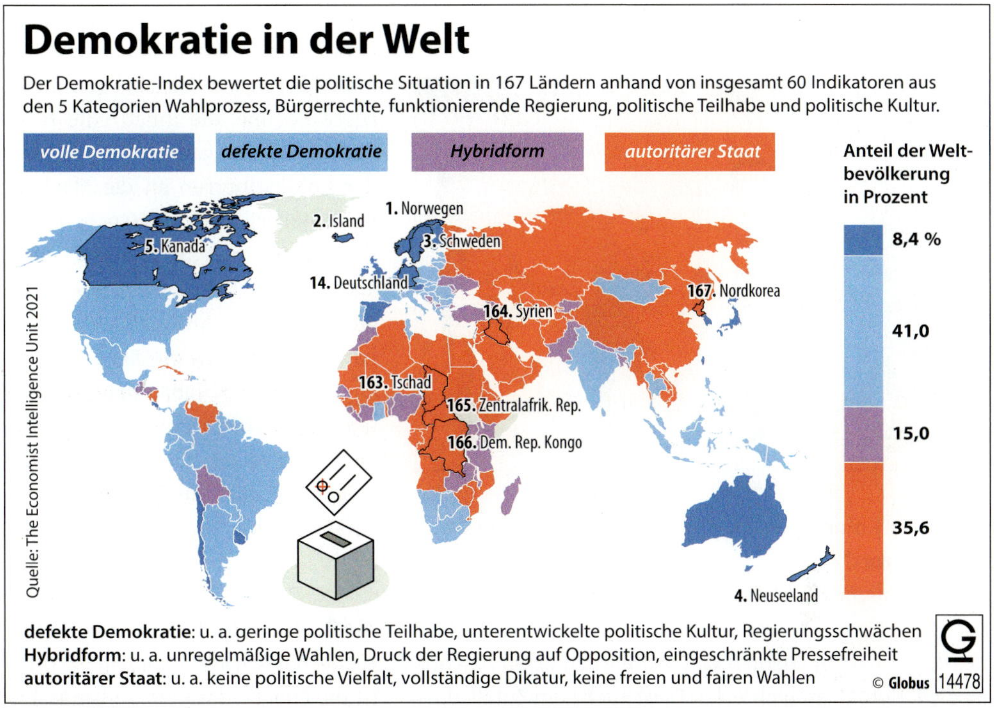

M7 Chinas Aktivität in Afrika

Auszug aus einem Artikel des renommierten Schweizer Ethnologen David Signer in der Tageszeitung NZZ:

Die einen sehen China als Retter des Kontinents, die andern warnen vor Ausbeutung, Abhängigkeit und Neokolonialismus. [...] Tatsächlich ist China seit 2009 Afrikas wichtigster Handelspartner. [...] Afrika exportiert vor allem Erdöl, Kohle, Mineralien, Bauxit, Kupfer, Zink, Gold, Platin und Eisenerz. Afrika ist aber auch ein Absatzmarkt, vor allem für Elektronik, Maschinen sowie unzählige – billige – Konsumgüter aus China. [...]

Mehr und mehr wird China allerdings auch zum Baumeister Afrikas. Laut dem chinesischen Außenminister [...] hat China bisher über 6200 Kilometer Eisenbahnschienen verlegt und 5000 Kilometer Straßen gebaut beziehungsweise finanziert. [...] Zweifellos ist die Infrastruktur im subsaharischen Afrika vielerorts marode. Gerade die schlechten Transportwege sind ein großes Entwicklungshindernis und schrecken auch Investoren ab. Peking weiß aus eigener Erfahrung, dass wirtschaftlicher Aufschwung erst auf der Basis einer funktionierenden Infrastruktur möglich ist. Allerdings werden durch die Großprojekte vor Ort kaum Arbeitsplätze geschaffen, weil China die Bauwerke meist von A bis Z selbst errichtet, inklusive eingeflogener Arbeiter. [...]

Zunehmend versucht China auch, Fabriken nach Afrika zu verlegen, wo die Lohnkosten niedrig sind. [...] Die Frage, ob Afrika dank China die Industrialisierung gelingt, ist die ökonomische Schicksalsfrage für den Kontinent. [...]

Der eigentliche Streitpunkt sind jedoch die Kosten. Zum Teil werden Bauverträge mit Bergbaukonzessionen oder direkt mit Rohstoffen beglichen, beispielsweise in Sambia oder Simbabwe. In Angola, dem drittwichtigsten Erdölexporteur für China, werden die Kosten zum Teil mit günstigen Krediten gedeckt. Die betroffenen afrikanischen Staaten haben bei Weitem nicht die finanziellen Möglichkeiten für all die in den vergangenen Jahren realisierten Megaprojekte und sind im Begriff, sich massiv zu verschulden. In Kenia beispielsweise machen die Kredite aus China 72% der [Auslandsschulden] aus, acht Mal so viel wie gegenüber dem zweitgrößten Gläubiger Frankreich.

Rohstoffländer in Afrika sind meist korrupte Länder; [...] China ist auch deshalb ein idealer Handelspartner für viele afrikanische Länder, weil es sein Engagement nicht an die Einhaltung von Menschenrechten oder eine gute Regierungsführung koppelt [...]. In Peking stellt man das gerne als „Nichteinmischung“ und „Respekt“ dar, um sich von der paternalistischen Attitüde der ehemaligen Kolonialmächte abzugrenzen. Kagame, der nicht besonders demokratische Präsident Ruandas, frohlockte kürzlich beim Besuch von Xi, dass Afrika von China als „ebenbürtig“ behandelt werde. Das sei „wertvoller als Geld“.

(David Signer, China und Afrika – eine hoffnungsvolle, aber gefährliche Liaison, NZZ, 8.9.2018; https://www.nzz.ch/wirtschaft/eine-hoffnungsvolle-aber-gefaehrliche-liaison-ld.1418336 [13.01.2022])

M 8 „Afrika damals und heute“

Südafrikanische Karikatur, 1998 (Debt = Schuld)

M 9 „Der Kolonialismus wirkt in der politischen Gegenwart fort“

Aus der deutschen Wochenzeitung „DIE ZEIT“ (2018):

Dschihad, Krieg, Hunger, Migration, Umweltkrisen – keines dieser harten Themen von heute ist zu verstehen ohne die Kolonialgeschichte. […] Es ist auch kein Zufall, dass der Dschihad seine Basis dort hat, wo einst Kolonialkriege geführt wurden – in Afghanistan und in Pakistan […]. Ebenso wenig zufällig ist es, dass die in den globalen Norden ziehenden Migranten überwiegend aus dessen ehemaligen Kolonien stammen. […]

Großbritannien, Frankreich und andere europäische Nationen, später auch die USA, zogen jahrhundertelang Gewinne aus Sklaverei und Kolonialismus, die den wirtschaftlichen Aufschwung ihrer Weltsphäre beschleunigten und mit ihm Welthandel, Wissenschaft und Technik. Wellen der Globalisierung, von denen ganz Europa profitierte, auch die Deutschen. […] Wo stünden die armen Länder heute, hätten die anderen sie nicht ausgeraubt? […]

Wird der Begriff des Kolonialismus weit gefasst und nicht auf die Existenz staatsrechtlich abhängiger Kolonien verengt, dann lässt sich sagen, dass seine Zeit noch lange nicht zu Ende ist. […] Seit etwa 50 Jahren lässt das Interesse der reichen Länder an vielen Nahrungsmittel- und Industrierohstoffen nach. Einige davon haben jedoch wieder Konjunktur, insbesondere die sogenannten Konfliktrohstoffe wie Zinn, Tantal und Wolfram, die sich in unseren Smartphones und anderen elektronischen Massenartikeln finden. Häufig sind diese Rohstoffe Anlass und Geldquelle bewaffneter Konflikte oder werden unter unmenschlichen Bedingungen gewonnen. […]

Die Kolonialmächte errichteten in den abhängigen Gebieten ihnen genehme Herrschaftsstrukturen; sie erkoren lokale Machthaber zu Präsidenten über fiktive Nationen oder zu Häuptlingen von Stämmen, die sogenannte Völkerkundler zusammenfantasiert hatten. Und als die Kolonialherren endlich abzogen, hinterließen sie oft korrupte Regime, die ihnen eine fortgesetzte Ausbeutung der Ressourcen garantierten. Oder es kamen die Gegner der Kolonialherren an die Macht. „Je niederträchtiger der Unterdrücker, desto ruchloser der Sklave“: Dieses geflügelte Wort aus der Französischen Revolution lässt sich auch auf die Dekolonisierung anwenden. […] Nachdem die Guerilla in Mosambik die Kolonialherren gestürzt hatte, musste sich die neue Macht in einem von außen angefachten, 16 Jahre dauernden Bürgerkrieg behaupten. Der Nachbar Botswana hat da einfach Glück gehabt, die Briten verloren Mitte der Sechzigerjahre das Interesse an dem Land. Ausnahmefall. […]

(Gero von Randow, Die Neuvermessung der Welt, DIE ZEIT, Nr. 32/2.8.2018)

M 10 „Nicht bloß Opfer der Geschichte“

Aus der deutschen Wochenzeitung „DIE ZEIT“ (2018):

Ist die Epoche des Kolonialismus, die vor mehr als einem halben Jahrhundert endete, wirklich der Hauptgrund für die anhaltende Kluft zwischen Nord und Süd? Für Armut, Hunger, Terror, Krieg?

Das Konzept des Dschihad, zum Beispiel, ist deutlich älter als der Kolonialismus und seine Bedeutung unter muslimischen Gelehrten ebenso lange umstritten. […] Der islamistische Terror wiederum, der sich auf den Dschihad beruft, ist nicht zuletzt eine Reaktion auf die Moderne, die die muslimische Welt erfasst hat. Bis heute wird er vor allem innerhalb der muslimischen Gemeinschaft geführt, dort fordert er bis heute auch die meisten Opfer. […]

Es führt auch kein direkter Weg vom Kolonialismus zu den Umweltkrisen unserer Tage. […] Die einen, mehrheitlich Reiche, verbrauchen die Ressourcen; bei den anderen, mehrheitlich Arme, steigt der Meeresspiegel, haben Hitze und Dürre tödliche Folgen. Nur hat der Kolonialismus zum Klimawandel nicht allzu viel beigetragen. Im Gegenteil, der klimafeindlichste Rohstoff, der in den Kolonien zu holen war, nämlich Öl, wurde im großen Stil erst nach dem Ende der Kolonialherrschaft gefördert. […] Postkoloniale Staaten wie Saudi-Arabien oder Kuwait verdanken ihren Reichtum ausgerechnet jenem Rohstoff, dessen massenhafter Verbrauch mehr und mehr ihre eigene Existenzgrundlage bedroht – das ist eine bittere Pointe. Aber keine direkte Folge des Kolonialismus. Das alles sind ganz ohne Frage beklagenswerte und, im Lichte globaler Gerechtigkeit betrachtet, unhaltbare

Zustände. Aber wenn jede Form der Ausplünderung und Unterdrückung eine Form des Kolonialismus darstellt, dann wird der Begriff historisch vollständig entleert – der Kolonialismus gewissermaßen enthistorisiert. [...]
Wem daran liegt, dass Afrika und andere Regionen wirtschaftlich und politisch aufschließen, wer will, dass sie endlich ihre gerechten Anteile an der Globalisierung einstreichen, der muss genauer auf die Ursachen der anhaltenden Armut schauen. Warum zum Beispiel geht es Äthiopien, das die längste Zeit seiner Geschichte seine Unabhängigkeit verteidigte, so viel schlechter als Kenia, der früheren Kolonie? [...] Die pauschale Behauptung, schlechtes Wirtschaften und Regieren von heute sei auf die Unterdrückung von gestern zurückzuführen, ist offensichtlich falsch. [...]
Und auch in Afrika hat die postkoloniale Geschichte verschiedene Richtungen eingeschlagen. Ein auffälliges Gegenbeispiel auf der Wohlstandsskala des südlichen Afrikas ist Botswana. Als die britische Kolonie 1966 unabhängig wurde, zählte sie zu den ärmsten Ländern der Welt. Botswana verfügte über gerade einmal zwölf Kilometer gepflasterte Straßen und 22 Universitätsabsolventen. Dann geschah etwas Erstaunliches: Bis zur Jahrtausendwende entwickelte sich Botswana zu einem Land mit einer der steilsten Wachstumskurven der Welt. [...] Ein wichtiger Faktor für die Erfolgsgeschichte Botswanas: Die postkolonialen Politiker dort garantierten Eigentumsrechte, pluralistische Mitbestimmung und demokratische Wahlen. Ihre Politik bediente nicht nur ihre Stammes- oder Clanmitglieder, sondern schaffte Teilhabemöglichkeiten für alle Bürger – ein level playing field, eine inklusive Gesellschaft.
Dass korrupte Eliten in den vergangenen Jahrzehnten Geld in ungefähr derselben Größenordnung aus Afrika herausschafften, wie an Entwicklungshilfe hineinfloss [...] – was hat Europa damit zu tun? [...] Botswana habe eben Glück gehabt [...]. Dieses Argument legt nahe, es habe in Afrika keine Geschichte vor dem Kolonialismus und keine Erfahrungen etwa mit Macht und Wirtschaft außerhalb des Kolonialismus gegeben. Weshalb den neuen afrikanischen Machthabern gar nichts anderes übrig geblieben sei, als die Niedertracht ihrer ehemaligen Unterdrücker zu kopieren. Das ist nun selbst eine eurozentrische Perspektive, die die Afrikaner ausschließlich als Objekt und Opfer ihrer Geschichte sieht statt als handelnde Subjekte.

(Jochen Bittner / Matthias Krupa / Ulrich Ladurner, „Nicht bloß Opfer der Geschichte", DIE ZEIT, Nr. 34/16. 8. 2018)

Arbeitsanregungen

? Arbeiten Sie aus M 8 die Aussage des Karikaturisten heraus und stellen Sie Fragen.

1. Dekolonisierungsprozesse

a) Stellen Sie die koloniale und postkoloniale Vergangenheit von Afghanistan und Nigeria dar. (DT 1 – 2, M 1 – M 3/M6)

\+ **b)** Diskutieren Sie ausgehend von M 7, inwiefern Chinas Aktivität auf dem afrikanischen Kontinent als Neokolonialismus (vgl. DT 2) bezeichnet werden kann.

2. Probleme in ehemaligen Kolonien

a) Erläutern Sie gegenwärtige wirtschaftliche Probleme in den ehemaligen Kolonien. (DT 2)

b) Erläutern Sie, ausgehend von den kolonialen Grenzziehungen, gesellschaftliche Probleme sowie ihre historischen und gegenwärtigen Ursachen in Afghanistan und Nigeria. (M 4 – M 5, DT 3)

c) Erläutern Sie den Begriff „failed state" und stellen Sie Ursachen für den heutigen Zustand vieler ehemaliger Kolonien als „failed states" dar. (DT 4, M 3/M 6)

Stellen Sie in einer Mindmap aktuelle Herausforderungen in den ehemaligen Kolonien dar und überprüfen Sie, inwiefern diese durch die koloniale Vergangenheit oder andere Faktoren verursacht sind. (DT 2 – 4, M 2/M 4 – M 5).

a) Vergleichen Sie die Sicht der beiden Artikel M 9 und M 10 auf die Folgen des Kolonialismus bis in die Gegenwart.

b) Selbst- oder fremdverschuldet? Diskutieren Sie über die Ursachen der Entwicklungsprobleme im globalen Süden.

8. Wiederholen – Strukturieren – Beurteilen

M1 Begriffe

Imperium, Kolonialismus, Vierzehn Punkte, Selbstbestimmungsrecht der Völker, Völkerbund, Mandatsgebiet Revolution, Unabhängigkeitskrieg, gewaltloser Widerstand, nationale Befreiungsbewegung, Dekolonisierung „von oben“ Neokolonialismus, Islamismus, ethnopolitischer Konflikt, failed state, „11. September“

(Bildungsplan, S. 47 f.)

M2 Bildanalyse: Denkmalereien

Karikatur von Oliver Schopf, 2020

M3 „Neue Leute“

Karikatur von Fritz J. Behrendt (1960)

M4 Europäische Schuld?

Aus einem Interview mit Kehinde Andrews, Professor für Black Studies an der Birmingham City University und Ko-Vorsitzender der britischen „Black Studies Associaiton“ (2017):

Warum halten Sie Reparationen für die geeignete Antwort auf historische Gräueltaten?

Zunächst einmal müssen wir verstehen, dass der westliche Wohlstand und die Welt von heute auf Sklaverei und Kolonialismus basieren. Die Sklaverei hat zur Verrohung der Gesellschaften aller beteiligten Länder geführt. Entsetzlicher Rassismus besteht fort, sowohl in starker struktureller Ungleichheit als auch in krassen rassistischen Vorurteilen. [...]

Wie hoch sollten die Entschädigungszahlungen Ihrer Meinung nach sein?

Nun, wir sollten die unbezahlte Arbeit berücksichtigen, die Millionen Menschen zwischen dem 16. und dem 19. Jahrhundert leisten mussten. Außerdem müssen wir den entstandenen Schaden einrechnen. Wir reden hier über richtig hohe Summen. In den USA sind 4,9 bis 15 Trillionen Dollar im Gespräch.

(Kehinde Andrews/Katja Dombrowsky/Hans Dombrowsky, „Wir reden über richtig große Summen“, in: E+Z, Frankfurt/M., 31.10.2017; https://www.dandc.eu/de/article/britischer-wissenschaftler-fordert-reparationen-des-westens-ehemalige-kolonien [26.01.2022])

Arbeitsanregungen

1. Begriffe

a) Erklären Sie sich zu zweit gegenseitig die Begriffe aus M 1, indem Sie abwechselnd zu jedem Begriff einen Satz formulieren.

b) Entwerfen Sie eine Mindmap, in der Sie die Folgen des Kolonialismus bis in die Gegenwart unter Oberbegriffen zusammenfassen.

2. Methode: Bildanalyse

a) Analysieren Sie M 2 und M 3.

b) Veranstalten Sie eine Podiumsdiskussion, in der Sie – ausgehend von M 2–M 4 – über Möglichkeiten des Umgangs mit der kolonialen Vergangenheit diskutieren.

3. Urteilen

„Nur wer die Vergangenheit kennt, hat eine Zukunft“ (Wilhelm von Humboldt, 1767 – 1835). Diskutieren Sie über diese Aussage hinsichtlich der Auswirkungen des Kolonialismus bis in die Gegenwart.

Hinweise und Trainingselemente zur Vorbereitung auf Klausuren und die Abiturprüfung

1. Operatoren

In dieser Tabelle finden Sie die Verben, die Ihnen bei Klausuraufgaben sowie im schriftlichen als auch im mündlichen Abitur begegnen („Operatoren"). Um die Aufgaben zielgerichtet und im Sinne der an Sie gestellten Erwartungen zu bearbeiten, ist es wichtig, genau zu wissen, was die einzelnen Operatoren verlangen (Bildungsplan , S. 49 f.).
Im schriftlichen Abitur finden sehr häufig folgende Operatoren Anwendung: *analysieren, vergleichen, darstellen, überprüfen, beurteilen, erörtern.*
Am besten übernehmen Sie die untenstehende Übersicht und prägen sich die Definitionen der häufig eingesetzten Operatoren ein. Die nicht kursiven Passagen sind die offiziellen Definitionen. Die kursiven Passagen die nicht offiziellen Erläuterungen.

Anforderungsbereich I: Wiedergeben und Beschreiben von Inhalten und Materialien (Reproduktionsleistungen)	
beschreiben	Sachverhalte schlüssig wiedergeben
bezeichnen	Sachverhalte (insbesondere bei nichtlinearen Texten wie zum Beispiel Tabellen, Schaubildern, Diagrammen oder Karten) begrifflich präzise formulieren
nennen	Sachverhalte in knapper Form anführen *Häufig reichen Stichworte oder eine Aufzählung.*
Anforderungsbereich II: selbstständiges Erklären, Bearbeiten und Ordnen bekannter Sachverhalte sowie angemessenes Anwenden gelernter Inhalte und Methoden auf andere Sachverhalte (Reorganisations- und Transferleistungen)	
analysieren	Materialien oder Sachverhalte systematisch untersuchen und auswerten *Die auszuwertenden Materialien können unterschiedlich sein, z. B. Texte, Bilder, Statistiken, Karikaturen, Plakate. Jede Analyseaufgabe sollte folgende Elemente enthalten:* • *formale Beschreibung (Materialsorte, Autor, Ort usw.)* • *inhaltliche Beschreibung (herausarbeiten des Inhaltes und der Gestaltungsmittel)* • *Einordnung in den historischen Kontext.* ***Achten Sie besonders darauf:*** *Materialsorte und ihre Besonderheit (z. B. werbende Funktion bei Plakaten); bedeutsame Gestaltungsmittel (z. B. Ironie, Aggressivität, Einsatz von Feindbildern); Einordnung in den historischen Kontext (Was zeigt uns das Material über die damalige Zeit?).* *Vgl. dazu die Methodenhinweise auf S. 250 – 264.*
begründen	Aussagen (zum Beispiel eine Behauptung, eine Position) durch Argumente stützen, die durch Beispiele oder andere Belege untermauert werden
charakterisieren	Sachverhalte mit ihren typischen Merkmalen und in ihren Grundzügen bestimmen *Hier sollten Sie nicht einfach beschreiben, sondern das Wesentliche oder das Besondere des Sachverhaltes deutlich machen.*
darstellen	Sachverhalte strukturiert und zusammenhängend verdeutlichen *Hier sollten Sie in einem fortlaufenden Text die Sachverhalte logisch miteinander verknüpfen und Ihren Text in sinnvolle Abschnitte gliedern. Um den Überblick zu behalten, können Sie sich im Vorfeld ein knappes Konzept machen. Bei umfangreichen Darstellungsaufgaben sollte in einem ersten Satz das Vorgehen/die Strukturierung deutlich gemacht werden.* ***Achten Sie besonders darauf:*** *Vermeiden Sie unzusammenhängende Einzelinformationen (z. B. eine bloße Aneinanderreihung). Überlegen Sie sich sinnvolle Strukturierungen/eine Gliederung für Ihren Text (s. S. 267 f.).*
ein-, zuordnen	Sachverhalte schlüssig in einen vorgegebenen Zusammenhang stellen

erklären	Sachverhalte schlüssig aus Kenntnissen in einen Zusammenhang stellen (z. B. Theorie, Modell, Gesetz, Regel, Funktions-, Entwicklungs- und/oder Kausalzusammenhang)
erläutern	Sachverhalte mit Beispielen oder Belegen veranschaulichen
erstellen	Sachverhalte (insbesondere in grafischer Form) unter Verwendung fachsprachlicher Begriffe strukturiert aufzeigen
heraus-arbeiten	Sachverhalte unter bestimmten Gesichtspunkten aus vorgegebenem Material entnehmen, wiedergeben und/oder gegebenenfalls berechnen *Die Gesichtspunkte werden in der Regel durch die Aufgabenstellung vorgegeben.* ***Achten Sie besonders darauf:*** *Lesen Sie bei Texten genau. Fragen Sie sich stets, was genau der Autor/die Autorin gemeint hat. Vermeiden Sie eine bloße „Nacherzählung" des Textes, sondern arbeiten Sie nur die von der Aufgabenstellung geforderten Gesichtspunkte heraus. Strukturieren Sie die herausgearbeiteten Informationen, auch wenn der Text selbst nicht oder anders strukturiert ist. Benutzen Sie die indirekte Rede und andere Mittel der Redewiedergabe.*
vergleichen	Vergleichskriterien festlegen, Gemeinsamkeiten und Unterschiede gewichtend einander gegenüberstellen sowie ein Ergebnis formulieren *Zur Vorbereitung dieser Aufgabe empfiehlt es sich, eine Tabelle anzulegen (s. S. 265, 269 f.).*
Anforderungsbereich III: reflexiver Umgang mit neuen Problemstellungen, eingesetzten Methoden und gewonnenen Erkenntnissen, um zu Begründungen, Urteilen und Handlungsoptionen zu gelangen (Reflexion und Problemlösung)	
beurteilen	Sachverhalte, Aussagen, Vorschläge oder Maßnahmen untersuchen, die dabei zugrunde gelegten Kriterien benennen und ein begründetes Sachurteil formulieren *Hier schätzen Sie einen Sachverhalt nach bestimmten Kriterien ein. Sie müssen in der Regel das Urteil etwas breiter anlegen als bei „überprüfen" und die einzelnen Argumente gegeneinander abwägen.* ***Achten Sie besonders darauf:*** *Beginnen Sie mit einer Einleitung, in der Sie Begriffe klären und Beurteilungskriterien aufstellen (s. S. 271 f.).*
bewerten	Sachverhalte, Aussagen, Vorschläge oder Maßnahmen beurteilen, ein begründetes Werturteil (d. h. eine begründete Aussage, ob etwas als gut, richtig, rechtmäßig, falsch, verwerflich usw. angesehen wird) formulieren und die dabei zugrunde gelegten Wertmaßstäbe offenlegen. *Wie etwas „bewertet" wird, hängt in hohem Maße von den eigenen Wertmaßstäben ab. Um deutlich zu machen, auf welcher Grundlage eine Bewertung vorgenommen wird, müssen die zugrunde gelegten Wertmaßstäbe offengelegt werden.*
entwickeln	Zu einer vorgegebenen oder selbst entworfenen Problemstellung einen begründeten Lösungsvorschlag entwerfen
erörtern	Zu einer vorgegebenen These oder Problemstellung durch Abwägen von Pro- und Kontra-Argumenten ein begründetes Ergebnis formulieren *Hier geht also Ihrem Urteil eine Pro- (dafür) und Kontra- (dagegen) Argumentation voraus. Zwar muss man bei jedem Urteil das Für und Wider berücksichtigen und abwägen, bei „erörtern" steht dies aber besonders im Zentrum.* ***Achten Sie besonders darauf:*** *Beginnen Sie mit einer Einleitung, in der Sie Begriffe klären und Beurteilungskriterien aufstellen.*
gestalten	Zu einer vorgegebenen oder selbst entworfenen Problemstellung ein Produkt rollen- beziehungsweise adressatenorientiert herstellen
überprüfen	Aussagen, Vorschläge oder Maßnahmen an Sachverhalten auf ihre sachliche Richtigkeit hin untersuchen und ein begründetes Ergebnis formulieren *Hier untersuchen Sie in der Regel, ob eine bestimmte Aussage oder ein bestimmtes Kriterium zutrifft oder nicht. Dazu reicht häufig eine stichprobenhafte Überprüfung.* ***Achten Sie besonders darauf:*** *Beginnen Sie mit einer Einleitung, in der Sie Begriffe klären und Beurteilungskriterien aufstellen.*

2. Umgang mit Materialien

Die in Klausuren und im schriftlichen Abitur verwendeten Materialien sind in der Regel Texte, Bilder (Historiendarstellungen, Herrscherdarstellungen, Karikaturen, Plakate, Fotografien), Statistiken (Tabellen oder grafische Darstellungen). Die für die Materialbearbeitung verwendeten Operatoren lauten „herausarbeiten“, „analysieren“, „vergleichen“ und „beurteilen“. Um diese Materialien adäquat bearbeiten zu können, sollten Sie die Besonderheiten der Materialarten kennen sowie insbesondere die Schritte bei der Analyse der jeweiligen Materialsorte beherrschen.

a) Texte

Texte analysieren

Der Operator **„analysieren“**: In Klausuren finden Sie in der Regel Aufgaben des Typs „Analysieren Sie Material 1“. Der Operator verlangt, dass Materialien systematisch untersucht und ausgewertet werden. Das beinhaltet die formale Beschreibung, das Herausarbeiten der Inhalte und die Erklärung im historischen Kontext.
Die **äußeren Textmerkmale** geben in der Regel wichtige Hinweise für das Verständnis des Materials (Wer? An wen? Wann? Wo?). Auch sollte zu Beginn das Thema benannt werden (Worum geht es?). Überlegen Sie bei den äußeren Merkmalen immer, ob Sie Ihnen hilfreiche Hinweise zum Verständnis geben können. Manchmal ist das Datum sehr wichtig. Es spielt z. B. eine bedeutende Rolle, ob der Text vor oder nach einem bestimmten Ereignis verfasst worden ist. Für die Frage der Perspektive ist es sehr wichtig, wer spricht/schreibt und wer der Adressat des Textes ist.
Wesentlich für die Analyse von Texten ist das **Herausarbeiten der Aussagen anhand übergeordneter, systematischer Kriterien**. Nur selten sind die Texte so geordnet, dass man die Aussagen dem Text folgend zusammenfassen kann. Auch werden manchmal Sachverhalte nicht explizit angesprochen, sondern nur angedeutet. Es ist daher wichtig, den Text vollständig inhaltlich verstanden zu haben, bevor man die Aussagen in eigenen Worten zusammenfassen kann. Es reicht also nicht, den Text von Anfang bis Ende nur leicht verändert nachzuerzählen.
Ein Exzerpt (konzeptartiger Textauszug) kostet in Klausuren Zeit, aber es hilft unnötige Wiederholungen zu vermeiden und das Wesentliche herauszuarbeiten. Es ist auch wichtig, dass **Begriffe**, die ein weniger gut informierter Leser selbst nicht ohne Weiteres versteht, erklärt werden. Zur inhaltlichen Beschreibung gehört auch das Herausarbeiten der **sprachlichen Gestaltungsmittel**. Diese sind allerdings nur dann zu berücksichtigen, wenn sie die Analyse des Textes sinnvoll unterstützen oder ergänzen. So kann es aufschlussreich sein zu zeigen, mit welchen Mitteln ein Verfasser Sachverhalte beschönigt, Gegner oder Feinde anprangert oder Unterstützer zu gewinnen versucht.
In der Regel wird von Ihnen erwartet, dass Sie zentrale Aussagen und vor allem auch Zitate durch **Zeilenangaben** belegen. Schreiben Sie diese in Klammern, benutzen Sie dabei für eine Folgezeile „f.“, für zwei oder mehr „ff.“ (und vergessen Sie dabei nicht den Punkt), mehrere Zeilen können Sie auch in der Form „Z. X – X“ angeben.
Um deutlich zu machen, was Aussagen aus dem Material und was Ihre eigenen Aussagen sind, benutzen Sie die üblichen Mittel zur **Kennzeichnung der Redewiedergabe**: Anführungszeichen bei der direkten, Konjunktiv bei der indirekten Rede .
Wie bei jeder Analyse bezieht sich der zweite Hauptteil auf die Einordnung und Erklärung im historischen Kontext. Bei Ihrer Analyse müssen Sie den Text einerseits in den Kontext einordnen, andererseits auch inhaltliche Widersprüche oder grobe inhaltliche Unterschlagungen aufzeigen. Eine kritische Beurteilung des Textes ist, wie bei der Analyse der anderen Materialsorten, nicht gefordert (s. auch S. 266).

Kennzeichnung der Redewiedergabe

Für Aussagen aus dem Text benutzen Sie redeeinleitende Ausdrücke („Im ersten Abschnitt wird dargelegt, dass …“). Wenn Sie den Indikativ verwenden, sorgen Sie dafür, dass dem Leser klar wird, dass es sich bei der Passage um eine Redewiedergabe handelt („Nach den Verfassern …“).
Der Modus der Redewiedergabe ist der Konjunktiv I (er ist → er sei). Wenn dieser nicht eindeutig ist, kann auf Konjunktiv II, notfalls auf die Ersatzform mit „würde“ ausgewichen werden (ich gehe → *ich gehe → ich ginge).
Übungen zur Kennzeichnung der Redewiedergabe finden Sie auf S. 252.

Schritte zur Analyse eines Textes

1. Formale Beschreibung

- Titel
- Verfasser
- Erscheinungsort/-datum
- Adressat(en)
- Quelle
- Textsorte: Pamphlet, Flugschrift, Erklärung, Rede, Artikel, Interview, Biografie, Auto-Biografie, wissenschaftliche Abhandlung usw.

Bemerkungen

→ *Beginnen Sie die Aufgabe mit einem Satz, in welchem Sie den/die Verfasser, die Entstehungszeit und das Thema/die Absicht des Materials benennen, z. B. „In ihrer Schrift von 1936 … kritisierte die Exil-SPD das Regime der Nationalsozialisten."*

→ *Verfasser, Textsorte (z. B. Rede) und Adressaten (z. B. Parteianhänger) geben meistens zielführende Hinweise zu Aussageabsicht und Perspektive des Textes.*

2. Herausarbeiten des Inhalts

- Strukturiertes Herausarbeiten des Gedankengangs und der Argumentation mit eigenen Worten.
  Mögliche Aspekte:
  - Frage-, Problemstellung des Verfassers
  - Kernaussagen
  - Ausgangspunkt
  - Argumentationsstruktur, Begründungen, evtl. Widersprüche, Schlussfolgerungen
- Herausarbeiten der sprachlichen Gestaltungsmittel, sofern sie für die Analyse relevant sind.
  Mögliche Aspekte:
  - nüchtern vs. emotional
  - Steigerungen
  - Hoch-Wert-Begriffe (Ehre, Nation, Pflicht, Schicksal …)
  - Wiederholungen
  - Feindbilder, Bedrohung
  - Betonung von Gemeinsamkeit (Brüder, „Seite an Seite"…)

3. Den Text im historischen Zusammenhang erklären

- Erklären, wie der Text zu verstehen ist und was man von dem Text über die Zeit, in der er verfasst wurde, erfährt.
  - Erklären der Situation, auf die sich der Verfasser bezieht
  - Historische Phänomene, die sich in dem Text widerspiegeln (z. B. Kritik an Kapitalismus oder Parlamentsherrschaft)
  - Standort des Verfassers, politischer bzw. ideologischer Standpunkt

4. Resümee

- Gesamtaussage des Textes

Herausarbeiten

Verlangt die Aufgabenstellung, dass bestimmte Aspekte „herausgearbeitet" werden, so fällt von oben Schritt 3 (historischer Kontext) weg bzw. wird nur sehr knapp behandelt. Sprachliche Mittel müssen nicht zwingend berücksichtigt werden, können aber einbezogen werden, wenn sie zur Verdeutlichung der Inhalte beitragen. Die Aufgabenstellung gibt Gesichtspunkte vor, was herausgearbeitet werden soll. Diese sollten sich in der Bearbeitung als Strukturierung wiederfinden. Ein häufiger Fehler ist, dass Schülerinnen und Schüler den Text nur paraphrasieren (also textdurchschreitend „nacherzählen") und nicht die Inhalte gemäß der vorgegebenen Struktur herausarbeiten.

Übungen zur Kennzeichnung der Redewiedergabe

Formen Sie um nach dem Muster „Er/sie behauptet, er/es/sie …“

1. es ist …
2. er kann …
3. sie sagen …
4. die Parteien können …
5. Die Einführung der Demokratie wird eine Änderung zum Besseren bringen.
6. Das Selbstbestimmungsrecht der Völker bildet die Grundlage der internationalen Ordnung.
7. Das geht nicht so weiter!
8. Wir können so nicht weitermachen!
9. Die Autokraten haben einen großen Fehler gemacht.
10. Er hat …
11. Ich habe …
12. Wenn er Recht hätte, könnte er ja offen zu seiner Behauptung stehen.

Beispielaufgabe: Analyse eines Textes

M 1 Der Sozialdemokrat Egon Bahr in einer Rede in der Evangelischen Akademie Tutzing, 15. Juli 1963

Die amerikanische Strategie des Friedens lässt sich auch durch die Formel definieren, dass die kommunistische Herrschaft nicht beseitigt, sondern verändert werden soll.

Die Änderung des Ost-West-Verhältnisses, die die USA versuchen wollen, dient der Überwindung des Status quo, indem der Status quo zunächst nicht verändert werden soll. Das klingt paradox, aber es eröffnet Aussichten, nachdem die bisherige Politik des Drucks und Gegendrucks nur zu einer Erstarrung des Status quo geführt hat. Das Vertrauen darauf, dass unsere Welt die bessere ist, die im friedlichen Sinn stärkere, die sich durchsetzen wird, macht den Versuch denkbar, sich selbst und die andere Seite zu öffnen und die bisherigen Befreiungsvorstellungen zurückzustellen. [...]

Die erste Folgerung, die sich aus einer Übertragung der Strategie des Friedens auf Deutschland ergibt, ist, dass die Politik des Alles oder Nichts ausscheidet. [...] Wenn es richtig ist, und ich glaube, es ist richtig, dass die Zone dem sowjetischen Einflussbereich nicht entrissen werden kann, dann ergibt sich daraus, dass jede Politik zum direkten Sturz des Regimes drüben aussichtslos ist. Diese Folgerung ist rasend unbequem und geht gegen unser Gefühl, aber sie ist logisch. Sie bedeutet, dass Änderungen und Veränderungen nur ausgehend von dem zur Zeit dort herrschenden verhassten Regime erreichbar sind. [...]

Wir haben gesagt, dass die Mauer ein Zeichen der Schwäche ist. Man könnte auch sagen, sie war ein Zeichen der Angst und des Selbsterhaltungstriebes des kommunistischen Regimes. Die Frage ist, ob es nicht Möglichkeiten gibt, diese durchaus berechtigten Sorgen dem Regime graduell soweit zu nehmen, dass auch die Auflockerung der Grenzen und der Mauer praktikabel wird, weil das Risiko erträglich ist.

Das ist eine Politik, die man auf die Formel bringen könnte: „Wandel durch Annäherung".

(Egon Bahr, Vortrag vor der evangelischen Akademie Tutzing am 15.7.1963; zit. nach: Heinrich von Siegler (Hg.), Keesings Archiv der Gegenwart, Königswinter u. a. (Siegler Verlag für Zeitarchive) 1963, S. 1070 f.)

Aufgabe: Analysieren Sie M 1.

Lösungshinweise

Der Operator „analysieren" verlangt eine formale äußere (Autor, Datierung, Ort der Veröffentlichung, Art der Quelle, Thema) und eine inhaltliche Quellenbeschreibung (zentrale Inhalte, sprachliche Mittel) sowie eine Einordnung in den historischen Kontext und ein zusammenfassendes Resümee.

1. Formale Beschreibung
Verfasser (Egon Bahr, SPD), Textsorte (Rede), Datum und Ort (15.7.1963, evangelische Akademie Tutzing), Adressaten (Zuhörer in der Akademie, Öffentlichkeit).

2. Herausarbeiten der Inhalte
- Thema: Übertragung der „amerikanischen Strategie des Friedens" (Z. 1) auf Deutschland.
- Amerika hat sich von dem Ziel der Beseitigung der kommunistischen Herrschaft, von der Politik des „Alles oder Nichts" (Z. 10) abgewandt, da die „bisherige Politik des Drucks und Gegendrucks" (Z. 5) nur zu Verhärtung und Erstarrung geführt habe. Bahr begrüßt diese Änderung und plädiert für eine Übertragung dieser Strategie auf Deutschland. (Z. 9)
- Änderungen innerhalb der kommunistischen Regime könnten nur die Regime selbst veranlassen. Um Änderungen zu erreichen, solle der Status quo (temporär) akzeptiert werden. Das schaffe Sicherheit, vermindere die Angst und erlaube so den kommunistischen Regimen beispielsweise eine „Auflockerung der Grenzen und der Mauer". (Z. 19)
- Das westliche System („unsere Welt", Z. 6) sei das bessere und würde sich durch seine Attraktivität (und nicht mit Gewalt) durchsetzen.
- Egon Bahr bringt seine Strategie auf die Formel: „Wandel durch Annäherung".
  Sprachliche Mittel: Bahr wirbt für ein Umdenken. Er spricht die Radikalität und Schwierigkeit der Aufgabe gewohnter Denkmuster an: „Das klingt paradox ..." (Z. 4) „Diese Folgerung ist rasend unbequem und geht gegen unser Gefühl, aber sie ist logisch." (Z. 12 f.) Er versucht auch, dem Eindruck entgegenzutreten, er verharmlose die kommunistischen Regime: „unsere Welt [ist] die bessere" (Z. 6), die „zur Zeit dort herrschenden verhassten Regime" (Z. 14 f.).

3. Historischer Kontext
- Bahr hielt die Rede 1963.
- Die Kuba-Krise 1962, die die Welt an den Rand eines atomaren Weltkriegs führte, hatte die Grenzen der „Politik der Stärke" gezeigt und eine Phase der Entspannung im Ost-West-Verhältnis eingeleitet.
- Mit seiner „Tutzinger Rede" vollzog der SPD-Politiker diese Wende für die bundesdeutsche Ost- und Deutschlandpolitik nach. Sie bildete die programmatische Grundlage für die „Neue Ostpolitik" der sozialliberalen Regierung unter Willy Brandt, die zwischen 1970 und 1973 Verträge mit der Sowjetunion, Polen, der DDR und der Tschechoslowakei abschloss.

4. Resümee/Gesamtaussage
Bahr wirbt unter der Formel „Wandel durch Annäherung" dafür, die Existenz des kommunistischen Ostblocks als Realität zu akzeptieren und dadurch eine Verbesserung im Ost-West-Verhältnis und eine Verbesserung der Lebensbedingungen der dort lebenden Menschen zu erreichen.

b) Bilder/Karikaturen

Bilder analysieren

Die geforderten Schritte beim Operator „analysieren“ (formale Beschreibung, inhaltliche Beschreibung, Erklärung im historischen Kontext, Resümee) werden bei Bildern in gleicher Weise wie bei Texten und Statistiken angewandt.
Bilder lassen sich nach Untergruppen ordnen: Historiengemälde, Herrscherdarstellungen, Karikaturen, Wahlplakate, Reportagefotografien, Propagandafotografien usw. Je nach Untergruppe unterscheiden sich Funktion und Intention des Bildes: Ein Plakat will in der Regel für etwas werben, eine Karikatur übertreibt bestimmte Merkmale einer Person oder eines Sachverhalts, um zu kritisieren oder lächerlich zu machen. Es ist wichtig, dies bei der Analyse zu berücksichtigen.
Trotz solcher Unterschiede sind die wesentlichen Schritte bei der Bildanalyse immer die gleichen. Im Zentrum stehen die Entschlüsselung der Bildelemente, die Charakterisierung des Gesamtaufbaus, die Einordnung in den historischen Kontext und das Herausarbeiten der Aussageabsicht.

Karikaturen analysieren

Bei der Analyse von Karikaturen werden die gleichen Schritte wie bei der Bildanalyse allgemein angewandt. Dabei sollten die Besonderheiten der Materialsorte „Karikatur“ berücksichtigt werden.
Karikaturen (von ital. caricare = überladen) sind (in der Regel bildliche) Darstellungen, die vorhandene oder vermeintliche Eigenschaften bewusst übertreiben, zuspitzen oder Klischees nutzen, um Personen oder Zustände lächerlich zu machen, zu kritisieren oder zu dämonisieren. Dabei nimmt der Karikaturist in der Regel für eine bestimmte Sichtweise Partei. Man kann also häufig unterscheiden zwischen der allgemeinen Aussage einer Karikatur (z. B.: Niemand reagiert auf die offensichtlichen Kriegsvorbereitungen von Hitler) und der Haltung des Karikaturisten (z. B.: Er kritisiert diese Haltung der anderen Staaten als rückgratlos und dumm gegenüber einer Politik, die seiner Meinung nach geradewegs ins Verderben führt). Auf jeden Fall sollte am Schluss der Analyse die Haltung des Karikaturisten klar benannt werden.

Schritte zur Analyse einer Karikatur

1. Formale Beschreibung

- Materialsorte (Karikatur)
- Titel, zentrale Aufschrift
- Verfasser/Künstler (Karikaturist)
- Entstehungszeit
- Anlass, Adressaten

2. Inhaltliche Beschreibung

- Wichtige Elemente der Karikatur
  - Personen, Personengruppen
  - Symbole, Personifikationen (z. B. deutscher Michel, Germania, Marianne, Uncle Sam, John Bull)
  - Gegenstände, Naturdarstellung
- Relation der Karikaturelemente und Gestaltung
  - Zusammenhänge, Interaktionen
  - Größenverhältnisse
  - Überzeichnung bestimmter Eigenschaften und Merkmale: Bei Karikaturen werden sehr häufig auch Klischees bzw. Stereotype (vorgefertigte, allgemein verbreitete Bilder) eingesetzt.
  - Farbgebung
  - Perspektive
  - Vordergrund und Hintergrund
- Textelemente: Oft geben die Textelemente einen Hinweis, wie die Karikatur zu verstehen ist, z. B. auch dann, wenn sie im Gegensatz zum bildlich Dargestellten stehen.
- Gesamteindruck

3. Die Karikatur im historischen Kontext erklären

- Elemente der Karikatur erklären, sofern nicht schon unter 2. geschehen (historische Persönlichkeiten identifizieren, Symbole, Personifikationen usw. auflösen)
- Metaphern auflösen
- Historische Situation zur Zeit der Produktion der Karikatur, historische Situation zur Zeit des dargestellten Ereignisses/der dargestellten Situation
- Historische Phänomene, die sich in der Karikatur spiegeln

4. Resümee

- Gesamtaussage der Karikatur
- Haltung des Karikaturisten: Dies kann auch nach der Erklärung im historischen Kontext angesprochen werden.

Beispielaufgabe: Analyse einer Karikatur

M2 „Die deutschen siamesischen Zwillinge“

Karikatur von E. M. Lang, 1948

Die deutschen siamesischen Zwillinge

Aufgabe: Analysieren Sie M2.

Lösungshinweise

Der Operator „analysieren" verlangt eine formale äußere (Karikaturist, Datierung, Ort der Veröffentlichung, Art der Quelle, Thema) und eine inhaltliche Quellenbeschreibung (wesentliche Bildelemente, Personen/-gruppen, Symbole, Allegorien, Personifikationen, Gegenstände, Überzeichnungen bestimmter Eigenschaften und Merkmale, Farbgebung, Perspektive, Textelemente/Beschriftungen) sowie eine Einordnung in den historischen Kontext und ein zusammenfassendes Resümee.

1. Formale Beschreibung
Titel („Die deutschen siamesischen Zwillinge"), Karikaturist (E. M. Lang), Ort und Datum der Veröffentlichung (Ort oder Zeitschrift unbekannt, 1948) und Adressat (unbekannt, vermutlich Öffentlichkeit in Deutschland).

2. Inhaltliche Beschreibung

- Man sieht auf der linken Seite die westlichen Siegermächte (USA, Großbritannien und Frankreich), auf der rechten die Sowjetunion. Sie sind durch entsprechende Symbole zu erkennen (USA: Uncle Sam, Flagge; Frankreich: Marianne mit Jakobinermütze; Großbritannien: John Bull, Flagge; Sowjetunion: russischer Bär mit Stalins Gesichtszügen). Marianne legt ihren Arm über Uncle Sams Schulter und steht sehr eng bei John Bull. Die Sowjetunion steht allein. Die Figuren links schauen freundlich, auch die rechte Figur scheint der mittleren Figur freundlich zugewandt.
- In der Mitte sitzt in einem Hochstuhl ein siamesisches Zwillingspaar, d. h. ein Zwillingspaar, dessen Körper (untrennbar bzw. nur operativ trennbar) miteinander verwachsen sind. Die Zwillinge sind als Personifikation von Deutschland erkennbar (deutscher Michel mit Zipfelmütze) und stehen für die drei Westzonen und die sowjetische Besatzungszone.
- Die linke Figur in der Mitte wird von den USA gefüttert. Sie schaut nicht sonderlich erfreut, öffnet aber den Mund. Die rechte Figur ist abweisend oder ängstlich, der Eindruck wird durch die geknickte Zipfelmütze unterstrichen. Die Sowjetunion hat die Hand ausgestreckt, vielleicht um die rechte Figur unter dem Kinn zu streicheln, füttert sie aber nicht.
- Auffallend ist die Bildkomposition mit den großen, erwachsenen Figuren und den kleinen Zwillingen in der Mitte. Insbesondere die Sowjetunion ist als sehr große, mächtige Figur dargestellt. Der Hintergrund ist dunkel gestaltet. Deutschland ist also schon in Ost und West gespalten. Die Macht haben die Siegermächte. Sie wenden sich jeweils einem Teil von Deutschland zu und entscheiden wohl über dessen Schicksal.

3. Historischer Kontext

- Die Karikatur nimmt Bezug auf die Situation in Deutschland 1948 und die Politik der Besatzungsmächte.
- Während der Konferenz von Potsdam wurde die Aufteilung Deutschlands in Besatzungszonen vereinbart. Allerdings sollte die Einheit Deutschlands erhalten bleiben und Entscheidungen über Deutschland als Ganzes von den Besatzungsmächten gemeinsam getroffen werden. Das zunehmende Auseinanderbrechen der Anti-Hitler-Koalition im Zuge des beginnenden Kalten Krieges wurde auch in der Besatzungspolitik deutlich. Die Besatzungsmächte gestalteten den Wiederbeginn des wirtschaftlichen und politischen Lebens nach ihren eigenen Systemvorstellungen: im Osten durch die Zwangsvereinigung von SPD und KPD zur SED sowie ihre Führungsrolle als Vertretung der Arbeiterklasse („Diktatur des Proletariats") sowie durch erste Schritte der Sozialisierung von Privateigentum an Produktionsmitteln (z. B. Landreform: „Junkerland in Bauernhand"); im Westen durch Wiederzulassung mehrerer Parteien (Parteienpluralismus) und die Beibehaltung des Privateigentums an Produktionsmitteln.
- Die Westzonen schlossen sich zunächst in der Bizone (1947) und dann in der Trizone (1948) zusammen und führten eine eigene Währung ein (Währungsreform 1948). Mit den Frankfurter Dokumenten ging der Auftrag der Westalliierten an die Ministerpräsidenten der westdeutschen Länder, eine Verfassung für einen Weststaat zu schaffen.

4. Resümee/Gesamtaussage

- Aussage der Karikatur: Die Westmächte und die Sowjetunion entscheiden über Deutschland. Sie betreiben über die Köpfe der Deutschen hinweg eine Politik der Teilung. Diese Teilung ist allerdings aufgrund der natürlichen Verbundenheit der siamesischen Zwillinge schwierig.
- Der Karikaturist kritisiert die Politik der Besatzungsmächte. Er stellt die westlichen Besatzungsmächte freundlicher dar und bedauert die Deutschen in ihrer Opferrolle. Damit nimmt er eine Perspektive ein, die für viele Zeitgenossen in Westdeutschland typisch war.

c) Bilder/Plakate

Plakate analysieren

Bei der Analyse von Plakaten werden die gleichen Schritte wie bei der Bildanalyse allgemein angewandt. Dabei sollten die Besonderheiten der Materialsorte „Plakat“ berücksichtigt werden.

Plakate versuchen in der Regel, mit einer Kombination aus Schrift und Bild für eine Sache zu werben. Ein Plakat will also Einfluss nehmen und Gefühle wecken – positive oder feindselige.

Plakate werden in der Regel im öffentlichen Raum aufgehängt und sollen ihre Botschaft rasch und eingängig dem Vorbeigehenden oder -fahrenden (auch bei nur flüchtigem Betrachten) vermitteln.

Schritte zur Analyse eines Plakates

1. Formale Beschreibung

- Materialsorte (Plakat)
- Titel, zentrale Aufschrift
- Verfasser (wird oft nicht genannt), Auftraggeber (z. B. politische Partei)
- Entstehungszeit
- Anlass, Adressaten

2. Inhaltliche Beschreibung

- Wichtige Elemente des Plakats
  - Personen, Personengruppen
  - Symbole, Personifikationen (z. B. deutscher Michel, Germania, Marianne, Uncle Sam, John Bull)
  - Gegenstände, Naturdarstellung
- Relation der Plakatelemente und Gestaltung
  - Zusammenhänge, Interaktionen
  - Größenverhältnisse
  - Überzeichnung bestimmter Eigenschaften und Merkmale
  - Farbgebung (auch Hell-Dunkel-Kontrast)
  - Perspektive
  - Vordergrund und Hintergrund
- Textelemente
- Zielrichtung/Zweck (Wofür wird geworben? Wovor wird gewarnt?)
- Gesamteindruck, mögliche Wirkung auf den/die Betrachter/-in

3. Das Plakat im historischen Kontext erklären

- Elemente des Plakats erklären, sofern nicht schon unter 2. geschehen (historische Persönlichkeiten identifizieren, Symbole, Personifikationen usw. auflösen)
- Metaphern auflösen
- Historische Situation zur Zeit der Produktion des Plakats, historische Situation zur Zeit des dargestellten Ereignisses/der dargestellten Situation
- Historische Phänomene, die sich in dem Plakat spiegeln

4. Resümee

- Gesamtaussage des Plakats
- Perspektivitat und Intention des Verfassers/Auftraggebers (beschönigen, verteidigen, angreifen, verherrlichen …)

Beispielaufgabe: Analyse eines Plakats

M 3 **Wahlkampfplakat der CDU, 1953**

Aufgabe: Analysieren Sie M 3.

Lösungshinweise

Der Operator „analysieren" verlangt eine formale äußere (Auftraggeber, Datierung, Ort der Veröffentlichung, Art der Quelle, Anlass) und eine inhaltliche Quellenbeschreibung (wesentliche Bildelemente, Personen/-gruppen, Symbole, Allegorien, Personifikationen, Gegenstände, Entschlüsselung von Text- und Bildelemente, Gestaltungsmittel [Farbgebung, Hell-Dunkel-Kontrast ...], Perspektive) sowie eine Einordnung in den historischen Kontext und ein zusammenfassendes Resümee.

1. Formale Beschreibung
Titel, zentrale Aufschrift („Alle Wege des Marxismus führen nach Moskau! Darum CDU"), Auftraggeber (CDU), Datum und Anlass (Bundestagswahlkampf 1953), Adressaten (Wahlberechtigte).

2. Inhaltliche Beschreibung
- Die unteren zwei Drittel des Bildes sind durch rote Streifen gekennzeichnet, die durch schmalere schwarze Streifen getrennt sind. Sie stehen, so kann man aus dem Text und der roten Farbe schließen, für die „Wege des Marxismus". Sie führen fluchtpunktartig auf das Zentrum im oberen Drittel des Bildes hin.
- Am oberen Bildrand ist die Augenpartie eines schwarzen Gesichtes mit einer Schildmütze (Armeemütze) mit dem Hammer-und-Sichel-Emblem der Sowjetunion. Diese Figur soll demnach für „Moskau" stehen.
- Die dominierenden Farben sind schwarz, rot und weiß. Insbesondere der schwarz-rot-Kontrast hat eine warnende und bedrohliche Wirkung, genauso wie das bis auf einen Teil der Augenpartie verdeckte Gesicht der Figur im oberen Bilddrittel (ein Mensch, der sich versteckt, der im Hinterhalt liegt).
- Das Plakat sagt aus, dass alle Bewegungen und Bestrebungen (in der BRD bzw. dem Westen), die mit dem Marxismus in Verbindung gebracht werden können, dem bedrohlichen Sowjetkommunismus dienen oder gar von ihm gesteuert sind. Dieser Umstand wird, so kann sich der Betrachter denken, nicht von allen gesehen. Deswegen warnt die CDU davor. Eine Wahl der CDU ist eine Wahl gegen den Sowjetkommunismus.

3. Historischer Kontext
- Das Plakat war für den Bundestagswahlkampf 1953 bestimmt. In dieser Zeit hatte der Kalte Krieg schon mit dem Koreakrieg (seit 1950) seinen ersten Höhepunkt erreicht. Die Deutschen hatten die Konflikte zwischen den Supermächten im eigenen Land erfahren durch Besatzungspolitik, Währungsreform, Berlin-Krise und schließlich die deutsche Teilung.
- Dominierende Partei in der BRD war die CDU Konrad Adenauers, der auch Bundeskanzler war. Er betrieb eine Politik der konsequenten Westbindung, die zu dieser Zeit auch schon eine Einbindung in die militärischen Strukturen des Westens vorsah. Entsprechend klar war die Abgrenzung von der Sowjetunion und der DDR, die als abhängiger „Satellit" der Sowjetunion gesehen wurde.
- Der so allgemein geförderte Antikommunismus richtete sich auch gegen die SPD, der Gegner vorwarfen, sie grenze sich nicht genügend vom Kommunismus ab (erst 1959 verabschiedete sich die SPD im „Godesberger Programm" ausdrücklich vom Marxismus).

4. Resümee/Gesamtaussage
- Das Plakat ist in Wahlkampfsprache und -aussage typisch für seine Zeit. Es zeigt die aufgeheizte Stimmung in der Auseinandersetzung zwischen Ost und West und die antikommunistische Grundhaltung, mit der die CDU den politischen Gegner SPD als Bedrohung der freiheitlich-demokratischen Grundordnung brandmarkt.

d) Statistiken

Statistiken analysieren

Auch bei der Analyse von Statistiken verlangt der Operator „analysieren“ die formale und inhaltliche Beschreibung sowie die Erklärung im historischen Kontext. Anders als bei Texten und Bildern werden Zahlenwerte und Maßeinheiten analysiert. Entwicklungen und Größenverhältnisse müssen herausgearbeitet und gegebenenfalls verglichen werden. Wie bei jeder Quellenanalyse sollte auch bei Statistiken kritisch berücksichtigt werden, wie vertrauenswürdig die Quelle (hier: vermutete Verlässlichkeit der Datenherkunft) sein kann und ob es eine Perspektive zu berücksichtigen gilt.

Schritte zur Analyse einer Statistik

1. Formale Beschreibung	**Formulierungshilfen**
● Titel ● Quelle, Herkunft der Daten, vermutete Verlässlichkeit der Quelle ● Darstellungsform (Tabelle, Liniendiagramm, Flächendiagramm, Balken-/Säulendiagramm, Kreis-/Kuchendiagramm …) ● Größen (Zeitraum, Industrieproduktion, Bruttoinlandsprodukt, Geburten, Stimmanteile bei Wahlen …) ● Einheiten (Jahre, Tonnen, Meter …) ● Zahlenwerte (absolute Zahlen, relative Zahlen, Index …)	*Die Statistik mit dem Titel … zeigt …* *Die Daten stammen aus dem Jahr …* *Die Daten entstammen der amtlichen Statistik und sind als zuverlässig einzuschätzen.* *Es handelt sich um eine Tabelle mit … Spalten und … Zeilen/ ein Balkendiagramm …* *Es wird die Entwicklung von … in den Jahren … bis … dargestellt.* *Die x-Achse zeigt … in … (z. B. t, kg), die y-Achse zeigt …* *Die Angaben erfolgen in Prozent/in absoluten Zahlen.* *Als Basis für den Index wurde das Jahr … (= 100 %) gewählt.*
2. Inhaltliche Beschreibung	**Formulierungshilfen**
● Beschreibung und Charakterisierung der Zahlenwerte, insbesondere – auffällige Zahlenwerte (Hoch-/Tiefpunkte) – Entwicklungen (Steigen, Fallen, Stagnation) – Relationen (Vergleich einzelner Angaben) ● Bei Bedarf: Ergebnisse der Beschreibung abschließend zusammenfassen	*Im Zeitraum von … bis … steigen/sinken die … im Durchschnitt um … /zwischen … und … %.* *Der Wert steigt/sinkt um … auf …* *Das Wachstum/die Abnahme beginnt erst langsam und beschleunigt sich/ist weitgehend linear/exponentiell.* *Die Entwicklung stagniert zwischen den Jahren … und …* *… führt die Entwicklung an, die Länder … und … bilden das Schlusslicht.* *Die Zuwachsrate von … ist doppelt so hoch wie die von …* *Den größten Anteil an … hat …* *Insgesamt kann man also sagen, dass …*
3. Ergebnisse im historischen Zusammenhang erklären	**Formulierungshilfen**
● Historische Phänomene, die sich in der Statistik spiegeln, bzw. Auswirkungen, die man aus der Statistik herauslesen kann (Wirtschaftswachstum während der Industrialisierung, Ausbeutung der Arbeiterschaft, Freizeitverhalten …)	*Die Statistik steht für das exponentielle Wirtschaftswachstum in der Take off-Phase der Industrialisierung.* *Sie ist durch … gekennzeichnet, was sich im starken Ansteigen/Fallen von … ausdrückt. Die Statistik zeigt somit einen wichtigen Teilaspekt dieser Entwicklung.* *Das starke Wachstum beruht auf … Die Entwicklungsunterschiede lassen sich auf … zurückführen/lassen sich dadurch erklären, dass … Die Ursache für den Abschwung liegt in …* *Die Statistik zeigt nicht …/gibt keine Auskunft über …*
4. Resümee	

Begriffe, auf die man immer wieder stößt

→ **Datenquelle:** Sehr häufige Datenquellen sind amtliche Statistiken, eigene Erhebungen von Historikern auf Basis von Quellenuntersuchungen oder (für die Zeit nach 1945) Ergebnisse von Umfrageinstituten. Ergebnisse der amtlichen Statistik sind, was das reine Zahlenmaterial angeht, in der Regel als zuverlässig einzustufen. Das Gleiche kann man bei wissenschaftlichen Publikationen voraussetzen. Eine gute Statistik gibt in jedem Fall Auskunft über die Herkunft der Daten.

→ **Darstellungsformen:** *Tabelle, Liniendiagramm, Flächendiagramm, Balken-/Säulendiagramm, Kreis-/Kuchendiagramm … Liniendiagramme* sind eher geeignet, um Entwicklungen in der Zeit darzustellen, *Kreisdiagramme*, um Anteile an einer Gesamtheit aufzuzeigen (z. B. Verteilung der Beschäftigten auf die drei Wirtschaftssektoren).

Beispiele:

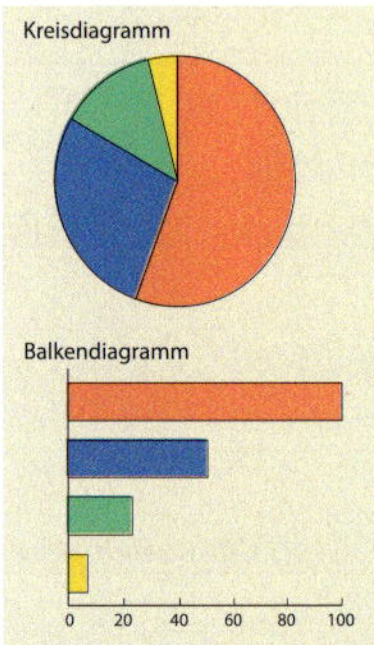

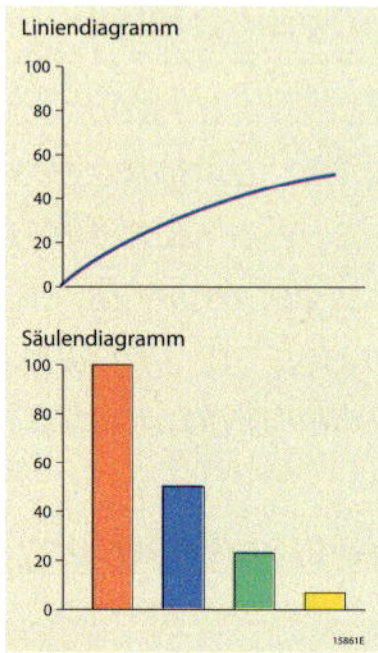

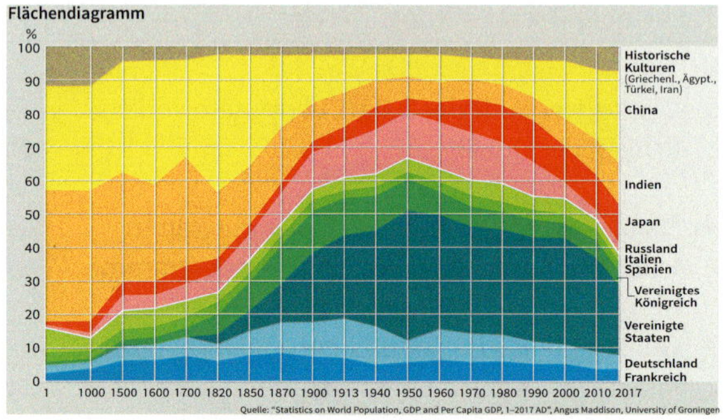

→ **Absolute und relative Zahlen:** *Absolute Zahlen* sind Zahlen, die z. B. die Anzahl der Neugeborenen angeben. *Relative Zahlen* sind Vergleichszahlen, also z. B. Angaben in Prozent. Auch ein *Index* ist eine relative Zahl.
Absolute Zahlen z. B. zur Industrieproduktion eignen sich nur bedingt, um den Verlauf der Industrialisierung in Ländern vergleichen zu können. Dazu wird ein Index berechnet, d. h. es wird bei Wertreihen im Zeitverlauf ein Ausgangswert mit dem Basiswert 100 versehen (z. B. Industrieproduktion in GB im Jahr 1900 = 100). Hat ein Land zu einem bestimmten Zeitpunkt den Indexwert 80, so heißt das, dass seine Industrieproduktion 80 % dessen beträgt, was Großbritannien im Jahr 1900 produziert hat. Indexzahlen kann man also lesen wie Prozentangaben.

→ **Wachstum/Aufschwung:** Die Werte steigen *linear* (d. h. gleichmäßig) oder *exponentiell* (d. h. erst langsam und dann immer stärker, z. B. bei Wachstumsprozessen), unregelmäßig oder in Schüben.

→ **Stagnation:** Die Werte verändern sich kaum oder gar nicht.

→ **Abnahme/Abschwung:** Einen Abschwung kann man in gleicher Weise wie einen Aufschwung (linear, exponentiell usw.) näher charakterisieren.

→ **Nominale und reale Zahlen:** Die Entwicklung beispielsweise der Löhne kann nominal oder real betrachtet werden. Beim Nominal- oder Nennwert betrachtet man das, was z. B. ein Arbeiter im Monat als Lohn erhält. Wenn ein Arbeiter 100 Euro pro Monat erhält und fünf Jahre später 110 Euro pro Monat, so ist sein Lohn nominal um 10% gestiegen. Ob er sich für die 110 Euro mehr leisten kann, hängt aber von der Preisentwicklung ab. Wenn im gleichen Zeitraum die Preise allgemein um 10% gestiegen sind, kann sich der Arbeiter trotz Lohnerhöhung nur genauso viel kaufen wie vorher. Sein Reallohn ist gleich geblieben. Wird also in einer Statistik die allgemeine Preisentwicklung herausgerechnet, so findet man dort die Bezeichnung „Reallöhne", „preisbereinigt" oder mit der Angabe, welche Preise als Bezugsgröße zugrunde gelegt werden, etwa „Lohnentwicklung zu Preisen von 1900".

→ **Sozialprodukt, Wirtschaftswachstum:** Ein häufiger Indikator für die Wirtschaftsleistung eines Landes ist das sogenannte *Sozialprodukt*. Das ist die Summe aller in einem Land innerhalb eines Jahres produzierten Waren und erbrachten Dienstleistungen. Heute benutzen wir in der Regel als Größe das *Bruttoinlandsprodukt (BIP)*. Weitere Bezeichnungen, auf die man trifft, sind *Bruttosozialprodukt, Nettosozialprodukt, Volkseinkommen.*

→ **Pro Kopf:** Wenn man Länder mit unterschiedlicher Größe bzw. Bevölkerungszahl (Extremfall Russland vs. Schweiz) vergleichen möchte, so empfiehlt es sich, Größen, die sich auf das ganze Land beziehen (z. B. BIP, Industrieproduktion) durch die Anzahl der Einwohner zu dividieren.

Beispielaufgabe: Analyse einer Statistik

M 4 Übertritte (Flucht und Übersiedlung) aus der DDR in die BRD (Gesamtzahl: 4 380 000)

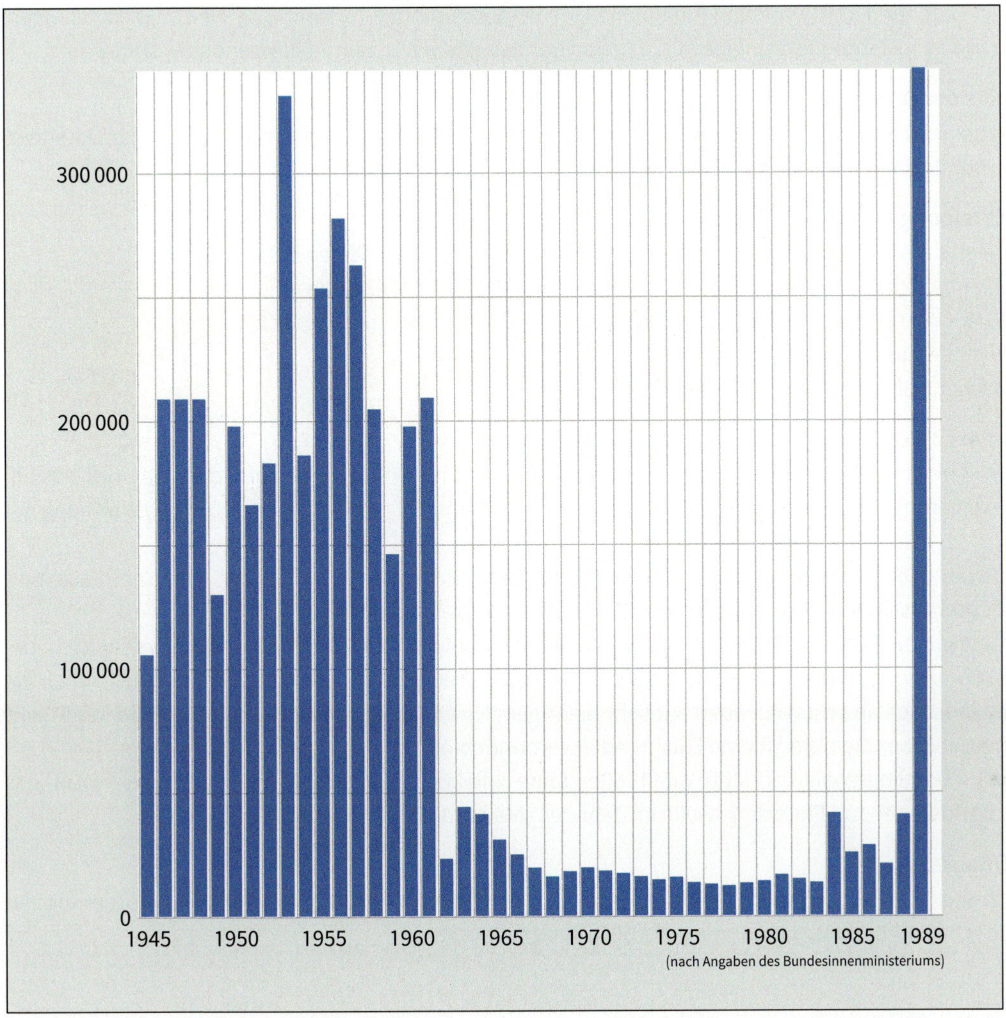

Aufgabe: Analysieren Sie M 4.

Lösungshinweise

Der Operator „analysieren“ verlangt eine formale äußere (Titel, Darstellungsform, Variablen, Maßzahlen, Ort und Datum der Veröffentlichung, Datenherkunft) und eine inhaltliche Quellenbeschreibung (wesentliche Werte, Entwicklungen, Zusammenhänge) sowie eine Einordnung in den historischen Kontext und ein zusammenfassendes Resümee.

1. Formale Merkmale der Quelle
Titel (Übertritte aus der DDR in die BRD), Säulendiagramm, dargestellte Werte (Jahre, Anzahl der Übertritte), Datenherkunft (Angaben des Bundesinnenministeriums [der BRD], also vermutlich verlässlich).

2. Inhaltliche Beschreibung
- Das Diagramm zeigt, dass über die gesamte Zeit hinweg Menschen die DDR verlassen haben.
- Die Übertrittszahlen zwischen 1962 und 1988 sind deutlich niedriger als in der Zeit davor und danach.
- In der Zeit von 1945 – 1961 gibt es durchweg viele Übertritte, die Zahlen schwanken jedoch.
- Das Jahr 1953 sticht heraus.
- Die meisten Menschen haben 1989 die DDR verlassen.

3. Historischer Kontext
- Insgesamt haben über vier Millionen Menschen die DDR verlassen. Das reflektiert die Unzufriedenheit eines erheblichen Teils der Bevölkerung mit dem politischen System oder den Lebensbedingungen in der DDR („Abstimmung mit den Füßen“).
- Die Anfangsphase der DDR ist durch hohe Flüchtlingszahlen gekennzeichnet. Den Höhepunkt in dieser Phase markiert das Jahr des gewaltsam niedergeschlagenen Volksaufstandes am 17. Juni 1953.
- Vor allem junge und gut ausgebildete Menschen verließen die DDR. Um ein weiteres „Ausbluten“ zu verhindern, beschloss die SED-Führung unter Walter Ulbricht, die Grenzen zu schließen. 1961, im Jahr des „Mauerbaus“, fallen die Flüchtlingszahlen drastisch ab und verbleiben auf sehr niedrigem Niveau. Von diesem Zeitpunkt an war die Flucht aus der DDR mit erheblichen Gefahren für die Flüchtenden verbunden.
- Das Ansteigen der Flüchtlingszahlen ab Mitte der 1980er-Jahre reflektiert die zunehmende Krise in der DDR, das Maximum 1989 die Ausreise- und Flüchtlingswelle im Jahr des „Mauerfalls“.

4. Resümee/Gesamtaussage
Die Statistik spiegelt die DDR-Geschichte insgesamt wider. In ihr kann man sowohl die mangelnde Zustimmung der Bevölkerung als auch die Repressionsmaßnahmen des SED-Staates ablesen.

e) Vergleichen von Materialien

Sehr häufig finden sich im schriftlichen Abitur Aufgaben, bei denen Sie zwei Materialien miteinander vergleichen müssen (z. B.: „Analysieren Sie M 1 und vergleichen es mit M 2.“ Oder: „Analysieren Sie M 1 und vergleichen Sie die Grundaussagen mit denen von M 2.“).
Beim Vergleichen werden zwei Materialien systematisch im Hinblick auf Ähnlichkeiten und Unterschiede untersucht. Damit ein Vergleich möglich ist, sind gemeinsame Vergleichskriterien notwendig. Das Vergleichskriterium ist die jeweilige Kategorie, die verglichen werden muss. Beim Vergleich von Materialien können das sein: Autor, Herkunft, Perspektive, Zeit, Adressatenkreis, Materialsorte usw. Die Güte eines Vergleichs bemisst sich maßgeblich an diesen Vergleichskriterien.
Ein Vergleich verlangt in der Regel keine vollständige zweite Analyse, sondern zieht entlang der gewählten Vergleichskriterien Teile der Analyse des ersten Materials heran und vergleicht mit ihnen die entsprechenden Teile des zweiten Materials. Zwei voneinander unabhängige Analysen, die nicht miteinander über Vergleichskriterien in Beziehung gesetzt werden, wären nicht im Sinne der Aufgabenstellung und würden entsprechend auch bei der Korrektur zu deutlichen Einbußen in der Punktebewertung führen.

Kriterien beim Vergleich von Materialien

Vergleichskriterium	Hilfreiche Fragen
1. Formales • Zeit/Entstehungszeit • Materialart • Autor/Auftraggeber • Adressaten	• Sind die Materialien (annähernd) zur gleichen Zeit verfasst? Ist der Zeitunterschied relevant? • Richten sie sich an die gleichen/an unterschiedliche Adressaten? • Verfolgen sie ähnliche/unterschiedliche Zwecke?
2. Thema	• Haben die Materialien das gleiche Thema? • Worin besteht (bei unterschiedlichen Themen) doch ein gemeinsamer thematischer Bezug? • Auf welche historischen Sachverhalte (Ereignis, Entwicklung/Prozess, Person...) beziehen sich die Materialien?
3. Inhalt • Aussagen, Argumente • Perspektive, Zielrichtung • Sprachliche/gestalterische Mittel	• Stimmen wesentliche Aussagen überein? Oder unterscheiden sie sich? • Wird ähnlich oder unterschiedlich argumentiert? • Sind die Grundpositionen gleich/unterschiedlich? • In welcher Weise wird argumentiert (sachlich, polemisch, anklagend, emotional ...)? • Jeder Vergleich endet mit einem kurz begründeten Fazit.

f) Beurteilen von Materialien

Die Operatoren „analysieren" und „beurteilen"

Die Beurteilung von Materialien geht über die einfache Analyse hinaus und verlangt eine kritische Auseinandersetzung mit den in den Quellen oder Darstellungen getroffenen Aussagen.

In jeder Abiturklausur und in der Regel auch in jeder schriftlichen Klausur findet sich eine Aufgabe mit dem Operator „analysieren". Die Analyse zielt vorrangig darauf, den Inhalt eines Materials aufzuschlüsseln, ihn zu verstehen und im historischen Kontext verständlich zu machen. Dabei sollte auch kritisch berücksichtigt werden, wie vertrauenswürdig z. B. eine Quelle ist und ob es eine Perspektive zu berücksichtigen gilt. Eine kritische Auseinandersetzung mit den Inhalten dagegen ist nicht gefordert.

Dies ist der Fall, wenn bei der Aufgabe einer der Operatoren „überprüfen" oder „beurteilen" (seltener „erörtern") hinzukommt. Hier ist nach einer Analyse eine Beurteilung vorzunehmen, die sich an den Kriterien für historische Urteile (vgl. S. 271 f.) orientiert. Anders als bei einer eigenständigen Urteilsaufgabe, bei der selbstständig Kriterien festgelegt und Argumente angeführt sowie gegeneinander abgewogen werden müssen, reicht es aber, sich kritisch mit einem schon vorhandenen Urteil und den zugehörigen Argumenten auseinanderzusetzen.

Gütekriterien zur kritischen Beurteilung von Materialien

Gütekriterien beim historischen Urteil	Mögliche Verstöße
1. Transparenz der Position • Beurteilungskriterien, Wertmaßstäbe • Perspektive • Absicht, Intention	• Kriterien sind nicht offengelegt oder allenfalls implizit genannt. • Urteil/Aussagen basieren auf Werten, denen man nicht zustimmen kann/die zu hinterfragen sind.
2. Berücksichtigung aller relevanten Informationen	• Wichtige Informationen ausgeblendet/Informationen nur selektiv herangezogen
3. Sachliche Richtigkeit	• Sachverhalte falsch dargestellt • Gewicht von Sachverhalten unangemessen beurteilt (heruntergespielt, übertrieben)
4. Schlüssigkeit der Argumentation	• Widersprüche (Behauptungen, die nicht gleichzeitig wahr sein können) • logische Fehler (z. B. Kausalitäten, die keine sind/die nicht zwingend erscheinen) • Lücken in der Argumentation • haltlose Behauptungen statt Beweisen/Argumenten
5. Reflexivität • Berücksichtigung anderer Perspektiven • ausgewogene Darstellung/Argumentation • Abwägen von Aussagen	• einseitige Perspektive • Nichtberücksichtigen/Unterschlagen wichtiger Gegenargumente
6. Glaubwürdigkeit, Ehrlichkeit, Verlässlichkeit	• Herkunft der Daten (z. B. bei Statistiken) nicht offengelegt • Daten-/Informationsquelle tendenziös/nicht vertrauenswürdig • tendenziöse Darstellung (z. B. bei Statistiken durch Verschieben der Maßstäbe) • Propaganda • Täuschung • Aufhetzung

3. Darstellen

Der Operator darstellen

In jeder Abiturklausur und in der Regel auch oft in schriftlichen Klausuren findet sich eine Aufgabe mit dem Operator „darstellen". Dieser Operator verlangt mehr als ein bloßes „Beschreiben" oder „Erläutern". Er verlangt, dass in einem fortlaufenden Text historische Sachverhalte strukturiert und zusammenhängend verdeutlicht werden. Übrigens: Sonderzeichen (Pfeile, „&" usw.) sowie Aufzählungen mit Spiegelstrichen sollten in der Klausur in einem fortlaufenden Text nicht verwendet werden.

Konzept – Darstellung vorbereiten

Bei jedem Aufgabentyp ist es wichtig, vor der Ausformulierung der Lösung ein Konzept zu erstellen. Das gilt in besonderem Maße bei Aufgaben mit dem Operator „darstellen". Daher finden Sie unten bei den „Schritten zur Darstellung von historischen Sachverhalten" ausführliche Hinweise zur Vorbereitung einer Darstellung. Sie sollten sich unbedingt die Zeit für ein Konzept nehmen. Ein Konzept enthält stichwortartig alle wichtigen Begriffe/Inhalte und eine Strukturierung.

Schritte zur Darstellung von historischen Sachverhalten

1. Aufgabenstellung verstehen	**Häufige Fehler**
• Aufgabenstellung genau lesen, Eingrenzen des Themas (Was gehört dazu? Was gehört nicht dazu? Gibt die Aufgabenstellung eine mögliche Strukturierung vor?)	• Überspringen dieses Schrittes • Thema zu weit oder zu eng gefasst
2. Inhalte sammeln und strukturieren	**Häufige Fehler**
• Sammeln von Begriffen und Namen von Akteuren (Personen), die bei der Behandlung des Themas eine Rolle spielen • Anordnung der Begriffe im Zusammenhang (z. B. in einer Conceptmap), Aufzeigen von Gemeinsamkeiten, Kausalitäten u. Ä. • Gruppieren (Clustern) von Begriffen (z. B. durch Umkreisen) • Festlegen einer Gliederung, Nummerieren der Begriffscluster in der Reihenfolge, die Sie Ihrer Darstellung zugrunde legen wollen	• Überspringen dieses Schrittes, kein Konzept gemacht • *Folge bei Ausformulierung:* Zusammenhänge nicht benannt, Aneinanderreihung von Einzelinformationen • *Folge bei Ausformulierung:* keine Strukturierung
3. Darstellung ausformulieren – Einleitung	**Formulierungshilfen – Einleitung**
• Einleitung, in der das Thema genannt wird • Vorstellen der Strukturierung	• Im Folgenden werde ich … darstellen. • Ich werde bei meiner Darstellung folgendermaßen vorgehen./Ich werde zunächst … vorstellen, dann … und schließlich …./Ich werde das Thema entlang der Bereiche/Unterpunkte …, …, … darstellen.

4. Darstellung ausformulieren – Hauptteil	Formulierungshilfen – Hauptteil
• Strukturierte Darstellung	Gliederung: • Zunächst/Als Erstes möchte ich … • Ein erster/zweiter Punkt ist … • Erstens/Zweitens … • Des Weiteren/Außerdem … • Schließlich/Abschließend … Kausalitäten: • weil/deswegen/daher/aus diesem Grund • als Folge davon/als Konsequenz davon Gegensätze: • anders als/im Gegensatz zu • dennoch/trotzdem/obwohl Zusammenfassung: • Insgesamt/Zusammenfassend/Abschließend lässt sich sagen/kann man sagen/zeigt sich …

Übungsaufgaben

Erstellen Sie eine strukturierte Begriffssammlung. Formulieren Sie anschließend die Lösung zur Aufgabe aus.

1. Stellen Sie die Bedeutung von Einheit und Freiheit für die deutsche Geschichte im 19. Jahrhundert dar.
2. Stellen Sie das System der Bismarck'schen Sozialversicherung dar.
3. Stellen Sie den Durchbruch und das Scheitern der liberalen Demokratie im Europa der Zwischenkriegszeit dar.
4. Stellen Sie die Ideologie des Nationalsozialismus dar und erläutern Sie die einzelnen Elemente mit je einem Beispiel.
5. Stellen Sie die Verfolgung der Juden durch die Nationalsozialisten dar.
6. Stellen Sie den Weg zur deutschen Teilung ab 1945 dar.
7. Stellen Sie dar, wie sich das Selbstverständnis der DDR, ein demokratischer Staat zu sein, auf Politik und Gesellschaft auswirkte.
8. Stellen Sie den Zusammenbruch des Sowjetimperiums dar.

Formulieren Sie weitere Aufgabenstellungen.

4. Vergleichen

→ Zum Vergleich von Materialien siehe oben 2e, S. 265.

Bei historischen Vergleichen werden zwei oder mehrere historische Sachverhalte systematisch im Hinblick auf Ähnlichkeiten und Unterschiede untersucht. Bei einem Vergleich müssen also zwei unterschiedliche Dinge (Sachverhalte oder Materialien) miteinander in Beziehung gesetzt werden. Damit ein Vergleich möglich ist, sind gemeinsame Vergleichskriterien notwendig. Das Vergleichskriterium ist die jeweilige Kategorie, die verglichen werden muss. So können beim Vergleich zweier Revolutionen z. B. die Ursachen als Vergleichskriterium herangezogen werden. Ich kann zwei Revolutionen nur dann in dieser Hinsicht vergleichen, wenn ich bei beiden Revolutionen Wissen über die Ursachen habe. Die Güte eines Vergleichs bemisst sich maßgeblich an diesen Vergleichskriterien.
Ein Vergleich zielt darauf, Besonderheiten eines Falls herauszuarbeiten oder Ähnlichkeiten zwischen den untersuchten Einzelfällen herauszuarbeiten. Ähnlichkeiten weisen auf allgemeine Regeln oder Muster hin. Für das Aufstellen von sinnvollen Vergleichskriterien und die Formulierung eines Fazits/Ergebnisses des Vergleichs ist es wichtig zu wissen, warum man vergleicht, was die Fragestellung beziehungsweise die Zielsetzung des Vergleichs ist.
Vor der Ausformulierung der Aufgabe sollten Sie ein Konzept in Form einer Tabelle erstellen.

Schritte zum Vergleich von historischen Phänomenen

Schritt	Formulierungshilfen	Häufige Fehler
1. Aufgabenstellung klären und Vergleichskriterien festlegen • Aufgabenstellung erläutern • Mögliche sinnvolle Zielsetzung und Fragestellung • Vergleichskriterien benennen	• Im Folgenden möchte ich vergleichen, inwieweit/ob … • Eine große Ähnlichkeit würde bedeuten …/Große Unterschiede müsste man als … interpretieren. • Als Vergleichskriterien kommen infrage …/Ich möchte im Folgenden folgende Vergleichskriterien untersuchen: …	• Vergleichskriterien nicht genannt (ersten Schritt übersprungen und gleich mit der Argumentation begonnen) • Nur Eröffnungssatz ohne substanziellen Inhalt („Im Folgenden möchte ich … und … vergleichen".) • Aufführen von Vergleichskriterien, die weiter unten keine Rolle mehr spielen
2. Vergleichen • Vergleichen unter Bezugnahme auf die Kriterien	• … und … unterscheiden sich nicht/sind ähnlich in der Hinsicht, dass … • Sowohl … als auch …/Ähnlich wie bei … wird bei … • Weitgehend übereinstimmend sind … und … in …/In … stimmen … und … weitgehend überein. • Die größten Übereinstimmungen finden sich …/… und … stimmen vor allem in einem Punkt überein: … • Auf den ersten Blick ähneln sich … und …/unterscheiden sich … und … kaum. • Im Gegensatz/Unterschied zu …/anders als bei … findet sich bei …	• Fehlende Argumente • Nicht passende Argumente • Allgemeine Darstellung/Erzählung ohne Bezugnahme auf die Kriterien (nicht argumentiert)

Schritt	Formulierungshilfen	Häufige Fehler
	• Während es sich bei … … verhält, sieht man bei …/Bei … kann man … beobachten. Total anders bei … • Die größten Unterschiede finden sich …/… und … unterscheiden sich vor allem in einem Punkt: …	
3. Ein Fazit formulieren • Knappe Zusammenfassung des Vergleichs • Fazit	• Insgesamt überwiegen die Unterschiede/Gemeinsamkeiten. • Entscheidend dabei ist die Übereinstimmung/Ähnlichkeit hinsichtlich … • Ein Vergleich zeigt also …	• Zu ausführliche Wiederholung der schon vorgebrachten Aspekte (anstatt einer knappen Zusammenfassung) • Einführen neuer Aspekte, die bislang gar nicht vorgebracht wurden

Übungsaufgaben

Formulieren Sie die Fragestellung/Zielsetzung des Vergleichs sowie Vergleichskriterien. Vergleichen Sie in einer Tabelle geordnet nach Kriterien. Formulieren Sie anschließend die Lösung zur Aufgabe aus.

1. Vergleichen Sie die Nationalstaatsbildung in Deutschland und Italien.
2. Vergleichen Sie die Gründung des deutschen Kaiserreichs 1870/71 mit dem Werk der deutschen Nationalversammlung 1848/49.
3. Vergleichen Sie den Radikalnationalismus der Jahrhundertwende mit der deutschen Nationalbewegung zu Beginn des 19. Jahrhunderts.
4. Vergleichen Sie die politischen Parteien der Weimarer Republik.
5. Vergleichen Sie den NS-Staat mit einer Liberaldemokratie.
6. Vergleichen Sie die Wirtschaftsordnungen der BRD und der DDR.
7. Vergleichen Sie die Bedeutung der zivilgesellschaftlichen Aufbrüche seit Mitte der 1970er-Jahre in der BRD mit denen in der DDR.
8. Vergleichen Sie die Transformationsprozesse nach 1990 in der ehemaligen Sowjetunion mit denen in der ehemaligen DDR.

Formulieren Sie weitere Aufgabenstellungen.

5. Urteilen

In jeder Abiturklausur und in der Regel auch in jeder schriftlichen Klausur findet sich eine Aufgabe mit einem der Operatoren „beurteilen“, „überprüfen“, „erörtern“. Sie gehören alle zum dritten, d. h. obersten Anforderungsbereich.

→ **Überprüfen:** Hier untersuchen Sie, ob eine bestimmte Aussage zutrifft oder ein bestimmtes Kriterium erfüllt ist. Dazu reicht häufig eine stichprobenartige Überprüfung.

→ **Beurteilen:** Hier schätzen Sie einen Sachverhalt nach bestimmten Kriterien ein. Sie müssen in der Regel das Urteil breiter anlegen als bei dem Operator „überprüfen“ und die Argumente gegeneinander abwägen.

→ **Erörtern:** Hier geht Ihrem Urteil eine Pro- und Kontra-Argumentation voraus (dialektische Erörterung). Zwar muss man bei jedem Urteil das Für und Wider berücksichtigen und abwägen, bei „erörtern“ steht dies aber besonders im Zentrum und muss in Ihrem Text klar erkennbar sein.

Bei allen Urteilsoperatoren müssen Sie verdeutlichen, aufgrund welcher **Kriterien** Sie ihr Urteil bilden. Manchmal muss man dazu nicht viel schreiben, weil die Kriterien offensichtlich sind. Meistens müssen aber **Begriffe erklärt** (Beurteilen Sie, inwieweit die DDR ein Unrechtsstaat war. → Was heißt „Unrechtsstaat“?) oder ausdifferenziert werden (Beurteilen Sie, inwieweit die Politik Bismarcks gegenüber den Sozialdemokraten erfolgreich war. → Erfolgreich in welcher Hinsicht? Kurzfristig oder langfristig erfolgreich?).

→ **Bewerten:** Während die drei genannten Operatoren ein **Sachurteil** verlangen, also ein Urteil nach sachlich überprüfbaren Kriterien (die in der Regel durch die Aufgabenstellung schon vorgegeben werden), verlangt der Operator „bewerten“ ein **Werturteil**, bei dem eigene ethisch-moralische Kriterien auf historische Sachverhalte angewandt werden. Sie müssen also vorab entscheiden, welche Wertmaßstäbe Sie anlegen wollen, und diese dann offenlegen.

→ Zur kritischen Beurteilung von Materialien siehe oben S. 266.

Schritte zur Bildung eines historischen Urteils

Schritt	Formulierungshilfen	Häufige Fehler
1. Aufgabenstellung klären und Beurteilungskriterien benennen • Aufgabenstellung erläutern • Schwierige Begriffe erklären • Beurteilungskriterien benennen	• Im Folgenden möchte ich beurteilen/erörtern/überprüfen, inwieweit/ob … • Unter einem „Unrechtsstaat“/unter „sozial“/unter „gerecht“ versteht man (in der Regel) … • „Erfolgreich“/„bedeutsam“ … kann zum einen heißen …, zum anderen … • Darüber hinaus kann man unterscheiden, ob es kurzfristig/langfristig erfolgreich/bedeutsam … ist. • Darüber hinaus kommt es darauf an, für wen/für welche Gesellschaftsgruppe es bedeutsam … war.	• Beurteilungskriterien nicht genannt (ersten Schritt übersprungen und gleich mit der Argumentation begonnen) • Nur Eröffnungssatz ohne substanziellen Inhalt („Im Folgenden möchte ich erörtern, ob …“) • Aufführen von Pseudokriterien, die in der Argumentation weiter unten keine Rolle mehr spielen
2. Argumente anführen • Anführen möglichst aller relevanten (d. h. für die Fragestellung passenden/wichtigen) Argumente • Argumente auf die eingangs genannten Kriterien beziehen	• Was dafür spricht ist, dass … • Ein Beweis dafür, dass …, ist … • Nach den Maßstäben der/des … • Angesichts dieser Tatsache kann man das … als … bezeichnen. • Zum einen kann man anführen, dass …, zum anderen … • Des Weiteren …	• Fehlende Argumente • Nicht passende Argumente • Allgemeine Darstellung/Erzählung ohne Bezugnahme auf die Kriterien (nicht argumentiert)

Schritt	Formulierungshilfen	Häufige Fehler
3. Gegenargumente anführen • Anführen von (möglichen) Gegenargumenten • Berücksichtigen von anderen Sichtweisen • Abwägen der Gegenargumente → Dieser Schritt muss bei dem Operator „erörtern" ähnlich ausführlich ausfallen wie Schritt 2. → Gegenargumente können mit Blick auf das angestrebte Urteil/Fazit auch gleich widerlegt oder relativiert werden.	• Man kann dies aber auch anders sehen … • Aus der Sicht eines … • Nach den Maßstäben der/des … • Es sollte auch bedacht/erwähnt werden, dass … • Einerseits …, andererseits … • Dagegen/jedoch/aber … • Ein Gegenargument wäre … • Allerdings kann man hier wiederum einwenden …	• Keine Gegenargumente angeführt
4. Das Urteil formulieren und begründen • Knappe und wertende Zusammenfassung der Argumente • Fazit	• Meiner Meinung nach/Aus meiner Sicht … • Nach Abwägung aller Argumente … • Es gibt mehr Argumente, die für … sprechen als für … • Die Gegenargumente sind zwar nicht vollkommen von der Hand zu weisen, insgesamt wiegen sie aber nicht so schwer … Entscheidend ist vielmehr … • Von den angeführten Argumenten ist für mich am gewichtigsten …	• Zu ausführliche Wiederholung der schon vorgebrachten Argumente (anstatt einer knappen Zusammenfassung) • Einführen neuer Argumente, die bislang gar nicht vorgebracht wurden

Übungsaufgaben

Erstellen Sie ein Konzept zu Folgendem: *zu erklärende Begriffe, Beurteilungskriterien, Argumente (pro/kontra und gegebenenfalls Perspektivenwechsel)*, Fazit. Formulieren Sie anschließend die Lösung zur Aufgabe aus.

1. Erörtern Sie, ob die Industrialisierung eine Verbesserung der Lebensverhältnisse der Menschen gebracht hat.
2. Überprüfen Sie, ob durch die Gründung des deutschen Kaiserreichs 1870/71 die Ziele der Revolutionäre 1848/49 erreicht wurden.
3. Beurteilen Sie, ob die Reaktionen auf die Hochmoderne zustimmend oder ablehnend waren.
4. Überprüfen Sie, ob man am Ende des Ersten Weltkriegs von einem Sieg der liberalen Demokratie in Europa sprechen kann.
5. Erörtern Sie, ob die Diktatur der Nationalsozialisten eine Diktatur „mit" oder „gegen" das Volk war.
6. „Der Nationalsozialismus führte zur totalen Erfassung und Kontrolle der Bevölkerung". Überprüfen Sie diese These.
7. Beurteilen Sie, inwieweit die deutsch-deutschen Beziehungen von 1945–1990 von dem Verhältnis zwischen den Supermächten diktiert wurden.
8. Der Mauerbau – Todesstoß oder Rettung für die DDR? Erörtern Sie diese Frage.
9. Beurteilen Sie, inwieweit die Sowjetherrschaft an ihren eigenen strukturellen Problemen gescheitert ist.

Formulieren Sie weitere Aufgabenstellungen.

6. Tipps zur Vorbereitung auf die schriftliche Abiturprüfung

Die folgenden Tipps dienen zur Vorbereitung auf schriftliche Abiturklausuren allgemein. Die Beachtung der Tipps ist auch eine gute Vorbereitung auf die Klausuren in den einzelnen Kurshalbjahren.

Die schriftliche Abiturprüfung

Die Abituraufgabe ist im Vergleich zu den herkömmlichen Klausuren in der Kursstufe umfangreicher. Sie umfasst vier Teilaufgaben. Die Schülerinnen und Schüler haben zur Ausarbeitung 4,5 Zeitstunden (6 Schulstunden) Zeit. Als Hilfsmittel sind Taschenrechner und ein Wörterbuch der deutschen Sprache erlaubt.
Sie erhalten zwei Aufgaben (mit jeweils vier Teilaufgaben), wovon sich Aufgabe I auf das Schwerpunktthema I und Aufgabe II auf das Schwerpunktthema II bezieht. Sie wählen davon eine Aufgabe aus und bearbeiten diese. Die Schwerpunktthemen liegen von Anfang der Klasse 11 an fest. Ihre Lehrperson gibt Ihnen diese zu Beginn der Kursstufe bekannt.

Orientierung

→ Lesen Sie die Bildungsstandards (s. S. 290 – 292) zu den Schwerpunktthemen durch. Listen Sie die möglichen Unterthemen auf, die eine Rolle spielen könnten. Schreiben Sie sich die Bildungsplanbegriffe heraus. Diese finden Sie im Buch auch im Element „Wiederholen – Strukturieren – Beurteilen“.

Wiederholen

→ Lesen Sie Ihre Heftaufschriebe und die Darstellungstexte der infrage kommenden Unterkapitel im Buch durch. Halten Sie alle wesentlichen Inhalte, Ideen etc. fest (z. B. auf Karteikarten).

Arbeiten mit Begriffen und Strukturen

→ Ergänzen Sie die Bildungsplanbegriffe durch weitere Begriffe, die mit dem Schwerpunktthema in Zusammenhang stehen. Schauen Sie dazu auch das Glossar durch.

→ Erklären Sie die Begriffe im historischen Kontext. Das lässt sich gut in einer Lerngruppe oder zu zweit machen.

→ Setzen Sie die Begriffe zu einzelnen Unterthemen grafisch in Beziehung zueinander, indem Sie Mindmaps, Assoziogramme, Wirkschemata o. Ä. erstellen. Versprachlichen Sie diese Produkte, indem Sie sie mündlich oder schriftlich erklären und erläutern.

Durchdenken von Themen und Zusammenhängen

→ Antizipieren Sie die Arbeit der Abituraufgabenkommission, indem Sie sich selbst Aufgaben zum Themengebiet überlegen (Beispiele und Hinweise finden Sie in den Methodenblättern). Überlegen Sie sich anschließend: Wie wahrscheinlich, wie zentral wäre diese Aufgabenstellung? Oder wie abwegig und wie unwahrscheinlich wäre sie? Lösen Sie einige Aufgabenstellungen stichwortartig oder in Form einer Mindmap.

Üben der Materialanalyse

→ Informieren Sie sich auf S. 250 – 266 über die Analyseschritte bei den in der Klausur voraussichtlich vorkommenden Materialsorten (z. B. Statistiken oder Plakate). Üben Sie an einigen Materialien aus dem Buch stichwortartig die Analyse.

Üben der Methoden und Aufgabentypen

→ Üben Sie die einzelnen Schritte bei den unterschiedlichen Aufgabentypen anhand der Methodenhinweise S. 267 – 272.

Vorbereitung mit Sinn und Verstand

→ Beginnen Sie rechtzeitig mit der Vorbereitung. Wenn Sie Ihre Zeit für Vorbereitung und Übung auf mehrere kürzere Einheiten verteilen, bringt das mehr, als wenn Sie die gleiche Zeit für eine lange, punktuelle, einmalige Vorbereitung verwenden.

→ Teilen Sie sich die Zeitabschnitte, die Sie für die einzelnen Vorbereitungsschritte verwenden wollen (Lesen im Buch, Arbeiten mit Begriffen ...), im Vorfeld grob ein.

→ Lernen sie nicht nur passiv rezeptiv (Lesen im Buch), sondern auch aktiv produktiv. Fassen Sie dazu Inhalte schriftlich zusammen (Strukturieren). Sie können sich z. B. zu den Unterthemen „Steckbriefe“ oder „Spickzettel“ schreiben. Gleichzeitig sollten sie die Inhalte auch entfalten (*Elaborieren*), d. h. Begriffe erklären, Zusammenhänge verbalisieren und Aufgaben (zumindest stichwortartig) bearbeiten. Durch Strukturieren und Elaborieren durchdringen Sie den Stoff auf intelligente Weise und können ihn durch die aktive Beschäftigung mit ihm auch besser behalten.

→ Lernen Sie mit Verständnis. Zeigen Sie in der Klausur, dass Sie zu selbstständigen Formulierungen und eigenständigen Urteilen fähig sind.

7. Tipps zur Abfassung der Abiturklausur

- → Sichten Sie in aller Ruhe Aufgabe I und II. Wählen Sie den Aufgabenvorschlag, mit dem Sie sich am sichersten fühlen.
- → Lesen Sie sich die Aufgabenstellung genau durch und beachten Sie besonders den Operator, der anzeigt, was von Ihnen verlangt wird. Achten Sie dabei besonders darauf, ob mehrere Operationen (Teilaufgaben) erwartet werden, z. B. durch Formulierungen mit „und".
- → Lesen Sie bzw. betrachten Sie die vorgelegten Materialien genau. Beachten Sie vor allem dabei immer die Quellenangaben, die oft schon Hilfen zur Interpretation beinhalten. Markieren Sie wesentliche Aussagen des Materials direkt an der entsprechenden Stelle durch Unterstreichungen bzw. Notieren wichtiger Stichpunkte am Rand oder auf dem Konzeptpapier. Orientieren Sie sich an den einzelnen Schritten zum Umgang mit Materialien, S. 250–266.
- → Nehmen Sie sich bei jeder Aufgabe wenigstens kurz Zeit, eine Gliederung mit den wichtigsten Unterpunkten zu entwerfen. Auch das Erstellen einer Mindmap kann sehr hilfreich sein, um die verschiedenen Teilaspekte zu unterscheiden. Die Zeit, die Sie für das Konzept benötigen, lohnt sich auf jeden Fall. Sie vermeiden dadurch unnötige Wiederholungen und brauchen insgesamt für die Ausformulierung Ihrer Lösung weniger Zeit.
- → Formulieren Sie zu jeder Aufgabe einen einleitenden Satz, der die Aufgabenstellung grob umreißt.
- → Schreiben Sie sauber und ordentlich. Manchmal hilft es, mit Füller zu schreiben. Das Schriftbild wird dadurch in der Regel besser.
- → Bemühen Sie sich um eine einfache und klare Sprache. Vermeiden Sie Umgangssprache (z. B. *„das war voll wichtig", „das war total falsch", „im Endeffekt hat Hitler doch nur alle reingelegt"*). Zu deftige Umgangssprache wird auch nicht besser, wenn man sie in Anführungszeichen packt.
- → Machen Sie deutlich, wenn Sie Inhalte des Textes wiedergeben. Dazu benutzen Sie redeeinleitende Ausdrücke (*„Im ersten Abschnitt wird dargelegt, dass …"*). Zur Kennzeichnung der indirekten Rede benutzen sie den Konjunktiv I (*„XY sagt, er habe …, er sei …, es könne …"*). Wenn Sie den Indikativ verwenden, stellen Sie sicher, dass klar wird, dass es sich hier um eine Redewiedergabe handelt (*„Dem Autor zufolge …, „Nach den Autoren …"*). Am elegantesten und klarsten ist es, wenn Sie den Konjunktiv verwenden.
- → Zitieren Sie wörtlich, wenn Ihnen das Zitat bemerkenswert erscheint, dann aber mit Angabe der Zeilennummern. Achten Sie darauf, die beginnenden Anführungszeichen unten, die schließenden oben zu machen.
- → Beachten Sie die Rechtschreibung. Nehmen Sie zumindest eine kurze Schlusskorrektur vor, bei der Sie Rechtschreibung (z. B. Groß- und Kleinschreibung, Unterscheidung „dass" und „das"), Zeichensetzung (z. B. eröffnendes Komma und schließendes Komma bei Nebensätzen) und Satzbau sowie die sachliche Richtigkeit nochmals abschließend überprüfen.
- → Verwenden Sie nach Möglichkeit den treffenden Fachausdruck. Orientieren Sie sich dabei an den grundlegenden Begriffen, die Sie für die Vorbereitung verwendet haben (s. o.).
- → Hören Sie bei offenen Aufgaben (z. B. Beurteilungsaufgaben) nicht zu früh auf nachzudenken. Überlegen Sie, ob es weitere Aspekte gibt, die zu der Frage genannt werden können. Ihnen wird sicher noch die eine oder andere Idee kommen. Denn bei der Korrektur werden Punkte auch nach der Anzahl der genannten Aspekte vergeben, sodass eine Lösung, in der das Wesentliche zwar gesagt wurde, die insgesamt aber sehr kurz ist, unter Umständen nicht auf die volle Punktzahl kommt.

8. Tipps zur Vorbereitung auf die mündliche Abiturprüfung

Ablauf und Form der mündlichen Abiturprüfung

- Am Prüfungstag wird Ihnen eine Aufgabestellung vorgelegt, für deren Bearbeitung Sie unmittelbar vor der Prüfung 20 Minuten Zeit haben.
- Die Aufgabenstellung kann aus allen Themenbereichen der vier Kurshalbjahre stammen.
- Die Aufgabenstellung umfasst in der Regel ein Material, also einen Text oder ein Bild (z. B. Plakat, Karikatur, Foto) oder eine Statistik, und mehrere Teilaufgaben. Diese beziehen sich auf das Material, aber auch auf übergeordnete Aspekte. Sie sind für gewöhnlich mit Operatoren formuliert und decken unterschiedliche Anforderungsbereiche ab.
- Typische Operatoren für die Materialanalyse sind „analysieren", „herausarbeiten" oder „einordnen"; für die übergreifenden (Urteils-)Aufgaben werden häufig „beurteilen", „überprüfen" oder „erörtern" verwendet.
- Die Prüfung selbst besteht aus zwei Teilen und dauert rund 20 Minuten: Im ersten etwa 10-minütigen Teil stellen Sie die Ergebnisse der Aufgabenbearbeitung zusammenhängend dar. An diesen Vortrag, der von der Prüfungskommission nicht unterbrochen wird, schließt ein ebenfalls rund 10-minütiges Prüfungsgespräch an, in dem das Thema der Aufgabenstellung vertieft bzw. in einen weiteren Kontext gestellt wird. Auch kommen im Verlauf des Gesprächs Themen aus anderen Halbjahren zur Sprache.

Tipps zur mündlichen Abiturprüfung

Tipps zur Vorbereitung

→ Es ist ein großes inhaltliches Pensum zu lernen. Das gelingt am besten, wenn Sie rechtzeitig anfangen. Da alle Inhalte der Kurshalbjahre Gegenstand der Prüfung sein können, beginnt die Vorbereitung im Prinzip am Beginn der Kursstufe: Durch kontinuierliche mündliche Mitarbeit im Unterricht und durch konsequentes Nacharbeiten der Inhalte mithilfe der Aufschriebe und des Schulbuchs oder durch Erstellen eigener Kurzzusammenfassungen gelingt es Ihnen leichter, über Basiswissen zu allen Themen der Kurshalbjahre zu verfügen. So verteilt sich die Vorbereitung auch auf einen längeren Zeitraum: Das macht nicht nur die einzelnen „Portionen" kleiner und machbarer, auch das Wissen wird bei „verteiltem Lernen" nachhaltiger abgespeichert. Außerdem haben Sie so zwei Mal einen Nutzen: bei den regulären schriftlichen Klausuren sowie bei der mündlichen Note während der Kurshalbjahre und bei der mündlichen Abiturprüfung.

→ Neben der inhaltlichen Seite der Prüfung sollte Ihre Vorbereitung auch die methodische Seite umfassen: Von Ihnen wird verlangt, dass Sie möglichst selbstständig und möglichst vollständig ein Material auswerten und zu übergreifenden Aspekten Stellung beziehen können. Sie müssen also wissen, was die einschlägigen Operatoren von Ihnen genau verlangen und Sie müssen Übung haben im Umgang und in der Auswertung von Materialien. Zum Beispiel: Sollen Sie ein Material „analysieren", müssen Sie wissen, welche Teilschritte diese Analyse umfasst, und ebenso muss Ihnen klar sein, was zu tun ist, wenn Sie einen Sachverhalt beurteilen sollen.

→ Je näher die Prüfung rückt, umso intensiver sollte Ihre Vorbereitung sein. So kann es z. B. hilfreich sein, mit einer Mitschülerin/einem Mitschüler das Prüfungsgespräch mit verteilten Rollen durchzuspielen. So werden Sie mit der Situation vertraut. Dadurch, dass Sie im Gespräch die Lerninhalte darlegen („elaborieren"), wälzen Sie und Ihr Gegenüber das Gelernte um. Auch das macht das Wissen nachhaltiger und leichter abrufbar.

Tipps für die Vorbereitungszeit am Prüfungstag

→ Erscheinen Sie rechtzeitig am angegebenen Raum und bringen Sie Stift und Papier mit.

→ Lesen Sie die Aufgabenstellung sehr sorgfältig durch und beachten Sie die verwendeten Operatoren.

→ Nehmen Sie – entsprechend der Aufgabenstellungen – Markierungen im Material vor.

→ Machen Sie sich stichwortartige Notizen zu den einzelnen Aufgaben. Formulieren Sie in aussagekräftigen Stichworten, mit denen Sie bei Ihrem Vortrag auch etwas anfangen können. Keinesfalls aber sollten Sie Ihre Ergebnisse in ganzen Sätzen formulieren, da hierfür die Vorbereitungszeit nicht ausreicht!

→ Sollten Sie noch etwas Zeit haben, gehen Sie Ihren Vortrag gedanklich (erneut) durch und überlegen Sie, zu welchen anderen Themen eine Verbindung hergestellt werden könnte. Dies hat einen doppelten Vorteil für Sie: Einerseits sind Sie auf solche Verbindungen besser vorbereitet und andererseits könnten Sie selbst in Ihren Antworten solche „Brücken“ zu anderen Themen herstellen, wenn Sie sich in diesen gut auskennen.

Tipps für den Vortrag der Ergebnisse

→ Das Wichtigste zuerst: 10 Minuten sind ein großes Zeitfenster! Führen Sie Ihre Ergebnisse also wirklich aus, d. h. belegen Sie Ihre Aussagen am Material, stellen Sie Sachverhalte ausführlich dar und geben Sie Beispiele für Ihre Argumente an.
→ Sprechen Sie möglichst frei und nur gestützt auf Ihre Notizen.
→ Reden Sie nicht zu schnell und machen Sie Pausen. Gerade für Situationen, in denen man aufgeregt ist, ist es wichtig, sich das vorzunehmen: Sprechen Sie langsamer, als Sie eigentlich wollen, und machen Sie mehr Pausen, als Sie eigentlich wollen.
→ Halten Sie Blickkontakt mit allen Mitgliedern der Prüfungskommission.
→ Sollten Sie ins Stocken kommen, geraten Sie nicht in Panik. Atmen Sie ein paar Mal durch und versuchen Sie über Ihre Notizen wieder in den Vortrag zu kommen. In diesen Situationen kann es sein, dass Ihre/Ihr Fachlehrer/in versucht, Sie mit Fragen zu unterstützen.

Tipps für das Prüfungsgespräch

→ Beantworten Sie Fragen nicht nur in einem Satz, sondern führen Sie Ihre Gedanken aus. Idealerweise hat die Prüfung den Charakter eines Gespräches und besteht nicht aus einem kurzschrittigen Hin und Her von Frage und Antwort.
→ Entwickeln Sie das Gespräch mit und lenken Sie es, wo immer es möglich und sinnvoll ist, auf Themen, in denen Sie sich gut auskennen.
→ Fragen Sie nach, wenn Sie eine Frage inhaltlich oder akustisch nicht verstanden haben.
→ Wenn Sie zu einer Frage nichts sagen können, sagen sie das und bitten Sie um die nächste Frage. Bei schwierigen Fragen können Sie sich kurze Bedenkzeit erbitten.

Kriterien für die Bewertung

Entscheidend ist das „Ganze“ Ihrer erbrachten Leistung, wobei beide Prüfungsteile (Vortrag und Gespräch) in etwa gleich gewichtet werden. Wichtige Kriterien für eine gute Leistung sind beispielsweise:

- sicheres Fachwissen, inhaltliche Richtigkeit
- korrekter Umgang mit der Fachsprache bzw. mit Fachbegriffen
- methodisch korrekter Umgang mit dem Material, Erschließung der wesentlichen Aspekte
- begründete und nachvollziehbare Beurteilungen und Übertragungen auf andere Themenbereiche
- weitgehend freier, zusammenhängender und strukturierter Vortrag
- flexibler Umgang mit den Fragen.

Übungsaufgabe 1 – Thema: Industrialisierung und Soziale Frage – Kurshalbjahr 11/1

M 1 Aus zwei Briefen des deutschen Ingenieurs und Schriftstellers Max Eyth an seine Eltern vom August und September 1861, verfasst während einer Englandreise

Was die Industrie Gutes und Böses leistet, lernt man in Manchester kennen. Den Hauptreichtum des Bezirks erzeugen die Millionen Spindeln seiner Baumwollindustrie. Reichtum! Nirgends in England habe ich bis jetzt eine so bleiche, kranke, vom Elend und Unglück angefressene Bevölkerung gesehen, wie sie hier aus den niedern, rauchigen Häusern herausgrinst oder auf den engen, staubigen Gassen der ärmeren Viertel herumliegt. Freilich ist dies nur die Hefe des Volkes, aber die Hefe umfasst drei Viertel des Ganzen. Wenn die Engländer, selbst die ärmsten, nicht jenen eigentümlichen Reinlichkeitssinn in betreff der Wohnungen hätten [...]: Es wäre ein Bild bodenlosen „Fortschritts"! Töricht wäre es trotzdem, der Industrie einen Vorwurf daraus zu machen. Sie ist und bleibt das einzige Mittel, die 500 000 Menschen hier, die Millionen in England auch nur auf dieser Stufe des Lebens zu erhalten. Nicht die Industrie hat das Hässliche erschaffen, das ihr anhaftet. Es ist eine Zukunft denkbar, in der sie sich auch aus diesem Schmutz herausarbeiten wird. [...]

Die Arbeitszeit in englischen Maschinenfabriken ist zehn Stunden, zwei weniger als in den meisten süddeutschen, von 6 – 8, von 8 ½ – 12 und von 1 – 5 ½ Uhr. Gewöhnlich arbeiten die Leute dann noch abends von 6 – 8 bei erhöhtem Lohn. Ich wollte dies nicht tun, um meine Abende für technische und sprachliche Studien frei zu halten. Ein boshaftes Geschick musste mich aber einer Arbeitergruppe zuteilen, die mit einer drängenden Arbeit betraut war, und so hatte ich das Vergnügen, gleich in der ersten Woche [...] „Überzeit" arbeiten zu dürfen.

(Zit. nach: Manfred Görtemaker, Deutschland im 19. Jahrhundert – Entwicklungslinien, Opladen (Leske + Budrich) [5]1996, S. 187 f.)

1. Analysieren Sie M 1.
2. Beurteilen Sie, inwieweit die staatlichen Maßnahmen der 1880er-Jahre zur Lösung der Sozialen Frage in Deutschland beigetragen haben.

Lösungshinweise – mögliche Aspekte

1. Analysieren Sie M 1.

- Zu den Anforderungen einer Textanalyse allgemein siehe S. 250 f.
- Formale Beschreibung: Autor (Max Eyth), Adressaten (seine Eltern), Quellengattung (Textquelle, Brief), Erscheinungszeit (1862).
- Inhaltliche Analyse: Herausarbeiten …
  - des Themas: Folgen der Industrialisierung.
  - der Kernaussagen, z. B. strukturiert nach: positive Folgen („Gutes“, Z. 1: Industrie erzeugt Reichtum bzw. bietet die Lebensgrundlage für die Bevölkerung der Region Manchester); negative Folgen („Böses“, Z. 1: Industrialisierung bedeutet für den Großteil der Bevölkerung Elend, Krankheit, Schmutz, Unglück); evtl. ambivalente Aspekte (kürzere Arbeitszeit als in Süddeutschland, erhöhter Lohn bei Arbeit abends) und eigene Arbeitserfahrungen;
  - der sprachlichen Gestaltung und ihrer Funktion (bildreiche, teils metaphorische und auch stilistisch überspitzte Sprache zur eindrücklichen Beschreibung des Elends: „bleiche, kranke, vom Elend und Unglück angefressene Bevölkerung“, Z. 3, die „aus den niedern, rauchigen Häusern herausgrinst oder auf den engen, staubigen Gassen […] herumliegt“, Z. 4 f.; „Hefe des Volkes“, Z. 5).
- Erklären des Textes im historischen Zusammenhang:
  - England als Vorreiter der Industrialisierung;
  - Textilindustrie als Schrittmacherindustrie, Manchester als deren Zentrum;
  - Soziale Frage als Folge der Industrialisierung;
  - ggf. Unterschiede zwischen dem Industrialisierungsgrad in England und (Süd)Deutschland.
- Resümee:
  - Perspektive von außen (Englandreise des Autors, der offenkundig vom englischen Beispiel lernen will);
  - ambivalenter Blick auf die Industrialisierung und ihre Folgen.

2. Beurteilen Sie, inwieweit die staatlichen Maßnahmen der 1880er-Jahre zur Lösung der Sozialen Frage in Deutschland beigetragen haben.

- Klärung der zentralen Begriffe der Aufgabenstellung:
  - „staatliche Maßnahmen der 1880er-Jahre“: Bismarcks Sozialgesetzgebung, konkret: Einführung der Kranken-, Unfall- sowie Alters- und Invaliditätsversicherung;
  - „Soziale Frage“: Bezeichnung für das soziale Elend der Industriearbeiterschaft, insbesondere in der Frühphase der Industrialisierung.
- Bedeutung der staatlichen Sozialgesetzgebung: Die Versicherungen waren Pflicht, die Unternehmer finanzierten die Versicherungen mit bzw. finanzierten sie allein (Unfallversicherung) und die Versicherungsnehmer hatten ein Anrecht auf diese Leistungen. Damit leistete die staatliche Sozialgesetzgebung einen zentralen Beitrag zur Absicherung und zur Verbesserung der sozialen Lage der Arbeiter. Allgemein betrachtet, wurde mit der Sozialgesetzgebung ein modernes Sozialsystem eingeführt, das Deutschland in dieser Hinsicht zum Vorreiter in Europa machte.
- Für eine angemessene Gesamtbeurteilung müssen aber auch andere Lösungsansätze in ihrer Wirksamkeit berücksichtigt werden, z. B. Maßnahmen der Unternehmer und der Kirchen und vor allem der Beitrag der Arbeiterbewegung selbst, die sich seit Mitte des 19. Jahrhunderts in Gewerkschaften und Parteien organisierte. Gerade das Erstarken der Arbeiterbewegung begünstigte bzw. beschleunigte die Einführung der Sozialgesetze, die letztlich als Bestandteil der Bismarck'schen Politik von „Zuckerbrot und Peitsche“ gegenüber der Arbeiterbewegung zu sehen sind.

Übungsaufgabe 2 – Thema: Dekolonisation – Kurshalbjahr 12/2

M 2 „Neue Leute“

Karikatur von Fritz J. Behrendt, 1960

Neue Leute Januar 1960

1. Analysieren Sie M 2.
2. Erörtern Sie, ob die Dekolonisation tatsächlich in die Unabhängigkeit der ehemaligen Kolonien mündete. Berücksichtigen Sie dabei auch die aktuelle Situation ehemaliger Kolonien.

Lösungshinweise – mögliche Aspekte

1. Analysieren Sie M 1.

- Zu den Anforderungen einer Karikaturanalyse allgemein siehe S. 255.
- Formale Beschreibung: Materialsorte (Karikatur), Titel („Neue Leute"), Karikaturist (Fritz J. Behrendt), Erscheinungszeit (Januar 1960).
- Inhaltliche Beschreibung:
  - Horizontal geteilte Karikatur mit zwei Bildhälften in gleicher Größe und ähnlichem Bildinhalt. Im Zentrum ist jeweils eine Rikscha abgebildet: In der oberen sitzt ein weißer Mann mit Tropenhelm und Pfeife im Mund, in der unteren ein schwarzer, beleibter Mann mit Fellmütze in traditioneller afrikanischer Kleidung mit Tierfellmuster; er hält eine kleine Flagge mit der Aufschrift „Vivat Balambo" („Es lebe Balambo") in der Hand; dieselbe Aufschrift befindet sich auf seiner Rikscha und einem an ihr angebrachten weiteren Fähnchen. Offensichtlich handelt es sich bei der Person um „Balambo"; die Person ist auch auf dem Schild in der linken Bildhälfte abgebildet. Die Rikscha wird jeweils von einem nur mit Lendenschurz bekleideten, sehr dünnen schwarzen Mann gezogen, den die Anstrengung ins Schwitzen bringt; hinter dem Gefährt läuft ein schwarzer Junge, bekleidet nur mit einer weißen kurzen Hose, der dem Insassen der Rikscha mit einem Palmenzweig Luft zur Kühlung zufächelt und der ebenfalls aufgrund der Anstrengung schwitzt.
  - Alle Figuren sind überspitzt und stereotyp dargestellt, sie repräsentieren keine konkreten Personen; betont wird jeweils das asymmetrische Verhältnis zwischen den Figuren.
  - Die Farbgebung der Karikatur ist schwarz-weiß.
  - Auffallend ist die identische Gestaltung der Bildhälften, die den Blick auf die Unterschiede lenkt.
- Erklären der Karikatur im historischen Zusammenhang:
  - Die obere Bildhälfte thematisiert die Zeit der Kolonialherrschaft in Afrika, die untere die Zeit nach der Dekolonisierung.
  - Die Figuren in den Rikschas repräsentieren die Herrschenden, die schwarzen Figuren dagegen die unterdrückte Bevölkerung. Dabei zeigt sich, dass mit der Dekolonisierung zwar die Unabhängigkeit von den weißen Kolonialherren erreicht wurde, dass deren Herrschaft aber oftmals nur durch die Herrschaft eines einheimischen Diktators ersetzt wurde. Vielfach entstanden in den ehemaligen Kolonien Ein-Parteien-Staaten oder Militärdiktaturen und für die Einheimischen veränderte sich nur wenig bzw. die Situation verschlechterte sich sogar teilweise.
  - Die Karikatur entstand auf dem Höhepunkt der Dekolonisierung Afrikas, im sogenannten „Afrikanischen Jahr" 1960, in dem 17 Kolonien ihre Unabhängigkeit erlangten.
- Resümee:
  - Der Titel „Neue Leute" bringt die Gesamtaussage der Karikatur zum Ausdruck: Durch die Dekolonisierung brach in vielen ehemaligen Kolonien keine „Neue Zeit" an, sondern es übernahmen nur „Neue Leute" die Herrschaft, während sich für die einfache Bevölkerung nichts änderte.
  - Die Karikatur repräsentiert eine Perspektive von außen, genauer: einen europäischen Blick auf das Geschehen. Der Karikaturist steht dem Prozess der Dekolonisierung und den neuen regionalen Machthabern kritisch gegenüber.

2. Erörtern Sie, ob die Dekolonisierung tatsächlich in die Unabhängigkeit der ehemaligen Kolonien mündete. Berücksichtigen Sie dabei auch die aktuelle Situation ehemaliger Kolonien.

- Die Frage muss für jedes Land separat beantwortet werden: In manchen Ländern verlief die Dekolonisierung erfolgreich und mündete tatsächlich in Souveränität und eine Verbesserung der Situation der Bevölkerung; in anderen verlief sie weniger erfolgreich und teilweise gibt es bis heute ungelöste Konflikte, die aus der Kolonialzeit bzw. der Dekolonisierung herrühren.
- Diese Unterschiede treffen selbst auf Länder zu, die benachbart sind und unter der Herrschaft derselben Kolonialmacht standen. Insofern ist die Dekolonisierung nur ein wichtiger Faktor unter mehreren, der für die aktuelle Situation (mit)verantwortlich ist: Es gibt ehemalige Kolonien, die heute unabhängig, souverän und wohlhabend sind, und andere, die sehr arm und wirtschaftlich wie politisch abhängig geblieben sind. Dasselbe trifft auf Länder zu, die in der Vergangenheit niemals europäische Kolonie waren.

9. Beispiel für eine Abiturklausur

Im Folgenden finden Sie eine **Klausuraufgabe zum schriftlichen Abitur aus dem Jahr 2020**. Die Schülerinnen und Schüler bekamen zu jedem der beiden Schwerpunktthemen eine Aufgabe mit Materialien. Die folgende Klausur bezog sich auf das **Schwerpunktthema 2**.
Die Abituraufgabe ist im Vergleich zu den herkömmlichen Klausuren in der Kursstufe umfangreicher. Sie umfasst vier Teilaufgaben. Die Schülerinnen und Schüler haben zur Ausarbeitung 4,5 Zeitstunden (6 Schulstunden) Zeit. Als Hilfsmittel sind Taschenrechner und ein Wörterbuch der deutschen Sprache erlaubt.

Teilaufgaben:	Höchstzahl der erreichbaren Verrechnungspunkte
1. Analysieren Sie M 1.	12 VP
2. Ihrem Selbstverständnis nach war die DDR ein demokratischer Staat. Stellen Sie dar, wie sich dieses Selbstverständnis auf Politik und Gesellschaft auswirkte.	14 VP
3. Analysieren Sie M 2 und vergleichen Sie M 2 mit M 3.	16 VP
4. *In der Bundesrepublik Deutschland wurden in den 1970er- und 1980er-Jahren gesellschaftliche Herausforderungen erfolgreich bewältigt.* Überprüfen Sie diese These.	18 VP
	60 VP

Abiturprüfung an den allgemein bildenden Gymnasien

Prüfungsfach: Geschichte **Aufgabe II**

Haupttermin 2020 **Blatt 2 von 4**

Material 1: „Nie wieder sollen sie unsere Jugend missbrauchen!"

Plakat von Gerhard Benzig, Bautzen/Sowjetische Besatzungszone, 1949

(David Heather, DDR Osters – Ostdeutsche Propagandakunst, München u. a. 2014, S. 30)

Abiturprüfung an den allgemein bildenden Gymnasien

Prüfungsfach: Geschichte **Aufgabe II**

Haupttermin 2020 **Blatt 3 von 4**

Material 2: „Widerstand ohne Tyrannen"

Zeitungsartikel des Politikwissenschaftlers Dolf Sternberger, Frankfurter Allgemeine Zeitung, 6.5.1968

Die Bundesrepublik muss es büßen, dass Hitler zwölf Jahre lang über die Deutschen herrschen und nicht von Deutschen gestürzt werden konnte. Hitler herrschte mithilfe seiner verschworenen Gefolgschaft und mithilfe derer, welche die Sprache der nachmaligen Entnazifizierung treffend als Mitläufer bezeichnet hat. Fanatismus, Terror und Anpassung griffen ineinander. Der innere Widerstand blieb schwach, organisierte Verschwörung kam spät und endete glücklos. Die nachgeborene Generation scheint die eine Lehre gezogen zu haben, dass gegen Herrschaft immer Widerstand geboten sei. Die Söhne rächen sich für die Schwäche der Väter. Und die Bundesrepublik muss es entgelten. Obgleich dieser Staat in liberalem Geist von denen errichtet worden ist, die an jenem Fanatismus keinen Anteil hatten, die jenem Terror entronnen waren und die drinnen oder draußen je für sich dem Druck und der Versuchung widerstanden, die also auch ihre moralische Haut einigermaßen hatten retten können. Diese setzten ihren Eifer an die Erneuerung des Staates: die Söhne – oder doch ein Teil von ihnen – ereifern sich nicht für den Staat, sie ereifern sich für den Widerstand und sie treffen gerade auf diesen Staat, der doch als Gegenbild der Tyrannei entworfen worden ist – von Leuten, welche die Tyrannei erlitten, aber ihr freilich wenig aktiven und jedenfalls keinen erfolgreichen Widerstand entgegengesetzt hatten. Nun treibt es die Söhne, den Widerstand nachzuholen [...].

Damals gab es einen Tyrannen und wenig Widerstand. Heute gibt es viel Widerstand oder doch Widerstandsbedürfnis und keinen Tyrannen. Rudi Dutschke hat [...] den Tyrannenmord gutgeheißen, worin ihm zuzustimmen ist, aber sogleich hinzugefügt, unsere jetzigen Regenten seien nur „auswechselbare Charaktermasken" und lohnten solchen Aufwand nicht. In einem gewissen Sinn ist ihm übrigens auch hierin zuzustimmen: Eben dass sie tatsächlich ‚auswechselbar' sind, unterscheidet diese Regenten von tyrannischen. Es kennzeichnet den Verfassungsstaat, dass die Regierungsämter auf Zeit anvertraut werden.

[1] Rudi Dutschke (1940 – 1979): politischer Aktivist und Wortführer der Studentenbewegung

Abiturprüfung an den allgemein bildenden Gymnasien

Prufüngsfach: Geschichte **Aufgabe II**

Haupttermin 2020 **Blatt 4 von 4**

Material 3: „Organisieren wir den Ungehorsam gegen die Nazi-Generation"

Flugblatt, 1967/1968 (Hervorhebungen im Original)

Organisieren wir den
UNGEHORSAM
gegen die Nazi-Generation.

Ehemalige Nazi-Richter wollen über uns „Recht" sprechen. [...] Wir haben sogar einen ehemaligen Nazipropagandisten als Bundeskanzler.[1]

Unsere Geduld muss jetzt ein Ende haben. Machen wir Schluss damit, dass nazistische Rassenhetzer, dass die Juden-Mörder, die Slawen-Killer, die Sozialsten-Schlachter, dass die ganze Nazi-Scheiße von gestern weiterhin ihren Gestank über unsere Generation bringt.

Holen wir nach, was 1945 versäumt wurde: Treten wir die Nazi-Pest zur Stadt hinaus. Machen wir endlich eine richtige Ent-Nazifizierung. Heizen wir ihnen so ein, dass ihnen die fetten Gehälter, Dividenden und Pensionen, die sie für ihre Verbrechen von gestern verschlingen, im Halse stecken bleiben!

Nazi-Richter, Nazi-Staatsanwälte, Nazi-Gesetzgeber aller Coleur, Nazi-Polizisten, Nazi-Beamte, Nazi-Verfassungsschützer, Nazi-Lehrer, Nazi-Professoren, Nazi-Pfaffen, Nazi-Journalisten, Nazi-Propagandisten, Nazi-Bundeskanzler, und nicht zuletzt gegen Nazi-Kriegsgewinnler, Nazi-Fabrikanten, Nazi-Finanziers.

Verweigern wir uns total den Nazis. Befolgen wir keine ihrer Anweisungen. Sagen wir ihnen, dass wir sie bestenfalls ignorieren können. Damit legen wir den gesamten Apparat dieser miesen Gesellschaft lahm, denn er besteht – bezeichnenderweise! – zu einem lebenswichtigen Teil aus den alten Nazis.

Mobilisieren wir die permanente
ANTI-NAZI-KAMPAGNE
Bereiten wir den
AUFSTAND
gegen die Nazi-Generation vor.

(Zit. nach: Ralf Bentz u. a., Protest! Literatur um 1968 – Eine Ausstellung des Deutschen Literaturarchivs, Marbach am Neckar 2000, S. 43 f.)

---

[1] Gemeint ist Bundeskanzler Kurt Georg Kiesinger (1966–1969). Er war von 1933 an Mitglied der NSDAP und arbeitete während des Nationalsozialismus als Jurist im Auswärtigen Amt.

Lösungshinweise

1. Analysieren Sie M 1. (12 VP)

Kriterien für eine gute Leistung:
→ Die wesentlichen Elemente des Plakates werden beschrieben und im historischen Kontext erklärt.
→ Unter Bezug auf die Bildelemente wird gezeigt, dass die sowjetische Besatzungszone sich selbst als antifaschistisch, friedliebend und verantwortungsvoll gegenüber der Jugend verstand.
→ Eine Gesamtaussage wird formuliert.

Kriterien für eine ausreichende Leistung:
→ Einige Elemente der Karikatur werden in Grundzügen beschrieben und in den historischen Kontext grob eingeordnet.
→ Das antifaschistische und friedliebende sowie verantwortungsvoll gegenüber der Jugend behauptete Selbstverständnis der sowjetischen Besatzungszone wird in Ansätzen formuliert.
→ Die Gesamtaussage des Plakates wird in Ansätzen formuliert.

Mögliche Aspekte der Bewertung und Gewichtung:
→ Der Operator „analysieren" wird beachtet, d. h. das Plakat wird formal und inhaltlich beschrieben, die zentralen Aspekte werden in den historischen Kontext eingeordnet und es wird eine Gesamtaussage formuliert.
→ Nennen der formalen Merkmale: Titel („Nie wieder sollen sie unsere Jugend missbrauchen!"), Erscheinungszeit (1949), Erscheinungsort (sowjetische Besatzungszone), Grafiker (Gerhard Benzig aus Bautzen), Adressaten (Öffentlichkeit).
→ Beschreibung wesentlicher Bild- und Textelemente – z. B. die drei Figuren, die das Plakat dominieren: Während ein Jugendlicher frontal zu sehen ist, der den Betrachter lächelnd anschaut, sind zwei weitere Figuren – ein weiterer Jugendlicher und ein helmtragender Totenschädel mit Schwert, von dem Blut tropft – im Profil zu sehen; im Vordergrund des Bildes ist links ein (Öl-)Zweig zu sehen, im Hintergrund mehrere Grabkreuze; am rechten Bildrand ist zudem im dunklen Hintergrund ein Hakenkreuz zu erkennen; quer über das gesamte Plakat zieht sich der Schriftzug „Nie wieder sollen sie unsere Jugend missbrauchen!" und es ist die Unterschrift des Grafikers zu erkennen.
→ Einordnung in den historischen Kontext: Das Plakat entstand im Kontext des zunehmenden ideologisch geprägten Systemkonfliktes im Zuge des beginnenden Kalten Krieges sowie der Blockbildung und der damit verbundenen Auseinanderentwicklung der westlichen Besatzungszonen einerseits und der sowjetischen Besatzungszone andererseits nach dem Ende des Zweiten Weltkrieges bis hin zur doppelten Staatsgründung (BRD im Mai 1949 und DDR im Oktober 1949). In dieser Zeit warf die sowjetische Besatzungszone den Westzonen (als „sie" bezeichnet) ihren mangelnden Bruch mit der Vergangenheit vor, die durch den Nationalsozialismus (Hakenkreuz) und den mörderischen Zweiten Weltkrieg (Blutstropfen) bestimmt sei. Außerdem beschuldigte sie die Westzonen, die Jugend zu Faschismus und Krieg zu verführen, während die sowjetische Besatzungszone friedliebend (Ölzweig) und antifaschistisch sei und die Jugend (als „unsere" bezeichnet) in eine strahlende (Lächeln) Zukunft führen werde.
→ Formulierung einer Gesamtaussage des Plakates: Das Plakat thematisiert das Selbstverständnis der sowjetischen Besatzungszone als entnazifiziert, antifaschistisch, pazifistisch und zukunftsorientiert („neues Deutschland") und zugleich den Vorwurf an die westlichen Zonen, sie seien nach wie vor faschistisch, kriegstreibend und verführten die Jugend.

2. Ihrem Selbstverständnis nach war die DDR ein demokratischer Staat. Stellen Sie dar, wie sich dieses Selbstverständnis auf Politik und Gesellschaft auswirkte. (14 VP)

Kriterien für eine gute Leistung:
→ Das sozialistische Demokratieverständnis der DDR als „Volksdemokratie" wird erläutert.
→ Die Auswirkungen auf Politik und Gesellschaft werden durch Heranziehen konkreter Beispiele strukturiert dargestellt.

Kriterien für eine ausreichende Leistung:
→ Das sozialistische Demokratieverständnis der DDR als „Volksdemokratie“ wird in Ansätzen erläutert.
→ Einzelne Auswirkungen auf Politik und Gesellschaft werden genannt.

Mögliche Aspekte der Bewertung und Gewichtung:
→ Der Operator „darstellen“ wird beachtet, d. h. es werden Sachverhalte strukturiert und zusammenhängend verdeutlicht.
→ Das Selbstverständnis der DDR als demokratischer Staat wird definiert; dabei sollte der Begriff der „Volksdemokratie“ bzw. die Selbstcharakterisierung als „Deutsche Demokratische Republik“ erläutert werden.
→ Auswirkungen auf Politik und Gesellschaft werden strukturiert dargestellt, z. B.:
- Wahlsystem mit Einheitsliste (politisch festgelegte Führungsrolle der SED im „Demokratischen Block“, sog. „Blockparteien“, „Nationale Front“), das im Gegensatz zur parlamentarischen Demokratie der BRD weder Parteienpluralismus noch Opposition kannte, sondern eine Zustimmung als Bekenntnis zum sozialistischen Staat bzw. seinen Vertretern vorsah, wobei auch ein ablehnendes Votum möglich war;
- Prinzip des „demokratischen Zentralismus“ als Organisationsform von Massenorganisationen und Betrieben: ideologisch begründete Auswahl der Kandidaten durch die Leitung von oben nach unten, Weisungsbefugnis übergeordneter gegenüber nachgeordneten Organen, Mitwirkung aller bei der Lösung der grundlegenden Aufgaben (Kollektivismus);
- ideologische Durchdringung der gesamten Gesellschaft, z. B. in Schule, Vereinen, Betrieben, Presse, Kultur;
- Anspruch auf politische Partizipation durch Beitritt zu staatlichen Organisationen und Teilhabe am politischen Leben (z. B: politische Paraden an staatlichen Feiertagen wie 1. Mai);
- Überwachungsstaat, d. h. keine freie Presse und Medien, Einschränkungen politischer Tätigkeiten, Verfolgung Oppositioneller.

Andere Beispiele und Schwerpunktsetzungen sind möglich.

3. Analysieren Sie M 2 und vergleichen Sie M 2 mit M 3. (16 VP)

Kriterien für eine gute Leistung:
→ Formal korrekte Beschreibung von M 2.
→ Weitgehend vollständiges Herausarbeiten der zentralen Inhalte: die Erklärung des studentischen Protestverhaltens aus der NS-Vergangenheit, die Kritik an diesem Verhalten, das Bekenntnis zum Verfassungsstaat.
→ Weitgehend korrekte Einordnung in den historischen Kontext der APO-Proteste 1967/68.
→ Funktionale Beachtung sprachlicher Mittel.
→ Kriteriengestützter Vergleich, der als Gemeinsamkeit den Zusammenhang zwischen Studentenprotesten und NS-Vergangenheit nennt, aber die unterschiedlichen Konsequenzen (Bekenntnis zum Verfassungsstaat bzw. Ungehorsam) benennt.

Kriterien für eine ausreichende Leistung
→ In Grundzügen korrekte Beschreibung von M 2.
→ Herausarbeiten einiger Inhalte: die Erklärung des studentischen Protestverhaltens aus der NS-Vergangenheit sowie die Kritik an diesem Verhalten.
→ Ansatzweise Einordnung in den historischen Kontext der APO-Proteste 1967/68.
→ Ansatzweise kriteriengestützter Vergleich, der als Gemeinsamkeit den Zusammenhang zwischen Studentenprotesten und NS-Vergangenheit nennt und als Unterschiede das Bekenntnis zum Verfassungsstaat bzw. den Aufruf zum Ungehorsam benennt.

Mögliche Aspekte der Bewertung und Gewichtung:
→ Der Operator „analysieren“ wird beachtet, d. h. die Textquelle wird formal und inhaltlich beschrieben, die zentralen Inhalte werden strukturiert herausgearbeitet und in den historischen Kontext eingeordnet, sprachliche Mittel funktional miteinbezogen und es wird eine Gesamtaussage formuliert.

→ Der Operator „vergleichen“ wird beachtet, d. h. Kriterien werden gebildet, anhand derer die Gemeinsamkeiten und Unterschiede gegenübergestellt werden und ein begründetes Ergebnis formuliert wird.
→ Nennen der formalen Merkmale: Autor (Dolf Sternberger), Titel („Widerstand ohne Tyrannen“), Entstehungszeit (6.5.1968), Erscheinungsort (Frankfurter Allgemeine Zeitung), Textsorte (Zeitungsartikel), Adressaten ([westdeutsche] Öffentlichkeit).
→ Herausarbeiten des zentralen Themas: Erklärung des studentischen Protestverhaltens 1968 aus der NS-Vergangenheit.
→ Herausarbeiten der zentralen Kernthesen, z. B.:
- Studentischer Widerstand als Konsequenz bzw. Lehre aus schwachem Widerstand gegen Hitler bzw. als nachgeholter Widerstand der jüngeren Generation;
- Kritik am Widerstand der „Söhne“, der nur eine Rache an der Schwäche der Väter sei;
- Kritik am Widerstand, der die Falschen treffe, nämlich einen Staat, der genau das „Gegenbild der Tyrannei“ der NS-Zeit sei und der als „Gegenbild“ von Menschen entworfen sei, die unter Hitler gelitten hätten;
- Betonung der Stärke des Verfassungsstaates als nicht tyrannisch, da seine Regierungsämter zeitlich begrenzt und dadurch austauschbar sind;
- Beachtung der sprachlichen Mittel: Antithese zwischen „Vätern“ und „Söhnen“.

→ Einordnung in den historischen Kontext:
- Hochphase der Studentenunruhen im Mai 1968 („68er-Bewegung“), zunehmende Gewaltbereitschaft;
- mangelnde Auseinandersetzung der frühen Bundesrepublik mit der NS-Vergangenheit, ehemaliges NSDAP-Mitglied Kiesinger als Bundeskanzler, zahlreiche ehemalige NS-Anhänger in Führungspositionen;
- Generationenkonflikt der 68er-Bewegung aufgrund autoritärer und als „tyrannisch“ empfundener Strukturen in Politik, Justiz, Gesellschaft und Verwaltung;
- fehlende politische Opposition durch „Große Koalition“ (1966 – 1969) führte zur Bildung einer „Außerparlamentarischen Opposition“ (APO).

→ Vergleich von M 2 mit M 3 anhand angewandter Vergleichskriterien, z. B.:
- Äußere Merkmale wie Erscheinungszeit (1967/68), Textsorte (Zeitungsartikel/Flugblatt), Adressaten (Leser der FAZ/Anhänger der APO);
- Deutung des Widerstandes als unangemessen vs. als Notwendigkeit des Ungehorsams bis hin zum Aufstand;
- Erklärung der Protesthaltung aus mangelndem Widerstand der Vätergeneration gegen Hitler vs. mangelnder Entnazifizierung der frühen Bundesrepublik;
- Einschätzung der Bundesrepublik als demokratischer Verfassungsstaat vs. faschistischer Staat ehemaliger Nazis;
- Haltung gegenüber dem Staat: Anerkennung der Leistung des demokratischen Verfassungsstaates, der seine Regierungsämter nur auf Zeit vergibt vs. Ablehnung und Aufruf zum Ungehorsam gegenüber allen staatlichen Autoritäten;
- Sprache: journalistische Darstellung vs. Vulgärsprache („Nazi-Scheiße“) mit Drohaufrufen („treiben wir die Nazi-Pest zur Stadt hinaus“, „im Halse stecken bleiben“).

→ Formulieren eines Fazits:
- Gemeinsamkeiten: Konflikt wird als Generationenkonflikt aufgrund der NS-Vergangenheit eingeschätzt;
- Unterschiede: während der Zeitungsartikel (M 2) die Proteste kritisch und als überzogen bzw. gegen die Falschen gerichtet wertet, sieht das Flugblatt (M 3) die Proteste als überfällig und dringend geboten an.

4. In der Bundesrepublik wurden in den 1970er- und 1980er-Jahren gesellschaftliche Herausforderungen erfolgreich bewältigt. Überprüfen Sie diese These. (18 VP)

Kriterien für eine gute Leistung:
→ Die Begriffe „Herausforderungen“ und „erfolgreich“ werden erläutert.
→ Strukturierte Überprüfung an verschiedenen Beispielen.
→ Ein begründetes Ergebnis wird formuliert.

Kriterien für eine ausreichende Leistung:
- → Die Begriffe „Herausforderungen" und „erfolgreich" werden bedacht.
- → Ansatzweise strukturierte Überprüfung an einigen Beispielen.
- → Ein ansatzweise begründetes Ergebnis wird in Grundzügen formuliert.

Mögliche Aspekte der Bewertung und Gewichtung:
- → Der Operator „überprüfen" wird beachtet, d. h. die Aussage wird an Sachverhalten auf ihre sachliche Richtigkeit hin untersucht und ein begründetes Ergebnis formuliert.
- → Die These der Aufgabenstellung und die zentralen Begriffe – „gesellschaftliche Herausforderung" als die gesamte Gesellschaft betreffende Probleme und „erfolgreich bewältigt" im Sinne der Problemlösung – werden geklärt.
- → Anführen verschiedener Beispiele, durch die die These der Aufgabenstellung sowohl bestätigt als auch widerlegt werden kann, z. B.:
  - Fehlende politische Mitgestaltungsmöglichkeiten in Politik, Schulen, Universitäten, Betrieben etc. wurden durch die Senkung des Wahlalters sowie der Volljährigkeit auf 18 Jahre, durch die Einführung von Mitbestimmungsmöglichkeiten in Schulen (SMV) und Universitäten (AStA) bzw. durch die Einführung von Betriebsverfassungsgesetzen und anderen Mitbestimmungsgesetzen zu beheben versucht entsprechend dem demokratisch-partizipatorischen Anspruch der SPD-geführten Regierung unter Willy Brandt (1969 – 1974) – Slogan: „Mehr Demokratie wagen";
  - mangelnde Bildungschancen für Teile der Bevölkerung wurden durch mehr Chancengleichheit im Bildungswesen (z. B. durch Einführung des BAföG) zu beheben versucht;
  - fehlende Gleichberechtigung der Geschlechter wurde durch neue Ehegesetze (z. B. in Bezug auf Scheidung) und Gleichstellungsgesetze (z. B. in Bezug auf Erwerbsarbeit) im Sinne der Emanzipation zu beheben versucht;
  - veraltetes Strafrecht wurde reformiert (z. B. in Bezug auf Homosexualität, Schwangerschaftsabbruch, Sexualstrafrecht wie „Kuppelparagraf");
  - als veraltet empfundene traditionelle Moralvorstellungen wurden durch Reformen im Sexualstrafrecht, Sexualkundeunterricht zu beheben versucht;
  - einem generellen Wertewandel wurde durch liberale Gesetzgebungsmaßnahmen Rechnung getragen;
  - aufkommendes Bewusstsein für Umweltzerstörung (z. B. Waldsterben, Atommüll) führte zu wachsender politischer Partizipation („Pluralisierung") durch das Aufkommen der „Neuen Sozialen Bewegungen" wie Bürgerinitiativen, Umwelt- oder Friedensgruppen bzw. die Gründung der neuen Partei DIE GRÜNEN;
  - Attentate und Entführungen durch linksterroristische Organisationen (z. B. RAF, „Bewegung 2. Juni") und rechtsterroristische Organisationen („Wehrsportgruppe Hoffmann", Attentat auf das Oktoberfest 1980) bedrohten die innere Sicherheit;
  - zunehmende Wirtschafts- und Energiekrisen (Ende des „Golden Age", Ölkrisen) und ein gesamtwirtschaftlicher Strukturwandel (Tertiarisierung) führten zum raschen und anhaltenden Anstieg der Arbeitslosigkeit („Sockelarbeitslosigkeit");
  - zunehmende Einwanderung durch Familiennachzug von „Gastarbeitern" ohne Einwanderungsgesetzgebung;
  - anhaltende militärische Bedrohung durch Wettrüsten, Kalten Krieg und NATO-Doppelbeschluss 1979 führte zum Aufkommen einer Friedensbewegung.

    Dabei kann zwischen punktuellen Erfolgen und langfristig anhaltenden bzw. neuen Herausforderungen differenziert werden. Eine Vollständigkeit der aufgeführten Beispiele kann nicht erwartet werden. Auch andere Beispiele können genannt werden.
- → Formulieren eines begründeten Ergebnisses, in dem gemäß der Aufgabenstellung nochmals die Begriffe „gesellschaftliche Herausforderungen" und „erfolgreich bewältigt" berücksichtigt werden.

10. Bildungsstandards Klasse 12

3.4.0 Orientierung in der Zeit

12.1 Die Schülerinnen und Schüler können den historischen Zeitraum, der in 12.1 Gegenstand des Geschichtsunterrichts ist, anhand folgender Daten charakterisieren:
8.5.1945 Bedingungslose Kapitulation Deutschlands; ab 1947 Kalter Krieg; 1949 Gründung von BRD und DDR; ab 1950 Wirtschaftsboom in Ost- und Westeuropa; 17.6.1953 Volksaufstand in der DDR; 1961 Mauerbau; ab 1968 internationale Jugendproteste; Neue Soziale Bewegungen; 1973/74 Erste Ölkrise; ab 1980 Strukturwandel in Westeuropa, Wirtschaftskrise in Osteuropa; ab 1985 Glasnost, Perestroika; 1989 Ende des Kalten Kriegs, Revolutionen in Osteuropa; 9.11.1989 Mauerfall; 3.10.1990 Deutsche Einheit; 1991 Ende der UdSSR; 1992 Vertrag von Maastricht.

12.2 Die Schülerinnen und Schüler können den historischen Zeitraum, der in 12.2 Gegenstand des Geschichtsunterrichts ist, anhand folgender Daten charakterisieren:
1917/18 Zerfall des russischen, österreichisch-ungarischen und osmanischen Imperiums; 1918 Wilsons 14 Punkte; 1920 Völkerbund: Mandatssystem; 1945 Ende des Zweiten Weltkriegs; 1960 – 1970 Höhepunkt der Dekolonisierung.

3.4.5 West- und Osteuropa nach 1945: Streben nach Wohlstand und Partizipation (12.1, zweistündig)

Die Schülerinnen und Schüler können Chancen und Probleme bei der Ausweitung von Massenkonsum und politischer Teilhabe in West- und Osteuropa nach 1945 analysieren.

Die Schülerinnen und Schüler können
(1) die Ausgangssituation in Europa nach 1945 darstellen
(Zusammenbruchsgesellschaft, Flucht und Vertreibung)

(2) Grundstrukturen und zentrale Entwicklungen des Kalten Krieges darstellen
(Systemkonflikt, Machtkonflikt, Rüstungswettlauf; Kapitalismus/Sozialismus, parlamentarische Demokratie/Volksdemokratie, Marktwirtschaft/Zentralverwaltungswirtschaft; Kalter Krieg, Stellvertreterkrieg, Blockbildung, Bipolarität, Propaganda)

(3) den wirtschaftlichen Aufschwung in Ost- und Westeuropa bis Anfang der 1970er-Jahre am deutsch-deutschen Beispiel analysieren und vergleichen
(Boom, Soziale Marktwirtschaft/Zentralverwaltungswirtschaft, Sozialstaat/Versorgungsstaat, Konsumgesellschaft/Primat der Schwerindustrie, Vollbeschäftigung/Recht auf Arbeit)

(4) den Umgang mit Protest in West- und Osteuropa überblicksartig vergleichen und bewerten
(Aufstand des 17. Juni, „Republikflucht", Mauerbau, Wiederbewaffnung; 68er-Bewegung, Prager Frühling, Wertewandel)

(5) Ansätze zur Entspannungspolitik in den 1960er-Jahren in Ost- und Westeuropa vergleichen und bewerten
(Friedliche Koexistenz, „Kennedy-Impuls", Neue Ostpolitik, Helsinki-Prozess)

(6) Aufbruchsversuche in West und Ost zu mehr Bürgerbeteiligung erläutern
(Emanzipation: „Mehr Demokratie wagen", Neue Soziale Bewegungen, Pluralisierung, Charta 77, Dissidentenbewegung)

(7) die wirtschaftlichen Krisen der 1970er- und 1980er-Jahre und ihre Auswirkungen auf Westeuropa erläutern
(Ende des „Golden Age": Ölkrise, Stagflation, Sockelarbeitslosigkeit, Zwei-Drittel-Gesellschaft, Neoliberalismus; Strukturwandel: Digitalisierung)

(8) Fenster zur Welt: die Beschleunigung der Globalisierung seit den 1970er-Jahren analysieren und bewerten
(Vernetzung: Transnationaler Konzern, Finanzmarkt, Migration)

(9) den Zusammenbruch des Ostblocks erklären
(Strukturwandel, Innovationsdefizit, Staatsverschuldung, Rüstungswettlauf, Versorgungskrise, Legitimitätskrise, Entspannungspolitik, Perestroika, Glasnost, Sinatra-Doktrin, Solidarność, Bürgerbewegung, Ausreisebewegung, Friedliche Revolution)

(10) die Transformation der ehemaligen Ostblockstaaten am Beispiel Ostdeutschlands und der früheren Sowjetunion erläutern
(Wirtschafts-, Währungs- und Sozialunion, Zwei-Plus-Vier-Vertrag, Deutsche Einheit, Russische Föderation, Transformationsgesellschaft, Oligarch)

(11) Herausforderungen und Entwicklungsperspektiven Europas erläutern und beurteilen
(Europäische Union, Euro, Osterweiterung, Globalisierung)

3.4.6 West- und Osteuropa nach 1945: Wege in die postindustrielle Zivilgesellschaft (12.1, vierstündig)

Die Schülerinnen und Schüler können Chancen und Probleme bei der Herausbildung einer postindustriellen Zivilgesellschaft in West- und Osteuropa nach 1945 analysieren.

Die Schülerinnen und Schüler können
(1) die Ausgangssituation in Europa nach 1945 darstellen
(Zusammenbruchsgesellschaft, Flucht und Vertreibung)

(2) Grundstrukturen und zentrale Entwicklungen des Kalten Krieges darstellen
(Systemkonflikt, Machtkonflikt, Rüstungswettlauf; Kapitalismus/Sozialismus, Marktwirtschaft/Zentralverwaltungswirtschaft; Kalter Krieg, Stellvertreterkrieg, Blockbildung, Bipolarität, Propaganda)

(3) die Wiedereinführung des liberaldemokratischen Modells in Westeuropa und die Etablierung des Staatssozialismus in Osteuropa durch die Siegermächte beschreiben und ihre Legitimation überprüfen
(Eiserner Vorhang: parlamentarische Demokratie/Volksdemokratie, Marktwirtschaft/Zentralverwaltungswirtschaft; Blockbildung, Marshallplan)

(4) den wirtschaftlichen Aufschwung in West- und Osteuropa bis Anfang der 1970er-Jahre am deutsch-deutschen Beispiel analysieren und vergleichen
(Boom, Soziale Marktwirtschaft/Zentralverwaltungswirtschaft, Sozialstaat/Versorgungsstaat, nivellierte Mittelstandsgesellschaft/Arbeiter-und-Bauernstaat, Konsumgesellschaft/Primat der Schwerindustrie, Keynesianismus/Fünf-Jahres-Plan, Vollbeschäftigung/Recht auf Arbeit)

(5) den Umgang mit Protest in West- und Osteuropa vergleichen und bewerten
(Aufstand des 17. Juni, Ungarnaufstand, „Republikflucht“, Mauerbau, Wiederbewaffnung, 68er-Bewegung, Prager Frühling, Wertewandel)

(6) Fenster zur Welt: Auswirkungen des Kalten Krieges auf Kuba erläutern und bewerten
(Putsch, Militärdiktatur, Revolution, Kuba-Krise)

(7) Ansätze zur Entspannungspolitik in den 1960er-Jahren in Ost- und Westeuropa vergleichen und bewerten
(Friedliche Koexistenz, „Kennedy-Impuls“, Neue Ostpolitik, Helsinki-Prozess)

(8) Aufbruchsversuche in West und Ost zu mehr Bürgerbeteiligung erläutern
(Emanzipation: „Mehr Demokratie wagen“, Neue Soziale Bewegungen, Pluralisierung, Charta 77, Dissidentenbewegung)

(9) die wirtschaftlichen Krisen der 1970er- und 1980er-Jahre und ihre Auswirkungen auf Westeuropa erläutern
(Ende des „Golden Age“: Ölkrise, Stagflation, Sockelarbeitslosigkeit, Zwei-Drittel-Gesellschaft, Neoliberalismus; Strukturwandel: Digitalisierung)

(10) Fenster zur Welt: die Beschleunigung der Globalisierung seit den 1970er-Jahren analysieren und bewerten (Vernetzung: Transnationaler Konzern, Finanzmarkt, Migration)

(11) den Zusammenbruch des Ostblocks analysieren (Strukturwandel, Innovationsdefizit, Staatsverschuldung, Rüstungswettlauf, Versorgungskrise, Umweltverschmutzung, Legitimitätskrise, Entspannungspolitik, Perestroika, Glasnost, Sinatra- Doktrin, Solidarność, Bürgerbewegung, Ausreisebewegung, „Friedliche Revolution", „Samtene Revolution")

(12) die deutsche Einheit und den Zusammenbruch der Sowjetunion erklären und deren Folgen bewerten (Wirtschafts-, Währungs- und Sozialunion, Zwei-Plus-Vier-Vertrag, Deutsche Einheit, GUS, Transformationsgesellschaft, Oligarch)

(13) Herausforderungen und Entwicklungsperspektiven Europas erläutern und beurteilen (Europäische Union, Euro, Osterweiterung, Globalisierung)

3.4.7 Aktuelle Probleme postkolonialer Räume in historischer Perspektive (12.2, zweistündig)

Die Schülerinnen und Schüler können den Prozess der Dekolonisierung charakterisieren und an einem ausgewählten Beispiel aktuelle Konfliktfelder postkolonialer Räume in historischer Perspektive analysieren.

Die Schülerinnen und Schüler können

(1) die Entstehung antikolonialer Bewegungen als Folge zerfallender Imperien nach 1918 erklären (Imperium, Kolonialismus, Vierzehn Punkte, Selbstbestimmungsrecht der Völker, Völkerbund, Mandatsgebiet)

(2) Formen der Dekolonisierung charakterisieren (Revolution, Unabhängigkeitskrieg, gewaltloser Widerstand, nationale Befreiungsbewegung, Dekolonisierung „von oben")

(3) den Dekolonisierungsprozess an einem ausgewählten Raum (zum Beispiel Israel-Palästina, Südafrika, Indien, Mittlerer Osten, Vietnam) analysieren und bewerten

(4) aktuelle Probleme vor dem Hintergrund von Kolonialismus und Dekolonisierung erörtern (*zum Beispiel Neokolonialismus, Islamismus, ethnopolitischer Konflikt, failed state, „11. September"*)

3.4.8 Aktuelle Probleme postkolonialer Räume in historischer Perspektive (12.2, vierstündig)

Die Schülerinnen und Schüler können den Prozess der Dekolonisierung charakterisieren und an zwei ausgewählten Beispielen aktuelle Konfliktfelder postkolonialer Räume in historischer Perspektive analysieren.

Die Schülerinnen und Schüler können

(1) die Entstehung antikolonialer Bewegungen als Folge zerfallender Imperien nach 1918 erklären (Imperium, Kolonialismus, Vierzehn Punkte, Selbstbestimmungsrecht der Völker, Völkerbund, Mandatsgebiet)

(2) Formen der Dekolonisierung charakterisieren (Revolution, Unabhängigkeitskrieg, gewaltloser Widerstand, nationale Befreiungsbewegung, Dekolonisierung „von oben")

(3) den Dekolonisierungsprozess an zwei ausgewählten Räumen (zum Beispiel Israel-Palästina, Südafrika, Indien, Mittlerer Osten, Vietnam) analysieren und bewerten

(4) aktuelle Probleme vor dem Hintergrund von Kolonialismus und Dekolonisierung erörtern (*zum Beispiel Neokolonialismus, Islamismus, ethnopolitischer Konflikt, failed state, „11. September"*)

Glossar

Ära Ulbricht: Regierungszeit von Walter Ulbricht (1950 – 1971 Generalsekretär/Erster Sekretär des ZK der SED; 1960 – 1973 Vorsitzender des Staatsrates; 1960 – 1971 Vorsitzender des Nationalen Verteidigungsrates), in die wegweisende politische Programme der → SED fallen („Planmäßige Errichtung der Grundlagen des Sozialismus“ = → „Aufbau des Sozialismus“ 1952; → „Neuer Kurs“ 1953; → „Neues Ökonomisches System der Planung und Leitung“ = NÖSPL 1963) sowie entscheidende Ereignisse der DDR-Geschichte (→ Aufstand des 17. Juni; → Mauerbau am 13. August 1961). Auf Ulbricht folgte Erich Honecker (Generalsekretär/Erster Sekretär der SED 1971 – 1989).

Agenda 2010: Von der rot-grünen Bundesregierung unter Kanzler Gerhard Schröder seit 2003 initiiertes sozial- und arbeitsmarktpolitisches Reformkonzept, das in den Hartz-Gesetzen I – IV umgesetzt wurde und – in Abkehr vom → Keynesianismus – zu einer wirtschaftlichen Liberalisierung und Deregulierung im Sinne des → Neoliberalismus führte.

Allgemeines Wahlrecht: Alle Bürger eines Staates haben das Wahlrecht (im Gegensatz z. B. zum → Zensuswahlrecht), in Demokratien normalerweise verbunden mit den Prinzipien der freien, geheimen, gleichen und direkten Wahl. Das allgemeine Wahlrecht gehört zu den Wesensmerkmalen der → parlamentarischen Demokratie.

Alliierter Kontrollrat: Am 30. Juli 1945 durch die → Potsdamer Konferenz eingesetzte oberste Besatzungsbehörde für Deutschland, die aus den Militärgouverneuren der vier Besatzungsmächte USA, Sowjetunion, Großbritannien und Frankreich bestand und wegen des deutschen Souveränitätsverlusts nach dem Ende des Zweiten Weltkriegs die Regierungsgewalt ausübte. Die nach dem Grundsatz der Einstimmigkeit beschlossenen Kontrollratsgesetze galten für alle vier Besatzungszonen gleichermaßen, ihre Umsetzung lag allerdings im Ermessen der Militärgouverneure, sodass jeder von ihnen faktisch ein → Veto-Recht hatte.

Apartheid: (niederl. apart = getrennt). Politik der Rassentrennung in Südafrika bis 1991. Seit den 1950er-Jahren wurden systematisch Gesetze erlassen, welche die weißen, europäischstämmigen Bevölkerungsgruppen gegenüber den nicht weißen Bevölkerungsgruppen privilegierten.

al-Qaida: (arab. = das Fundament). Von Usama bin Ladin gegründetes und seit 1993 global agierendes islamistisches Terrornetzwerk (→ Islamismus), das für die → Terroranschläge vom 11. September 2001 verantwortlich ist. Ziele des Terrors sind die Errichtung eines globalen islamischen Gottesstaats, die Schwächung der westlichen Staats- und Lebensformen sowie die Vernichtung Israels.

Alternative Lebensformen: Formen des Wohnens und Zusammenlebens, die seit den 1960er-Jahren, ausgehend von der → Studenten- bzw. 68er-Bewegung, als Gegenmodell zur → bürgerlichen Familie praktiziert wurden (z. B. Wohngemeinschaften, Kommunen) und sich in den westlichen Gesellschaften seit den 1970er-Jahren immer weiter ausbreiteten.

Antiindividualismus: Seit dem Beginn des 20. Jahrhunderts in Europa verbreitete und von der NS-Ideologie aufgegriffene Idee, derzufolge der Einzelne sich – im Gegensatz zum bürgerlichen → Individualismus – in die „Volksgemeinschaft“ einzuordnen und ihr zu unterwerfen habe. Dem Antiindividualismus zufolge besitzt das Individuum keine unveräußerlichen → Menschen- und Bürgerrechte, sondern entwickelt seine Potenziale nur unter Verzicht auf seine Individualität durch ein Handeln im Einklang mit der Gemeinschaft („Du bist nichts, dein Volk ist alles.“).

Antiliberalismus: Gegen die Ideen des → Liberalismus gerichtete Denkströmung, der zufolge Staatsbürger keinen Anspruch auf individuelle Freiheit und Selbstbestimmung haben und sich deshalb nicht auf Abwehrrechte gegenüber dem Staat berufen können. Vielmehr seien Freiheitseinschränkungen durch den Staat, der das Gemeinwohl vertrete, jederzeit möglich und nicht begründungsbedürftig.

Antiparlamentarismus: Denkhaltung, die statt parlamentarischer Kompromissbildung und Entscheidungsfindung, die als ineffizient betrachtet werden, die Entmachtung der Parlamente und die Übergabe ihrer Kompetenzen an eine autoritäre Führerfigur fordert.

Antipluralismus: Haltung, die die Vielfalt von konkurrierenden Ideen, Werten und Weltanschauungen in einer Gesellschaft ablehnt. Antipluralistische Gesellschaften sind meist Diktaturen, in denen von der politischen Führung ein Wertekanon und eine Weltanschauung als für alle verbindlich erklärt werden und abweichendes Verhalten oder abweichende Meinungen bestraft werden.

Antisemitismus: Judenfeindschaft; fußend auf dem religiös begründeten Antijudaismus, wurde der Antisemitismus im Laufe des 19. Jahrhunderts zunehmend rassistisch begründet (→ Rassismus), sodass Menschen jüdischer Herkunft aufgrund vermeintlich biologischer Merkmale als minderwertig angesehen wurden. Während des Nationalsozialismus war der Antisemitismus Teil der Rassenideologie.

Antizyklische Konjunkturpolitik: → Keynesianismus, → deficit spending.

Arbeiterbewegung: Zusammenschluss von Arbeitern zu Vereinigungen zwecks Vertretung ihrer politischen und sozialen Interessen mit dem Ziel der Verbesserung ihrer wirtschaftlichen, politischen und sozialen Lage. Den politischen Arm der Arbeiterbewegung stellen sozialdemokratische, sozialistische und kommunistische Parteien dar, den wirtschaftlichen Arm die → Gewerkschaften. Die ersten Arbeitervereinigungen entstanden in Europa in den 1840er-Jahren und wurden im Verlauf des 19. und 20. Jahrhunderts immer stärker.

Arbeiter- und Bauernstaat: Nach marxistisch-leninistischer Auffassung ein Staat, in dem die Arbeiterklasse gemeinsam mit den Bauern die politische Herrschaft ausübt. In diesem Staat wird die Wirtschaft vergesellschaftet und staatlich geplant (→ Planwirtschaft, Zentralverwaltungswirtschaft, → Sozialismus).

Atlantik-Charta: Gemeinsame Erklärung des US-Präsidenten Franklin D. Roosevelt und des britischen Premierministers Winston Churchill am 14. August 1941 an Bord der „Prince of Wales" auf dem Atlantik vor Neufundland, in der beide in Anlehnung an Wilsons → Vierzehn Punkte u. a. das → Selbstbestimmungsrecht der Völker als Grundlage einer stabilen internationalen Nachkriegsordnung bekräftigten. Die Atlantik-Charta wurde zum Grundlagentext für die Gründung der → Vereinten Nationen.

Aufbau des Sozialismus: Durch die 2. Parteikonferenz der SED 1952 zur „grundlegenden Aufgabe" erklärtes Programm der → SED in der → Ära Ulbricht, mit dem in der DDR nach sowjetischem Vorbild (Stalin: „Theorie vom Aufbau des Sozialismus in einem Land" 1924) die sozialistische Umwandlung der Wirtschaft (Kollektivierung der Landwirtschaft und Einrichtung von „Landwirtschaftlichen Produktionsgenossenschaften" (LPGs); weitgehende Verstaatlichung bzw. Enteignung der Privatwirtschaft und deren Umwandlung in „Volkseigene Betriebe" (VEBs); Vorrangstellung des Ausbaus der Schwerindustrie) und die rigide ideologische Durchsetzung des Marxismus-Leninismus in Politik und Kultur (Etablierung der SED als führend Partei, Ausbau des Ministeriums für Staatsicherheit (→ Stasi, → Kirchenkampf) vorangetrieben wurde.

Aufrüstung: Vorgang, bei dem ein Staat oder ein Staatenbündnis seine Militärausgaben erhöht mit dem Ziel der Vergrößerung seiner Streitkräfte und/oder der Modernisierung seines Waffenarsenals (→ Rüstungswettlauf).

Aufstand des 17. Juni: Welle von Streiks und Demonstrationen in der DDR 1953, die von Hoffnungen auf eine politische und wirtschaftliche Liberalisierung nach Stalins Tod im März 1953 getragen waren. Auslöser waren Proteste gegen eine Erhöhung der Arbeitsnormen in den Betrieben, die sich rasch zu Forderungen nach dem Ende der SED-Diktatur und der Vereinigung von Bundesrepublik und DDR radikalisierten. Der Aufstand wurde von der Roten Armee gewaltsam niedergeschlagen, wirkte aber trotzdem als Vorbild für spätere antistalinistische Proteste in anderen Ostblockstaaten, z. B. für den → Ungarnaufstand 1956.

Ausreisebewegung: Ab Mitte der 1970er-Jahre nahm die Anzahl der Ausreiseanträge von Menschen zu, die die DDR nicht per Flucht, sondern legal verlassen wollten. Die Antragsteller machten zudem zunehmend ihre Entscheidungen öffentlich und organisierten sich ab Mitte der 1980er-Jahre in Gruppen, die zumeist bei evangelischen Kirchengemeinden Zuflucht fanden. Auch die Zahl der Ausreisewilligen, die durch die Besetzung von westlichen Botschaften in der DDR, insbesondere der Ständigen Vertretung der Bundesrepublik in Ostberlin, und im kommunistischen Ausland (z. B. in Prag, Budapest und Warschau) ihre Ausreise erwirken wollten, nahm Ende der 1980er-Jahre zu.

Auswanderung: Dauerhaftes Verlassen des Heimatlandes entweder freiwillig oder gezwungenermaßen aus wirtschaftlichen, politischen, religiösen, beruflichen oder persönlichen Gründen (→ Migration).

Baden: → Baden-Württemberg.

Baden-Württemberg: 1952 durch den Zusammenschluss der Länder Württemberg-Baden, Baden und Württemberg-Hohenzollern gegründetes Bundesland. Der Gründung ging 1951 gemäß Art. 29 → Grundgesetz ein Volksentscheid in vier Abstimmungsgebieten (Nordwürttemberg, Südwürttemberg-Hohenzollern, Nordbaden und Südbaden) voraus, bei dem in Württemberg 93 %, in Nordbaden 57 % und in Südbaden 38 % der Abstimmenden den Zusammenschluss befürworteten.

Besatzungszonen: Von feindlichen Truppen besetzte Gebiete eines Staates (allgemeine Bedeutung), im engeren Sinn die vier Besatzungszonen, die 1945–1949 von den USA, der Sowjetunion, Großbritannien und Frankreich als den Siegermächten des Zweiten Weltkriegs verwaltet und regiert wurden. Die vier Besatzungszonen umfassten das Staatsgebiet des ehemaligen Deutschen Reichs in den Grenzen von 1937 ohne die Gebiete östlich der Oder-Neiße-Linie. Auch Österreich, Wien und Berlin, (das in der sowjetischen Besatzungszone lag), wurden in vier Sektoren aufgeteilt, in denen Truppen der vier Siegermächte stationiert wurden.

Binnenmigration: → Migration innerhalb einer fest umgrenzten Region, z. B. innerhalb eines Staates. Binnenmigration steht im Gegensatz zu Fernmigration. Im Zuge der Industrialisierung kam es zur Binnenmigration vom Land in die Industriestädte.

Bipolarität: Globales Ordnungsprinzip in der Phase des → Kalten Kriegs 1947–1990, durch das die Welt aufgrund der zwischen den beiden Supermächten USA und Sowjetunion bestehenden ideologischen, politischen und wirtschaftlichen Konflikte in eine westliche, von den USA geführte, und eine östliche, von der Sowjetunion geführte Hemisphäre aufgeteilt wurde. Den bipolaren Lagern schlossen sich – teils freiwillig, teils gezwungenermaßen – zahlreiche Länder der Erde an.

Blockbildung: Durch den → Kalten Krieg entstandene Aufteilung der Welt in zwei Blocksysteme, die jeweils von einer Supermacht, den USA im Westen bzw. der Sowjetunion im Osten, dominiert wurden. Die 1961 gegründete Bewegung der „blockfreien" Staaten in Asien, Südamerika und Afrika, die sich der Blockbildung entziehen wollte, blieb lange Zeit ohne weltpolitischen Einfluss.

Bolschewismus: Begriff für den russischen Kommunismus. Die Parteigänger Lenins wurde „Bolschewiki" genannt. Herrschaftssystem der Sowjetunion seit der → Oktoberrevolution 1917.

Boom: Phase der Hochkonjunktur, während der die Kapazitäten der Wirtschaft durch große Nachfrage ausgelastet und die Auftragsbücher der Firmen gefüllt sind, Vollbeschäftigung herrscht sowie Löhne und Preise steigen. Gegenbegriff zum Boom ist die „Rezession" oder „Depression".

Bourgeoisie: (frz. = Bürgertum). In der Theorie des Marxismus-Leninismus die → Klasse der Kapitalisten, die über Produktionsmittel (Rohstoffe, Fabriken) verfügt und das → Proletariat ausbeutet. Der französische Begriff „bourgeois" meint den Bürger als Mitglied der sozialen Gruppe des Bürgertums. Der französische Begriff „citoyen" meint dagegen den Staatsbürger (→ Bürger).

Breschnew-Doktrin: Vom sowjetischen Partei- und Staatschef Leonid Breschnew (1964–1982) nach dem „Prager Frühling" 1968 erlassene Doktrin über die „begrenzte Souveränität sozialistischer Länder", die der Sowjetunion das Recht auf ein militärisches Eingreifen zusprach, wenn sie in einem Land ihres Machtbereiches den Sozialismus gefährdet sah.

Bürger: Der Begriff „Bürger" hat zwei Bedeutungen:

a) Einwohner eines Staates (Staatsbürger) oder einer Stadt (Stadtbürger) mit vollen Rechten (Bürgerrecht bzw. Staatsbürgerrecht), der in der Regel auch politisch mitentscheiden darf (frz. citoyen).

b) Angehöriger der gesellschaftlichen Gruppe des → Bürgertums (Bürgerlicher), der sich über seine bürgerliche Lebensführung (→ bürgerliche Familie) definiert und von anderen Sozialgruppen abgrenzt (frz. bourgeois, → Bourgeoisie).

Bürgerbewegung: Sammelbezeichnung für verschiedene Gruppierungen in der ehemaligen DDR, die meist unter dem Schutzdach der evangelischen Kirche verstärkt seit den 1980er-Jahren Bürger- und Menschenrechte wie Meinungs- und Versammlungsfreiheit, aber auch Abrüstung und ökologisches Umdenken in der DDR einforderten. Bürgerbewegungen sind vom Staat unabhängige Selbstorganisationen der Gesellschaft (→ Zivilgesellschaft).

Bürgerliche Familie: Während des 19. Jahrhunderts im europäischen → Bürgertum entstandenes Familienmodell als Teil der → bürgerlichen Kultur, in dem ein verheiratetes Ehepaar mit seinen leiblichen, unmündigen Kindern eine Haushaltsgemeinschaft bildet. Die Bindungen zwischen den Familienangehörigen sollen nicht auf wirtschaftlichen Erwägungen, sondern auf gegenseitiger Liebe beruhen. Es besteht eine starre Rollenverteilung zwischen Mann und Frau: Der Vater als Haupternährer ist das Familienoberhaupt und betätigt sich im öffentlichen Außenraum (Berufsarbeit, Politik), die ihm untergeordnete Ehefrau ist für den Innenraum (Haushalt und Kindererziehung) zuständig. Arbeitsplatz und Wohnen sind räumlich getrennt.

Bürgerliche Kultur: Durch seine Lebensführung grenzte sich das → Bürgertum von Adel und Unterschichten gleichermaßen ab. Dazu gehörten gepflegtes Aussehen und

Sauberkeit, durch Statussymbole (z. B. den Zylinder) gekennzeichnete Kleidung, gutes Benehmen bei Tisch und Anstandsregeln für den respektvollen Umgang mit den Mitmenschen sowie Geschmack und Urteilskraft bei der Rezeption von Kunst durch den Besuch von Theatern, Opernhäusern und Museen.

Bürgertum (→ Bourgeoisie): Eine seit dem 18. Jahrhundert aufsteigende Bevölkerungsschicht. Sie unterscheidet sich durch Besitz, Bildung und Einstellungen sowohl vom Adel und vom Klerus als auch von den Bauern und Unterschichten. Zum Bürgertum zählten Besitzbürger (wie reiche Kaufleute oder Bankiers) und Bildungsbürger (wie höhere Beamte oder Rechtsanwälte). Seit der Französischen Revolution gewann das Bürgertum stark an politischem Einfluss. Es wurde im 19. Jahrhundert zur sozialen Trägergruppe von → Liberalismus und → Nationalismus. (→ Bürger, → bürgerliche Familie, → bürgerliche Kultur)

Bundesstaat: Staat mit Gliedstaaten (Bundesländern), die zwar noch Teile eigener Souveränität, aber in vielem der Zentralregierung unterworfen sind, z. B. USA und Bundesrepublik Deutschland. Auf europäischer Ebene zielt das Bundesstaatsmodell auf die Stärkung der supranationalen Ebene. Einen Verbund souveräner Einzelstaaten nennt man → Staatenbund.

Bundesverfassungsgericht: Oberster Gerichtshof der Bundesrepublik Deutschland und höchstes Verfassungsorgan der Justiz, das überprüft, ob getroffene Entscheidungen mit dem → Grundgesetz vereinbar sind. Es kann Handlungen aller Verwaltungsebenen aufheben bzw. diese bei Unterlassung zum Handeln verpflichten. Seine Entscheidungen sind rechtsverbindlich.

Charta 77: Protestbewegung der tschechoslowakischen → Zivilgesellschaft, die 1977 aus der Petition „Charta 77" entstand, in der zahlreiche Kritikpunkte am kommunistischen Regime der ČSSR aufgezählt wurden. Die bis 1992 bestehende Bürgerrechtsbewegung wurde maßgeblich von Václav Havel, dem späteren Staatspräsidenten der Tschechoslowakei (1992 – 2003), initiiert und trug wesentlich zum Zusammenbruch des Kommunismus in Osteuropa 1989/90 bei.

Containment policy: → Eindämmungspolitik, → Truman-Doktrin.

Darstellung: Schriftlich oder mündlich verfasste Beschreibung oder Interpretation der Vergangenheit, die im Unterschied zur → Quelle in zeitlichem Abstand zur Vergangenheit entsteht. Der Unterschied zwischen Quelle und Darstellung ist allerdings trotzdem fließend, weil auch Darstellungen – abhängig von der Fragestellung der Historiker/innen – zu Quellen werden können, insbesondere je älter sie werden.

Deficit spending: Antizyklische Wirtschaftspolitik, in der der Staat in Krisenzeiten die Nachfrage nach Gütern und Dienstleistungen fördert, z. B. durch Finanzierung von Infrastrukturprojekten oder durch Steuerentlastungen. Die höheren Staatsausgaben werden durch Schulden (also Erhöhung des Staatsdefizits) finanziert. Durch die steigenden Steuereinnahmen kann, so das Konzept, der Staat im → Boom die aufgenommenen Schulden zurückzahlen.

Deflation: Im Gegensatz zur → Inflation lange anhaltende Preissenkung bei Waren und Dienstleistungen, verursacht durch die Diskrepanz zwischen niedriger Nachfrage und hohem Angebot auf den Märkten einer Volkswirtschaft. Eine Deflation gilt als Zeichen einer großen Depression (→ Boom).

Dekolonisierung: Auflösung kolonialer Herrschaft und Entlassung ehemaliger Kolonien in die Unabhängigkeit, vollzogen in drei Wellen: a) 18./19. Jahrhundert (z. B. USA 1776), b) 19./20. Jahrhundert (z.B. Australien 1901), c) nach 1945 (Asien, Afrika) mit dem Höhepunkt seit 1960 („Afrikanisches Jahr"). Viele afrikanische und asiatische Staaten verblieben auch nach 1945 in postkolonialer Abhängigkeit zu ehemaligen Kolonialmächten oder wurden zu Schauplätzen des Kalten Krieges.

Dekolonisierung „von oben": Von einer Kolonialmacht ausgehende, geordnete Übertragung der Macht in einheimische Hände. Ein solcher freiwillig und planvoll wirkender Vorgang konnte aber auch das Ergebnis gewaltsamer Auseinandersetzungen im Vorfeld sein (→ Unabhängigkeitskrieg) und entsprach häufig mehr dem Selbstbild der Kolonialmacht als dem tatsächlichen Vorgang.

Demokratie: (griech. = Volksherrschaft). Herrschaftssystem, in dem die Gewalt direkt oder indirekt vom Volk ausgeht; Kennzeichen der → liberalen Demokratie sind u. a. die Parteienkonkurrenz (→ Mehrparteiensystem, Pluralismus), die Garantie der → Menschen- und Bürgerrechte, freie Wahlen und → Gewaltenteilung. Die → Volksdemokratie weist diese Merkmale nicht auf.

Demokratischer Zentralismus: Von Lenin entwickeltes Organisationsprinzip der → KPdSU, demzufolge die übergeordneten Parteiorgane durch die Mitglieder gewählt werden, nach der Wahl aber über eine uneingeschränkte Entscheidungsbefugnis verfügen. Die untergeordneten

Parteiorgane sind zu straffer Parteidisziplin verpflichtet und durch ein Fraktionsverbot ist die Bildung innerparteilicher Gruppierungen mit abweichenden Positionen verboten.

Deportation: (lat. deportare = wegbringen, fortschaffen). Zwangsweise Vertreibung und Umsiedlung ethnischer, religiöser oder sozialer Minderheiten bzw. politischer Gegner unter Anwendung staatlicher Gewalt.

Deutsche Einheit: Das Ende der durch die Folgen des → Zweiten Weltkrieges auf der → Potsdamer Konferenz durch Bildung von → Besatzungszonen eingeleiteten und durch die Staatsgründungen der BRD (23.5.1949) und der DDR (7.10.1949) erfolgten Teilung Deutschlands und die Herstellung eines geeinten Deutschlands durch den → Zwei-Plus-Vier-Vertrag sowie den Beitritt der Deutschen Demokratischen Republik zur Bundesrepublik Deutschland am 3. Oktober 1990; auch als „Wiedervereinigung" bezeichnet.

Dienstleistungssektor/tertiärer Sektor: Wirtschaftssektor, der die Kunden – im Gegensatz zum primären und sekundären → Sektor – nicht mit Waren, sondern mit Dienstleistungen (z. B. im Handel, Verkehr, Bankensystem, Gesundheitswesen) versorgt.

Digitale Revolution: Der durch die Digital- und Computertechnik ausgelöste Umbruch gegen Ende des 20. Jahrhunderts, der tief greifende Veränderungen in nahezu allen Lebensbereichen, besonders aber in der Wirtschaft, ausgelöst hat. Ähnlich wie die Industrielle Revolution 200 Jahre zuvor ins Industriezeitalter führte, so führte die „digitale Revolution" ins digitale Zeitalter, weswegen auch von einer „Dritten Industriellen Revolution" bzw. der Industrie 3.0 gesprochen wird.

Digitalisierung: Nutzung digitaler Technologien in Wirtschaftsunternehmen (z. B. → Industrie 4.0), im Privatleben (z. B. smart home) und im öffentlichen Dienst (z. B. Textverarbeitung) durch die digitale Steuerung von Maschinen (z. B. Produktionstechnik), Geräten (z. B. Kameras) und Fahrzeugen (z. B. autonomes Fahren).

Diktatur: Alleinherrschaft einer Person, einer kleinen Gruppe von Politikern oder einer Partei, bei der ein friedlicher Machtwechsel (z. B. durch Wahlen) ausgeschlossen ist. Es gibt keine durch → Menschen- und Bürgerrechte garantierte Privatsphäre, die dem staatlichen Zugriff entzogen ist, und Oppositionelle werden verfolgt, inhaftiert oder ermordet.

Diktatur des Proletariats: Nach Lenin eine Staatsform in der Übergangsphase des Sozialismus nach vollzogener proletarischer → Revolution, in der die politische Macht in den Händen einer kaderartig organisierten, straff geführten und hierarchisch aufgebauten Arbeiterpartei liegt (→ demokratischer Zentralismus), die die Interessen des → Proletariats durchsetzen, die → Bourgeoisie entmachten und über den → Sozialismus den → Kommunismus herbeiführen soll.

Dissidentenbewegung: (lat. dissidere = nicht übereinstimmen). Seit den 1970er-Jahren anwachsende Organisationen von Andersdenkenden im Ostblock, insbesondere in der Sowjetunion, der ČSSR (→ Charta 77), der DDR, in Polen (→ Solidarność) und Ungarn, die durch ihre → Samisdat-Texte maßgeblich zum Zusammenbruch des Kommunismus in Europa ab 1989/90 beitrugen.

Dominotheorie: 1954 von Präsident Dwight D. Eisenhower verkündete Doktrin der US-Außenpolitik, derzufolge in der Nachbarschaft kommunistischer Länder gelegene neutrale und westlich orientierte Länder in der Gefahr seien, ebenfalls kommunistisch zu werden, sofern die USA das globale Vordringen des Kommunismus nicht durch Intervention aktiv verhinderten. Ein Beispiel für die politische Wirkung der Dominotheorie ist das Eingreifen der USA in den → Vietnamkrieg.

Dschihad: (arab. = sich Bemühen um Gott). Der gläubige Muslim kann den Dschihad mit Herz, Zunge, Hand oder Schwert unternehmen. In der westlichen Öffentlichkeit wird der Begriff in der Regel für den oftmals mit → Guerilla-Methoden geführten Kampf islamistischer Terrororganisationen benutzt.

Eindämmungspolitik (Containment policy): Außen- und sicherheitspolitische Strategie der USA, die von Beginn des → Kalten Krieges 1947 an, u. a. durch die Gründung der → NATO und → SEATO, auf die Verhinderung der Expansionsbestrebungen des → Kommunismus zielte.

Einheitsliste der „Nationalen Front": Wahlliste in der DDR, auf der neben der → SED auch die weiteren mit der SED im „Demokratischen Block" zusammengeschlossenen Parteien der DDR in einem gemeinsamen Wahlvorschlag aufgeführt waren. Einheitslisten widersprechen dem pluralistischen Prinzip des demokratischen → Mehrparteiensystems.

Eiserner Vorhang: Grenze, durch die Europa im → Kalten Krieg geteilt war und die auch Deutschland in zwei Staaten teilte. Der Begriff bestand schon vor 1945, wurde aber vor allem von 1945 bis 1989 verwendet, um die Spaltung Europas in einen westlichen (→ liberaldemokratischen, marktwirtschaftlichen und von den USA dominierten) und einen östlichen (→ volksdemokratischen, sozialistischen, planwirtschaftlichen und von der Sowjetunion dominierten) Teil zu bezeichnen.

Elitenkontinuität: Bezeichnung für den Sachverhalt, dass auch nach grundlegenden Veränderungen (z. B. Kriegsniederlagen, Revolutionen) die entscheidenden politischen, gesellschaftlichen und wirtschaftlichen Führungspositionen weiterhin bei den politischen Eliten liegen, die diese Positionen bereits vor dem → Systemwechsel innehatten. In der Weimarer Republik war die Kontinuität von mächtigen Gruppen des Wirtschafts- und Bildungsbürgertums sowie des Adels, die meist republikfeindlich eingestellt waren und die Staatsverwaltung, die Justiz und das Militär weiter dominierten, eine Belastung für das demokratische System. Nach dem → Zweiten Weltkrieg wollten die Siegermächte durch die → Entnazifizierung eine vergleichbare Elitenkontinuität verhindern.

Emanzipation: (lat. emancipare = in die Selbstständigkeit entlassen). Befreiung aus Bevormundung und rechtlicher Ungleichbehandlung (→ Judenemanzipation, → Frauenemanzipation).

Entnazifizierung: Eines der → „vier Ds" (Denazifizierung), auf die sich die Siegermächte des → Zweiten Weltkriegs bei der → Potsdamer Konferenz 1945 einigten und mit dem sie Politik, Wirtschaft, Gesellschaft und Kultur Deutschlands und Österreichs vom Einfluss des Nationalsozialismus befreien wollten.

Entspannungspolitik: Zeitabschnitt während des Kalten Krieges von Mitte der 1960er-Jahre bis Ende der 1970er-Jahre, in denen sich die USA und die Sowjetunion sowie ihre jeweiligen Verbündeten politisch annäherten und deren Höhepunkt 1975 die Konferenz für Sicherheit und Zusammenarbeit in Europa (KSZE) in Helsinki war, in deren Schlussakte sich die Staaten verpflichteten, die Grenzen anderer Staaten zu achten, sich nicht in die Angelegenheiten anderer Staaten einzumischen, Streitfälle friedlich zu lösen und die Menschenrechte zu wahren (→ Helsinki-Prozess).

European Recovery Program/ERP: → Marshall-Plan.

Erziehungsdiktatur: Typus von → Diktatur, in der die Bevölkerung als Ganzes oder bestimmte Gruppen der Bevölkerung auf der Grundlage der vom Regime vertretenen Ideologie umerzogen werden sollen mit dem Ziel, einen „neuen Menschen" zu schaffen. Beispiele für Erziehungsdiktaturen sind → Nationalsozialismus und → Stalinismus.

Ethnie: → Ethnische Gruppe.

Ethnische Gruppe: (griech. ethnos = Volk). Volksgruppe, deren Identität durch die Selbst- oder Fremdzuschreibung gemeinsamer soziokultureller Merkmale (z. B. Sprache, Religion, Geschichte) konstruiert wird.

Ethnopolitischer Konflikt: Politische Auseinandersetzung zwischen → ethnischen Gruppen in einem Land oder auch zwischen Staaten aufgrund der Identifikation mit unterschiedlichen → Ethnien oder Religionsgemeinschaften.

Euro: 1999 als Buchgeld (endgültig festgelegte Umtauschkurse) und 2002 als Bargeld eingeführte gemeinsame Währung der → Europäischen Wirtschafts- und Währungsunion

Eurokrise: Krise der → Europäischen Wirtschafts- und Währungsunion ab 2009 in Folge der → Weltfinanzkrise von 2007/08.

Europäische Integration: Prozess der immer engeren Zusammenarbeit zwischen den europäischen Staaten in Politik, Wirtschaft, Gesellschaft und Kultur, der sich u. a. in der Gründung der → Europäischen Union, der → Europäischen Wirtschafts- und Währungsunion und der Einführung des → Euro als gemeinsamer europäischer Währung manifestiert (→ Integration).

Europäische Union (EU): Staatenverbund aus 27 europäischen Staaten. Mit dem Vertrag von Maastricht wurde 1992 die Gründung der → Europäischen Wirtschafts- und Währungsunion beschlossen wurde, die 2002 zur Einführung des → Euro als gemeinsamer europäischer Währung führte. Bislang stärkste Integrationsstufe im Prozess der → Europäischen Integration.

Europäische Wirtschafts- und Währungsunion/EWWU: Vereinbarung der Mitgliedsstaaten der → Europäischen Union von 1990, u. a. durch die Einführung des → Euro als gemeinsamer europäischer Währung die Wirtschafts- und Währungspolitik der EU-Staaten stärker zu harmonisieren.

Europarat: 1949 gegründete europäische Organisation mit Sitz in Straßburg, der nach dem Ausschluss Russlands (2022) 46 Staaten angehören und die institutionell nicht mit der Europäischen Union verbunden ist. Sie hat sich den Schutz der Menschenrechte zum Ziel gesetzt.

Failed state: Staat, in dem grundlegende Merkmale funktionierender Staatlichkeit nicht oder nur ansatzweise vorhanden sind. Insbesondere fehlen Garantien für die Sicherheit der Bevölkerung (Durchsetzung des staatlichen Gewaltmonopols), aber auch ökonomische Wohlfahrt, Bildung, → Rechtsstaatlichkeit oder → Demokratie. Mit „fragile state" wird die Vorstufe zu einem failed state bezeichnet.

Faschismus: Ausgehend von Mussolinis 1921 gegründetem „Partito Nazionale Fascista" wurde Faschismus seit den 1920er-Jahren zum Sammelbegriff für rechtsautoritäre und rechtsextreme Parteien und Bewegungen in Europa, die durch die Ideen des → Antiliberalismus, → Radikalnationalismus, → Antiparlamentarismus, → Antipluralismus, → Antiindividualismus und → Antisemitismus gekennzeichnet waren, u. a. der deutsche → Nationalsozialismus.

Feminismus: (lat. femina = Frau). Neue → Frauenbewegung seit den 1970er-Jahren, die in den USA und Westeuropa beginnt und sich rasch weltweit verbreitet. Als Teil der → neuen sozialen Bewegungen seit den 1970er-Jahren kämpfen die Feministinnen für eine Gesellschaft, in der nicht nur Formen rechtlicher Benachteiligung von Frauen, sondern alle Formen von Herrschaft über Frauen und Frauenfeindlichkeit abgeschafft sind.

Finanzmarkt: Marktsegment, auf dem – im Gegensatz zum Gütermarkt der Realwirtschaft – nicht mit Waren, sondern mit Krediten, Währungen und Aktien gehandelt wird.

Flucht und Vertreibung: Während und nach dem Zweiten Weltkrieg waren in Europa viele Millionen Menschen von Flucht und Vertreibung betroffen, davon ca. 12 – 14 Millionen Deutsche, die seit 1944 vor der Roten Armee flohen bzw. nach der → Potsdamer Konferenz im Zuge der Westverschiebung Polens aus den zuvor deutschen Siedlungsgebieten vertrieben wurden, und mehr als 3 Millionen Deutsche aus der Tschechoslowakei. Aus dem sowjetisch besetzten Ostpolen wurden ca. 1,5 Millionen Polen in die neuen polnischen Gebiete östlich der Oder-Neiße-Linie vertrieben. Auch Ukrainer und Balten waren Opfer von Flucht und Vertreibung.

Flüchtlingskrise: Überwiegend durch den Syrien-Krieg ausgelöste Massenflucht nach Europa. Mehr als 1 Mio. Migranten gelangten 2015/16 über die Balkanroute auch nach Deutschland. Die Flüchtlingskrise bewog die Große Koalition aus CDU und SPD unter der Bundeskanzlerin Angela Merkel zu der umstrittenen Entscheidung, aus humanitären Gründen die deutschen Grenzen für die Geflüchteten zu öffnen (Angela Merkel: „Wir schaffen das!").

Föderal: (lat. foedus = Bund). Staatliche Organisationsform, bei der die Einzelstaaten zwar zu einem übergreifenden Gesamtstaat zusammengeschlossen sind, aber eigene Rechte und damit eine begrenzte Selbstständigkeit haben. Das Heilige Römische Reich Deutscher Nation war z. B. föderal aufgebaut. Nach der Reformation intensivierte sich die Verselbstständigung der einzelnen Territorien durch Konfessionalisierung und Territorialisierung. Die Bundesrepublik Deutschland gilt als föderaler Staat. Der Gegenbegriff zum föderalen Staat ist der Zentral- oder Einheitsstaat.

Fordismus: In den Automobilwerken des US-Unternehmers Henry Ford (1863 – 1947) umgesetzte industrielle Produktionsweise, die mittels Fließbandarbeit die Zerlegung des Produktionsprozesses in eine Vielzahl kleinster und einfachster Arbeitsschritte ermöglicht (→ Taylorismus). Das System des Fordismus sah gleichzeitig vergleichsweise hohe Arbeitnehmerlöhne vor, die die Nachfrage nach der standardisierten Massenproduktion ankurbeln sollte.

Fraktion: Parlamentarische Gruppe (manchmal auch Klub genannt). In der Revolution 1848/49 bildeten sich in Deutschland in der Nationalversammlung Fraktionen, aus denen später → Parteien entstanden sind.

Frauenbewegung: Soziale Bewegung in Europa, die seit dem 19. Jahrhundert für → Frauenemanzipation in Politik (→ Frauenwahlrecht), Wirtschaft und Gesellschaft kämpfte und sich in eine bürgerliche und eine proletarische Frauenbewegung aufspaltete.

Frauenemanzipation: Prozess der Gleichberechtigung von Mann und Frau (→ Emanzipation). Die Forderung nach politischer Gleichstellung wurde erstmals in der Französischen Revolution erhoben. Im Zuge der Industrialisierung erstarkte die Frauenbewegung, die für die rechtliche, politische und soziale Gleichberechtigung der Frau gegenüber dem Mann kämpfte. Wichtige Ziele auf diesem Weg waren Bildung und Berufstätigkeit sowie das Wahlrecht für Frauen, das in Russland durch die → Oktoberrevolution 1917 und in Deutschland 1918 eingeführt wurde.

Frauenwahlrecht: Recht von Frauen, an Wahlen und politischen Abstimmungen aktiv und passiv teilzunehmen. Das aktive und passive Frauenwahlrecht wurde in Russland 1917 und in Deutschland 1918 eingeführt.

Freie Marktwirtschaft: Wirtschaftssystem, in dem die Freiheit des Einzelnen seitens des Staates möglichst wenig eingeschränkt werden soll. Das freie Spiel von Angebot und Nachfrage auf dem Markt soll ohne staatliche Eingriffe – wie von einer „unsichtbaren Hand" geleitet – für effizienten Ressourceneinsatz und die bestmögliche Befriedigung der Bedürfnisse der Marktteilnehmer sorgen. Begründer der freien Marktwirtschaft war der schottische Philosoph Adam Smith (1723–1790).

Friedliche Koexistenz: Von Partei- und Staatschef Nikita Chruschtschow 1955 begründete Doktrin der sowjetischen Außenpolitik, derzufolge der globale Wettkampf zwischen → Kommunismus und → Kapitalismus angesichts der atomaren Vernichtungspotenziale des → Kalten Kriegs unter Ausschluss militärischer Konflikte ausgetragen werden solle.

Friedliche Revolution: Bezeichnung für den weitgehend friedlichen und unblutigen politischen und gesellschaftlichen Protest in der DDR vor allem ab dem Sommer 1989, dessen Sinnbild die Montagsdemonstrationen mit dem zentralen Slogan „Keine Gewalt“ wurden. Der Protest führte im Rahmen des Zusammenbruchs der Sowjetherrschaft in Osteuropa zum Ende der SED-Herrschaft sowie zu einem totalen → Systemwechsel in der DDR und ermöglichte den Weg zur → deutschen Einheit am 3. Oktober 1990.

Fünfjahresplan: In → Zentralverwaltungswirtschaften übliches Instrument zur Planung der Wirtschaftsproduktion. Damit verbunden sind in der Regel Vorgaben für zu erbringende Gütermengen und Dienstleistungen, wofür den Betrieben Ressourcen staatlich zugewiesen werden. Die zuständige Plankommission legt zudem die Höhe der Investitionen, Preise und Löhne fest.

Gefälligkeitsdiktatur: Diktaturtypus, der nur teilweise auf → Terror beruht, dafür gleichzeitig bei seinen Bürgern durch gezieltes Entgegenkommen → Massenloyalität herzustellen versucht, z. B. Hitlers Konzept eines „sozialen Volksstaats“.

Geldentwertung: → Inflation.

Gewaltenteilung: Staatliches Organisationsprinzip, das unter anderem auf den französischen Staatsphilosophien Montesquieu zurückgeht. Durch Verteilung der Staatsgewalt auf verschiedene Institutionen soll Machtmissbrauch verhindert werden. Dazu zählen die Exekutive (ausführende Gewalt, d. h. die Regierung), die Legislative (die gesetzgebende Gewalt, d. h. das Parlament) und die Judikative (rechtsprechende Gewalt, d. h. die Gerichte). So kann beispielsweise die Regierung nicht einfach Richter ein- und absetzen. Werden die Gewalten auf der gleichen Ebene getrennt (z. B. auf nationaler Ebene), spricht man von horizontaler Gewaltenteilung. Werden die Gewalten auf unterschiedlichen regionalen Ebenen getrennt – z. B. in → föderalen Systemen, wo es neben einer Bundesregierung auch Länderregierungen gibt –, spricht man von vertikaler Gewaltenteilung.

Gewaltloser Widerstand: Form des politischen Kampfes, die Gewalt als Mittel ausschließt. Zu den Methoden des gewaltlosen Widerstands zählen die Nicht-Zusammenarbeit mit dem herrschenden System (z. B. der Boykott von Wahlen) sowie Aktionen des zivilen Ungehorsams (z. B. die bewusste Übertretung von als ungerecht empfundenen Gesetzen). Der Führer der indischen Unabhängigkeitsbewegung, Mahatma Gandhi, prägte maßgeblich diese Form des Widerstands und inspirierte damit weltweit Menschen in ihrem Kampf gegen den → Kolonialismus.

Gewerkschaft: Vereinigung von Arbeitern oder Angestellten mit dem Ziel, ihre Interessen in Bezug auf Lohnhöhe, Arbeitszeit, Arbeitsplatzsicherheit usw. gegenüber den Unternehmern zu vertreten. Das stärkste Mittel der Gewerkschaften im Kampf für die Interessen der Arbeiter ist der → Streik.

Glasnost: (russ. = Offenheit, Öffentlichkeit, Transparenz). Mit → Perestroika einer der Schlüsselbegriffe für die Reformpolitik Gorbatschows seit 1985 in der UdSSR; durch öffentliche Diskussionen sollte eine größere Transparenz bei politischen Entscheidungen gegenüber der Bevölkerung und ansatzweise mehr Mitbestimmung erreicht werden.

Globalisierung: Weltweite → Vernetzung in Wirtschaft, Politik und Kultur, z. B. im internationalen Waren-, Kapital- und Personenverkehr sowie durch weiträumige Kommunikation und Migration.

Golden Age: Historisch singuläre Phase des wirtschaftlichen → Booms in den westlichen und östlichen Industrieländern von den 1950er- bis zu den 1970er-Jahren, verbunden mit überdurchschnittlich hohen Wachstumsraten der Wirtschaft über einen bis dahin ungekannt langen Zeitraum von etwa 20 Jahren. Folge waren optimistische Zukunftserwartungen immerwährenden Wohlstands, die durch den Wachstumseinbruch der 1970er-Jahre jäh enttäuscht wurden. Die Folge war weltweit ein tiefgreifender wirtschaftlicher → Strukturwandel seit der Mitte der 1970er-Jahre, der bis in die Gegenwart hinein anhält.

Großmacht: Staat, der die internationale Politik aufgrund seiner wirtschaftlichen und militärischen Macht maßgeblich beeinflusst. Seit dem frühen 19. Jahrhundert galten ausschließlich Frankreich, Großbritannien, Österreich, Preußen und Russland (Pentarchie) als Großmächte. Nach den USA stieg auch Japan mit dem Sieg über Russland

1905 zur Großmacht auf. 1947–1990 erlangten aufgrund der → Bipolarität im → Kalten Krieg die USA und die Sowjetunion den Status einer → Supermacht.

Grundgesetz: Verfassung der 1949 gegründeten Bundesrepublik Deutschland. Der Begriff „Grundgesetz" wurde gewählt, um in Anbetracht der deutschen Teilung den provisorischen Charakter der bundesrepublikanischen Staatsgründung zu betonen.

Grundrechte: verfassungsmäßig garantierte grundlegende → Menschen- und Bürgerrechte. Im Grundgesetz der Bundesrepublik Deutschland sind die Grundrechte in Art. 1–19 festgelegt, die z. B. die Freiheit des Bürgers und seiner Privatsphäre gegenüber dem Staat sichern.

Guerilla: (span. = kleiner Krieg). Bewaffnete Kämpfe, die nicht von regulären Truppen, sondern von wenig bzw. dezentral organisierten Kämpfern im Untergrund geführt werden. Der Kampf (meist von → nationalen Befreiungsbewegungen) richtet sich häufig gegen eine staatlich organisierte Armee, deren Ausbildung und Bewaffnung überlegen ist. Die militärische Stärke der Guerilla-Kämpfer liegt in ihrer dezentralen Organisation, ihren überraschenden Angriffen aus dem Hinterhalt und ihrem Rückhalt in der Bevölkerung.

Gulag: Abkürzung (Hauptverwaltung der Besserungsarbeitslager und -kolonien) für das Netz von Straf- und Arbeitslagern während der stalinistischen Phase in der Sowjetunion. Im weiteren Sinn Sammelbegriff für das gesamte sowjetische Zwangsarbeitssystem.

GUS: Gemeinschaft Unabhängiger Staaten; Der Zusammenschluss wurde 1991 zunächst von Russland, Belarus, und der Ukraine gegründet. Der Gemeinschaft gehörten alle ehemaligen sowjetischen Teilrepubliken außer den baltischen Ländern an. Im Zuge der Zuwendung vieler ehemaliger Sowjetrepubliken zum Westen sank die Bindekraft der GUS. Georgien und die Ukraine haben die GUS praktisch verlassen. (Stand 2022)

Hartz IV: → Agenda 2010.

Hartz-Gesetze: → Agenda 2010.

Hegemonie: Führungsrolle eines Akteurs (z. B. eines Staates) aufgrund seiner politischen, wirtschaftlichen und militärischen Überlegenheit. Im → Kalten Krieg teilten sich die Supermächte USA und Sowjetunion die globale Hegemonie, was sich im Ordnungsprinzip der → Bipolarität manifestierte.

Helsinki-Prozess: Folge von blockübergreifenden Konferenzen west- und osteuropäischer Staaten, die ab 1973 durch die Konferenz über Sicherheit und Zusammenarbeit in Europa (KSZE) eingeleitet wurden und zur Phase der → Entspannungspolitik zwischen Ost und West führten, die Ende der 1970er-Jahre mit dem „Second Cold War" endete.

Historischer Materialismus: Die auf Karl Marx zurückgehende Theorie interpretiert den Ablauf der Geschichte als eine durch ökonomische Prozesse gesetzmäßig bestimmte Aufwärtsentwicklung der menschlichen Gesellschaft. Marx glaubte, dass die geschichtliche Entwicklung von Konflikten zwischen denen, die über Produktionsmittel verfügen, und denen, die nur ihre Arbeitskraft besitzen, bestimmt ist. Der → Klassenkampf zwischen ihnen war für Marx der Motor der geschichtlichen Entwicklung, der zwangsläufig → Revolutionen auslöse. Der → Kommunismus, so Marx, beende diese Entwicklung.

Hochimperialismus: → Imperialismus.

Hochindustrialisierung: Phase der → Industrialisierung in der zweiten Hälfte des 19. Jahrhunderts, in der sich die Agrargesellschaften in West- und Mitteleuropa in moderne Industriegesellschaften mit einem Übergewicht des sekundären → Sektors verwandelten. Während zuvor die Textil- und Eisenindustrie dominierten, erlangten jetzt die chemische Industrie und die Elektroindustrie eine wachsende Bedeutung. Die Hochindustrialisierung war durch vielfältige Beschleunigungsprozesse gekennzeichnet und wird deshalb auch als „Zweite Industrielle Revolution" bezeichnet.

Hochmoderne: Zeitabschnitt in der Epoche der Moderne zwischen dem letzten Viertel des 19. Jahrhunderts und den 1970er-Jahren in Europa, der durch einen ausgeprägten Fortschrittsoptimismus aufgrund zahlreicher wissenschaftlich-technischer Innovationen und deren zunehmender → Beschleunigung während der → Hochindustrialisierung gekennzeichnet war.

Ideologie: System von Vorstellungen, Werthaltungen und Überzeugungen, mit dem die Welt betrachtet und gedeutet wird. Ideologien gehen von wenigen Grundannahmen aus, die oft (pseudo-)wissenschaftlich begründet werden und aus denen sie Aussagen über alle Wirklichkeitsbereiche ableiten. Ideologien erheben einen ausschließlichen Wahrheitsanspruch, mit dem sie ihr Monopol auf die „wahre" Lösung für alle Probleme in Politik, Wirtschaft, Gesellschaft und Kultur begründen. Sie beruhen auf einem dichotomischen Weltbild mit der Tendenz zur Polarisierung, d.h. sie bestimmen eindeutig, was gut und schlecht ist, welche Menschen oder gesellschaftlichen Gruppen „die Guten“ und welche „die Bösen“ sind.

Imperialismus: (lat. imperare = herrschen). Bezeichnung für die Ausweitung des politischen, wirtschaftlichen und militärischen Einflussbereichs eines Staates mit dem Ziel, ein → Imperium zu errichten. Als „Zeitalter des Imperialismus“ (auch „Hochimperialismus“) gilt die Zeit der 1880er-Jahre bis zum Ausbruch des Ersten Weltkrieges 1914, in der insbesondere die europäischen Großmächte Frankreich, Großbritannien und das Deutsche Kaiserreich ihren Machtbereich auch nach Afrika ausdehnten. In Asien betätigte sich Japan seit den 1890er-Jahren als führende imperialistische Macht und besetzte in den 1930er-Jahren wichtige Teile Chinas und Südostasiens mit dem Ziel, eine „Großostasiatische Wohlstandssphäre“ unter japanischer Führung zu gründen. Im Zuge des → Kalten Krieges wies auch die Politik der beiden → Supermächte USA und UdSSR verstärkt imperialistische Züge auf.

Imperium: (lat. = Befehl, Herrschaft, Reich). Zuerst verwendet für das Gebiet, das das Römische Reich beherrschte („Imperium Romanum“). Im Allgemeinen Bezeichnung für einen großräumigen Herrschaftsverband, der sich durch eine multiethnische, multireligiöse und multikulturelle Zusammensetzung auszeichnet. Charakteristisch für Imperien ist ihr Drang zur Expansion, ihr Selbstverständnis als universales „Weltreich“ und ihr Überlegenheitsanspruch gegenüber Konkurrenten und Unterworfenen. Im Innern übt die politische Elite der Zentrale direkt oder indirekt Macht aus über die Ethnien an der Peripherie. Im 19. Jahrhundert bildeten sich riesige koloniale Imperien heraus: mit einem modernen europäischen Machtstaat im Zentrum und ausgedehnten Kolonialgebieten außerhalb Europas; auch die USA und Japan gehörten zu diesen kolonialen Imperien. Unter ihnen waren weite Teile der Erdoberfläche am Ende des 19. Jahrhunderts aufgeteilt.

Individualismus: Eng mit dem → Liberalismus verbundene Denkhaltung, die das → Individuum und seine Freiheitsrechte in den Mittelpunkt politischen Handelns stellt. Daraus ergibt sich der Anspruch des Individuums auf unveräußerliche, durch eine → Verfassung garantierte → Menschen- und Bürgerrechte. Die Gegenbewegung des → Antiindividualismus vertritt die Unterordnung des Individuums unter das Kollektiv, z.B. unter die → „Volksgemeinschaft“ im → Nationalsozialismus.

Individuum: „Das Unteilbare“; der Mensch als einzigartige Persönlichkeit.

Industriezeitalter: Durch die Industrialisierung bestimmte Epoche der europäischen Geschichte zwischen den 1850er- und 1970er-Jahren, in der die Industrie bzw. der sekundäre → Sektor bestimmend für die Wirtschaft war.

Industrie 4.0: Von der Bundesregierung 2011 aufgelegtes Zukunftsprogramm zur umfassenden Digitalisierung der Industrie. Sie baut auf der → „Digitalen Revolution“/„Dritten Industriellen Revolution“ auf, die Elektronik und Informationstechnologie nutzte. Bei der Industrie 4.0 bzw. der „Vierten Industriellen Revolution“ nehmen Schnelligkeit und Reichweite der Veränderungen nochmals dramatisch zu, z.B. durch Forschungen zur künstlichen Intelligenz, Robotik, das „Internet der Dinge“, autonome Fahrzeuge, Nano- und Biotechnologie, Quantencomputer usw.

Inflation (auch: Geldentwertung): Lange anhaltende Preissteigerung bei allen Gütern und Dienstleistungen, die die Kaufkraft des Geldes mindert oder ganz zerstört (Hyperinflation).

Innovationsdefizit: Bezeichnung für fehlende strukturelle und technische Erneuerungen im wirtschaftlichen Bereich, vor allem in Bezug auf die Mikroelektronik. In den Ostblockstaaten, insbesondere in der Sowjetunion, entstanden Innovationsdefizite in der → Planwirtschaft aufgrund starrer bürokratischer Vorgaben , fehlender Anreize und dem Primat der Quantität vor der Qualität in der Fertigungstechnik, z.B. Tonnagevorgaben in der Schwerindustrie („Tonnenideologie“).

Internationale Jugendproteste: → Studenten- und 68er-Bewegung

Integration: (lat. integratio = Wiederherstellung, Erneuerung). Eingliederung in ein größeres Ganzes, auch: friedliche und freiwillige Zusammenführung über nationale Grenzen hinweg, z.B. → Europäische Integration.

Islamismus: Sammelbegriff für verschiedene Bewegungen des fundamentalistischen, politischen Islam, die eine ausschließlich religiös legitimierte Staatsordnung anstreben, in der der Islam dem staatlichen Recht und den individuellen Menschen- und Bürgerrechten übergeordnet ist.

Isolationismus: Strategie der US-Außenpolitik, die den Rückzug der USA aus weltpolitischem Interventionismus und weltwirtschaftlicher Vernetzung praktiziert, wie sie z.B. der US-Präsident Woodrow Wilson (1913–1921) vertrat. Die Kehrtwendung zum Isolationismus wurde nach dem Ersten Weltkrieg von seinem Nachfolger Warren G. Harding vollzogen, der mit dem Wahlkampfslogan „Zurück zur Normalität" die Präsidentschaftswahl 1921 mit deutlicher Mehrheit gewann. Sein Ziel war es, dem Deutschen Reich nicht militärisch, sondern durch wirtschaftspolitische Sanktionen entgegenzutreten.

Judenemanzipation: Gleichberechtigung von Juden. Bezeichnet wird damit einerseits die historische Entwicklung, die zur → Emanzipation führte, andererseits das Ergebnis: die gesetzlich verankerte rechtliche Gleichstellung der Juden. Der rechtliche Sonderstatus der Juden wurde im Laufe des 19. Jahrhunderts in vielen europäischen Staaten aufgehoben. Als Gegenbewegung entstand aber der moderne → Antisemitismus.

„Junkerland in Bauernhand": Propagandaparole für die 1945 in der sowjetischen → Besatzungszone durch die → SMAD durchgeführte Agrarreform, die zur entschädigungslosen Enteignung von mehr als 3 Mio. Hektar landwirtschaftlicher Flächen führte und die Vorstufe bildete zur → Kollektivierung der Landwirtschaft in der späteren DDR.

Kaderpartei: autoritär geführter, streng hierarchisch organisierter Typus von Parteien (z. B. SED in der DDR), die für links- und rechtsextreme → Diktaturen kennzeichnend waren.

Kalter Krieg: → Ost-West-Konflikt.

Kapitalismus: Wirtschafts- und Gesellschaftsordnung, die auf dem Privateigentum an Produktionsmitteln, der Kapitalakkumulation durch Gewinnstreben (Reinvestition des Profits), der Lohnarbeit und dem Marktmechanismus beruht. Der Marxismus strebt die Überwindung des Kapitalismus durch → Sozialismus und → Kommunismus an.

„Kennedy-Impuls": Nach den Erfahrungen der → Kuba-Krise 1962 forderte der US-Präsident John F. Kennedy in seiner Rede „Strategy of Peace" an der American University in Washington 1963 den Übergang zur → Entspannungspolitik, womit er Nikita Chruschtschows Doktrin der → „Friedlichen Koexistenz" aufgriff. Kennedys neues Konzept einer „Friedensstrategie" wurde schon einen Monat später von dem SPD-Politiker Egon Bahr auf die Formel „Wandel durch Annäherung" gebracht, die die konzeptionelle Grundlage für die → Neue Ostpolitik der sozialliberalen Bundesregierung unter Willy Brandt (SPD) bildete.

Keynesianismus: Form der nachfrageorientierten Wirtschaftspolitik. In dieser auf den britischen Ökonomen John Maynard Keynes (1883 – 1946) zurückgehenden Wirtschaftstheorie kommt dem Staat, der Marktversagen verhindern müsse, eine wichtige Aufgabe bei der Stabilisierung der wirtschaftlichen Entwicklung zu. Er soll bei Wirtschaftskrisen durch eine antizyklische Konjunkturpolitik die Nachfrage stärken, indem er trotz schrumpfender Steuereinnahmen seine Ausgaben erhöht, um die Wirtschaft anzukurbeln (→ deficit spending).

Kirchenkampf: Im Rahmen des SED-Programms zum → „Aufbau des Sozialismus" in der DDR seit 1952 umgesetzte Unterdrückung der Kirchen, insbesondere ihrer Jugend- und Studentenarbeit im Rahmen der „Jungen Gemeinden", der Jugendgruppen der evangelischen Kirchengemeinden. Das Spektrum der repressiven Maßnahmen umfasste die Schließung von kirchlichen Einrichtungen, den Bruch von Verträgen sowie massive Verleumdungskampagnen gegenüber Bischöfen, Priestern und vor allem der „Jungen Gemeinden". Zahlreiche Mitglieder der „Jungen Gemeinden" wurden verhaftet, 3000 Schüler/innen und 2000 Studierende von der Hochschule verwiesen.

Klasse: Streng voneinander getrennte soziale Gruppen, die durch die Stellung des Einzelnen im Produktionsprozess bestimmt werden. Marx spricht von dem unüberbrückbaren Gegensatz von → Proletariat und → Bourgeoisie, der sich im Zuge der → Industrialisierung einstellte. Ganz allgemein spricht man von einer Klassengesellschaft, wenn die Grenzen zwischen den einzelnen sozialen Gruppen der Industriegesellschaft sehr stark ausgeprägt sind (→ Klassengesellschaft, → Schicht, → Milieu).

Klassendiktatur: Form der kommunistischen → Diktatur, in der eine gesellschaftliche Klasse – das → Proletariat – die Herrschaft über die → Bourgeoisie ausübt (→ Diktatur des Proletariats, → Klasse).

Klassengesellschaft: Marxistische Vorstellung der gesellschaftlichen Gliederung nach → Klassen, der zufolge der Besitz an Produktionsmitteln über die Zugehörigkeit zur Arbeiterklasse (→ Proletariat) bzw. zur Kapitalistenklasse (→ Bourgeoisie) entscheidet. Nach marxistischer Auffassung waren alle Gesellschaften in der Vergangenheit Klassengesellschaften (z. B. Sklavenhaltergesellschaft, Feudalgesellschaft, → bürgerliche Gesellschaft), wobei Klassen zueinander in einem unversöhnlichen Interessengegensatz (→ Klassenkampf) stehen. Erst im → Kommunismus werde die klassenlose Gesellschaft freier und gleicher Menschen erreicht, in der Privateigentum keine Rolle mehr spielt und in der es weder politische Unterdrückung noch wirtschaftliche Ausbeutung gibt. Im nichtmarxistischen Sinne spricht man von einer Klassengesellschaft, wenn die

Grenzen zwischen den einzelnen sozialen Gruppen der Industriegesellschaft sehr schroff ausgeprägt sind.

Klassenkampf: Nach der Theorie des Marxismus-Leninismus Kampf zwischen Herrschenden und Beherrschten, Besitzern von Produktionsmitteln und eigentumslosen Unterschichten, im Kapitalismus zwischen → Bourgeoisie und → Proletariat. Der Klassenkampf endet erst in der Phase des → Kommunismus.

Klassenlose Gesellschaft: Zentralbegriff des → Marxismus, der die utopische Vorstellung einer idealen, konfliktfreien Endgesellschaft im → Kommunismus beschreibt, in der gesellschaftliche → Klassen und alle Formen des → Klassenkampfs aufgelöst sind. Da es keinen Privatbesitz an Produktionsmitteln mehr gibt, ist auch der Staat nicht mehr notwendig.

Kollektivierung: Prozess des organisierten Zusammenschlusses von Menschen zu Gemeinschaften, Vereinen oder Genossenschaften. In kommunistischen → Diktaturen bezeichnet er die Überführung privater Produktionsmittel in staatliche oder genossenschaftliche Produktionsformen und die Verstaatlichung landwirtschaftlicher Flächen.

Kolonialisierung: Aus dem Interesse an Expansion resultierende Eroberung häufig überseeischer Territorien und anschließende Fremdherrschaft durch ein Volk aus einer anderen Kultur. Mit der Gründung von → Kolonien entsteht das System des → Kolonialismus.

Kolonialismus: Im allgemeinen Sinn Herrschaft über fremde Gebiete, im engeren Sinn Unterwerfung weiter Teile der Welt durch europäische Mächte zwischen dem 15. und 19. Jahrhundert. Dabei unterschieden sich die Formen kolonialer Herrschaft erheblich voneinander: Sie konnte mit der Besiedlung des fremden Territoriums verbunden sein (Siedlungskolonien), sich auf dessen wirtschaftliche Ausbeutung konzentrieren (Beherrschungskolonien) oder sich auf die Kontrolle von Handelswaren und Handelsrouten beschränken (Stützpunktkolonien). Was alle Herrschaftsformen kennzeichnete, ist zum einen das Element der Kontrolle, Beherrschung und Ausbeutung, zum anderen das asymmetrische Verhältnis zwischen Kolonisierten und Kolonialherren, die nicht bereit waren, sich den einheimischen Verhältnissen anzupassen, und schließlich das Element einer beanspruchten kulturellen Überlegenheit, mit dem die Kolonialherren ihre Herrschaft legitimierten.

Kolonie: (lat. colere = bebauen). In der Regel überseeisches Territorium einer außereuropäischen Kultur, das im Zuge der → Kolonialisierung seit der frühen Neuzeit von einer europäischen → Großmacht erobert, politisch beherrscht und wirtschaftlich ausgebeutet wurde.

Kommunismus: (lat. communis = gemeinsam, allgemein). Im weiteren Sinn philosophisch-politische Bewegung, die auf Karl Marx zurückgeht. Der Kommunismus strebt eine dauerhafte revolutionäre Umgestaltung der Welt und die Aufhebung der Ausbeutungsbeziehungen zwischen Menschen an („klassenlose Gesellschaft"). Der Kommunismus wurde erstmals staatlich organisiert durch die russische → Oktoberrevolution 1917. Das sowjetische kommunistische System ist in der Politik gekennzeichnet durch die → „Diktatur des Proletariats", ausgeübt durch die bestimmende Rolle der kommunistischen Partei. In einer vom Staat zentral gelenkten Wirtschaft (Planwirtschaft oder → Zentralverwaltungswirtschaft) wird das Privateigentum an Produktionsmitteln abgeschafft und in Staatseigentum überführt.
Im engeren Sinn utopische Gesellschaftsform, in der nach der Übergangsphase des Sozialismus der → Klassenkampf aufgehoben ist, die Produktionsmittel in Gemeinbesitz überführt worden sind und die Menschen selbstbestimmt in konfliktfreier Kooperation miteinander leben und arbeiten.

Konferenz von Jalta: → Kriegskonferenzen.

Konferenz von Potsdam: → Potsdamer Konferenz.

Konstitutionelle Monarchie: Staatsform, in der die Macht des Monarchen durch eine → Verfassung beschränkt wird. Der König muss seine Macht teilen, z. B. mit einem Parlament, das die Gesetzgebungskompetenz und das Budgetrecht hat.

Konsumgesellschaft: Gesellschaft, in der die Grundbedürfnisse (Lebensmittel) weitgehend befriedigt sind und sich der Fokus auf die massenhafte Produktion und den massenhaften Konsum von Gebrauchs- und Verbrauchsgütern (z. B. elektrische Haushaltsgeräte, Autos) richtet.

KPdSU/Kommunistische Partei der Sowjetunion: Nach der Oktoberrevolution 1917 gegründete Einheitspartei, die nach dem Prinzip des → „demokratischen Zentralismus" organisiert war und deren ideologisches Ziel die Errichtung der → „Diktatur des Proletariats" in der Sowjetunion war.

Kriegskonferenzen: Konferenzen der späteren Siegermächte des → Zweiten Weltkriegs (USA, Sowjetunion, Großbritannien) zur Gestaltung der Nachkriegsordnung, an denen die Sowjetunion erst ab 1944 beteiligt war, in

Casablanca (1943), Teheran (1943), London (1944), Jalta (1945) und Potsdam (1945) → Potsdamer Konferenz.

Kuba-Krise: Direkte nukleare Konfrontation zwischen den USA und der Sowjetunion, die 1962 durch die Stationierung sowjetischer Atomraketen auf Kuba (Verstoß gegen die → Monroe-Doktrin) ausgelöst wurde. Die Erfahrung am Rand eines globalen Atomkriegs führte ab 1963 durch Vereinbarungen beider Supermächte, z. B. über die Nichteinmischung in die gegnerischen Interessenspären, zu einer Entspannungsphase im Kalten Krieg, ausgelöst durch den → Kennedy-Impuls.

Laissez faire: (frz. = Lasst machen!). Von Adam Smith (1723–1790) erstmals formuliertes Grundprinzip des → Wirtschaftsliberalismus, dem zufolge der Staat auch in Krisenzeiten von Eingriffen in die Wirtschaft absehen und auf die Selbstheilungskräfte des Marktes vertrauen solle (→ Freie Marktwirtschaft).

Laizismus: Verfassungsrechtliche Trennung von Staat und Religion, z. B. in Frankreich seit 1905 und in der Türkei seit 1924.

Legitimitätskrise: Strukturmerkmal kommunistischer → Diktaturen, denen die Herstellung von → Massenloyalität in der Bevölkerung nicht oder bestenfalls phasenweise gelang. Auch die DDR steckte in ihrer Schlussphase in einer Legitimitätskrise, die wesentlich für ihren Zusammenbruch verantwortlich war. Diese entstand aus dem uneingelösten, aber aus ideologischen Gründen offiziell aufrechterhaltenen Anspruch auf wirtschaftliche Überlegenheit gegenüber dem Westen. Hinzu kamen ein offensichtliches Demokratiedefizit, das im Führungsanspruch der → SED begründet lag, und eskalierende wirtschaftliche Probleme, wodurch die Führungskompetenz der SED-Politiker und die Effizienz des kommunistischen Herrschaftssystems insgesamt mehr und mehr infrage gestellt wurde.

Leninismus: Weiterentwicklung des Marxismus durch Wladimir Iljitsch Lenin (1870–1924), den Führer der russischen Oktoberrevolution 1917. Die Theorie umfasst u. a. die Konzepte der → „Diktatur des Proletariats" und des → „demokratischen Zentralismus" sowie einer streng hierarchisch und kaderartig organisierten → „Partei neuen Typus", die die sozialistische Weltrevolution vorbereiten sollte.

Liberaldemokratisch/liberale Demokratie: Westliches Demokratiemodell, das im Gegensatz zur kommunistischen → Volksdemokratie auf dem Prinzip der → Volkssouveränität, der Parteienkonkurrenz (→ Mehrparteiensystem, Pluralismus), der Garantie der → Menschen- und Bürgerrechte, freien Wahlen und der → Gewaltenteilung beruht.

Liberalismus: (lat. liber = frei). Politische Bewegung, die die Herstellung freiheitlicher Verhältnisse zum Ziel hat. Zentraler Grundgedanke des Liberalismus ist das Recht jedes Einzelnen auf Selbstbestimmung und freie Entfaltung seiner individuellen Persönlichkeit. Dementsprechend gehörten zu den Forderungen des Liberalismus die Garantie von → Menschen- und Bürgerrechten (z. B. der Glaubens- und Meinungsfreiheit oder der Rechtsgleichheit) und die Mitwirkung aller Staatsbürger an politischen Entscheidungen. Im 19. Jahrhundert wurde der Liberalismus vor allem von der aufstrebenden Schicht des → Bürgertums getragen. Liberal eingestellte Bürger forderten auch einen geeinten → Nationalstaat (→ Nationalismus).

Loyalitätsdefizit: Destabilisierendes Element und Krisensymptom für politische Herrschaftssysteme, insbesondere typisch für kommunistische → Diktaturen, denen die Herstellung von Zustimmung, Unterstützung und Folgebereitschaft in breiten Teilen der Bevölkerung in der Regel misslingt.

Luftbrücke: Versorgung West-Berlins durch Transportflugzeuge der USA und Großbritanniens („Rosinenbomber") vom 24. Juni 1948 bis 12. Mai 1949, nachdem die Sowjetunion die Zugangswege nach West-Berlin zu Land blockiert hatte.

Machtkonflikt: Von dem deutschen Politikwissenschaftler Ernst-Otto Czempiel im Zusammenhang mit der Analyse des → Ost-West-Konflikts konzipierter Konflikttypus, in dem zwei oder mehr Akteure z. B. um regionale Einflusssphären oder um den Zugang zu Rohstoffen oder anderen Ressourcen konkurrieren.

Mandatsgebiet: (lat. mandare = in die Hand gegeben, anvertrauen). Im Allgemeinen Bezeichnung für ein Gebiet, das gemäß einem erteilten Auftrag von einem Staat verwaltet wird. Im engeren Sinn bezieht sich der Begriff auf die ehemaligen deutschen Kolonien und die Territorien des Osmanischen Reichs, die nach dem Ersten Weltkrieg im Auftrag des → Völkerbunds von Großbritannien oder Frankreich verwaltet wurden. Gemäß der Satzung des Völkerbunds wurde Mandat als „Übertragung der Vormundschaft [...] an die fortgeschrittenen Nationen" über solche Gebiete verstanden, die „noch nicht imstande sind, sich [...] selbst zu leiten." Dem Mandatssystem lag ein verändertes Verständnis kolonialer Herrschaft (→ Kolonialismus) zugrunde: Die Mandatsgebiete sollten keine Kolonien sein, sondern schrittweise durch die beauftragten Mächte entwickelt, gefördert und auf die Unabhängigkeit vorbereitet werden.

Marionettenregierung: Formal unabhängige, eigenständige Regierung, die faktisch aber von einer (ausländischen) Macht abhängig ist.

Marktwirtschaft: → Freie Marktwirtschaft, → Soziale Marktwirtschaft.

Marshall-Plan: Vom US-Außenminister George C. Marshall geplantes Wirtschaftshilfeprogramm der USA für Europa (European Recovery Program/ERP). In den Jahren 1948 – 52 stellten die USA den europäischen Ländern mehrere Milliarden Dollar an Zuschüssen und Krediten zur Verfügung, um nach dem Zweiten Weltkrieg wirtschaftlich stabile Verhältnisse herzustellen und damit die Gefahr kommunistischer Umsturzversuche zu vermeiden. Die Sowjetunion verbot den Staaten aus ihrem Einflussbereich, die Marshall-Plan-Hilfe anzunehmen.

Marxismus: Von Karl Marx und Friedrich Engels begründete Theorie, die auf einer Analyse des Kapitalismus beruht und die revolutionäre Umgestaltung der kapitalistischen → Klassengesellschaft in eine klassenlose, → kommunistische Gesellschaft zum Ziel hat.

Massenkonsum: Phänomen in der Industriegesellschaft, in der massenhaft erzeugte und tendenziell vereinheitlichte Industrieprodukte angeboten und von breiten Teilen der Bevölkerung aufgrund ihrer gestiegenen Kaufkraft nachgefragt und konsumiert werden (z. B. Coca Cola).

Massenkultur: Im Gegensatz zur exklusiven bürgerlichen Elitenkultur (klassische Musik, Oper, Theater) stehende Kulturformen, die ein Massenpublikum mithilfe von modernen Massenmedien erreichen wollen, z. B. mit Rundfunk, Kinofilm, Wochenschau, Fernsehen, Streaming-Medien.

Massenloyalität: Ziel politischer Herrschaftssysteme, Zustimmung, Unterstützung und Folgebereitschaft in breiten Teilen der Bevölkerung herzustellen.

Massenmobilisierung: Unter anderem Mittel rechts- und linksradikaler Diktaturen, um durch gesteuerte, öffentliche Massenveranstaltungen (z. B. Aufmärsche, Paraden, Parteitage, Staatsfeiertage) Faszination für das Regime zu wecken und → Massenloyalität zu erzeugen.

Massenorganisation: Vereine oder Parteien, die auf einer Vielzahl von Mitgliedern beruhen. Viele Parteien entwickelten sich im Zuge der Politisierung der Bevölkerung im 19. Jahrhundert zu Massenorganisationen. In Deutschland waren das vor allem die SPD und die katholische Zentrumspartei (→ Milieu), aber auch → Gewerkschaften und wirtschaftliche Interessenorganisationen beruhten auf einer umfassenden Organisation und Mobilisierung ihrer jeweiligen Klientel. In rechts- und linksradikalen Diktaturen spielen Massenorganisationen auch eine wichtige Rolle. Sie dienen der Einbindung und ideologisch-propagandistischen Beeinflussung möglichst vieler Bürger. Nationalsozialistische Massenorganisationen waren z. B. die Hitlerjugend (HJ), der Bund Deutscher Mädel (BDM) und die Deutsche Arbeitsfront (DAF), in der Sowjetunion z. B. der staatliche Jugendverband Komsomol.

Mauerbau: Obwohl Walter Ulbricht (→ Ära Ulbricht) in einer Pressekonferenz am 15. Juni 1961 Planungen zur Errichtung einer Mauer zwischen der BRD und der DDR dementiert hatte („Niemand hat die Absicht eine Mauer zu errichten.“), begannen in der Nacht vom 12. auf den 13. August Volkspolizei, NVA (Nationale Volksarmee) und Betriebskampfgruppen mit Zustimmung der UdSSR und unter Stillhalten der Westmächte damit, die Berliner Sektorengrenze durch eine Mauer mit Stacheldraht abzuriegeln, um die wachsende Massenflucht von Bürgern der DDR („Abstimmung mit den Füßen“) endgültig zu beenden. In der Folgezeit perfektionierte die → SED die Abschottung der innerdeutschen Grenze und die Abriegelung von Westberlin immer weiter (Betonmauer, Minen, Selbstschussanlagen). An der Mauer war der Schusswaffengebrauch „gegen Verräter und Grenzverletzer“ ausdrücklich erlaubt. Bis 1975 bezahlten 765 Menschen ihre Fluchtversuche mit ihrem Leben, Tausende wurden verletzt. Bis heute sind nicht alle Schicksale geklärt.

Mauerfall: → Friedliche Revolution (zum Mauerfall am 9.11.1989, zum Ende der SED-Herrschaft).

Mehrparteiensystem: Politisches System, in dem mehrere Parteien in Wahlen um die Regierungsbeteiligung konkurrieren. Die in dieser Konkurrenz unterliegenden Parteien bilden die Opposition im Parlament. Das Mehrparteiensystem ist ein grundlegendes Merkmal des Pluralismus, der von einer Vielfalt unterschiedlicher Interessen ausgeht, die in demokratischen Verhandlungen zu Interessenausgleich und Kompromissentscheidungen führt.

Menschen- und Bürgerrechte: Rechte, die jedem Menschen bzw. Bürger von Natur aus zustehen und die unveräußerlich sind, dem Einzelnen also auch vom Staat nicht streitig gemacht werden können. Menschenrechte gelten für alle Menschen, Bürgerrechte nur für die Bürger eines Staates. Man kann liberale Abwehrrechte zum Schutz der Freiheit eines Menschen (z. B. Schutz des Lebens, der Handlungsfreiheit, des Eigentums) gegenüber dem Staat und Teilhaberechte (z. B. Recht auf politische Mitsprache) unterscheiden. Die in Verfassungen niedergelegten Menschen- und Bürgerrechte werden auch manchmal zusammenfassend als → Grundrechte bezeichnet.

Migration: Individuelle oder kollektive Wanderungsbewegung von Menschen, die ihre Heimat auf Dauer verlassen. Ursachen für Migration können schlechte Bedingungen in der Heimat („Push-Faktoren": z. B. Krieg, Armut, politische Unterdrückung) oder gute Bedingungen am Zielort sein („Pull-Faktoren": z. B. Freiheit, Wohlstand).

Milieu/Sozialmilieu: Soziale Gruppe, die nicht nur durch eine gemeinsame soziale Lage (→ Schicht, → Klasse), sondern sehr stark auch organisatorisch (z. B. über gemeinsame Vereine) und kulturell (z. B. gemeinsame Werte, Medien, Feiern, Parteien) miteinander verbunden sind. Im Deutschen Kaiserreich waren vor allem die Arbeiter und die Katholiken sehr stark durch eine derartige gemeinsame Lebenswelt miteinander verbunden. Die SPD und die Zentrumspartei entwickelten sich zu stabilen politischen Vertretern dieser Milieus.

Militärdiktatur: Herrschaftsform, in der die Regierungsgewalt – meist durch einen → Putsch – vom Militär übernommen wird, das Menschen- und Bürgerrechte einschränkt, Parlamente ausschaltet und Oppositionelle verfolgt.

Militarismus: Sowohl im privaten als auch im öffentlichen Leben nehmen das Militär und seine Werte eine zentrale Rolle ein (Uniformen im Straßenbild, militärisches Kinderspielzeug).

Mobilität: Räumliche Mobilität beschreibt die lokale Beweglichkeit, z. B. das Pendeln zwischen Arbeitsplatz und Wohnort oder auch die Binnenmigration in die Industriestädte oder die Auswanderung in die USA (→ Migration). Soziale Mobilität meint den Wechsel von einer sozialen Gruppe in eine andere (Stand, → Klasse, → Schicht, → Milieu).

Moderne: Historische Epoche, die im Übergang vom 18. zum 19. Jahrhundert in Europa und Nordamerika infolge der Doppelrevolution einsetzte und durch die Basisprozesse der Demokratisierung, Industrialisierung, Urbanisierung, sozialen Differenzierung, Individualisierung und Bürokratisierung gekennzeichnet war.

Modernisierung: Um 1800 in Europa und Nordamerika einsetzender Prozess des Übergangs von einer traditionalen Gesellschaft, die u. a. durch Formen von Agrarwirtschaft und personaler Herrschaft gekennzeichnet war, zur Epoche der → Moderne.

Modernisierungsdiktatur: → Diktatur, die wirtschaftlich-technische und gesellschaftliche → Modernisierung staatlich lenken, beschleunigen und auch unter Einsatz von Gewalt und Terror (z. B. Hinrichtungen, Deportationen, Zwangsarbeit) durchsetzen will.

Modernisierungsverlierer: Soziale Gruppen, die im Prozess der → Modernisierung unter Druck geraten und sozial absteigen oder Furcht vor sozialem Abstieg empfinden. Dies gilt z. B. für Bauern oder den alten Mittelstand, die sich durch den mit der Industrialisierung einhergehenden → Strukturwandel bedroht fühlten.

Monarchie: Staatsform mit einem Monarchen als Staatsoberhaupt an der Spitze, dessen/deren Macht uneingeschränkt (absolute Monarchie) oder durch eine Verfassung eingeschränkt (→ konstitutionelle Monarchie) sein kann. In der parlamentarischen Monarchie hat der Monarch nur repräsentative Aufgaben.

Monroe-Doktrin: Von US-Präsident Monroe 1823 einseitig verkündetes Verbot jeder Einmischung europäischer Staaten in amerikanische Angelegenheiten („Amerika den Amerikanern"). Dafür verzichteten die USA ihrerseits auf Interventionen in Europa. Die Monroe-Doktrin richtete sich im → Kalten Krieg, z. B. während der → Kuba-Krise, gegen die Sowjetunion bzw. kommunistische Regierungen in Lateinamerika.

Montanindustrie: (lat. mons = Berg). Kohlebergbau und rohstoffverarbeitende Schwerindustrie, insbesondere Eisen- und Stahlindustrie, die die wirtschaftliche Grundlage des → Industriezeitalters in Europa bildeten. In Deutschland war ihr Zentrum vor allem das Ruhrgebiet. Seit den 1970er-Jahren geriet die Montanindustrie in eine tief greifende Strukturkrise, in Deutschland endete der Steinkohlebergbau 2018 mit der Schließung der letzten Zeche im Ruhrgebiet.

Montanunion/Europäische Gemeinschaft für Kohle und Stahl: Von der Bundesrepublik, Frankreich, Italien, Belgien, den Niederlanden und Luxemburg 1951 gegründeter Wirtschaftsverband, der den Mitgliedsstaaten zollfreien Zugang zu Kohle und Stahl gewährte und damit den Beginn der → Europäischen Integration einleitete.

Nation: Soziale Großgruppe, die in der Regel die Bildung eines → Nationalstaates (→ Nationalismus) anstrebt. Die Mitglieder dieser Gruppe fühlen sich durch Gemeinsamkeiten (z.B. gemeinsame Sprache, Werte, Geschichte, Kultur) miteinander verbunden, wodurch sie sich von anderen Gemeinschaften unterscheiden und sich häufig auch aktiv abgrenzen.

Nationalbewegung: Soziale oder gesellschaftliche Bewegung, die sich für die Ziele des → Nationalismus einsetzt und dafür kämpft, einen → Nationalstaat zu bilden oder zu erhalten. Die deutsche Nationalbewegung entstand im frühen 19. Jahrhundert und forderte die Auflösung des Deutschen Bundes zugunsten eines deutschen Nationalstaates. Nach anfänglichen Rückschlägen während der Revolution von 1848/49 kam es 1871 zur Gründung des Deutschen Reichs und damit zur Erfüllung der Forderungen der Nationalbewegung.

Nationale Befreiungsbewegung: Organisation, die die staatliche Unabhängigkeit eines kolonisierten Gebiets anstrebt. Die Mittel zum Erreichen dieses Ziels können sowohl gewaltlos (→ gewaltloser Widerstand) als auch gewaltsam (→ Unabhängigkeitskrieg) sein. Beispiele nationaler Befreiungsbewegungen sind die Vietminh, die für das Ende der französischen Kolonialherrschaft in Indochina kämpften, oder der „Front de Libération Nationale" (FLN), der für ein von Frankreich unabhängiges Algerien kämpfte.

Nationale Front: → Einheitsliste der „Nationalen Front".

Nationalismus: Bestreben einer → Nation, einen → Nationalstaat zu bilden oder zu erhalten. Die Betonung der Einheit und Geschlossenheit der Nation ist ein Wesensmerkmal des Nationalismus. Im Laufe des 19. Jahrhunderts entwickelte sich der europäische Nationalismus immer mehr zum aggressiven → Radikalnationalismus.

Nationalsozialismus: Rechtsextreme Ideologie, die die Grundlage der NS-Diktatur 1933–1945 bildete. Elemente dieser Ideologie sind u. a. → Antisemitismus, → Rassismus, → Sozialdarwinismus, Führerprinzip und das Konzept vom „Lebensraum im Osten".

Nationalstaat: Staatsmodell, das häufig auf sprachlicher, ethnischer und kultureller Homogenität beruht und dessen Kern die Souveränität der Nation darstellt.

Nationalversammlung: Eine von den zu einer → Nation gehörenden Staatsbürgern gewählte Versammlung von Abgeordneten, die eine Verfassung erarbeitet.

Neokolonialismus: Aktivitäten und Strukturen von in der Regel westlichen Mächten gegenüber meist afrikanischen Staaten, die als starke und einseitige, meist ökonomische Abhängigkeitsverhältnisse wahrgenommen werden und damit an den „klassischen" → Kolonialismus erinnern. Im Gegensatz zu diesem formellen Kolonialismus ist der Neokolonialismus nicht mit Siedlungskolonien und langfristiger militärischer Unterwerfung verbunden. Er setzt vielmehr auf indirekte, häufig wirtschaftliche Einflussnahme in den abhängigen Ländern (informeller Kolonialismus).

Neoliberalismus: Seit den 1970er-Jahren maßgeblich von dem US-Wirtschaftswissenschaftler Milton Friedman (1912–2006) entwickelte Variante der → Freien Marktwirtschaft, die unter seiner Beratertätigkeit in Washington und London zuerst von dem US-Präsidenten Ronald Reagan (1981–1989) und der britischen Premierministerin Margaret Thatcher (1979–1990) wirtschaftspolitisch umgesetzt wurde. In Abgrenzung vom → Keynesianismus und von der → Sozialen Marktwirtschaft setzt der Neoliberalismus auf wirtschaftliche Liberalisierung, freie Märkte ohne staatliche Eingriffe und arbeitsmarktpolitische Deregulierung. In Deutschland manifestierten sich neoliberale Ideen in der → Agenda 2010 der rot-grünen Bundesregierung unter Kanzler Gerhard Schröder.

Nettorealverdienst: „netto" bedeutet „nach Abzug aller Steuern und Abgaben", „real" bedeutet „bei gleichbleibenden Preisen". Ein steigener Reallohn bedeutet, dass man sich mit den Lohnsteigerungen auch tatsächlich mehr kaufen kann.

Neue Ostpolitik: Von der sozialliberalen Regierung unter Bundeskanzler Willy Brandt (SPD) und Außenminister Walter Scheel (FDP) ab 1969 eingeleitete → Entspannungspolitik, deren Ziel ein „Wandel durch Annäherung" (Egon Bahr) im Verhältnis zum Ostblock war. Angeregt vom → Kennedy-Impuls, initiierte sie mit ihren „Ostverträgen" maßgeblich den → Helsinki-Prozess. Gleichzeitig legte sie die Grundlage für die → Friedliche Revolution in der DDR 1989 und die → Deutsche Einheit 1990.

Neuer Kurs: Begrenzte Rücknahme von Maßnahmen, die seit 1952 in der DDR im Rahmen des → „Aufbaus des Sozialismus" forciert worden waren (z. B. im Hinblick auf die Enteignung von Kleinbetrieben), womit Walter Ulbricht (→ Ära Ulbricht) nach Stalins Tod 1953 das Ziel verfolgte, die „Lebenshaltung" der Bevölkerung zu verbessern. Die → SED reagierte damit auf Anweisung der sowjetischen Führung auf die wachsende Unzufriedenheit der Bevölkerung der DDR, die sich in massiv zunehmenden Flüchtlingszahlen manifestierte und die DDR zunehmend destabilisierte. Nicht zurückgenommen wurde allerdings die Erhöhung der Arbeitsnormen in den Industriebetrieben, was zum → Aufstand am 17. Juni 1953 führte.

Neue Seidenstraße: Außenwirtschaftliches Projekt der VR China, um ihre internationalen Handelsbeziehungen abzusichern und auszubauen. Kern des Projektes sind vom chinesischen Staat mitgeplante und mitfinanzierte Infrastrukturprojekte, die häufig an Nutzungszusagen durch die Empfängerländer gebunden sind. Der chinesische Staat tritt darüber hinaus auch als Direktinvestor auf. So wurden z. B. infolge der → Eurokrise 51 % des Containerhafens Piräus in Athen für 35 Jahre an ein chinesisches Staatsunternehmen verpachtet.

Neue Soziale Bewegungen: Seit den 1970er-Jahren entstandene Bürgerbewegungen der → Zivilgesellschaft in Europa und Nordamerika, die → alternative Lebensformen praktizierten und für mehr Beteiligung der Bürger an politischen und gesellschaftlichen Entscheidungen kämpften, z. B. → Feminismus und → Ökologie-Bewegung. Sie entstanden als Folge der weltweiten → Studenten- und 68er-Bewegung.

Nivellierte Mittelstandsgesellschaft: Soziales Schichtenmodell des deutschen Soziologen Helmut Schelsky (1912 – 1984) als Beitrag zur Sozialstrukturanalyse der Bundesrepublik nach 1949. Der Begriff bezeichnet eine Gesellschaft, in der Klassengegensätze zunehmend abgebaut werden und es zu einer sozialen Einebnung in einer verhältnismäßig homogenen Mittelschicht mit ähnlichen Lebensgewohnheiten und finanziellen Möglichkeiten kommt (vgl. auch → Zwei-Drittel-Gesellschaft).

NÖSPL: „Neues Ökonomisches System der Planung und Leitung", beschlossen durch das Zentralkomitee der → SED am 24./25. Juni 1963. Das NÖSPL sollte das System der Planwirtschaft modernisieren, indem die staatlichen Betriebe begrenzt gewinnorientiert arbeiten durften. Zu diesem Zweck erhielten die Leitungen der Industriebetriebe – auf Kosten der zentralen Plankommission – größere Entscheidungsfreiheiten im Hinblick auf Kalkulation und Absatzplanung vor Ort.

Nordatlantikpakt/NATO: Im Zuge des → Ost-West-Konflikts und der → Blockbildung 1949 gegründetes Militärbündnis von 30 nordamerikanischen und westeuropäischen Staaten als Teil der → Eindämmungspolitik gegenüber dem → Kommunismus.

Nürnberger Prozesse: 13 Prozesse gegen die nationalsozialistischen Hauptkriegsverbrecher und weitere führende Repräsentanten des NS-Regimes, die in Nürnberg nach dem Gesetz Nr. 10 des → Alliierten Kontrollrats durchgeführt wurden und zu 12 Todesurteilen und zahlreichen lebenslänglichen und langjährigen Haftstrafen führten.

Öffentlichkeit: Seit der Antike (Agora, Forum), verstärkt seit der Aufklärung (Vereine, Lesegesellschaften) genutzter Bereich der → Zivilgesellschaft, in dem sich seit dem 19. Jahrhundert zunächst vor allem das → Bürgertum, später auch die → Arbeiterbewegung selbst organisiert, um mittels Massenmedien Probleme zu artikulieren, die im politischen Prozess zu lösen sind.

Ökologie-Bewegung: Als Teil der → neuen sozialen Bewegungen kämpfte sie seit den 1970er-Jahren für eine Verbesserung des Natur- und Umweltschutzes, z. B. durch medienwirksame Kampagnen von Greenpeace oder durch die Gründung von Parteien („GRÜNE") und deren Einzug in nationale Parlamente und ins Europaparlament.

Oligarch: (griech. oligarchia = Herrschaft von wenigen). Bezeichnung für russische Unternehmer, die nach dem Zusammenbruch der Sowjetunion und der Neugründung Russlands Mitte der 1990er-Jahre die aufkommende Marktliberalisierung nutzten, um wirtschaftliche Großprojekte durchzuführen und politischen Einfluss auf die → Transformationsgesellschaft zu gewinnen. Aufgrund der Schwäche der zusammengebrochenen staatlichen Ordnung sowie fehlender Neuregelungen und mithilfe früherer politischer Verbindungen sowie enormer Finanzmittel gelang es den Oligarchen, zu extrem niedrigen Vorzugspreisen staatliche Unternehmen zu kaufen. Aufgrund ihres so gewonnen Einflusses verhinderten die Oligarchen oft marktwirtschaftliche und rechtsstaatliche Reformen, um ihren Einfluss zu sichern, und bewirkten dadurch einen dauerhaften Reformstau.

Ölkrisen: Durch die Ölpreiserhöhungen der Organisation erdölexportierender Länder (OPEC) 1973 und 1979/80 ausgelöste Wirtschaftskrisen in den westlichen und östlichen Industrieländern, die in Nordamerika und Westeuropa zu einem tief greifenden → Strukturwandel führten.

Oktoberrevolution: Nachdem in der Februarrevolution 1917 der Zar in Russland gestürzt worden war, rissen die von Lenin geführten russischen Kommunisten (Bolschewiken, → Bolschewismus) in der Oktoberrevolution im gleichen Jahr die Macht an sich und etablierten in Russland und der anschließend gegründeten Sowjetunion das kommunistische System (→ Kommunismus).

Osterweiterung: 2004 eingeleitete Erweiterung der → Europäischen Union um Staaten des ehemaligen Ostblocks, beginnend mit der Luxemburg-Gruppe (Polen, Tschechien, Slowakei, Ungarn, baltische Staaten usw.), die 2007 mit Bulgarien und Rumänien und 2013 mit Kroatien fortgesetzt wurde. Weitere Beitrittskandidaten im Prozess der Osterweiterung sind Albanien und die Nachfolgestaaten Jugoslawiens. Auch die Aufnahme osteuropäischer Staaten in die → NATO nach dem Ende des → Kalten Kriegs wird als Osterweiterung bezeichnet.

Ost-West-Konflikt: Spannungsverhältnis zwischen der Sowjetunion und den nichtkommunistischen Staaten, das 1917 mit der → Oktoberrevolution und dem Sieg des → Bolschewismus in Russland begann. Grundlage ist der Konflikt zwischen westlichem → Kapitalismus und sowjetischem → Kommunismus. Eine Phase des Ost-West-Konflikts ist der → Kalte Krieg (1947 – 1989).

Parlament: Aus gewählten Abgeordneten zusammengesetzte Volksvertretung, die die gesetzgebende Gewalt (Legislative) ausübt sowie Regierung und Verwaltung (Exekutive) kontrolliert. Das Budgetrecht (Etatrecht) gilt als das „Königsrecht" des Parlaments.

Parlamentarische Demokratie: Herrschaftsform, in der politische Entscheidungen durch gewählte Volksvertreter (Abgeordnete) in einem Parlament getroffen werden.

Parlamentarisierung: Prozess des Übergangs von einer → konstitutionellen Monarchie zu einer → parlamentarischen Demokratie (oder Monarchie), in der nicht der/die Monarch/in, sondern das Parlament die Regierung bestimmt und kontrolliert.

Partei: (lat. pars = Teil). Zusammenschluss (Verein) von Menschen mit dem Ziel, auf die Politik Einfluss zu nehmen, z. B. durch Teilnahme an Wahlen oder Übernahme von politischen Ämtern. Die Bildung von Parteien in Deutschland wurde im 19. Jahrhundert durch die Fraktionen in der Nationalversammlung (Paulskirche) wesentlich angestoßen.

„Partei neuen Typus": Von Lenin geprägtes Konzept einer autoritär geführten und hierarchisch strukturierten Kaderpartei, die die proletarische → Revolution und die auf sie folgende → Diktatur des Proletariats organisieren sollte. In der DDR bildete es die Grundlage für die politische Umgestaltung der SED ab 1948, die noch 1946 einen „demokratischen Weg zum Sozialismus" proklamiert hatte. Das Konzept der „Partei neuen Typus" propagiert die Vormachtstellung der kommunistischen Partei als revolutionärer Avantgarde und den → demokratischen Zentralismus (Unterwerfung der Parteimitglieder unter eine straffe Parteidisziplin trotz Wahl von Parteileitung und Parteifunktionären). Die SED etablierte im Zuge dieser Umgestaltung die für den → Stalinismus typischen Führungsgremien (Zentralkomitee, Sekretariat des ZK, Politbüro). Diese → Stalinisierung der SED wurde von einer großangelegten politischen Säuberung begleitet, durch die 150 000 Parteimitglieder, vor allem ehemalige Sozialdemokraten, aus der Partei ausgeschlossen wurden.

Partisan: (ital. partigiano = Parteigänger). Bewaffneter Kämpfer, der nicht den regulären Streitkräften eines Staates angehört, keine Uniform trägt und keinen Kombattanten-Status hat.

Partizipation: (lat. participatio = Teilhaftigmachung). Aktive Teilhabe an der Gesellschaft und Politik, insbesondere die Mitbestimmung der Staatsbürger bei politischen Entscheidungen, z. B. durch Wahlen oder durch Aktionen in der → Öffentlichkeit (Demonstrationen, Streiks, Mahnwachen, Menschenketten, Boykottaktionen usw.).

Perestroika: (russ. = Umbau). Mit → Glasnost einer der Schlüsselbegriffe für die Reformpolitik Gorbatschows seit 1985 in der UdSSR; durch eine Reform sowohl der politischen als auch der wirtschaftlichen und gesellschaftlichen Strukturen mittels Lockerung der zentralen Lenkung durch die Staatspartei KPdSU sollten Elemente der → freien Marktwirtschaft und der Mitbestimmung auf lokaler Ebene erlaubt werden, ohne jedoch das kommunistische System insgesamt infrage zu stellen.

Personenkult: Bezeichnung für eine übersteigerte, durch → Propaganda hervorgerufene und getragene Verehrung einer einzelnen Person noch oft zu deren Lebzeiten, aber auch über deren Tod hinaus, die Vorbildfunktion für eine Gesellschaft bzw. einen Staat einnimmt. Ein propagandistisch gezielt eingesetzter Personenkult ist Kennzeichen vieler → Diktaturen (z. B. des NS-Regimes mit seinem Hitler-Kult, der Sowjetunion mit ihrer Stalin-Verehrung oder der Volksrepublik China mit ihrem Mao-Kult).

Planwirtschaft: → Zentralverwaltungswirtschaft.

Pluralisierung: Zunahme der Vielfalt von Lebensweisen und Handlungsgewohnheiten (z. B. Kleidungs-, Ernährungs-, Wohn-, Freizeit- und Konsumstilen) in der Gesellschaft, z. B. durch die wachsende Verbreitung → alternativer Lebensformen.

Pluralismus/pluralistisch: → Mehrparteiensystem.

Pogrom: (russ. = Verwüstung). Gewaltanwendung gegen nationale, ethnische, religiöse oder andere Minderheiten.

Politische Revolution: Amerikanische Revolution (1776) und Französische Revolution (1789), die in Nordamerika und Europa einen auf politischer Teilhabe der Staatsbürger und → Gewaltenteilung beruhenden → Rechtsstaat mit verfassungsmäßig garantierten → Grund- und Menschenrechten begründeten.

Politischer Liberalismus: Bewegung, die (in Abgrenzung vom oder Ergänzung zum → Wirtschaftsliberalismus) für die politischen Ziele des → Liberalismus kämpft, z. B. → Menschen- und Bürgerrechte, → Volkssouveränität, → Gewaltenteilung, → liberaldemokratische Partizipation, → Verfassung, → Nationalstaat.

Politisierung: Prozess der zunehmenden Einbeziehung von Personen und Gruppen in die → Partizipation bei politischen Entscheidungsprozessen, z. B. durch die Ausweitung des → Wahlrechts oder durch Formen der gesellschaftlichen Selbstorganisation in der → Zivilgesellschaft, z. B. durch Mitgliedschaft in Vereinen, Gewerkschaften, Parteien, Bürgerinitiativen. Politisierung kann man auch als politische Aktivierung der Bevölkerung bezeichnen.

Postindustrielle Gesellschaft: Gesellschaft, die auf die Industriemoderne folgt und in der sich der Schwerpunkt der Wertschöpfung von der Fertigungsindustrie (sekundärer → Sektor) zum tertiären Sektor der Dienstleistungen verlagert (→ Tertiarisierung). Sie setzt sich in Europa und Nordamerika seit den 1970er-Jahren durch.

Postmaterialismus/postmaterielle Werte: Von dem US-Politologen Ronald Inglehart in seinem Buch „The Silent Revolution" (1977) begründetes Konzept eines kollektiven → Wertewandels, der sich seit den 1960er-Jahren bei der Nachkriegsgeneration in Nordamerika und Westeuropa vollzogen habe. An die Stelle materieller Werte (z. B. Fleiß, Disziplin, Wohlstand), an denen sich die Kriegsgeneration orientiert habe, traten ihm zufolge postmaterielle Werte, z. B. Individualisierung, Selbstbestimmung, Selbstverwirklichung, Solidarität und politische Mitbestimmung. Diese Werte wurden zur theoretischen Grundlage der → Neuen Sozialen Bewegungen.

Postmoderne: Die Entwicklung hin zur → postindustriellen Gesellschaft seit den 1970er-Jahren führte zur Vermutung, dass damit auch die Epoche der Moderne zu Ende gehen werde. Da die Konturen der neuen Epoche aber noch nicht erkennbar sind, wurde der bewusst vage Begriff „Postmoderne" geprägt. Um die vielfältigen Wandlungsprozesse seit den 1970er-Jahren begrifflich zu fassen, sprechen manche Soziologen auch von „Spätmoderne".

Potsdamer Abkommen: → Potsdamer Protokoll.

Potsdamer Konferenz: Letzte → Kriegskonferenz der Anti-Hitler-Koalition, an der Vertreter der USA, der Sowjetunion und Großbritanniens teilnahmen und deren Ergebnisse im → Potsdamer Protokoll dokumentiert wurden.

Potsdamer Protokoll: Als Ergebnisse der → Potsdamer Konferenz wurden von den führenden Siegermächten des → Zweiten Weltkriegs (USA, Sowjetunion, Großbritannien) festgehalten: die politische und geografische Neuordnung Deutschlands, die → „4 Ds", die von Deutschland zu entrichtenden Reparationen sowie die Verurteilung der nationalsozialistischen Hauptkriegsverbrecher (→ Nürnberger Prozesse).

Prager Frühling: Reformversuche der kommunistischen Partei der ČSSR unter Führung von Alexander DubČek für einen „Sozialismus mit menschlichem Antlitz" seit Beginn des Jahres 1968, die im August 1968 durch den Einmarsch der Truppen von fünf Warschauer-Pakt-Staaten unter der Führung der Sowjetunion gewaltsam beendet wurden.

Proletariat: (lat. proles = die Nachkommenschaft). → Klasse der Industriearbeiterschaft, die nach Auffassung von Karl Marx so arm ist, dass sie keine Produktionsmittel, sondern nur ihre Nachkommen besitzt und dadurch zum Verkauf ihrer Arbeitskraft als Ware auf dem Markt gezwungen ist. Im → Klassenkampf ist ihr Gegner die → Bourgeoisie.

Proletarische Familie: Durch die Enge und Ärmlichkeit der Arbeiterwohnungen im 19. und beginnenden 20. Jahrhundert konnten sich in der Arbeiterfamilie Räume von Privatheit und Intimität – im Gegensatz zur → bürgerlichen Familie – nicht ausbilden, zumal häufig auch familienfremde Personen (z. B. Schlafburschen) im Haushalt anwesend waren. So entstand ein spezifisch proletarischer Lebens- und Erfahrungszusammenhang: Frauen erlebten die Mehrfachbelastung durch Hausarbeit, Kindererziehung und Erwerbstätigkeit. Die Kindheit war kurz und durch Arbeit geprägt. Der Mann und Vater war wegen der langen Arbeitszeiten in der Fabrik in der Familie kaum präsent.

Propaganda: (lat. propagare = ausbreiten, verbreiten). Sie will das Denken, Fühlen und Handeln von Menschen beeinflussen und sie so in eine bestimmte Richtung lenken. Besonders → Diktaturen nutzen Propaganda, um die Menschen in ihrem Sinne zu beeinflussen. Dafür werden seit dem 20. Jahrhundert gezielt Massenkommunikationsmittel wie Plakat, Film, Radio und Fernsehen eingesetzt.

Protest: (lat. protestari = öffentlich bezeugen). Organisierter Widerspruch gegen politische Maßnahmen oder gesellschaftliche Zustände.

Putsch: Staatsstreich, Umsturz(versuch) in einem Staat durch Militärs oder Milizen, der meistens auf die Machtübernahme durch eine → Militärdiktatur zielt.

Quelle: Überrest aus der Vergangenheit, der Historiker/innen Rückschlüsse auf Ereignisse, Strukturen und Prozesse der Vergangenheit ermöglicht. Im Gegensatz zur → Darstellung beschreibt und interpretiert die Quelle die Vergangenheit nicht nachträglich, sondern ist Teil von ihr.

Radikalnationalismus: Form des → Nationalismus, die sich nach dessen Abkehr von den emanzipatorischen Zielen der frühen, liberalen → Nationalbewegung in der zweiten Hälfte des 19. Jahrhunderts in Europa ausbildet und sich mit den Strömungen des → Rassismus, → Sozialdarwinismus und → Antisemitismus verbindet.

Rassendiktatur: Form der → Diktatur, deren Grundlage eine rassistische Ideologie (→ Rassismus) ist, die von der Ungleichwertigkeit der Menschen ausgeht und die Mitglieder der „minderwertigen Rassen" politisch, wirtschaftlich, gesellschaftlich, rechtlich oder auf andere Weise diskriminiert.

Rassismus: Kategorisierung von Menschen aufgrund weniger äußerlicher Merkmale als sogenannte „Rasse". Rassistisches Denken leitet von diesen äußeren Merkmalen menschliche Eigenschaften und Fähigkeiten ab (z. B. Fleiß, Faulheit, Heimtücke, Aggressivität) und wertet sie als höher- oder minderwertig. Rassisten gehen von einer grundsätzlichen Ungleichwertigkeit der Menschen und insbesondere von der Höherwertigkeit der eigenen „Rasse" aus. Der NS-Ideologie zufolge herrsche, analog zum → Sozialdarwinismus, ein „Kampf ums Dasein" zwischen den „höherwertigen" und den „minderwertigen" Rassen.

Rat für gegenseitige Wirtschaftshilfe/RGW: 1949 von den Ostblockstaaten unter Führung der Sowjetunion gegründete Organisation zur wirtschaftlichen Zusammenarbeit der kommunistischen Staaten als Reaktion auf den → Marshall-Plan (→ Warschauer Vertragsorganisation).

Recht auf Arbeit: Jeder Bürger eines Landes hat einen Rechtsanspruch auf eine zumutbare Arbeit. In der DDR und den übrigen Ostblockstaaten wurde es jedem Bürger durch die Verfassung garantiert.

Rechtsautoritäre Diktatur: Herrschaftssystem, in dem das Parlament zugunsten der Exekutive entmachtet und die Opposition verfolgt wird, Ideologie und Terror aber weniger ausgeprägt sind als in einer → rechtsradikalen Diktatur.

Rechtsradikale Diktatur: Herrschaftssystem, in dem eine Einheitspartei auf der Grundlage einer rassistischen Ideologie eine Gesellschaft mit terroristischen Mitteln völlig durchdringen und verändern will.

Rechtsstaat: Politisches System, in dem staatliche Willkür durch die Bindung der Staatsmacht an Recht und Gesetz verhindert wird. Rechtsstaatlichkeit ist ein Wesensmerkmal der liberalen Demokratie.

Rechtsstaatlichkeit: → Rechtsstaat.

Reeducation: → Entnazifizierung.

Reform: (lat. reformare = umgestalten, verbessern). Durch Debatten in der → Öffentlichkeit, in der Staatsverwaltung oder im → Parlament vorbereitete Neugestaltung politischer, wirtschaftlicher oder gesellschaftlicher Zustände durch parlamentarische Mehrheitsentscheidungen (z. B. Bismarcks Sozialpolitik), Verordnungen der Exekutive (z. B. Gorbatschows Reformen) oder die Lebenspraxis sozialer Bewegungen (z. B. Lebensreform) im Gegensatz zur → Revolution.

Republik: (lat. res publica = allgemeine, öffentliche Sache). Staatsform ohne Monarchen, in der die Regierenden in der Regel vom Volk gewählt werden. In diktatorischen Republiken werden Scheinwahlen inszeniert, z. B. durch Einschränkungen des Wahlrechts, Einheitslisten oder Ausschaltung der Opposition.

„Republikflucht": Umgangssprachlicher Ausdruck für den Straftatbestand des „ungesetzlichen Grenzübertritts" nach § 213 des StGB der DDR, der Bürger der DDR von der Flucht in die Bundesrepublik abschrecken sollte, bekräftigt durch den „Schießbefehl", den Grenzposten bei der Verfolgung von „Republikflüchtlingen" zu befolgen hatten.

Revolte: Aufbegehren, Aufruhr, Aufstand mit dem Ziel einer politischen oder gesellschaftlichen Veränderung.

Revolution: (lat. revolutio = Umdrehung, Zurückwälzen). Schnelle, tief greifende und meistens gewaltsame Veränderung der bestehenden Verhältnisse. Politische Revolutionen zielen auf die Beseitigung der bisherigen Machthaber und die Schaffung einer neuen Regierungsform. Der Begriff lässt sich außerdem auf den Vorgang der Dekolonisierung anwenden, denn das Ende kolonialer Herrschaft bedeutete in der Regel auch einen fundamentalen Umbau der bestehenden politischen und gesellschaftlichen Ordnung. Abgesehen von der zweiten Welle der Dekolonisierung, der friedlichen Überführung der britischen Siedlungskolonien Kanada, Australien, Neuseeland und Südafrika in den Dominion-Status, handelte es sich bei allen Dekolonisierungen um Revolutionen.

Revolution von oben: Grundlegende politische Veränderung durch die Regierung bzw. den Herrscher.

Revolution von unten: Grundlegende politische Veränderung durch das Volk bzw. die Staatsbürger, häufig durch gewaltsame Aufstände.

RGW: → Rat für gegenseitige Wirtschaftshilfe.

Rüstungswettlauf: Die schrittweise vorangetriebene militärische → Aufrüstung der USA und der Sowjetunion bzw. ihrer jeweiligen militärischen Machtblöcke → NATO und → Warschauer Pakt im → Kalten Krieg. Die Rechtfertigung für den Rüstungswettlauf bestand in der jeweiligen Behauptung, dass die andere Seite aufrüste und eine Überlegenheit anstrebe und man selbst durch eigene Aufrüstung diese Überlegenheit verhindern müsse; auch als „Wettrüsten" bezeichnet.

Säkular: weltlich, nicht religiös.

Samisdat: (russ. = Eigenauflage). Im Selbstverlag erschienene, häufig hektografierte Literatur, zunächst in der Sowjetunion seit den 1970er-Jahren, in der die → Dissidentenbewegung des Ostblocks konspirativ ihre Kritik am herrschenden kommunistischen System formulierte.

Samtene Revolution: Bezeichnung für den politischen → Systemwechsel in der Tschechoslowakei vom Sozialismus zur → liberalen Demokratie im November und Dezember 1989 unter Führung des späteren tschechischen Staatspräsidenten Václav Havel, der sich innerhalb weniger Wochen weitgehend gewaltfrei vollzog.

SBZ/Sowjetische Besatzungszone: → Besatzungszonen.

Schauprozess: Öffentliche Gerichtsverfahren, die in → Diktaturen zu Zwecken der → Propaganda unter Missachtung rechtsstaatlicher Verfahren durchgeführt werden, z. B. die → stalinistischen Schauprozesse während des „Großen Terrors" (1936–1938) oder die nationalsozialistischen Schauprozesse vor dem Volksgerichtshof.

Schicht: Soziale Gruppe, die sich durch eine gemeinsame soziale Lage auszeichnet, die durch Besitz und Bildung definiert wird. In der Regel teilen die Angehörigen der gleichen Schicht auch gemeinsame Werte und oft auch politische Einstellungen. Die Ordnung der Gesellschaft in Schichten löst in der bürgerlichen Gesellschaft die Ständegesellschaft (→ Stand) ab (→ Klasse, → Milieu).

Schwerindustrie: → Montanindustrie.

SEATO/South East Asian Treaty Organization: Im Zuge der → Eindämmungspolitik („containment policy") 1954 in Südostasien gegründetes und 1977 aufgelöstes regionales Verteidigungsbündnis zwischen den USA, Australien, Großbritannien, Frankreich, Neuseeland, Pakistan, den Philippinen und Thailand. Die SEATO ermöglichte den USA ihre Intervention im → Vietnamkrieg.

SED/Sozialistische Einheitspartei Deutschlands: 1946 aus der von der → SMAD forcierten Zwangsvereinigung von SPD und KPD entstandene kommunistische Kaderpartei in der DDR. 1948 wurde die SED in eine → „Partei neuen Typus" nach sowjetischem Vorbild umgewandelt und beanspruchte für sich die „führende Rolle als Vorhut des Proletariats" in der DDR. Der absolute Führungsanspruch der SED wurde 1968 in Artikel 1 der Verfassung der DDR verankert. Die SED kontrollierte durch ihre Funktionäre insbesondere im Politbüro des Zentralkomitees der SED alle staatlichen Gremien sowie alle politischen und wirtschaftlichen Entscheidungen in der DDR.

Sektor: Volkswirtschaftlicher Begriff für drei Kernbereiche wirtschaftlicher Tätigkeit: Der primäre Sektor umfasst Landwirtschaft und Bergbau, der sekundäre Sektor Handwerk und Industrie, der tertiäre Sektor Handel und Verkehr (Dienstleistungen).

Selbstbestimmungsrecht der Völker: Völkerrechtlicher Grundsatz, demzufolge jedes Volk das Recht hat, über seine politische Ordnung und Entwicklung selbst zu bestimmen. Prominent vertreten wurde das Selbstbestimmungsrecht der Völker von US-Präsident Wilson in seinen → „Vierzehn Punkten" für eine europäische Friedensordnung nach dem Ersten Weltkrieg. Nach dem Zweiten Weltkrieg fand es als zentraler Grundsatz Eingang in die Charta der → Vereinten Nationen. Da das Selbstbestimmungsrecht der Völker auch die Freiheit vor Fremdherrschaft einschließt, wurde es zu einem wichtigen Schlagwort für die Unabhängigkeitsbewegungen in ihrem Kampf gegen den → Kolonialismus.

Sicherheitsdilemma: Die Sicherheit eines Landes vor militärischen Angriffen ist ein relativ bestimmtes Gut. Sie hängt nicht allein davon ab, wie stark das militärische Arsenal eines Landes absolut bemessen ist (z. B. durch die Anzahl an Panzern, Sprengköpfen, Kampfflugzeugen), sondern hängt vor allem davon ab, wie groß im Vergleich (relativ) das Waffenarsenal des militärischen Gegners ist. Es handelt sich um ein sogenanntes Nullsummenspiel: Der Vorteil der einen Seite bewirkt zugleich einen Nachteil für die Gegenseite. Eine Aufrüstung des Landes A erhöht dessen eigene Sicherheit, vergrößert jedoch gleichzeitig das Bedrohungsgefühl für das gegnerische Land B. Das Land B wird im Gegenzug nun alles daransetzen, den militärischen Rückstand auszugleichen und selbst eine militärische Überlegenheit anzustreben, was wiederum weitere Rüstungsanstrengungen des Landes A zur Folge hat. Dieses Dilemma führte im → Kalten Krieg zum sogenannten → Rüstungswettlauf.

Sinatra-Doktrin: Der Begriff wird zurückgeführt auf den Sprecher des sowjetischen Außenministeriums Gennadi Gerassimow, der am Rande eines Besuches von Gorbatschow in Finnland verkündete, die → Breschnew-Doktrin sei „tot" und werde durch die „Sinatra-Doktrin" ersetzt. Gerassimow spielte damit auf den amerikanischen Sänger Frank Sinatra und seinen populären Song „My Way" an. Der indirekte Bezug auf dieses Lied war ein Hinweis an die Regierungen der Ostblockstaaten, in ihren Ländern über ihren „eigenen Weg" zu politischen, wirtschaftlichen und sozialen Reformen zu entscheiden – unabhängig von den Vorgaben der Sowjetunion.

SMAD/Sowjetische Militäradministration in Deutschland: Die SMAD war die die oberste Besatzungsbehörde in der sowjetischen → Besatzungszone (SBZ) und verfügte so über die Regierungshoheit in der SBZ. Nach Gründung der DDR am 7.10.1949 wurde die SMAD durch die Sowjetische Kontrollkommission (SKK) abgelöst, nachdem der DDR-Regierung die Verwaltungsfunktionen der SMAD übertragen worden waren.

Sockelarbeitslosigkeit (auch: Bodensatzarbeitslosigkeit): Im Gefolge der → Ölkrisen der 1970er-Jahre konzipierter Begriff, der den Anteil der Arbeitslosigkeit beschreibt, der auch dann bestehen bleibt, wenn die konjunkturelle Talsohle durchschritten ist und ein wirtschaftlicher Aufschwung eingesetzt hat. In der Bundesrepublik verharrte die Sockelarbeitslosigkeit in den 1980er-Jahren bei ca. zwei Mio. Arbeitssuchenden. Neben der → Stagflation war die Sockelarbeitslosigkeit ein weiteres Indiz für den → Strukturwandel, der sich in den Volkswirtschaften der Industrieländer seit den 1970er-Jahren vollzog.

Solidarität: (lat. solidus = echt, fest). Zusammenhalt innerhalb einer Gruppe, die für gemeinsame Werte und politische Ziele kämpft.

Solidarność: (poln. = Solidarität). Name der polnischen Gewerkschaft, die im Sommer 1980 aus einer Streikbewegung heraus auf Danziger Werften entstand und zur ersten unabhängigen freien Gewerkschaft in einem Ostblockstaat wurde. Die Streikbewegung weitete sich rasch auf ganz Polen aus mit Forderungen nach Demokratie und Freiheit und wuchs auf fast 10 Millionen an. Nach der Einführung des Kriegsrechts in Polen im Dezember 1981 verboten, agierte Solidarność im Untergrund weiter, unterstützt von Papst Johannes Paul II., und handelte 1989 nach ihrer Wiederzulassung mit der kommunistischen Regierung den Übergang Polens in eine → parlamentarische Demokratie aus.

Sowjetkommunismus: Kommunistische → Diktatur in der Sowjetunion, die von der Herrschaft der kommunistischen Partei, der Durchsetzung der → Zentralverwaltungswirtschaft, der Unterdrückung der Opposition sowie der Vision einer → klassenlosen Gesellschaft geprägt war.

Sowjetunion: Zentralistisch regierter Einparteienstaat mit marxistisch-leninistischer Ideologie, dessen Territorium sich über Osteuropa und den Kaukasus bis nach Zentral- und Nordasien erstreckte. Sie wurde in der Folge der russischen → Oktoberrevolution am 30. Dezember 1922 durch die Bolschewiki unter Lenin gegründet und am 21. Dezember 1991 aufgelöst.

Sozialdarwinismus: Ideologisches Element des → Nationalsozialismus, das von einem „Kampf der Rassen" um Lebensraum sowie vom „Recht des Stärkeren" ausgeht. Solidarität mit Schwächeren und Mitgefühl seien ein Zeichen von Schwäche und deshalb unerwünscht. Die Theorie stammt aus dem späten 19. Jahrhundert und wurde zu Unrecht als Weiterentwicklung der Evolutionstheorie Charles Darwins (1809 – 1882) betrachtet.

Soziale Marktwirtschaft: Bezeichnung für eine Wirtschaftsordnung, in der die → freie Marktwirtschaft um das Prinzip des sozialen Ausgleichs ergänzt wird. Wie in der freien Marktwirtschaft befinden sich Kapital und Produktionsmittel in Privatbesitz von Unternehmern oder großen Gesellschaften, Preise und Produktion werden im freien Spiel von Angebot und Nachfrage auf dem Markt geregelt.

Allerdings überwacht der Staat diese Wirtschaftsform, indem er beispielsweise Preisabsprachen oder Monopolbildungen verhindert. Außerdem sorgt er über eine ausgleichende Steuerpolitik oder Sozialgesetzgebung (z. B. Arbeitslosengeld, Sozialhilfe) für den Schutz der wirtschaftlich Schwächeren.

Sozialismus: In der marxistisch-leninistischen Ideologie Wirtschafts- und Gesellschaftsform, die aus einer proletarischen → Revolution hervorgeht. In ihr herrscht vorübergehend die → „Diktatur des Proletariats", mit deren Hilfe die Klasse der Kapitalisten enteignet wird und die Produktionsmittel in staatliches Eigentum überführt werden. Als gesellschaftliche Übergangsform bereitet sie die Errichtung des → Kommunismus vor.

„Sozialismus in einem Land": Von Stalin propagierte Doktrin, wonach der → Sozialismus unabhängig von der Entwicklung in anderen Ländern zunächst nur in der Sowjetunion durchgesetzt werden soll. Damit gab Stalin die von Marx und Lenin propagierte Vorstellung einer Weltrevolution auf.

Sozialisten/Sozialdemokraten: Anhänger und Politiker von Parteien, die speziell die Interessen der Arbeiterschaft vertreten, z. B. der SPD. Oft nennen sich die eher reformorientierten Vertreter „Sozialdemokraten", während die radikaleren „Sozialisten" genannt werden.

Sozialistische Revolution: Voraussage von Karl Marx, wonach die Widersprüche des kapitalistischen Systems zwangsläufig zu einer → Revolution durch das ausgebeutete und verelendete → Proletariat und zur Etablierung einer → Diktatur des Proletariats führen werde.

Sozialistischer Realismus: Ideologisch motivierter, gattungsübergreifender Kunststil, der seit 1932 in der Sowjetunion und nach dem Zweiten Weltkrieg auch in anderen sozialistischen Ländern verbindlich wurde. Ziel war die pseudo-realistische Darstellung der Wirklichkeit zu Propagandazwecken, die der Verherrlichung kommunistischer Werte in der Lebens- und Arbeitswelt der Menschen diente.

Sozialstaat: Staat, der sich um soziale Gerechtigkeit und die soziale Sicherheit seiner Bürgerinnen und → Bürger bemüht. Das Grundgesetz legt fest, dass die Bundesrepublik Deutschland „ein demokratischer und sozialer Bundesstaat" ist (Art. 20 GG).

Spiegel-Affäre: Regierungskrise 1962 in der Bundesrepublik, ausgelöst durch den Vorwurf des Verteidigungsministers Franz Josef Strauß gegenüber Journalisten des Magazins „DER SPIEGEL", sie hätten mit einem kritischen Artikel zu Strauß' Verteidigungspolitik Landesverrat begangen. Die Durchsuchung von Redaktionsräumen und die Verhaftung mehrerer Journalisten führte zu Massendemonstrationen von Studierenden und Gewerkschaften mit der Folge, dass Verteidigungsminister Franz Josef Strauß und Bundeskanzler Adenauer zurücktraten. Der Sieg der kritischen → Öffentlichkeit 1962 wird als Vorbote der → Studentenbewegung und der 68er-Bewegung interpretiert.

Staatenbund: Zusammenschluss souveräner Staaten. Ein historisches Beispiel ist der Deutsche Bund im 19. Jahrhundert. Auf europäischer Ebene strebt das Staatenbundmodell die Rückverlagerung möglichst vieler Kompetenzen auf die Mitgliedsstaaten an.

Staatliche Sozialpolitik: Gesetzgeberische Maßnahmen durch den Staat, die ein Mindestmaß an sozialer Sicherheit gewährleisten sollen, z. B. die Sicherung eines ausreichenden Einkommens bei Arbeitslosigkeit, Invalidität, Krankheit oder im Alter. Über das Ziel der Existenzsicherung hinaus soll staatliche Sozialpolitik auch den sozialen Frieden in der Gesellschaft aufrechterhalten.

Staatsverschuldung: Summe der Schulden eines Staates gegenüber Dritten, z. B. Banken oder anderen Staaten. Eine geringe Staatsverschuldung gilt als Indikator für die wirtschaftliche Stabilität eines Staates.

Stagflation: Die aus den Begriffen „Stagnation" und „Inflation" zusammengesetzte Wortschöpfung beschreibt das in den 1970er-Jahren erstmals beobachtete Zusammentreffen von wirtschaftlichem Abschwung mit Geldentwertung durch steigende Preise.

Stalinismus: Herrschaft Josef Stalins von 1927 bis 1953 in der Sowjetunion und die von Stalin geschaffene theoretische und praktische Ausprägung des Marxismus-Leninismus. Seine totalitäre Herrschaft hatte den Charakter einer → Modernisierungsdiktatur, die grundlegend von Gewalt und staatlichem → Terror geprägt war.

Stalinisierung: Übernahme des sowjetischen Vorbildes stalinistischer Prägung im Hinblick auf Politik, Wirtschaft, Gesellschaft und Kultur in der DDR seit ihrer Staatsgründung am 7. Oktober 1949. Der III. Parteitag der → SED im Juli 1950 verlangte allen SED-Mitgliedern das Bekenntnis zu Stalin und zur „führenden Rolle" der UdSSR ab. Die Stalinisierung der DDR manifestierte sich insbesondere in der Umstrukturierung der SED zu einer → „Partei neuen Typus" und im Programm zum → „Aufbau des Sozialismus".

Stasi: (Umgangssprachliche) Abkürzung für das 1950 in der DDR eingerichtete Ministerium für Staatsicherheit, dem Auslands- und Inlandsgeheimdienst der DDR unterstanden. 1957 – 1989 geleitet von Erich Mielke, war es als maßgebliches Herrschaftsinstrument der SED-Führung vor allem als politische Geheimpolizei für die Überwachung der Bevölkerung der DDR und die Unterdrückung vorgeblich „feindlich-negativer Kräfte", also oppositionellen Verhaltens, verantwortlich. Das Ministerium für Staatssicherheit verfügte neben hauptamtlichen Mitarbeitern, deren Zahl kontinuierlich zunahm, auch über ein umfassendes Netz sogenannter „Inoffizieller Mitarbeiter" (IM).

Status quo: (lat. = bestehender Zustand). Im Rahmen des → Ost-West-Konflikts häufig gebrauchter Begriff, der sich kritisch gegen ein Festhalten an den bestehenden territorialen Grenzen (Status-quo-Politik) wendete – in Abgrenzung zum Konzept eines „Wandels durch Annäherung" (Egon Bahr, SPD-Politiker, 1963) im Rahmen des → Kennedy-Impulses (1963), der → Entspannungspolitik und der → Neuen Ostpolitik.

Stellvertreterkrieg: Indirekte militärische Auseinandersetzung zwischen den → Großmächten USA und UdSSR, bei der die beiden Staaten nicht direkt gegeneinander kämpften, sondern Verbündete des eigenen Machtblocks unterstützten, z. B. im Koreakrieg (1950 – 53) und im → Vietnamkrieg (1955 – 75).

Streik: Organisierte Arbeitsniederlegung mit dem Ziel, Forderungen von Industriearbeitern, z. B. nach mehr Lohn oder besseren Arbeitszeiten, durchzusetzen.

Strukturwandel: Nachhaltige Veränderung der Wirtschaftsstruktur, d. h. des relativen Gewichts einzelner → Sektoren während des wirtschaftlichen Entwicklungsprozesses. Beschleunigt wurde der Strukturwandel ab Mitte der 1970er-Jahre durch die → Ölkrisen, neue Techniken und Technologien, durch die Mikroelektronik sowie den zunehmenden internationalen Wettbewerb.

Studentenbewegung/68er-Bewegung: Weltweite Jugendrevolte der Nachkriegsgeneration in den 1960er-Jahren, deren Grundlage ein tief greifender → Wertewandel mit der Hinwendung zu → postmateriellen Werten bildete.

Supermacht: Staat, der durch seine politische, wirtschaftliche und militärische Stärke weltweit Macht ausüben kann. Während des → Kalten Krieges 1947 – 1989 hatten die USA und die Sowjetunion den Status einer Supermacht (→ Großmacht).

Systemgegensatz: → Ost-West-Konflikt.

Systemkonflikt: Seit der russischen → Oktoberrevolution von 1917 bestehender unüberbrückbarer Gegensatz zwischen dem → kommunistischen und dem → liberaldemokratischen Gesellschaftsmodell, der sich nach 1947 im → Kalten Krieg fortsetzte und 1990 mit dem Zusammenbruch des → Kommunismus in Osteuropa endete.

Systemwechsel: Grundlegende Veränderung im politischen, wirtschaftlichen, gesellschaftlichen und kulturellen System eines Landes, bei dem das alte System beendet und ein neues etabliert wird, z. B. durch eine → Revolution (→ Friedliche Revolution, → Samtene Revolution).

Take off: (engl. = abheben). Phase der → Industrialisierung, in der die Investitionen in den Wirtschaftsprozess erheblich anstiegen und ein nachhaltiger, sich selbst erhaltender Wachstumsprozess entstand.

Taliban: (paschtunisch = Schüler). Islamistische Gruppierung in Afghanistan.

Taylorismus: Betriebswirtschaftliches Prinzip nach Frederick Winslow Taylor, das mit wissenschaftlichen Methoden Arbeitsschritte untersuchte, zerlegte, vereinfachte und optimierte (→ Fordismus).

Terror: (lat. = Schrecken). Planmäßige Verbreitung von Angst und Schrecken durch Gewalt mit dem Ziel, Menschen ein gewünschtes Verhalten aufzuzwingen.

Terroranschläge vom 11. September 2001: Vom islamistischen Terrornetzwerk → al-Qaida organisierte Selbstmordattentate auf zivile und militärische Gebäude in den USA, durch die z. B. die Twin Towers in New York von Flugzeugen zum Einsturz gebracht wurden. Bei den Terroranschlägen, die einen medienwirksamen symbolischen Anschlag auf die westliche Lebensform darstellen sollten, kamen fast 3000 Menschen ums Leben.

Tertiarisierung: Prozess der Umwandlung einer Industriegesellschaft, in der die Wertschöpfung überwiegend im sekundären → Sektor stattfindet, zu einer Dienstleistungsgesellschaft, in der der tertiäre Sektor bei der Wertschöpfung dominiert. Die Tertiarisierung ist Teil des seit den 1970er-Jahren in Europa und Nordamerika sich vollziehenden Übergangs zur → postindustriellen Gesellschaft.

Toleranz: (lat. tolerare = erdulden). Seit der Aufklärung des 18. Jahrhunderts belegter Begriff für die Anerkennung der Geltung vom eigenen Standpunkt abweichender Meinungen und Positionen als Voraussetzung für einen gewaltfreien, auf Argumenten beruhenden Diskurs, insofern zentraler Wert von → Zivilgesellschaften. Intoleranz als Gegenbegriff spiegelt sich z. B. im → Rassismus und → Antisemitismus wider.

Totalitarismus: Herrschaftsform, die die totale Verfügungsgewalt über sämtliche Lebensbereiche beansprucht. Das politikwissenschaftliche Konzept betont beim Vergleich von → Nationalsozialismus und → Stalinismus trotz ideologischer Gegensätzlichkeit die Gemeinsamkeiten in der Herrschaftspraxis (z. B. Einparteiensystem, Führerprinzip, → Massenmobilisierung, staatlich kontrollierte Massenmedien, Staatsterror, staatlich gelenkte Wirtschaft).

Totalitär: → Totalitarismus.

Trade Union: Britische und amerikanische Form der → Gewerkschaft.

Transformationsgesellschaft: Gesellschaft, die einen schnellen politischen, wirtschaftlichen, technischen und kulturellen Wandel erfährt, der auch mit einem → Wertewandel verbunden ist. Der Begriff bringt auch den Übergangscharakter und die daraus resultierenden destabilisierenden Momente zum Ausdruck. Verwendung findet er u. a. für die Gesellschaften in Osteuropa nach dem Zusammenbruch des → Kommunismus ab 1989/90.

Transnationaler Konzern/TNC: Unternehmen, das seine Produktionsstätten und Handelsfilialen bewusst global streut und einen erheblichen Teil seiner Gewinne im Ausland erwirtschaftet, um Profitmargen optimieren, Umsatzeinbußen kompensieren und steuerliche Vorteile nutzen zu können.

Transnationales Unternehmen: → Transnationaler Konzern.

Truman-Doktrin: 1947 von US-Präsident Harry S. Truman in einer Rede vor dem US-Kongress verkündete Doktrin, die den Beginn der → Eindämmungspolitik gegenüber dem → Kommunismus mithilfe des → Marshall-Plans ankündigte und damit zugleich den Beginn des → Kalten Krieges erklärte.

UdSSR: → Sowjetunion.

Umweltverschmutzung: Die ökonomische Entwicklung in den Ostblockstaaten hatte eindeutig Vorrang vor Fragen des Umweltschutzes. Die immensen wirtschaftlichen Modernisierungsversuche der Industrie im Ostblock wurden durch weitgehend veraltete Technologien mit hohem Schadstoffausstoß erreicht, was zu verheerenden ökologischen Problemen, insbesondere hoher Luftverschmutzung in den großen Industrieregionen, und schließlich zu einem ökologischen Notstand führte.

Unabhängigkeitskrieg: Krieg, den die Bevölkerung eines Gebiets führt, um die Unabhängigkeit von einer bis dahin herrschenden Macht zu erringen. Viele heutige Staaten erkämpften im Rahmen der → Dekolonisierung ihre staatliche Souveränität in Unabhängigkeitskriegen von einer Kolonialmacht. Bekanntestes Beispiel ist der amerikanische Unabhängigkeitskrieg, in dem die dreizehn Kolonien Nordamerikas zwischen 1775 und 1783 ihre Unabhängigkeit vom britischen Mutterland erkämpften und die Vereinigten Staaten von Amerika gründeten.

Ungarnaufstand: Im Gefolge des → Aufstands vom 17. Juni 1953 in der DDR ausgebrochener Aufstand gegen das kommunistische Regime in Ungarn und die sowjetische Okkupation im Herbst 1956. Der Aufstand wurde von der Roten Armee nach zwei Wochen anhaltender Kämpfe blutig niedergeschlagen. Dabei starben ca. 2500 ungarische Aufständische und ca. 700 sowjetische Soldaten.

Urbanisierung: (lat. urbs = Stadt). Verstädterung und Verbreitung städtischer Lebensformen.

Verein: Freiwillige, auf Dauer angelegte Vereinigung von Menschen zur Erreichung bestimmter gemeinsamer Ziele. In Vereinen treffen sich im 19. Jahrhundert überwiegend Mitglieder des Besitz- und Bildungsbürgertums, z. B. in Lese-, Geschichts-, Turn-, Gesangs- oder Polenvereinen. Sie waren Orte des Zusammentreffens, der Diskussion und der Meinungsbildung, wo gemeinsame Interessen ohne Einmischung der Obrigkeit verfolgt werden konnten. Vereine sind Vorformen politischer → Parteien (→ Politisierung, → Massenorganisation).

Vereinte Nationen/UNO: 1945 nach den Erfahrungen des → Zweiten Weltkriegs gegründeter zwischenstaatlicher Zusammenschluss von 193 Staaten, die sich gemäß der UN-Charta zur Sicherung des Weltfriedens, zur Einhaltung des Völkerrechts, zum Schutz der → Menschenrechte und zur Förderung der internationalen Zusammenarbeit verpflichten. Die UNO gilt als Nachfolgeorganisation des → Völkerbundes.

Verfassung: In einer Verfassung wird schriftlich niedergelegt, wie die politische Macht in einem Staat verteilt ist und welche Rechte und Pflichten die einzelnen Staatsorgane (z. B. König, → Parlament) haben. In der Verfassung werden meistens auch die Rechte und Pflichten der Staatsbürger festgelegt.

Verfassungsstaat: Staatsform, die durch die Bindung der Staatsgewalt an eine → Verfassung gekennzeichnet ist. Sie erlaubt dem Staat bestimmte Formen der Herrschaftsausübung gegenüber seinen → Bürgern (z. B. staatliches Gewaltmonopol), regelt und begrenzt aber auch seine Herrschaft.

Verkehrsrevolution: Mit der Erfindung von Eisenbahn und Dampfschiff erfuhr der Verkehrssektor im 19. Jahrhundert eine enorme Beschleunigung. Aufgrund der umfassenden Auswirkungen (z. B. Verbilligung des Warentransports, Erschließung neuer Märkte weltweit) wird dieser Prozess auch Verkehrsrevolution genannt.

Vernetzung: Aufbau eines Netzes von Beziehungen. Die Beziehungen können z. B. über Handel, Eroberung und Besetzung neuer Länder, Aus- und Einwanderung (→ Migration) von Menschen oder Kommunikation, d. h. durch die Weitergabe von Informationen (Ideen, Erfindungen, Sprache) geknüpft werden. Der Prozess der weltweiten Vernetzung wird → Globalisierung genannt.

Versorgungskrise: Erscheinungsform von Mangelwirtschaften, die nach 1945 in den Ostblockstaaten periodisch immer wieder auftrat und wesentlich zur → Legitimitätskrise des kommunistischen Regimes und seinem Zusammenbruch beitrug, z. B. in der → Friedlichen Revolution in der DDR und der → Samtenen Revolution in der ČSSR.

Versorgungsstaat: Staat, der für alle Menschen die Grundbedürfnisse und kostenlose Sozialleistungen garantiert. Dabei gibt es geringe soziale Unterschiede und ein → Recht auf Arbeit.

Vertrag von Maastricht: → Europäische Union.

Vertreibung: → Flucht und Vertreibung.

Veto-Recht: (lat. veto = ich verbiete es). Einspruch, der die Umsetzung einer Entscheidung endgültig verhindert (absolutes Veto) oder aufschiebt (suspensives Veto).

Vier „Ds": Prinzipien, auf die sich die Siegermächte auf der → Potsdamer Konferenz 1945 (→ Potsdamer Protokoll) einigten: Denazifizierung, Demilitarisierung, Demokratisierung und Dezentralisierung. Teilweise wird auch von fünf Ds gesprochen und die Demontage von Industrieanlagen und Infrastruktur mit einbezogen.

Vierzehn Punkte: In „Vierzehn Punkten" legte US-Präsident Woodrow Wilson 1918 ein Programm für eine europäische Friedensordnung nach dem Ersten Weltkrieg vor. Darin sprach er sich u. a. für die demokratische Verfasstheit aller Staaten und für das → Selbstbestimmungsrecht der Völker aus. Wilsons Ideen entfalteten auch über Europa hinaus große Wirksamkeit und inspirierten Unabhängigkeitsbewegungen auf der ganzen Welt in ihrem Kampf gegen den → Kolonialismus.

Vietnamkrieg: Zwischen 1955 und 1975 zwischen dem von der Sowjetunion und China unterstützten Nordvietnam und dem von den USA unterstützten Südvietnam geführter → Stellvertreterkrieg, in den die USA 1965 mit eigenen Bodentruppen eingriffen. Nach dem Abzug der US-Truppen 1973, den maßgeblich die internationale → Studenten- und 68er-Bewegung wegen amerikanischer Kriegsverbrechen gefordert hatte, endete der Krieg mit der Eroberung Südvietnams durch das kommunistische Nordvietnam 1975.

Völkerbund: Auf Initiative des US-Präsidenten Woodrow Wilson 1919 gegründete überstaatliche Organisation mit Sitz in Genf. Die Satzung des Völkerbunds war Bestandteil der Pariser Vorortverträge von 1919/20, mit denen der Erste Weltkrieg beendet wurde. Gegründet von den 32 Siegermächten, hatte der Völkerbund später 58 Mitgliedsstaaten. Ziele des Völkerbunds waren die Verbesserung der internationalen Kooperation, die Vermittlung in Konfliktfällen und die Überwachung von Friedensverträgen. Eine besondere Rolle wuchs ihm bei der Verwaltung der ehemaligen deutschen Kolonien und von Gebieten des Osmanischen Reichs zu (→ Mandatsgebiet). Nach dem → Zweiten Weltkrieg wurde der Völkerbund aufgelöst; an seine Stelle traten die → Vereinten Nationen (UNO).

Volksdemokratie: Selbstbezeichnung der sozialistischen Staaten. Nach marxistisch-leninistischer Theorie sichern die Volksdemokratien den Übergang zum → Sozialismus. Wichtigstes Merkmal der Volksdemokratien war dementsprechend das Herrschaftsmonopol der kommunistischen Parteien, dem sich die anderen Parteien im Rahmen eines „Demokratischen Blocks" als „Blockparteien" unterordnen mussten.

Volkssouveränität: → Liberaldemokratisches Verfassungsprinzip, das das Volk zum souveränen Träger der Staatsgewalt erklärt, z. B. in Art. 20 Grundgesetz: „Alle Staatsgewalt geht vom Volke aus".

Vollbeschäftigung: Die Zahl der offenen Stellen in einem Staat stimmt mit der Zahl der Arbeitssuchenden überein, d. h. alle arbeitswilligen Arbeitnehmer/-innen können einen zumutbaren Arbeitsplatz finden.

Währungsreform: Einführung der Deutschen Mark 1948 in den westlichen → Besatzungszonen und der Mark in der sowjetisch besetzten Zone (→ SBZ) als Grundlage für den → Boom der Nachkriegszeit in West und Ost.

Währungs-, Wirtschafts- und Sozialunion: Die Finanzminister der DDR und der BRD unterzeichneten am 18. Mai 1990 einen Vertrag über die Schaffung einer Währungs-, Wirtschafts- und Sozialunion zwischen den beiden Staaten. Der Vertrag beinhaltete, dass die DDR das wirtschafts- und sozialpolitische System der Bundesrepublik übernimmt und die Deutsche Mark als alleiniges Zahlungsmittel einführt. Auch der Vertrag, der am 1. Juli1990 in Kraft trat, gilt als Grundlage für die wirtschaftliche Eingliederung der DDR in die Bundesrepublik. Große Teile der Wirtschafts- und Rechtsordnung der Bundesrepublik wurden damit auch in der DDR wirksam.

Wahlrecht: verfassungsmäßig garantierter Anspruch, bei Wahlen seine Stimme abzugeben (aktives Wahlrecht) bzw. gewählt zu werden (passives Wahlrecht). Historisch oftmals an das Geschlecht (Männerwahlrecht) oder ein bestimmtes Einkommen bzw. eine Steuerleistung (→ Zensuswahlrecht) geknüpft. Seit dem 19. Jahrhundert nach folgenden Wahlrechtsrundsätzen umgesetzt: allgemein (Mann und Frau), frei und geheim, gleich (jede Stimme hat dasselbe Gewicht) und direkt (ohne Wahlmänner oder andere Zwischenstufen).

Warschauer Vertragsorganisation/Warschauer Pakt: Militärbündnis sozialistischer Staaten in Mittel- und Osteuropa unter Führung der Sowjetunion, das 1955 in Reaktion auf die Aufnahme der Bundesrepublik Deutschland in die → NATO als deren Gegenstück entstand. Die WVO löste sich 1991 mit dem Ende des → Kalten Krieges auf (→ Blockbildung).

Weimarer Koalition: 1919 gebildete Koalition aus SPD, katholischer Zentrumspartei und linksliberaler DDP (Deutsche Demokratische Partei), die zu Beginn der Weimarer Republik regierte. Im Gegensatz zu ihren politischen Gegnern unterstützten diese drei Parteien die junge deutsche Demokratie ohne Vorbehalte. Sie erzielten 1919 bei der Wahl zur Nationalversammlung 76,2 % der Stimmen, verloren aber schon bei der ersten Reichstagswahl 1920 ihre Mehrheit.

Welfare state: (engl. = Wohlfahrtsstaat). Staat, der durch umfangreiche wirtschafts- und sozialpolitische Maßnahmen (u. a. Arbeitslosen- und Unfallversicherung) das soziale, materielle und kulturelle Wohlergehen seiner → Bürger und Bürgerinnen absichert.

Weltfinanzkrise: Durch einen spekulativ aufgeblähten Immobilienmarkt („Immobilienblase") 2007 verursachte globale Bankenkrise, die 2008 mit dem Zusammenbruch der US-Großbank Lehman Brothers bei vielen anderen Banken Zahlungsprobleme auslöste und in mehreren Staaten zu massiven Sicherungsmaßnahmen durch die Investition staatlichen Fremdkapitals und die (Teil-)Verstaatlichung von Banken führte.

Wertewandel: Nach dem → Boom der 1950er- und 1960er-Jahre veränderten sich in der ersten Nachkriegsgeneration, die den → Zweiten Weltkrieg nicht mehr erlebt hatte, grundlegende Orientierungen. An die Stelle materieller Werte, an denen sich die Kriegsgeneration orientiert hatte, traten → postmaterielle Werte, z. B. Individualisierung, Selbstbestimmung und Selbstverwirklichung, Solidarität und politische Mitbestimmung. Diese Werte wurden zur Grundlage der → Neuen Sozialen Bewegungen.

Widerstand: Oberbegriff für ein breites Spektrum von Handlungsweisen, mit denen Menschen den Machtanspruch von → Diktaturen beschränken können. Das Spektrum reicht von unangepasstem Verhalten (Nonkonformität) über die Verteidigung der Freiräume von Individuen und Gruppen gegenüber dem Zugriff der → Diktatur (Verweigerung) bis hin zum öffentlichem Protest und zu Versuchen, durch einen direkten, ggf. auch gewaltsamen Umsturz die Diktatur zu beseitigen.

Wiederbewaffnung: Einführung der Bundeswehr in der Bundesrepublik 1955 und der Nationalen Volksarmee in der DDR 1956 als Folge der Zuspitzung des → Kalten Kriegs seit 1947.

Wirtschaftsliberalismus: Von Adam Smith (1723 – 1790) begründete wirtschaftspolitische Ordnungsidee, nach der der Staat von Eingriffen ins Wirtschaftsgeschehen absehen solle, um der Eigendynamik des Marktes und dem freien Wettbewerb möglichst großen Spielraum zu geben (→ Laissez-faire-Prinzip, → freie Marktwirtschaft). Dadurch ermöglichte Arbeitsteilung, Spezialisierung und Innovation durch Konkurrenz steigere den gesamtgesellschaftlichen Wohlstand und diene dem Gemeinwohl. Der Staat sorgt lediglich dafür, dass Privateigentum und Gewerbefreiheit gesichert sind und die „Marktkräfte" (z. B. Preisbildung durch Angebot und Nachfrage) frei wirken können.

Württemberg-Hohenzollern: → Baden-Württemberg.

Württemberg-Baden: → Baden-Württemberg.

Zensur: Kontrolle von Zeitungen, Zeitschriften, Büchern und anderen Medien, um die Verbreitung politisch unerwünschter Inhalte zu unterbinden.

Zensuswahlrecht: Wahlsystem mit ungleichem Wahlrecht (im Gegensatz zum gleichen Wahlrecht), bei dem das Recht zu wählen an Vermögen bzw. Grundbesitz gekoppelt ist. Das bedeutet in der Regel, dass nur Personen wählen dürfen, die eine festgelegte Mindestsumme an Steuern zahlen. Möglich ist auch, dass die Wahlstimme von Personen, die nur ein geringes Steueraufkommen haben, weniger Gewicht hat als die von Personen mit höherem Steueraufkommen.

Zentralverwaltungswirtschaft (auch Planwirtschaft): Wirtschaftsordnung, in der der Staat die Wirtschaftsprozesse langfristig lenkt und kontrolliert. Produktion und Verteilung der Waren sowie die Preise werden in einem für mehrere Jahre gültigen Wirtschaftsplan festgelegt, eine zentrale Planungsbehörde wacht über die Einhaltung des Plans. Es gibt keinen freien Wettbewerb und auch kein Privateigentum an Produktionsmitteln, die Betriebe sind verstaatlicht. Wirtschaftsordnung im → Sozialismus.

Zivilgesellschaft: Gesellschaftstypus, der durch ein hohes Maß gesellschaftlicher Selbstorganisation (z. B. in Vereinen, Bürgerinitiativen und sozialen Bewegungen) sowie Partizipation der → Bürger und Bürgerinnen am politischen Prozess und im Alltag gekennzeichnet ist. Die Zivilgesellschaft setzt bei ihren Bürgern und Bürgerinnen die Bereitschaft zum Engagement für das Gemeinwohl in der politischen → Öffentlichkeit voraus, aber auch die → Toleranz im Umgang miteinander.

Zusammenbruchsgesellschaft: Zustand der deutschen Gesellschaft nach dem Ende des → Zweiten Weltkriegs, der geprägt war vom Ende der NS-Herrschaft, vom Zusammenbruch der staatlichen Ordnung, von allgegenwärtiger und lebensbedrohender wirtschaftliche Not, vom Gefühl der Orientierungslosigkeit, vom Beginn der Besatzung, der Erfahrung von → Flucht und Vertreibung, Gefangenschaft und vom Tod vieler Menschen.

Zuwanderung (auch: Einwanderung bzw. Immigration): Zuzug nach → Migration mit dem Ziel, am Zuzugsort einen mittel-/längerfristigen oder dauerhaften Wohnsitz zu finden.

Zwangsarbeit: Tätigkeiten, die Menschen unter Androhung oder Anwendung von Gewalt gegen ihren Willen auszuführen haben.

Zwei-Drittel-Gesellschaft: Von dem Medienwissenschaftler und SPD-Politiker Peter Glotz 1984 geprägter Begriff zur Kennzeichnung sozialer Polarisierungsprozesse in den westlichen Gesellschaften aufgrund des → Strukturwandels seit den 1970er-Jahren, der dazu führte, dass auch in wirtschaftlichen Aufschwungsphasen ein nennenswerter Anteil der Bevölkerung in prekären Beschäftigungsverhältnissen arbeitet („neues Prekariat") und von → Sockelarbeitslosigkeit sowie von „Neuer Armut" betroffen ist.

Zwei-Plus-Vier-Vertrag: Am 12.9.1990 in Moskau abgeschlossener und am 15.3.1991 in Kraft getretener „Vertrag über die abschließende Regelung in Bezug auf Deutschland" zwischen den beiden deutschen Staaten DDR und BRD sowie den vier Siegermächten des → Zweiten Weltkrieges (USA, Sowjetunion, Frankreich, Großbritannien), der die endgültige innere und äußere Souveränität des vereinten Deutschlands herstellte sowie die endgültige Festlegung seines Staatsgebietes unter Verzicht auf Gebietsansprüche an andere Staaten.

Zweiter Weltkrieg: Vom Deutschen Reich 1939 entfesselter Weltanschauungs- und Vernichtungskrieg, der durch die Singularität der nationalsozialistischen Verbrechen (Holocaust, Shoa) gekennzeichnet war und nach Schätzungen ca. 60 bis 80 Millionen Menschen das Leben gekostet hat. Er endete in Europa am 8./9. Mai 1945 mit der bedingungslosen Kapitulation des Deutschen Reiches, weltweit am 2. September 1945 mit der bedingungslosen Kapitulation Japans.

Register

Erläuterung:
f. bedeutet eine folgende Seite
ff. bedeutet zwei folgende Seiten

Bildquellenverzeichnis

|AddF - Archiv der deutschen Frauenbewegung, Kassel: NL-K-01 116.1. |Agencja Wyborcza.pl, Warszawa: Miller, Krzystof 148.2; Miller, Krzysztof 146.1. |akg-images GmbH, Berlin: 13.2, 16.1, 17.1, 18.3, 20.2, 42.1, 50.1, 68.2, 78.1, 78.2, 87.2, 104.3, 209.2, 215.4, 233.2; AP 65.1, 72.2, 98.2, 99.1; Archive Photos 64.2; Bielik, Ladislav 84.1; British Library 209.1; Grosz, George: Kain oder Hitler in der Hölle, 1944 © Estate of George Grosz, Princeton, N.J. / VG Bild-Kunst, Bonn 2022 27.1; Hellgoth, Brigitte 74.1; Henschel 75.1; Le Nouvel Observateur, Nr. 334, 5. April 1971 123.2; National Library of Medicine / Science Photo Library 209.3; Pansegrau 157.1; picture-alliance 107.1; picture-alliance/dpa 98.1, 104.2, 106.2; picture-alliance/ZB/Haessler, Ulrich 121.1; Sammlung Berliner Verlag/Archiv 14.2; Schlegelmilch, C. 26.1; TT News Agency / SVT 18.2; VIEW / Hufton+Crow 224.1; WHA / World History Archive 219.1. |Alamy Stock Photo, Abingdon/Oxfordshire: Art Villone 12.2; CPA Media Pte Ltd 215.2; FLHC 14.1; Galvin, Kevin 97.2; Independent Photo Agency Srl 69.2; Keystone Press 137.1; Kreisel, Bob 69.1; Photo 12 17.3; Pictorial Press Ltd 12.1; Science History Images 96.1; The Artchives 222.1. |Alamy Stock Photo (RMB), Abingdon/Oxfordshire: Probst, Peter 86.1; World History Archive 92.2. |Archiv der sozialen Demokratie, Friedrich-Ebert-Stiftung e.V., Bonn: 6/PLKA006627 / ARE 105.3; Foto 6/FJHD003137 / Darchinger, J.H. / Friedrich-Ebert-Stiftung 38.1; Plakat 6/PLKA000100 / SPD/AdsD 31.1. |Artists Rights Society (ARS), New York: © 2022 The Andy Warhol Foundation for the Visual Arts, Inc. / lizenziert durch die Artists Rights Society (ARS), New York 59.1. |Baaske Cartoons, Müllheim: Behrendt, Fritz 101.1, 247.1, 280.1; Mester, Gerhard 175.1, 175.4. |be.bra wissenschaft verlag GmbH, Berlin: 201.1. |bpk-Bildagentur, Berlin: 11.1, 209.4, 229.1, 229.2; Deutsches Historisches Museum / Ahlers, Sebastian 34.1; Deutsches Historisches Museum/Ahlers, Sebastian 17.2; Grafik: Radler, Max (1904-1971) 32.1; Rubinger, David 227.3; Staatliche Kunstsammlungen Dresden, Albertinum / Elke Estel / Hans-Peter Klut. Grundig, Hans: Den Opfern des Faschismus, 1946/1947 © VG Bild-Kunst, Bonn 2022 27.2; Tüllmann, Abisag 227.4. |Bridgeman Images, Berlin: 28.1, 215.3. |Choumali, Joana, Riviere 3 - Ivory Coast: Peulh-Guinea, Fotografie aus der Serie Resilients 223.1. |Das Bundesarchiv, Koblenz: Bild 183-1990-0803-017 / Settnik, Bernd 156.3; Plak 100-015-022 / Grafiker: o. Ang. 50.2; Plak 100-037-004 / Grafiker: o. Ang. 51.1; Plak 100-062-008 / Grafiker: Staub, Volkmar / Herausgeber: Bündnis 90 159.1. |DDR Museum, Berlin: Sammlung DDR Museum / Grafiker: Rainer Klaunick, Berlin 156.1. |Der Bundesbeauftragte für die Unterlagen des Staatssicherheitsdienstes der ehemaligen DDR, Berlin: MfS, AST 102/83 HA Bd.1 83.2. |Der Bundeswahlleiter, Wiesbaden: eigene Berechnung 119.1. |DER SPIEGEL, Hamburg: DER SPIEGEL 16/1978 135.2; DER SPIEGEL 32/1968 124.1; DER SPIEGEL 50/1977 88.1. |Domke, Franz-Josef, Wunstorf: 15.1, 24.1, 234.1, 237.1, 262.1, 263.1. |DÉBUT ART, London: Berkeley, Jon 180.1. |EMMA Frauenverlags GmbH, Köln: 123.1. |Feuß, Axel, Flensburg: Fazakas Gallery / Beau Dick 225.1. |Film Archives of National Archives of Estonia: Puhm, Verner 148.3. |Freie Universität Berlin, Berlin: Middeldorf, Annika 140.2. |Fridays for Future Heidelberg, Heidelberg: Sprinz, Stephan 117.2. |Gawatz, Andreas, Mittelbiberach: 91.1. |Getty Images, München: AFP/Kotek, Lubomir 148.5; Bettmann 164.2. |Goldmann Verlag, München: 186.2. |Haitzinger, Horst, München: 23.1, 146.2. |Haus der Geschichte der Bundesrepublik Deutschland, Bonn: DEUS G 2-006 / Goralczyk (Gestaltung), Greif Graphischer Großbetrieb Berlin (Druck) 25.2; EB-Nr. 1992/01/656 / Vortanz, Ursula (Redaktion), Schlauch, Gerd (Gestaltung) 203.1; EB-Nr. 2006/02/0412 / Bundesstiftung zur Aufarbeitung der SED-Diktatur / Florian Wilshaus 168.1; Künstler: Wolfgang Hicks 155.1. |Hourani, Christa, Stuttgart: Aktionsbündnis 8. März Stuttgart 116.2. |Imago, Berlin: Ditsch, Christian 197.1; KHARBINE-TAPABOR 76.1; ZUMA/Keystone 71.1. |INNOVA-Agentur - Graphik & Design, Borchen: 43.1. |Interfoto, München: Friedrich 115.2, 131.3; Neon 2 30.2, 31.2, 88.2; Pulfer 190.1; Sammlung Rauch 12.4, 42.2; TV-Yesterday 131.1, 209.5. |Ipsos GmbH, Hamburg: 170.1. |iStockphoto.com, Calgary: danielschoenen 110.1; NADOFOTOS 119.5; pixelfit 119.3; Ramirez Lee, Rafael 174.2; Ridofranz 119.4; sdecoret 54.1; VioletaStoimenova 119.2. |Kindler Verlag GmbH, Reinbek: 186.1. |KOF Konjunkturforschungsstelle der ETH Zürich, Zürich: 175.2. |Konrad-Adenauer-Stiftung e.V., Archiv für Christlich-Demokratische Politik, Sankt Augustin: Plakatsammlung 25.1, 46.1, 105.2, 109.1, 259.1. |Langner & Partner Werbeagentur GmbH, Hemmingen: 22.1, 187.1. |Loock GmbH, Berlin: Knöfel-Smirnova, Jörg: In der U-Bahn, Berlin, 1980er Jahre © courtesy Loock Galerie Berlin Nachlass York der Knoefel / VG Bild-Kunst, Bonn 2022 121.3. |Marian Goodman Gallery: Genehmigung des Künstlers William Kentridge und der Marian Goodman Gallery 224.2. |Mester, Gerhard, Wiesbaden: 193.1. |Museum Bautzen, Bautzen: Hinz, Holger 283.1. |Nieznalski, Boguslaw, Gdansk: 148.1. |Picture-Alliance GmbH, Frankfurt a.M.: 216.1; akg-images 226.2; ANP/de Waal, Remko 174.1; AP 145.2; AP Images/Uncredited 227.6, 239.3; AP Photo 92.1; AP Photo/Sunday Alamba 241.1; AP Photo/Taylor, Carmen 240.1; AP/Eustache Cardenas 73.1; AP/Faas, Horst 227.1; AP/Meyer, Thomas 131.2; AP/Pringle, Jim 235.1; APA / picturedesk.com / Neubauer, Herbert 184.1; Associated Press 72.1; ASSOCIATED PRESS 117.1; Associated Press/Fratzer 113.1; Associated Press/Uncredited 235.3; Associated Press/Uncredited / Beeple, Everydays: The First 5,000 Days 179.1; Baumgarten, Ulrich 181.1; Brock, Georg 49.1; Bruni/Giacomino/ROPI 89.1; CPA Media Co. Ltd 231.1, 233.1; CPA Media/Pictures From History 218.1; CPP/ROPI 164.1; dpa 18.1, 128.3, 166.1, 169.1, 238.1; dpa / epa 239.2; dpa-Bildarchiv 64.1; dpa-infografik 175.3, 176.1, 191.1, 221.1, 230.1, 242.1, 242.2, 243.1; dpa/ADN Zentralbild 147.1; dpa/AFP 69.3; dpa/afp 144.1; dpa/Athenstädt, Martin 115.1; dpa/Belga 206.1; dpa/Consolidated 144.2; dpa/CTK/Hajek, Ondrej 185.1; dpa/DB 128.1; dpa/Deska, Waldemar 164.3; dpa/Eilmes, Wolfgang 136.1; dpa/epa AFP 205.1, 227.5; dpa/epa anp Hubert Van Es ¿HIO 231.2; dpa/epa/Ufumeli, Aaron 207.1; dpa/EPA/Weiken, Oliver 204.1; dpa/Haid, Rolf 11.2; dpa/Hirndorf, Heinz 168.2; dpa/Juri_Vendelin/Lehtikuva Oy cx8908119 149.2; dpa/Kleefeldt, Frank 156.2; dpa/Ossinger 134.1; dpa/PA 239.1; dpa/Panagiotou, Orestis 194.1, 198.1; dpa/pap 85.1; dpa/pap Bogan 149.3; dpa/Pilick, Stephanie 192.1; dpa/Rattay, Wolfgang 13.3; dpa/Ria Novosti 230.2; dpa/Roessler, Boris 176.2; dpa/Schneider 141.1; dpa/Soeder, Christoph 199.1; dpa/Stang, Rolf 226.1; dpa/Tass/Astapkovich, Vladimir 143.1; dpa/Trauner, Sandra / Atkins, Ed: Safe Conduct, 2016. Courtesy the artist and Galerie Isabella Bortolozzi, Berlin 178.1; dpa/UPI 67.1, 68.1, 83.1, 84.2, 85.2; dpa/Yonhap 140.1; EPA/dpa/Shipenkov, Maxim 180.2; Jazzarchiv Hamburg/Schiffler, Hardy 121.2; Keystone / Schmidt, Steffen / Hanson, Duane: Riot, 1967 © VG Bild-Kunst, Bonn 2022 60.1; PictureLux/The Hollywood Archive/The Legacy Collection 71.3; prisma / Etienne 148.4; REUTERS/Sigheti, Radu 149.1; REUTERS/Szabo, Bernadett 185.2; Rothermel, Winfried 141.3; SZ Photo/Haas, Robert 117.3; United Archiv/World History Archive 30.1; United Archives/DEA 96.2; United Archives/IFTN 71.2; United Archives/TopFoto 234.2; UPI 100.1; Wieseler, Heinz 130.1; Xinhua News Agency/Mominzadah, Sayed 241.2; Yonhap 189.2; zb / Winkler, Klaus 160.1; ZB/Altwein, Andreas 196.1; ZB/Haessler, Ulrich 158.1; ZB/Kluge, Wolfgang 142.1; ZB/Schulze, Werner 227.2; ZUMAPRESS.com/Keystone Pictures USA 112.1; Â©Catholic Press Photo / Â©Giancarlo Giuliani /CPP / IPA 166.2. |Pollack, Prof. Dr. Detlef, Münster: 62.2. |Richter, Uwe, Witten: 41.1. |Richter-Publizistik, Bonn: (www.crp-infotec.de) 101.2. |Robert-Havemann-Gesellschaft e.V., Berlin: Albrecht, Bernd / RHG_Fo_HAB_11307 132.1; Fischer, Werner / RHG_Fo_WF_061 125.1; Ilsen, Almut / RHG_Fo_Almu_Ilsen_2017_0920_0008 133.2; RP 29 129.1. |Rowohlt Verlag GmbH, Hamburg: 128.4. |Schoenfeld, Karl-Heinz, Potsdam: 145.1. |Schopf, Oliver, Wien: Karikatur Denkmalereien, 2020 246.1. |Sea-Watch, Berlin: Egen, Till M 141.2. |Shutterstock.com, New York: Everett Historical 212.1; Goertz, Timon 189.1. |Shutterstock.com (RM), New York: Wziontek, Marcin 194.2. |SINUS-Institut, Heidelberg: 120.1. |Stadtgeschichtliches Museum Leipzig, Leipzig: Inv.-Nr. PL 46/350, Grafiker: Horst Naumann, 1946 51.2. |stock.adobe.com, Dublin: Pugun & Photo Studio 13.4. |Süddeutsche Zeitung - Photo, München: 45.2, 105.1; AP 124.2; ap/dpa/picture alliance 77.1, 87.3; dpa 46.2; Hesterberg, Thomas 62.1; IMAGNO/Votava 69.5; Morek, Jan/Forum 81.2; SZ-Photo 235.2; UPI 69.4. |Süddeutsche Zeitung GmbH, München: Lang, Ernst Maria 256.1. |TopFoto / Topham Partners LLP, Kent: Punch Cartoon Library / TopFoto 93.1. |ullstein bild, Berlin: 20.1, 21.1, 39.1, 66.1, 104.1, 215.1; AP 63.1, 133.1; AP/Adams, Eddie 230.3; Bera, Wolfgang 51.4; Chronos Media GmbH 51.3; dpa 13.1, 45.1; imageBROKER/Michalke, Nobert 114.1; Mehner, Klaus 69.6; Probst 128.2; Röhrbein 149.4; Rose, Klaus 117.4; TopFoto 87.1; ullstein bild 81.1; Viollet, Roger 97.1. |Umbruch Bildarchiv e.V., Berlin: Kappa 141.4. |VG BILD-KUNST, Bonn: Beuys, Joseph: I like America and America likes me, 1974 © VG Bild-Kunst, Bonn 2022 61.1. |Volkswagen Aktiengesellschaft, Wolfsburg: 135.1; Grafik: Looser, Hans 12.3. |Zapiro, Cape Town: 244.1. |© Bundeszentrale für politische Bildung/www.bpb.de, Bonn: Informationen zur politischen Bildung, Heft 314, Seite 54 106.1. |© Suhrkamp Verlag, Berlin: 40.1.